Dieter Wahl

Mein ROTER TEPPICH für Außenseiter

Begegnungen mit außergewöhnlichen Menschen

novum pro

© 2022 novum Verlag

Bibliografische Information
der Deutschen Nationalbibliothek:

Die Deutsche Nationalbibliothek
verzeichnet diese Publikation in
der Deutschen Nationalbibliografie.
Detaillierte bibliografische Daten
sind im Internet über
http://www.d-nb.de abrufbar.

ISBN 978-3-99131-691-6
Lektorat: Lucas Drebenstedt
Umschlagfotos: Marion und
Dieter Wahl, Frank Rüdiger,
Christa Wernicke, Marianne Oppel,
Privatarchiv D. Wahl
Umschlaggestaltung, Layout & Satz:
novum Verlag
Innenabbildungen:
siehe Bildquellennachweis S. 9

Die vom Autor zur Verfügung gestellten Abbildungen wurden in der
bestmöglichen Qualität gedruckt.

www.novumverlag.com

Alle Rechte der Verbreitung,
auch durch Film, Funk und Fernsehen,
fotomechanische Wiedergabe,
Tonträger, elektronische Datenträger
und auszugsweisen Nachdruck,
sind vorbehalten

Gedruckt in der Europäischen Union
auf umweltfreundlichem, chlor- und
säurefrei gebleichtem Papier.

Für Andrea,

mein Patenkind,
das lange vor ihrer Zeit
gehen musste

Inhaltsverzeichnis

Was vorher zu sagen wäre

Liebe Leserin, lieber Leser,

der rote Teppich! Natürlich: Filmstars, Majestäten und royale Hochzeitspaare, Politprominenz und Staatsgäste. Oscar-Sause in Hollywood, Leinwandfestspiele in Cannes, Venedig und Berlin, Galadinner im Élysée, Großer Zapfenstreich für Regenten, Gipfeltreffen der Weltenlenker oder Flughafenempfang eines Staatsoberhauptes. Es sind Wichtigleute, die den weihevollen Textilbelag würdevollen, steifen oder temperamentvollen Schrittes durchmessen, auf ihm in salutierender Haltung verharren oder huldvoll winkend posieren. Blitzlichtgewitter, Kusshändchen und Teenie-Kreischen. Oder Ehrenformation mit Pauken und Trompeten und Nationalhymne. Oder Brautschleppe, Hochrufe und Beifallsstürme.

Der rote Teppich! Ein Symbol der Wertschätzung für die Damen und Herren, die ihn betreten dürfen. Sie schweben meist in den olympischen Höhen allgemeiner Verehrung. Bei nicht wenigen auf diesem roten Teppich der Wichtigkeit hat ein Höhenrausch bewirkt, dass sie nicht mehr auf dem normalen Teppich der Realität geblieben sind. Abgehoben, sagt man.

Ausgesprochen bodenständig sind dagegen die Persönlichkeiten, denen ich auf den folgenden Seiten meinen ganz besonderen roten Teppich ausrollen möchte. Ich verehre sie nicht weniger als jene Weltstars und VIPs, die ich im vorhergehenden Buch „Mein Walk of Fame" vorgestellt habe. Sie stehen nicht im Rampenlicht weltbekannter Show- und Theaterbühnen, aber ihre Geschichten und Lebensspuren sind nicht weniger bemerkenswert. Es sind charakterliche Schwergewichte mit sehr eigener Prägung, außergewöhnliche Menschen, die aus der Alltäglichkeits-Norm des Daseins in imposanter Weise herausragen. Auch sie und ihre Schicksale haben in meiner Erinnerung gravierende Eindrücke hinterlassen – und die möchte ich Ihnen gern weitergeben.

So gilt meine Bewunderung einer Lise Lesèvre und einem Henri Alleg, deren Charakterstärke und menschliche Würde über ihre sadistischen Peiniger siegten, indem sie weder ihre verinnerlichte humanistische Überzeugung noch ihre Mitstreiter für Recht und Freiheit verrieten. Was ihnen widerfuhr, waren schlimmste reale Albträume, die sie umgemünzt haben in Geschichtsweisheit.

Zum anderen habe ich mich anstecken lassen von der unbändigen Lebenslust des Revue-Franzosen Fifi und der inspirierenden Pinsel-Kreativität des Kosmos-Russen Andrej Sokolow, durch den ich wieder zu malen begonnen habe. Und ich habe mir den wohltuenden, unverwüstlichen Optimismus der Aserbaidschanerin Subeida Sheidajewa zueigen gemacht, die sich mit 119 Jahren immer noch gebraucht fühlte und meinte, dass es ohne sie nicht geht.

Dass der erfolgreichste ostdeutsche Schlagerstar Frank Schöbel im Urschleim seiner Karriere von einer ganzen Stadt brüskiert wurde, habe ich mitverschuldet – und bei diesem Desaster schon vor gut 50 Jahren einen sympathischen Sonnyboy kennengelernt, der er bis heute geblieben ist.

Und nebeneinander auf meinem roten Teppich stehen gleichermaßen ein katholischer Vikar mit weltoffener Prägung und ein sozialistischer Lehrer mit tiefem Verständnis für seine Schülerschaft.

Nur acht von 16 interessanten Menschen, über die ich erzählen möchte. Auf dem üblichen, konventionellen roten Teppich für Glanz- und Gloriafiguren sind es Außenseiter; auf meinem ganz eigenen für charakterliche Schwergewichte nicht.

Einen extravaganten Platz nimmt dabei Alain Bernardin ein, seines Zeichens millionenschwerer Chef des Pariser Erotik-Theaters „Crazy Horse". Als ich ihn kennenlernte, bin ich ins Grübeln geraten über die soziale Großzügigkeit eines kapitalraffenden Unternehmers, der seine Weltklasse-Tänzerinnen auf eigene Taxi-Kosten nach Hause chauffieren lässt und ihnen mit väterlicher Fürsorge Privatkonten anlegt. Ein schwerreicher Patron als Wohltäter und Philantrop?

Ich bin überzeugt, dass kommerzielle Giganten-Erfolge nach dem Baumuster des Trump-Towers nicht unbedingt auf dem Fundament von Menschenfreundlichkeit entstehen. Ist Multimillionär Bernardin eine Ausnahme? Auch er schenkte mir ein Stück seiner Zeit – und Zeit war gerade für ihn Geld. Geld, das ihn aber scheinbar nicht glücklich machte, weshalb er sich eine Kugel durch den Kopf schoss. Ein umtriebiger Gutmensch, der sich um das Wohl seiner Mädels sorgte, weil sie sein Kapital waren. Die Zweckbesorgtheit eines in internationalen Künstlerkreisen umstrittenen Patriarchen, der aber durch seine extremen Gegensätze, seine kreative Eigenwilligkeit und sein charismatisches Anderssein ebenfalls einen Sonderplatz in meiner Gedankenstube innehat. So gehört denn auch er – wenngleich als merkwürdiger Kautz, aber faszinierender Außenseiter – auf meinen roten Teppich personeller Wichtigkeiten.

Die denkwürdigen Bekanntschaften machte ich vor allem während meiner 40 Journalistenjahre in Ost und West – und auf besonders intensive Weise in rund 30 Jahren als Auslandskorrespondent in Moskau und Paris sowie als Pressemann der schreibenden Zunft in Brüssel.

Der rote Teppich des deutschen Bundespräsidenten zum Begrüßungszeremoniell für ausländische Staatsoberhäupter zählt 65 Meter. Der rote Teppich zum Oscar-Glamourspektakel hat eine Länge von 300 Metern. Mein individueller roter Teppich misst sich an den Seiten und Inhalten dieses Buches. Auf ihm waren mit dem Theatermogul Alain Bernardin und dem Ozean-Abenteurer Jacques-Yves Cousteau nur zwei meiner außergewöhnlichen Bekannten süchtig nach Ruhm, Ehre und Geld – ideelle und materielle Reichtümer, die ih-

nen dann auch zur Genüge zuteilwurden. Allen anderen wären Trophäen, Auszeichnungen und Huldigungen nur lästig bis peinlich. Sie würden ihre Bescheidenheit stören und sie in Verlegenheit bringen, obwohl solche Aufmerksamkeit für sie nur gerecht wäre. Und eben diese Aufmerksamkeit möchte ich ihnen nun auf meinem roten Teppich der anderen Art zukommen lassen.

Urteilen Sie bitte selbst, ob sie diese Wertschätzung verdienen.

Ich wünsche Ihnen viel Spaß beim Lesen, mitunter aber auch Nachdenklichkeit bis Betroffenheit.

Herzlichst

Ihr Dieter Wahl

Ahrensfelde/Eiche, im Oktober 2022

ℭPHILIPPE PLANQUOIS

***wurde als Transvestit „Fifi" zum Paradiesvogel,
der sich mit fremden Federn schmückte***

Manche Begegnung mit einem Menschen nagelt sich mit der Wucht eines Vorschlaghammers ins Bewusstsein und haftet dort ein Leben lang. Das war auch so bei meiner Bekanntschaft mit Philippe Planquois, künstlerischer Direktor des Pariser Transvestiten-Nachtvarietés „Madame Arthur", in französischen Theaterkreisen bekannt und geschätzt als „Fifi", der Mann mit den 40 Gesichtern, mit den 40 Frauengesichtern, um präzise zu sein – ein Paradiesvogel, der sich mit fremden Federn schmückt, mit den Federn von prominenten Damen, die er verehrt. Zumeist Film- und Popstars von Weltgeltung, in deren Gestalt er schlüpft. Mit dieser künstlerischen Metamorphose offenbart sich ein Verwandlungskünstler par excellence, der die Kopie fast echter erscheinen lässt als das Original. Unmöglich, seiner schillernden Erscheinung mit nur wenigen Sätzen gerecht zu werden. Deshalb diese Geschichte.

Ich habe nie vor und nie nach ihm jemanden zu Gesicht bekommen, der sein Dasein in komplett zufriedener Harmonie von Körper und Geist mit solch überschwänglicher Lebensgier und mit solch freudiger Rücksichtslosigkeit auf die eigene Gesundheit ausgelebt hat, dass er an dieser selbstgewollten Überforderung zerbrochen ist. Lange, viel zu lange ignorierte er Schmerzen und Wunden an Leib und Seele, bis sie ihn hinstreckten. Und nie auch habe ich eine solch krass bunte Kombination angeborener Talente, Triebe und Begabungen für Schauspiel, Ausschweifung, Kunstschneiderei, Selbstdarstellung, Arbeitswut und sexuelle Freiheit erlebt – bei gleichzeitiger Liebenswürdigkeit, Offenheit und quirliger, unersättlicher Daseinseuphorie.

Er war ein Vollblut als Franzose und Varietékünstler – mit einem durchsportlichten Theaterleib und einer mannweiblichen Seele, der Charakterzwitter eines disziplinharten Arbeitsberserkers mit einem kinderweichen Gemüt, gegen sich selbst kompromisslos und gegenüber seinen Mitmenschen tolerant und einfühlsam. Das Fingerspitzengefühl seiner Seele war ebenso ausgeprägt wie die Großzügigkeit seines Herzens, nur noch übertroffen von einer schier zwanghaften Neigung zur schrägen Posse. Ein spleeniger, flippiger Exzentriker, besessen vom Drang nach verblüffenden Verwandlungen und ganzkörperlichem Umbau. Kunterbunte Bühnenzaubereien, die er mit unsäglichem Spaß und kindlicher Freude zum Beruf gemacht hat. Ein professioneller Traumtänzer und Illusionist, der mit gestalterischen Effekten und Sinnestäuschungen spielen wollte und die Architektur seines Körpers und die Beschaffenheit seines Gesichtes immer wieder infrage stellte, indem er ständig an ihnen herumbastelte. „Fifi" war süchtig nach Perfektion in seiner komödiantischen Kunst der lebensechten Darstellung von Glamour-Stars, die er bewunderte und seinem Publikum mit maximaler Realitätsnähe vorstellen wollte.

Ich hatte mitunter das Gefühl, dass er innerlich in einer anderen Welt zu Hause war, die er sich selbst mit seiner überquellenden Fantasie und triebhaften Rastlosigkeit immer wieder neu erschuf – eine verinnerlichte ideale Geisteswelt, in der er sich wohl fühlte, in der er seinen Neigungen nach Herzenslust frönen konnte und in der er sich seine Sünden auch selbst verzieh. Ein charismatischer Tatmensch, getrieben von schöpferischer Unruhe und produktiver Kreativität, gesegnet mit unverwüstlichem Optimismus und lebensprallem Genussempfinden. Bei seiner Geburt hatte das Außergewöhnliche Pate gestanden.

Die erotische
Leichtigkeit von Montmartre

Ein solch schillernder Paradiesvogel konnte nur in exotischer Umgebung sein Nest bauen. Ideal dafür war der erotische Norden von Paris, in dem sich auf der mit 130 Metern höchsten Naturbühne von Montmartre auch die glockenförmigen Dächer von Sacré Coeur auftürmen.

Wenn die blaue Stunde den Tag an den Ufern der Seine verabschiedet und der Kalkstein der Basilika sein aufdringliches Weiß verliert, verwandelt sich die ohnehin pittoreske Realität in ein kitschiges Postkartenmotiv. Dann zieht der pariserischste der zwanzig Stadtbezirke sein Alltagsgrau aus und schminkt sich für die Nacht. Zeit für das „Moulin Rouge", seine Windmühlenflügel neongrelle Kreise ziehen zu lassen und damit die Spätschicht der „Roten Mühle" am Weißen Platz zu beginnen. Gleichzeitig beenden die vielen Picassos auf der Hügelspitze an der Place du Tertre ihr Tagewerk, packen Farben und Pinsel ein, schultern ihre Staffeleien und verwandeln ihr Salair in den umliegenden Tavernen je nach Kassenerfolg in einen wohlverdienten Bordeaux-Tropfen oder einen „Calvados" oder einen „Ricard" oder eben nur in ein schlichtes Feierabendbier.

Als ich diese unbeschreibliche Stimmung einer sanften Leichtigkeit zum ersten Mal verspürte, wurden meine Zuneigung, Sympathie und Liebe für diesen häuserverwinkelten Paris-Hügel mit seinen Steiltreppen und Uraltgassen für immer und ewig besiegelt.

Exakt hier, am Bergfuß der Butte de Montmartre, entdeckte ich Fifi und sein berufliches Domizil mehr durch Zufall, denn es versteckt sich noch heute in unangebrachter Bescheidenheit in einer unauffälligen, den Hügel emporstrebenden Seitenstraße inmitten eines Milieus, das kurz skizziert werden muss.

Ich erinnere mich mit fotografischer Schärfe, wie ich mit meiner Marion an einem frühlingslauen Samstagabend anno 1990 diese erogene Zone der Stadt erforschen wollte. Das taten wir wie immer mit akribischer Sorgfalt, in der Hand den

„Michelin"-Stadtführer, mit dem wir in jeder freien Stunde die Seine-Metropole mit den Füßen erkundeten. Hier, so lasen wir, war der Original-Striptease erfunden worden. Das machte uns neugierig. Nach kurzem Herumirren standen wir mit gemischten Gefühlen vor der Hausnummer 84 am Boulevard de Rochechouart. Ehrfürchtig, belustigt und zugleich enttäuscht betrachteten wir die heruntergekommene putzlose Schmuddelfassade. Kaum zu glauben, dass sich unter diesem Dach einst das Mekka der Ruchlosigkeit breit gemacht hatte. Hier also, hinter diesen blinden Scheiben mit verwitterten Fensterläden, hatte sich damals in wilden Exzess-Nächten die Bohème vom Montmartre ausgetobt.

Gegründet wurde das Etablissement 1881 als erstes Pariser Kabarett mit dem braven Namen „Chat noir" – „Der schwarze Kater". Ein unbeabsichtigter Skandal war zugleich die Geburtsstunde des Striptease, der von hier aus den Siegeszug um die Welt antrat, dabei aber um meine nicht prüde, aber doch züchtige DDR einen rücksichtsvollen Bogen machte. In der Künstlerklause hatten sich damals zwei üppige feminine Maler-Modelle hysterisch gestritten, welches von ihnen wohl die besseren Körperproportionen habe. Um dies hautnah ergründen zu können, stellten die Damen schließlich, so ist überliefert, ihre unverhüllten Körper auf einem schleunigst leergefegten Tisch öffentlich zur Schau, worauf ein enthusiastisch johlendes Publikum sie begutachtete.

Dieser Wettstreit um den schönsten Busen der Natur gefiel den Herren der Schöpfung. Deshalb wurde er schnell zum festen Programmteil im Lust- und Lasterbetrieb der Touristen-Mausefalle Pigalle, deren Speck im Laufe der Zeit allerdings immer ranziger wurde. Dieses anrüchige Flair der ehemals reizvollen Sündenmeile sticht unangenehm ins Auge, als wir uns vorbeikämpfen an aufdringlichen, antatschenden Schleppern und redegewandten, schmierigen Animierfiguren. Die frühere Vergnügungsmeile mit dem malerischen Charme des Pinselgenies Toulouse-Lautrec ist verkommen zu einem kommerzkalten Neonlicht-Dschungel von Fließband-Live-Shows, Sex-Shops, Puff,

Peep und Porno. Dazwischen Transvestiten-Theater. Etwa jede zehnte Prostituierte in Paris ist ein Transvestit, aber nicht jeder Transvestit ist beileibe eine Prostituierte.

Als Kunstform ist die Travestie seit eh und je eine schauspielerische Verkleidung mit der Garderobe des anderen Geschlechts, bei dem Transvestiten das Zuschauervolk mit bühnenreifer Qualität begeistern. Wirkliche Travestie ist eine vergnügliche Sache, die der Österreicher Tom Neuwirth als Conchita Wurst mit seinem Sieg beim „Eurovision Song Contest" 2014 europaweit salonfähig gemacht hat. Damals bekam ich von Insidern den Tipp, unbedingt das Nachtvarieté „Madame Arthur" am Montmartre zu besuchen, denn es habe die Kunst des sexuellen Rollentauschs zum imposanten Sinnesvergnügen perfektioniert. Das machte neugierig.

Die Entdeckung
komödiantischer Frivolität

Wir wollten den sinnesfreudigen Musentempel unbedingt kennenlernen und stöberten ihn schließlich mehr durch Zufall auf – in eben dieser unscheinbaren Bergauf-Gasse, einem Gässchen, dem mit einem Straßennamen wahrlich geschmeichelt wurde: Rue des Martyrs 75. Die Straßenfront des Hauses ist mit schreiend roter Farbe überzogen, die in der gesamten Länge der Fassade von einem weißen, gewellten Schriftzug mit bewusst wackligen Großbuchstaben durchquert wird: „*MADAME ARTHUR*". Das erweckt auf den ersten Blick den Anschein eines Schmuddelbordells mit einer Puffmutter namens Arthur. Deshalb beäugen bierselige Krawall-Touristen mit ungeduldiger Neugier den Schaukasten, ziehen dann aber fluchtartig weiter, weil keine Dirnen mit Nacktfleisch zu sehen sind. Stattdessen steht da etwas von anspruchsvollem Kabarett und das schreckt sie ab. So etwas suchen mit Kulturblindheit geschlagene Pariser Sextouristen nicht. Diese Hausnummer empfinden sie als merkwürdig, wir dagegen als des Merkens würdig.

In der Tat ist die trotz aufdringlicher Rotfärbung schmucklose Adresse in der schmalen Seitengasse leicht zu übersehen. Vielleicht halten sie einige Parisbesucher auch für das Feuerwehrdepot vom Montmartre. Das Etablissement gehobener Travestie protzt nicht mit werbewirksamer Aufdringlichkeit, sodass es im Umfeld der marktschreierischen Boulevard-Reklame auf der nebenan gelegenen Hauptstraße untergeht. Kenner und entdeckerfreudige Paris-Liebhaber stört das nicht. Für sie ist die kleine, 1946 gegründete Showbühne ein Top-Erlebnis. Das konstatierten Marion und ich mit übereinstimmender Begeisterung, als wir nach Mitternacht das Theater verließen. Für die Abendvorstellung hatten wir noch zwei freie Plätze ergattern können, kombiniert mit einem Dinner, das vorher angeboten wird.

Am Eingang von „Madame Arthur" hatte uns mit einer faszinierend reibeisenrauen kehligen Stimme eine bemerkenswert herbe, hochgewachsene Schönheit begrüßt – in dunkelblauer Rauscherobe, mit brünetter Nostalgie-Frisur und mütterlichem Charme. Madame Arthur persönlich. Die Dame des Hauses, die ein Hausherr ist. Es gab einen guten Grund, weshalb sie in freudig aufgekratzter Laune herumpalaverte. Die Stadtväter hatten dem Haus die „Goldene Palme" verliehen, die höchste Auszeichnung von Paris für das gelungenste Unterhaltungsprogramm und seine geschmackvolle kulinarische Umrahmung. Die „Maitresse de Maison" zeigte den Gästen mit stolzgeschwellter männlicher Frauenbrust die metallglänzende Trophäe, auf Samt gebettet in einem nach Festlichkeit duftenden weißen Karton. Dann geleitete uns Madame Arthur wie alle Besucher an eine der langen Tischreihen, die rechtwinklig zur Bühne stehen in einem spärlich beleuchteten Zuschauerraum mit der Atmosphäre einer angenehm anheimelnden Intimität.

Es war kurz vor halb neun. Bis zum Beginn der Vorstellung blieb mit anderthalb Stunden genügend Zeit für das gemeinsame Abendessen. Währenddesssen unterhielt die Gastgeberin die Tischrunde, alberte herum, witzelte, posierte, schnatterte ununterbrochen, versprühte Geist und Witz – und aus einem

Flacon verführerische Düfte. Madame Arthur ist eine fiktive Figur. Ihre Rolle geht im Transvestiten-Team reihum, wird momentan von Monsieur Chantaline gespielt.

Ins Leben gerufen wurde die Gestalt von keiner Geringeren als der berühmten französischen Komödiantin Yvette Guilbert, die 1908 das Chanson von der Lebedame Madame Arthur schrieb und so lebensprall vortrug, dass die Besungene generationsübergreifend im Gedächtnis blieb. 1945 erhielt das schon siebzig Jahre vorher gegründete Kabarett ihren Namen und wurde der erste zunächst vielgeschmähte, dann hochgelobte Pariser Transvestiten-Tempel für ausgefallene und einfallsreiche Unterhaltung.

Der „Mann der vierzig Gesichter"

Wir genießen den Abend bis in die tiefe Nacht hinein. Ich habe noch den letzten Bissen auf der Gabel, da geistern bereits die grellen Lichtkegel von Bühnenspots über die ersten Akteure auf den Brettern, die auch für die Damenriege von Madame Arthur die Welt bedeuten. Es beginnt eine burleske Revue, die ständig von Applaus und Gelächter begleitet wird. Ein quirliges Durcheinander von Parodie, Gesang, Tanz und Artistik. Als Erfinder, Hauptakteur, Organisator und künstlerischer Direktor wird im Programmheft Philippe Planquois genannt. Er verwandelt sich in der zweistündigen turbulenten Show in Glamour-Promis der A-Kategorie mit ständig wechselnden, äußerst verblüffenden Identitäten.

Ich bin von dieser Vitalität des Künstlers so begeistert, dass ich ihn dank meines Presseausweises nach der Vorstellung zu schon morgendlicher Stunde in seiner Garderobe aufsuchen darf. Er sitzt vor einem monumentalen Spiegel, ist mit Abschminken beschäftigt und muss nach den Strapazen seiner nächtlichen Auftritte sicher keinen großen Gesprächsbedarf mehr haben. Trotzdem begrüßt er mich höflich, hört aufmerksam zu und ziert sich keine Sekunde, als ich ihm mein Anliegen vortrage, einen Filmbeitrag über ihn und sein Varieté zu drehen. Er sollte einen zentralen Platz bekommen in meinem dreiviertelstündigen TV-Abendjournal „Paris zum Anfassen", das in ostdeutscher Wendezeit in völlig freier Eigenregie möglich wurde.

Es war eine glückliche Eingebung, die mir einen außergewöhnlichen Menschen nahe brachte. Bei den Dreharbeiten, die mit Kameramann Helmut Kessner und Marion neben der tagesaktuellen Berichterstattung meist nur an Wochenenden möglich wurden, begriff ich schnell, warum Monsieur Planquois alias Fifi in der Urpariser Kunst- und Kulturszene einen überaus klangvollen Namen hat und von allen Seiten verehrt wird.

Obwohl er schon seit 16 Jahren Hand und Hirn, Leib und Seele des Unternehmens ist, liebt er gockelhafte Eitelkeit und aufgeblasene Effekthascherei nur auf der Bühne – dort aber mit aller Kraft und Raffinesse. Zwischen Tages- und Abendvorstellung arbeitet er gewöhnlich eine Treppe höher in einem verwinkelten Atelier gut getarnt hinter Bergen von Kostümen. Er schneidert sie selbst, seit er eine Modeschule besucht hat. Seine überbordende Fantasie liefert ihm auch für seine Garderobe Inspirationen und Ideen am Fließband. Die braucht er als Verwandlungskünstler, der sich mit dem Etikett „Mann der vierzig Gesichter" in der Pariser Showbranche einen Namen gemacht hat.

An dieser naturgegebenen, mit dem Schweiß des Fleißarbeiters vervollkommneten Fähigkeit lässt er mich und Marion anderntags einen ganzen Nachmittag teilhaben. In seiner Werkstatt zeigt er mir in einer exklusiven Privatvorstellung, wie er von einem Prominenten-Gesicht zum anderen wechselt. Diese Stunden gehören zu meinen eindrucksvollsten Erlebnissen hinter Theaterkulissen. Belächelt hatte ich im Programmheft den Werbespruch „Fifi kreiert Kopien prominenter Diven, die wirklichkeitsgetreuer sind als die Originale". Nun, da ich ihm aus nächster Nähe zusehen darf, kann ich nicht anders als dieser amüsanten Übertreibung vorbehaltlos zuzustimmen.

Im naturellen, ungeschminkten Zustand seiner
Erscheinung fühlt sich Fifi weniger wohl …

… als im Zustand körperlichen Wandels, den er mit Fantasie, Geschick
und raffinierten Tricks zur Perfektion gebracht hat.

Der junge Mann mit dem exakt gezirkelten ovalen Antlitz, den
kühn geschwungenen Bögen der Augenbrauen und dem dunklen Kräuselhaar fällt eine Dreiviertelstunde lang mit Pinsel
und Augenmaß über sein Gesicht her. Er traktiert es mit dem
geheimnisvollen Inhalt von Puderdosen und Farbtöpfen, han-
tiert mit Pflastern, Zahnprothesen und tausenderlei anderen
Utensilien. Schließlich ein Griff zur Perücke – und vor mir sitzt
Marilyn Monroe. Sie blinkert und klimpert mit den Wimpern,
rückt den Busen zurecht, bedenkt mich mit einem handver-
schickten Kuss, wirft mit elegant-neckischem Schwung eine
Federboa über die Schulter und haucht mit lasziver Stimm-
Erotik: „Thank you, I love you, Coca Cola." Ich bin perplex über
so viel Lebensechtheit der längst verblichenen exzentrischen
Leinwandblondine und amüsiere mich in Grund und Boden.

Eine wunderbare Illusion, die wiederauferstandene weltbekannte Sexikone
Hollywoods zu interviewen.

Dann anstrengendes Ab- und Umschminken. Erneut entsteht eine meisterlich handgefertigte Figur. Jedes Detail wird berücksichtigt, perfektioniert die neue Kreation. Von den Wimpern bis zu den Fingernägeln. Weitere 45 Minuten später sitzt der nächste Weltstar vor mir und ich frage scherzhaft: „Frau Liza Minelli, woher hat Monsieur Fifi die Idee zu solchem Schöpfertum – die Idee, Sie und andere Berühmtheiten zu doubeln oder zu reanimieren?" Das Kunstmodell vor meinem Mikrofon lässt es mich mit hoher femininer Stimmlage wissen: „Fifi bekam die Anregung zu diesen Imitationen schon mit 14 Jahren. Da war mein Idol Sylvie Vartan. Und wie viele Jungen in meinem Alter reizte mich der Schminkkasten meiner Mutter. Ich habe die Schauspielerin und Sängerin genau studiert, um Sylvie bis ins Detail nachahmen zu können. So hat es angefangen – mit der Schminke meiner Mutter."

Der heute 76-jährigen Film- und Showlady würde das Spiegelbild ihrer Jugend sicher gefallen.

Ein drittes Mal beugt sich der Travestiekünstler vor und entfremdet sein Spiegelbild. Fifi baut sich um. Er pinselt, strichelt, tupft
und wischt von der Stirn bis zum Kinn. Er drückt, schiebt, massiert und knetet seine Haut. Er streichelt Falten weg und zupft
an seinem Haarschopf herum. Er malt, radiert und retuschiert
in seiner Gesichtslandschaft. Dann lehnt er sich ruckartig zurück, mustert sich aufmerksam im Glas des schmucklosen, von
Lampen erhellten Panoramaspiegels, prüft, untersucht und ist
sichtlich zufrieden. Die Illusion ist vollkommen. Die Chansongöttin der Franzosen gibt sich die Ehre: Edith Piaf. Der Höhepunkt der Schminkorgie ist erreicht.

Als wäre die 1963 verstorbene Grande Dame auferstanden. Nur die
Männerpranken verraten die Kopie.

Ich frage die Diva nach den geheimen Wünschen von Fifi. Knappe Antwort mit Sehnsucht im Unterton: „Eine große Gala in Berlin mit dem gesamten Ensemble." Die wünsche ich ihm von ganzem Herzen. Und nicht nur an der Spree, sondern in aller Welt.

Denn wo und wann erlebt man an einem einzigen Abend ein solch intimes Rendezvous mit diesen drei Göttinnen der Kunst- und Kulturgeschichte?! Und wenn Fifi in die Vollen geht, wird seine Arbeitsmansarde unter dem Dach ein lebendes Wachsfigurenkabinett. Dann erscheinen als getreues Spiegelbild ihresgleichen auch Barbra Streisand, Nana Mouskouri, Dalida oder Mireille Mathieu. Vierzigmal verwandelt sich der Verehrer in die von ihm Verehrten, huldigt er ihnen auf seine Weise. Fifi macht's möglich – der Mann mit den prominenten Damengesichtern, ein Paradiesvogel, der sich mit den fremden Federn von Weltstars schmückt.

Das bizarre Leben der Coccinelle

Der Art-Direktor ist wie seine Stadt: glamourös, verrückt und schön, zügellos und quirlig und frivol und ein wenig verrucht. Dieser Hauch sündhaften Lasters weht durch seine gesamte Theatertruppe, gibt ihr die Aura einer geheimnisvollen Lustbarkeit.

In dieser Crew von rund hundert Künstlern war mir eine besonders grellbunte Erscheinung aufgefallen. Ich bewunderte sie im Rampenlicht rasch wechselnder Farbspots. Eine mondäne Walküre mit üppigem Oberbau, die unter dem Namen Coccinelle kribbelnde Zirkusatmosphäre verbreitet. Sie raunte mit rauchigem, verführerischem Timbre einen hauchzarten Sprechgesang in ihr Handmikrofon, flirtete mit dem Publikum in anzüglicher, aber nicht anstößiger Pose, begleitet von doppelsinnigen Anspielungen, gab skurrile Tanzeinlagen und ließ sich ausgiebig und mit spürbarem Genuss feiern. Wer war SIE? Oder ER? Ich wollte es ergründen.

Also ging ich nach dem Ende der Show zum Chef des Ladens, einem Südostasiaten namens Alvim Noronha. Ich fragte ihn, ob er mir ein Interview mit der Exotendame vermitteln könne. Das, so meinte er bedauernd, sei „très difficile!" – sehr schwierig! Denn sie husche allabendlich geisterhaft und fast unbemerkt in ihre Garderobe, in der sie sich verbarrikadiere und niemanden einlasse. Dann wirbele sie auf die Bühne und verschwinde nach ihrem Auftritt gleichermaßen klammheimlich. Sie möge wohl Kontakte mit anderen Personen nur von der Bühne herunter, meinte Alvim und vertraute mir an: Früher habe sie die Männer- wie auch Frauenwelt auf internationalen Varietébrettern bis zur Ekstase verrückt gemacht; nunmehr aber mache sie sich außerhalb der Vorstellungen rar, meide Presse und Öffentlichkeit – wohl, um ihre glamouröse Dolce-Vita-Erscheinung und ihre illustre Vergangenheit nicht immer wieder erklären zu müssen.

Aber, so riet mir der Patron, vielleicht könne Fifi helfen. Der habe zu all seinen Künstlern ein enges, vertrauensvolles Verhältnis. Coccinelle, so bestätigte er, sei ein von Geheimnissen umwittertes Erotikwesen, das sich jeglicher Kontakte zu Außenstehenden entziehe und damit doppelt anziehend wirke. Diese Kontaktscheu sei nicht immer so gewesen. In verflossenen Tagen habe sie als Fraugewordene Erotikkönigin international von sich reden gemacht. Ich solle, meinte er, all meine Charmepartikel zusammenfegen und versuchen, sie in ausgesucht höflicher Weise einfach zu überrumpeln, indem ich sie mit Mikrofon und Kamera nach ihrem Auftritt am Bühnenausgang abpasse und sie fürs Fernsehen um eine kleine Plauderei bitte. Da sie ebenso menschenscheu wie eitel sei, könne der Überfall klappen.

Diesen kühnen Ratschlag wollte ich am übernächsten Abend eines Wochenendes verwirklichen. Die Zeit bis dahin nutzte ich, um über Leben und beruflichen Werdegang der geheimnisvollen Coccinelle aus verschiedensten Quellen nähere Erkundungen einzuholen.

So befragte ich ehemalige Künstlerkolleginnen in anderen Pariser Travestielokalen – und je mehr Antworten ich bekam und je tiefer ich in aktuellen wie auch antiquarischen Archivbeständen von Lektüre jeglicher Art kramte, umso mehr staunte ich. So unbekannt, wie es zuerst schien, war Coccinelle in der westlichen Welt bei weitem nicht. Dass ihr die Presse nicht wie früher ständige Elogen widmete, lag erklärtermaßen daran, dass die strahlende Gloriole des einst gefeierten Revuestars weitgehend verblasst war und ihre Erfolgsserie den Zenit bereits eine geraume Weile überschritten hatte.

Als wir ihr begegneten, stand ihr 59. Geburtstag an, was sie mit Cremes, Puder, Tinkturen sowie viel Fingerfertigkeit und Retuschegeschick zu korrigieren versuchte, denn eine Showberühmtheit altert nicht. Dokumente in Pariser Kulturbibliotheken offenbarten es. Sie bekundeten zugleich ihren einstigen Ruf als extrem schrille Ausnahmekünstlerin, die es nach einer kurzen maskulinen Lebenslinie als verfraulichte Sexkönigin, Sängerin, Entertainerin und Filmschauspielerin zu internationalem Ruhm gebracht hatte – mit sowohl einer talentbegabten herausragenden Professionalität als auch einem Sensationsfaktor von Weltklasse.

Die Biografie der Coccinelle ist eine der wohl ungewöhnlichsten Geschichten von psychologischem Leiden, rebellischem Aufbegehren und körperlicher Eigenwilligkeit, von Trotz, Stolz und Erfolg. Die als Primadonna des Pigalle-Theaters bekannte Künstlerin begann ihre kunterbunte Karriere als Mann sehr bescheiden und erreichte dann als Frau everesthafte Gipfel im Auf und Ab des Showgeschäfts.

Geboren wurde sie am 23. August 1931 in Paris als Jacques-Charles Dufresnoy. Sie empfand es von Anfang an als frevelhaften Irrtum der Natur, dass sie in dieser Welt als männliches Wesen ankam. Sie fühlte sich in ihrem tiefsten Inneren als sehr weibliche Frau, irritierte Familie und Freunde mit äußerst femininem Verhalten, konnte und wollte ihre starke Bindung zu Männern nicht verleugnen und erntete mit diesem damals unnatürlichen Benehmen Verwunderung, Unverständnis, Spott, Hohn und Hass. Dies zu einer Zeit, in der Schwule und Lesben geächtet waren und selbst im revolutionsstolzen Frankreich der Gleichberechtigung Frauenkleider auf männlichen Körpern nicht nur verpönt, sondern gesetzlich verboten waren. Genitalverändernde Sexualmanipulationen waren strafbar.

Diese Risiken schreckten sie keineswegs ab bei ihrer Suche nach einem Wohlfühlkörper. Ihr innerer unbeirrbarer Drang zu einem femininen Dasein trieb sie zur Einnahme männlicher

Hormone, in die Praxis von Schönheitschirurgen und schließlich zu einer andersgeschlechtlichen Operation, die sie im marokkanischen Casablanca vornehmen ließ. Ihr dadurch ebenfalls berühmt gewordener Arzt Dr. Burou hatte sie mit „Bonjour Monsieur" begrüßt und mit „Au revoir Mademoiselle" verabschiedet. Aus Jacques-Charles war Jacqueline Charlotte geworden – eine Namensänderung, die hochoffiziell beglaubigt wurde mit amtlichem Brief und Siegel durch die französische Administration und mit einer zweiten Taufe durch die katholische Kirche. Für die einen ein sensationeller Fortschritt im Freiheitsdenken, für die anderen ein abgrundtiefer Skandal satanischer Verkommenheit.

Der als erste biologische Verfraulichung bekannt gewordene ärztliche Eingriff erregte 1959 weltweites Aufsehen, beherrschte die Schlagzeilen und Bildseiten der internationalen Konfettipresse. Ungeachtet der erregten emotionalen Folgediskussionen über die gelungene Geschlechtsumwandlung wurde die Transsexuellenberühmtheit unter dem Pseudonym Coccinelle zum Außenseiter-Filmstar. Nach kosmetischen Gesichts- und Körperkorrekturen, Schminkorgien und Blondhaarfärbung entsprach sie in verblüffend vollendeter Weise den attraktiven Schönheitsidealen der bonbonfarbenen Sehnsuchtsfabrik Hollywoods, konnte sie sich durchaus mit deren damaligen bekannten Busenwundern, Sexbomben und Kinolieblingen messen. Da wirkliches Können im Rampenlicht der Showbühnen und vor den Kameras der Filmstudios dazu kam, machte sie in einer Vielzahl von Leinwandstücken eine wahrhaft gute Figur und damit Furore.

Als sie in der Pariser Prominenten-Kathedrale Notre Dame als Transsexuelle heiratete, war auch das eine Premiere, die sie noch zweimal wiederholte. Eine stete öffentliche Aufmerksamkeit war ihr sicher. Nicht weniger Aufsehen erregte die überraschende Entscheidung, sie im Pariser „Olympia", dem heiligen Tempel klassischer französischer Showkultur, auftreten zu lassen. Die einen waren entsetzt und verdammten es als Tabubruch, die anderen jubelten und feierten es als Durchbruch hin zu mehr künstlerischer Vielfalt. Was aber niemand bestreiten konnte, war die eindrucksvolle Tatsache, dass ein charismatischer Showmensch mit einem Andersgeschlecht monatelang mit seiner Revue „Cherchez la femme" Beifallsstürme erntete.

Es folgten Bühnen- und Fernsehshows nonstop. Ihre jahrelangen Tourneen führten sie nach Kanada und Lateinamerika bis in den Iran, wo sie der Schah von Persien um einen Exklusivauftritt bat.

Einher mit den künstlerischen Erfolgen gingen in diesem atemlosen Lebenslauf Marathonstrecken exzessiver Vergnügungen auf Partys, gekoppelt mit Klatsch und Tratsch über Liebschaften, frivole Exzesse und der Hochzeit mit einem Scheich. Was war Wirklichkeit und was Gerücht? Was Tatsache und was Reklame? Sie ließ alles gelten und lebte ihr außergewöhnliches Leben jenseits jeglichen vorstellbaren Spießertums.

Völlig vorbei gegangen war an der DDR-Presse und damit auch an mir ihr fast zehnjähriges Engagement an verschiedenen Westberliner Kabarettbühnen bis zum Ende der 1980er Jahre. Zurück in ihrer französischen Heimat, gründete sie die „Gesellschaft Frauwerden" als solidarische Hilfe für geschlechtszweifelnde Menschen, die Seelsorge, psychischen Beistand, emotionale Unterstützung und praktische Begleitung in ihrem quälenden Bestreben brauchen, für ihr Wohlbefinden vielleicht ihre sexuelle Identität zu wechseln.

Nach der Rückkehr in ihre Geburtsstadt Paris ankerte sie erneut im Revue-Theater von Madame Arthur. Und hier begegneten wir der eigenwilligen Globetrotterin in Sachen Travestiekunst.

Von der Magie eines Marienkäfers

Wie geplant gehe ich zum ausgemachten spätabendlichen Zeitpunkt mit Kameramann Helmut Kessner und Marion auf Position. Wir erwarten sie gleich hinter der Bühne und ich gestehe gern, dass mein Puls sich einige Schläge mehr als üblich erlaubte. Statt 76 müssen es wohl um die 100 gewesen sein. Als Coccinelle – noch auftrittsheiß – an uns vorbeidampfen will, spreche ich sie an – in ruhiger, bescheidener Tonlage, die wie ein höfliches Bittgesuch klingen soll.

Die Nähe ihrer exotischen Erscheinung fasziniert mich. Nicht mehr die ehemals niedliche, gertenschlanke, zierliche Sirene mit Wespentaille, wie ich sie auf früheren Fotos gesehen habe. Aber eine immer noch faszinierende erotische Persönlichkeit, die von der verändernden Kraft der Zeit schließlich etwas wuchtiger ins Leben hineinmodelliert wurde – mit einer optischen Korrektur, die sie weder schlank noch füllig erscheinen lässt. Eine weiterhin blendende Weiblichkeit mit der dominierenden Note einer magischen Anziehung – nunmehr zwischen Amazone und Walküre mit ausladender Oberweite und wohlgeformter Körperlandschaft, die den ohnehin schmalen Gang zur Bühne noch kleiner erscheinen lässt.

Coccinelle weiß, was sie will: „Dass es da ganz oben, wo ich jetzt bin, weitergeht."

Nun verstehe ich, warum niemand, der sie gesehen hat, glauben wollte, dass sie einmal ein Mann gewesen sein soll. Und jetzt kann ich mir auch vorstellen, dass sie in jungen Jahren als materialisierte frauliche Verführung eine betörende Wirkung auf die Männerwelt hatte und selbst Machos und Majestäten in aller Welt verzaubern konnte. Unter wallender, aufgetürmter Blondmähne große ausdrucksstarke Veilchenblau-Augen, ein zartgliedriges Puppennäschen und ein schwülstiger, knallroter Schmollmund. Da haben wohl hochbezahlte chirurgische Koryphäen ihr Bestes gegeben. Vervollkommnet wird das zur Frau gewordene Kunstwerk amouröser Vitalität durch endlose Langbeine und einen wogenden Busen, dessen Überfülle durch hauchdünne Seidenfäden nur spärlich verschleiert ist. Die sicherlich nachgeholfenen perfektionierten Proportionen stimmen, es passt alles – außer ihrem Namen Coccinelle, aus dem Französischen übersetzt „Marienkäfer". Nein, zierlich und klein wie ein Marienkäferchen wirkt sie wahrlich nicht, eher wie ein radschlagender Pfau mit weitgespreiztem Schillergefieder. Woher dieser Künstlername?

Wir erfahren es kurze Zeit später aus ihrem eigenen Mund. Als sie auf der ersten Sprosse ihrer steilen Karriereleiter in Neugierlaune das Etablissement von Madame Arthur besuchte, bewunderten alle nicht nur ihre tadellose Figur, sondern auch ihr auffällig schwarz gepunktetes rotes Kleid. Eine Besucherin war entzückt und verglich es mit dem geflügelten Rückenschild eines Marienkäfers. Seither war Coccinelle ihr Künstlerpseudonym und das possierliche niedliche Flugtierchen ihr Glücksbringer.

Vor dieser Erklärung aber lag das Fragezeichen ihrer Ansprechbarkeit zwischen Auftritt und Feierabend – und den hatte sie sich nach mehreren Zugaben redlich verdient. Wer nicht fragt, erhält keine Antwort, nimmt damit eine Absage von vornherein in Kauf. Also frage ich. Sie stutzt, hält inne, hört sich mein Begehren mit geduldiger Freundlichkeit an. Dann huscht ein wohlgefälliges Lächeln über ihre in dicke Schminke getauchten Gesichtszüge. Die Schmeichel-Einheiten haben die Scheu-Einheiten besiegt. Mit dem Wirkungsreflex des Rampenlicht-

Profis dreht sie sich in die günstigste Kameraposition, bringt ihre Schokoladenseite visuell voll zur Geltung: „Mein Lebensziel wollen Sie wissen? Ganz einfach: Dass es da ganz oben, wo ich jetzt bin, weitergeht. Es ist eine Rückkehr zur Quelle, in der ich schon früher gern gebadet habe. Ich will hier bei Madame Arthur arbeiten, bis mich keiner mehr sehen will – und wenn es noch im Rentenalter wäre." Sie lacht schallend, fügt ein Kompliment an: In Australien und in Berlin habe es ihr besonders gefallen. Und nun sei sie wieder in ihrem Frankreich gelandet, wo sie in ihren Anfangsjahren im Nachtclub „Le Carrousel" als Transvestitenschönheit zur Attraktion geworden war und sich ihre goldenen Sporen im Revuetheater von Madame Arthur verdient hatte. Ja, sie sei nach einer langen Weltreise nun wieder zu Hause angekommen und genieße das heimische Publikum, das ihr immer noch wohlgesonnen sei.

Sie unterbricht plötzlich ihren Redefluss. Es hat den Anschein, als wäre sie über ihre mitteilsame Beredsamkeit selbst erschrocken. „Au revoir, Monsieur." Coccinelle rauscht davon. Zurück bleibt ein irrer Duft von Lavendel. Er schwängert die Luft ähnlich dem dichten, sinnesberauschenden Nebel aus einem Weihrauchfass, wie ich es als Messdiener zur weihnachtlichen Mitternachtsmesse geschwenkt habe.

Zwei Jahre nach unserem Treffen wurde es ihr an der Pigalle zu eng, zog es den rastlosen Paradiesvogel in den warmen Süden, um ein Nest an der Côte d'Azur zu bauen – ein Transvestitentheater in Marseille. Es sollte die letzte Station im quirligen Bilderbuchabenteuer ihres Aufregerlebens werden. Hier starb Coccinelle, wie sie es sich gewünscht hatte: auf den Brettern ihrer Showbühne, in der sie bis zuletzt noch mit 75 Jahren auftrat und das Publikum mit großer Geste und ihren Immernoch-Reizen umgarnte. Ihr Name aber bleibt ewig und für alle Zeit mit dem Ursprungsort ihrer Erfolge verknüpft, was auf dem Montmartre auch zweifelsfrei dokumentiert ist. Auf Beschluss des Pariser Stadtrates wurde Mitte Mai 2017 eine autofreie Spaziergängerzone nach ihr benannt. Die „Promenade Coccinelle" beginnt als baumumsäumter Mittelstreifen des Boulevard de

Clichy symbolhaft am Abzweig der Rue des Martyrs, also der Adresse ihres geliebten Artur-Cabarets, und endet am Pigalle-Platz. Auf dem tiefblauen Straßenschild findet sich in verbal kürzester Kürze ihre Visitenkarte, die in amtlicher Korrektheit nichts von der Turbulenz ihres Daseins ahnen lässt: „Jacqueline Charlotte Dufresnoy, 1931-2006, Artiste de Cabaret".

Die Ehre eines Straßennamens für einen Transvestiten. Noch zur Zeit meiner Begegnung mit ihr undenkbar! So, wie das Straßenschild auf dem Montmartre ihre Persönlichkeit in der Gegenwart festhält, wird auch mir der Moment gegenwärtig bleiben, da ich ihr in der Enge eines Bühneneinganges hautnah gegenüberstand. Es war eine flüchtige Begegnung, die einen bleibenden Eindruck hinterließ. Ich war noch benommen von ihrer einnehmenden Präsenz und ihrem atemberaubenden Flair, als ich mich in den schummrigen Zuschauerraum zurücktastete. Die Show war zu Ende und die Akteure des Abends um ihren Maître Fifi ließen sich schwitzend und glücklich von der internationalen Touristenschar feiern, genossen ihre Huldigungen mit Beifall und Blumen.

Als ich mich mit Dank für die Coccinelle-Vermittlung und einer Gratulation für die gelungene Show von Fifi verabschiede, lässt er mich längst noch nicht gehen. Fifi ist ein Nachtvogel, bittet mich eine Treppe höher in das Heiligtum seiner gestalterischen Kreativität, erzählt mir in seiner Werkstatt bei einem köstlichen Tropfen Bordeaux, was er sich im Laufe der Jahre so alles hat einfallen lassen für seine zirzensischen Theaterauftritte – als Schneider und Visagist, als Kosmetiker, Masken- und Bühnenbildner. Wir fabulieren und trinken, trinken und fabulieren. Selten war mir Paris so nahe wie an diesem Abend, als mir ein Künstlerfranzose tiefe Einblicke in sein Außen- und Innenleben gestattete.

Das „flinke Kaninchen" und
sein malender Esel

Nachdem die Pforte des Nachtkabaretts hinter mir ins Schloss gefallen ist, drängt es mich in schon morgendlicher Kühle zu einem Frischluft-Spaziergang am Fuße des Montmartre-Hügels, um die neuen Eindrücke zu verarbeiten. Ich kann und will das Gedankenkarussell so schnell nicht anhalten und lasse es ohne Tempoverlust weiterkreisen.

Vieles kommt mir in den Sinn, als ich zu frühmorgendlicher Stunde gedankenverloren über die Lust- und Lastermeile der Pigalle schlendere. Bald werden hier geschäftige Besengeschwader ausschwärmen, um den Touristenmüll zu entsorgen. Die mobile Nachtwache eines Streifenwagens holpert vorüber, ein grölender Trinkerverein macht sich Mut für das nächste Sexabenteuer, ein in Decken gehüllter Clochard auf einer der gusseisernen Bänke am steinigen Mittelpfad des Boulevards genehmigt sich noch einen kräftigen Absacker, wohlklimatisierte Reisebusse schaukeln Touristenvölker zurück in ihre Hotels. Schräg gegenüber vom ersten Striplokal „Chat noir" feilschen Gewerbedamen um Macharten und Preise. Dass Transvestiten dabei sind, versteht sich von selbst – nur wenige hundert Meter entfernt von „Madame Arthur". Welch Unterschied, welch Gegensatz! Dasselbe ist halt nicht dasselbe, denke ich vor mich hin und ziehe mitten im Sommer fröstelnd den Kragen hoch.

Seit ich die ästhetische Theater-Lustbarkeit im Hause von Madame Arthur erlebt habe, wirken die pornoverkeimten Glitzerhöhlen von Pigalle mit ihrem Schmuddelsex auf mich noch stumpfsinniger und trister als vorher. Und inmitten dieser primitiven, triebgesteuerten Flut eines Kommerzsumpfes liegt eine Insel komödiantischer Frivolität mit Fifi und seiner Zirkustruppe. Welch eine Entdeckung! Welch eine Perle humoriger, lustvoller Unterhaltung! Sie lässt ahnen, mit welcher Vitalität begehrlicher Sinnlichkeiten die Pigalle der Gründerzeit gesegnet war. Ihr Glanz verschwand in der Rinnsteinbrühe von Alleskäuflichkeit und Profitjagd. Geblieben sind am Montmartre aber Gottlob einige wenige Leuchttürme von ehrbarer Tradition wie das weltberühmte „Moulin Rouge" oder Kleinkunstbühnen wie „Madame Arthur" oder der Musentempel „Lapin Agile" mit urfranzösischem Charme. Profilierte Künstler aus allen Landesteilen singen hier in familiärer Intimität gemeinsam mit dem Publikum bei einem Sinne und Stimme anregenden Kirschgeist eine ganze Nacht lang stimmungsvolle Trink- und Scherzlieder.

Ich kenne das eingezäunte, pittoresk wirkende altehrwürdige Doppelstockhaus sehr gut auch von innen, habe ich doch dieses älteste Kabarett von Paris des Öfteren besucht. Das Gebäude mit mediterranem Anstrich schmiegt sich am Hang des Montmartre an den berühmtesten der fünf kleinen Weinberge, die als Winzlinggärten über ganz Paris verstreut sind. Die ehemalige Schänke – so erfuhr ich damals – ist seit anderthalb Jahrhunderten der Inbegriff uriger Volkstümlichkeit. 1875 verpasste der Karikaturist André Gill der Theaterklause ein originelles Aushängeschild mit einem aus einer Braten-Kasserolle flüchtenden Karnickel. Soviel geistesgegenwärtige Aktion zur eigenen Lebensrettung musste belohnt werden – und so taufte der Maler das mit beherztem Sprung dem Tode entronnene Tier „Lapin Agile" – „Das flinke Kaninchen". Das optische Motiv wurde zum Gütesiegel des Hauses und das weghastende Kaninchen zum Wappentier, womit der Name der Kleinkunstbühne feststand. Spezialitäten des Hauses sind Kirschgeist, Troubadoure und Bänkelsänger. Ihre Bühne ist die gesamte Gaststube und die Besucher sind nicht schlechthin Komparsen, sondern Mitspieler und Mitsänger.

Die rußgeschwärzten Wände ziert ein wunderliches Durcheinander an eingerahmten Formen und Farben. Denn, so erzählte mir Hausherr Yves Mathieu, die einst am Montmartre logierenden Bildermaler aus aller Welt mit durstiger Kehle und leerem Magen, leider aber auch leeren Taschen, zahlten damals mit ihren Werken: ein Toulouse Lautrec ebenso wie ein Renoir, ein Matisse wie ein Utrillo, Braque oder Modigliani. Pablo Picasso beglich eine gepfefferte Rechnung mit der in Öl gepinselten Studie „Im Lapin Agile". Das Original hing sieben Jahre lang in

der Gaststube, bis es 1912 an einen Schweden verkauft wurde –
für praktisch eine Baguettstange und einen Kirschgeist. Am
15. November 1989 tauchte das Picasso-Werk in New York auf
und wurde an die Sothebys-Gallerien verhökert – für nunmehr
43 Millionen Dollar. Heute hängt am Platz des Originalgemäl-
des eine Kopie, auf dem Picasso auch den Gründer des Kabaretts,
das Montmartre-Faktotum Frede, verewigt hat.

Ich frage Yves Mathieu, was ihn jeder fragen würde: Ärgert
ihn das nicht jedes Mal, wenn er das Bild anschaut? Er zuckt mit
den Schultern, schüttelt noch heute ungläubig den Kopf. Welch
ein verramschtes Vermögen! Aber was war, das war eben! Aus
und vorbei! Mehrfach hatte ich das bleibende Vergnügen, den
stimmgewaltigen Chef vom „Lapin Agile" mit rotweinschwerem
Bass zu erleben. Jedes Mal, wenn der stattlich gebaute Yves mit
feierlicher Geste den gefüllten Pokal auf die „Chevaliers der Ta-
felrunde" erhob, überkam mich Mittelalter-Nostalgie, fühlte
ich Ritter-Romantik, hörte ich Turniergetümmel und Schwerterklirren am Hof von König Artus.

Chevalier Mathieu, der das Theaterhaus von seiner Mutter
geerbt hat, musste sich seine Sporen als Teamchef in 50 Arbeits-
jahren hart verdienen – durch schicksalhafte Höhen und Tiefen einer wechselnder Nachfrage nach seiner eigenwilligen Art
der Spielkunst. Kein Wunder, dass er schier endlos über him-
melhochjauchzende Erfolge wie abgrundtiefe Schlappen berichten konnte. So waren es besondere Momente, sich mit dem Erz-
komödianten bei einem Kirschgeist zu unterhalten. Er kannte
unzählige Anekdoten, die sich ums Haus und seine Akteure
ranken – und er konnte sie mit schalkbelegter Zunge, tiefem
Spaßempfinden, vitaler Mimik und sprechenden Händen auf
unnachahmlich plastische Weise erzählen. Eine deftige Posse,
die er zum Besten gab, ist in die Pariser Kunsthistorie als Schel-
menstück eingegangen, über das noch heute herzhaft gelacht
wird. Originalton Yves Mathieu:

„Die berühmteste Geschichte ist die mit dem Esel. Nach 1900
entstand die abstrakte Malerei, deren Vertreter sich hier im ‚Lapin Agile' trafen. Der Schriftsteller Roland Dorgelès mochte

diese abstrakte Malerei nicht und er hatte die Idee, einen Pinsel am Schwanz des Esels vom ‚Lapin Agile‘ anzubinden, ihn in rote, blaue, grüne Farbe zu tauchen und dahinter eine saubere Leinwand zu spannen. Man fütterte den Esel mit Mohrrüben. Der wedelte freudig mit dem Schwanz, wodurch so etwas wie ein Bild zusammengekleckst wurde. Man verkaufte es 1911 auf dem ‚Salon der Unabhängigen‘ mit Erfolg als ‚Sonnenuntergang an der Adria‘. Die Kritiker fanden das Werk und seinen Maler fabelhaft. Zum Schluss des Salons kam es durch die Presse heraus: Der Maler war der Esel vom ‚Lapin Agile‘.“

Yves dröhnender Bass verstärkt sein Lachen um ein Vielfaches. Eine verrückte Geschichte. Für ihren Wahrheitsgehalt verbürgt sich nicht nur die Chronik, sondern auch der Maître de Plaisir selbst, dem sie aus erster Hand überliefert wurde. Ich bin ebenso stolz auf seine Freundschaft wie auf die mit Fifi. Beide habe ich nach dem Ende meiner Korrespondentenzeit in Frankreich noch einmal im Nachwendejahr 1991 besucht, um mit dem Fotografen Gerhard Zwickert für die „Neue Berliner Illustrierte“, die nun „extra“ hieß, eine Paris-Reportage zu produzieren.

Der Nachtkönig vom Montmartre

Schon ein Jahr zuvor hatte ich dem künstlerischen Direktor Philippe Planquois alias Fifi ein eigenes Kapitel gewidmet in meinem noch fürs Abendprogramm des DDR-Fernsehens gedrehten 45-minütigen Unterhaltungsjournal „Paris zum Anfassen“. Ich versprach ihm einen Mitschnitt davon und nun freut er sich, dass ich Wort gehalten habe und ihm die VHS-Kassette überreiche. Dann lädt er Zwickert und mich für den morgigen Abend zu seiner neuesten Revue ein. Er bittet mich mit geheimnisvoller Miene, mehr Zeit als bisher mitzubringen, da er nach der Vorstellung noch eine kleine Überraschung auf Lager habe.

Der Abend darauf beschert uns Fifis Überraschung. Zunächst genieße ich mit meinem Kollegen Zwickert die neue Show. Der meistgebuchte Unterhaltungsdampfer der Pariser Transvestitenklasse ist wie gewohnt rappelvoll und schwimmt auf einem Meer fröhlicher, ausgelassener Lasterhaftigkeit, das auch bei dieser Vorstellung hohe Wellen der Begeisterung schlägt. Wieder geht ein originelles, spritziges, champagnerprickelndes Programm mit augenzwinkernder Frivolität, komödiantischem Charme, schwarzer Magie und Cancan-Temperament über die Bühne. Madame Arthur – heute gespielt von Fifi selbst – hat eine Nacht voller Sinnlichkeit und frivoler Lebenslust versprochen – und die Pilgerschar zum Mekka volkstümlicher solider Kabarettkunst der alten Schule bekommt sie. Wer es noch nicht begriffen hat, erhält hier die Chance, die Stadt an der Seine zu verstehen: Paris ist nicht nur der äußerliche Farbenrausch eines Bilderbuches zum Ansehen, sondern ein Abenteuer zum Anfassen – ein optisches und akustisches Phänomen, das man mit Herz und Verstand bis in die letzte Pore verinnerlichen muss. Paris muss man mit Herz und Verstand inhalieren, ganz in sich aufnehmen.

Nachdem Fifi aus seinem Theaterdress geschlüpft ist, bittet er mich, vor der Außenpforte auf ihn zu warten. Als er kurz nach Mitternacht im Neonlicht der Außenfassade erscheint, verschlägt es mir den Atem. Am Bordstein der Rue des Martyrs steht der Mann, der sich Damengesichter in Vollendung aufsetzen kann, in royaler Glitzergarderobe mit maskulin ausgeprägtem Habitus. Ich sehe in ein ob meiner Verblüffung zufrieden lächelndes Bartgesicht, darüber auf dem Wallehaar eine edelsteinfunkelnde Krone und um den Hals ein dicht verschlungenes Wirrwarr prächtig funkelnder Perlenketten. Die unwirkliche Erscheinung steckt in einer goldbetressten mittelalterlichen Puffärmel-Montur aus Brokat, Samt und Seide. Die zweiteilige Garderobe besteht aus einem mit Schnörkeldekors üppig verzierten Frack und einem plustrigen kurzen Beinkleid. Schwarzblanke, ritterliche Stulpenstiefel vervollkommnen das Bild seiner Majestät, an deren Händen protzige Ringe glänzen. Vor mir steht mit ernster und zugleich feierlicher Miene der stolze König des Nachtlebens vom Montmartre.

Noch bin ich nicht damit fertig, das von profaner Alltagsrealität abgehobene märchenhafte Fantasiebild gedanklich zu verarbeiten, da erscheint neben ihm ein weiteres nicht minder beeindruckendes menschliches Fabelwesen aus Fleisch und Blut: die bewundernswerte Schlankfigur einer Prinzessin, gehüllt in blaue Seide und güldenen Brokat, mit zartem, schmalem Pudergesicht unter hochgestecktem Ebenholzhaar, eingerahmt von glitzernden Ohrringen. Ihre im Vergleich zu Fifis körperlicher Stämmigkeit zarte Gestalt steckt in einem petticoatversteiften, reichverzierten rauschenden Ballkleid mit Rüschen, Spitzen und einem silberbestickten Dekolleté.

Fifi stellt mir die zerbrechlich wirkende Dame seines Herzens als Sylvain vor. Sie begrüßt mich mit vornehmer Zurückhaltung, derweil sie in der Rechten mit graziler Geste ein besticktes Handtäschchen an sich drückt. Fifi ist sichtlich stolz auf sein Meisterwerk einer Transvestiten-Schönheit, deren weggeschminkter Bart im Schein der Straßenlaternen noch leicht durchschimmert. Er reicht ihr hoheitsvoll seinen Arm, auf den sie mit gravitätischer Langsamkeit ihre Hand legt. Dann raunt er mir zu: „Komm einfach mit!" – und stolziert los. Das alles geschieht ohne jegliche affektierte Theatralik, sondern mit einer nüchternen Selbstverständlichkeit, die mich staunen lässt. Beide gehen nicht; sie schreiten – und zwar so würdevoll, als wäre es der Gang zum Altar.

Gerhard Zwickert würde am liebsten zwei Fotoapparate gleichzeitig bedienen, um die bizarre Situation in ihrer unwirklichen Bildlichkeit festzuhalten. Eine schrullige Groteske mit anrührender Ernsthaftigkeit. Ich denke an Karneval, aber das wird dem kostümierten nächtlichen Aufzug nicht gerecht. Denn Fifi und Sylvain scheinen ihre Rollen nicht zu spielen, sondern zu leben.

Glanzvolles Zweierdefilee: Seine Hoheit Fifi,
König des Pariser Transvestitenreichs, und sein Freund,
Prinzessin Sylvain, machen die Nacht zum Tag.

Das Verrückte ist, dass dieser aufgeputzte nächtliche Ausflug keine für uns erdachte Inszenierung ist, sondern dass er – wie ich später erfahre – immer dann in der Woche stattfindet, wenn Fifi seinen Theaterstress, der anderen Spaß bringt, durch eigenes Wohlfühlgaudi kompensieren möchte. Mademoiselle Sylvain als einer seiner männlichen Transvestie-Stars ist seit eh und je würdevoll an seiner Seite. Eine unwahre wahrhaftige Prinzessin für einen unwahren wahrhaftigen König, der ihr seit langem die Treue hält. Die fantasievolle Komposition der Zweisamkeit stimmt nicht nur bei der äußerlichen Staffage. Sie sind sich auf rührende Weise zugetan, mögen sich sehr, wie ich merke, obwohl sie bei ihrem nächtlichen Defilee kein einziges Wort miteinander wechseln. Sie respektieren sich, verkehren ausgesucht höflich und liebevoll miteinander, schenken sich eine Aufmerksamkeit, um die sie manche Eheleute beneiden würden.

Zwickert lässt den Auslöser nicht los, fotografiert sich die Finger wund und ich versuche, diesen Anblick des Livetheaters unter nächtlichem Pariser Sternenhimmel an diesem kunstgeschichtlich weihevollen Ort Montmartre für alle Zeiten auch im Kopf abzulichten. So unwirklich die Szenerie ist, so klar ist mir auch: Das ist kein künstliches, manieriertes Jahrmarktspektakel, sondern ernsthaftes, ehrliches Leben, wie es sich zwei Menschen mit dem seelischen Gleichklang ungewöhnlicher künstlerischer Ambitionen und andersgearteter Gefühle freiwillig ausgesucht haben. Sie mögen es, wenn sie jemand anlacht – und sehen mitleidig darüber hinweg, wenn sie jemand auslacht. Es ist ihnen egal, ob jemand ihren Aufzug als Clownerie ansieht; sie sind innerlich mit sich im Reinen. Sie genügen sich in ihrem selbsterschaffenen Universum, strahlen auch den Rest der Nacht über Zufriedenheit und Selbstbewusstsein aus, scheinen einfach glücklich zu sein – und für eine Nacht weit weg von dieser Welt und ihren Problemen. Dass sie uns in diese Zweisamkeit mit einbeziehen, empfinde ich als Ehre und sage es Fifi auch später. Eine in aller Öffentlichkeit praktizierte Eigenwilligkeit, die mir in ihrer gelassenen Friedfertigkeit und Liebenswürdigkeit zutiefst imponiert.

Der König des Pariser Transvestitenreiches, seine Hoheit Fifi der Erste, durchmisst majestätischen Schrittes das nächtliche Gassengewirr am Montmartre, begleitet von seinem Intimfreund, Prinzessin Sylvain, die immer wieder mit vornehm wirkender Geste und spitzen Fingern ihre weitausschwingende Glitzerrobe nach oben rafft, um auf dem Altstadtpflaster nicht ins Stolpern zu geraten, gefolgt von den erstaunten Blicken der Nachtschwärmer hinter dem Panoramaglas der Kneipen und Cafés, die hier keine Sperrstunde kennen.

In einer Katakombe der Pariser Lustbarkeit

Nach etwa einer Viertelstunde Fußmarsch klopft seine Durchlaucht an die dickstämmigen Bohlen einer Pforte, hinter der man eher einen Burghof vermutet. Die Bohlen bewegen sich, das Portal schwingt auf und ein Herkules von Türsteher begrüßt seinen pompösen Besucher mit respektvoller Herzlichkeit. Fifi weist auf mich und Gerhard, sagt „meine Gäste" und wir steigen mit ihm eine Treppe hinab, an deren Ende sich der Gang zu einem schummrigen Kellergewölbe weitet. Links und rechts erkenne ich Männerpaare, die in Lack, Leder und Nieten gehüllt sind, miteinander flüstern und tuscheln oder in umschlungener Zweisamkeit Zärtlichkeiten austauschen.

Plötzlich stehen wir in einem nur von Wandkerzen erhellten Gemäuer von der Dimension eines mittleren Rittersaales. Also doch ein unterirdisches Burggewölbe. Im modernen Kontrast dazu dreht sich an der mit dunklen Quadern gemauerten Decke eine in allen Farben schillernde gläserne Diskokugel. Darunter eine dicht an dicht besiedelte Tanzfläche, auf der Buntleiber in eng umschlungener weltentrückter Intimität bei sanftklingenden Schmusesongs sich selbst genügen.

Es ist eigenartig: Obwohl die Szenerie etwas gespenstisch Gruselfilmreifes hat, wirkt sie auf mich alles andere als bedrohlich. Im Gegenteil: Das Ganze strahlt entspannende Harmonie und Freundlichkeit aus. Während die Exzellenzen Fifi und Sylvain im Getümmel brodelnder Sinnesfreuden verschwinden, ergreift die quirlige Atmosphäre unter dem Kopfsteinpflaster von Alt-Paris Besitz von mir. Ich bitte an einer langen, holzgeschnitzten Theke um einen Gin-Tonic. „Nein", wehrt der Barkeeper ab, als ich zahlen will, „nein, Sie sind Gast von Monsieur Fifi."

Irgendwann ist Damenwahl. Eine kettenbehangene, intensiv gesichtsbemalte Frau undefinierbaren Alters kommt auf mich zu – oder ist es ein Mann, der sich hinter dem dick aufgetragenen Make-up und Rouge versteckt? Ich habe in fünf neugierigen Pariser Journalistenjahren einige Sex-Originalitäten erlebt, aber dieser individuelle Frontalangriff einer Mann-Frau-Person bringt mich ins Schwitzen. Da normalerweise der Herr die Dame führt, sie das aber umgekehrt will, verunsichert mich dieser Rollentausch zusätzlich. Andererseits wiederum akzeptiert meine Partnerin, dass ich nicht auf Tuchfühlung gehen möchte. Also twisten, rocken und walzern wir über den Tanzboden. Da die Frage, ob Dame oder Herr für mich nicht zu beantworten ist und ich sie auch nicht in körperlicher Nähe ergründen möchte, flüchte ich mich als Ablenkung in eine unverfängliche Konversation, soweit es die zigarettenrauchige Luft ohne Hüstelei erlaubt.

So erfahre ich den Ort des lasterhaften Vergnügens: der „Palace-Club", eine Transvestiten-Hochburg des Pariser Nachtlebens, ein Mekka von Schwulen und Lesben, aber kein Eldorado des Rauschgifthandels. Drogen, so erklärt mir Fifi, seien hier rigoros geächtet, wenngleich ich den Verdacht habe, dass dieses Verbot eher locker gesehen wird. Skandalöse Zwischenfälle jedenfalls gab es nicht, dafür eine rauschende Festlichkeit der Sinne. Und ich von Fifis Gnaden mittendrin. Er winkt mir ab und an zu, kommt und fragt, ob ich Spaß habe und ich bedanke mich bei ihm für diese unvergessliche Bekanntschaft mit einem intimen Paris von Katakomben der Lustbarkeit und Feierwut. Es dauert nicht allzu lange und ich werde mitgerissen von diesem Sog des turbulenten Treibens fernab von ausgetretenen Routinepfaden der Rucksacktouristen. Alle hier sind freiwillige Gefangene eines selbstgewählten Verlieses von ausgelassener Lebens- und Liebeslust. Obwohl tief unter dem Kopfsteinpflaster von Montmartre, vergnügt sich hier im „Palace-Club" beileibe keine dunkle Untergrund-Gesellschaft, sondern eine regenbogenfarbene Gemeinschaft Gleichgesinnter als legitimer Teil des kunterbunten Pariser Nachtlebens.

Immer wieder tasten meine Blicke die Szenerie ab, um Fifi und Sylvain zu suchen. Sie sind in der Menge gut auszumachen, heben sich von ihr ab, denn um sie herum schwirren Gestalten in verschiedenstem Outfit, aber keine hat das Glitzerformat fürstlicher oder königlicher Würde. Als ob, so geht es mir durch den Kopf, als ob dies auf ein schweigendes kollektives Einverständnis aller Klubmitglieder zurückzuführen ist, Fifi als selbsternannten King auch durch die Wahl der Garderobe als solchen anzuerkennen. Weniger durch irgendwelche Zwänge als vielmehr durch Respekt vor seiner künstlerischen Arbeitsleistung. Das bekomme ich in dieser Nacht immer wieder auf verschiedenste Art bestätigt. Keinerlei Anbiedereien oder Unterwürfigkeiten, dafür aber ein allgemeines Verhalten zwischen Achtung und Bewunderung. Und er nutzt seinen Status nicht selbstgefällig aus, sondern plaudert mit allen ebenfalls respektvoll auf Augenhöhe. Zum Schluss bezahlt er wie jeder andere die um mich und Zwickert erweiterte Zeche, bedankt sich höflich, gibt Trinkgeld an Bedienung und Türsteher und schreitet Arm in Arm mit Sylvain zurück in die beginnende Morgendämmerung.

Davor lag eine für mich unvergessliche Nacht der Entdeckung eines geheimnisvollen Insiderteils von Paris, der nicht nur dem Touristen, sondern auch dem Normalbürger an der Seine unzugänglich und damit verborgen bleibt. Welch Privileg: Ich durfte in der Weltstadt von Lust und Liebe hautnah ein Stück nichtkommerzieller sündhafter Lebensechtheit kennenlernen – dank meines Freundes Fifi, dem so sympathischen Unikum der Künstlerszene als lebensversprühender Gegenentwurf zum peniblen Akkuratspießer. Jetzt, da ich das alles mit der Gedankenstütze meiner Aufzeichnungen so erlebnisnah wie möglich zu Papier bringe, fühle ich dieses nächtliche Abenteuer noch einmal in hautnaher Direktheit.

Ich sehe vor mir, wie Monsieur und Madame Fifi die Nacht in beneidenswert ungezwungener und zugleich hemmungsloser Feierstimmung genießen. Nicht als Orgie ausschweifender Anstößigkeit, sondern mit gegenseitigen zivilen Anstandsregeln. Welch ein fiktiv glamouröses Paar mit der betörenden Echtheit von Märchenwesen aus einer fernen Zeit.

Woher Fifi noch diese Kraft für intensive Feiernächte nach intensiver Abendarbeit nimmt, frage ich ihn. Eine solche Frage kann ein Fifi nicht verstehen, weil es für ihn keine ist. Feiern nach der harten Bühnenarbeit ist für den Urfranzosen keine Zusatzanstrengung, sondern die ausgleichende Erholung davon. Dass er nach durchtanzter, durchzechter Nacht auf häuslicher Lagerstatt nur eine kurze Phase ruhender Gliederstreckung und geschlossener Augenpflege einlegt, ist bei ihm der Normalzustand. Die zumindest braucht er, um sich in seinem Kreativstübchen neue Showelemente auszudenken und zurechtzuschneidern. Das ist für ihn nicht Last, sondern Lust, eine Fortsetzung des Nachtvergnügens mit anderen Mitteln. Wirklich gearbeitet wird dann erst in der Show. „Wie lange", habe ich ihn gefragt, „wie lange wirst Du das durchhalten?" Sein übermütiges Lachen war eine eindeutige Antwort: Da gibt es kein Limit! Ich war besorgt, habe bedenklich den Kopf geschüttelt. Nicht ganz zu unrecht.

Taschenklau mit unliebsamen Folgen

Fifi war ein wirklicher Freund und ich habe versucht, es ebenfalls zu sein, obwohl wir uns letztendlich nur flüchtig kannten, er nichts von Ost-West-Politik und ich nichts von seiner Travestiekunst verstand und er am anderen Ufer des Geschlechterstromes Libido ankerte. Aber wir scheinen in dieser zeitlichen Seltenheit unserer Begegnungen das Wesentliche im Charakter des anderen erkannt zu haben – und das hat uns mit viel gegenseitiger Sympathie zusammengebracht.

Nicht zuletzt hat das ein für mich schmerzlicher Vorfall bewiesen. Ich hatte für die Reportagewoche in Paris gemeinsam mit Fotograf Zwickert einen „Golf" gemietet, um mit unabhängiger Mobilität schnell an alle Ecken und Enden der Metropole zu gelangen. So parkten wir den Wagen eines Abends nur einen Steinwurf von Sacré-Coeur entfernt auf der abschüssigen Holperstraße am Montmartre-Weinberg, um dem „Lapin Agile" einen Reportage-Besuch abzustatten. Der „Pinot Noir" des Traubengartens ist eine ausgesprochene Rarität, denn – obwohl der größte seiner Art in Paris – beschränken sich seine Naturprodukte auf nicht mehr als 1800 Reben. Für die Insassen der Montmartre-Abtei hat es im Mittelalter allemal gereicht, um ihre strengen Glaubenssitten ein wenig aufzuheitern. Auch heute ist der Rebensaft bei Kennern und Sammlern sehr begehrt trotz seines recht herben, leicht bitteren Geschmackes, der durch die knappe Limitierung des seltenen Tropfens allemal wettgemacht wird.

Während Gerhard seine Fotokamera startklar machte, bewaffnete ich mich mit Block und Kuli. Meine Aktentasche deponierte ich im Kofferraum, den ich wie die Autotüren gewissenhaft abschloss. Als wir nach getaner Arbeit gegen Mitternacht zurückkehrten, stand die Heckklappe offen und die Aktentasche war weg. Mit ihr auch mein zweiter Kassettenrekorder und ein professioneller Michelin-Reiseführer. Das wäre verkraftbar gewesen, aber bitter war der Rest der verschwundenen Dinge in Form meiner Recherche-Notizen und Interview-Aufzeichnungen inklusive bespielter Tonbänder. Da aber keinerlei Geld zu holen war, hatte ich die leise Hoffnung, dass der Dieb sich allenfalls für den Rekorder interessierte und die Tasche mit dem für ihn wertlosen Inhalt in wütender Enttäuschung vielleicht weggeworfen hat. Während also Gerhard im fahlen Schein altertümlicher Straßenfunzeln die Gegend inspizierte, durchsuchte ich alle in der Nähe befindlichen Müllbehälter. Ergebnislos!

Dann kamen mir Zweifel, ob ich die Tasche nicht vielleicht in der Arbeitshektik bei Fifi vergessen hatte. Da mein Anruf in seinem Atelier ins Leere lief, versuchte ich es mit seiner Privatnummer und hatte Glück. Er war nach einem anstrengenden Arbeitstag plus Nachtschicht gerade zu Hause gelandet und seine Stimme hörte sich matt und abgeschlafft an. Nachdem ich von meinem Ganoven-Unglück berichtet hatte, war er hellwach und sofort ansprechbar. Nein, meine Tasche hatte er nicht in seinem Büro gesehen, aber – so tröstete er mich – ich möge mir keine allzu großen Sorgen machen. Er kenne die Flics der Montmartre-Wache sehr gut und werde gleich morgen früh gemeinsam mit mir bei ihnen aufkreuzen. Aber, wandte ich ein, was wird aus deiner allmorgendlichen Arbeitsbesprechung?

Nicht der Rede wert, meinte er. Das müsse auch mal so gehen. Und Sylvain werde ihn gut vertreten. Das wichtigste sei jetzt die Diebstahlmeldung, damit die Versicherung zumindest den Rekorder bezahlen würde – na, und vielleicht sei ja die Tasche doch gefunden worden. Er komme jedenfalls mit, um die Dinge zu klären und den Klau zu bezeugen. Keine Widerrede!

Mit dieser Order von Fifi traten wir den Rückzug an in unser Hotel am Bahnhof „Gare du Nord" an der Place Napoléon III. Den Rest der Nacht verbrachte ich damit, meine Gedankenmühle mit Sturzbächen von Kaffee auf Hochtouren zu bringen, um unter dem Erfolgsdruck unserer Reportage die verlorenen Notizen und Informationen zu reaktivieren. Das gelang mir letztendlich besser als gedacht. Allerdings musste ich bei dieser Erinnerungsakrobatik gegen einen bösen Störfaktor ankämpfen. Ich verfluchte unseren selbstgewählten Übernachtungsort am Pariser Nordbahnhof, der seinem Ruf als weltweit drittgrößte Bahnstation und meistbefahrenes Schienen-Drehkreuz Europas alle Unehre machte – durch einen permanent hohen Lärmpegel, der meine mühsam versammelten Kopfsplitter immer wieder durcheinander wirbelte. Schließlich war die Tortur rechtzeitig zum Frühstück beendet, eine Gedankenfolter, an die ich mich noch heute mit Grausen erinnere.

Den Ort unserer Absteige hatten wir mit Bedacht gewählt, weil wir den Wagen am „Gare du Nord" gemietet hatten und ihn auch hier wieder abgeben sollten. So waren es vom ankommenden Zug aus Berlin mit unseren Rollkoffern nur einige wenige Schritte zum Quartier und in umgekehrter Richtung dasselbe. Zwischen An- und Abfahrt also nur rein ins Auto und raus aus dem Auto. Keine zeit- und nervenraubenden öffentlichen Verkehrsmittel, keine Wartezeiten an Haltestellen, keine Fahrplanausfälle, alles ökonomisch, bequem und berechenbar. Und ein paar wenige Dezibel an Bahnhofsgeschäftigkeit würden uns nicht stören. Dachten wir – und hatten uns damit verdacht. Es tönte, schepperte, röhrte und kreischte unentwegt und pausenlos auf Schienen und aus Lautsprechern. Seine Durchsagen hatten es mir besonders angetan. Von „Einfahrt hat auf Gleis sowieso der D-Zug x" bis „Der Schlenzenexpress aus Richtung y hat diese und jene Minuten Verspätung!" Dank dieser Informationen kannte ich bald die pünktlichen und unpünktlichen Züge und die zuverlässigen und unzuverlässigen Routen. Das brachte mich in meiner verzweifelten Grübelei über die Wiederherstellung gelöschter Recherchefakten auch nicht weiter, hielt mich aber zusätzlich wach. Zwischendurch hatte ich immer mal wieder das Bedürfnis, den oder die Langfinger zu verfluchen, was mir etwas innere Erleichterung verschaffte. Meiner Liebe zu Paris und zu Montmartre hat es keinen Abbruch getan.

Der Schlafentzug schien mir dermaßen deutlich ins Gesicht geschrieben zu sein, dass die Beamten auf der Polizeiwache wohl ziemliches Mitleid mit mir gehabt haben müssen. Fifis Begleitung tat ein Übriges. So verzichteten die Ordnungshüter auf jegliche Schilderungen des Tathergangs, notierten wortlos die geklauten Utensilien, bestätigten die Richtigkeit des Geschehens mit Brief und Siegel und entließen den Geschädigten mit guten Wünschen und einer Entschuldigung für die bösen Buben von Montmartre, die es eben leider auch gebe. Dass der Chef der Wache außerdem noch Kaffee spendierte, war wohl ebenfalls Fifis Verdienst. Der fühlte mit mir, freute sich über das im Nachhinein zusammengesetzte Mosaik aus wiedergewonnenen Reportagefakten und bot mir ein neues Interview an, denn meine Aktentasche blieb verschwunden. Ich konnte nur hoffen, dass sie einem Kind als Schulranzen zugute kam. Dann hätte sie noch einen Nutzen.

Seine Majestät muss abdanken

Erinnere ich mich heute an den Taschenklau, ärgere ich mich nicht über die Klauerei, sondern freue mich über die Freundschaftsdienste von Fifi. Und denke ich an die ungewöhnliche Transvestiten-Nacht im „Palace", an den furiosen königlichen Nachtspaziergang und die Privatvorstellung eines Vollblutkomödianten, überkommt mich Dankbarkeit dafür, dass ich in der Weltstadt der Liebe so tief in ihr geheimnisvolles amouröses Innenleben eintauchen konnte. Das werde ich Monsieur Fifi nie vergessen. Von den vielen Freunden, die ich in Frankreich zurückgelassen habe, war er der außergewöhnlichste. Ein Sonderling, der mit sich, seiner Kunst und dem Leben im Gleichgewicht war. Ein Paradiesvogel, der sich selbst glücklich machen konnte und die Gabe hatte, andere damit anzustecken. Ein Lebenskünstler, der leider aber kein Überlebenskünstler war.

Er wäre gern mit nach Berlin gekommen. „Ruf mich mal an", hatte er gesagt, als ich mich von ihm verabschiedete, weil ich nach fünf Frankreich-Jahren in die Heimat zurückging. Das war Ende 1990, als ich vom DDR-Bürger schon zum Bundesbürger konvertiert worden war. „Ruf mich mal an!" Das tat ich, nachdem sich die haushohen Wendewellen des gesellschaftlichen Umbruchs, in denen ich fast ertrunken wäre, etwas geglättet hatten.

Fifis private Telefonnummer existierte nicht mehr. Und auch auf seiner Leitung bei „Madame Arthur" meldete er sich nicht. Ich fragte mich zum Direktor durch. Monsieur Fifi, bedauerte er, werde vom gesamten Ensemble des Theaters sehr vermisst. Er sei leider schon vor geraumer Zeit gestorben. An Magenkrebs, wie der Chef mir verriet, als ich ihm meine Freundschaftsbande zu Fifi erläuterte. Es hätten aber auch noch andere Umstände eine Rolle gespielt, worüber er am Telefon nicht reden möchte, was ich gut verstand. Ich war tief betroffen.

Über die „anderen Umstände" seines Todes machte ich mir so meine eigenen Gedanken. Als trauriger Fakt blieb: Philippe Planquois alias Fifi – quirliger Theatermann mit Leib und Seele – hat die Bretter seiner geliebten Bühne und seines aufreibenden Lebens unfreiwillig verlassen. Sein Arbeits- und Lebensstil hatte ihm wohl einen bösen Streich gespielt. Er empfand seine Art des rast- und ruhelosen Daseins immer als Lust, nie als Last, war hellwach für sein Umfeld, hörte auf keinerlei Warnungen und Ratschläge – und auch nie ernsthaft in sich hinein. Sein Körper hat ihm das wohl auf Dauer übel genommen, hat es als Raubbau an der Gesundheit eingestuft mit einer akuten Gefahr der Selbstzerstörung. Fifis ausufernde geistige und psychische Vitalität hat die physischen Alarmsignale so lange beiseiteschieben können, bis die innere und äußere Körpermaterie irreparabel verschlissen war.

Der Vollblutmime gehört in meiner Erinnerung zu Paris wie der Eiffelturm und Sacré-Cœur, der Arc de Triomphe und der Louvre, die Champs-Élysées und erst recht Montmartre und die Pigalle, wo er in einer Seitenstraße zu Hause war. Er hätte einen Palast im Zentrum von Paris verdient gehabt. Hätte man ihm das angeboten, ich denke, er hätte abgelehnt. Großmannssucht mit Protz- und Prunkäußerlichkeit war nicht seine Sache. Seine Welt war eine fantasievolle Puppenbühne von der Dimension eines Varietés mit dem Anspruch künstlerisch-frivoler Sinnlichkeit. Das alles bündelte sich für ihn in der Kabarettbühne „Madame Arthur", die mit ihren verlockenden Möglichkeiten von Verwandlungen und Zauberreizen wie für ihn geschaffen war. Der Gaukler und Artist Fifi liebte seine Profession und den Ort, an dem er sie ausleben konnte, mit abgöttischer, bedingungsloser Hingabe. Ein Fakir, der seine Kraft für immer wieder neue Kunststücke überschätzte. Ein Seiltänzer, der den Draht immer höher spannte, sodass der Abgrund immer tiefer wurde, in den er schließlich abgestürzt ist. Es war nur eine Frage der Zeit. Er ging mit seinen Lebenssäften so verschwenderisch um, dass schließlich ein vergossener Tropfen einer zu viel war. Dann war der Tank leer, der Sprit alle, der die Herzmaschine gespeist hat.

Wäre mir Fifi nicht begegnet, wäre ich einem Irrtum aufgesessen. Ich hätte geglaubt, Paris zu kennen.

ALAIN BERNARDIN

war als Patron des Pariser „Crazy Horse"
ein Lebemann, der nicht mehr leben wollte

Am Abend des 15. September 1994 erschütterte eine Eilmeldung die Pariser Kulturszene: Der Chef des berühmten „Crazy Horse Saloon", Alain Bernardin, wurde mit einem Kopfschuss tot in seinem Büro aufgefunden, neben sich als Tatwaffe eine Pistole. Ermittlungen der Staatsanwaltschaft ergaben, dass der Gründer des Nobel-Strip-Varietés am Vorabend, einem Mittwoch, nach der letzten Vorstellung gegen zwei Uhr früh nicht wie üblich sofort nach Hause gegangen war. Tags darauf wurde er kurz vor 18 Uhr von Angestellten des Hauses mit einer tödlichen Schusswunde aufgefunden. Der geheimnisumwitterte extravagante Gründer, Eigentümer und künstlerische Leiter des mondänen Erotik-Kultsaloons wurde 78 Jahre.

Vier Jahre zuvor, im Herbst 1990, hatte ich ihn näher kennengelernt als überspannten, kapriziösen Zampano eines einzigartigen luxuriösen Amüsiertheaters, das als einstige originelle Weltneuheit in Westeuropa Furore machte und unter Insidern als optisch attraktiver Tanzpalast nudistischer Ungewöhnlichkeiten gefeiert wurde.

Damals war Bernardin 74 und längst ein karnevalsbuntes Denkmal in der glamourösen Show- und Zirkuswelt an den Ufern der Seine. Ich durfte ihn mit dem Exotenbonus eines DDR-Journalisten fürs Fernsehen interviewen und war überrascht, dass mich der als unnahbar, distanziert, misstrauisch, hart und streng geltende Boss so dicht an sich heranließ und mich bereitwillig hinter die Glitzerfassade seiner Showbühne blicken ließ, wobei er zudem scheinbar unbefangen aus seinem Leben plauderte.

Das Motiv für diese individuelle, personelle Exklusivvorstellung war sicher nicht zuletzt der Wunsch, in diesen gesellschaftlichen Wechseljahren auch in ostdeutschen Gefilden bekannt zu werden. Das öffnete mir ungeahnte Perspektiven und in diesem Falle die Tore zu einem Musentempel ästhetischer Freikörperkultur. Mit einem Ballettensemble, dessen artistische Spitzenkunst in der Welt künstlerischer Unterhaltung ihresgleichen suchte. Geschaffen hatte diese berühmte Bühne eines amourösen Tanzzirkus ein unscheinbar wirkender Mann, dessen Statur eher der Magerfigur des Grimmschen tapferen Schneiderleins glich als der eines Dienstherrn für eine beeindruckende Riege junger sportlicher Schönheiten mit venushaften Traumfiguren, tänzerischer Vollblutbegabung und einem unschlagbaren Talent für Bühnenshows.

Die exotischste
Pferdchenparade der Welt

Geboren wurde Alain Bernardin am 9. Januar 1916 in Dijon, der Hauptstadt der ostfranzösischen Weinregion Burgund. Dass er es mit einer genialen Geschäftsidee zu Ruhm und Reichtum bringen würde, war ihm wahrlich nicht in die Wiege gelegt. Der gelernte Dekorateur war Kunsthändler, Kellner, Maler und Kneipenwirt, verkaufte Feuerlöscher und hielt sich mit einem Trödelladen über Wasser. Ein wechselvolles Auf und Ab, bevor er mit 35 Jahren eine einfache, aber wirkungsvolle und für ihn lebensentscheidende Inspiration aus Amerika mitbrachte und am 19. Mai 1951 verwirklichte: prickelnde Sinnlichkeit durch pittoreske Lichteffekte, projiziert auf die nackte Haut makelloser Körper von Ballerinen der Extraklasse. Aus tausenden Kandidatinnen wurden sie ausgesucht. Bernardin war stolz, mit seiner importierten Kreation statt Schmuddeltheater freizügige erotische Artistik mit ästhetischem Anspruch auf die Bühne zu bringen. Allerdings hatte er anfangs den Laden zweimal dicht machen müssen, bevor es ab 1953 endgültig aufwärts ging. Der ehrgeizige, geschäftstüchtige Franzose wurde damit zur millionenschweren Aufsteigerlegende.

Er nannte seine temperamentvolle Nacktttanz-Orgie eine „sexlose erotische Sauberkeit, die anstandslos auch Großmüttern mit ihren Enkeln gefallen könnte". Statt Omas und Opas kamen Leute von Weltruf. Als ich den „Crazy"-Chef traf, zählte er unter den 194 prominenten Besuchern seines Hauses nicht nur weltweit umschwärmte Herren der ersten Hollywood-Garde wie Marlon Brando, Yul Brynner, Elvis Presley, Andy Warhol, Bing Crosby, Gary Cooper, Clark Gable oder John Wayne. In der ersten Reihe saßen auch umjubelte Diven wie Maria Callas, Marlene Dietrich, Liz Taylor, Claudia Cardinale, die Bardot, die Lollobrigida und die Loren.

Sie alle kamen voller Neugier und gingen voller Begeisterung. Selbst gekrönte Häupter wie Monacos Fürst Rainier ließen es sich nicht nehmen, das reizvolle Spektakel in ungenierter Spaßstimmung zu genießen. Auch die Staatspräsidenten Frankreichs und der USA, Georges Pompidou und John F. Kennedy, amüsierten sich hier. Da erscheint es garnicht so abwegig, dass sogar der große Korse Napoleon das Nachtkabarett mit seiner Anwesenheit beehrt hätte, wenn es das „Crazy" damals schon gegeben hätte. Und der römisch-deutsche Kaiser Heinrich der Vierte hätte nach einem Besuch möglicherweise seine Idee verwirklicht, neue Insignien ins Pariser Stadtwappen aufzunehmen: zusätzlich zu einem Würfel und einem Degen auch einen Weiberunterrock. Dem spleenigen Pinselgenie Salvador Dalí, der hier ebenfalls in der ersten Reihe saß, hätte das sicher besonders gefallen.

Ich weiß noch, mit welch gemischten Gefühlen von Erwartung und Zweifel ich eines Abends mit Marion zum „Crazy Horse" pilgerte. Der Name – zu gut Deutsch „verrücktes Pferd" – war mir bislang nur bekannt von der „Crazy Horse"-Band des kanadischen Rock- und Countrystars Neil Young sowie aus der traurigen Geschichte der Sioux-Indianer. Deren Häuptling „Crazy Horse", der sich mit einem Leben im erzwungenen Reservat nicht abfinden wollte, musste 1877 nach dem blutigen Gemetzel der US-Kavallerie in der Schlacht am Wolfsgebirge fliehen und wurde später von einem Soldaten der US-Army ermordet. Seine Nachfahren protestierten im Oktober 2004 gegen die durch das Pariser Nachtlokal respektlose Vermarktung seines Namens, der ihnen heilig sei.

Was ich nun in der George-Avenue Nr. 12 sehe, hat durchaus Indianer-Cowboy-Flair. Über das ins Innere drängende Publikum wacht am Eingang der Showbühne ein für alle gedachter Bodyguard mit Oberlippenbart, braunen Lederstiefeln und roter Montur eines kanadischen Ordnungshüters. Sein Colt im Halfter ist ebenso unecht wie seine imitierte Wildwest-Herkunft. Der Aufpasser mit dem strengen Blick ist durchaus willens, Antworten auf neugierige Fragen zu geben. Er hört auf den spanischen Namen Rodriguez und muss mit seinem Job drei Kinder durchfüttern.

Wir steigen auf einer schmalen Treppe hinab in einen intim gehaltenen kleinen Zuschauerraum mit nur 400 Sesseln. Ein ehemals alter Kohlenkeller, den Bernardin im Stile eines Western-Saloons einrichten ließ und mehrfach mit Millionen-Investitionen aufmöbelte. Er ist in ein verhaltenes Rosa-Dunkel getaucht. Gerade soweit, dass die emsig herumwuselnden Kellner ohne Stolpergefahr den ständig gewünschten Alkoholnachschub besorgen können. Gastronomie und Platzierung waren damals klar geregelt: Wer sich die besten Plätze dicht an der Bühnenrampe leisten kann, muss umgerechnet runde 170 DM hinblättern und bekommt zum Trost dafür noch eine halbe Flasche Schampus. Begnügt sich der Gast mit Whisky, Wodka oder Mineralwasser, zahlt er 17 Mark weniger und bekommt einmal Nachschlag. Die Seitenplätze sind billiger und auf den Barhockern der letzten Reihe ist die Preisklasse am niedrigsten, aber die Animation am höchsten, sitzt man doch in unmittelbarer Nähe der Theke.

Die inzwischen perfektionierten Konditionen werben heute bei einem Eintrittsgrundpreis von 90 Euro mit einer „Backstage-Tour" für 275 Euro und einer Champagnerversion für 110, die auch als längergültiger Geschenkgutschein für 130 zu haben ist.

Wir warten auf den Gong, der die Show einläutet. Der rotweinfarbene Faltenplüsch vor uns schwebt in betont aufregender Langsamkeit auseinander, gibt den Blick frei auf betörende Weiblichkeit. Man hört förmlich, wie die knisternde Atmosphäre im rappelvollen Saal explodiert, gezündet durch eine gebündelte Ladung hautintensiver femininer Tanzartistik. Sie gilt als die erotischste und exotischste Show von Paris. Das „Crazy Horse" beginnt seinen Marathongalopp mit den 16 verrücktesten „Pferdchen" aller Rassen, jedes der Mädchen eine Ballerina von Format, die den Spitzentanz auf hauchdünnen absatzhohen Damenschuhen – heute bekannt als High Heels – ebenso beherrscht wie Pirouette oder Stangentanz.

Im Takt schmissiger Quadro-Rhythmen in Dezibel-Orkanstärke fegt der Wirbelwind eines Nonstop-Spektakels über die blitzblanken Bretter des Kellervarietés. Die Dauer von einer Stunde und 40 Minuten wird zur erstaunlichen Kurzweil. Originelle, eigenwillige Tanzeinlagen mit gekonnter Körperbeherrschung als Solovorführung oder verblüffende Gruppen-Synchronität. Anstrengender Leistungssport in gespielter Leichtigkeit. Dass die Nacktheit anmutiger Eva-Figuren bei allen akrobatischen Verrenkungen nie ins Obszöne, Peinliche oder Ordinäre abgleitet, bewirkt ein raffinierter Lichtzauber. Dafür sorgen Projektoren und Spots, die der Mädchenriege von sechs Nationalitäten ständig wechselnde Fantasiemuster aller Couleur auf den blanken Leib schneidern. Der verblüffende malerische Effekt macht die ausgezogenen Damen anziehend – und bestätigt ihren Ruf als Paris-Sensation für Insider.

Das Freiluft-Theater Paris

Als Bernardin seinen Tempel der amourösen Muse gründete, konnte er sich eine Spielstätte in der nahegelegenen Prachtallee Champs-Élysées in Nachbarschaft des weltberühmten „Lido" nicht leisten. So wich er in die feine, aber kleine und eher unauffällige Seitenstraße George V aus, wo der Tagestourist an dieser

Glitzerperle aufregender Unterhaltung meist achtlos vorübergeht – allenfalls bedacht mit einem kurzen Blick oberflächlicher Unwissenheit, übersättigt von den Open-Air-Künsten der Straßenakteure, die der Passant zuhauf gratis bekommt, wenn er geizig genug ist.

Da ist die populäre Zeichentrickfigur Popeye, die sich nebenan auf dem Zweikilometer-Luxuspflaster zwischen Arc de Triomphe und Concorde-Platz dem Touristen als Lachnummer anbietet. Nimmt man den Spaß des Gauklers mit der Kapitänsmütze ernst, ist er durchaus ansprechbar. Er stellt sich mir als Robert Gopal vor, ehemaliger Seemann, wohnhaft in Neuilly bei Paris. Täglich trainiert er seine Gesichtsmuskeln, denn er will bei der nächsten Weltmeisterschaft der Grimassenschneider im südfranzösischen Moncrabeau gewinnen. So verschiebt, knetet und zerknittert er sein Gesicht, bis er aussieht wie Popeye. Im Film kann sich der Matrose mit der Ankertätowierung auf dem Arm und der Pfeife im zerknautschten Gesicht zu einem Comicriesen aufpumpen, wenn er Spinat zwischen die Zähne bekommt. Im realen Leben ist es umgekehrt: Monsieur Gopal muss zuerst rumalbern, um sich dann mit einigen Münzen der Barmherzigkeit den Spinat leisten zu können. Robert Gopal hat tausende Gesinnungsfreunde, gegen deren billiges bis kostenloses Straßentheater das teure Tanztheater ankämpfen muss.

Paris hat Platz für jede Art des Gelderwerbs, bietet die grenzenlose Freiheit, sich etwas einfallen zu lassen, um leben oder überleben zu können. Paris ist nicht nur gepflastert mit den Erfolgen der Reichen, Schönen und Vermarktungswunder, sondern auch mit den tragischen Schicksalen der Schwachen und der humorigen Ausgelassenheit der Lebenskünstler und Originale. Ob auf den Champs-Élysées oder vor dem Kulturheiligtum „Centre Pompidou", wo sich Alfredo zum lebenden Kunstwerk macht. Stundenlang steckt er sein klassisches Profil mit silberbärtigem Kinn durch einen verschnörkelten Goldrahmen und lässt sich fotografieren. Gewählt hat er für dieses Stillleben den zugkräftigen Namen „Selbstporträt". Und weil Alfredo pfiffig ist und Kunst auch was kostet, muss jeder zahlen, der ihn ablichten will. Er ist Musiker und weiß, was er wert ist.

So sieht sich ganz Paris als ein faszinierendes Theater ohne Spielpause mit Akteuren, deren Namen auf keinem Plakat zu finden sind und die mit den Seifenblasen von Hoffnung und Illusion leben – wie die Pantomimin am Fuße des Eiffelturms, die nicht mehr glaubt, dass ihre Bühnenträume reifen. Wie der Feuerschlucker am Nordbahnhof, der Geld sammelt für eine Artistenschule. Wie der Bänkelsänger auf der monumentalen Freitreppe von Sacré-Cœur, der auf seine Entdeckung durch einen Manager hofft. Wie der Fakir vor Notre Dame, der mit jeder Münze im Hut mit den Rasierklingen auch seine Probleme runterschlucken kann – oder wie die Seiltänzerin im modernen Hochhausviertel „La Défence", die mit zirkusreifem Spagat und gewagten Sprüngen an die Ballerinakünste ihrer beneidenswerten Kolleginnen im „Crazy Horse" erinnert.

Eine unerwartete Drehgenehmigung

Dass der pressescheue Meister mir ein Fernsehinterview einräumt, hatte ich nicht wirklich erwartet. Er hat Reklame längst micht mehr nötig. Deshalb war ich freudig aufgekratzt, als mir seine Assistentin Sylvie Nicole mitteilte: „Monsieur Bernardin erwartet Sie zwischen den beiden Abendvorstellungen." Die begannen 21 Uhr und 23.45 Uhr. Freitag und Samstag spektakelt es sogar drei Mal. Kaum zumutbare Hochleistungsschichten für die Mädels. Dann offerierte mir Sylvie das schier Unglaubliche: Bernardin gestatte uns, einige Minuten des exquisiten Programms aufzuzeichnen. Allerdings würde der vorsichtige Hausherr einen Assistenten an unsere Seite stellen. Er werde uns sagen, wann die Kamera ein- und wann sie auszuschalten sei. Das war mehr als erhofft, denn der Meister hatte Fotoapparate aus dem Zuschauerraum strikt verbannt und wachte mit Argusaugen darüber, dass keinerlei Ablichtungen seiner Grazien den Raum verließen. Ich war hochzufrieden über das Zugeständnis, nahm den Zensurbeauftragten gern in Kauf und genoss mit doppelter Freude den Zauber der Liveshow. Damals habe ich unmittelbar nach der Bühnenrevue den unvergesslichen Eindruck ihrer ersten Minuten notiert:

„Die Lichtkanonen schießen ein Feuerwerk grasgrüner Sterne, dottergelber Sonnen und azurblauer Monde auf die Amazonen. Das einzige, was sie nun anhaben, sind Pelzmützen, Lackstiefel und mobile Lautsprecher, aus denen ein altenglischer Militärmarsch dröhnt. Dazu eine durchgefeilte Choreografie, die mit Kommandosound das Exerzieren in Paradehaltung zur Tanzparty werden lässt. Körperästhetik in perfekter Inszenierung, die Raum lässt für viel Fantasie."

Das gesamte „Regiment", so hatte mir Polly aus dem Chefbüro verraten, zähle 24 Mädchen zwischen 20 und 27 Jahren, die im Schichtdienst auftreten. Die gertenschlanken Damen wurden aus tausenden von Bewerberinnen ausgesucht – ohne Ausnahme nach einem festen Reglement: Abschluss einer erstklassigen Ballett-Ausbildung, Körpergröße zwischen 1,65 und 1,73 Meter, Oberweite von nicht mehr als 90 Zentimeter, Gewicht unter 55 Kilo. Eine für Männer unwiderstehliche kollektive Verlockung, die sie beim Wunsch belassen müssen. Denn Bernardin ist unbestechlich und unerbittlich, ein gnadenlos strenger Sittenapostel, der mit eiserner Disziplin im Stile eines Aufsehers über die Jungfräulichkeit seiner Schützlinge wacht. Jeder männliche Annäherungsversuch, so erfuhr ich, wird rigoros abgeblockt. Selbst teuerste Verehrerpräsente erreichen die Girls erst garnicht oder gehen postwendend zurück.

Die glorreiche, hundertfach vergoldete Kabarett-Idee soll dem Franzosen gekommen sein, als er einst sah, wie eine gewisse „Miss Fortunia" die Hüllen fallen ließ und er glaubte, dass nur der liebe Herrgott persönlich eine solche Makellosigkeit hätte modellieren können. Da, so wird ihm nachgesagt, habe er begriffen, dass ein Frauenkörper für ihn ein Vermögen wert sein könnte. So wurde jede Tänzerin für Bernardin ein Schatz der besonderen Art. Er hielt seine Hand eisern und mit unerbittlicher Konsequenz über diese Schätze, ließ sie von niemandem anrühren. Nur in einem Fall zog er die Hand weg. Er selbst wurde schwach und heiratete den Star seiner Truppe, Lova Moor alias Marie-Claude Jourdain. Um glaubhaft zu bleiben, entließ er sie und verhalf ihr zu einer Karriere als Schlagersängerin.

Der pressescheue Alain achtete peinlich genau darauf, dass sein Privatleben mit seiner jungen Frau auf seinem westlich von Paris am Seine-Ufer gelegenen Anwesen in Louveciennes ein von Journalisten verschontes Idyll blieb. Der von betuchten Zeitgenossen bevorzugte Obst- und Weinbauort wurde einst bekannt als naturgrüne begehrte Niederlassung für berühmte Pinselkünstler wie Pissarro, Sisley und vor allem Auguste Renoir. Von ihm ist bekannt, dass er mit unverminderter Besessenheit weitermalte, als ihn eine Krankheit in den Rollstuhl zwang und er sich den Pinsel an der Hand festbinden ließ, weil er ihn nicht mehr halten konnte. Eine ähnlich unbändige Energie wurde Bernardin nachgesagt, weshalb er vielleicht auch einer seiner Künstlerinnen den Fantasienamen „Rita Renoir" gab.

Über die moralische Besorgnis eines Despoten

Als ich dem Allgewaltigen des „Crazy Horse" gegenüberstehe, enttäuscht mich sein nichtssagendes Äußeres an Körper und Outfit. Eine schwächlich wirkende spirlige Erscheinung mit gedrungener, unscheinbarer Statur, hagerem Blassgesicht, dünngescheiteltem Haar und Fistelstimme. Das Gegenteil von dem, was er von seinen Tanzartistinnen an glamouröser Ausstrahlung und Bühnenpräsenz fordert. Nur die unsteten stechenden Augen und die keinen Widerspruch duldende Befehlsstimme verraten den energischen, willensstarken Manager. Mit kantigen Handbewegungen lässt er keinen Zweifel an der unwiderruflichen, unabänderlichen Entschiedenheit seiner Aussagen. An seiner Seite zwei Tänzerinnen, die dem Herrn und Meister aufs Wort gehorchen und ihm nach dem Munde reden, wobei ich aber den Eindruck habe, dass sie ihm aus ehrlichem Herzen dankbar sind. Und stolz darauf, von Frankreichs Presse in permanenter Regelmäßigkeit zu den schönsten und professionellsten Showtänzerinnen Europas gekürt zu werden.

Bevor wir uns setzen, gestattet er ein Erinnerungsfoto, bei dem ich ihm dicht auf den Leib rücken darf. Ausnahmsweise, denn zu viel personelle Nähe – so habe ich bemerkt – mag er nicht. Unseren für die Dreharbeiten mitgebrachten Halogen-Strahler lehnt er für das Foto ab und besteht stattdessen auf einer hauseigenen Weichzeichnerlampe. Ist es Eitelkeit zum Retuschieren der Gesichtsfalten? Das entspräche seinem Charakter und seiner Mentalität, das Leben durch eine rosarote Brille zu sehen und es bis ins letzte Detail schönen zu wollen, um nicht nur seinem Publikum, sondern auch sich selbst eine heile Welt zu bescheren.

Der Chef erlaubt mir, auch seine Begleiterinnen vor Kamera und Mikrofon zu befragen, fällt mir aber schon bei meiner ersten Frage entschieden ins Wort. „Ob sie Verehrer haben?", wiederholt er entrüstet. „Niemals, niemals!". „Und wenn doch?", wage ich einzuwerfen. „Wie können Sie denn Ihre Mädchen gegen Zudringlichkeiten schützen, gegen die Attacken der Männer?" Jetzt verliert seine Stimme den empörten herrischen Ton, bekommt einen ruhigen, besorgt väterlichen Klang:

„Das ist eine ausgesprochen wichtige Sache, auf die ich seit 40 Jahren großen Wert lege. Denn immer, wenn ich junge Tänzerinnen engagiere, ist mir klar: Große Städte wie Paris, London oder New York sind ein gefährliches Pflaster für die Mädchen. Es gibt Fallen, die man ihnen ersparen muss. Ich mache die Moral nicht. Es ist ihre eigene Angelegenheit, sich ihre Moral zu bilden. Aber verstehen Sie bitte: Einer jungen Frau mit zwanzig, die blendend aussieht, die schön ist und die im ‚Crazy' arbeitet, wollen eine Menge Männer nachsteigen. Und davor muss man sie schützen. So lasse ich sie jeden Abend von Taxifahrern nach Hause bringen, die ich persönlich kenne."

Der „Crazy"-Chef steht zu seiner Nackedei-Kunst: „Eine sexlose erotische
Sauberkeit, die anstandslos auch Großmüttern mit ihren Enkeln gefallen könnte".

Er amüsiert sich köstlich über meine Verblüffung und kramt
dann eine Rechtfertigung auf die Zunge, die er in einem herrischen Brustton tiefster Überzeugung von sich gibt:

„Ich will nicht sagen, dass ich ihr Privatleben überwache, aber
ich kenne es. Und wenn eines meiner Mädchen ein solches Privatleben führt, das mir nicht gefällt, wird ihr Vertrag nicht verlängert. Ich brauche keine Mädchen, die sich des ‚Crazy Horse‘
bedienen, sondern umgekehrt: Sie sollen der Show dienen – und
zwar von ganzem Herzen.“

Dann, so Bernardin, sei er nicht nur Brötchengeber, sondern
„Kamerad, Lehrer, Freund“ und auch „Vater und Mutter“. Deshalb bestand er darauf, dass seine Tänzerinnen ihre bürgerlichen Namen ablegen. Es galten ausschließlich Pseudonyme, die
aus der Italienerin Rosa Fumetto die Künstlerin Patrizia Novarini machten und aus der Französin Nicole Yasterbelsky eine
Rita Cadillac – und die Deutsche Dorotea Slavinsky hieß nun
Dodo d’Hambourg. So schmückte sich die kunterbunte internationale Damenriege auch mit kunterbunten Fantasienamen,
die wie ein sehnsüchtiger Seufzer nach Exotik und Erotik klangen: Lili Niagara, Lady Chinchilla, Viola Vibrato, Miss Candida, Rita Cadillac, Vicky Toboggan, Bertha von Paraboum, Maria Tupolev, Miss Pamela, Bonita Super, Stella Patchouli, Betty
Mars, Vicky d’Amsterdam, Polly Underground, Prima Symphony oder Norma Piccadilly.

Heute heißen die Mädels Hippy Bang Bang, Kika Revolver
oder Etta d’Amour. Das vom Meister eingeführte Ritual der ausgefallenen Künstlernamen wurde in personeller Verehrung für
den Gründervater beibehalten.

Damals sitze ich ihm gegenüber und weiß nicht, ob ich ihn
im Umgang mit seinen Diven wegen seiner sozialen Ader und
Fürsorge bewundern oder wegen seines Despotismus tadeln soll.
Der große Boss mit der Statur eines tapferen Schneiderleins und
der geschickt kaschierten Herrschsucht eines Pharao befiehlt –
und seine Mädels gehorchen nicht nur aufs Wort, sondern auf
jede Stimmungs- und Tonlage ihres Herrn und Meisters. Ein
scheinbar besorgter Tyrann mit Sozialgewissen, der seine Da

menriege hofiert und zugleich einschüchtert. Widersprüche, die keine sind, denn Zuckerbrot und Peitsche im rechten Verhältnis waren schon immer ein bewährtes Mittel zur Erzeugung von Ergebenheit, Hörigkeit, Abhängigkeit, Unterwürfigkeit.

Im Raum knistert es von solch respektvollem Gehorsam, der von Bernardins beiden Begleiterinnen ausgeht. Er stellt sie mir vor. Die dunkelgelockte englische Venus neben ihm taufte er „Trampoline" und mit Vornamen „Friday", weil sie an einem Freitag zu ihm kam. Die andere Tänzerin, eine Holländerin, nannte er „Akky" und mit Zunamen „Masterpiece", also „Meisterstück". Ich frage sie nach der Bewertung ihrer Bühnenperformance. Ihre Worte lassen den Preis des Privilegs ahnen, im berühmten „Crazy Horse" auftreten zu dürfen: „Es ist der bisherige Höhepunkt meines Lebens. Zugleich ist es physisch und auch moralisch sehr schwer. Die Kunst besteht darin, die Zuschauer nicht merken zu lassen, dass wir viel arbeiten. Sie sollen die Perfektion als Leichtigkeit empfinden." Akky Masterpiece scheint selbst erstaunt darüber, was sie da an Gefühl preisgibt.

Ihr Chef hat wohlwollend zugehört, bestätigt: Was die Mädchen leisten, grenze an Akrobatik. Aber die Prinzipien seien einfach. Originalton Bernardin: „Die Tänzerinnen sind weitgehend oder völlig nackt. Sie müssen auch Schauspielerinnen, Komödiantinnen sein. Denn das Publikum soll glauben, dass die Lichteffekte auf ihren Körpern real auf ihrer Haut vorhanden sind. Und eine zweite Sache ist sehr wichtig: die Schminke." Er wendet sich der Holländerin Akky zu: „Schauen Sie, sie ist jetzt nicht geschminkt. Heute Abend wird sie einen Mund haben, der doppelt so groß ist und wie auf einer Comic-Zeichnung aussieht."

Auch diese kosmetische Eigenart gehört zu Bernardins Wirkungsfaktoren. Lippen in Scharlachrot, Himmelblau, Zinnoberrot, Pink oder Platin, dazu Perücken in Fantasiefarben und Wimpern im XXL-Format – ein Arsenal berechnender Attribute, die spielerische Eleganz mit betörender Sinneslust verbinden sollen.

Der Patron erhebt sich, bittet um Verständnis, denn die zweite Abendvorstellung stehe an. Die Audienz ist beendet. Ich bedanke mich bei ihm sehr herzlich für die Informationen aus allererster Hand, für die großzügigen Möglichkeiten bildlicher und akustischer Einblicke in die hermetisch abgeschottete Flitterwelt seiner ungewöhnlichen Tanzrevue. Dann verabschiede ich mich von einem Dienstherrn, der seine Angestellten wie Leibeigene hält, sich aber im Gegensatz zu sklavischer Brutalität fürsorglich um ihr Wohl und Wehe kümmert. Ein Kapitalist mit sozialen Ambitionen. Oder?

Nebenbei war mir beim Herumhören im Flüsterton zu Ohren gekommen, er habe seinen Mädels Bankkonten angelegt, auf denen ein Fünftel ihres Monatslohns mit Sperrklausel festgeschrieben wurde, um ein ausschweifendes Leben zu verhindern und eine finanzielle Vorsorge für später zu haben. Er wollte ja, wie er mir sagte, „Vater und Mutter" sein und sparte für sie, weil er wusste: Nach maximal sieben Jahren ist ihre Karriere vorbei. Bei einer monatlichen Durchschnittsgage von umgerechnet damals 7000 DM – Spitzenwert 10 000 – war das eine durchaus respektable Summe für einen beruflichen Neustart.

Bernardin, der knallharte Geschäftsmann, als Gutmensch und Samariter? Er wusste nur zu gut, dass seine hochsensible Geldmaschine mit Wohltaten geölt werden muss, damit sie läuft und die Seele seiner Revue funktioniert: perfekte Körper, perfekte Licht-Musik-Choreografie, perfekte sinnliche Ästhetik und perfekte Persönlichkeiten, die für die Außenwelt unantastbar sind und mit der Moralstrenge eines Mädchenpensionats gehalten werden müssen. Er selbst nannte sein Varieté ein „modernes Museum der Nacktkunst", das jugendfrei und jederzeit für jedermann zugänglich sei. Niemand bekäme beim Zusehen seiner Kunst der verhaltenen, dezenten Freikörperkultur einen roten Kopf und müsse sich für eine solche „Glühbirne" schämen. Nein, das Kunststück seiner Show bestehe darin, dass sie in ihrer Ästhetik sexy und zugleich jugendfrei sei.

Der traurige Revolverheld

Mit dem Interview im Kasten klettere ich nach oben ans Tageslicht. An der Pforte steht nach wie vor Rodriguez, der Spanier, in kanadischer Polizeikluft mit filzigem Cowboyhut und gegürtetem Colt und hält Nachtwache. Vom Alter her hätte er schon bei der Premiere des Etablissements vor 40 Jahren dabei sein können. Das kann keine der Tänzerinnen von sich sagen. Seit damals haben es bis zum Zeitpunkt unserer Begegnung lediglich 230 Bewerberinnen aus aller Welt geschafft, den knallharten Spielregeln des Nachtklubs gerecht zu werden. Männer hatten bei ihm keine Auftrittschance. Die hätte er höchstens einem Travestiestar eingeräumt, wie es im November 2014 erstmals Conchita Wurst gelang. Ein halbes Jahr nach ihrem Sieg beim „Eurovision Song Contest" in Kopenhagen gab die damals 25-jährige Dragqueen langhaarig und vollbärtig ein einwöchiges Gastspiel im „Crazy Horse".

Alain Bernardin hätte es sicher gefreut, sein Faible für Pseudonyme auch durch die österreichische Kunstdiva verwirklicht zu sehen – nicht als Thomas Neuwirth, sondern als Conchita Wurst. Das gehörte zum durchgestylten Nimbus seiner attraktiven Show-Illusion, komplettierte die Aureole des Außergewöhnlichen.

Der Prominentenfranzose hat seinen mondänen erotischen Musentempel tänzerischer Artistik mehr als 43 Jahre lang mit der klösterlichen Sittenstrenge eines Oberpriesters geführt und Nacktheit zur Kunst erhoben. Zusammen mit dem „Moulin Rouge", dem „Lido", den „Folies Bergère" und dem pleitegegangenen „Casino de Paris" rückte das „Crazy Horse" in die Reihe jener weltberühmten Revuetheater, die das Gesicht des „Paris Canaille" und des „Gay Paris" prägten – das Paris der Veruchtheit, Lust und Freude.

Der kleine Mann aus Dijon, der sich einst mit Gelegenheitsarbeiten durchschlagen musste, zauberte aus einem Kohlenkeller eine Insider-Attraktion für kühne Männerträume mit Playboy-Attitüde, verfolgte seine Vision mit unbeirrbarer Hartnäckigkeit und avancierte zum „Maître de Plaisir" französischer Unterhaltungskunst der erotischen Sinnlichkeit. Dann ist es eine Pistolenkugel, die seine Lebenslinie trifft und zerfetzt – abgefeuert von eigener Hand, wie alle polizeilichen und medizinischen Untersuchungen bis heute eindeutig ergaben

Der Gott ausgelassener zelebrierter Lebensfreude ein Selbstmörder? Kaum vorstellbar! Die Zeitungen überschlugen sich mit Vermutungen, Deutungen, Verdächtigungen, Spekulationen. Die Gerichtsmediziner konstatierten: Er war kerngesund. Sein Direktor Louis Camiret ist sich sicher: „Er war nicht depressiv!" Warum auch, hatte er sich doch einen „Kindheitstraum" erfüllt und sei glücklich gewesen als „King des Pariser Nachtlebens", wie seine Tochter Sophie zu Protokoll gab. Gemeinsam mit ihren Brüdern Didier und Pascal übernahm sie die Leitung des Unternehmens mit Filialen in Las Vegas und Singapur – wie fast immer bei Geschäften solcher Größenordnungen nach einem handfesten Krach. Zuvor hatten sie als Kinder aus einer früheren Beziehung ihres Vaters einen Erbschaftsstreit gegen Stiefmutter Lova Moor gewonnen.

Offensichtlich hinterließ Alain Bernardin auch keinen Abschiedsbrief, der Aufschluss über das Motiv seines rätselhaften Todes geben könnte. Der Suizid eines Mannes, der alles erreicht hat, bleibt das Geheimnis eines facettenreichen Künstlers und eigenwilligen, überaus erfolgreichen Geschäftsmannes, der mit einer simplen wie genialen Idee Erfolg und Geld en masse anhäufen konnte. Warum sollte ein solcher Glückspilz zum giftigen Fliegenpilz werden, an sich und der Welt verzweifeln und zu einem Totschießprügel greifen?

Im Rückspiegel meiner Erinnerung sehe ich Monsieur Bernardin als ein körperlich schwächliches, aber mental willensstarkes Männlein, das bei mir einen eigenartig introvertierten und zwiespältigen Eindruck hinterließ. Noch heute frage ich mich, wie das wohl zusammengepasst hat: einerseits sein entschiedenes, diktatorisches Auftreten, das kraft seines übermächtigen Amtes und seines napoleonischen Charakters keinerlei Widerworte zuließ und andererseits sein nahezu verklemmtes, zugeknöpftes Wesen, das weder eine sympathische persönliche Note besaß noch Kontaktfreudigkeit durchschimmern ließ, von kommunikativem Wollen ganz zu schweigen.

Diese Gegensätzlichkeit und seine zur Schau getragene Gespreiztheit verliehen ihm paradoxerweise ein seltsam magnetisierendes Charisma, eine geradezu frostige Ausstrahlung mit der Aureole einer immerwährenden Distanziertheit. Er schien die zwanghafte Eigenart zu haben, sich ihm nähernde Fremdpersonen mit einem siebenten Sinn auf ihre Glaubwürdigkeit abzutasten, um entscheiden zu können, wieweit er sie an sich und seinen Eispanzer heranließ. Diese Reifeprüfung habe ich bei ihm wohl zumindest bis zur gnädigen Erlaubnis eines Interviews mit teilweiser Drehgenehmigung für Ausschnitte aus seiner Revue bestanden. Das war viel!

Dass irgendein Mensch ihm je wirklich nahekommen könnte, um in freundlicher Aufgeschlossenheit und Vertrautheit mit ihm zu plaudern, hielt ich für ausgeschlossen. Eigentlich das kommerzielle Todesurteil für einen Geschäftsmann. Ich halte diesen Widerspruch für eine Tragödie. Sie gipfelte in der scharfen Disharmonie, dass der spröde und unzugänglich wirkende Boss mit unterkühltem Gemüt und verriegeltem Herzen ein Lebemann sein wollte und von seinem Naturell her dazu nicht imstande war. Scheinbar konnte auch sein gehorteter vergoldeter Berg aus klingender Münze dieses Manko nicht kompensieren. Vielleicht ist er daran zerbrochen.

Kurz nach dem Fund seiner Leiche begann die Abendvorstellung. Die „Pferdchen-Parade" galoppierte als wäre nichts geschehen wie eh und je mit Eleganz und Esprit in gewohnter, eingeübter Perfektion über die Bühne, hinter der Kripo und Polizeiärzte bereits erste Untersuchungen und Ermittlungen durchführten. Das uralte-Credo des New Yorker Theaters am Broadway Nr. 1681 galt auch für das „Crazy Horse" in der Pariser George-Avenue Nr. 12: „The show must go on". Nachgedacht und getrauert wird später! Ich kann mir vorstellen, der rast- und ruhelose Übervater des „Crazy Horse de Paris" hätte es selbst so gewollt!

HENRI ALLEG

**alarmierte die Welt mit einem Hilferuf aus dem
Folterkeller einer algerischen Todeszelle**

Das Frankreich von Freiheit, Gleichheit und Brüderlichkeit hasste
die deutschfaschistischen Besatzer, verurteilte ihre barbarische
Gewaltherrschaft, brachte ihre noch greifbaren Folterknechte
hinter Gitter oder aufs Schafott – und folterte selbst nach ihrem Vorbild. Personelles Zeugnis dafür ist mein Freund Henri
Alleg, französischer Journalist mit britisch-algerischen Wurzeln. Sein Schicksal ist eine bestürzende Anklage.

Es ist der letzte Tag des Jahres 1986, als ich mich mit meinem Kameramann Eberhard Güldner von unserem Büro im Pariser Vorort Boulogne-Billancourt in rollende Bewegung setze,
um ihn zu interviewen und ihm fürs neue Jahr viel Gesundheit
zu wünschen. Die hat er bitter nötig. Denn noch immer, so wird
er uns sagen, erinnert sich sein Körper ab und zu schmerzhaft
an das, was ihm einst angetan wurde. Zwar sind die äußeren
Wunden verheilt, aber innere Organe nehmen die Peinigungen
von damals bis heute übel.

An diesem Silvestertag beginnt die Freundschaft mit einem
Mann, den ich rundum bewundert habe und nun persönlich kennenlernen werde. Auf dem Weg zu ihm ins südlich von Paris gelegene Städtchen Palaiseau geistern durch mein Gehirn immer
noch gespenstische Szenen aus seinem dramatischen Erlebnisbe-
richt, den er 1957 auf Papierfetzen aus dem algerischen Gefängnis von El-Biar schmuggeln konnte. Gedruckt war es dann eine
knapp hundertseitige Reportage, die mit dem Titel „Die Folter"
um die Welt ging und ihrem Autor durch die Wucht einer breiten internationalen Solidarität die Freiheit brachte. Das Manuskript erschien 1958 in Buchform auch im Ostberliner Aufbau-

Verlag. Dem Report vorangestellt hat sein Verfasser ein Zitat des französischen Literatur-Nobelpreisträgers Romain Rolland: „Ich verteidige Frankreich, wenn ich die verderbten Franzosen angreife." Nach dem Willen seiner Henkersknechte sollte Alleg mit 36 Jahren sterben. Als wir ihn besuchen, ist er 65.

Ein Jahr verabschiedet sich aus dem Kalender. Mit einem für die Region Paris typisch milden, sonnendurchwirkten Winternachmittag mit klarseidener Frischluft. Einige hauchdünne zuckrige Schnee-Inseln auf reifglänzenden Dächern zeugen von einem schüchternen wetterwendischen Versuch, dem Ort Palaiseau einen festlich weißen Anstrich zu verpassen, wie es sich fürs Jahresende gehört. Auch ein Flüsschen mit dem neckischen Namen Yvette zeigt sich unbeeindruckt von dem Ansinnen, seinen Lauf unter eine Eisdecke zu verbannen, hat sich nächtlichen Frostattacken erfolgreich widersetzt und plätschert mit sommerlicher Sorglosigkeit durch den Ort. Dessen ungeachtet ist an allen Ecken Nachweihnachtlichkeit zu sehen und Neujahrsvorfreude zu hören. Die in volkstümliche Gemütlichkeit gehüllte Gemeinde mit ihren etwas mehr als 30 000 Einwohnern bereitet sich in stimmungsvoller Festkulisse und böllerkrachender Lebensfreude auf den Jahreswechsel vor.

Freiheitsliebe als Verbrechen

Als ich das Gartentor in der Rue Gabriel Dauphin aufklinke, kommt uns Henri Alleg entgegen, begrüßt uns mit Handschlag und freundlicher Höflichkeit und bittet in sein geräumiges Arbeitszimmer. Wir erscheinen mit versprochener und erwarteter Pünktlichkeit. Ein dunkelbraun lackierter dickstämmiger, wuchtiger Schreibtisch, dekoriert mit Manuskripten und mit Blumenbuntheit in einer schlichten Vase, bis zur Zimmerdecke getürmte Regale, vollgestopft mit Büchern. Henri bringt zwei Tassen Tee, bittet mich, ihm gegenüber Platz zu nehmen und gibt in oft verhaltener, leiser Tonlage bereitwillig Auskunft über die schlimmsten Jahre seines Lebens.

*Er schrieb sich unter Höllenqualen in die Freiheit – gegen den Willen seiner
Peiniger, die beschlossen hatten, ihn mit 36 Jahren sterben zu lassen.*

Vor uns sitzt ein graziler, schmächtiger, zerbrechlich wirkender
Mann, dessen Fotoporträt ich vom Cover seines Buches längst
kenne. Nur das Haar ist dünner geworden, der Mund noch schma-
ler und das Brillenglas noch dicker. Man müsste meinen, ein einziger heftiger Faustschlag würde genügen, diese zartgliedrige,
fragile Erscheinung zu vernichten. Hunderte davon hat er ertragen in Prügelorgien, die von seinen Peinigern immer erst an
der Schwelle zum Jenseits unterbrochen wurden. Man brauchte ihn lebend. Eine in perversen Verhörmethoden ausgebildete
Elite-Einheit der gefürchteten französischen Fallschirmjäger –
kurz Paras genannt – sah ihren mörderischen Ehrgeiz darin, Namen und Aufenthalt seiner Mitstreiter für ein freies Algerien
aus ihm herauszuknüppeln.

Das Schwerverbrechen des Henri Alleg bestand darin, als
Chefredakteur der damals einzigen unabhängigen algerischen
Tageszeitung *Alger Républicain* auch nach ihrem Verbot mit spitzer

Feder in der Illegalität gegen die Knebelung seines Volkes durch die Kolonialmacht Frankreich zu protestieren und damit die Freiheitsbewegung seines Volkes zu unterstützen – in die Geschichte eingegangen als Algerienkrieg, in dem das französische Militär seit 1954 im staatlichen Auftrag mit der Skrupellosigkeit einer sadistischen Soldateska jeglichen Widerstand gegen die Fremdherrschaft brechen wollte. Der acht Jahre dauernde Volksaufstand brachte dem Land schließlich 1962 mit dem Vertrag von Évian die Unabhängigkeit. Damit endete Frankreichs 30-jährige Ausbeuterherrschaft über seine nordafrikanische Kolonie.

Der Zeitungsmann Alleg wollte dasselbe, was die Franzosen vom Juni 1940 bis zum August 1944 selbst herbeisehnten: keine besetzte Heimat, keine Besatzer. Dafür wurde er verfolgt, aufgespürt, verhaftet, verschleppt und nach einer „Sonderbehandlung" im Internierungslager 1957 von einem Militärgericht als Hochverräter und Staatsfeind zu zehn Jahren Haft in einem Gefängnis verurteilt, das zugleich als Richtstätte für ihn und seinesgleichen gedacht war. Zwischen Elektroschocks, Brandfolter und simuliertem Ertränken, dem sogenannten Waterboarding, schrieb er im Gefühl eines sicheren Todes auf, was die Welt unbedingt erfahren sollte. Darauf hoffte er auch unter dem psychischen Druck von Todesdrohungen gegen seine Frau und die Söhne André und Jean Salem, der ein geachteter Philosophieprofessor an der Pariser Sorbonne wurde. Von ihm spricht Vater Henri mit besonderem Stolz, nachdem er aus der Küche zurück ist.

Er kümmert sich um Nachschub für unsere leeren Tassen und serviert Kekse zum Tee. Was ihn am Leben hielt, so offenbart er, war der unbändige Wille, den höflichen, zufriedenen, wohlsituierten Normalbürger in Paris wissen zu lassen, welch sadistische Unglaublichkeiten seine Landsleute im Namen der „Grande Nation" in einem Blut-und Tränen-Gemetzel anrichteten – fernab der Heimat jenseits des Mittelmeeres. Der Hausherr sagt das alles ohne jegliches Pathos mit verhaltener, fast schüchterner Stimme und bescheidener, ruhiger Ausgeglichenheit, die jede Stunde des Lebens zu schätzen weiß. Seine Anklage aus dem Verlies zwingt zur Parallele mit der von Julius Fučík aus dem Gefängnis geschmuggelten „Reportage unter dem Strang geschrieben", verfasst in erschütternder Nähe einer grausamen Realität zwischen den Folterverhören der Gestapo, in Erwartung eines zu vollstreckenden Todesurteils wenige Monate vor seiner Hinrichtung in Berlin-Plötzensee.

Was dem Schriftsteller aus Prag sein Wochenblatt *Tvorba* bedeutete, war für den Pressekollegen in Algier seine Tageszeitung *Alger Républicain*. Henri erzählt Verblüffendes über den Weg seines Manuskriptes aus dem Dunkel seines Verlieses ans Licht der Öffentlichkeit. Nachdem die französische Regierung das Buch wegen „Schädigung der Wehrkraft" verboten hatte, wurde es als Flugblatt auf dem Kongress der Internationalen Journalistenorganisation im Mai 1958 in der rumänischen Hauptstadt Bukarest verteilt. Presseleute aus 26 Ländern nahmen es mit nach Hause und sorgten für seine Verbreitung als Buch, das im selben Jahr schließlich auch in Frankreich nicht mehr zu ignorieren war und eine brachiale Dynamik stürmischer Proteste auslöste. Er sei, sagte mir Henri damals, stolz auf das Geleitwort zum Buch von Jean-Paul Sartre, der als Poesie-Genius, Philosoph und Publizist unangefochtener Spiritus Rector der französischen Intellektuellen des 20. Jahrhunderts war. In der DDR erschien die Reportage mit dem Titel „Die Folter" ebenfalls 1958 im Aufbau-Verlag Berlin. Der Internationale Journalistenpreis ließ nicht lange auf sich warten.

Der Zeitzeuge, Chronist und Ankläger Alleg notierte seine Schilderungen in ständiger Angst vor Entdeckung mit hastiger Hand – in einer schnörkellos strengen, faktenorientierten und aufs Wesentliche konzentrierten Sprache, um den Umfang der hinauszuschleusenden Manuskriptfetzen möglichst kleinzuhalten. In dieser Situation, so sagt Henri, sei nicht viel Zeit für literarische Formulierungskünste gewesen. Er sei über jedes Wort froh gewesen, dass er noch bei Bewusstsein und unentdeckt zu Papier gebracht habe. Eine einzige Unachtsamkeit, ein einziger Denunziant – und die zusätzliche physische Qual der Schreiberei wäre umsonst gewesen, nicht mitgerechnet die Sonderzüchtigung wegen Verstoßes gegen die Hausordnung.

Die Folter

In einer Verfassung körperlichen Verfalls, in der sich selbst die Zunge nicht mehr bewegen lässt, beschreibt Henri Alleg mit sachlicher Detailtreue die am eigenen Körper erlebten Foltermethoden und nennt mit dokumentarischer Korrektheit die Namen seiner Peiniger – vom Oberinquisitor General Jacques Massu, dem Kommandeur der 10. Fallschirmjägerdivision, bis zu seinem eifrigsten Schüler Leutnant André Charbonnier, der Allegs Freund Maurice nach Recherchen von Historiker Pierre Vidal-Naquet eigenhändig zu Tode malträtiert hat. Wie die Militärs ihren Job verrichteten, erlebte Henri Alleg an sich selbst zum ersten Mal so:

„Mit einem Male bäumte ich mich in meinen Fesseln auf und schrie aus vollem Halse. Charbonnier hatte mir die erste elektrische Ladung durch den Körper gejagt. An meinem Ohr war ein langer Funke hervorgeschossen und ich fühlte mein Herz heftig klopfen. Ich schrie, krümmte mich und stemmte mich so heftig gegen die Fesseln, dass sie mir ins Fleisch schnitten, während Charbonnier, der den Apparat in Händen hielt, die Stromstöße ununterbrochen einander folgen ließ. Im selben Rhythmus skandierte er eine einzige Frage und hämmerte mir die Silben ein: ‚Wo hast du gewohnt?‘ … Plötzlich glaubte ich, den wilden Biss eines Tieres zu verspüren, das mir das Fleisch stückweise vom Leibe zu reißen schien. Jaquet, noch immer auf mich herablächelnd, hatte mir die Klemme am Geschlecht angebracht. Die Stöße, die mich durchzuckten, waren so heftig, dass sich die Riemen an einem Fußgelenk lösten. Man hielt ein, um sie wieder zu befestigen, und die Folter ging weiter. Bald darauf übernahm der Leutnant die Nachfolge von Jaquet. Er hatte einen Draht von der Klemme gelöst und legte ihn in ganzer Breite auf meine Brust. Ich wurde von immer heftigeren nervösen Zuckungen gänzlich erschüttert, und die Sitzung zog sich hinaus. Um die Wirkung des Stromes zu erhöhen, hatte man mich mit Wasser besprengt, und zwischen zwei ‚Ladungen‘ zitterte ich vor Kälte. Charbonnier und seine Leute saßen um mich herum auf dem Gepäck und tranken einige Flaschen Bier. Ich biss in meinen Knebel, um dem Krampf zu entgehen, der meinen ganzen Körper schüt-

telte. Vergebens. Endlich hörten sie auf. ‚Hopp, macht ihn los!‘ Die erste ‚Sitzung‘ war beendet. Taumelnd richtete ich mich auf und zog meine Hose und meine Jacke an. Irulin stand vor mir. Auf dem Tisch lag meine Krawatte. Er nahm sie, band sie mir wie einen Strick um den Hals und zog mich unter allgemeinem Gelächter wie einen Hund hinter sich her in das Nebenzimmer. ‚Nun‘, sagte er, ‚genügt dir das nicht? Wir lassen Dir keine Ruhe. Auf die Knie!‘ Mit seinen riesigen Tatzen ohrfeigte er mich mit aller Kraft. Ich fiel auf die Knie, konnte mich aber nicht aufrecht halten. Ich taumelte bald nach links, bald nach rechts, und die Schläge Irulins stellten das Gleichgewicht wieder her, wenn sie mich nicht zu Boden warfen. ‚Nun, willst du sprechen? Du bist erledigt, hörst Du? Du bist ein Toter auf Urlaub!‘“

Henri überlebte die Torturen – sein Freund Maurice Audin nicht. Der erst 25 Jahre alte Mathematiker, Assistent an der Universität von Algier, Vater von drei Kindern, verschwand in der berüchtigten „Villa des Tourelles“. Dort, im hauptstädtischen Nobelvorort El Biar, wo niemand die Schandtaten von Kriegsverbrechern vermutete, hatten die französischen Fallschirmjäger den Ort ihrer Inquisition eingerichtet. Der Ehefrau Josette wurde in lakonischer Kürze mitgeteilt, ihr Mann sei bei einer Überführung auf Nimmerwiedersehen geflohen. Auf ihr unentwegtes Drängen nach Aufklärung ließ Staatspräsident François Hollande in algerischen Archiven kramen und erklärte schließlich 2014, dass die exakten Todesumstände zwar im Dunkeln blieben, es aber sicher sei, dass der junge Wissenschaftler 1957 nicht auf der Flucht, sondern im Gefängnis gestorben sei.

Der Witwe wurde schließlich späte Genugtuung zuteil, als Hollandes Nachfolger Emmanuel Macron nach weiteren vier Jahren für den Tod von Audin um Entschuldigung bat und klare Worte fand. Er erkenne im Namen Frankreichs an, dass Maurice Audin von Militärs hingerichtet oder zu Tode gefoltert worden sei. Damit übernahm Macron die offizielle Verantwortung des französischen Staates für den Tod. Mehr noch. Er besuchte die 87-jährige Witwe bei einer Staatsvisite in Algier am 13. September 2018. Der Tod des jungen Mannes, so erklärte er, sei zwar die Tat einiger weniger Soldaten gewesen, aber ein auf legalem

Wege eingerichtetes System habe dies ermöglicht. Die Basis dafür wären Sonderrechte gewesen, die den Streitkräften im Unabhängigkeitskrieg eingeräumt worden seien. Dieses System habe leider auch „Folter zu politischen Zwecken" ermöglicht. Damit wagte es erstmals ein französisches Staatsoberhaupt, die Gräueltaten seines Landes während des Algerienkrieges einzugestehen. „Verbrechen an der Menschheit" hatte er sie schon als Präsidentschaftskandidat im Februar 2017 bei einem Algerienaufenthalt genannt. Dafür wurde er als „Vaterlandsverräter" beschimpft.

Hollande und auch dessen Vorgänger Sarkozy hatten schon früher reumütige Töne angeschlagen, aber vorsichtigere Äußerungen gewählt. Nun endlich ließ der Élysée-Palast im September 2018 die Französische Republik den Grund für die neue Offenheit in einer offiziellen Erklärung wissen:

„Es war an der Zeit, dass die französische Nation sich der Wahrheit stellt."

Ähnlich schwer tat sich das offizielle Frankreich mit dem Eingeständnis eines Massenmordes an Algeriern mitten in Paris. Am Abend des 17. Oktober 1961 hatte die Polizei auf dem Höhepunkt des Algerienkrieges eine nicht genehmigte, aber friedliche Demonstration von 30 000 Teilnehmern mit der Forderung nach Unabhängigkeit für Algerien im Blut erstickt. Historiker sprachen von 200 Opfern, die erschlagen, erschossen und als Verwundete in die Seine geworfen wurden. In den Polizeiakten sind lediglich drei Todesfälle vermerkt. Das von Polizeipräfekt Maurice Papon, einem ehemaligen Nazikollaborateur, befohlene Blutbad ist als „Massaker von Paris" in die Geschichte eingegangen und wurde von Politik und Medien lange Zeit verdrängt.

Erst am 17. Oktober 2012 fand Präsident Hollande den Mut, das Staatsverbrechen offiziell anzuerkennen und zu verurteilen – in einem Kürzel aus acht Worten, die sich seine Kanzlei abpresste: „Die Republik erkennt diese Fakten mit Klarheit an", gefolgt von einem kurzen Gedenken an die Opfer. Keine Abbitte für Frankreichs blutige Kolonialgeschichte, wie sie Algeriens

Regierung forderte, sondern nur Schuldbekenntnis für bereits erwiesene Taten, die noch heute in Schulbüchern, in der offiziellen Politik und im Bewusstsein der Allgemeinheit weitgehend ausgeblendet werden.

Amnestie für die Henker

Verschweigen, weglügen, verharmlosen, verdrängen – nicht mein geliebtes buntes Franzosenland tat es, sondern das offizielle la France der Trikolore. Es verteidigte und vertuschte seine nordafrikanische Sklavenhalterpolitik bewusst mit allen Mitteln bis hin zum Blutgemetzel von Paris und Massenmord in Algier. Der junge Algerier Maurice Audin steht für Hunderttausende Opfer. Seine Tochter Michèle, ebenfalls Mathematikerin, hatte sich schon lange vorher dem Verdienstorden der Ehrenlegion verweigert, der ihr für außergewöhnliche Leistungen verliehen werden sollte. Ihren Vater, so sagt mir der Kampf- und Leidensgefährte Henri Alleg, habe er ein letztes Mal – vermutlich unmittelbar vor seinem Tod – als Häftling im Folterkeller von El Biar gesehen. In seinem Report beschreibt er diese Begegnung, die Leutnant André Charbonnier während seiner eigenen Folter veranlasst hatte, um ihn einzuschüchtern. Ich zitiere erneut aus der Buchausgabe 1958 des Aufbau-Verlages:

„‚Bringt Audin her‘, sagte Charbonnier, ‚er ist im anderen Gebäude.‘ Irulin schlug weiter auf mich ein, während der andere auf dem Tisch saß und dem Schauspiel zusah. Meine Brille war schon längst fortgeflogen. Meine Kurzsichtigkeit verstärkte in mir noch den Eindruck des Irrealen und Gespenstischen, den ich verspürte und den ich zu bekämpfen suchte, aus Furcht, meinen Willen gebrochen zu sehen. ‚Los, Audin, sagen Sie ihm, was ihn erwartet. Ersparen Sie ihm die Schrecken von gestern Abend‘, sagte Charbonnier. Irulin hob mir den Kopf in die Höhe. Über mir sah ich das bleiche und verstörte Gesicht meines Freundes Audin, der mich ansah, während ich auf den Knien hin und her schwankte. ‚Los, reden Sie mit ihm‘, sagte Charbonnier. ‚Es ist hart, Henri‘, sagte Audin, und man führte ihn wieder ab.“

Heute trägt ein Platz im Herzen von Algier den Namen des Ermordeten. Welch ungeheures Ausmaß an Verbrechen und Opfern der schmutzige Algerienkrieg der Franzosen hatte, verdeutlichte der damals populärste algerische Politiker Ferhat Abbas, von 1958 bis 1961 erster Ministerpräsident der Provisorischen Regierung Algeriens, die im Kairoer Exil gegründet und auf Anhieb von 15 Staaten anerkannt wurde. Im Online-Interview mit dem Nachrichtenmagazin *Spiegel* vom 19. August 1959 nannte Abbas erschreckende Zahlen für die Toten des Krieges:

„Nach einer vorsichtigen Schätzung – einer sehr vorsichtigen – sind es rund 800 000. Davon war aber nur der geringste Teil Freiheitskämpfer. Die meisten waren Zivilisten, Frauen und Kinder, die sie bei ihren sogenannten Vergeltungsaktionen auslöschten. 800 000 Tote, zwei Millionen Menschen in Konzentrationslager gesperrt, ganze Dörfer und Landstriche vernichtet, grauenhafte Folterungen, die sogar der Erzbischof von Paris öffentlich gebrandmarkt hat – das ist Frankreichs Krieg in Algerien! Das ist der Krieg eines Landes, das mit deutschen Geldern gefüttert wird!“

Umfangreiche Nachforschungen des Leipziger Algerien-Experten Prof. Hartmut Elsenhaus ergaben Ende Dezember 2007, dass die Opferzahlen sogar zwischen 200 000 und einer Million schwanken – in einem Krieg, den er für den blutigsten und längsten in der Ära der Kolonialmächte hält. Das Gemetzel war in der staatlichen Sprachregelung eine „Operation zur Aufrechterhaltung der Ordnung“. Folgerichtig erließ die französische Regierung zum Ende ihrer Algerien-Herrschaft 1962 eine Generalamnestie für polizeiliche und militärische Straftaten, die bei der Aufrechterhaltung dieser Ordnung begangen wurden. Damit mussten auch die Folterer von Maurice Audin und Henri Alleg keine Unannehmlichkeiten fürchten, allen voran Chefinquisitor General Jacques Massu.

Paris huldigt einem Mordskerl

Der Oberbefehlshaber über die Region Algier und Kommandeur der 10. Fallschirmjägereinheit war stolz auf die eiserne Härte seiner Soldaten. Die rühmten sich, die französische Gestapo zu sein, und bemühten sich, diesem Ruf mit Erschießungen, Vergewaltigungen und Menschenrechtsverletzungen aller Art gerecht zu werden, gedeckt von der Regierung in Paris. Sie verlieh dem Folterexperten den Ehrentitel „Held von Algier", das Großkreuz der Ehrenlegion und einen zweiten Generalsstern. Nachdem Staatschef Charles de Gaulle am 3. Juli 1962 die Unabhängigkeit Algeriens proklamieren musste, begann für Massu eine zweite Karriere in Westdeutschland.

Von Baden-Baden aus befehligte er 1966 als Oberkommandierender Frankreichs Truppen in der BRD, worüber er 1983 sogar ein Buch veröffentlichte. Erst 2000, zwei Jahre vor seinem Tod, bekannte sich Massu zu systematischen Folterungen mit dem Versuch einer Rechtfertigung. Dass er zwei algerische Kinder adoptiert hatte, wertete er selbst als Zeichen von Versöhnung und Reue. Massu starb, ohne als Kriegsverbrecher jemals zur Verantwortung gezogen worden zu sein, im stolzen Alter von 94 Jahren als einer der bedeutendsten französischen Militärs des 20. Jahrhunderts. So die amtliche Geschichtsschreibung. Die Politik würdigte ihn in Nachrufen als legendären Haudegen, der an der Seite von de Gaulle gegen den Faschismus gekämpft habe. Seine Schwerverbrechen in den französischen Kolonialkriegen von Afrika und Indochina wurden unter einen sehr großen Teppich gekehrt. Dem Fallschirmjäger-Offizier huldigte auch die Bundesrepublik mit dem Bundesverdienstkreuz und Baden-Baden mit der Verleihung der Ehrenbürgerschaft.

Frühere Soldatenbrüder verachteten Massu für die unangebrachten Anfälle von spärlicher Einsicht und Reue. Ein Schlappschwanz! Sein wichtigster Gehilfe, General Paul Aussaresses, wurde 1961 Militärattaché der Republik Frankreich in den USA. Im Jahr 2000 fühlte er sich so unantastbar, dass er sogar Folterpraktiken von einst schilderte und über den bis dato unbekannten Einsatz von Todesschwadronen zur Auslöschung der algerischen Befreiungsfront FLN informierte. Er selbst habe eigenhändig 24 Gefangene gemeuchelt, ließ er seine geschockten Mitbürger wissen. Alleg bezeugte 2001 vor Gericht die Gräueltaten des Foltergenerals. Das Ergebnis war eine geringfügige Geldstrafe.

Auch Mittäter Marcel Bigeard bekannte sich wie andere hohe Offiziere ohne Gewissensbisse zu Erschießungen und sogenannten Todesflügen, bei denen Algerier aus Flugzeugen ins Mittelmeer geworfen wurden. Da Verbrechen gegen die Menschlichkeit und ihre Verherrlichung von der Amnestie nicht gedeckt waren, wurden andere Massenmörder ebenfalls zu Bußgeldern verurteilt.

Die ungenierten, mit stolzem Patriotismus verbrämten Bekenntnisse seiner Peiniger muss ein Henri Alleg als zutiefst demütigenden Spott empfunden haben. Er ließ es bei unserem Besuch durchblicken. Die Französin Lise Lesèvre, von der ich als Nächstes erzählen werde, hatte ein knappes halbes Jahr später, im Mai 1987, wenigstens die Genugtuung, ihren Gestapo-Folterer Klaus Barbie vor Gericht zu sehen und dann lebenslang hinter Gittern zu wissen. Mein Freund Henri dagegen musste nach dem Rückzug Frankreichs aus Nordafrika und seiner indirekten Anerkennung als Streiter in einem legitimen Kampf für die Unabhängigkeit der Heimat neben seinen körperlichen Blessuren auch noch die Prahlerei seiner hochdekorierten Schinder ertragen.

Selbst dieses schreiende Unrecht brachte ihn nicht aus dem menschlichen Gleichgewicht, machte ihn nicht zum Alleshasser, enttäuschten Einzelgänger oder rachsüchtigen Pessimisten. Nein, mir begegnet ein sanftmütiger Mensch, der den Kampf seines Lebens bestanden hat, der dankbar dafür ist, dass seine durchlittenen Qualen nicht umsonst waren.

Der Chronist Henri Alleg würde seine Freundlichkeit und seinen Lebensmut gern an die Gesellschaft weitergeben, stößt aber oft an Grenzen.

Als Schriftsteller und Analytiker ordnet der Algerien-Franzose das Gewesene in das Heutige ein, sucht und findet logische Erklärungen im System der Gesellschaft, an deren Rand die Gruppe der Ausgegrenzten ständig zunimmt. Ihnen und den Ärmsten der Armen in der Dritten Welt widmet er sich publizistisch. „Dort", so sagt er, „geht die Menschheit auch ohne Atombombe zugrunde. Die für die Bombe ausgegebenen astronomischen Summen würden – wenigstens zu Teilen abgezweigt – zur Linderung der größten Not helfen."

Er schiebt mir ein Buch über den Tisch. Es ist seine letzte, im Vorjahr 1985 veröffentlichte Publikation mit dem Titel „SOS! Amerika!". Darin wendet er sich gegen eine großmäulige, die Menschenwürde verachtende Unkultur. Sein Sinn für Gerechtigkeit schlug schon damals, vor 35 Jahren, Alarm für Probleme, die sich heute längst zugespitzt haben: Verarmen wir innerlich inmitten einer äußerlich reichen Welt? Verroht die Seele unter den Daumenschrauben von Kommerz und Faustrecht? Verkümmern Anstand und Sitte im Dschungel käuflicher Verlockungen? Wieweit sind wir zu Sklaven des Geldes verkommen? Hören wir den Hilferuf eines Ertrinkenden nicht mehr? Und was hat die Grande Nation aus ihren Missetaten in Algerien gelernt? Wenig bis nichts, ist Henris vernichtendes Urteil.

Deprimierende Fakten belegen es. Frankreich schickte Offiziere, die sich im Algerienkrieg bewährt hatten, als Militärberater nach Südamerika, wo sie bis in die 1980er Jahre bei Folter und Mord an zehntausenden Oppositionellen halfen – ob unter dem Schreckensregime von General Pinochet in Chile oder unter der argentinischen Militärjunta von General Videla, die ebenfalls mit offenem Staatsterror regierte. Und andere Algerienkrieger, so meint mein Gegenüber, machten auf politischem Terrain Karriere.

Vom Folterknecht zum Chef
der Rechtspartei

Zur Sorte der Folter-Karrieristen gehört Jean-Marie Le Pen. Nachdem er 1953 der französischen Fremdenlegion beigetreten war, hatte er nach seinen Einsätzen in Indochina und Ägypten die patriotische Reife, ab 1956 für zwei Jahre mit der Brutalität eines erfahrenen Kämpfers bei der Säuberung Algeriens von Oppositionellen zu helfen. Nach dieser Mission machte er in der Öffentlichkeit kein Hehl daraus, dass er fleißig mitgefoltert hatte, da es um die Verteidigung der Ehre Frankreichs gegangen sei.

Als im Herbst 1989 meine Korrespondentenzeit in Paris begann, begegnete mir Jean-Marie Le Pen zum ersten Mal auf dem Bildschirm. Da stolzierte ein korpulenter Mann Anfang sechzig auf der Freiluftbühne eines vollbesetzten Stadions in gockelgleicher Plusterhaltung auf und ab und sprach irritierende Sätze in sein Mikrofon, immer wieder unterbrochen von tosendem Beifall. Ins Land kommende Fremdlinge, so tönte es über die Lautsprecher, seien kreuzgefährlich fürs Allgemeinwohl und den Zusammenhalt der französischen Nation. Sie nähmen den Franzosen Arbeit weg, schändeten ihre Töchter und brächten Kriminalität und Unkultur ins Land, das vor ihrer Überflutung durch einen Stopp der Einwanderung geschützt werden müsse.

Als ich diese Parolen hörte, war Le Pen bereits 17 Jahre Vorsitzender des *Front National*. Gegründet hatte er die rechtsextreme Partei 1972 gemeinsam mit Neofaschisten, Altnazis der Waffen-SS, ehemaligen Legionärskameraden und Gegnern der algerischen Unabhängigkeit. Die geschickte Nutzung seines Sprachtalentes für pseudopopuläre Scharfmacherei ermöglichte es ihm, fünf Mal bei Präsidentschaftswahlen anzutreten und es 2002 sogar bis zu den Stichwahlen gegen den späteren Sieger Jacques Chirac zu schaffen.

Auch in meiner nachfolgenden Brüssel-Zeit blieb der Rechtsextremist in meinem Blickfeld – diesmal als Abgeordneter des Europäischen Parlaments und Fraktionschef der Europäischen Rechten. Mein langjähriger Freund Horst Seefeld aus dem baden-württembergischen Bretten – ein geborener Witzbold, Spötter und Satiriker – führte als einer der Vizepräsidenten des EU-Abgeordnetenhauses oft den Vorsitz bei den Plenartagungen. Als der Rechtspopulist aus Paris wieder einmal seine Redezeit überzog, rief ihn der SPD-Mann aus Baden-Württemberg genüsslich mit den Worten zur Ordnung: „Herr Le Pen, Ihre Zeit ist abgelaufen!" Das war sie leider erst im Jahre 2011, als ihn seine jüngste Tochter Marine Le Pen entmachtete.

Die gewaltfördernden Reden sowie sexistischen, rassistischen und antisemitischen Ausfälle ihres Vaters hatten zunehmend Mitglieder und Sympathisanten der Partei vergrault. Als ihn Richter wegen Volksverhetzung und wiederholter Holocaustleugnung mehrfach zu hohen Geldstrafen verurteilten, war das Maß voll. Marine Le Pen wollte die Partei entteufeln und für die Mitte der Gesellschaft öffnen, was sie Mitte 2018 auch durch das neue Namensetikett „Nationale Sammlungsbewegung" verdeutlichte. Ihre Rechtspolitik vertritt die Parteivorsitzende seit 2017 als Abgeordnete der französischen Nationalversammlung, weshalb sie lediglich wegen Ämterhäufung ihr Mandat als EU-Parlamentarierin niederlegen musste. Das US-Nachrichtenmagazin zählte sie wiederholt zu den hundert einflussreichsten Personen weltweit.

Jean-Marie Le Pen, der seine Tochter des Verrats bezichtigte und seinen extremen Kurs beibehielt, wurde von ihr 2015 aus der Partei geworfen. Zuvor hatte er noch getobt, Präsident Hollande habe nie und nimmer das Recht, eine in Algerien hausgemachte Schuld Frankreichs anzuerkennen. Leider waren es nicht nur rechte Politiker, die ihm beipflichteten. Der konservative Expremier Francois Fillon war erbost, dass sich ein von nervöser Depression gefährdetes Land auch noch zusätzlich Demut auferlege, indem es die Trikolore in reumütiger Staatstrauer auf Halbmast setze, anstatt sie hochzuhalten und alle Wogen rund um den schlingernden Staatsdampfer zu glätten.

Wer soll das noch verstehen? Ausgerechnet ein Land, das durch seine Revolution von 1789 Menschenwürde und Humanität gepachtet hat, verkehrt diese Tugenden ins Gegenteil: Einerseits verurteilt es den faschistischen „Schlächter von Lyon" namens Barbie in Abwesenheit zum Tode sowie in Anwesenheit nach Verjährung des Urteils und Abschaffung des Schafotts zur lebenslangen Höchststrafe; andererseits schützt es sogar per Gesetz Massenmörder aus den eigenen Reihen, weil sie im Staatsauftrag gefoltert, erschossen, ertränkt und gehängt haben.

Der am meisten Grund hätte, sich darüber aufzuregen, bleibt ruhig und gelassen. Henri Alleg hört sich meine Empörung über diesen paradoxen Zustand schweigend an. Ich denke, er hat ihn ganz für sich schon hundertfach analysiert, weshalb sich seine Reaktion auf ein leichtes Kopfnicken beschränkt. Er hat mit der Vergangenheit abgeschlossen und mit der Freiheit des algerischen Volkes auch seinen persönlichen Frieden gefunden. Gleichsam zur Erklärung seines eigenen Verhaltens spricht er im Interview davon, die vielfältigen Herausforderungen des Alltags mit menschlichem Anstand zu bestehen.

Als ich am Nachmittag das Gartentor in der Rue Gabriel Dauphin schließe, ist mir nicht nach Korkenknallen und Silvesterfeierei zumute, eher nach stiller Andacht. Henri sieht das anders, scheint in Sektlaune und freut sich auf einen gemütlichen Abend bei einem guten Glas Bordeaux. Wir wünschen uns händeschüttelnd Glück und Gesundheit und ich kann nicht anders als ihn zu umarmen. Zum Abschied schenkt er mir ein rotbraunes, orientalisch gemustertes Sandelholzkästchen von der materiellen Kleinheit einer Streichholzschachtel und der ideellen Größe eines äußerst wertvollen Andenkens. Es sei für ihn zum Talisman geworden, denn – so seine Erklärung – er habe es stets mitgenommen, wenn er auf der Flucht war. Es habe ihm Glück im Unglück gebracht.

Ich habe die filigrane Holzschnitzerei mit ihrem niedlichen Deckel bei all meinen Umzügen wohlbehütet mitgeführt und stets mit einem Ehrenplatz in meinem Arbeitszimmer bedacht. Obwohl der Zahn der Zeit mittlerweile das winzige Deckelscharnier zerbissen hat, bleibt es für mich eine Reliquie von unbezahlbarem Wert, die ich heute noch mit einer Mischung aus Respekt und Ehrfurcht betrachte. Sie steht für einen Mann, der für seine Überzeugung und für seinen Glauben an eine bessere Welt einen gewaltsamen Tod in Kauf genommen hat.

Henri Alleg starb schließlich nicht an seinen Folterwunden, sondern durch die Blessuren des Alters. Das war am 17. Juli 2013, drei Tage vor seinem 92. Geburtstag. Er überlebte seinen Hauptpeiniger Jacques Massu um gut zehn Jahre.

JEAN RICHARD

Wer kennt ihn nicht, den geistreichen und blitzgescheiten wie auch überaus eitlen und selbstbewussten belgischen Privatdetektiv Hercule Poirot!? Agatha Christie ließ ihn in 33 Büchern knifflige Schurkenrätsel lösen. So trug er wesentlich dazu bei, dass die britische Schriftstellerin mit insgesamt 66 Romanen und einer weltweit verkauften Auflage von über zwei Milliarden Exemplaren zu einer der erfolgreichsten Krimi-Autoren der Literaturgeschichte wurde.

Der pensionierte Polizeibeamte mit recht sonderbaren, zum Teil skurrilen Manieren bekam reale Gestalt für ein breites internationales Filmpublikum vor allem durch Englands Leinwandstars David Suchet, Kenneth Branagh und Peter Ustinov, der in den Kinohits „Das Böse unter der Sonne" und „Tod auf dem Nil" meiner Vorstellung von Poirot als schrulligem Exzentriker am nächsten kam und mir spaßige Kinoerlebnisse bescherte. Ihm selbst habe diese schauspielerische Balance zwischen Seriosität und Komödiantentum ein besonderes Vergnügen bereitet, hatte er mir bei einer Begegnung in Paris verraten.

Mit Ehrfurcht habe ich bei einer Nilkreuzfahrt das mit orientalischem Flair angehauchte „Old Cataract Hotel" in Assuan betrachtet – ein komfortables Luxushotel im Kolonialstil, in dem Agatha Christie 1937 mit Blick auf den palmenumsäumten Fluss an Wüstensand-Ufern ihren brillanten Nil-Krimi geschrieben hat. Drei Jahre zuvor schon hatte sie den inzwischen fünf Mal verfilmten „Mord im Orient-Express" zu Papier gebracht, der ebenfalls mühelos in die Spitzengruppe der Weltbestseller kletterte. Schlagartig berühmt geworden war Poirots geistige

Mutter schon 1926 mit dem ersten Abenteuer ihres scharfsinnigen, kombinierfreudigen Detektivs mit seinem angehaucht aristokratischen Auftreten und seinen gepflegten bis vornehmen Umgangsformen. Nein, so korrigiert er oft mit zurechtweisend stolzem Unterton, er sei nicht Franzose, sondern Belgier – und dazu stehe er voll und ganz.

Die Geburt eines weltbekannten Kriminalisten

Eine Britin erfindet also einen belgischen Kriminalisten. Blamabel für Belgiens hochpopulären Schriftsteller Georges Simenon, denn warum ist er nicht selbst auf die Idee gekommen, seinen weltbekannten Landsmann Hercule Poirot zu erschaffen? Ob ihn das wirklich geärgert hat, ist nicht überliefert. Historisch belegt aber ist, dass der damals 23-jährige Vielschreiber ein unglaublich produktiver und kommerziell erfolgreicher Autor von Trivialliteratur war. Er brachte es auf mehr als 200 Groschenromane, über tausend banale Kurzgeschichten, 150 seichte Erzählungen und mehr als 100 schriftliche Ergüsse von Pseudoliteratur.

Gut drei Jahre nach Christies erstem Poirot-Band kam aber auch ihm eine kriminell gute Erleuchtung. Da verschlug es Simenon im Winter 1929 zufällig in den niederländischen Küstenort Delfzijl. Hier, an der Mündung der Ems in die Nordsee, war sein Segelboot leck geschlagen und zwang ihn zu einem unfreiwilligen Aufenthalt, der historisch werden sollte. Im dortigen Café „Het Paviljoen" ersann und konzipierte er nach eigenem Bekunden die nicht weniger berühmt gewordene Figur des Pariser Kriminalkommissars Maigret – eine gewollte oder ungewollte Antwort auf Hercule Poirot. Eine Gedenkplakette erinnert daran. Für diese touristenfreundliche Eingebung und einen späteren Maigret-Roman, der ebenfalls in Delfzijl spielt, setzte die dankbare Gemeinde dem Schriftsteller ein Denkmal mit einer lebensgroßen Statue seines Protagonisten.

Der Pfeife qualmende, körperlich etwas behäbige Krimi-nalist von untersetzter, massiger Statur wird Simenons Held in 75 Romanen und 28 Erzählungen mit einer Gesamtauflage von geschätzten 500 Millionen Büchern. Sie entstehen in ei-nem Schreibmarathon von vierzig Jahren, werden in mehr als 60 Sprachen übersetzt und katapultieren den Romancier in den Literatur-Olymp an die Seite der „Queen of Crime", wie Agatha Christie von ihren Verehrern genannt wird. Beide avancieren zu den meistgelesenen Krimi-Autoren des 20. Jahrhunderts.

Bleibt zu resümieren: Eine Engländerin erfindet einen bel-gischen Mordermittler – und ein Belgier einen französischen. Was sie trennt, sind ihre verschiedenen geistigen Urheber und ihre Nationalität, was sie vereint, sind ihre begnadete Kombi-nationsgabe und literarische Weltberühmtheit. Wer von ihnen der genialere ist, bleibt eine ewige literaturwissenschaftliche Diskussion um des Kaisers Bart.

Unbestritten ist, dass der Franzose auf seine Weise nicht schlechter herumschnüffelt als der Belgier und auch auf Lein-wand und Bildschirm nicht weniger vertreten ist. Zu seinen mehr als dreißig internationalen Darstellern gehören solche Größen wie Hollywood-Altmeister Charles Laughton, Frankreichs Maît-re Jean Gabin und Deutschlands Kinomagnet Heinz Rühmann.

Kommissar Maigret fand sogar Eingang in Comics, Hörbü-cher, Theaterstücke, Radio-Hörspiele und Rätselsendungen, in denen nach seinem Vornamen gefragt wurde. Daraus mach-te Simenon ein Geheimnis, weil er kaum auftaucht. Denn der Kommissar hat sich nie in offenherziger Manier nach James-Bond-Muster vorgestellt – etwa mit „Gestatten, Maigret, Jules Maigret". Und Jules heißt er wirklich! Nur widerwillig und so ganz nebenbei hat Simenon diesen Vornamen von Maigret der Vollständigkeit und Form halber preisgegeben, indem er ihn ver-schämt im Dschungel wortgewaltiger Passagen versteckte. Dort taucht er nur sehr sporadisch auf – und wenn, dann getarnt als flüchtige Nebensächlichkeit, die leicht zu überlesen ist, als un-umgänglich notwendiges Beiwerk, damit es den Namen Maig-ret als weltbekanntes Markenzeichen für spannungsgeladene

Literatur nicht überdeckt. Wer aber aufmerksam jede Zeile und jedes Wort von Simenon liest, den belohnt er unverhofft mit der Kenntnis des selten erwähnten Rufnamens. Also, gestatten: Jules. Womit wir des Rätsels Lösung hätten.

Den längsten Atem beim optischen Erzählen der Kriminalgeschichten hatte das französische Fernsehen, das sich nicht dem Vorwurf aussetzen wollte, seinen Kommissar stiefmütterlich zu behandeln. Keine andere TV-Station sollte die französische Version übertreffen. Mit 88 Folgen wurde sie ab 1966 als umfangreichste Serie produziert, von der jeder Teil abendfüllende Spielfilmlänge hat. Damit wurde der Hauptdarsteller Jean Richard – nicht zu verwechseln mit seinem noch berühmteren Berufskollegen Pierre Richard – zum langlebigsten Film-Maigret aller Zeiten. Der weitgehend unbekannte Gelegenheitsmime sah sich plötzlich in der ersten Riege seiner heimatlichen Schauspieler und war sich sofort seines gestiegenen Wertes bewusst.

Nachdem der Maigret-Richard die Bildschirme auch außerhalb Frankreichs erobert hatte, galt ihm mein uneingeschränktes journalistisches Interesse, zumal die Konfettipresse immer wieder seinen angeblich eigenwilligen und extravaganten Lebensstil aufs Korn nahm. Nachdem mehrere Episoden der deutschen Synchronfassung 1972 in der ARD und von 1979 bis 1984 im ZDF der Bundesrepublik gelaufen waren, zog Ende April 1987 das DDR-Fernsehen mit zehn Folgen der Maigret-Reihe nach. Als mich aus diesem Anlass der dafür zuständige Berliner TV-Bereich für Film und Internationalen Programmaustausch sowie die Redaktion unserer Funk- und Fernsehillustrierten „FFdabei" um ein Interview mit dem Hauptakteur baten, war mein Entschluss zu einem Treffen mit ihm endgültig gefasst.

Da das Vorhaben Werbezwecken zum Start der Filmreihe in der DDR diente, kam es überraschend schnell zu einer Zusage und ich erhielt von Richards Agentur sogar seine Privatadresse mit der Bitte um Diskretion. Also verstaute Kameramann Eberhard Güldner sein Zentnerpaket von Film- und Tontechnik, Lichtkoffer und Stativen im Kofferraum unseres Dienstgefährtes und wir rollten an einem Märztag anno 1987 vom Hof unseres Pariser Büros in Richtung Nordosten. Das Ziel hieß Ermenonville, ein entlegener 700-Seelen-Ort auf 50-Kilometer-Distanz zur brodelnden Weltstadt an der Seine.

Der Pfeifenkult eines Kommissars

Unterwegs ordnete ich in Gedanken noch einmal mein gesammeltes Wissen über Jean Richard. Enge Freunde aus seinem Umfeld meinten, er habe sich in den zwanzig Jahren der Serienproduktion immer stärker mit seiner Hauptrolle identifiziert und glaube seit deren Abschluss im vorigen Jahr manchmal wohl allen Ernstes, selbst der Kommissar zu sein. So hielten sie es nicht für ausgeschlossen, dass er die typische Maigret-Pfeife auch noch nachts im Bett nicht zur Seite legen würde. Voller Stolz habe er erzählt, Maigret-Erfinder Simenon persönlich habe ihm bescheinigt, dass keiner seiner Filmvorgänger das Pfeiferauchen nach Maigret-Art so perfekt beherrsche wie er. Da war ihm gottlob entgangen, dass sein britischer Konkurrent Rupert Davies sich ebenfalls so intensiv in seine Filmfigur hineingesteigert hatte, dass er den Schriftsteller aufsuchte, um von ihm persönlich Maigrets Umgang mit seiner Pfeife zu erfahren. Richard und Davies – jeder wollte das Original sein und nicht etwa nur eine Kopie. Jedes Detail sollte stimmen – bis hin zum Pfeifequalmen.

Solcherart Kult um das Requisit eines berühmten Kriminalisten war nur noch dem Sherlock Holmes von Arthur Conan Doyle eigen. Während aber der Franzosen-Kommissar einen herkömmlichen gradstieligen hölzernen Kloben mit trichterartigem Feuerloch bevorzugte, liebte der Briten-Detektiv eine metallene Shagpfeife mit geschwungenem Stiel und rundem Pfeifenkopf. Und was für Maigret Melone und Überzieher mit Samtkragen sind, sind für Holmes eine doppelschirmige Jagdkappe aus kariertem Stoff und sein möglichst weitzipfliger Paletot. Während der Mann aus Paris den Tätern mit viel psychologischem Einfühlungsvermögen und hartnäckiger Motivsuche auf die Spur kommt, setzt der Ermittler aus London mehr auf detailgenaue Beobachtung und nüchtern-analytisches Denken.

Auch in der äußeren Erscheinung unterscheiden sich beide. Sie sind zwar mit gut 1,80 Meter fast gleich groß, aber von gegensätzlicher Statur. Maigret wird beschrieben als „stark und breit wie ein Lastträger der Pariser Markthallen" mit einem runden, etwas feisten Gesicht. Sherlock Holmes wird skizziert als schlank bis hager, mit markantem, eckigem Kopf, dessen spitze Habichtnase den Gesichtszügen etwas Raubvogelhaftes verleiht. Der eine wurde vom Arzt und Schriftsteller Conan Doyle 1886 erschaffen, den anderen ließ Simenon 45 Jahre später entstehen. Trotzdem haben der Kommissar von der Seine und der Privatdetektiv von der Themse den weitverbreiteten Glauben gemeinsam, sie hätten tatsächlich gelebt. Holmes hat sich sogar selbst überlebt. Arthur hatte ihn trotz eines überwältigenden weltweiten Erfolges 1893 sterben lassen – gegen den dringenden Rat seiner Mutter, die eine Bewunderin des Meisterdetektivs war, und gegen eine begeisterte Leserschaft, die den Tod ihres Verbrecherjägers nicht akzeptierte. So wurde er wieder zum Leben erweckt, um den „Hund von Baskerville" zu entlarven und bis zu seinem endgültigen Dahinscheiden im Jahre 1927 das produktive bibliophile Konto seines geistigen Vaters auf insgesamt 56 Geschichten und vier Romane zu bringen. Unbestritten ist, dass Conan Doyle sich von den schaurigen Kriminalstories des Amerikaners Edgar Allan Poe inspirieren ließ.

Simenon hingegen könnte eine reale Persönlichkeit als literarische Vorlage gehabt haben. In seiner Heimatstadt Lüttich in der französischsprachigen belgischen Region Wallonie gab es tatsächlich einen Polizisten namens Maigret, dem der junge Polizeireporter Simenon nähergekommen sein könnte.

Als wir das Ortsschild von Ermenonville passieren, ist ein kurzer Film- und Fotostopp fällig. Eine reizvolle Natur verlangt danach. Sanftwellig mit grasenden Pferden auf grünender Flur vor blauhimmlischer Kulisse, in der sich in einem frühlingshaft-sonnigen Gegenlicht in einer waldumsäumten Talmulde die Konturen von Dächern abzeichnen. In dieser Idylle verbrachte einst Jean-Jacques-Rousseau, der europäisch geprägte Aufklärergeist und Wegbereiter der französischen Revolution, die letzten Wochen seines Lebens. Nach ihm benannt wurde ein kunstvoll angelegter Landschaftspark mit einem klassizistisch dominierten Schloss, die beide zum historisch wertvollen Kunsterbe erklärt wurden.

Simenon persönlich bescheinigte Jean Richard: Kein Darsteller meines Kommissars konnte so Maigret-stilecht Pfeife rauchen wie Sie.

Im Dorf fragen wir uns durch zu Jean Richards Domizil, das uns mit dem Namen „Moulin du Soleil" angegeben wurde, was der klangvollen deutschen Bezeichnung „Sonnenmühle" entspricht. Sie entpuppt sich als eine burgähnliche ehemalige Wassermühle aus alten Natursteinen, einem Romantikbau mit Haupthaus, einem verglasten Wintergarten und Nebengelassen. Wir schellen an einem altertümlich wirkenden hölzernen Rundbogentor und werden vom Hausherrn, seiner blondgelockten Frau und zwei herumwuselnden Hunden begrüßt. Monsieur Richard führt uns ins Innere des Prachtbaus, der wie die aufpolierte Filmkulissse für eine mittelalterliche Festung wirkt. Umgeben von einem gediegenen antiquierten Interieur bittet er mich auf eine mit hellgrünem Samt überzogene Couch, während Eberhard Kamera und Licht installiert.

Panoptikum der Friedhoftiere

Inmitten tierischen Stilllebens: Jean „Maigret" Richard,
seine Frau Annick Tanguy und der Autor.

Ja, so hätte Maigret aussehen können. Glatt nach hinten gelegtes Weißhaar, ohrenverdeckende Koteletten, unauffälliges breitflächiges Allerweltsgesicht, wache Augen hinter großgläseriger Viereckbrille, im Mundwinkel die unvermeidliche Pfeife. Ob angezündet oder nicht – er wird sie während unseres Besuches den gesamten Nachmittag nicht aus dem Gesicht nehmen. Die Kultfigur des Polizeichefs scheint ihm wie auf den stämmigen, etwas fülligen Leib geschneidert.

Seine Hausburg beherbergt das ungewöhnlichste Inventar, das ich je gesehen habe, eine frappierende Wohnungsdekoration schrulliger Eigentümlichkeit. Eine gespenstische Szenerie, die mich zutiefst irritiert. Denn wenige Meter vor mir setzt ein Leopard zum Sprung an. Kein Grund zur Panik, denn er ist mausetot und ausgestopft. Zwischen kostbarem Inventar tummeln sich steif und stumm exotische Tiere. In trautem Nebeneinander Leopard, Löwe, Tiger, Zebra und Hirsch, Reh und Panther. Ich stehe mitten im Panoptikum eines Tierfriedhofs, der zu einem stillen Zweitleben hergerichtet wurde.

Irgendwie erinnert das Ganze an die gruslige Filmatmosphäre vom „Kabinett des Dr. Caligari" – nur dass wir uns nicht in einem Stummfilm von 1920 befinden, sondern in der Wirklichkeit des Hauses „Sonnenmühle" von Ermenonville. Eine makabre Welt ausgestopfter und präparierter Tiere, deren Kunststücke Jean Richard im früheren Leben als Zirkusdirektor in der Manege präsentierte. Der Dompteur konnte sich auch nach dem Tod seiner Lieblinge nicht von ihnen trennen. Seine Frau Annick Tanguy sieht diese eigentümliche Marotte mit vorsichtiger Distanz und recht gemischten Gefühlen. Für ihn selbst aber ist er heute noch allgegenwärtig, sein „Zirkus Richard", mit dem er einst auch international für Furore sorgte. Mit seinen Artisten, Clowns und Tieren zog er kreuz und quer durch Europa, lange bevor der Spross einer Pferdezüchterfamilie vom Jahrgang 1921 der berühmteste Langzeit-Maigret wurde.

Der sesshaft gewordene Fahrensmann von einst schiebt die Pfeife mit detektivisch-grüblerischer Geste in den anderen Mundwinkel und sinniert:

„Leider musste ich später Konkurs anmelden."

Glück im Unglück. Ein Teil des „Cirque Jean Richard" konnte er für den Sohn Jean-Pierre retten. Der hatte ebenfalls das Nomadenblut eines Schaustellers und tingelte durch Belgien. Trotz der deprimierenden Schlappe bewahrte sich der Vater seinen Manegentraum und vergegenständlichte ihn in den Räumen seiner Burgfestung. Durch die überdimensionalen Reklameplakate aus einer glanzvollen Zeit, durch ein maßstabgetreues Modell seiner Zelt- und Wohnwagenstadt, das nahezu ein gesamtes Zimmer füllt – und schließlich durch die dekorierte Unsterblichkeit seiner tierischen Lieblinge, die er auch weiterhin um sich haben möchte.

Die Begeisterung für diesen abwegigen Spleen kann Ehefrau Annick nicht teilen. Gleichzeitig lobt sie ihn für seinen engagierten Einsatz als Tierschützer. Sie kennt ihn bestens, weiß seine Eigenheiten und Extravaganzen geräuschlos zu nehmen und ist auch in komplizierten Jahren nicht von seiner Seite gewichen, war seine gute Fee in mitunter nicht allzu märchenhafter Zeit. Jean lernte Annick als Tänzerin im Kabarett „Tabarin" an der Pigalle kennen. In den 1950er und 60er Jahren drehte auch sie einige Spielfilme, wohnt seit 1954 mit ihm hier in ihrem Dornröschenschloss der „Moulin du Soleil" und heiratete ihn drei Jahre später. Dass er trotz Maigret-Erfolg immer noch seiner Zirkusvergangenheit nachhängt, versteht sie. Sein Faible für präparierte Tierleichen nicht, obwohl sie mit ihm nunmehr schon seit genau dreißig Ehejahren durch dick und dünn geht und selbst in seinen Filmen die verständnisvolle Gattin spielt.

Das entspricht nicht so ganz dem in den Kriminalromanen konzipierten Verhalten für die Frau an Maigrets Seite. Während Madame Tanguy-Richard – wie ich schnell merke – nicht nur eine hübsche, sondern auch moderne, eigenständige, selbstbewusste Frau ist, sah Simenon in Madame Maigret den Prototyp eines altmodischen, nicht emanzipierten Hausmütterchens, dessen Revier die Küche ist und dessen Bestimmung sich darauf beschränkt, den Gatten mit Speis und Trank zu versorgen. Von den Ermittlungen ihres Gatten hatte sie keine Ahnung, geschweige denn ein Mitspracherecht. Im Gegensatz dazu stand Annick ihrem Mann nicht nur im wirklichen Leben, sondern auch schon mal in der ihr bereits bekannten bunten Welt der Zelluloidstreifen zur Seite und half dem Leiter der Pariser Mordkommission bei der Lösung kniffliger Fälle. Zuvor hatte sie, der die Showbühne ebenfalls nicht fremd war, mit Jeans eigenem Zirkus eine Reihe von Gastspielen im In- und Ausland absolviert.

Vom Zirkusmann zum Kommissar

Inzwischen hat der Hausherr seine Pfeife neu gestopft. Tabakschwaden mit Vanillearoma ziehen durch den Raum, kräuseln sich zu federleichten Schleiern. Er führt uns zu einem imposanten Modell des früheren „Zirkus Richard" und erklärt – in Dampf gehüllt – die Einzelheiten. Was, so möchte ich vom ehemaligen Schausteller wissen, war das Motiv für seinen Hang zur Zirkusluft? Er balanciert die Maigret-Pfeife von einem Mundwinkel zum anderen und sein Gesicht bekommt einen verklärten Ausdruck, der so garnicht zum unromantischen, übersachlichen Verbrecherjäger passt:

„Eine Kindheitserinnerung. In meiner Geburtsstadt gab es einen sehr schönen Platz, auf dem die großen Zirkuszelte hochgezogen wurden. Ich habe mir alles angesehen, die Haltetaue, die Löwenkäfige, die Wohnwagen ... 1957 war mein erster Auftritt im Zirkus, elf Jahre danach hatte ich selbst eine eigene Manege. Später dann im Jahre 1971 erwarb ich eines der größten französischen Zirkusunternehmen und kaufte mir damit auch ein wenig meine Kindheitserinnerungen zurück, hatte ich mir doch als Junge auf den Bänken unter dem Chapiteau die Hosenböden blankgewetzt. Aber wissen Sie, mit dem Zirkus ist das so eine Sache bei uns. Da können Sie mal sehr gute Geschäfte machen, dann wieder nagen Sie plötzlich am Hungertuch. Das hängt von so vielen Dingen ab. Wenn zum Beispiel in einem Jahr Fußballweltmeisterschaft ist, bleiben die Besucher weg. Das genügt schon. Ich war gezwungen, Konkurs anzumelden."

„Hat diese Arbeit Ihr schauspielerisches Talent beeinflusst?“

„Beeinflusst nicht. Doch sie brachte mir eine persönliche Befriedigung, eine Art Selbstbestätigung. Ich bin überhaupt vom Leben verwöhnt worden, indem ich immer tun und lassen konnte, was mir gefiel.“

Nach der bitteren Pleite seiner Firma übernahm er einige Filmrollen im komödiantischen Fach, ohne seinem Nachnamensvetter Pierre Richard, der als „großer Blonder mit dem schwarzen Schuh“ die Kinowelt eroberte, auch nur im Entferntesten das Wasser reichen zu können. Immer den Clown und Deppen zu spielen, nervte ihn unsäglich. Dann kam die Rolle seines Lebens auf ihn zu – oder war es umgekehrt und er hat sie gesucht? Darüber, so versuche ich zu scherzen, möchte ich den Kommissar nun selbst verhören und ich bitte ihn auszupacken. Das Rollenspiel gefällt ihm sichtlich. Er zieht an der mittlerweile erkalteten Pfeife und berichtet:

„Ich hatte erfahren, dass der Regisseur Claude Barma – ein guter Freund von mir – dem Fernsehen vorgeschlagen hatte, Maigret-Krimis zu drehen. Ich rief ihn sofort an und bewarb mich. Er musste zuerst lachen, dass ein Komiker einen Kriminalkommissar spielen wollte. Dann aber meinte er: ‚Warum eigentlich nicht?‘ So kam’s.“

„Was halten Sie von Maigrets geistigem Vater?“

„Ich mag Georges Simenon sehr, habe alle seine Maigret-Romane gelesen. Sein Held hat mich als Persönlichkeit immer begeistert. Simenon ist ein großer Schriftsteller mit einer herrlichen Sprache, wohl einer der meistverkauften Autoren der Welt. Ich verdanke ihm viel.“

„Haben Sie ihn persönlich kennengelernt?“

„Am Tag nach der Ausstrahlung des ersten Teils rief ich Barma an und fragte ihn: ‚Meinst du nicht, es wäre nett, bei Simenon vorbeizugehen?‘ Wir trafen auf einen sehr sympathischen, außergewöhnlichen Mann. Zugleich erschien er uns als ein komischer Kauz, für den pedantische Ordnung zu einer fixen Idee geworden war.“

„War es schwierig für Sie, den Maigret nach Schauspielgrößen wie Jean Gabin zu verkörpern?“

„Nein. Jeder Schauspieler interpretiert ihn seinem Naturell entsprechend auf unterschiedliche Weise. Und Gabin ist eben Gabin. Sein Maigret allerdings war das Feinste vom Feinsten."

„Kennen Sie Simenons Meinung über Ihren Maigret?"

„Das ist recht kompliziert. Simenon sieht grundsätzlich nicht fern. Er sieht sich weder seine Stücke noch die Bearbeitung seiner Romane an. Lediglich beim ersten Film mit dem Titel ‚Cécile ist tot' ließ er sich zu einer Ausnahme verleiten. Und als wir ihn besuchten, sagte er: ‚So geht's. Ihr seid auf dem richtigen Weg.' Das hat mich ermutigt."

Maigret in alle Ewigkeit

Um vermutlich die anerkennenden Worte des Maigret-Erfinders genüsslich im Raum stehen zu lassen, verlangt es meinem Gegenüber nach einer kurzen Zäsur, bei der Eberhard instinktiv die Kamera weiterlaufen lässt. So werden wir später bei der Ansicht des Interviews immer noch über die wirkungsvolle Art staunen, mit der er auf seine Weise die Pfeife à la Maigret handhabt. Er nimmt sie bedächtig aus dem Mundwinkel, stampft mit einem silberfarbenen kurzen Metallstäbchen in konzentrierter Sorgfalt die Tabakreste im Pfeifenkopf fest und entzündet sie mit einem Hauch von Inbrunst, als wäre es eine sakrale Handlung während der heiligen Sonntagsmesse. Das geschieht aber nicht etwa mit der Jedermannüblichkeit eines Feuerzeuges, sondern mit einem profanen Streichholz in zeremonieller Langsamkeit, wie es sich für einen berühmten Kriminalisten gehört. Es ist, als genieße er die Würde des Augenblicks, an dem er uns teilhaben lässt. Dann löst sich sein Blick vom Objekt der Aufmerksamkeit und nach einigen ausgestoßenen Rauchwolken habe ich das Gefühl, dass es weitergehen kann, zumal er mir aufmunternd zunickt.

„Monsieur Richard, Sie spielen seit nunmehr über zwanzig Jahren den Chef-Mordermittler." Ich halte kurz inne. Es juckt mich plötzlich, ob ich mich unter dem Eindruck des virtuosen

Pfeifenerlebnisses in schalkhafter Übertreibung vielleicht korrigieren soll – nicht: Sie spielen den Maigret, sondern: Sie sind es schon so lange. Da ich nicht weiß, ob er bei aller komödiantischen Ader Spaß versteht, wenn es um sein Maigret-Image geht, und ob er sich vielleicht veralbert fühlen könnte, formuliere ich dann doch zu Ende: „Sie spielen den Kommissar derzeit in der 82. Folge der Krimireihe. Wurde das mit der Zeit nicht ein wenig langweilig?"

„Überhaupt nicht. Es ist jedes Mal eine andere Geschichte, ein anderes Milieu. Und außerdem erlauben mir die Dreharbeiten, in vielen Provinzstädten herumzureisen, in denen ich immer gut aufgenommen werde. Die Franzosen mögen die Figur des Maigret. Ich glaube, er ist der Mann, der Simenon gern gewesen wäre."

„Hat Sie diese Festlegung auf eine Rolle nicht künstlerisch eingeengt?"

„Richtig. Ich spiele zum Beispiel nicht mehr Theater, drehe keine Kinofilme mehr, nur noch meine vier ‚Maigrets' jährlich. Aber das ist schon nicht übel. Ganz klar: Erschiene ich jetzt in irgendeinem anderen Streifen auf der Leinwand, würden die Leute sagen: Das ist ja Maigret."

Die Pfeife steht nun wieder unter Dampf – und er auch. Ich habe ein wenig Sorge, dass Kommissar Richard-Maigret sich in Höchstform hineinraucht. Denn wenn es weiter in solchen Wolken am Kamera-Objektiv vorbeiqualmt, müssen wir um die Qualität der Bilder bangen. Die Dame des Hauses scheint unsere Gedanken zu erraten und ich könnte sie umarmen, als sie uns zu einer Tasse Kaffee nach nebenan in den Wintergarten bittet.

Während des Spaziergangs dorthin erzählt der Hausherr, dass Ermenonville für ihn ein Ruhepol sei. Aufregendes gebe es in dem beschaulichen, verträumten Ort bislang nur in seinen Fernsehkrimis, auf deren nächste Folge das Dörfchen in geschlossener Anhängerschaft mit Spannung warte. Als schmeichelhaft und belastend zugleich empfindet er, dass seine Mitbürger ihn als echten Kommissar ansehen, als Verbrecherjäger und Ordnungshüter, dem sie ihre Sorgen und Nöte, Konflikte in der Familie oder Streitereien mit Nachbarn anvertrauen können, um sich Rat zu holen. So werde er denn, beschwert er sich, von Einwohnern ständig mit irgendwelchen zumeist lapidaren Problemen behelligt, ja regelrecht belagert, anstatt zur echten Ortspolizei zu gehen.

Ein ungewohnter Fall

Dann geschieht etwas Unvorhergesehenes, das mich zutiefst erschreckt. Wir gehen im Gänsemarsch in Richtung Wintergarten – an der Spitze die Hausfrau, gefolgt von ihrem Mann und mir. Als letzter geht Kameramann Eberhard, der während des Laufens noch einige Einstellungen von Tierpräparaten und markanten Details des Interieurs in den Fokus nimmt. Plötzlich gibt es hinter mir einen dumpfen Schlag. Ich drehe mich um und erstarre. Eberhard liegt am Boden.

Was war passiert? Beim Durchschreiten mehrerer Räume hatte mein Mitstreiter eine Türschwelle übersehen, die ihm zum Verhängnis wurde. Noch beim Hinknallen hatte er die teure Filmkamera hochgehalten, die ihm wertvoller war als seine nun zerschundenen Ellenbogen. Ich springe zu ihm, nehme die Kamera und helfe meinem Kollegen auf die Beine. Gott sei Dank nur ungesunde Äußerlichkeiten. Hautabschürfungen und sonst nichts. Das berühmte Glück im Unglück. Madame Richard ist trotzdem besorgt, kümmert sich, holt Pflaster, Salbe und Verbandszeug. Ihr Mann ist weniger besorgt. Er hält kurz inne, wendet den Kopf, mustert die Szene mit dem gefallenen Eberhard und schreitet unbeirrt, wortlos und pfeiferauchend weiter. Ein Fall dieser Art ist Kommissar Maigret wohl zu banal, um ihn zu beachten. Den Fall Kameramann hat der Meister wohl mit einem Blick gelöst. Kombiniere: Sturz aufs Parkett. Nicht tödlich. Ursache: Unterschätzung der Gefahr häuslicher Gegebenheiten. Kein Fremdverschulden. Also klarer Fall und Fall erledigt. Akte geschlossen, noch bevor sie geöffnet wurde.

Der vollverglaste Wintergarten mit barocken Rundsäulen ist geräumig und hell. Nach einer Tasse Kaffee wird weitergeplaudert. Zunächst ohne Kamera und Mikrofon, aber in der Allgegenwart von Maigrets Pfeifenqualm. Er erzählt aus seinem turbulenten Leben, dessen nicht wenige Härten und Wendungen er mit Bravour gemeistert hat. Seine Kämpfernatur nötigt mir Respekt ab.

Geboren am 18. April 1921 in der westfranzösischen Gemeinde von Bessines, verdiente sich der 18-jährige Jean seine Brötchen als Comiczeichner und Karikaturist. Im zukunftsdüsteren Jahr 1945 entdeckte er als Lichtblick fürs spätere Leben sein Interesse fürs Theater und inszenierte in der Nachkriegszeit mehrere Bühnenstücke. Nach dem Besuch der Hochschule für dramatische Kunst arbeitete er bis Mitte der 1970-er Jahre als Theaterschauspieler. Schon zuvor hatte er sich als Kleindarsteller in französischen Filmproduktion erste Sporen erworben. Nachdem er sein Talent beim Präsentieren von Revuen im Pariser Kabarett „L'amiral" unter Beweis gestellt hatte, bekam er regelmäßig Filmangebote. Im komödiantischen Genre schaffte er es sogar zu einigen Hauptrollen, die ihm zudem Gastauftritte im bundesdeutschen Film verschafften. Seine Stärke waren bauernschlaue Charaktere in Possen, Schwänken und Burlesken, denen er aber ein reales, wenn auch unstetes Artistenleben vorzog. Dann kam der kreative Literaturgeist eines Simenon über ihn und bescherte Jean Richard alias Jules Maigret eine ungeahnte Popularität inner- und außerhalb von Frankreich.

Der Bazillus der Rastlosigkeit

Die für sein Leben entscheidende schicksalhafte Wendung hin zum berühmten Pfeifenkommissar und damit berühmten Schauspieler habe ihn dankbar und demütig gemacht, bilanziert mein Gegenüber, dem die Pfeife ins Gesicht getackert scheint. Damit registriere ich an ihm erstmals eine sentimentale Regung, die wie eine freundliche Entgleisung von der eingefrorenen Gefühlsneutralität des strengen, unnahbaren Oberflics wirkt. Oder ist diese Gemütsstarre nur eine dem Image verpflichtete vorgetäuschte, zur Schau getragene Oberflächlichkeit, unter der sich ein sehr menschlich normales Empfinden versteckt, wie es bei einem Mann seiner Biografie zu vermuten wäre? Wie wird seine Reaktion sein, wenn man an diesem selbstgebastelten Image kratzt? Ich versuche es, indem ich seinen wohl wundesten Punkt anvisiere:

„Fürchten Sie nicht, die Zuschauer könnten eines schönen Tages Ihren Maigret satt haben?"

„Möglich. Aber das schreckt mich nicht."

Warum auch? Schließlich hat der Serienstar mit Zirkusblut in den Adern noch einige andere Trumpfkarten im Ärmel. Denn der Bazillus der Rastlosigkeit ist bei ihm ebenso wenig wegzudenken wie seine Pfeife. Er besitzt einen kleinen Zoo und Sohn Jean-Pierre betreibt mit der Attraktion „La Mer de Sable" den ältesten Themen- und Freizeitpark in Frankreich. Der Vater hatte ihn 1963 ganz in der Nähe eröffnet. Auf seine Einladung hin habe ich ihn durchstreift und darüber gestaunt, mit welch kreativer Walt-Disney-Fantasie Monsieur Richard schon damals Groß und Klein mit Schaustellerei aller Art auch außerhalb eines Zirkuszeltes begeistern konnte. Namensgebend für „La Mer de Sable" – wörtlich „Sandmeer" – war ein feinkörniger Boden auf einem Großteil des Waldes von Ermenonville. Auf diesem zur Kleinwüste gestalteten 55 Hektar großen Terrain installierte der umtriebige Gründer handfeste Attraktionen wie Westernshows, Wildwasser-Abenteuer, Artistenspektakel, Schienenerlebnisse mit dem Colorado-Zug oder Cheyenne-Riverbootfahrten.

Gut, dass Jean Richard den Niedergang seiner Kreation nicht mehr erlebt hat. Anno 2005, gut drei Jahre, nachdem er mit 80 Jahren gestorben war, wurde der Park an die „Compagnie des Alpes" verkauft. Danach wechselte er nach gesunkenen Besucherzahlen 2015 noch einmal den Betreiber – im Verbund mit dem früheren Tierpark der Richards für immerhin noch 15,4 Millionen Euro. Hätte der Gründervater das damals bei unserer Begegnung geahnt, weiß ich nicht, ob ihn Geld mehr gefreut hätte als sein geliebter zirzensischer Familienbesitz in Aktion. Was auf jeden Fall nach seinem Weggang am 12. Dezember 2001 für immer bleibt, ist seine optische Lebensleistung mit der jahrzehntelangen charakterstarken Darstellung des unsterblichen Fernseh-Maigrets, dessen TV-Ebenbild ich zum Abschluss unseres Exklusivinterviews noch eine Gewissensfrage stelle:

„Als Kommissar können Sie im Film immer nur die Leute verhaften und dem Staatsanwalt zuführen. Wären Sie selbst Staatsanwalt, welche Verbrechen würden Sie am härtesten bestrafen?"

„Verbrechen an Kindern, auch Geiselnahmen. Das finde ich wirklich abscheulich."

Nach diesem Treffen in der „Sonnenmühle" von Ermenonville hatte ich noch fast vier Jahre lang mein Domizil als Fernsehkorrespondent in Paris. Jedes Mal, wenn ich auf der Seine-Insel „Île de la Cité" am Quai des Orfèvres zu Notre Dame gepilgert bin, habe ich der Hausnummer 36 besondere Beachtung geschenkt. In diesem langgestreckten wuchtigen Gebäude am Südufer des Flusses logierte die Direktion der Pariser Kriminalpolizei. Ich suchte in der obersten Etage ein gewisses Fenster, hinter dem sich nach dem Willen von Simenon das Arbeitszimmer seines Romanhelden Maigret befand, seines Zeichens Chef der Pariser Mordkommission. Sein Schöpfer verlieh dem Kommissar das Vermögen zur garantiert lückenlosen Aufklärung der kompliziertesten Fälle, was beiden weltweiten Ruhm eintrug. Hier am linken Seineufer im 1. Arrondissement von Paris gönnte ich mir jedes Mal eine Verschnaufpause. Dann schickte ich einen andächtigen Blick hinauf zu einem bestimmten Bürofenster, hinter dem ich den Meister grübelnd und pfeifeschmauchend in einem klobigen Ledersessel sitzen sah. Natürlich hatte er das Gesicht von Jean Richard.

LISE LESÈVRE

entlarvte als ehemalige Résistancekämpferin im Barbie-Prozess ihren sadistischen Peiniger

Es ist schwer vorstellbar, dass ein Mensch aus Fleisch und Blut mit normalem Schmerzempfinden ein Martyrium ertragen kann, wie sie es ertragen hat. Und es ist schier undenkbar, dass ein zarter, fragiler Frauenkörper permanente Qualen von der Inquisitionsbrutalität eines mittelalterlichen Folterkellers überstehen kann. Dass sie die sadistischen Torturen des „Schlächters von Lyon" Klaus Barbie überlebt hat, grenzt – so sagt mir Madame Lesèvre – an ein biologisches Wunder, an das sie damals selbst nicht mehr geglaubt hat.

Ich finde keine rechten Worte für die Hölle der Perversitäten, durch die Lise Lesèvre im Frühjahr 1944 gegangen ist – nein, geschleift wurde. Auch habe ich keinen passenden Ausdruck für meine Gefühle, die ihre Schilderungen vor unserer Kamera auslösen. So kann ich dies alles im Nachhinein nur in profane, abgewetzte Worthülsen kleiden: Das erschütternde Schicksal der französischen Widerstandskämpferin Lise Lesèvre hat sich mir tief ins Gedächtnis gebrannt. Ich versuche, ihren Kreuzweg und ihre durchlittene Pein nachzuempfinden, scheitere aber an der Unvorstellbarkeit der grausamen Details.

Sie sitzt mir gegenüber in ihrer Pariser Wohnung und berichtet vor laufender Kamera, stockt nur ab und zu, wenn sie von der Wucht des Erlebten eingeholt wird. Es übersteigt sowohl mein ansonsten passables fantasievolles Vorstellungsvermögen als auch meine gefühlsmäßige Erträglichkeit, was sie im Interview preisgibt. Sie müsse über keine Details reden, habe ich ihr zu bedenken gegeben, aber sie will es. Sonst – so meinte sie – könnte das, was ein Barbie getan hat, verharmlost werden.

Die alte Dame hat es sich in ihrem Lehnstuhl bequem gemacht, soweit es der seit damals dauerlädierte Rücken zulässt. Eine auch mit 86 Lenzen immer noch schöne, kulturvolle Frau, deren welliges, graumeliertes Haar ein würdevolles Gesicht umrahmt, eine noch im hohen Alter elegante, Erscheinung, die Wert legt auf ein gepflegtes Äußeres, auf Ästhetik und moderne Kleidung. Zugleich strahlt ihre reife attraktive Weiblichkeit die schlichte Bescheidenheit eines Menschen aus, der seine reiche Lebenserfahrung und Lebensweisheit in gebündelter Form verinnerlicht hat. Nur ihre Augen werden wässrig trübe, wenn sie makabre Szenen ihrer Horrorzeit mit dem Gestapo-Henker Klaus Barbie beschreibt. Ich sitze ihr gegenüber und ringe immer wieder um Fassung, wenn ich versuche, mir das Unvorstellbare vorzustellen.

Dass es zu der Bekanntschaft mit ihr und zu diesem Gespräch kam, war kein Zufall. Vor ihrem Besuch in ihrem Pariser Domizil war ich der schlanken, vornehm und zugleich gebrechlich wirkenden Filigrangestalt der Lise Lesèvre Mitte 1987 in Lyon begegnet. Sie war dort als Zeugin geladen beim weltweit beachteten Strafprozess gegen das für seine besondere Grausamkeit berüchtigte Nazimonster Klaus Barbie. Seine Sporen hatte sich der strammfanatische Faschist bereits Anfang der 1940er Jahre in den deutschbesetzten Niederlanden bei der Verfolgung und Folterung von Widerständlern und Juden verdient. Mit einer dort erzielten hohen Erfolgsquote von Opfern war er geradezu prädestiniert für die von Hitler befohlene totale Einebnung der französischen Widerstandsbewegung und vor allem der Ausrottung ihrer Frontleute und Partisanenführer in und um Lyon, dem südlichen Epizentrum der Résistance im wehrmachtbesetzten Frankreich.

Von 1942 bis 1944 wütete Barbie als dortiger Gestapo-Chef mit der mörderischen Dauerenergie eines geisteskranken Psychopathen, was ihm den Beinamen „Schlächter von Lyon" eintrug. Sein alles beherrschendes Sinnen und Trachten galt der mit hitlerdienendem Übereifer betriebenen Mission, den Widerstand der Franzosen gegen die deutschen Besatzer mit allen Mitteln im Blut der Untergrundkämpfer zu ersticken.

*Madame Lesèvre ist mit sich im Reinen: „Es war unerträglich und oft
wurde ich bewusstlos. Aber ich habe ihm nichts verraten."*

Das sollte auch das Los von Lise Lesèvre sein. Sie wurde fast drei Wochen lang in neunzehn Foltertorturen von ihm und seinen Knechten gedemütigt und gepeinigt, aufs Streckbett gespannt, an Ketten aufgehängt, mit simuliertem Ertrinken und Dornenbändern malträtiert. Sie sei, sagt sie uns mit Flüsterstimme, immer wieder ohnmächtig geworden, sei fast verblutet, habe gestöhnt und geschrien, aber habe geschwiegen und die Identität ihrer Mitstreiter für sich behalten.

Barbie gelang es, sie körperlich zu verstümmeln, nicht jedoch geistig. Sie überlebte seine Torturen und überstand anschließend wider Erwarten auch das Konzentrationslager Ravensbrück, das ihr den Rest geben sollte. Ihr Ehemann Georges wurde in Dachau ermordet und ihr gemeinsamer Liebling Jean-Pierre starb beim Untergang des KZ-Schiffes „Cap Arkona", das kurz vor Ende des Zweiten Weltkrieges durch britische Bomber versenkt wurde. Geblieben ist ihr nur ihr zweiter Sohn Georges. Nun ist sie 86, lebt allein und zurückgezogen und ist als Zeugin der Anklage vorgeladen.

43 Jahre nach diesem erlebten und überlebten Albtraum sieht Lise Lesèvre ihren Folterer wieder. Als sie erreicht hat, dass im Prozess auch das Martyrium ihrer Familie behandelt wird, muss sie ihm nun auf amtliche Anordnung des Untersuchungsrichters noch einmal begegnen. Sie soll ihn als ihren Schinder von einst identifizieren. So kommt es am 27. Januar 1987 im Gefängnis „Saint-Joseph" in Lyon zur Gegenüberstellung. Sie ist mit dem zeitlichen Abstand von mehr als vier Jahrzehnten überrascht, dass ein solch schmächtiges Häufchen Unmensch so unvorstellbare Dinge begangen hat. Sie steht dem einstigen Ungeheuer gegenüber – Auge in Auge mit Barbie, wie sie auch ihr Buch nennt. Der erklärt mit gelangweilter Unschuldsmine: Nein, eine Madame Lesèvre kenne er nicht und Frauen habe er grundsätzlich niemals drangsaliert. Natürlich kann er sich auch nicht daran erinnern, dass er ihren Ehemann George, einen Ingenieur, und ihren 16-jährigen Sohn verhaften und misshandeln ließ, um sie zum Reden zu bringen. Er scheint nicht nur gravierende Erinnerungslücken

zu haben, sondern auch totalen Gedächtnisschwund. Madame
Lesèvre nicht. 43 lange Jahre musste sie warten, bis sich ihr
damaliger Peiniger endlich vor einem Gericht zu verantworten hat. Nun ist es soweit.

Der Prozess

Schon das äußere Bild des Justizpalastes von Lyon ist mindestens ein Foto wert. Seine imposante neoklassische Fassade – ge-
stützt durch 24 korinthische Außensäulen – zieht sich ein gutes
Stück des Weges an der Uferpromenade der Saône entlang. Das
wie ein griechischer Göttertempel anmutende kalksteinhelle
Gebäude schmiegt sich an den Hügel von Fourvière, auf dessen
Gipfel die viertürmige Basilika Notre-Dame über den Dächern
der Zweimillionen-Metropole thront. Von hier oben überblickt
man die Altstadt mit Rhône und Saône, die vor ihrem Zusam-
menfluss die von ihnen umspülte Insel einschließen. Der Blick
wandert in nördlicher Richtung bis zum Rebstockgebiet des weltberühmten Beaujolais. Mit ihrer ungewöhnlichen Architektur
und einem leuchtend weißen Gestein hat sich die Wallfahrts-
kirche in der Liste von Stätten des UNESCO-Weltkulturerbes
verewigt. Aus der Ferne mutet sie wie ein zum Himmel streben-
der pittoresker Schnörkelbau an, der zusammen mit dem bayerischen Schloss Neuschwanstein ohne weiteres die Kulisse zu
einem Walt-Disney-Märchen hergeben könnte.

Gut hundert Meter tiefer hat es auch das Palais de Justice
zu kulturgeschichtlichen Ehren gebracht. 1996 wurde das altehrwürdige Gemäuer von anno 1842 durch die französische Regierung mit dem offiziellen Gütesiegel eines „monument his-
torique" ausgezeichnet. So durfte für den Jahrhundert-Prozess
durch ein umfassendes Sicherheitskonzept zwar baulich nichts
verändert werden, wohl aber wurden partielle Installationen auf
Zeit gestattet. Also entstand in geschickter Unaufdringlichkeit,
die kaum jemand auf den ersten Blick wahrnimmt, eine für unliebsame Eventualitäten gewappnete Festung.

Ex-Gestapochef Klaus Barbie alias Klaus Altmann: Wie kann so viel Böses in einem menschlichen Körper Platz haben?

Einen Tag vor Prozessbeginn werden die Medienvertreter aus aller Welt mit den Örtlichkeiten des bevorstehenden Justizdramas vertraut gemacht. Unter dem 17 Meter hohen Gewölbe des als Gerichtssaal hergerichteten riesigen Foyers wurde ein spezieller Käfig für eine spezielle Bestie gebaut. Die nach allen Seiten hin durchsichtige Vierwandzelle im Stile eines Containerwürfels ist aus schusssicherem Panzerglas. Sie soll den Angeklagten vor schlimmen Überraschungen schützen.

Vor dem Einlass zur Besichtigung der Gegebenheiten werden die Presseakkreditierungen überprüft. Rund 700 Journalisten aus aller Welt sind angereist. Auch meine Frau und ich sind im großen Pool der Weltpresse vom französischen Justizministerium als Prozessbeobachter und Berichterstatter zugelassen, Marion mit der Akkreditierungs-Nummer 4681, ich mit der 2855. So ist gesichert, dass wenigstens einer von uns die tägliche Verhandlung über den geplanten langen Zeitraum vom 11. Mai bis zum 4. Juli 1987 vor Ort verfolgen kann und gleichzeitig andere aktuelle Ereignisse in unserem westeuropäischen Aktionsradius wahrgenommen werden können.

Ich bin total überrascht, als ich den ehemals mächtigen Gestapochef der nach Paris zweitgrößten französischen Stadt nun leibhaftig erblicke. Ein Raunen geht durch den Saal, als er von einem Polizisten in Handschellen in den Gerichtssaal geführt wird. Die Gänsehautsituation erinnert unwillkürlich an die filmische Zurschaustellung des Riesenaffen King Kong. Allerdings hat der nun vorgeführte einst gefürchtete Machtprotz von Lyon alles andere als die Statur eines Kolosses. Und er ist auch keine Monsterfigur mit irrlichterndem Bösblick, sondern ein schmalbrüstiger Kleinmensch mit greisenhaftem Bleichgesicht. Einfach nur eine traurige Gestalt.

Die Schreckensherrschaft eines Klaus Barbie ist längst Vergangenheit, eine abgrundtief bösartige Herrschaft im Rahmen einer mörderischen Historie. Der einstige Schläger und Schlächter von Lyon hockt zusammengesunken in einer hermetisch abgeschlossenen Kastenbox aus kugelsicherem Panzerglas, die eigens für ihn gefertigt wurde. Der Käfig für ein wildes Tier, wie ihn Lise Lesèvre vor dem Gerichtspräsidenten nennen wird. Ein Faschistentyrann, der seine vom „Führer" verliehene Vollmacht zur Ausrottung jeglicher antideutscher Gegenwehr zudem nutzte, um seine hochgradig perversen Fantasien in wollüstigen Orgien an seinen Opfern auszuleben. Ein barbarischer Sadistenteufel – oder wie anders soll man eine entartete Kreatur wie den Angeklagten Barbie nennen, der weibliche Gefangene von seinem Schäferhund vergewaltigen lässt und sich dazu ein Klavierkonzert von Beethoven anhört? Mein Verstand weigert sich, den ehemaligen SS-Hauptsturmführer Nikolaus „Klaus" Barbie als Lebewesen der Gattung Homo sapiens zu akzeptieren.

Der einstige Vollstrecker einer wahnwitzigen Blutmission starrt demonstrativ ins Leere, als säße er allein auf einer einsamen Insel. Er sucht keinerlei Blickkontakt außer zu seinem Anwalt Jacques Vergès, dem ich mich noch ausführlich widmen werde. Sein Klient ist im dunklen Anzug erschienen mit weißem Hemd und schwarzer Krawatte. Es macht den Inhalt der gewollt seriösen Verpackung nicht menschlicher. Was da auf der Anklagebank sitzt, ist eine klägliche, zerbrechlich wirkende Jammergestalt, mit der man fast Mitleid haben könnte, wüsste man nicht um das Ausmaß ihrer Untaten. Ein kleinwüchsiges, knochiges Klappergestell mit dem fusselhaarigen Opakopf eines senilen Tattergreises. Auffällig an all der Schlaffheit sind die zwar trüben, aber hellwachen, unsteten Augen in den tiefen, knochigen Höhlen eines hageren, ausgezehrten Graugesichts. Ich mache mir bewusst, dass da ein Serien- und Massenmörder sitzt und denke nur: Eine gebündelte Erbärmlichkeit. Ein Häufchen Unglück. Ein Wrack, getarnt als Mensch. Wie kann so viel Böses in einem menschlichen Körper Platz haben?

Schwer zu glauben, was dieses spirlige Männlein auf dem Gewissen hat, was ihm vorgeworfen wird: 4342 Morde, die Folterung von 14311 Widerstandskämpfern und die Deportation von 7591 Juden in die Industriemaschine deutscher Vernichtungsfabriken. Ein Massenmörder nicht in der Erscheinung eines Klumpfuß-Luzifers, sondern als manipulationsfrecher Menschenzwerg, der das Gericht, die Presse und die Zeugen verachtet, sie in Umkehr von Missetat und Schuld der Manipulation, der Lüge und Hetzerei gegen seine Person bezichtigt. Er wird im Verlauf des Prozesses alles tun, um sich als personifizierte Gestalt von Arroganz und Lichtgestalt zu präsentieren, die Frankreich vor Bolschewismus und Sozialismus gerettet hat.

Für seine Kriegsverbrechen war der SS-Obersturmführer von Frankreichs Richtern in Abwesenheit bereits 1947, 1952 und 1954 und damit dreimal zum Tode verurteilt worden. Nun, da diese Verbrechen verjährt sind und nicht vollstreckte Urteile gemäß französischem Strafrecht nach 20 Jahren erlöschen, kann der Massenmörder nicht noch einmal wegen derselben Untaten belangt werden. Angeklagt wird er deshalb wegen nicht verjährbarer Verbrechen gegen die Menschlichkeit wie die Verschleppung von 86 jüdischen Bürgern, die Deportation von 44 Kindern und den Transport von 650 Einwohnern von Lyon in die Ausrottungslager von Ravensbrück, Struthof und Auschwitz. Mehr als 80 Zeugen überführen Barbie in diesen Hauptanklagepunkten. Aufsehen erregen auch neue Beweise für seine eigenhändige Ermordung des Résistance-Führers Jean Moulin und seiner Gefährten.

Die Aussage

Am Freitag, dem 22. Mai 1987, ist es endlich für Frau Lesèvre soweit. Am 10. Verhandlungstag tritt die 86-Jährige in den Zeugenstand, um vor dem Schwurgericht in Lyon gegen Barbie auszusagen. 43 Jahre hat sie sich immer wieder vorgestellt, was sie ihrem Peiniger ins Gesicht sagen möchte. Nun steht sie vor seiner Panzerglas-Zelle, die leer ist. Nur drei Tage hatte Barbie die Konfrontation mit der Wahrheit ertragen, dann verweigerte er die Teilnahme an der Vernehmung der Zeugen. Bei Zwangsvorführungen wiederholte er stereotyp, er habe nichts zu sagen, denn er sei nur „ein Werkzeug" gewesen, ein „Befehlsempfänger", ein „kleines Licht", ein „winziges Rädchen" im Getriebe nationalsozialistischer Bürokratie.

Damit entzog sich der frühere SS-Prügelfaschist in unerträglicher Feigheit auch den Aussagen seiner einstigen Gefangenen Lesèvre. Selbst dieses Quäntchen Mut zum Zuhören brachte er nicht auf. Nein, über sein Tun von damals mochte er nichts hören. Schon im Gefängnis von Lyon wollte er sich nicht an seine Delinquentin erinnern – und nun will er sich auch von ihr selbst nicht daran erinnern lassen, will sie auch nicht sehen, geschweige denn, ihr gegenübertreten. Was wollen die eigentlich alle von ihm? Er habe damals doch in seinem Verantwortungsbereich nur für Ruhe und Ordnung gesorgt und heimtückische Rebellen und Partisanen zur Räson gebracht. Die Zeit sei nun einmal so gewesen und im Krieg habe er doch nur seine Pflicht getan.

Liese Lesèvre ist enttäuscht, dass sie ihm seine Entsetzlichkeiten nicht persönlich ins Gesicht sagen kann. Sie bedauert diesen unglücklichen Umstand, lässt sich davon aber in der Intensität und Detailliertheit ihrer Schilderungen nicht beeinflussen. Sie gehört zu den wenigen, die damals als Todgeweihte durch einen glücklichen Zufall entkamen, noch persönliches Zeugnis ablegen können und Barbie damit unwiderlegbar belasten. Und das tut sie mit der herzzerreißenden verbalen Vollständigkeit all dessen, was sich über 43 Wartejahre in ihr aufgestaut hat.

Sie setzt ihre Worte mit der Vorsicht eines Chirurgen beim Einsatz seines Skalpells – wissend um die Wirkung ihrer Aussage für die Beurteilung des Angeklagten und ihres Ringens um Leben und Tod, wissend auch um ihre Eigenverletzlichkeit, aber auch hoffend auf die Heilung ihrer seelischen Wunden. Jedes Wort bereitet ihr Mühe, steckt in ihm doch der Stachel schmerzlicher Erinnerung. Sie ist ein Wunder an Selbstbeherrschung, lässt nicht zu, dass sie die Demütigungen eines Barbie zum zweiten Mal demütigen, überwältigen, erniedrigen. Sie versucht während ihrer Beschreibungen des Unbeschreiblichen erst gar nicht, Tränen zu unterdrücken. Ihre Trauer ist so öffentlich wie ihre Aussage. Sie spricht und leidet. Sie leidet und spricht.

Dem Vorsitzenden Richter André Cerdini bestätigt sie: Ja, sie habe ihn jetzt, Jahrzehnte später, mühelos wiedererkannt – an seinen „blassen Augen, die außerordentlich beweglich sind wie die eines Tieres in einem Käfig". „Es war Terror", sagt sie. Und: „Er hat sich daran erfreut." Sie beschreibt, wie er ihr mit einem Stachelball an einer Eisenkette auf den Rücken gedroschen habe. Dabei sei ein Wirbel gebrochen. Darunter leide sie immer noch. Einmal habe er ihr zugeflüstert: „Ich bewundere dich, aber am Ende reden alle." Das war sein Irrtum. Als ihm das klar geworden sei, habe sie gehört, wie er einem seiner Handlanger befahl: „Liquidiere sie. Ich will sie nicht mehr sehen."

Frau Lesèvre hat keine Familie mehr. Der Angeklagte hat ihr alles genommen außer ihrem zweiten Sohn und ihrer Selbstachtung. Ihr Geist ist hellwach. Dass der geschundene Körper keine normalen Bewegungen zulässt, merkt man an ihrem zögerlichen, schleppenden Schritt, mit dem sie zum Zeugenstand gegangen ist. Auch an ihrem gebeugten Rücken, den ein Krückstock etwas mehr in die Senkrechte rückt und das Manko der künstlichen Kniegelenke etwas ausgleicht. Und an ihrer zerbrechlich wirkenden Stimme, mit der sie wohlüberlegte, prägnante Sätze formt – im Bestreben, das Unvorstellbare vorstellbar zu machen, dabei nicht in wütende verbale Ausfälle und pure Anschuldigungen abzugleiten, sondern nur wesentliche Fakten auszudrücken. Sie scheint jede Formulierung auf die Waagschale nachvollziehbarer Situationen zu legen, um weder Unter- noch Übertreibung zuzulassen. Sie will eine Wahrhaftigkeit des Geschehens und eine Gerechtigkeit der Strafe. Mitunter ist nur an einem leichten Beben ihrer Stimme zu merken, was in ihr vorgeht, wenn sie noch einmal alte Gespenster heraufbeschwört.

Die Verhaftung

Am Abend des 13. März 1944 wurde sie am Bahnhof von Lyon verhaftet, als sie einem Mann mit dem Decknamen „Didier" einen Brief überbringen wollte. Eine Nacht lang ließ man sie im Keller der von deutscher Polizei besetzten Militär-Sanitätsschule auf ihr Verhör warten. Als sie Barbie in die Hände fällt, ist er 31, sie 43. Im Zimmer Nummer 6 des Erdgeschosses wird sie einem ersten Verhör unterzogen. Der Raum wirkt wie ein Verlies, was Barbie für ein Polizeirevier als unästhetisch empfindet. Deshalb hat er im vierten Stock des Nobelhotels „Terminus" zwanzig Verhörräume einrichten lassen. Im kulturvollen Umfeld des gediegenen Hauses hat er unterschiedliche Folterinstrumente gehortet – für leichte und schwere Anlässe, kurze und längere Vernehmungen. Wenn ihm danach zumute ist, gönnt er sich für besondere Stunden intimer Folterlustbarkeit auch die gemütliche Suite 68 in der zweiten Etage. Er hat sie als eine Art Arbeitszimmer gemietet, nutzt sie aber als Vielzweck-Kabinett. Sein Treiben wird bestimmt von seinen Trieben, weniger von ernsthafter kriminalistischer Aufklärung. Lise Lesèvre bestätigt das mehrfach, beschreibt ihn als abgestumpften, völlig hemmungs- und skrupellosen Charakter.

Der Gestapochef versucht, mit allen Schmerztorturen mittelalterlicher Inquisition, aus Lise den Klarnamen ihres Mitkämpfers herauszufoltern. Er erklärt ihr mit sadistischer Genüsslichkeit, was sie an Schmerzen erwartet und welche Folterpraktiken er anwendet, bevor er damit beginnt. Er lässt seiner perversen Fantasie freien Lauf. Ein krankes Hirn, das aber für sein Wollen und Tun voll zurechnungsfähig ist, wie Gerichtsmediziner selbst nach 43 Jahren noch feststellen werden. Jeder vergebliche Versuch, Namen und Aufenthaltsorte aus ihr herauszupeitschen, steigert seine Wut in ekstatische Raserei. Er will den Klarnamen der Kontaktperson aus ihr herauspressen, der sie bei ihrer Verhaftung als Botin das Papier übergeben wollte. Im Rhythmus der Schläge hämmert Barbie die stereotype Frage in sie hinein: „Wer ist Didier?" – „Wo ist Didier?" – „Wer ist Didier?" – „Wo ist Didier?"

Lise erinnert sich: Mitunter verschwindet er in den Pausen der sogenannten Sitzungen im Keller, wo Leidensgefährten angekettet sind. Er braucht Abwechslung. Sie hört ihn lachen und die anderen Gefangenen schreien. Später, als Barbie sie in aufgeputscht triumphaler Laune einer besonders grausamen Behandlung unterzieht, wird sie den Verdacht nicht los, dass sie verraten wurde. Das bestätigt sich später. Ein Kamerad aus den eigenen Reihen ist unter Daumenschrauben und Peitschen schwach geworden. Er hat es sich nie verziehen.

Sie merkt an Barbies zugenommener Perversität und Brutalität: Er scheint zu wissen, dass er einen großen Fisch im Netz hat, dass er zwar keinen der Résistance-Kommandeure erwischt hat, aber zumindest eine „Grande Dame" der Widerstandsbewegung. Nach einer ergebnislosen Folterserie befiehlt er ihre schnelle Entsorgung und übergibt sie zur Wahrung von Recht und Ordnung einem Militärgericht der Wehrmacht. Das stuft sie als Terroristin ein und verkündet ihr die Hinrichtung. Die Richter verlesen das Todesurteil in deutscher Sprache, machen sich nicht einmal die Mühe, es ins Französische übersetzen zu lassen. Warum auch? Der widerspenstigen Franzosenhure, die praktisch schon tot ist, dürfte das ja wohl egal sein. Eine glückliche Fügung des Schicksals rettet ihr das Leben. Sie wird in die falsche Zelle gebracht und landet im KZ Ravensbrück.

Der „Anwalt des Teufels"

Ich bedauere gegen jegliches besseres Wissen, dass auch einem „Schlächter von Lyon" ein Strafverteidiger gestattet werden muss. Müsste sich nicht, so meine rhetorische Frage, jeder Jurist dieses ehrbaren Berufszweiges eigentlich weigern, eine solch unzumutbare Aufgabe zu übernehmen? Kann denn irgendein denkendes menschliches Wesen dem Barbaren Klaus Barbie alias Klaus Altmann beistehen und damit auch seine satanischen Untaten verteidigen?

Doch, Jacques Vergès kann das! Der französische Rechtsanwalt mit buntschillernder Karriere hat sich auf die Verteidigung prominenter Großköpfe der unterschiedlichsten politischen Couleur spezialisiert, meist von der Allgemeinheit geächtete oder zwielichtige oder zumindest umstrittene Personen. Die illustre Spannweite seiner Mandantenliste reicht vom algerischen Freiheitskämpfer über einen venezolanischen Topterroristen, serbischen Präsidenten und afrikanischen Diktator bis zu einem Holocaustleugner und dem Kriegsverbrecher Klaus Barbie. Prompt verpasste ihm die Boulevardpresse den Namen „Anwalt des Teufels". Barbie heuerte ihn an, nachdem er seinen Pflichtverteidiger abgelehnt hatte. Es war der Staranwalt der Verruchten, den er sich ausgesucht hatte.

Für den geborenen Thailänder war diese von der internationalen Öffentlichkeit angefeindete Herkulesmission ganz in seinem nervenkitzelnden Sinne. Zudem reizte es ihn nach eigener Aussage, in sportlicher Manier als Einzelkämpfer gegen 39 Anwälte der Gegenseite anzutreten. Das praktizierte er von Anfang an mit der glühenden Leidenschaft und brillanten Arroganz eines gesellschaftlichen Provokateurs, dem es weniger um die Person Barbies ging als vielmehr um die Bloßstellung der Doppelmoral des französischen Staates, dem er einst selbst gedient hatte. Also keine Demutshaltung, sondern persönliche Rache, Flucht nach vorn und Anklage als beste Verteidigung.

Weshalb, so greift er sofort an, weshalb kann die ehemalige Kolonialmacht Frankreich einem Folterer Barbie nicht ebenso vergeben wie ihren eigenen Folterknechten und Henkern im Algerienkrieg, die per Amnestie von ihren Verbrechen freigesprochen wurden?! Maître Vergès spart nicht mit großen Gesten und Auftritten. Er präsentiert sich im schicken Armani-Anzug mit teurer Designerbrille und dicker Zigarre, während er mit gezogenem Säbel vorprescht. Das Florett ist ihm zu langweilig. Da kann er nur sticheln, aber er ist ein Haudrauf. Er mag es in grobschlächtiger Manier, wenngleich er sich im hausgemachten Ruf eines Intellektuellen und Feingeistes sonnt. Aber er mag es, mit der Axt zuzuschlagen. Nicht Grashalme ausreißen, sondern Bäume fällen!

Seine Taktik zur Durchsetzung dieser sturen Strategie ist dagegen flexibel. Er liebt den frontalen Angriff. Dann legt er die Axt zur Seite und nimmt das Florett. Und gleichzeitig wartet er auf jede Gelegenheit, dem Gegner im passenden Moment aus dem Hinterhalt Wunden zu schlagen und mit mephistohafter Wollust und Genugtuung den Finger in diese Wunden zu legen.

Barbie, so entrüstet er sich, sei doch nur ein kleines Rädchen im Nazigetriebe gewesen, ein mickriger militärischer Befehlsempfänger. Seine Chefs hätten bereits in Nürnberg am Galgen gebaumelt – und was sei mit den Chefs und obersten Befehlshabern des Algeriengemetzels? Heuchlerisches Frankreich! Erst selbst zu morden und dann der Welt einen kleinen Folterknecht der Nazis mit dem schlechten Gewissen eigener Schandtaten als Sündenbock und Bauernopfer zu präsentieren! Welch Infamie! Welch Widerwärtigkeit! Und was, so ruft er mit zornrotem Gesicht, sei mit den französischen Kollaborateuren, die eigene Landsleute ans Messer geliefert hätten!? Da werde in abscheulicher Weise geschwiegen und vertuscht von einem Frankreich, das sich als Erfinder der Menschenrechte aufspiele! Maître Vergès zeigt sich in seinem Element und die Presse schwankt in ihren Berichten und Einschätzungen zwischen Abscheu und Bewunderung.

Letztendlich laufen Argumentationen und Plädoyers von Jacques Vergès ins Leere, scheitern an der weltweiten Empörung über die Bestialitäten seines Klienten. Dem hatte er beim Gang vor den Richter allerdings durch einen juristischen Trick noch Marscherleichterung verschaffen können. Auf sein Anraten hin hatte sich Barbie für eine Erklärung zu Wort gemeldet und es auch bekommen, obwohl es ihm erst am Ende des Verfahrens zustand. Diese Gelegenheit nutzte er, um sich aus dem Gerichtssaal abzumelden, sich für den Großteil des Prozesses aus dem Staub zu machen und in seiner Zelle griechische Dichterklassik zu lesen. Auf diesen Coup ist Vergès stolz. Zudem ist er zufrieden, hat er doch die Gunst der Stunde gleich in doppelter Hinsicht genutzt – zum einen, um sich einmal mehr dramatisch und medienwirksam in Szene zu setzen und zum anderen, um die französische Politikerkaste zu ohrfeigen. Dass er sich dafür obendrein auch noch die Taschen füllen kann, versteht sich.

Erreicht hat Maître Vergès auf jeden Fall einen neuen Blick der Franzosen auf ihre eigene Geschichte. Damit wurde eine emotionsgeladene öffentliche Debatte losgetreten, die sich vor allem um die verdrängte Mittäterschaft ihrer Landsleute bei

Naziverbrechen und um Antisemitismus in den eigenen Reihen drehte. Der „Jahrhundertprozess" von Lyon gilt noch heute als Meilenstein der französischen Vergangenheitsbewältigung, die Frankreich zu einer intensiven Auseinandersetzung mit einem seiner dunkelsten Kapitel zwang. Dass viele Franzosen Vergès einen Nestbeschmutzer und juristischen Scharlatan schimpften, nahm er als Kompliment. Und dass er bei der erdrückenden Beweislast letztendlich an der Verurteilung seines Schützlings nicht ernsthaft rütteln konnte, war dem mit allen Wassern der Rhône, Saône und Seine gewaschenen juristischen Pfiffikus ohnehin von vornherein klar. Wichtig für ihn war das Olympiamotto vom Dabeisein in einem Prozess, auf den die Welt blickte – und damit auch auf ihn. Das vergoldete sowohl sein Konto als auch sein Image.

So wird es denn, wie es werden muss. Denn für Gericht und Öffentlichkeit steht nicht die Regierung in Paris am Pranger, sondern Barbie. Alle Klimmzüge seines Winkeladvokaten bewahren ihn nicht vor der Maximalstrafe, wohl aber vor dem Henker. Denn nachdem in Frankreich am 10. September 1977 die letzte Hinrichtung durch die Guillotine an dem tunesischen Frauenmörder, Vergewaltiger und Zuhälter Hamida Djandoubi vollstreckt worden war, ließ Staatspräsident Mitterrand vier Jahre später die Todesstrafe abschaffen – allerdings gegen erhebliche Widerstände, die beim Prozess gegen Barbie wieder aufflackerten und bis heute eher zugenommen haben. So überrascht mich das Ergebnis nicht, das Mitte September 2020 nach einer repräsentativen Umfrage des in Paris ansässigen internationalen Meinungsforschungsinstituts „Ipsos" verkündet wurde: Mit 55 % der Befragten ist eine Mehrheit der Franzosen für die Wiedereinführung der Todesstrafe.

Das Urteil

Schuld und Sühne, Verbrechen und Urteil – um bei diesen entscheidenden Momenten dabei sein zu können, hätten sicher auch malade Prozessteilnehmer ihr Krankenbett verlassen. Klaus Barbie wird erneut in Handschellen vorgeführt, die ihm erst in seinem schusssicheren Panzerglaszwinger abgenommen werden. Die Frage aller Fragen beantwortet er erwartungsgemäß mit einem forschen: „Nicht schuldig!"

Ich traue meinen Ohren nicht, als er am 4. Juli 1987, dem Tag seiner Verurteilung, seine letzten Worte in französischer Sprache formuliert: „Ich habe die Résistance, der ich Respekt entgegenbringe, mit Härte bekämpft. Aber es war Krieg, und der Krieg ist vorbei."

Ich denke, er hat sich seine Rechtfertigungen nicht zusammengebastelt, weil er wohl selbst daran geglaubt hat. Es ist schwer bis unmöglich, eine Logik nachvollziehen zu wollen, die da heißt: Wenn ein überfallenes Volk sein eigenes Land zurückhaben will und sich wehrt, dann ist nicht der Aggressor der Verbrecher, sondern der Verteidiger. Es ist die Logik des Täters: Nicht der Mörder ist schuld, sondern der Ermordete. Die krankhafte Denkstruktur liegt in der Umkehrung von Schuld und Sühne. Im Laufe des Prozesses hatte Barbie von einem „Klima der Rache und der Lynchkampagne" gesprochen. Ein Mördermonster muss sich eine eigene Philosophie seiner Entlastung aufbauen und fest daran glauben, sonst hängt er sich am nächsten Fensterkreuz auf.

Dann am 4. Juli 1987 der Rechtsspruch. Alle neun Geschworenen sind sich einig und drei Richter legen das Strafmaß fest. Wegen Verbrechens gegen die Menschlichkeit in erwiesenen 177 Fällen wird der Kriegsverbrecher Klaus Barbie alias Klaus Altmann in allen 17 Anklagepunkten für schuldig befunden. Gerichtspräsident André Cerdini verkündet die Höchststrafe: lebenslänglich.

Barbie nimmt das Urteil mit unbewegtem Gesicht zur Kenntnis. Da ändert sich keine Miene, da zuckt kein Muskel. Später soll er gesagt haben: „Wenn ich vor dem Thron Gottes stehe, werde ich als unschuldig beurteilt."

Klaus Barbie-Altmann stirbt gut vier Jahre nach der Verurteilung im September 1991 im Gefängnis von Lyon, der Stadt seiner Untaten, an Leukämie und Wirbelsäulenkrebs. Das hat sein einstiges Folteropfer Lesèvre noch wahrnehmen können. Sollte die Katholikin – als sie von seiner Krankheit erfuhr – ihm unter Missachtung christlicher Barmherzigkeit einen langsamen, qualvollen Krebstod gewünscht haben, könnte ich es ihr nicht verdenken. Ein schmerzvolles Ende, damit der Foltersadist zumindest eine leise Ahnung davon bekam, was Leiden bedeutet und was er Menschen antat. Wenn sie ihm Tod und Teufel an den Hals gewünscht hätte, wäre das nur eine allzu verständliche menschliche Regung gewesen. Öffentlich hat sie es nicht einmal im Ansatz getan.

Die Asche des von seiner Säuberungs- und Ausrottungsmission besessenen Totschlägers wird in die Seine gestreut, womit ein Ort der Andacht für rechtsextreme Pilger ausgeschlossen wird.

Lise Lesèvre überlebt Barbie mit ihrem Sterbedatum vom 13.9.1992 fast auf den Tag genau um ein Jahr. Sie mit 41 Jahren in den Tod zu schicken, hatte sie ihm nicht gestattet. Diesen Triumph hat sie ihm nicht gegönnt. Er wurde 77, sie 91. Ein Quäntchen ausgleichende Gerechtigkeit. Ihr zu Ehren gibt es heute im Städtchen Meyzieu in der Region um Lyon eine „Rue Lise Lesèvre". Und ihre Heimat la France hat ihr den Titel „Offizier der Ehrenlegion" verliehen.

Die Resonanz

Das Blitzlichtgewitter hat sich verzogen. Die Erregung im Gerichtssaal ist verebbt, hat sich aber im Gemüt jedes Prozessteilnehmers sicher für lange Zeit verinnerlicht. Der Vorhang zum fast zweimonatigen Horrorstück einer grauenvollen Kriminalgroteske ist gefallen, hat aber ein mediales Nachspiel. Rund 700 Journalisten drängen vom Verhandlungssaal zum Pressezentrum, stürzen sich in die letzte, entscheidende Runde ihrer Arbeit. Auch wir. Nun ist der pointierte Schlusspunkt unter das Kapitel Barbie zu setzen. Die Weltpresse kabelt ihre Berichte über das Urteil in alle Himmelsrichtungen. Kein Prozess in Frankreich hat bis dato ein solches Medieninteresse gefunden. Auch die immensen Sicherheitsvorkehrungen waren unübertroffen. Das Palais de Justice von Lyon war eigens für den Prozess zu einem Hochsicherheitstrakt umgestaltet worden. Das Pressezentrum hatte man mit modernster Kommunikationstechnik hochgerüstet, um für den Ansturm der akkreditierten Journalisten aus 26 Ländern gewappnet zu sein.

Die Rundfunkreporter und die Kollegen der Zeitungen und Nachrichtenagenturen haben ihre Redaktionen in Europa und Übersee durch vorbestellte Leitungen meist sofort am Draht, schicken ihre Blitzberichte meist ohne Zeitverzug gleich live in die Radiosendungen oder diktieren ihre Informationen direkt in die heimatlichen Stenoblöcke und Schreibmaschinen der Sekretärinnen. Trotzdem ist niemand vor unliebsamen technischen Überraschungen gefeit. Überlastete Leitungen sorgen für zeitweises Durcheinander. Wer keine abgeschottete Telefonkabine hat, ist arm dran. Denn die lärmende Atmosphäre im Pressesaal gleicht der wuseligen Emsigkeit in einem Bienenstock oder Ameisenhaufen, in dem jeder dasselbe und doch das seine tut. Das eigene Wort versackt in einem babylonischen Stimmengewirr, lässt eine Tonaufnahme für den Text ebenso wenig zu wie das im Bild zu sprechende Statement. Dafür suche ich mit Kameramann Wolfgang Groth eine halbwegs stille Ecke im Freien. Wir finden sie erst am jenseitigen Ufer der Rhône.

*Die perversen Verbrechen des sadistischen „Schlächters von Lyon" ließen sich
oft schwer in zivilisierte Worte kleiden. Der Gerichtsreporter vor Ort hat
im Namen von Wahrheit und Detailtreue die Pflicht dazu
(rechts im Hintergrund der Justizpalast von Lyon).*

Uns wie auch den Fernsehleuten der anderen ausländischen
Stationen war das Filmen während des Verhandlungsmara-
thons untersagt. Den Fotografen waren in der Regel nur kurze
Schnappschuss-Momente beim Auftakt und Schlussakt des Prozesses erlaubt, um den Ablauf der meist mit grausigen Inhalten
gespickten Verhöre nicht in pietätloser Weise zu stören. Wären
einem Kamerateam ständige Dreharbeiten gestattet worden,
hätten die Organisatoren dies fairerweise ebenso allen anderen Filmstäben gestatten müssen. Damit hätte der Gerichtssaal
dem Technikmarkt eines Kaufhauses geglichen und seine ehrwürdige Atmosphäre zudem in geräuschvoller Unart entweiht.

Eine nahtlose, durchgehende Fernsehaufzeichnung mit teilweiser Direktübertragung war allein einem französischen Spe-
zialteam vorbehalten. Es hatte den Auftrag, alle 37 Prozesstage
in voller Länge in Bild und Ton zu dokumentieren. So entstand

Filmmaterial von insgesamt 157 Stunden, gedacht vor allem fürs Archiv der visuellen Geschichtsschreibung und vorerst versehen mit dem Filmbüchsenaufkleber „top secret". Für die juristische Zulassung dieser Kameras im geheiligten Gerichtssaal hatte kein geringerer gesorgt als Frankreichs Staatspräsident Francois Mitterand, der unter dem Decknamen „François Morland" selbst im antifaschistischen Widerstand gekämpft hatte. Seine Regierung hatte eigens für diese Aufzeichnung ein Gesetz auf den Weg gebracht. Die Livesendungen allerdings waren wohldosiert, denn es sollte kein öffentlicher Schauprozess mit dem pietätlosen Anstrich voyeuristischer Attraktionen werden – und auch die Ausfälle von Verteidiger Jacques Vergès gegen den französischen Staat waren nicht unbedingt erwünscht.

Aus seinem Tagesmitschnitt bot das französische Fernsehen den ausländischen TV-Stationen ausgewählte Filmsequenzen zum Verkauf an. Auf diese Ausschnitte war ich ebenso angewiesen, um damit meinen Text zu illustrieren und allenfalls noch mit einem vor der Kamera gesprochenen Kommentar – einem sogenannten Statement – zu ergänzen. Denn einen ausgewogenen Bericht über den weltbewegenden Prozess waren wir dem Zuschauer aus erster Hand schuldig.

Die Akte Barbie bleibt offen

Diese Praxis galt auch beim Auftritt von Madame Lesèvre. Sie war in das Gesamtgeschehen des Prozesstages eingebunden und trat als eine von sieben Zeugen auf. Auch dieser offiziell angebotene Filmschnipsel über sie hatte leider nur eine sehr bescheidene Länge, sodass ich ein Statement vor der Kamera anfügen musste. Diese Notlösung konnte die hochemotionale Sensibelwirkung der Lesèvre-Aussage fast ebenso wenig nacherleben lassen wie ein Buchstabenbericht im Printformat. Da war mir klar, dass wir diese faszinierende Frau noch einmal exklusiv vor Kamera und Mikrofon bekommen mussten, um auch Ungläubige vom Unglaublichen zu überzeugen.

Sie hatte ihr erschütterndes Schicksal trotz eines abgrundtiefen Hasses auf ihren einstigen Körperschänder mit einer bewundernswert sachlichen und gefassten Haltung geschildert. Mir war längst klar, dass sich diese Frau in keinem Augenblick Ehre und Stolz hatte nehmen lassen, was auch in jedem ihrer Worte und in jeder Geste zum Ausdruck kam. Dass alle im Saal wohl ähnlich fühlten, war zu spüren an der im Raum lastenden Totenstille, die nicht einmal durch den leisesten Laut entweiht wurde. Kein Flüstern, kein Husten, kein Räuspern. Eine Stille der Betroffenheit. Eine beklemmende Ruhe. Es wurde Fürchterliches gesagt, aber wer konnte sich den realen Inhalt hinter den Schilderungen allen Ernstes vorstellen?! Die Aussage von Madame Lesèvre fügte dem Barbie-Gebäude aus Verbrechen und Schuld einen weiteren, außerordentlich schweren Quader hinzu, türmte die Beweislast gegen den Angeklagten in unanfechtbare Höhen.

Nach dieser besonders erschütternden Zeugenaussage glühten im Pressesaal die Telefone und Fernschreiber. Das erinnerte mich an Pflichterfüllung und Zeitdruck. Ich konnte der Idee eines Interviewtreffens nicht länger nachhängen, denn auch wir mussten unsere aktuelle Korrespondenz an den Mann bringen, der in Berlin-Adlershof sehnsüchtig darauf wartete. Der Redakteur dort musste das ihm per Satellit überspielte Bild- und Tonmaterial noch zu einem sendereifen Beitrag zusammenfügen. Wir hatten diesmal darauf verzichtet, diese zeitraubende Arbeit vor Ort selbst zu erledigen. Dafür wäre noch ein Schnittmeister nötig gewesen, der zudem die für die DDR raren Devisen gekostet hätte. Also in Windeseile auf in die Regie des wohlweislich schon vor Monaten reservierten Fernsehstudios, von dem aus die ebenfalls devisenteure Satellitenleitung nach Berlin gebucht war. Ob ihre Schaltung tatsächlich gelingen würde, war jedes Mal die von Hoffnung und Zweifel durchsetzte Zitterfrage.

Während der Fahrt durch Lyon zum Regionalstudio des französischen Fernsehens ließ ich den Eindruck, den Madame Lesèvre vor den Schranken des Gerichts hinterlassen hatte, noch einmal an meinem inneren Auge vorbeiziehen. Während einer

Verhandlungspause war ich mit ihr ins Gespräch gekommen. Dabei hatte sie mir anvertraut, auf den Moment von Barbies Verhaftung und Verurteilung habe sie Tag für Tag inbrünstig gewartet. Dass er sich nun vor dem Richter und seinen noch lebenden Opfern habe verantworten müssen, erfülle sie mit großer Genugtuung. Damit könne dieses schmerzhafteste Kapitel ihres Lebens endlich ein für alle Mal abgeschlossen werden.

Das sah ich anders. Ich war überzeugt: Auch nach diesem Prozess wird für sie der „Fall Barbie" Gegenwart bleiben – nicht nur, weil verkrüppelte Gliedmaßen die gehbehinderte zartgliedrige Frau täglich an ihn erinnern, sondern auch wegen einer allgegenwärtigen tiefbraunen Ideologie, die Schwerstverbrechen von SS-Henkern immer noch leugnet und Zeugen wie Lise als Phantasten, Spinner und Schwindler abstempelt. Ihre Protagonisten und Mitläufer sollten statt zu Hitlers Geburtshaus im österreichischen Braunau besser zum Haus Nr. 14 der Avenue Berthelot im französischen Lyon pilgern. Hier, in der ehemaligen Gestapozentrale, wo die Widerstandskämpferin Lesèvre nach ihrer Festnahme landete, gibt es seit 1992 das „Historische Zentrum der französischen Résistance und jüdischen Deportation". In dem langgestreckten vierstöckigen Massivbau auf dem ehemaligen Gelände der militärischen Gesundheitsschule wird die gesamte Barbie-Ära in Schrift, Ton und Bild dokumentiert. Zeugnisse einer Schreckensherrschaft, während der auch die Französin Lesèvre im März und April 1944 ganze 19 Tage lang in eine barbarische Verhörmangel gespannt wurde. Dass sie darin nicht zerquetscht wurde, nennt die gläubige Katholikin eine höhere Vorsehung, die ihr vergönnt war, um Zeugnis über ihr erlebtes Trauma abzulegen. Die Akte Barbie bleibt offen. Der Nachwelt zuliebe.

Drei Wochen Hölle

Als wir noch am letzten Prozesstag zurück nach Paris fahren, habe ich eine in Lyon erworbene Kostbarkeit im Gepäck: die Zustimmung von Lise Lesèvre zu einem Exklusiv-Interview in ihrer Pariser Wohnung. Wir besuchen sie im Süden von Paris. Der Prozess, schätzt sie ein, habe Wirkung in der Öffentlichkeit gezeigt, habe verstärktes Nachdenken ausgelöst. Sie resümiert: „Ich muss sagen, dass auch junge Leute sehr berührt sind. In Lyon haben sie mich umringt und mit Fragen bestürmt. Und noch heute Nachmittag kommen Jugendliche zu mir, um mehr über die Zeit des Faschismus zu erfahren und wie es möglich war, dass so etwas passieren konnte."

Ihnen will sie ihre Geschichte in aller Vollständigkeit erzählen, was vor Gericht aus Zeitmangel nicht möglich war. Exakt das möchte ich ebenfalls für unsere Zuschauer zu Hause, denen ich in der gebotenen Kürze aktueller Tagesberichte nur einen bruchstückhaften Extrakt ihrer Zeugenaussage vermitteln konnte. Nun ist für unser außenpolitisches Magazin „Objektiv" mehr möglich.

Zugleich habe ich Angst, dass ihr mein Wunsch um eine ausführliche Erlebnisschilderung als schmerzhafte Aufdringlichkeit erscheint. Deshalb bitte ich sie ausdrücklich, sich nicht bedrängt zu fühlen und nur über das zu sprechen, was ihr zumutbar erscheint. Nein, meint Madame Lesèvre, sie wolle nichts verschweigen, auch wenn ihr bei jedem Wort die Schreckensstunden von damals vor Augen stehen. Aber es müsse alles gesagt werden – vor allem für junge Leute, die sich solch Bestialität durch Menschenhand entweder nicht vorstellen können oder das Unglaubliche einfach nicht glauben. Sie und andere aber haben es am eigenen Leib erlebt. Es sei, sagt sie, nicht nur eine Zumutung, es zu erzählen, sondern nicht weniger, es zu hören.

Dann vernehmen wir die Langfassung ihrer Leidensgeschichte – diesmal nicht in einem Tribunal für ein handverlesenes Publikum, sondern für eine breite Allgemeinheit. Sie betont noch einmal: Das Unaussprechliche muss ausgesprochen werden. Sie redet leise und mitunter stockend, nach Luft ringend, manchmal erneut mit Wasserperlen an den Augenwimpern. Eine sehr intime persönliche Anklage, eine schnörkellose Beschreibung perverser Folterpraktiken, die an mittelalterliche Torturen aus den Verliesen schauerlicher Ketzerfilme erinnern. Sie berichtet von eisernen Stachelbändern, von einer Lederpeitsche mit Stahlkugel, von Folterbänken mit glühenden Schürhaken und von Vergewaltigungen durch Barbies Schäferhund, während er klassische Musik hört. Die Scham, dass sie ihm wehrlos und splitternackt ausgeliefert war, hat sie nie überwunden. Ein kleiner wörtlicher Ausschnitt aus unserem Interview verdeutlicht eine Winzigkeit des Grauens, das Madame Lesèvres Körper gebrochen hat, nicht aber ihren Willen zur inneren Gegenwehr und Wahrung ihrer Menschenwürde. Sie erzählt mit verhaltener, fast tonloser Stimme:

„Hören Sie, wie ich Barbie kennengelernt habe. Er hat mich in einem Zimmer erwartet, in dem ein Tisch mit vielen Ketten stand. Das war überhaupt eine seiner Gewohnheiten: Ketten. So wurden auch mir bei diesem ersten Verhör Handschellen mit Stacheln angelegt. Eisenbänder, deren Innenseite scharfe Dornen hatten. Die hat er mir in die Handgelenke gedrückt, um dann eine Frage zu stellen. Und wenn ich nicht geantwortet habe, hat er mir mit der Drehung an einer Schraube die Dornenbänder weiter ins Fleisch gepresst. Das war ein mörderischer Schmerz. Dann die Folterbank. Ich wurde völlig entkleidet an Händen und Füßen auf einen Tisch gebunden. Geschlagen wurde mit einer dicken Peitsche, einem Ochsenziemer. Wenn er die Haut traf, war mir, als würde es mich zerreißen. Es war unerträglich und oft wurde ich bewusstlos. Aber ich habe ihm nichts gesagt, habe auch unter diesen Bedingungen nichts verraten. Ich habe niemals gesprochen."

Der Name „Alben Chambonnet" kommt nie über ihre Lippen. Nach diesem Namen ist er süchtig, um auch diesen Kopf der Résistance abzuschlagen. Er will mit allen Mitteln diesen „Didier" zur Strecke bringen, dem sie ihre Post überbringen wollte. Sie spricht vor Schmerzen, aber sie lügt. Die gläubige Katholikin schwindelt das Blaue vom Himmel herunter. Er merkt es natürlich. Barbie, so sagt sie mit fast schüchterner, aber klarer Stimme, Barbie habe sich „wie ein tollwütiges Tier" aufgeführt und mitunter auch mit Alkohol nachgeholfen. Er sei folterverrückt gewesen. Quälen bereitete ihm eine orgastische Freude. Es war ihm eine spannende, aufregende Unterhaltung.

Dann bringt Lise ihre Einschätzung vom Wesen der Person Barbie auf einen sehr sachlichen Punkt: Als Frontmann der Geheimen Staatspolizei sei er einfach nur primitiv und dumm gewesen. Seine sogenannten Verhöre seien plumpe Tarnungen für stumpfsinnigen Sadismus gewesen. Am Ergebnis seiner Torturen schien er weniger Interesse gehabt zu haben als an den Torturen selbst. So wären es nie halbwegs intelligente Verhöre gewesen, sondern nur Gewalt zur Eigenbefriedigung niedrigster Instinkte.

Ich denke: Wehe, wenn einem gewalttätigen Primitivling Macht gegeben ist! Hätte es das Wort Barbarei bislang nicht gegeben, wäre nach Barbies Wütereien sein Entstehen nur logisch gewesen. Barbar und Barbie – ein ähnlicher Wortstamm ist ohnehin da.

Lise überlebte – im Gegensatz zum Résistance-Chef Jean Moulin, der unter den schweren Wunden von Arm-, Bein- und Rippenbrüchen starb. Obwohl auch aus ihm, der eisern schwieg, kein Name eines Mitstreiters herauszuprügeln war, imponierte Barbies unsensible Härte seinem obersten Dienstherrn Adolf so sehr, dass er ihn dafür mit dem Eisernen Kreuz auszeichnete.

Barbie foltert nicht blindwütig, er zelebriert seine sogenannten Sitzungen. Er genießt sie. Dazu gehört, dass er eine jeweilige Auswahl seiner Folterinstrumente wie ein Handwerker in akribischer Ordnung auf seinem Schreibtisch wie auf einer Werkbank aufreiht, griffbereit je nach Laune und Stärke des Wutpegels auf der Skala seiner Erregung. Schürhaken, Elektroschocks, kochend heißes Wasser, Schneidbrenner und eine illustre Kollektion von Knüppeln und Peitschen. Wenn er des Schlagens müde ist, machen seine Schergen weiter und putschen sich im Alkoholrausch zu Höchstleistungen auf.

Lise erinnert sich an einen blonden Deutschen mit dem Namen Max und an einen begeisterten Mitfolterer aus den eigenen Reihen ihrer Landsleute, einen Franzosen, den man „Gueule Tordue" genannt habe – „Schiefmaul", später identifiziert als Francis André. Zwanzig solcher freiwilligen französischen Hilfsschergen ermordet Barbie kurz vor Toresschluss, um sicherheitshalber nichtarische „Fremdkörper" zu eliminieren, die reden könnten.

Als Kamera und Mikrofon schon weggepackt sind, frage ich Lise, wie sie heute zu Deutschland stehe, wie sie über Ost- und Westdeutschland denke, ob sie Deutschsein hasse. Ihre Antwort kommt prompt und ist eindeutig: Nein, sie habe Deutschland oder die Deutschen nie gehasst, zumal es DEN Deutschen ebenso wenig gebe wie DEN Franzosen. Wohl aber habe sie die Gestapo und die SS und überhaupt die Nazis gehasst – und auch in der Rolle des Judas ihre eigenen Landsleute, die mit den deutschen Besatzern zusammengearbeitet haben.

Als wir uns von der alten Dame verabschieden, frage ich sie, warum hier in der Rue Dareau sowohl an ihrer Hauspforte als auch an ihrer Wohnungstür ihr Name fehle. Den, so die Antwort, habe sie nach ihrer Rückkehr aus Lyon aus Sicherheitsgründen entfernt. Sie müsse sich schützen, denn sie erhalte seit dem Prozess aus einer extrem rechten Ecke Morddrohungen. Wir sind fassungslos und fahren mit einem gedankenschweren Kopf zurück ins Büro.

Kurzes Nachdenken über Barbie-
und Hitlerwirklichkeit

Da ich diese Erinnerungen notiere, frage ich mich zugleich, ob die heutige Generation überhaupt noch etwas mit dem Namen „Klaus Barbie" anfangen kann. Geschichtswissen ist so eine Sache und gilt nach meinen Erfahrungen gerade unter jungen Leuten anno 2022, im fortgeschrittenen 32. Jahr deutscher Vereinigung, als eine verstaubte Museumsecke, in der man sich allenfalls mal sehr zügig und flüchtig umsehen sollte, um mitreden zu können. Aber bitte keine Einzelheiten!

Da genügt es vielleicht zu wissen, dass Adolf mit dem Autobahnbau viele Menschen in Lohn und Brot gebracht hat und dass ein solcher Sozialkümmerer unmöglich Massenmorde befohlen haben kann. Also ihm ein kräftiges „Heil"! Und dass er zusammen mit Ferdinand Porsche einen Volkswagen bauen ließ, den sich der kleine Mann leisten konnte und der später zum geliebten VW-Käfer der Westdeutschen wurde. Also „Heil Hitler!" Und was ist mit Naziopfern wie Lise Lesèvre? Wichtigtuer! Und mit dem Holocaust? Alles übertrieben! Und die Naziherrschaft überhaupt? Ein „Vogelschiss in der Geschichte"! Und was den Krieg anbelangt, da musste sich doch mal jemand gegen den Bolschewismus wehren, bevor rote Horden selbst die Welt erobern. „Heil dir im Siegerkranz, mein Führer!" Ein Führer oder Verführer? Aber ich bitte Sie, allen hat's doch anfangs Spaß gemacht – ob bei den Pfadfindern, im Jungmädchenbund, in den asketischen Sportvereinen oder bei den bunten Veranstaltungen der Gemeinschaft „Kraft durch Freude". Und was Adolf hinterlassen hat, soll keine heile, sondern eine unheile Welt gewesen sein? Aber doch voll gegen seinen Willen, das wollte er doch nicht! Deutschland hätte doch gewinnen können, wenn er nicht solch unfähige Generale gehabt hätte und der russische Winter zufällig nicht so hart ausgefallen wäre! Glauben Sie also nicht jeden Scheiß! Wer weiß denn außerdem heute noch, was genau damals passiert ist?!

Primitive Erklärungsversuche für die wachsende Neonaziszene von heute? Ja, wie soll ich mir denn sonst den faschistoiden Nostalgieboom in Einheitsdeutschland erklären? Eine Parallelwelt mit klaren Zeichen ihrer Gesinnung: Hakenkreuz-Schmierereien, eingeritzte SS-Runen, erhobene „Heil Hitler"-Arme, Reichsbürger-Aufmärsche, Schändungen von Juden- und Antifa-Gräbern, braune Ideologie in der Bundeswehr, Gewaltdrohungen gegen Linke, Galgen-Symbole, Todeslisten zur Liquidation Andersdenkender, Neuauflagen von „Mein Kampf" sowie Nazi- und Kaiserreich-Flaggen beim Sturm aufs Berliner

Reichstagsgebäude. Was da am 29. August 2020 vor dem Bundestag tatsächlich passierte, ließ Restdeutschland erschauern und die Politiker aller Klassen wieder einmal in ohnmächtige Fassungslosigkeit versinken. Nein, das sind wohl nicht nur zufällige Ausraster von Geisteskranken, das sind keine Einzelerscheinungen, wie auch Umfragen und Analysen immer mal wieder bestätigen. Angeblich hat die DDR ihrem Volk den Antifaschismus verordnet. Bitte, Herr Steinmeier, Herr Scholz, verordnen Sie der Bundesrepublik Antifaschismus! Wir brauchen ihn dringend!

Jawohl, Wissen ist Macht und auch das Internet wird als Fakten-Quelle gepriesen. Also gebe ich das Stichwort „Barbie" ins Elektroniknetz und bekomme als Erstes zu lesen: „Barbie-Puppe, Spielzeugklassiker, Modepuppe, künstlerische Mutter Ruth Handler, eingetragenes Markenzeichen der US-Firma Mattel." Ich wäre ja schon zufrieden, wenn wenigstens die Frage käme: Meinen Sie Barbie, Klaus oder Barbie-Prozess oder Barbie-Puppe?

Wie, so frage ich mich, mag es wohl heute im Gehirn der Anhänger von Adolf Hitler und demzufolge auch Klaus Barbie aussehen – so denn ein Gehirn vorhanden ist? Würden jene – wäre ihnen Macht gegeben – wie ihr Vorbild, der Heil- und Todbringer Adolf, Konzentrations- und Vernichtungslager bauen lassen oder wie sein Paladin Barbie Gesinnungsgegner mit glühenden Eisen zu Tode malträtieren und dabei Beethovens 9. Sinfonie hören? Oder in der Folterpause für die humanistische Weiterbildung Werke des griechischen Poetengottes Homer lesen, wie es Barbie während des Prozesses in seiner Zelle getan hat? Welch groteske Kombination: Ein mit bluttriefender Vergangenheit belasteter Unmensch liebt einen Dichter der Menschlichkeit, der in der griechischen Antike Weltliteratur wie die Odyssee schuf.

Die Nachkriegskarriere

Barbie hatte seine eigene Odyssee! Eine Irrfahrt zur Rettung seines Kopfes hatte der geflüchtete Kriegsverbrecher hinter sich, als er 1983 in Bolivien gefasst wurde, aufgespürt durch den jüdischen Rechtsanwalt Serge Klarsfeld und seine deutsche Frau Beate. Beide hatten schon vorher couragierte Kompromisslosigkeit gegen Altnazis ohne Ansehen der Person gezeigt. So hatte die Journalistin am 7. November 1968 den damaligen Bundeskanzler Kurt Georg Kiesinger wegen seiner tiefbraunen Vergangenheit öffentlich geohrfeigt. Damit wurde sie im wahrsten Sinne des Wortes schlagartig bekannt und Kiesinger einer öffentlichen Observation unterzogen.

Wie, so fragten sich die Nazi-Jäger, war es möglich, dass ein Barbie so lange untertauchen konnte? Die Recherchen wurden systematisch behindert. Erst im April 2010 musste die einheitsdeutsche Regierung durch das Bundesverwaltungsgericht gezwungen werden, die Barbie-Akten des Bundesnachrichtendienstes herauszurücken. Warum sie als Verschlusssache streng geheim waren, wurde schnell klar. Im Frühjahr 1946 stand Barbie als einer der meistgesuchten Kriegsverbrecher auf der Fahndungsliste der Alliierten – und seit dem 18. Mai 1966 unter dem Decknamen „Adler" auf der Gehaltsliste des westdeutschen Geheimdienstes BND. Dafür gibt es einen eindeutigen Beweis durch die vom Mainzer Historiker Peter Hammerschmidt gefundene dreiseitige Rekrutierungsakte.

Zuvor schon hatte sich Barbie mit organisatorischem Geschick bemüht, ein engmaschiges Netz alter Seilschaften zu knüpfen. Schon nach Kriegsende hatte er dafür in den Besatzungszonen der Westalliierten Kontakt aufgenommen zu ebenfalls untergetauchten ehemaligen Spießgesellen aus SS und Gestapo. Zugleich warb er in der Bundesrepublik seit 1950 um Mitglieder für den später verbotenen rechtsextremen Deutschen Jugendbund. Anno 1951 wurde der flüchtige Chefnazi vom militärischen US-Nachrichtendienst CIC als Agent angeworben und unter seinem Schutz nach Südamerika verfrachtet – mit dem geänderten Namen Klaus Altmann, den er auch vor Gericht angab. Mit dieser neuen Identität diente er nun im Rang eines „Oberstleutnants ehrenhalber" dem bolivianischen Putschistengeneral René Barrientos Ortuño. Danach verdingte er sich als Berater von Diktator Hugo Banzer Suárez. Die Junta-Polizisten der Militärregierung dressierte er als Ausbilder in der ihm vertrauten Sparte von optimaler Partisanenbekämpfung sowie effektiven Folter- und Verhörmethoden. Schließlich war es ihm ja damit gelungen, die Strukturen der Résistance in Lyon fast völlig zu zerschlagen.

Zum Dank dafür erhält er unter seinem Pseudonym Klaus Altmann die bolivianische Staatsbürgerschaft und fühlt sich in der Hauptstadt La Paz nun vollends sicher. Noch 1980 konnte er sich unverhohlen brüsten, General Luis Garcia Meza bei dessen Staatsstreich geholfen zu haben – einem Militärtyrannen, der es durch Verstrickung in Drogengeschäfte und durch außerordentliche Brutalität zu traurigem Ruhm brachte. Sein Büttel Barbie finanzierte den Putsch mit Geldern aus dem Handel mit Rauschgift und übertraf sich in dem erfolgreichen Bemühen zur Mitschaffung eines von höchster Stelle sanktionierten und erwünschten Imperiums für Kokain- und Menschenhandel, Prostitution und Gewaltkriminalität.

Barbie genoss sein von Staatsverbrechern beschütztes Exil zwischen Diktatoren und Mafia als dreister, willfähriger Despotendiener und geselliger Partylöwe, der im lukrativen Nebenverdienst gutes Geld mit Waffenhandel für einen bundesdeutschen Konzern verdiente. Politische Macht und gesellschaftliches Highlife – diese Kombination dürfte ihm gefallen haben, verleitete ihn aber auch zu überheblichen Unvorsichtigkeiten mit gewagten öffentlichen Bekenntnissen.

So prahlte er in geselliger Runde, er habe der CIA 1967 geholfen, Fidel Castros engsten Mitstreiter, den Marxisten Che Guevara, zu jagen und hinzurichten. Der gebürtige Argentinier hatte bei der Revolution in Kuba eine legendäre Rolle gespielt, wollte diese Erfahrung zur weiteren Formierung sozialistischer und kommunistischer Länder in Südamerika nutzen und wurde deshalb zum Anführer einer Partisanenabteilung in Bolivien. Sie kurz und klein zu schlagen, mit Stumpf und Stiel auszurotten, war Teil der staatlichen Machtpolitik.

Das war für Barbie ein Déjà-vu-Erlebnis, das ihn an den Partisanenkampf von Lyon erinnerte. Vor dieser Herausforderung hatte er doch schon mal gestanden – und er hatte sie gründlich gemeistert mit einem gnadenlosen Feldzug gegen diese Aufrührer, die ihn und seinesgleichen aus dem Franzosenland vertreiben wollten. Welch drohende Gefahr nun auch hier in Bolivien, seiner neuen Heimat. Er war wieder einmal zur rechtsextremen Zeit am rechtsextremen Ort. Was zu tun war, fand mit seinen Methoden rigoroser Ausrottung von Widerstand Billigung an höchster Stelle. So, wie er Lise Lesèvre als französische Terroristin hatte einstufen lassen, tat er es nun mit seinen neuen Feinden. Und wie er mit ihr umgesprungen war, wollte er auch mit ihnen kurzen Prozess machen. Foltern, erschießen, ertränken, erhängen, abschlachten! Er war sich seiner unabkömmlichen, unersetzlichen Wichtigkeit im Machtgefüge der politischen und wirtschaftlichen Korruption so sicher, dass er sich brüstete, zum Wohle des Landes wieder Herr über Leben und Tod zu sein.

Seine Verfolger waren ihm für solche Unvorsichtigkeiten dankbar, rückten ihm immer dichter auf den tiefbraunen Pelz. In den 1970er Jahren scheiterte eine Entführung und misslang ein Attentat. Das Klarsfeld-Duo blieb ihm auf den Fersen, arbeitete unbeirrt für seine Überstellung nach Europa. Nachdem in Bolivien eine demokratische Regierung das Ruder übernommen hatte, war die Zeit dafür reif. Für Barbie klickten Anfang 1983 die Handschellen. Bundeskanzler Helmut Kohl verhinderte eine Auslieferung an die BRD. Frankreich war wesentlich kooperativer. Der inzwischen 69-Jährige wurde in Lyon vor Gericht gestellt.

Natürlich erklärte sich der Gestapo-Chef trotz detaillierter Zeugenaussagen für „Nicht schuldig“. Im Gerichtssaal glänzte er mit einer kaltschnäuzigen Vergesslichkeit, die mich erschaudern ließ. Und schließlich durch Abwesenheit. Musste er zu einigen Verfahrensfragen zwangsweise vorgeführt werden, empörte er die Prozessteilnehmer des Öfteren mit einem demonstrativen Grinsen.

Exakt dreißig Jahre nach dem Urteil, am 4. Juli 2017, hat Frankreich die Prozessakten freigegeben. Das schürte Erinnerungen an die anderen Barbies, an Gleichgesinnte in Geist und Tat, an hochdekorierte Kriegsverbrecher, die ebenfalls versucht hatten, sich der moralischen Verantwortung und juristischen Gerechtigkeit zu entziehen. Im Gegensatz zum SS-Hauptsturmführer Barbie gelang das einem anderen SS-Hauptsturmführer, der nicht weniger Blut am Stecken hatte.

Die Akte Brunner

Der BND hat es sicher bitter bereut, dass er mit den Barbie-Dokumenten nicht dasselbe getan hat, was er schon 1996 mit der Personalakte von Alois Brunner angestellt hatte – sie nämlich einfach wegzuschreddern. Wer denn dafür die Verantwortung trage, wollten die Bundestagsfraktionen der Linken und Grünen im November 2012 wissen. Denn Brunner war nicht gerade ein kleiner Fisch, sondern als SS-Hauptsturmführer ein Bullenhai, einer der eifrigsten Helfer bei der beabsichtigten Ausrottung der europäischen Juden. Er genoss das schmeichelhafte Privileg eines engsten Mitarbeiters des 1962 in Israel hingerichteten SS-Obersturmbannführers Adolf Eichmann.

Einmal mehr stellte sich die Bundesregierung quer und verweigerte die Auskunft auf beide parlamentarische Anfragen. Sie stand wohl immer noch unter Schock über das Ergebnis einer 2008 selbstinitiierten Studie zur Geschichte des Bundeskriminalamtes. Die hatte ergeben, dass die BKA-Leitungsebene noch 1959 zu 56 % aus ehemaligen SS-Leuten bestand, die meist als Angehörige von Elitestrukturen direkt in Verbrechen des Naziregimes verstrickt waren.

Wieder war es das Gespann Klarsfeld, das Brunner in Syrien enttarnte – den Mann, der die Einweisung von rund 128500 europäischen Juden in die faschistischen Konzentrationslager zu verantworten hatte. Als ich 1985 als Leiter des Fernsehbüros in Paris antrat, hatte Serge Klarsfeld mit Unterstützung von Frankreichs Außenminister Roland Dumas, einem früheren Résistancekämpfer, schon Wesentliches vorbereitet, um den Schreibtischmörder von Syrien in Richtung Berlin abschieben zu lassen. Damit konnte er an die DDR ausgeliefert werden, da er in der BRD weiterhin keinen Gerichtsprozess zu befürchten hatte.

Mitte April 1989 hatte Damaskus endlich grünes Licht für den unbürokratischen Weg einer Ausweisung gegeben und der Generalstaatsanwalt der DDR war auf eine Verhaftung Brunners eingestellt, sobald die Maschine mit ihm in Berlin-Schönefeld gelandet war. Dazu kam es nicht mehr, denn mit dem Ende der DDR erledigte sich auch die Kompetenz ihrer Strafverfolgung.

Die Bundesrepublik, die sich gegenüber Alois Brunner jahrelang tolerant und inaktiv verhalten hatte, zeigte auch nach dem DDR-Anschluss keinerlei Ambitionen für eine Wiederöffnung der ungeliebten Akte. Sie wurde im Gegenteil unter Verschluss genommen und 1996 durch den Reißwolf geschickt. Aus und erledigt! War da was? Brunners letzte Jahre verschwinden im Dunkel juristischer Barmherzigkeit. Der Kriegsverbrecher soll 2001 in Syrien unbehelligt gestorben sein, ohne dass ihn jemals ein Gericht für sein massenmörderisches Tun zur Verantwortung gezogen hat.

Dabei wäre das schon 1954 möglich gewesen, denn noch neun Jahre nach dem Krieg wohnte und arbeitete der gesuchte NS-Verbrecher in der Bundesrepublik. Alois Brunner lebte als „Alois Schmaldienst" in Essen und war dort auch polizeilich registriert. Ihm wurde lediglich eine „falsche Namensführung" vorgeworfen. Als ihm wegen dieses Makels der Boden zu heiß wurde, türmte er nach Südamerika. Belegt ist zweifelsfrei, dass zu den Fluchthelfern ein gewisser Reinhard Gehlen gehörte, ehemaliger Generalmajor der Wehrmacht, Leiter der Ostspionage im Generalstab des Hitlerheeres und späterer langjähriger Chef des Bundesnachrichtendienstes mit dem Dienstgrad eines Generalleutnants der Reserve, ausgebildet in der Führungsakademie der Bundeswehr.

Gehlen dürfte keineswegs der einzige Wegbereiter in die unverdiente Freiheit gewesen sein, vermuten nicht nur die Parlamentarier der Linken und Grünen. Deshalb verlangten im Juli 2018 auch das Internationale Auschwitzkomitee und Überlebende des KZ Auschwitz-Birkenau vom BND und Verfassungsschutz die Herausgabe aller noch verbliebenen Dokumente und die Benennung der Schuldigen für die Vernichtung der Akte Brunner. Sie wollten zudem 65 Jahre nach seiner spektakulären Flucht endlich Klarheit darüber, welche Personen oder Instanzen ihm geholfen haben, sich nach Damaskus und damit in die endgültige Freiheit abzusetzen.

Warum der In- und Auslandsgeheimdienst von Neudeutschland diese Informationen immer noch mit dem Stempel der „Top secret"-Unantastbarkeit im Safe schmoren lässt, begründete der CDU-Vorsitzende des Parlamentarischen Kontrollgremiuns, Armin Schuster, schon im November 2012 mit einem gleichermaßen genialen wie verblüffenden Argument: Die Geheimhaltung diene der inneren Sicherheit und dem öffentlichen Interesse. Ergo muss wohl die Öffentlichkeit vor der Wahrheit geschützt werden. Ohne Zweifel ein Quantensprung in der Disziplin der juristischen Erkenntnis und ein artistischer Salto mortale in der Kunst der politischen Argumentation. Anders ausgedrückt: eine mit Bravour absolvierte Meisterleistung in der hohen Schule der Demagogie und Manipulation. Hut ab und Narrenkappe auf!

ROBERT HÉBRAS

**überlebte das Massaker von Oradour und verwandelte
den Albtraum in Geschichtsbewusstsein**

Als ich am Montag, dem 24. August 2020, die Überschrift einer kurzen Zeitungsnotiz las, erschauerte ich: „Gedenkstätte in Oradour geschändet". Es war eine Meldung der französischen Nachrichtenagentur AFP, die von den deutschen Printmedien übernommen wurde und in mir Zeitgeister wachrief, die mich im Rückspiegel der Erinnerung erneut an diesen Ort grauenvollen Geschehens führten. Die Mitteilung ist in nachrichtlich gebotener nüchtern-sachlicher Wortwahl abgefasst und schnell gelesen:

„Die Schändung einer Gedenkstätte für ein SS-Massaker hat in Frankreich Empörung ausgelöst. Präsident Emmanuel Macron erklärte, es werde ‚alles getan', um die Täter zu fassen. Bei der morgendlichen Öffnung am Freitag waren Schmierereien am Eingang der Gedenkstätte in Oradour-sur-Glane entdeckt worden. Unbekannte hatten das Wort ‚Märtyrer' im Schriftzug ‚Dorf der Märtyrer'-Gedenkstätte mit weißer Farbe durchgestrichen und stattdessen ‚Lügner' geschrieben. In der Dorfkirche von Oradour-sur-Glane hatte eine SS-Einheit am 10. Juni 1944 die Frauen und Kinder des Dorfes eingesperrt und das Gotteshaus angezündet. Die Männer wurden größtenteils erschossen. Insgesamt starben bei dem Massaker 642 Menschen."

Die Nachricht erschütterte mich, war ich doch selbst vor Ort mit der Vernichtung von Oradour konfrontiert worden. Nach der Vernichtung 1944 nun eine Schändung im Jahre 2020. Ich versuchte, mir das soeben Gelesene vorzustellen und hatte große Mühe damit. Die Schändung des Ortes am 21. August 2020 stand im schreienden Gegensatz zu seiner Katastrophe. Wer ist zu solcher Perversität fähig und warum?

Als ich im Sommer 1987 dort war, hatte ich in den Ruinen der zerstörten, ausgebrannten Ortschaft mein Rosenbouquet zu den allgegenwärtigen Blumensträußen gelegt, mit denen die Besucher dieses Freiluftmuseums die Opfer ehren. Auf einer zerwühlten Erde, auf der man noch viele Jahrzehnte nach der Massenhinrichtung Aschehäufchen und Blutflecke zu erkennen glaubt.

Die wenigen Überlebenden und die Verwandten der Ermordeten hatten gemeinsam mit dem Präfekten des Departements das Projekt eines Ehrenmals entworfen, das 1989 vom damaligen französischen Staatspräsidenten Francois Mitterrand persönlich bestätigt wurde. Für seine perfekte Realisierung sorgte der international bekannte Architekt Yves Devraine, der in Caen an der Küste des Ärmelkanals schon das Memorial für die 1944 gestartete Alliiertenoffensive in der Normandie geschaffen hatte. Das „Centre de la mémoire“ von Oradour entstand mit der breiten Unterstützung des Kultur- und Kriegsversehrten-Ministeriums sowie regionaler Institutionen und der Europäischen Union. Der in sich verschachtelte imposante Bau in den dominierenden Fassadenfarben von Rotbraun und Weiß wurde 1999 von Mitterrands Nachfolger Jacques Chirac eingeweiht. Es ist das Heiligtum der Region.

Das „Zentrum der Erinnerung“ ist umgeben von Schutt und Ruinen, wirkt in dieser beängstigenden Kraterlandschaft apokalyptischer Zerstörung wie der Leuchtturm aus einer überirdischen Welt. Nun reichten den Denkmalschändern Ruinen nicht als stumme Zeugen eines Massenmordes. Diese Ruinen, meinten sie, lügen. Da hatten die Einwohner wohl selbst ihren Ort platt gemacht. Und die 642 Opfer werden wohl Vermisste gewesen sein, die ihren Familien davongelaufen sind. Und der Rest ist sicher ausgewandert. Also alles kalkulierter Schwindel, um Touristen Geld abzuknöpfen. Ergo möge der Ort nicht „Dorf der Märtyrer“ heißen, sondern „Dorf der Lügner“. Demnach sind auch alle Beweise im Innern des Memorials gefälscht: eine umfangreiche Dokumentation aus Recherchen, Fotos, Filmen und Berichten von Augenzeugen, darunter auch der von Robert Hébras. Ich habe ihn getroffen und er hat mir seine Geschichte erzählt. Dass es eine Lügengeschichte ist, könnte nicht einmal der hartnäckigste Holocaustleugner behaupten.

Der Opfer-Zeuge

Zwei Jahre nach der Bekanntschaft mit Lise Lesèvre traf ich einen Leidensgefährten, der den Eroberungs-, Ausrottungs- und Vernichtungsfeldzug in Hitlers Namen auf andere Art am eigenen Leib verspürt hatte und ebenfalls mit dem Glück des Zufalls davongekommen war.

Robert Hébras will Versöhnung statt Rache, ohne aber jemals zu vergessen:
In regloser Angststarre unter toten Leibern gelegen.

Robert Hébras ist einer von sechs Überlebenden des Massenmordes in seinem Heimatdorf, das zusammen mit fast all seinen Einwohnern in Schutt und Asche gelegt wurde. Hier, 200 Kilometer nordöstlich von Bordeaux, geschah das blutigste Massaker der Hitlersoldateska in Westeuropa. Monsieur Hébras hat im benachbarten Saint-Junien ein neues Zuhause gefunden. Ich habe mich mit ihm für den 7. Juni 1989, 12.15 Uhr, im ehemaligen Ortskern von Oradour verabredet und er ist pünktlich. Drei Tage vor dem 45. Jahrestag der Vernichtungsorgie treffen wir uns inmitten von ausgebrannten Häuserresten, verkohlten Mauern, rostzerfressenen Autowracks und verwitternden Schuttkegeln vor der Kirchenruine des verödeten Geisterortes, dessen schauerliche Rudimente zur ewigen Mahnung und als unantastbares Denkmal für faschistische Barbarei der Verwüstungsorgie standhielten. Eine düstere Kulisse für ein gewesenes Horrordrama.

Vor mir steht ein kraftvoll wirkender, untersetzter älterer Herr im dunkelblauen Anzug. Die dazu passende gestreifte Krawatte über einem blütenweißen Hemd verleiht seinem Aussehen einen feierlichen Chic. Auffallend sein schmallippiger, wie mit dem Lineal gezogener Mund in einem etwas breitflächigen Gesicht, in dem die Lachfältchen um die Augen die einzigen Lebensfurchen auf einer glatten, wohlrasierten Haut sind. Das angesilberte Kopfhaar ist immer noch füllig, lässt eine widerspenstige Locke zu, die ihm immer wieder in die Stirn fällt. Dichte dunkle Brauen über hellwachen Augen, die mich mit freundlicher Aufmerksamkeit mustern. Ein Mann, dem man nicht ansieht, dass er in wenigen Tagen seinen 64. Geburtstag begeht. Nach dem Willen der Henker von Oradour sollte er dieses Alter nie erreichen, sondern mit 18 Jahren sterben.

Der Hitlerfaschismus erscheint umso grausamer, je persönlicher die Begegnung mit ihm ist. Und davon berichtet er nun. Mit ruhiger, betont sachlicher Stimme beschreibt er die Tragödie von apokalyptischem Ausmaß für sich, seine Verwandten und die Dorfbevölkerung. Nur manchmal, wenn er die Erregung zu mühevoll unterdrücken muss, entgleitet ihm der gedämpfte Ton, macht er kurze Sprechpausen der Selbstbeherrschung.

Am 10. Juni 1944, einem sommerlichen Wohlfühl-Sonnabend, an dem der Automechaniker sich auf ein gemütliches Wochenende freute, marschierten sie kurz nach 14 Uhr im forschen Militärschritt ein: 120 bis 150 Männer der Waffen-SS-Division „Das Reich". Am Tag zuvor hatten sie nur hundert Kilometer südlicher in der Stadt Tulle 99 Zivilisten an Laternen und Gebäuden aufgehangen als Vergeltung für den immer erfolgreicheren Partisanenkampf. Das war ihnen nicht genug. Diesmal wollten sie es noch schlimmer haben, wollten sie einen ganzen Ort samt Zivilisation auslöschen.

Robert Hébras erinnert sich, dass er in schlimmer Vorahnung in ein Kornfeld gerannt sei, was aber SS-Leute bemerkt hätten. Er wurde dreimal angeschossen, an Hand, Kopf und Knie getroffen und zurückgeschleppt. Dann wurde er wie seine Mutter und zwei Schwestern gemeinsam mit allen anderen Einwohnern auf den Marktplatz getrieben. Zu einer Ausweiskontrolle, wie es hieß. Nach gut einer Stunde wurden die 186 männlichen Zivilisten aus den Versammelten aussortiert und in Garagen, Schuppen und Scheunen gebracht. Dann wurde geschossen. Ein wilder Kugelhagel in die zusammengepferchte Männerschar. Nachdem auch Robert am Boden lag und sich um ihn herum niemand mehr rührte, überzogen die Soldaten die Leichenberge mit Stroh und zündeten es an, um eventuelle Überlebende wenigstens noch zu verbrennen, mit Sicherheit alles Leben auszulöschen und die Spuren des Kriegsverbrechens zu tilgen. Brannte eine zu massive Anhäufung der Leichen nur sehr schwer an, wurde mit Benzin nachgeholfen.

Er habe, sagt Robert, in regloser Angststarre unter toten Leibern gelegen, habe halb bewusstlos ausgeharrt, während er die Tritte der SS-Leute spürte, die auf den Körpermassen über ihm herumliefen, wahllos mit Maschinenpistolen in sie hineinschossen und dann Feuer legten. Totstellen musste er sich nicht, denn der anhaltende Panikzustand hatte ihn ohnehin gelähmt und damit bewegungsunfähig gemacht. Zudem steckte eine Kugel in seinem Bein und ein zweites Geschoss hatte sein Handgelenk gestreift. Auch zwei andere Männer hatte es schwer erwischt.

Sie waren zwar erheblich verletzt, hatten aber wie ein Wunder trotz gründlicher Bemühungen des Exekutionskommandos noch Leben in sich. Seine Bewegungsunfähigkeit, erzählt mir Robert, habe ihn vor einer voreiligen Flucht bewahrt. Die sei seinem Freund Pierre-Henri Poutaraud zum Verhängnis geworden. Denn etwa eine Viertelstunde nach den Hinrichtungen, die ihm wie eine Ewigkeit vorgekommen sei, habe auch die Scheune gebrannt. Diese sengende Backofenglut habe Pierre nicht ausgehalten und sei zu früh losgegangen. Man habe ihn dann in der Nähe des Friedhofs gefunden, wo ihn eine der aufgestellten Wachen erschossen hatte. Er und die anderen vier verwundeten Männer seien so lange unter und dann neben den brennenden Leichen liegen geblieben, bis sie sich halbwegs sicher waren, gefahrlos in Nebenräume der Scheune schleichen zu können. Dort hätten sie sich noch geraume Zeit versteckt, um keinerlei Risiko einzugehen.

Während Robert das alles – mitunter auch stockend – erzählt, führt er uns durch die feuer- und rauchgeschwärzten Ruinen. Zwischen ihnen sind immer noch Spuren einstigen Lebens erkennbar, die sich nun in wucherndem Gras und Unkraut gegen den Zahn der Zeit wehren, vor sich hingilben und Moos oder Rost angesetzt haben. So wie einige Straßenschilder oder die Schienen, auf denen einst die Regionalbahn aus dem nahegelegenen Limoges durch die Straßen klingelte. Mein Kameramann Wolfgang Groth filmt berührende Details. Ein Backofen, an dem die Gewichte der Ofenklappe noch gut erkennbar sind. Was mag der Dorfbäcker wohl gerade herausgeholt haben – Croissants oder Hörnchen oder vielleicht Baguettes? Eine Waage auf einem steinernen Tisch, an dem noch ein paar Kacheln haften. Sie gehört zu einer Fleischerei, wie ein angesengtes Blechschild verrät. Teile einer Nähmaschine, die selbst nach sorgfältiger Restaurierung nicht mehr zusammensetzbar wären. Wind und Wetter, Sommerhitze und Winterkälte, Schnee und Regen haben ihr vehement zugesetzt.

Dann verhält Robert den Schritt, zeigt auf ein Fundament, aus dem einige niedrige Backsteinsäulen herausragen. „Hier, sehen Sie diese Überreste? Das war einmal mein Haus. Alles weg!" Der rüstige Mittsechziger stockt in seiner Erzählweise. Wie oft wird er wohl darüber gesprochen haben? Oder auch nicht, denn die Mutter Marie und zwei Schwestern bei diesem Inferno verloren zu haben, ist kein Gesprächsstoff für den Alltag! Denise war neun und Georgette 22. Ihre Überreste konnten nicht mehr identifiziert werden, weil das bei Asche schwierig ist. Ihr Schicksal teilten 52 der Ermordeten. Er, Robert, wohnte in diesem Haus zusammen mit ihnen und seinem Vater, der an diesem mörderischen Tag einem befreundeten Bauern in der Umgebung bei der Arbeit half und damit zufällig dem Gemetzel entkam. Verschont blieb auch die älteste Schwester Leni, die mit ihrem Ehemann ein neues Zuhause außerhalb von Oradour gefunden hatte.

Sie wäre sonst ebenfalls in der Dorfkirche gestorben. Dort wurden die von den Männern getrennten 254 Frauen zusammen mit 207 Kindern eingesperrt. Eineinhalb Stunden ließ man sie in Todesangst im Ungewissen. Dann zündeten SS-Leute direkt am Altar eine Rauchbombe mit Stickgasen, feuerten in die Menge der Eingeschlossenen und warfen Handgranaten. Schließlich brachte ein Feuer den hölzernen Dachstuhl des Kirchturms zum Einsturz und löschte endgültig alles Leben im Innern aus – mit einer Ausnahme. Die 47-jährige Bäuerin Marguerite Rouffanche konnte sich durch ein Fenster retten und in einem Erbsenbeet verstecken. Obwohl sie durch fünf Schüsse aus einem Maschinengewehr lebensgefährlich verletzt war, hielt sie bis zum nächsten Tag durch und überlebte. So gab es bei den Gerichtsverhandlungen von Bordeaux im Jahre 1953 den einzigen authentischen Augenzeugenbericht eines Opfers über die Vorgänge in der Dorfkirche, die von einem Ort des Gottesdienstes zum Ort eines satanischen Verbrechens wurde. 460 Frauen und Kinder erstickten, verbrannten oder wurden vom herabstürzenden Dachgerüst erschlagen. Beim gleichen Prozess sagte Robert Hébras gegen 21 Beteiligte am Massaker aus.

Insgesamt starben in Oradour 642 Menschen. Nur sechs Zivilisten überlebten: eine Frau und fünf Männer, darunter Monsieur Hébras, der sich damals nach seiner Gesundung dem französischen Widerstand anschloss und nach dem Krieg Bücher schrieb. Anfangs habe er nur Rache und Genugtuung im Sinn gehabt, sagt er, dann habe er sich für die Versöhnung des deutschen und französischen Volkes eingesetzt. Als Zeitzeuge und Autor war er entscheidend an der Aufarbeitung der Geschehnisse in seinem Heimatort beteiligt und benannte die Schuldigen.

Die Täter

Robert hält kurz inne und überlegt, als wäge er die Gewichte für seine nächsten Worte ab. Dann scheint er es für notwendig zu erachten, eine zweite Seite des Dramas anzusprechen, entschließt sich zu einem Nachwort. Er drückt sein kopfschüttelndes Unverständnis darüber aus, dass bis auf eine einzige Ausnahme alle Täter ungeschoren davongekommen sind. Der Befehlsübermittler, SS-Sturmbannführer Adolf Diekmann, fiel drei Wochen nach seinem Kriegsverbrechen bei Kämpfen in der Normandie. Den Hauptschuldigen, Generalleutnant Heinz Lammerding, hatte ein französisches Gericht 1951 in Abwesenheit zum Tod verurteilt und vom damaligen Bundeskanzler Konrad Adenauer, der auch noch Außenminister war, die Auslieferung verlangt. Vergebens. Der Katholik Adenauer hatte ihm wohl seinen Massenmord in beichtväterlicher Gnade vergeben. So ließ es sich der Kriegsschwerverbrecher als erfolgreicher Düsseldorfer Bauunternehmer auf großem Fuß gut gehen und verjubelte dann als ehrenwerter Senior Rente und Vermögen am Tegernsee, bevor er Anfang 1971 im oberbayerischen Bad Tölz als unbescholtener Bundesbürger starb. Keine rote Propaganda, sondern leider traurige Wahrheit.

Auch vor unserer Kamera nahm mein Gesprächspartner damals kein Blatt vor den Mund. Originalton Robert Hébras:

„Ich bin schockiert, dass heute in der BRD und in Westberlin der Neonazismus eine Blütezeit erlebt. Dass sich dort erneut dieses braune Unwesen ausbreiten kann, das weitermarschieren möchte bis alles in Scherben fällt, das wieder Länder erobern und Menschen ausrotten will, wie das in meinem Dorf geschehen ist. Dass diese Entwicklung dort amtlich geduldet wird, schockiert mich mindestens ebenso. Nie dürfen wir zulassen, dass wieder Dinge möglich werden, wie sie hier an diesem Ort passiert sind."

Keine sonderlich große Spekulation ist, dass General Heinz Lammerding in eben dieser DDR ein riesiges Existenzproblem gehabt hätte. Hier wurde sein SS-Kamerad, der an den Erschießungen mitschuldig gesprochene ehemalige SS-Obersturmführer Heinz Barth, von der Staatssicherheit in der Tschechoslowakei aufgespürt, Mitte 1981 verhaftet und am 7. Juni 1983 vom Ostberliner Stadtbezirksgericht für seine Mitbeteiligung am Massenmord in Oradour zu lebenslangem Gefängnis verurteilt. Einer der Prozesszeugen, die ihn schwer belasteten, war Robert Hébras. Bereits Anfang 1953 war Barth für dieses Verbrechen von einem Gericht in Bordeaux in Abwesenheit zum Tode verurteilt worden. Zudem war erwiesen, dass er Anfang der 1940er Jahre bei Einsätzen im damaligen tschechoslowakischen Protektorat Böhmen und Mähren an der Ermordung von 92 Tschechen beteiligt gewesen war.

Im vereinigten Deutschland wurde der verurteilte Oradour-Mörder 1997 aus der Haft entlassen. Zehn Jahre danach starb er als freier Bundesbürger an Krebs. Während den sogenannten staatsnahen DDR-Bürgern im Einheitsdeutschland angesparte rechtmäßige Sonderrenten gestrichen wurden, erhielt Kriegsverbrecher Barth seit der Wende eine Kriegsopferrente. Sie wurde ihm erst nach geharnischten Protesten entzogen, was durchaus der braunen Tradition der alten Bundesrepublik entsprach. Denn dort wurde nie ein nachweislich an den Oradour-Verbrechen beteiligter SS-Mann strafrechtlich zur Verantwortung gezogen, obwohl einige von ihnen bei den Ermittlungen einwandfrei als Täter überführt werden konnten.

Das Wegschweigen

Über diese erwiesenen schwerwiegenden westdeutschen Versäumnisse kein einziges Wort der Entschuldigung, als ein ansonsten stets wortreicher Bundespräsident Joachim Gauck bei seinem Oradour-Besuch Anfang September 2013 gut 69 Jahre nach dem Massaker von Schuld und Versöhnung predigte und mit Frankreichs Präsident Hollande Robert Hébras in die Arme nahm. Natürlich auch keine Zeile dazu im ausführlichen, ganzseitigen Bericht von Holger Schmale in der *Berliner Zeitung* vom 5.9.2013. Unwissen oder Wegschweigen? Zumindest findet sich in der Schilderung des Journalisten ein Hinweis auf Gaucks Familie, der die Scheu des damaligen Bundespräsidenten vor der ganzen Wahrheit erklären könnte: „In seinem Elternhaus, das sich Hitlers Partei verbunden fühlte, sind die Verbrechen der Nazizeit nie groß thematisiert worden." Ein diffuses Drumherumgerede um den einfachen Fakt, dass Gaucks Eltern Mitglied der Nazipartei waren. Die Mutter trat der NSDAP schon 1932 bei und der Vater zwei Jahre später. In welchem Geist werden sie wohl ihren Sohn erzogen haben?! Bei solchen Fragen wird der in Predigten, Vorträgen und Ansprachen recht wortgewaltige Politpfarrer wortkarg bis tiefschweigsam.

Also damals wie heute: Waffen-SS-General Lammerding und seine Schergen wurden zu Lebzeiten von der alten Bundesrepublik verschont und werden auch postum von der neuen Bundesrepublik verschont – so, wie es in der Gedenkrede am Ort der Massenvernichtung vom höchsten deutschen Repräsentanten vorbildlich zelebriert wurde, flankiert durch staatsfreundliche Harmlosberichte einer massenhaften Mainstreampresse. Schlichtweg vergessen oder als unpassendes, unfeierliches, störendes Beiwerk ausgespart wurden auch in den Leitmedien staatlich gedeckte Mörderfaschisten; beschworen wurde stattdessen – völlig losgelöst von Gaucks Mission – „das Unrecht an dem von den Sowjets verschleppten Vater".

Damit plapperten Presseleute im braven regierungsamtlichen Schlepptau nach, was Kanzlerin Merkel bereits am 22. Januar 2010 in ihrer Laudatio zu Gaucks 70. Geburtstag von sich gegeben hatte. Sein „Freiheitssinn", meditierte Deutschlands Regentin, sei früh geschärft worden durch ein „prägendes Erlebnis", das sie sogleich konkret benannte: „die Verhaftung des Vaters 1951 durch die sowjetische Geheimpolizei und die anschließende Haft in der Sowjetunion." So wurde der Satz gesagt und so absolut blieb er als isolierte Einzelaussage stehen. Ohne Angabe der Gründe und damit als Anklage der Russen für eine willkürliche Brutalhandlung, die der Journalist der Berliner Zeitung, Holger Schmale, denn auch in seinem Bericht ein von den Sowjets begangenes „Unrecht" nennt.

Worin also bestand dieses „Unrecht", dessen Hintergründe sowohl Frau Merkel als auch Herr Gauck tunlichst verschwiegen haben? Vater Gauck war nicht nur NSDAP-Mitläufer, sondern Offizier der faschistischen Kriegsmarine. Nach Recherchen, die am 11.3.2015 die Wochenzeitung *Unsere Zeit* veröffentlichte, wurde Oberleutnant Gauck – so wörtlich – „aufgrund gefundener Unterlagen und zahlreicher Zeugenaussagen verurteilt, weil er während der Zeit des Faschismus an der Erschießung politischer Gefangener teilgenommen hatte."

Damit erklärt sich auch das hohe Strafmaß des Militärgerichts zu zweimal 25 Jahren Freiheitsentzug. Hat Sohn Joachim dieses Verbrechen seines Vaters jemals verurteilt oder auch nur erwähnt? Weit gefehlt! Stattdessen heißt seine Erkenntnis so: Gemeinsam mit seinen beiden Geschwistern sei er zur totalen Ablehnung des politischen Systems der DDR erzogen worden, dem die Familie Gauck das Verschwinden des Vaters angelastet habe. Jeder erinnert sich eben nur an das, woran er sich erinnern will, kann oder soll. Die Freiheit des Wortes ist garantiert. Allerdings auch für mich.

Also gestatte ich mir die Schlussfolgerung, dass der anklagende Satz vom sowjetischen Unrecht an der Familie Gauck im selektiven, retuschierten Sprachgebrauch der offiziellen deutschen Politik weiter so stehenbleiben wird – als verabsolutierte einsame Anschuldigung auf dem weiten Feld sie umgebender

Hintergrundwahrheiten. Die hätten natürlich weder in die salbungsvolle Merkel-Eloge auf den Staatsobersten gepasst noch in Herrn Schmales würdigenden Bericht über die hohe Ehre seines Besuchs in Oradour.

Über Leichtigkeit und Schwere der Aufarbeitung

Deutsche und französische Pressekollegen überkam sicher menschliches Mitgefühl, als der Bundespräsident Robert Hébras umarmte und ihm gemeinsam mit Frankreichs Präsident Hollande Trost zusprach. Und der so Geehrte hörte sicherlich mit innerer Befriedigung den hohen Gast aus Deutschland sagen: „So groß die Geste der Versöhnung ist, so kann sie doch auch nicht von dem tiefen Entsetzen befreien angesichts der großen Schuld, die Deutsche an diesem Ort auf sich geladen haben."

Große Worte! Und sie kamen dem Staatsoberhaupt der deutschen Einheitsrepublik leicht über die Lippen. Ich denke, nicht nur leicht, sondern auch leichtfertig. Denn Deutsche haben nicht nur vor 1945 eine mörderische Schuld an Taten auf sich geladen, sondern zugleich nach 1945 eine moralische Schuld an Verschweigen und Verdrängen von Mitläufertum und an Nachsicht und Wegbereiterhilfen für ranghohe Hitlerpaladine, die diese Taten selbst begangen oder verantwortet haben. Und zur Glaubwürdigkeit und Ehrlichkeit einer Versöhnung gehört auch das Eingeständnis dieser zweiten Schuld, die noch heute mit dem verschämt-selbstschützenden Argument einer Totalverjährung beiseite geschoben wird. Gerade einem Pastor aber geziemte sich eine Entschuldigung mit der Bitte um Vergebung, da er als Entlastung für den Sündenfall den christlichen Wert der Reue verinnerlicht haben müsste – und das vor allem, wenn es um das fünfte Gebot des Tötens geht, in diesem Fall sogar des Massenmordes. Hat Robert Hébras dazu vielleicht einen klaren Satz vermisst, und wenn er noch so kurz gewesen wäre? Hat er in diesen Momenten weihrauchbeseelter Worte vom Bundespastor möglicherweise sogar an Generalleutnant Heinz Lammerding und sein ihm gestattetes unbescholtenes Nachkriegsleben gedacht?

Sollte Monsieur Hébras tatsächlich solche oder ähnliche Gedanken gehabt haben, würde er es nie jemandem mitteilen, sicher sogar selbst verdrängen, denn er ist wirklich ein Mann der Versöhnung. Für seine Bemühungen um die deutsch-französische Völkerverständigung hat Robert Hébras 2012 und 2015 zweimal das Bundesverdienstkreuz erhalten – einmal „am Bande" und einmal „erster Klasse". Zeitlich also direkt vor und nicht allzu lange nach Gaucks Oradour-Besuch 2013. Da Reisepläne für den Bundespräsidenten langfristig gemacht werden, erlaubt das die Frage: Galten diese Ehrbezeigungen an einen nazideutschgeschädigten Franzosen nur seiner ausgestreckten Hand für Freundschaft und Frieden oder war es auch unausgesprochene eilfertige Beschwichtigung und Schadensbegrenzung für begangene Braunversäumnisse? Dann wäre es eine respektable Geste gewesen, eine Begründung zu formulieren: Entschuldigung im Namen der Bundesrepublik Deutschland, dass wir uns mit der Aufarbeitung von Nazivergangenheit so schwer getan haben.

Moralische Ehrung erhielt Robert aus der Heimat mit dem Verdienstorden „Ritter der französischen Ehrenlegion". Diese Auszeichnung jedenfalls, das klang bei unserer lockeren Plauderei nach dem offiziellen Interview an, empfindet er zugleich auch als Entschuldigung für die frühere unverständliche Nachsicht seines eigenen Staates und dessen Justiz gegenüber den Oradour-Tätern. Denn die meisten von ihnen, die im französischen Prozess von 1953 verurteilt wurden, bekamen nur geringe Haftstrafen – und kurz danach per Amnestie durch einen Parlamentsbeschluss ihre Freiheit zurück. Von 45 Todesurteilen wurden 43 gegen abwesende Angeklagte ausgesprochen.

Eine bittere Wahrheit für die Überlebenden und ihre Familien, die ebenso die als Kollaboration bekannte damalige Zusammenarbeit ihrer Landsleute mit den Nazis verurteilen. Auch das offizielle Frankreich hat sich mit einem Eingeständnis dieser Schuld verschämt weggeduckt und es sich nur widerwillig in floskelhaften Formulierungen abringen lassen. Noch im November 2018 hat Staatspräsident Macron den Nazikollaborateur Philippe Pétain als „großen Soldaten" gewürdigt und damit einen landesweiten Sturm der Empörung ausgelöst. Der General war als Chef des Vichy-Regimes im damals unbesetzten Teil Frankreichs mitverantwortlich für die Deportation der französischen Juden. Dafür wurde er 1945 wegen Hochverrats zum Tode verurteilt, was aber später in eine lebenslange Gefängnisstrafe abgemildert wurde.

Als Gegenpol zur Politik der Verschwiegenheit und Nachsicht der Altbundesrepublik in den 1970er Jahren gab es zaghafte Versuche, das Grauen von Oradour einer westdeutschen Öffentlichkeit verständlich zu machen, die bislang davon so gut wie nichts erfahren hatte und mit Informationen über kriegsverbrecherische Landsleute verschont worden war. Ein schwieriges Unterfangen. Die Nagelprobe war eine deutsch-französische Filmproduktion von 1975 mit dem französischen Titel „Das alte Gewehr" und der deutschen Version „Abschied in der Nacht". Der mit Romy Schneider und Philippe Noiret prominent besetzte Streifen basiert auf der Oradour-Blutorgie.

Der Film erzählt die Geschichte eines französischen Chirurgen namens Julien und seiner in Glück und Zufriedenheit lebenden Familie. Als sich die faschistischen Truppen nähern, bittet er einen Freund, Frau und Tochter auf ihrem ländlichen Anwesen im Südwesten Frankreichs in Sicherheit zu bringen. Als er kurz darauf nachreist, findet er vom familiären Landsitz und vom gesamten Ort nur noch ein Trümmerfeld vor. Er identifiziert das Verbrechen als blutiges Werk der SS-Division „Das Reich", deren Soldaten seine Frau Florence zusammen mit den Dorfbewohnern erschossen sowie Tochter Clara vergewaltigten und danach mit einem Flammenwerfer ermordeten. Der ansonsten sanfte und friedfertige Arzt bewaffnet sich mit dem alten Jagdgewehr seines Vaters und nimmt seinerseits blutige Rache.

Die Zelluloid-Tragödie erhielt 1976 den in Frankreich erstmals verliehenen nationalen Filmpreis César in der Kategorie „Bester Film". Während die Pariser Presse das Kinowerk einhellig lobte, wurde es in der Bundesrepublik von einflussreichen Medien verrissen. Westdeutsche Kinos zeigten den Streifen in einer geänderten Fassung, in der deftige Dialoge der SS-Leute gegenüber dem französischen Original abgeschwächt wurden. Extrem brutale Szenen wurden Opfer der Schere. In der DDR lief der Film in vollständiger, unzensierter Fassung. Da sie mit der gestutzten Westversion nicht übereinstimmte, musste sie neu synchronisiert werden. Die Einschätzung der Kritiker in Ostberlin war ähnlich zustimmend wie die ihrer Berufskollegen in Paris.

In Frankreich wirkten die 103 Minuten des Spielfilms von Regisseur Robert Enrico wie ein Befreiungsschlag, sich dem damaligen Geschehen und seinen Ursachen in einer ehrlichen Aufarbeitung zu stellen und dabei auch die bedrückende Mitschuld eigener Landsleute nicht mehr wegzuschieben. Seither hat sich im Land der Oradour-Opfer das Bewusstsein für Faschismus und Neofaschismus weiter geschärft. Im April 1985 gedachte das französische Fernsehen in einer 40-Minuten-Sendung mit erschütternden Bildern dem Geschehen in dem heutigen Ruinendorf, das zur Gedenkstätte wurde. Da seine Reste nicht vom Winde verwehen dürfen, sondern als ewiges Denkmal erinnern und mahnen sollen, wird seit geraumer Zeit einiges an Wartung, Restaurierung und Pflege getan, um sie als Freiluftmuseum zu erhalten – ähnlich den archäologischen Überresten der römischgeformten Welterbestadt Pompeij und des Antikortes Herculaneum am Golf von Neapel. Beide niedergebrannt von der Lavaglut des Vesuv, Oradour dagegen von Menschenhand.

Der Schoß ist fruchtbar noch

Wie neben der Steinwüste von Herculaneum die moderne Nachfolgesiedlung Ercolano gebaut wurde, entstand unweit der Trümmerlandschaft von Oradour ein neues Oradour-sur-Glane. Nun, da ich diese Gedanken aufschreibe, leben dort bereits über 2000 Menschen als Neusiedler und Nachfolgegenerationen.

Und so, wie die Fremdenführer dort am Mittelmeer mit Touristen und ihren Erklärungen durch die holprigen Quadergassen ziehen, so geht auch Robert Hébras hier mit Schulklassen, Studenten und Interessenten durch die Straßen und über die Plätze, auf denen er einst als Junge herumtobte, seiner ersten Liebe begegnete, als Automechaniker sein erstes Geld verdiente und von der Gründung einer Familie träumte. Was folgte, war ein Albtraum, den er bis heute nicht losgeworden ist. Er verfolgt ihn nicht nur nachts, sondern gleichsam tagsüber auf Schritt und Tritt beim fast zwanghaften Gang durch sein früheres Leben.

Er kann jeden noch stehenden Torbogen einordnen, kennt jedes noch halbwegs intakte Garagentor, kann jeden ramponierten Schornstein zuordnen, identifiziert jede Treppe und jede Gartenpforte. Und er erinnert sich sehr gut an die Bewohner der gewesenen Häuser und die Eigentümer der Immobilien, an ihre Berufe und gemeinsame Erlebnisse.

Die körperlichen Wunden sind verheilt, die seelischen nicht. Sie brechen jedes Mal wieder auf, wenn er mit den verschiedensten Spielarten faschistischer Ideologien und Praktiken, Organisationen oder Parteien konfrontiert wird. So ist es für ihn unerträglich, dass mit Jean-Marie Le Pen der Gründer des französischen rechtsextremen Front National im Europäischen Parlament sitzt. Ein Vierteljahr nach unserer Oradour-Visite wird Le Pen im September 1987 die Gaskammern der Hitlerzeit als „Detail“ des Zweiten Weltkrieges bezeichnen – eine Aussage, die er trotz einer hohen Geldstrafe bis zum Jahr 2016 mehrfach wiederholte. Das Pariser Strafgericht sprach ihn wegen der Leugnung von Verbrechen gegen die Menschlichkeit schuldig. Seine Tochter Marine distanzierte sich zwar, übernahm die Parteiführung, entmachtete den Vater und warf ihn aus seinem eigenen Verein. Was sich noch änderte, war der Name. Aus dem rechtsextremen Front National wurde die rechtsextreme Sammlungsbewegung Rassemblement National mit einer Verfeinerung der Argumentation und der Methoden. Nicht mehr Schwert, sondern Florett. Die Stoßrichtung blieb gleich.

So etwas macht Robert Hébras schwer zu schaffen. Dass dieser Geist der braunen Finsternis noch immer durch die Lande zieht, empfindet er als beschämend. Er steckt in denselben Stiefeln, die am 10. Juni 1944 in Oradour einmarschiert sind. Dass von diesem Geist besessene Fanatiker im Sommer 2020 das Ehrenmal von Oradour schändeten, wird meinem damaligen Interviewpartner schlaflose Nächte gebracht haben. Und dass sich in der deutschen Einheitsrepublik seit 2020 tiefbraunes Gedankengift bis in Polizei und Bundeswehr hinein angehäuft hat, wird er kaum fassen können. Dies in dem Land, aus dem die SS-Oradour-Division kam. Das attackiert den Seelenfrieden, den er mit Deutschland geschlossen hat. Die Irrsinnsfrage heißt: Warum gilt 77 Jahre nach dem Weltmassaker von Urheber Adolf immer noch, wovor Brecht im Epilog seines „Arturo Ui" warnte: „Der Schoß ist fruchtbar noch, aus dem das kroch."

Privat hat der Bürger Hébras seinen Frieden gefunden, hat seinen Traum von einer intakten Familie verwirklichen können. Er ist, sagt er mir, glücklich verheiratet, hat einen Sohn und drei Enkelkinder. Weit über seinen Wohnort Saint-Junien hinaus hat er sich einen Namen gemacht – nicht nur als Buchautor, sondern auch als Vorsitzender der Nationalen Vereinigung der Märtyrerfamilien und als Präsident der Versammlung ehemaliger Kriegsteilnehmer von Oradour.

Dass, sagt er, die Besucher der Gedenkstätte von Oradour immer zahlreicher werden, sei ein Zeichen für gewachsenes Interesse und Geschichtsbewusstsein. Mittlerweile zählt er jährlich etwa eine halbe Million Gäste aus aller Welt. Es beglückt ihn, dass er sein Wissen an sie weitergeben kann, dass er mithelfen kann, einer noch vorhandenen Gleichgültigkeit und Unterschätzung rechter Gefahren seine Wachsamkeit eines schrecklichen Eigenerlebens entgegenzustellen. Deshalb wehrt er ab, als ich mich bei ihm für seine freimütigen Schilderungen und die uns gewährte Zeit bedanke. Er habe zu danken für die Möglichkeit, Zuschauern im Ostfernsehen zu vermitteln, was Oradour bedeute.

Unser Rundgang endet an einem Schild, dessen Holzpfahl am Rand einer Geröllgrube in den Boden gerammt ist. Keine Baugrube, sondern ein ehemaliges Massengrab. Die Schrift auf der Tafel ist in überdeutlichen tiefschwarzen Lettern gehalten, damit sie zum Hinsehen und Lesen zwingt: „Hier wurde eine Gruppe von Männern von den Deutschen massakriert und verbrannt. Besinnt Euch!"

Auf dem Gras des Grubenrandes reihen sich einzelne Blumen und ganze Sträuße zu einer Blüten- und Blättergirlande. Sie ist bunt wie das Leben, das es hier einst gab. Farbtupfer im staubigen Grau dieser deprimierenden Tristesse. Sie wirken verloren in der unberührten Trostlosigkeit dieses Ortes, der keiner mehr ist. Zugleich habe ich an dieser Richtstätte inmitten tieftrauriger Ödnis die angenehme, soeben erlebte Gewissheit, dass Menschen wie Robert Hébras an den unvorstellbaren Grausamkeiten nicht zerbrochen sind. Sie haben, mehr noch, ihre Rachegefühle umgemünzt in Versöhnung und Freundschaft zum deutschen Nachbarn – hoffend, dass er die Lehren aus der schlimmsten von Menschenhand gemachten Katastrophe gezogen hat und danach handelt. So gelten die Blumen von Oradour denn auch einem Robert Hébras. Wir legen unsere dazu.

JACQUES-YVES COUSTEAU

hat mit spektakulären Tiefsee-Expeditionen und Weltumsegelungen die Meere erkundet

Ist es wirklich nur Simulation, was da an Naturgewalten über mich hereinbricht? Umtost von Blitz und Donner eines beängstigend echten Weltuntergangsgewitters schießt das Raumschiff zur Erde, durchstößt einen dichten Wolkenpanzer, rast auf den Ozean zu und zerschlägt seinen Wasserspiegel. Obwohl ich als vergnügungswilliger Teilnehmer wilder Rummelplatzspiele schon die kurvigste, höchste und steilste Holzachterbahn Europas im Heidepark Soltau und das verrückteste Turmkettenkarussell im Wiener Prater mit masochistischem Lustempfinden, rhythmischen Adrenalinstößen und angstoffenen Augen absolviert habe, ducke ich mich nun doch reflexhaft weg.

Als ich wieder hinsehe, gleite ich in harmonischer Ruhe in einer vollverglasten, hermetisch abgedichteten Unterwasserkapsel über den Meeresboden. Es beginnt eine Tauchfahrt durch grün und blau schimmernde Tiefseegeheimnisse, die auf technisch raffinierte Weise gelüftet werden. Ich genieße diese wirklichkeitsnahen Illusionen im Pariser Erlebnispark des Meeresforschers Jacques-Yves Cousteau, der hier in dreidimensionaler Perfektion eine fantastische Unterwasserwelt ausbreitet – ein Spiegelbild dessen, was er seit Jahrzehnten auf seinen spektakulären Exkursionen in den Weiten und Tiefen der Weltmeere gesehen und auf Foto und Film mitgenommen hat. Das lässt er hier nun in frappierender Wirklichkeitstreue nachempfinden. Eine Fiktion, die seine erlebte Realität widerspiegelt. Er möchte seine Bewunderung für die Natur weitergeben, das Verständnis für ihre Schönheit und zugleich Zerbrechlichkeit schärfen. Dem ist hier alles zugeordnet. Das Werk eines suchenden, forschenden und mitteilsamen Globetrotters, der sich mit diesem Naturpark auch als ein Aktionskünstler der Erdgewässer vorstellt.

Mann der Extreme

Was Reinhold Messner, der abenteuerliche Gratwanderer zwischen Wahnsinn und Genialität, fürs Rekordbergsteigen bedeutet, das verkörpert Cousteau, der Abenteurer zwischen Zweifel und Risiko, Niederlage und Erfolg, für die Welt unterhalb des Wasserspiegels. Der eine folgt bis zum Leistungslimit der Erdkrümmung nach oben, der andere nach unten. Messner bezwang 1978 in einer Weltpremiere den Gipfel des Mount Everest ohne Sauerstoffgerät. Cousteau schraubte ebenfalls ohne Atemgerät mit 37 Jahren den Weltrekord im Freitauchen auf die Marke von fantastischen 91,5 Metern.

Messner und Cousteau. Beides schonungslose Leistungs-Extremisten mit der masochistischen Sucht zur Eigenqual, um zu erfahren, was ein menschlicher Körper vollbringen und aushalten kann, was ihm noch zumutbar ist – oder auch nicht. So war Cousteau mehrfach dem Ertrinken nahe, als er beim Experimentieren mit seinem selbstentwickelten Atemgerät in großen Tiefen das Bewusstsein verlor. In großen Höhen war Messner vor allem beim Alleingang zum Everestgipfel ebenfalls des Öfteren dem Tod näher als dem Leben, wie er mir als EU-Abgeordneter bei einem kleinen Plausch zwischen zwei Ausschusssitzungen in Brüssel erzählte.

Der Hinaufsteiger und der Hinabsteiger: Entdeckernaturen, welche die Grenzen des physisch Machbaren verschoben haben. So, wie in der sehr erdverbundenen Disziplin der Leichtathletik ein Jesse Owens, der bei der Sommerolympiade von 1936 mit seinem Achtmetersatz der Zeit weit vorausgesprungen ist. In dieser Liga der Einmaligkeiten jenseits bestehender Normen ist Cousteau ein Pionier der Meeresforschung.

Das ist in seinem Unterwasserpark auf jedem Meter zu spüren. In einer Glasgondel mit U-Boot-Funktion schippere ich vorbei an brodelnden submarinen Vulkanen und regenbogenfarbenen Korallenriffen. Ich durchquere einen Dschungel bedrohlich züngelnder Riesenalgen und ein zum Kino umfunktioniertes Schiffswrack. Dann begegnen mir auf Du und Du Haie und Delphine, wie sie Mutter Natur in verblüffenden Formen und Farben durch die Ozeane gleiten lässt. Ich versuche, die wechselnden Eindrücke zu verarbeiten, die vielfältige Flora und Fauna zu erfassen, bevor mein schwimmendes Glashaus sich so rechtswinklig nach unten neigt, dass ich befürchte, nun zum Mittelpunkt der Erde vorzustoßen. So falsch ist das nicht. Eine kleine Leuchtschrift-Tafel in meinem Unterwassergefährt klärt mich auf, dass es mich 11000 Meter zum Marianen-Graben hinabzieht.

Cousteau hat die tiefste Stelle des Weltmeeres nachmodelliert, ein bizarres Stück der insgesamt 2400 Kilometer langen Schneise im Boden des westlichen Pazifik. Ich bestaune in dieser tiefsten Erdspalte eine intakte Welt von Mikroleben, ein Universum der Winzigkeiten. Dann lande ich im Nachbau eines exotischen Unterwasserdorfes, das der Wissenschaftler 1983 auf dem Grund des Roten Meeres verankerte. Bereits zwanzig Jahre zuvor fasziniert ihn diese Idee. Er versenkte damals ein Glashaus als bewohnbares Aquarium im Roten Meer und lebte und arbeitete dort mehrere Wochen lang mit Gleichgesinnten. Die Außenwelt hielt ihn gelinde ausgedrückt für abgedreht, ausgeflippt und übergeschnappt oder klartextlich für einen arg hoffnungslosen Eigenbrötler und Spinner, der Geldvergeudung für Unsinnigkeiten betreibt.

Cousteau ließ sich nicht beirren. Mit diesen Experimenten wollte er einen zusätzlichen Lebensraum für Wissenschaftler und Forscher unter dem Meeresspiegel ausprobieren. Wer hätte 1957 beim Start des ersten künstlichen Erdsatelliten „Sputnik 1" eine Internationale Raumstation ISS für möglich gehalten? Was heute für den Kosmonauten eine Weltraumheimat ist, könnte morgen für den Ozeanologen seine Meeresstation sein.

Eine vorauseilende Vorstellung, die kein utopischer Nonsens ist, sondern eine Vision des durchaus Möglichen. Denn sie muss ja nicht als eine aus dem Rahmen des Greifbaren gefallene virtuelle Illusion der Romanvision „20000 Meilen unter dem Meer" von Jules Verne folgen, der damit zum Mitbegründer der Science-Fiction-Literatur wurde.

Der Ozeanbezwinger wollte sich keine Grenzen des Denkens auferlegen, zumal ein Cousteau und ein Messner schon Undenkbares geschafft hatten. So schwamm der Mann, dessen meistbenutztes Kleidungsstück der Taucheranzug war, zu neuen Ufern und war dabei in seinem Element, wofür ihn nach und nach alle Welt bewunderte. Eine Liebe zum Meer als Anbetung, Leidenschaft und Hingabe, die ihre totale Erfüllung zu suchen schien in einer vollständigen Symbiose mit Flora und Fauna im riesigen Wasserbecken der Weltmeere. Und die führt er nun auch mir in meinem gläsernen U-Boot vor Augen.

Mich beeindruckt die visuelle Vielfalt dieser Erlebnisorgie. Ihre rasch wechselnden Bilder produzieren eine pausenlose Reizüberflutung. Mit diesem maritimen Refugium hat Cousteau eine anschauliche Unterwasserwelt geschaffen, deren Ursprung er mir später mit wenigen Worten erklären wird: Es sei eine „komprimierte Darstellung von gewonnenen Abbildern der maritimen Natur und von wissenschaftlichen Erkenntnissen, eine Zusammenfassung an Resultaten von rund vier Jahrzehnten Forschungsarbeiten in den Weltmeeren". Diese Summe an optischen Eindrücken und wissenschaftlichen Erfahrungen unterhalb des Wasserspiegels wolle er nicht nur Experten zukommen lassen, sondern in verständlicher Art auch der Allgemeinheit, interessierten Laien und Naturliebhabern. Deshalb, so seine Schlussfolgerung, habe er neben einer Reihe unterhaltsamer Effekte gleichermaßen technische Instrumente der Wissensvermittlung eingesetzt.

Die Zusage

Eine Vielzahl ideenreicher Informations-Technik lernte ich bereits vor diesem ungewöhnlichen Tauchgang kennen. Die breite Palette reicht von Video-Lernspielen bis zum dreißig Meter langen Modell eines Blauwals, in das man wie der biblische Prophet Jona hineinspazieren kann, um sein Innenleben zu besichtigen. Vor allem diese Attraktion empfahl mir der Meister, als ich mich ihm vorstellte und darum bat, ein TV-Porträt über seine Person anfertigen zu dürfen. Er hatte stimmte zu – unter Vorbehalt. Denn zunächst, so war seine Bedingung, sollte ich mir einen Eindruck von seinem bisherigen Lebenswerk machen, bevor ich ihm die erste Interviewfrage stellen würde. Dann hätte sich manche Unklarheit vielleicht schon von selbst erledigt.

Ich vermisste seine berühmte knallrote Wollzipfelmütze, mit der er – sagt man – auf die Welt gekommen ist. Es heißt, er setze sie nur ab, wenn er sich den Taucherhelm überstülpt. Er lächelte verschmitzt, griff in die Hosentasche und schon stimmte das fotogene Gesamtbild wieder von einem Jacques-Yves Cousteau, wie ihn die Welt kannte und einen der berühmtesten Franzosen nunmehr mit seinen 76 Lenzen mehr verehrte denn je. Der Wiedererkennungsfaktor seines markanten Konterfeis war von jeher hoch: hageres, wettergegerbtes, aristokratisch wirkendes Intellektuellengesicht, mittelgescheiteltes sonnengebleichtes Langhaar über einer schmucklosen Klarsichtbrille auf einer schmalen Habichtnase. Die Kühnheit ihrer Krümmung entspricht voll und ganz der Kühnheit seines Tuns, die man seiner schmalschultrigen Statur nicht zutraut.

Er meinte es sichtlich gut mit mir und meiner Wissensneugier. Deshalb möge ich mir bitte seinen Aquapark von vorn bis hinten ansehen und damit seine täglichen Arbeitsräume durchleben. Dann bekäme ich einen Eindruck von der Welt, in der er zu Hause sei und lebe und agiere. Seine Welt eben! Dann drückte er mir seine Visitenkarte in die Hand und signalisierte mit einem aufmunternden Kopfnicken sein generelles Einverständnis. Ich möge bitte mit seiner Sekretärin einen Termin vereinbaren – zuerst für den anschaulichen Schnelldurchlauf seiner beruflichen Vita im Aquapark und danach für ein persönliches Treffen.

Seltener Schnappschuss: Cousteau ohne seine ewige rote Wollmütze.
Dem risikofreudigen Abenteurer wird eine erotische Beziehung
zum Meer nachgesagt.

Nun war klar, dass mein Wunsch zur Realität werden würde. Also ab jetzt im Meer der verfügbaren Cousteau-Informationen nicht mehr an der Oberfläche herumpaddeln, sondern bei weiteren Recherchen in die Tiefe gehen! Und in die Breite! Eintauchen also auch in die Gesamtheit seines weltumspannenden Metiers der Meeresforschung. Mir war völlig bewusst, dass ich es mit einer weltweit geachteten Koryphäe zu tun hatte. Er war nicht nur Chef seiner Cousteau-Gesellschaft und seiner Stiftungen, sondern auch Leiter des Ozeanographischen Museums von Monaco. Zudem hatte ihn die französische Ozeanografische Gesellschaft zu ihrem Präsidenten erkoren. Und um die Ehrungen voll zu machen, wurde er Mitglied der „Académie Française", womit er in Frankreich zum erlauchten Kreis der sogenannten unsterblichen Kunst- und Wissenschaftsgiganten gehört. Und natürlich wusste ich, dass die Franzosen ihren zähen Naturburschen und unerschrockenen Abenteurer zwanzig Mal zum beliebtesten Landsmann gekürt hatten. Durch seine Adern floss ihrer Meinung nach nicht nur Blut, sondern auch Wasser.

Das war journalistisches Allgemeinwissen. Ansonsten beschränkten sich meine Informationen auf angelesenes Zeitungswissen. Dies alles aber hatte schon gereicht, um mich für Cousteau zu interessieren, hatte mich nachdrücklich inspiriert zu einem Filmporträt. Nun sah ich mir auch einige seiner Dokumentarfilme an, für die er drei Oscars bekommen hatte: Zwei für die Streifen „Welt ohne Sonne" und „Welt der Stille" in der Kategorie „Bester Dokumentarfilm" und einen Hollywood-Award als „Bester Kurzfilm" für die „Abenteuer eines Goldfisches". Die nur von Musik begleitete Geschichte eines tierliebenden kleinen Jungen wurde zudem noch mit der Goldenen Palme von Cannes ausgezeichnet. Außerdem stehen bei ihm zu Hause im Regal mit zwei Bambis der doppelte Medien- und Fernsehpreis der deutschen Bundesrepublik.

In welchem Ausmaß seine Arbeit tatsächlich gewürdigt wurde, war mir nur zu Teilen bekannt und nötigte mir jetzt bei weiteren Recherchen zusätzlichen Respekt ab. Von den Vereinten Nationen erhielt er den Internationalen Umweltpreis. Die US-Harvard-Universität und die spanische Technische Universität von Valencia verliehen ihm die Ehrendoktorwürde. Mit dem „Ordre national du Mérite" erhielt er Frankreichs nationalen Verdienstorden und mit der amerikanischen „Freiheitsmedaille" eine der höchsten zivilen US-Auszeichnungen. Die International Documentary Association (IDA) von Los Angeles ehrte ihn für sein Lebenswerk. Die „Hall of Fame" der amerikanischen TV-Akademie nahm ihn in ihre Reihen von Künstlern auf, die

das US-Fernsehen mit filmischen Außergewöhnlichkeiten beglückt haben. Zudem bekam der für seine Anhänger schon zum
ständigen Meeresbewohner gewordene Cousteau einen Platz in
der Ruhmeshalle des internationalen Schwimmsports. Mehr
ist kaum möglich!

Doch! 1999 bekam der Asteroid 6542 seinen Namen und der
französische Garonne-Kanal zwischen Mittelmeer und Atlantik
nahe der spanischen Grenze wurde ebenfalls nach ihm benannt.

Tief hinunter und hoch hinauf

Es ist schon kurios, dass ich ihn nicht bei einem Forum über die
Tiefen der Weltmeere kennenlernte, sondern auf einer Veran-
staltung über die Höhen des Weltraums. Das wunderte mich,
als ich den Tiefseespezialisten auf einem Kosmonautenkongress
traf. Schließlich waren mir von dem Abenteurer, Forscher, Fil-
memacher und Wissenschaftler keinerlei Publikationen über
das Weltall bekannt, wohl aber verfasste er rund 80 Sachbücher
und drehte mehr als hundert aufsehenerregende Dokumentarstreifen über die Unterwassergefilde unseres Planeten. Dafür
hatte er ein eigenes wasserdichtes Kameragehäuse erfunden.

Weshalb also mischt sich ein Tieftaucher unter die Hoch-
flieger, kommt ein Experte der Fisch- und Taucherflossen zu
einem Kosmonautenkongress? Das Unterirdische im Reich der
Seesterne ist seine Expertenstrecke, nicht aber das Überirdische im Reich der Himmelssterne. Als ich ihn darauf anspreche,
bekomme ich eine sehr plausible Erklärung. Für den rastlosen,
damals 81-jährigen Weltreisenden, ist sein zweiseitiges Interesse normal und logisch. Seiner Ansicht nach sind die Wechsel-
beziehungen zwischen terrestrischer und kosmischer Materie
lebenswichtig – und nicht minder wertvoll sei die Erforschung
der Ozeane aus dem Blickwinkel eines Raumschiffs auf der Erdumlaufbahn.

Zu diesem Thema meldet er sich auch zu Wort. Er hat an
diesem 7. Oktober 1985 ein prominentes Publikum, das sich in

Frankreich zum ersten internationalen Kongress der Raumflieger zusammengefunden hat. Organisiert hatte das Treffen die Vereinigung „Interkosmos", die 1957 nach dem Start des ersten Sputnik als Verbund sozialistischer Staaten um die damals führende Raumfahrtnation Sowjetunion gegründet worden war. Mit einem gemeinsamen Fahrplan und einer Bündelung der Technik hatte sie die friedliche Erforschung des Weltraums beschleunigen wollen.

Nun ist im südlich von Paris gelegenen Cernay-la-Ville die Crème de la Crème der Weltraumpiloten aus Ost und West angereist, um eine Zusammenarbeit über den „Interkosmos"-Verband hinaus zu durchdenken. Gemeinsam mit wissenschaftlichen Koryphäen auch anderer Sparten wie Jacques-Yves Cousteau diskutieren 25 Kosmonauten aus zehn Ostländern sowie aus Frankreich und den USA, wie diese Kooperation am effektivsten zu gestalten wäre.

Inspiriert war das Treffen von der wachsenden Gefahr einer Ausweitung des Rüstungswettlaufs in den Kosmos. Ein in der Tat längst auf den Nägeln brennendes Problem. Denn zweieinhalb Jahre zuvor hatte US-Präsident Reagan sein Projekt eines nuklearen Raketensystems im Weltraum in Angriff genommen, bekannt geworden als SDI und als „Krieg der Sterne" in Anlehnung an den Science-Fiction-Thriller „Star Wars". Und das, obwohl der im Oktober 1967 in Kraft getretene internationale Weltraumvertrag die friedliche Nutzung des Kosmos festgeschrieben hatte und die Stationierung von Atomwaffen im Orbit seither verboten war. Washington gehörte neben Moskau zu den Erstunterzeichnern des Abkommens, das bis heute nicht weniger als 110 Staaten ratifiziert haben. Das hinderte Reagans Nachfolger Clinton und Bush Junior jedoch nicht daran, das Vorhaben der außerirdischen Waffenschmiede voranzutreiben. Und ein Donald Trump setzte noch eins drauf und gründete Ende 2019 mit dem Etikett „Weltraumarmee" die Militäreinheit „Space Force". Zugleich erklärte der Herr des Weißen Hauses in unmissverständlicher Deutlichkeit den Kosmos zum neuen „Kriegsgebiet", für das die USA die Vorherrschaft beanspruchen.

Exakt diese Entwicklung kontra Vernunft wollte man damals in Cernay-la-Ville verhindern. Die Protestwelle, die gegen das SDI-Projekt quer durch ganz Europa rollte, hatte auch jene erfasst, die es im Orbit der Gefahr vordergründig betraf. Ihre Antwort war nach einigem hin und her die Gründung eines Ost-West-Bundes der Raumfahrer. So wurde es auch den in- und ausländischen Medien nach einer fünftägigen Debatte auf einer Pressekonferenz mitgeteilt. Damit, so betonten die Raumflieger, wollten sie ihrer gemeinsamen Verantwortung für den Frieden auf und über der Erde besser gerecht werden. Das klinge zwar heroisch und theatralisch, sei aber eine existenzielle Notwendigkeit, der sie mit dieser länder- und ideologieübergreifenden gemeinsamen Initiative gerecht werden wollten. Der Exekutive der neuen Organisation gehörte auch Sigmund Jähn aus der DDR an. Die beiden Co-Präsidenten Alexej Leonow aus der UdSSR und Russell Schweickart aus den USA teilten in einer gemeinsamen Erklärung mit:

„Im Orbit ist uns noch bewusster geworden, welch großes schöpferisches Potenzial unsere Erde hat – und dass sie gleichzeitig viel zu zerbrechlich ist, um einer militärischen Kraftprobe standzuhalten.“

Ein Notruf

Auch Cousteau wusste, wovon er sprach. Er hatte in den Untergrundreihen der Résistance gegen die deutschen Frankreichbesatzer gekämpft und dafür das Kreuz der französischen Ehrenlegion erhalten. Nun appellierte er in einem eindringlichen Plädoyer an das Gewissen der Wissenschaftler und Techniker der Raumindustrie, die Resultate ihrer Arbeit nicht missbrauchen zu lassen. Wer, so sagte er, das Weltgeschehen aufmerksam verfolge, begreife, dass die Gefahr der Entstehung von noch moderneren Waffen sehr real sei. Dies sei umso beängstigender als sich auch auf seinem ökologischen Spezialgebiet ein Trend der Umweltzerstörung abzeichne, der rasant voranschreite. Es gebe einen alarmierenden Raubbau an der Natur, ein Abrutschen in die Erosion. Ich frage ihn wenig später, welche Chancen er sieht, diese Tendenz zu stoppen oder sogar umzukehren.

Er schiebt seine ewige rote Wollmütze in den Nacken, greift sich in die Haare: Stoppen vielleicht, aber den Trend umkehren – das sieht er skeptisch. Dann rückt er seine Brille zurecht, fegt mit einer plötzlichen Handbewegung die Wollmütze vom Kopf und wird grundsätzlich:

„Wissen Sie, die Cousteau-Stiftungen in Frankreich, Amerika und Kanada arbeiten für den Schutz der Natur, für den Erhalt eines ökologischen Gleichgewichts und die Korrektur seiner Schäden. Leider aber ist diese Balance teilweise bereits vertaumelt und läuft Gefahr, aus den Fugen zu geraten."

Er zählt in ausführlicher Detailliertheit Gegenmaßnahmen auf, von denen er sich zumindest eine Linderung des Abdriftens in ruinöse Zustände wertvoller biologischer Lebensräume erhofft – von den Korallenriffen der Südsee bis zu den Regenwäldern der Tropen. Dem anderen Problem einer möglichen Hochrüstung möchte seine Gesellschaft aber auch nicht völlig machtlos ausgeliefert sein. Denn er könne nicht gleichgültig bleiben bei dem Gedanken, dass die Unversehrtheit der Wasserlandschaft, für die er arbeite, auf andere Weise zerstört werden könnte. Deshalb sei sein Appell für eine friedliche Welt eine Art Notruf.

Die rote wollene Zipfelmütze hat wieder ihren gewohnten Platz eingenommen. Ich bin verblüfft, wie intensiv sich ein Meeresforscher dieser Überfrage annimmt, die nicht wenige seiner Berufskollegen mit dem resignativen Hinweis umgehen, sie seien viel zu kleine Lichter, um den düsteren Horizont der Spannungen zu erhellen. So frage ich ihn, welche realen Möglichkeiten er denn sehe, auf dieses staatspolitische Kräftemessen der Großen einzuwirken. Er muss nicht lange überlegen, zögert nicht, reagiert schnell und bestimmt wie jemand, der über diese Frage längst nachgedacht und für sich eine Antwort gefunden hat:

„Wirkungsvoll mitzuhelfen, die Gefahr eines Atomkrieges zu dämpfen, scheint zunächst sehr schwierig. Denn man ist ja weder Mitglied der Regierung in der UdSSR noch in den USA, die mit ihren Entscheidungen direkten Einfluss auf den Gang der Dinge haben. Trotzdem bin ich der Ansicht, dass auch die Bevölkerung mit dem Gewicht ihrer öffentlichen Meinung auf die Regierungen und auf die Entwicklungen Einfluss nehmen kann. Dafür engagieren wir uns. Wir arbeiten für eine solch öffentliche Meinung."

Dann streicht er sich einmal mehr die Mütze vom Kopf und in sein hageres Gesicht mit der scharfkantigen Habichtnase schleicht sich ein fast trotziger Zug, der auch den entschiedenen Tonfall eines ihm noch wichtig erscheinenden verbalen Nachschubs bestimmt: „Niemals darf eine Militarisierung über oder unter der Erde zugelassen werden. Niemals! Wenn zwischen den Großen der Weltpolitik um Kernwaffen auf der Erdoberfläche gepokert wird und wir als Fußvolk das nicht oder nur unmittelbar beeinflussen können, so ist das eine Sache. Die andere ist, präventiv unbedingt eine Ausweitung auf den Weltraum und die Weltmeere zu verhindern. Gelingt das nicht, wäre das eine Katastrophe." Er befördert seine rote Wollmütze wieder zurück auf den Kopf. Kleine Pause, dann setzt er nach: „Niemals!"

Vom Saulus zum Paulus

Seine Überzeugung von der Massenwirksamkeit einer gesellschaftlichen Rebellion wurzelt in Erfahrungen. Schon vor 25 Jahren wurde ihm die Wirkung eines hartnäckigen Widerstandes gegen eine politisch fatale Entscheidung eindrucksvoll bestätigt. Im Jahr 1960 warf Cousteau seine Berühmtheit mit voller Wucht in die Waagschale, um eine von der französischen Regierung beschlossene Versenkung radioaktiver Abfälle im Mittelmeer zu blockieren. Der damalige Staatspräsident Charles de Gaulle – eine Galionsfigur der französischen Résistance – lenkte ein, gab schließlich nach und verzichtete auf den Plan. De Gaulle, der willensstarke, unnachgiebige Held der Nation, hatte klein beigegeben, hatte sich revidiert – und sein Frankreich staunte.

Auch vor der UNO schlug Jacques-Yves mit unermüdlicher Energie Maßnahmen für die Gesundung sensibler oder kränkelnder Zonen des Planeten vor. Damit konnte er sogar die Einstufung der Antarktis als ökologische Schutzzone erreichen. Später sammelte er mehr als fünf Millionen Unterschriften für eine Petition, die er für die Rechte künftiger Generationen zur grünen Mitgestaltung des Planeten 1992 auf dem Umweltgipfel in Rio de Janeiro einbrachte.

Sein tätiges Engagement war die Folge von Erkenntnissen, die er in solch konsequenter Form nicht immer hatte. So ließ er in früheren Jahrzehnten – von Umweltschützern scharf kritisiert – schon mal einen Hai abschlachten, um zu seinem Drehbuch passgerechte Filmaufnahmen zu bekommen. Oder er verabreichte Tieren gespritzte Substanzen, um sie durch eine Verhaltensveränderung besser studieren und dokumentieren zu können. Und wenn ihm für seine Vorhaben ein Riff im Wege stand, sprengte er es weg. Alles, um freie Fahrt für die Wissenschaft zu haben.

Bestimmenden Anteil an der Wandlung vom Saulus zum Paulus, vom erfolgsgetriebenen Egomenschen zum kompromisslosen Ökologen, hatte sein Sohn Philippe, der als Ozeanograph bis zu seinem tragischen Flugzeugabsturz selbst überzeugter Umweltschützer gewesen war. Sein Vater ließ sich nach seiner Läuterung zum Ökomissionar von keinem anderen mehr übertrumpfen.

Ebenso gab es früher eine Zeit, da akzeptierte er Atombombentests, die Frankreich 1960 auf dem südpazifischen Mururoa-Atoll begonnen hatte. In dessen Küstengewässern soll er sogar demonstrativ gebadet haben, um seine Ansicht von der Harmlosigkeit und Sauberkeit der Nuklearversuche zu bekräftigen. Das verstand er später selbst nicht mehr, als er im fortgeschrittenen Alter und weltweit bekannt mit gut honorierten Ökologievorträgen um den Globus reiste. Diese dann vertretene Position der strikten Ablehnung von Kernwaffentests hat er bis zum Schluss beibehalten. Als Frankreichs Präsident Jacques Chirac nach längerer Pause 1995 eine erneute Serie von acht Mururoa-Versuchen in Französisch-Polynesien anordnete, reagierte Cousteau mit lautstarker Empörung. Ein durch inter-

nationale Proteste ausgelöstes politisches Erdbeben zerstörte
Chiracs Bombenstimmung und ließ den Präsidentenstuhl im
Élysée gefährlich wackeln. Inmitten dieses Dilemmas erklärte
der Staatschef im Januar 1996 die französischen Kernwaffentests auf der Südseeinsel für beendet.

Geständnis ohne Reue

Interessant ist ein Nachspiel, das der alte Cousteau nicht mehr
miterleben konnte, sondern nur noch seine Kinder Jean-Michel,
Pierre-Yves und Diane. Das französische Parlament verabschiedete im Mai 2019 die Reform eines Gesetzes zu seinem Übersee-
hoheitsgebiet Französisch-Polynesien, das aufhorchen ließ. Darin gesteht das stolze Frankreich zum ersten Mal offiziell und
öffentlich ein, in den dreißig Jahren zwischen 1966 und 1996
im Südpazifik 193 Atombombentests durchgeführt zu haben.
Und nicht nur das! Zugegeben wird auch, dass die Häufigkeit
der Krebsfälle unter der Inselbevölkerung strahlungsbedingte
Krankheiten waren.

Dieses Schuldeingeständnis glich einer Sensation. Noch im
Juli 2003 hatte der damalige Präsident Chirac bei einem Besuch
in Tahiti die Tests verteidigt, da sie Frankreich erst zur Weltmacht von atomarer Relevanz gemacht hätten. Knapp 16 Jahre
später musste sich Landesvater Emmanuel Macron nun mit der
Gesetzesreform dem humanen Desaster stellen, das la France
unter seinen schutzbefohlenen Insulanern angerichtet hatte. Und mehr noch: Bei seinem ersten Besuch in Französisch-
Polynesien Ende Juli 2021 musste der Präsident anerkennen,
Frankreich habe „eine Schuld" gegenüber seinen Südsee-Insu-
lanern auf sich geladen. 15000 Kilometer von Paris entfernt
sagte er in der Polynesienhauptstadt Papeete auf Tahiti entlar-
vende Worte: „Wir hätten diese Versuche nicht in der Bretag-
ne gemacht." Den auf 110000 geschätzten Gesundheitsopfern
versprach der Präsident beschleunigte finanzielle Entschädi-
gungen, deren Ehrlichkeit Opferverbände anzweifelten. Denn

statt einer von ihnen geforderten Entschuldigung verteidigte Macron die Versuche, die auch dem Schutz des französischen Überseegebietes gedient hätten. Opfer-Vertreter sprachen von „Demagogie" und „Lügen", die der französische Staat auch weiterhin verbreite. So, wie er die Kolonisierung Algeriens als Verbrechen anerkannt habe, müsse Macron auch für die Atomtests im Pazifik klare Worte finden und sie ebenfalls als „kriminell und eine Form der Kolonisierung" bezeichnen.

Trotz dieser Halbherzigkeit hätte den alten Haudegen Cousteau dieses Stück Gerechtigkeit sicher gefreut. Als mir der Fahrensmann der Ozeane mit 75 Jahren begegnete, hatte ich von ihm klare, grundsätzliche Worte gegen die Atomrüstung ebenso wenig erwartet wie die Bemerkung: „Frankreich ist nur ein Schuldiger. Da gibt es noch andere!" Natürlich! Bekannt ist, dass Frankreich und die anderen offiziellen Atomwaffenstaaten USA, Sowjetunion respektive Russland, Großbritannien und China seit 1945 weit über 2000 Kernwaffentests auf dem Gewissen haben, darunter mehr als ein Viertel in der Atmosphäre. Armer Globus und armer Himmel über ihm! Wie heimlich oder unheimlich Indien, Pakistan, Israel und Nordkorea ihre mittlerweile ebenfalls vorhandene Bombe bislang getestet haben, ist nur teilweise bekannt.

Dass Yves Cousteau die nuklearen Ambitionen seines Landes in diese globale Gefahr einordnete und gegen sie in ihrer massiven Gesamtheit protestierte, empfand ich als eine Erweiterung seines Horizonts. Ich staunte über die Selbstverständlichkeit, mit welcher der einstige patriotisch gesinnte Atomtestbefürworter dies nun tat. Aber auch einem Cousteau muss man Lernfähigkeit zugestehen. Er hat es geschafft, in komplexen Zusammenhängen zu denken, ohne sein eigentliches Metier aus den Augen zu verlieren. Und das liegt vor allem unter dem Wasserspiegel. Der liebste Aggregatzustand war, ist und bleibt für ihn der flüssige. Er ist verliebt in die nasse Seite der Erde, die etwa zwei Drittel ihrer Oberfläche bedeckt.

Erotische Beziehung zum Meer

Dem Mann, der mit Meeresgott Poseidon im Bunde ist, unterstellen die Franzosen lächelnd eine „erotische Beziehung zum Meer". Er selbst bescheinigt sich eine „Wasserverrücktheit von Kindesbeinen an". Geboren wurde er am 11. Juni 1910 als Sohn eines Rechtsanwalts mit einer doppelten Liebe. Er war sich unsicher, was ihn stärker fasziniert: das Meer oder die Fliegerei. Diese Frage wurde auf dramatische Weise durch einen schweren Autounfall beantwortet, womit sich sein Berufswunsch Pilot erledigt hatte. Geblieben ist aber eine Ewigkeitsliebe zur Luft- und Raumfahrt. Das erklärte mir umso mehr seine Teilnahme am Kosmonautenkongress und die Installation eines Raumschiffspektakels in seinem Erlebnispark.

Sein Doppelinteresse für Luft und Wasser, Wolken und Meer verwandelte sich noch einmal auf tragische Weise zu der unseligen Wortkombination Himmel und Hölle: Sein zweitgeborener Sohn Philippe, ein überaus erfahrener Pilot, starb mit nur 38 Jahren beim Absturz eines schon in der Luft verunglückten Wasserflugzeuges über dem portugiesischen Fluss Tejo. Ein halbes Jahr nach der Tragödie wurde sein Sohn geboren, der ihm zu Ehren den Namen Philippe Junior erhielt.

Die Eltern des Crashopfers, Jacques und Simone, trauerten um ein Kind, das ganz in ihrem Sinne ebenfalls die Laufbahn eines forschenden Wissenschaftlers eingeschlagen hatte. Seine Ambitionen galten allerdings mehr der Erkundung der Natur aus der Luft, weshalb er Aerodynamik, Fotografie und Cinemathographie studierte und sich in Ozeanographie ausbilden ließ. Er bewährte sich wie sein Vater im Dienst der französischen Marine und machte sich dann schnell einen Namen in der Fachwelt. Die achtete ihn als engagierten Ökofreak, der auf vielfältige Weise mit Taucherausrüstung und Filmkamera oder im Flugzeugcockpit mit Fotoapparat und Teleobjektiv den Wundern der Natur nachspürte. Er begleitete seinen Vater 13 Jahre lang auf den meisten Filmexpeditionen.

Auch der erstgeborene Jean-Michel Cousteau hatte meerblaues Blut in den Adern, war Taucher und brachte als Filmproduzent eine stattliche Reihe von international beachteten Dokumentarstreifen ins Kino. Trotz oder gerade wegen der beruflichen Nähe zum Vater gab es auch Ärger. In einem Rechtsstreit um die Lizenzvergabe des Familiennamens für eine südpazifische Ferienanlage ging es um eine klare Trennung seines gewinnorientierten Geschäfts von den gemeinnützigen Aktivitäten seines Vaters.

Ebenso tanzt auch der jüngste Sohn nicht aus der Reihe. Pierre-Yves hat als begnadeter Forschungstaucher ebenfalls mit eindrucksvollen Filmen begeistert. Er ist Präsident einer Spezialabteilung der Cousteau-Gesellschaft, die mit 250000 Mitgliedern gemeinsam vom Vater und seinem älteren Bruder Jean-Michel geleitet wird.

Im September 2011 präsentierte er im Deutschen Meeresmuseum der Hansestadt Stralsund in einer Deutschlandpremiere als Ergebnis einer Mittelmeer-Expedition atemberaubende Naturaufnahmen in bester HD-Qualität. Im selben Jahr hatten das Museum und die Cousteau-Gesellschaft eine weitreichende Partnerschaft vereinbart mit den Prioritäten Erforschung der Ozeane sowie Meeresschutz und der dafür unabdingbaren Sensibilisierung der Öffentlichkeit.

Die einzige Tochter des „Kommandanten", wie ihn seine Familie nennt, hat ihren beruflichen Schwerpunkt aufs exotische Festland verlegt. Diane Cousteau hat sich in Theorie und Praxis als Anthropologin dem naturwissenschaftlichen Zweig der Menschenkunde verschrieben. Sie ist Spezialistin für die Völker Neukaledoniens und des Pazifik. Vor Ort studiert sie die Beschaffenheit und Mentalität der Einwohner der polynesischen Osterinsel, die für ihre archäologischen Seltenheiten berühmt ist.

Der Kapitän geht von Bord

Cousteaus schmalschultrige Figur und sein Askesegesicht, an
dem die Karikaturisten ihre Freude haben, vermitteln nicht
unbedingt den Eindruck eines Frauenhelden und Lebemannes
als vielmehr den eines treusorgenden vierfachen Vaters. Umso
erstaunlicher ist es, dass ihn sein Lebenswandel als kein Kind
von Traurigkeit ausweist, dem ein Rockzipfel wohl nicht unge-
legen kam. Zwei uneheliche Kinder mit einer Geliebten belegen
es. Also sechsfacher Vater. Sein herbledernes, wettergegerbtes
Gesicht scheint von der Fähigkeit und Zähigkeit zu zeugen, alles wohlbehalten unter einen Hut zu bringen – pardon, unter
seine rotwollene Zipfelmütze, die sein unverkennbares Markenzeichen und ein Blickfang für jeden Fotografen und jeden
Werbespot war. Ein turbulentes Privatleben, das er mit einem
turbulenten Berufsleben gekoppelt hat.

Hätte es noch eines Beweises bedurft, dass der schmäch-
tig wirkende Jacques-Yves Cousteau ein hochgradig kreativer
Schaffensmensch mit der unbändigen Arbeitswut eines produktiven Herkules war, dann ist es sein Vermächtnis. Nachdem am
25. Juni 1997 ein Herzinfarkt seinen Lebenslauf mit 87 Jahren
gestoppt hatte, erhielt die Welt noch einmal Kenntnis von seiner
ungebremsten geballten Entdeckerkraft, die ihn zu einem Kolumbus des Wasserglobuses machte. Als Kapitän Jacques Cousteau von Bord ging, hinterließ er ein imposantes Erbe, zu dem
120 TV-Dokumentationen und eine Million Fotos gehören. Sie
veranschaulichen ein Aqua-Universum der Harmonie, für dessen Erhalt sich der „Kommandant" mit Leib und Seele, Gefühl
und Verstand eingesetzt hat – gegen seine Ausbeutung, Ver-
schmutzung und Zerstörung. Dafür sensibilisierte er eine anfangs unbedarfte Öffentlichkeit, der er aus einer ungewöhnlichen Nahsicht auch das Leben unter Wasser zeigte.

Von ihm ist der Satz überliefert, die beste Art der Fischbeob-
achtung bestehe darin, selbst zum Fisch zu werden. Dass ihm
noch keine Flossen gewachsen sind, führe ich darauf zurück,

dass sein Organismus dafür nicht die nötige Ruhe hatte. Sein Körper ist in permanenter kreativer Aufruhr, stets in Bewegung und Ortsveränderung. Er durchpflügt die Gewässer wie ein Torpedo, lässt sich von Windsegeln treiben, ankert an Inseln und Riffen, filmt, fotografiert, prüft, forscht, seziert, filtert, mikroskopiert, analysiert mit der Akribie eines kleinlichen Pedanten, der bis in die letzten Rätsel der Wassernatur vordringen will.

Um das zu bewerkstelligen, hatte der entdeckungswütige Neugier-Geist ein ausgemustertes Minensuchboot zu einem Forschungsschiff mit dem Namen „Calypso" umbauen lassen. Damit startete er rund um den Globus eine Reihe von Expeditionen, die finanziert sein wollten. Das bescherte ihm Glücksgefühle und Gewissensbisse. Denn deshalb kam er bei anfänglicher Geldknappheit in Konflikt mit seinen hehren Zielen des Naturschutzes. Um aber genau die zu verwirklichen, musste er Kompromisse eingehen. So schloss er widerwillig, aber notgedrungen mit der Ölindustrie Verträge, denen zufolge er den Meeresboden nach ertragreichen Bohrorten abzusuchen hatte. Das verstieß voll gegen seine eigene heilige Philosophie. Aber irgendwie musste der Selbstvermarkter Quellen für flüssiges Kapital anzapfen, wenn Verkaufserlöse für Publikationen, Einnahmen für Filme oder Sponsoren-Zuschüsse nicht reichten. Deshalb auch durchstöberte der Meisterspion der Meere 26 versunkene Schiffe auf Schatzsuche – und das mit goldglänzendem Erfolg.

So musste der Gutmensch Yves mitunter Geschäft und Geld vor seine Mission als Umweltheiliger stellen – meist allerdings nur, wenn es sein musste, um höhere Ziel durchzusetzen. Dafür hat er viel Lehrgeld zahlen müssen, denn der Globetrotter der Meere war kein studierter Wissenschaftler, sondern ein wagemutiger Autodidakt und selbstbewusster Draufgänger mit dem unerschütterlichen Selbstvertrauen eines Selfmademans, der an sich und seine Vorsehung glaubt. Trotzdem wurde er kein ehrgeizzerfressener Egomane und einseitiger Fanatiker, sondern blieb ein kulturvoller Bildungsmensch, der musizierte, malte und dichtete.

Nach der flott gemachten „Calypso" der 1950er Jahre ließ er Anfang der 1980er-Jahre den Turbosegler „Alcyone" bauen, mit dem er seine Weltreisen fortsetzte. Der schlanke Wassergleiter mit den beiden markanten Türmen war eine Kombination aus Segel- und Motorschiff, deren neuartige Antriebsform sich Cousteau und sein Schöpferteam patentieren ließen. Unterwasser-Scooter und U-Boote komplettierten die Ausrüstung. Hinter ihm lag ein jahrzehntelanger anstrengender und risikoreicher Weg seit seinem ersten Tauchgang 1936, bei dem damals das Tier- und Pflanzeninventar des Meeres nicht viel weiter als bis zu Schnorcheltiefe erforscht worden war. Nun konnte der Visionär mit modernster Technik in unbekannte Weiten unserer Wasserwelt vorstoßen und in tiefsten Abgründen nie gesehene Naturwunder der Wissenschaft einer breiten Öffentlichkeit zugänglich machen.

Als die Cousteau-Crew einst an Bord der „Calypso" ging, waren die katastrophalen Auswirkungen von Umweltverschmutzung, Überfischung und Küstenerosion noch unbekannt. Der Vater der Unterwasserforschung hat in seinen 60 Jahren als Wissenschaftler, Taucher, Dokumentarfilmer und weltweit populärer Meeresbiologe seinen Teil zur Aufklärung beigetragen. Auf seinen waghalsigen Ausflügen zwischen der „grünen Hölle" des Amazonas und der „Weißen Wüste" der Antarktis verbuchen seine Logbücher 30000 Stunden unter Wasser. Dafür hatte der mit allen Wassern der Weltmeere gewaschene Tiefsee-Experte eine delikate Erklärung: „Tauchen empfinde ich als einen göttlichen Kuss." Womit Jacques-Yves Cousteau die ihm nachgesagte „erotische Beziehung zum Meer" selbst gestanden hat.

LUDWIG WEINBERGER

wurde als „Waluliso" vom verspotteten Öko-Clown zum verehrten Säulenheiligen von Wien

Ich begegnete ihm mit mehrfachem Vergnügen während meiner Zeit als Sonderkorrespondent für Österreich zwischen 1983 und 1985. Da gehörte er für die Einheimischen schon zu Wien wie der Stephansdom, vor dem ich ihn erstmals sichtete. Unübersehbar und unüberhörbar, obwohl er mit seiner zur Schau getragenen Demut, Genügsamkeit und Bescheidenheit sowie einer eindringlichen, jedoch verhaltenen Stimme das genaue Gegenteil von lautstarker Aufdringlichkeit war. Aber allein schon sein seltsames Aussehen in äußerst spartanisch samariterhafter Garderobe war ein Blickfang, als ich ihm an einem vollsonnigen Nachmittag das erste Mal wahrnahm. Das war nicht allzu schwer, denn eine ihn umringende Menschentraube machte neugierig auf das, was da vor sich ging.

Da stand ein christusähnliches lebendes Denkmal mit Hirtenstab, eingehüllt in ein faltiges bettlakenweißes Linnen, unter dem armselige Sandalen an nackten Füßen hervorschauten. Ein filigraner Kranz aus Olivenzweigen umrankte die Stirn und in der Rechten hielt die Mannesfigur getreu Cranachs Adam- und Eva-Gemälde das paradiesische Exemplar eines Apfels. Auf dem Gewand prangte ein blaues Schild mit dem weißen Schriftzug „Waluliso", eingerahmt von einem stilisierten Lorbeerzweig. Die merkwürdige Erscheinung strahlte Gottergebenheit, Unschuld und biblischen Frieden aus. Unwillkürlich dachte ich an den Erzengel Michael, dessen gezeichnete Bildhaftigkeit im Katechismus meiner Mansfelder Messdienerzeit mir plötzlich wieder vor Augen stand. Nur fehlten der weißummantelten Figur vor mir Flügel und sie kämpfte auch nicht gegen einen Drachen, wohl aber gegen Luzifer und seine Versuchungen der Völlerei und Maßlosigkeit eines ausufernden Konsums zum Schaden von Mensch und Umwelt.

Waluliso im Dienst: Seine Wiener ehrten ihn mit der Namensgebung für eine Donaubrücke.

So einfach wie Kleidung und Dekoration war auch die Botschaft, die der seltsame Heilige dem versammelten Straßenpublikum in wortgewaltiger Unbeirrtheit in zwar gedämpfter, allerdings akzentuiert pastoraler Tonart predigte, mal stehend, mal auf dem Pflaster kniend: „Die ihr mir zuhört, wehret den Auswüchsen einer ausufernden Industrie, die in ihrer Gier nach immer mehr Gewinn Flüsse und Meere vergiftet, Wälder abholzt, die Schönheit und Nützlichkeit unserer Natur verschlingt und unsere Atmosphäre verpestet. Wir aber brauchen als wichtigste Lebensmittel Wasser, Luft, Licht und Sonne!"

Als ich mich erstmals unter die ihn umringenden neugierigen Zuhörer mischte, hielt ich den Weißkittel in seinem außerirdisch wirkenden Einsiedleraufzug für einen der ausgeflippten Aussteiger, die der westlichen Konsumgesellschaft in extremer Verachtung den Rücken kehren und mit egomanischer Energie auf sich und ihre zivilisationsfremde Denkweise aufmerksam machen wollen. Weit gefehlt! Ich musste mich recht schnell korrigieren.

Wanderprediger des Humanismus

Als ich den Wanderprediger in seiner weißen Toga wiederholt in der Wiener Innenstadt agieren sah und schließlich in der Kärtner Straße mit ihm ins Gespräch kam, lernte ich einen Menschen kennen, der weder Heilsbringer noch Weltverbesserer sein wollte, sondern lediglich ein unermüdlicher Mahner aus ehrlicher Selbstüberzeugung. Er war ein echtes Wiener Kind, hieß Ludwig Weinberger, war als gelernter Buchbinder in ärmlichen Verhältnissen aufgewachsen und hatte bei unserer ersten Begegnung bereits 70 Jahresringe an seinem Lebensbaum. Der hatte in seinem weitverzweigten Geäst viel Hoffnungsgrün, aber auch tiefe Risse. Das Wesentliche hingegen waren in die Rinde gekerbte Herzen, die von menschlicher Güte zeugten.

Sein Zuhause war seiner spartanischen Erscheinung angepasst. Er begnügte sich im proletarisch angehauchten Gemeindebezirk Margareten mit ganzen neun Quadratmetern Wohnraum, auf denen er lebte, arbeitete und schlief. Seit jeher, so gab er mir mit sanft-freundlicher Stimme Auskunft, suche er Frieden und Harmonie im Einklang von Gott, Mensch und Natur. Das nicht nur für seine eigene Person, sondern aus dieser privaten Engstirnigkeit heraus für die ganze Welt. Da dies natürlich seinen Aktionsradius sprenge, konzentriere er sich zumindest auf seine überschaubare Umgebung und versuche, in seinem Sinne des Gott- und Weltverständnisses Einfluss zu nehmen.

Mein Interesse für den Wiener Oberpriester, der die Menschheit zu Humanismus, Gottgläubigkeit und grüngesunder Natur bekehren wollte, war geweckt und ich erfuhr bei einigen Hintergrundrecherchen, dass dies kein leeres Wichtigtuergerede platonischer Liebeserklärungen war, sondern dass er ein außerordentlich tätiger Natur- und Menschenfreund ist. Als umtriebiger Unruhegeist ein Unruhestifter im wohlverstanden konstruktiven Sinne, der Weckrufe an den Menschenverstand aussenden wolle. Schon zehn Jahre zuvor hatte er das eindrucksvoll bewiesen. Da hatte der Philanthrop durch eine hartnäckige Unterschriftensammlung von Haustür zu Haustür erreicht, dass die Donauinsel seiner Heimatstadt gegen alle kommerzlukrativen Verbauungspläne nicht zubetoniert wurde, sondern für die Allgemeinheit weiterhin ein beliebtes Naherholungsgebiet bleiben konnte – mit den für ihn heiligen Elementen Wasser und Wald, Luft, Licht und Sonne.

Manchmal, so sagte er, gönne ihm ein glücklicher Zufall auch die Chance, beim versuchten Abbau kriegerischer Rivalitäten in der Weltpolitik auf seine bescheidene Weise mitzuhelfen. So stand er bei Demonstrationen gegen den NATO-Doppelbeschluss zur US-Raketenaufstellung in Westeuropa Anfang der 1980er Jahre in der ersten Reihe neben Atheisten, Katholiken, Evangeliken und anderen Nicht- oder Andersgläubigen der verschiedensten religiösen und politischen Sparten.

Und nun, da Moskau und Washington über die Beseitigung ihrer Raketenzäune vor allem in Ost- und Westdeutschland miteinander im Gespräch seien, beschwöre er die Zivilisation, durch ihre öffentliche Stimme Druck zu machen für die existenzielle Notwendigkeit eines Erfolges dieser Verhandlungen. Dies sei derzeit sein hauptsächliches Sinnen und Trachten, das er auch mit seiner Stimme befördern möchte. Er verstehe die Einzelheiten der militärischen Streitereien nicht, wisse auch nicht, ob er die Schuld dafür in der Sowjetunion oder in Amerika suchen solle, aber er klopfe an die irdische Himmelstür des Gewissens aller Staatenlenker und insbesondere der Anführer beider Weltmächte. Was er begriffen und verinnerlicht habe, sei die nicht so schwere Erkenntnis, dass sich nach dem nächsten Weltkrieg kein Mensch mehr über dies oder das oder über mehr oder weniger Waffen streiten müsse, weil dafür wahrscheinlich kein Mensch mehr da sei.

Schweigen, so sagt er, Schweigen sei deshalb feige und sich taub zu stellen sei Selbstbetrug und Vogel-Strauß-Verhalten. Er sei beileibe kein Politiker, aber letztendlich sei ja wohl alles politisch und selbst der Unpolitischste werde irgendwann und irgendwie von der Politik eingeholt oder überrollt.

Geld als verführerischer Mammon

Warum aber wählt er diesen klamaukigen Auftritt und nicht das zivilisierte Podium einer Versammlung oder Kundgebung, um seine Meinung unters Volk zu bringen? Diese Phase, meint er, habe er schon hinter sich, gepflastert mit deprimierender Erfolglosigkeit. Seine Stimme sei im Alltagsgetöse von Nebensächlichkeiten und Belanglosigkeiten untergegangen, versunken in einem Meer von selbstsüchtigem Wohlstandsdenken und ignoranter Gleichgültigkeit. Das habe ihn traurig und zornig gemacht. Da Kapitulation für ihn keine Alternative gewesen sei, habe er seinen nunmehr anderen, ungewöhnlichen Weg gewählt, um sich Gehör zu verschaffen und auf sein existenzielles Anliegen aufmerksam zu machen – auch auf die Gefahr hin, für ein kurioses Unikum des weitverbreiteten Straßenklamauks gehalten zu werden, für einen Bettler um klingende Münze. Aber, so wende ich ein, er bekomme ja doch ebenfalls Geld zugesteckt. Das, sagt er, nehme er dankend zur Aufbesserung seiner Sozialgroschen für Speis und Trank und Wohnungsmiete und Zeitung. Den Rest verteile er unter Bedürftige, die Bares dringender brauchten als er.

Davon konnte ich mich später des Öfteren überzeugen. Da habe ich ihn auch heimlich aus der Ferne beobachtet, um herauszufinden, ob bei ihm Wort und Tat übereinstimmen. Da mit wachsender Beliebtheit und Popularität auch die Zuwendungen reichlicher flossen, verteilte er mitunter nicht nur kleine Silberlinge, sondern größere Scheine. Geld war für ihn nur Mittel zum Zweck, zum Erhalt seiner Existenz – so, wie sein zirzensisch anmutender Aufzug lediglich Mittel zum Zweck für die Wirk-

samkeit seiner selbstgestellten Mission war. Der Mann namens
Waluliso verachtete Geld als unseligen verführerischen Mammon der Alleskäuflichkeit, als Dreh- und Angelpunkt menschlichen Strebens nach maximaler monetärer Quantität, die mit
vorgegaukelter Glückseligkeit Moral und Charakter unter sich
begräbt. Da geldgieriges Unternehmertum diese Raffgier befördere und der Staat sie dabei unterwürfig hofiere, waren Politiker für ihn „Spekulanten."

Mitunter hatte ich das Gefühl, dass er mit seiner Abart einer
öffentlichen Zurschaustellung selbst an seine Schmerzgrenze
ging, sie aber als einzige Möglichkeit für eine erzwungene Aufmerksamkeit hielt. Ein hoher Preis zur Verwirklichung seiner
Überzeugungen. Oder hielt er seine Darstellung für Kunst? Ich
bin nie dahintergekommen. Ich wollte wissen, ob er tatsächlich
glaube, als einsamer Rufer in der Wüste die Leute zu bekehren
oder etwas zum Guten verändern zu können. Die Frage traf ihn
nicht überraschend. Die Promptheit der Antwort signalisierte mir, dass er sich keine Illusionen einredete. Wenn, so meinte er ohne eine Sekunde zu zögern, wenn seine Kunde täglich
nur bei einem einzigen Zuhörer ankomme, summiere sich das
in Wochen und Monaten und Jahren auf nicht wenige, die er
angeregt, angestoßen oder gar aufgerüttelt habe. Unterlasse er
es, überkäme ihn das Gefühl von Ohnmacht, Lethargie, Nichtstun, Leere. Also bliebe ihm keine Wahl. Er müsse tun, was zu
tun sei. Dazu fühle er sich berufen, damit folge er seinem Gewissen und seiner Überzeugung.

Einsamer Rufer in der Wüste

Das bestärkte mein Interesse an seiner Person. Da sprach kein
berechnender Scharlatan oder missionarischer Eiferer und Weltverbesserer, sondern ein in der Realität verankerter Mann mit
wachem Verstand, hellem Geist und inhalierter Verantwortung,
der durch seine eigenwillige Erscheinung, sein ungewöhnliches,
nichtkonformes Auftreten und seine freundliche Hartnäckig-

keit auf sich und damit auf seine Botschaft aufmerksam machen will. Und von diesem seinem Anliegen war er bis ins Innerste überzeugt – nach dem altbekannten Credo, dass der Zweck die Mittel heilige, und das erst recht, wenn sie den Pfad von zivilisatorischer Tugend, Moral und Menschenwürde erweitern.

Das alles klingt beim ersten Hinhören nach phrasenhafter befremdlicher Spinnerei, aber beim näheren Zuhören und Beobachten nötigt es Hochachtung ab. Da sollte man versuchen, sich vom äußeren Schein ins innere Sein vorzutasten. Natürlich gibt es wunderliche, groteske Egomanen, die sich als öffentliche Jahrmarktfiguren zur Schau stellen – aber für einen uneigennützigen guten Zweck? Kaum einer! Sich über ihn als skurriles Faktotum oder spleenigen Hanswurst oder schrulligen, überdrehten Außenseiter lustig zu machen, das – so war mir schnell klar – wäre eine oberflächliche sträfliche Fehleinschätzung. Er war anders, ganz anders, als es auf den ersten Blick schien. Er war von der Nützlichkeit seiner Mission überzeugt und ich bewunderte, dass er an seinem Einzelkämpfertum nicht litt und verzweifelte. Ein einsamer Rufer in der Wüste, von Touristen als Wiensouvenir der anderen Art bestaunt, als Straßenclown und Spektakelheini fotografiert, als gesellschaftlicher Eremit meist mitleidig belächelt. Das Etikett „Aktionskünstler" dementierte er mit empörtem Nachdruck. Er verstand sich als Botschafter für einen friedlichen Globus und eine saubere Umwelt.

Nachdem er mir seine persönliche Mission zur Besänftigung der sowjetisch-amerikanischen Fehde erläutert hatte, konnte ich mir auch die Fahnen beider Länder an seinem Hirtenstab erklären, nicht aber das kleine längliche blaue Schild mit dem eigenartigen Begriff „Waluliso". Er erklärte es mir. Seine Forderung nach Wasser und Wald, Luft, Licht und Sonne habe er vor Jahr und Tag auf das Kürzel „Waluliso" geschrumpft und sich demonstrativ diesen Nachnamen gegeben, den ihm die Behörden mit Brief und Siegel offiziell zuerkannt haben. Seit der amtlichen Umbenennung verkündete der Ökologiepapst seine Botschaft als Ludwig Anton Waluliso, womit ich nun auf die Anführungszeichen seines einstigen Pseudonyms verzichten werde. Spätestens jetzt müssten ihn jene, die ihn für einen Hippie-Politgammler gehalten haben, ernst nehmen oder ihm zumindest seriöse Absichten zubilligen.

Wenn, so meinte er, wenn er mahne und verkünde, ehrlich und konsequent zu sein, dann müsse das natürlich auch für seine Person gelten. Und sein Plädoyer für die Reinerhaltung der von ihm angebeteten Elemente Wasser, Luft, Licht und Sonne in seinen Namen einzuflechten, sei ihm nicht nur ein Bedürfnis, sondern Daseins- und Lebenszweck.

Anfangs verspottet, dann nachsichtig geduldet und mitleidig belächelt, wurde Waluliso unter seinem inselparadiesisch klingenden Namen zu einem Original, das ganz Wien kannte und schließlich verehrte. Wenn er längere Zeit nicht im Straßenbild auftauchte, sorgten sich seine Mitbürger um seine Gesundheit, fragten nach, kümmerten sich. Er war aus ihrer Mitte nicht mehr wegzudenken, bis er eines Tages sehr lange wegblieb – viel zu lange.

Was bleibt

Zehn Jahre nach unserer letzten Plauderei starb er am 21. Juli 1996 kurz vor seinem 82. Wiegenfest. Sein meist blumengeschmücktes Grab auf dem Wiener Hauptfriedhof ist nicht zu übersehen mit dem wuchtigen, von ihm selbst entworfenen goldfarbenen Buchstabenrelief seines selbstgewählten Namens. Den bekam zwei Jahre nach seinem Tod ihm zu Ehren auch eine Brücke über die Donau. Die 1998 nach neun Monaten Bauzeit eingeweihte Walulisobrücke ist 160 Meter lang und drei Meter breit und ist als Pontonbrücke speziell für Fußgänger und Radfahrer gedacht, was dem lebenslangen Anliegen des Namensgebers nach Frischluft und Sonnenlicht entspricht. Damit ist gleichzeitig eine symbolische Brücke geschlagen zu denen, die ihn und seine eigentümliche äußere Präsenz in oberflächlicher Einschätzung verkannt und nun des Wesens Inhalt erkannt haben dürften. Er hat es denen, die ihn als Depp abgetan haben, nicht verübelt, denn er hat gegenseitiges Verständnis, Toleranz und Versöhnlichkeit nicht nur gepredigt, sondern selbst praktiziert.

Mir blieb ein 24 Zentimeter langer und sieben Zentimeter breiter Aufkleber mit seinem Namenszug, den er mir nach dreijähriger Bekanntschaft zum Abschied geschenkt hat. Er erinnert mich noch heute an meine Begegnungen mit einem Messias in der Ökologie-Wüste, der anfangs allein und später mit Seinesgleichen schon in den 1980er Jahren auf ungewöhnliche Weise und mit sanfter, wortgewandter Unbeirrtheit auf den Naturfrevel der Menschheit und damit auf ihr selbstverschuldetes Verderben hinwies.

Immer, wenn ich in den zwei Jahren meiner unregelmäßigen Österreich-Sonderberichterstattung mal wieder in Wien war, musste ich nicht lange suchen, um ihn zu finden – meist an seinem Lieblingsort, dem Stephansplatz am Dom, in der Paraderolle seines Lebens, als predigender Friedensapostel vor einer lauschenden Touristenschar, die im Laufe der Zeit in dem Maße immer größer wurde, als Waluliso immer intensiver mit dem Öffentlichkeitsbild von Wien verschmolz – und damit auch seine Botschaft zunehmend offenere Ohren fand. Damit war erreicht, was er wollte und hartnäckig anstrebte: Er wurde gehört.

Waluliso und Greta

Die Lichtgestalt Waluliso war süchtig nach dem Gesundheitselixier von Wasser und Wald, Luft, Licht und Sonne, aber nicht süchtig nach der berauschenden Droge öffentlicher Bewunderung. Er war nicht personenkultig – lange vor der Zeit einer Greta Thunberg, bei der das ein wenig anders ist. Kaum vergleichbar? Ein wenig schon.

Ob ihres konsequenten, aufrüttelnden Umweltengagements völlig zu Recht als Klimaschutzpionierin gepriesen und verehrt, wurde das schwedische Ökologenmädel letztendlich aber gewollt oder nicht in massenhaft ekstatisch ausufernder Glorifizierung zur angebeteten, über die Maßen vergötterten Patronin mit starkultiger Verherrlichung und maximaler kommerzieller Vermarktung.

Katrin Göring-Eckardt, die damalige Fraktionsvorsitzende der Grünen im Deutschen Bundestag, dem sie nun als Vizepräsidentin vorsteht, pries sie als „Wunder des Engagements" und verglich sie mit dem vorchristlichen Propheten Amos, der einst die Sozialmisere seiner Zeit anklagte und die Welt vor ihrem Untergang warnte. So avancierte Greta zum Teenager mit dem ökologischen Sendungsbewusstsein eines grünen Erzengels – von ihrer Anhängerschaft in frenetischem Überschwang gefeiert im heimatlichen Schweden, dann in Deutschland und Europa und schließlich weltweit.

Kein Spitzenpolitiker, dessen Rede Anfang 2019 nicht plötzlich gretabeflissen mit tiefgrüner Wortfärbung begann. Keine Hochschul-, Universitäts- oder Wissenschaftseinrichtung, die sich vorwerfen lassen wollte, sie hätte Gretas Anliegen nicht verstanden und deshalb flugs die Gründung von Arbeitskreisen, Sonderkommissionen oder Forschungszirkeln für Klima, Wetter und Umwelt verkündete sowie dazu entsprechende Erklärungen, Verpflichtungen und Gelöbnisse abgab.

Die Erfinderin der internationalen Jugendbewegung „Fridays for Future" für einen Stopp des Klimawandels wird von der Presse mit überschwänglichen Huldigungen bedacht, von der Politik mit Auszeichnungen überschüttet, für den Friedensnobelpreis vorgeschlagen, 2019 in Schweden zur „Frau des Jahres" gekürt – übertroffen nur noch vom US-Magazin *Time,* das sie sogar als „Person des Jahres 2019" in die Liste der 100 einflussreichsten Persönlichkeiten anno 2019 aufnimmt.

Die „Ikone der Ökobewegung" produziert mit einer englischen Band einen Sprechgesang, wird in der Welt herumgereicht, ist überall, nur nicht in den Chefetagen der Konzernbosse mit der unerlaubten Lizenz für die Abholzung von Regenwäldern, den industrialisierten Raubbau an Mutter Natur und die haltlose Ausplünderung von Rohstoffen und Bodenschätzen im Namen des Konsumreichtums einer Wegwerfgesellschaft. Dafür hält

Greta in Rom Papst Franziskus einen Zettel unter die Nase mit der Forderung: „Schließen Sie sich dem Klimastreik an!“ Und niemand empfindet es laut und deutlich als peinlich, denn wer will schon als Umweltfeind gelten!?

Wie Waluliso vor dem Stephansdom in Wien war auch sie vor dem Schwedischen Reichstag in Kopenhagen zunächst Einzelkämpferin, als sie auf einem selbstgemalten Schild einen Stopp des Klimawandels forderte. Allerdings hätte der Wiener nie zu Ungesetzlichkeiten gegriffen – und Gretas Schulstreik ist eine solche. Das stellt nicht zuletzt Berlins Oberstaatsanwalt Ralph Knispel klar, wenn er in seinem 2021 bei Ullstein erschienenen Buch „Rechtsstaat am Ende“ konstatiert:

„Der Verstoß gegen die Schulpflicht stellt eine Ordnungswidrigkeit dar, die zu verfolgen ist.“

Zudem stellt er eine Frage, die gegen den Strom einer anfangs jubelnden Massenhysterie nur wenige nüchterne Köpfe wagten: Warum kann eine europaweite Schülerschaft für ihr überaus hehres, wahrhaft existenzielles Anliegen die Welt nicht am lernfreien Wochenende retten, sondern ausgerechnet an einem Schultag?

Auch Waluliso und seine Brüder im grünen Geiste hatten auf ausgefallene Weise eine Wende im drohenden Umwelt-Crash beschworen – mit oft verrückten, aber unschädlichen Mitteln.

Greta sieht das anders. Heute, so argumentiert sie, gebe es eine weitaus größere Dimension der Gefahr, sodass herkömmliche Methoden des Protestes nicht mehr ausreichten. Ziviler Ungehorsam sei vonnöten. Sie bringt es auf die Formel: Wenn wir keine Zukunft haben, brauchen wir auch keine Schule. So galt denn am 31. Mai 2019 die Schelte der Sechzehnjährigen bei einer Kundgebung in Wien Erwachsenen und Entscheidungsträgern. „Sie hören noch immer nicht auf uns!“, rief sie 10000 auf dem Schwarzenbergplatz versammelten Gleichgesinnten zu. „Sie sagen, dass wir zurück in die Schule gehen sollen“, aber: „Unsere Zukunft wird uns genommen.“

Ist das wirklich eine weitsichtige Motivation? Ich dachte immer, der Vernunftskreis der Logik laufe andersherum: Keine Zukunft ohne fundiertes Wissen – Wissen, das zugleich Kenntnisse und Erkenntnisse über Natur und Umwelt einschließt als Voraussetzung für eine sach- und fachgerechte Rettung der Welt. Bildung, so glaubte ich bisher, ist die wichtigste Investition in die Zukunft. Und das erst recht heute, da der „Pisa"-Schreck von 2001 im Jahr 2019 eine Neuauflage erfuhr. Schon damals schockte die erste Bildungsstudie der OECD die bundesrepublikanische Öffentlichkeit. Besonders blamabel: Jeder vierte 15-jährige deutsche Schüler konnte nicht richtig lesen und schreiben.

Die „Pisa"-Ausgabe von 2019 ist nicht weniger erschreckend. Sie blättert für Einheitsdeutschland eine lange Liste von Versäumnissen auf und registriert den unfassbaren Bildungsnotstand, dass jeder fünfte 15-Jährige hierzulande nur auf Grundschulniveau lesen kann. Politiker und Experten sprechen entsetzt von einer „erneuten Klatsche für das deutsche Bildungssystem" und sehen einen dringenden „Anlass für Alarm". So gesehen kippt die von Greta initiierte globale Massenbewegung „Schulstreik für das Klima" exakt ins Gegenteil.

Weil die Stadt Mannheim diese schleichende Erosion staatlicher Autorität und in diesem Fall das Unterlaufen der Schulordnung nicht hinnehmen wollte, ging sie nach fruchtlosen Ermahnungen und Aussprachen schließlich zu Bußgeldern über und scheiterte kläglich. Eine Welle des Widerstands von Schülern, Eltern und sogar Lehrern erzwang die Aufhebung der Strafe von 88,50 Euro gegen notorische Schulschwänzer aus vier Familien. Alle anderen Friday-Schüler konnten demnach schriftliche Entschuldigungen vorweisen, von denen ein Fehlen im Unterricht wegen Krankheit die nächstliegende und deshalb wohl häufigste Begründung war. Da an der Schule keine plötzliche Seuche, Epidemie oder ein anderer Notstand ausgebrochen war, liegt der Verdacht nahe, dass die Entschuldigungen der Eltern schlichtweg herbeigelogen oder manipuliert waren.

Nirgendwo sonst in deutschen Landen gab es nach Umfragen der Nachrichtenagentur *dpa* Geldbußen oder ähnliche Strafen. Selbst der Präsident des Deutschen Lehrerverbandes, Heinz-Peter Meidinger, zeigte Nachsicht. Er fand Strafen „sinnlos" und erstaunte mit der Ansicht: „Das ist was Positives!“ Bleibt als Fazit: Ein überwiegender Teil des Bildungssektors tolerierte die Demontage seines eigenen Wertesystems.

Die erneute Spaltung der Gesellschaft blieb nicht auf die Politik beschränkt. Obwohl eine unkritische Jubelpresse den Eindruck erweckte, das deutsche Bürger-Universum stehe nahezu geschlossen hinter Gretas Freitagsidee, erwies sich die Reaktion der Öffentlichkeit als weitaus differenzierter, wie nicht zuletzt auch Leserbriefe an Tageszeitungen belegen. Das Kaleidoskop der Meinungen reichte von enthusiastischer Zustimmung für das ökologische Sturmgeläut einer ganzen Generation bis zur empörten Verurteilung von individueller Selbstdarstellung und medialer Massenmanipulation, von grenzenloser Bewunderung für die Umwelthingabe eines 16-jährigen Mädchens bis zum fassungslosen Kopfschütteln über die Verachtung einer fundierten Schulbildung.

Mir ist durchaus bewusst, dass man die Person eines Waluliso und einer Greta in die Zusammenhänge ihrer Zeit stellen muss. Nichtsdestotrotz scheint mir der Vergleich zwischen beiden Vorkämpfern ihrer Öko-Epoche nicht allzu verwegen.

Selten oder sogar nie wurde der Name eines europäischen Normalbürgers des 20. Jahrhunderts in der Architektur einer Hauptstadt verewigt. Ein anfangs als Umweltclown bezeichneter einfacher Österreicher schaffte es. Die Generation Greta dürfte sich darüber freuen – und müsste ihm postum einen Lorbeerkranz für die Ewigkeit flechten. Denn wenn die Öko-Schwedin ein „Wunder des Engagements“ ist, steht dem Öko-Österreicher zumindest das Prädikat „Umweltaktivist der ersten Stunde“ zu.

In Wien ist Waluliso nicht nur mit dem Namen der Donaubrücke allgegenwärtig, sondern mit seinem die Stadtväter nervenden Ansinnen, die Donaumetropole grüner und lebensfreundlicher denn je werden zu lassen. Das störte viele kleine und große Politgenies nur beim Regieren. Ihr unwilliges Weghören war für ihn nicht Anlass zur Kapitulation, sondern Ansporn zu noch mehr Opposition als Straßenagitator. Er predigte und praktizierte Frieden und Harmonie im Einklang mit Gott, Mensch und Natur aus einer unbeirrbaren Überzeugung heraus, die in der Form ihrer öffentlichen Vermittlung an Selbstverleugnung grenzt. Denn er war von Grund auf ein bescheidener Mensch, der nie in den Mittelpunkt drängte, sich aber nicht zu schade war, als Jahrmarktfigur zu gelten. Das sah er nicht als Gegensatz. Denn Bescheidenheit, meinte er, sei in der Privatsphäre wünschenswert, aber keineswegs angebracht, wenn es um die Aufmerksamkeit für existenzielle Dinge der Menschheit gehe. Darin stimmt er mit Greta überein, nicht allerdings in der egozentrischen Zuspitzung und personenkultigen Überhöhung dieser Aufmerksamkeit bis hin zum Rechtsbruch.

Seine Landsleute haben ihrem Ludwig „Wickerl" Anton Waluliso seine unermüdlichen Appelle zur Rettung von Mutter Natur im Laufe der Jahre in dem Maße immer höher angerechnet, in dem sich die von ihm gewünschte Klimafreundlichkeit ins katastrophale Phänomen eines zerstörerischen Klimawandels verkehrte. Dass er seinen Dringlichkeitseinsatz für die existenzielle Wichtigkeit der Gesundheitsmedizin von Wasser und Wald, Luft, Licht und Sonne als geborener Weinberger sogar in einem neuen Familiennamen verewigte, ist wohl so ziemlich einmalig. Er wollte seine Überzeugung nicht nur verinnerlichen, sondern auch formell beglaubigen lassen. Das entspricht voll und ganz der Konsequenz seines Denkens und Handelns, die ich aus nächster Nähe kennenlernen durfte, gepaart mit einer äußeren Auffälligkeit, aber inneren Ruhe und Sanftmut.

Die tiefgrüne Lichtgestalt mit ihrem unverkennbaren Wiener Akzent war süchtig nach einer Mensch-Natur-Harmonie, jedoch nicht nach frenetischer Verehrung einer jubelnden Fangemeinde, die ihn mit Selfie-Rekorden schmückt.

Natürlich hätte auch ein Waluliso zur Propagierung seiner Gedanken und Ideen die Rednerpodien dieser Welt bevorzugt. Auch da wäre er losgegangen auf den Industriekapitalismus und seine Profitgeier als rücksichtslose Umweltzerstörer mit Raubbau-Skrupellosigkeit. Und auch da hätte er den Staatslenkern dieser Welt unverblümt seine Meinung gesagt – allerdings nicht in überheblicher Besserwissermanier und mit persönlichen Angriffen und Beleidigungen, obwohl er Politiker als „Vasallen des Kapitals" verachtete. Für ihn waren es Geld raffende Sprücheklopfer, Schmarotzer und Verwalter des Öko-Desasters, die es aber aufgrund ihrer Entscheidungsbefugnis wohl oder übel zu bekehren gelte. Diese Seite des staatlichen Machtgefüges sah er weit aggressiver als Greta ohne in beschämender Weise die Contenance zu verlieren.

Anders das zur Umweltikone erklärte Schwedenmädel. Auf dem UNO-Klimagipfel von New York beschimpft und belehrt sie rund 60 Staats- und Regierungschefs aus aller Welt in einer Anklagerede mit Messiastonfall. In Brüssel wettert die 16-Jährige, die EU-Politiker würden bei einer Klimakatastrophe als „größte Schurken aller Zeiten" in die Geschichte eingehen und die so Gemaßregelten beklatschen ihre eigene Schmach. Beim Weltwirtschaftsforum in Davos weist das Schulmädchen Regierungschefs und Topmanager zurecht. Und in Paris liest sie Frankreichs Abgeordneten mit deftigen Worten die Leviten für ihre unverzeihlichen Versäumnisse. Vor dem Schwedenmädel, so scheint es, duckt sich die Crème de la Crème von Politik und Gesellschaft in schuldbewusster pennälerhafter Untertänigkeit.

Obwohl hochgradig peinlich, könnte man sich ihrem harschen „Weckruf an die Politik" sogar mit Schadenfreude anschließen, wäre da eben nicht der Schatten der Verhältnismäßigkeit der Mittel, über den auch ein Waluliso sicher nicht hätte springen können. Er hätte getreu seinem Charakter ebenfalls große Aufmerksamkeit für seine Botschaft gewollt, weniger aber für seine Person. Dass er dafür schaustellerische Unnormalitäten anwenden musste, war notgedrungen dem widrigen Umstand geschuldet, dass er mit Normalitäten nicht weiterkam und sich auf seine Weise behalf.

Das führte allerdings nicht dazu, dass Massenhysterie ausbrach, wie das in London passierte, als Greta mit „Wir lieben dich"-Rufen für eine Umweltprozession empfangen wurde, die Teile des Verkehrsnetzes lahmlegte und zu 800 Verhaftungen führte. Damals ein unbeabsichtigtes Desaster, heute ein beabsichtigtes, wenn Klebe-Chaoten der „Letzten Generation" mit

Straßenblockaden Verkehr und Menschenleben gefährden und in Museen Kunstwerke beschädigen, aktionsradikalisiert nicht zuletzt durch Gretas immer schärfere Tonlage und wiederholte Ermunterung zum „zivilen Ungehorsam".

Auch Waluliso und seine Brüder im grünen Geiste hatten damals schon auf den drohenden Umweltcrash verwiesen – ebenfalls auf ausgefallene Weise, aber mit originellen wie zugleich harmlosen und unschädlichen Mitteln.

Das Wiener Umweltoriginal verstand sich als Ökofreund und zugleich Friedensstifter, hatte die Wechselwirkung und untrennbare Kopplung beider existenzieller Notwendigkeiten von Umweltbewahrung und Kriegsverhinderung begriffen. Das motivierte ihn. Arg verwunderlich ist, dass im Gegensatz dazu die Greta-Jugend in der Wahrnehmung irdischer Existenzgefahren das sprunghaft gestiegene Risiko eines Nuklearinfernos weit weniger scharf sieht, obwohl es sich nicht wie der Klimawandel in schleichender Allmählichkeit vollziehen würde, sondern auf einen Schlag, auf einen Atomschlag. Dann hätte sich sowohl das Problem des erzwungenen schulfreien Freitags als auch das des Klimawandels von selbst erledigt. Diese reale Gefahr gab es sowohl in der Kuba-Krise als auch beim USA-Überfall auf Vietnam und den Irak und nun auch beim Russland-Überfall auf die Ukraine. Kriege, die nicht nur verbrannte Menschen hinterlassen, sondern zugleich verbrannte Erde und Luft. Es ist erstaunlich, dass Waluliso sein Öko-Engagement schon vor fast 40 Jahren mit den Fragen von Krieg und Frieden, von Auf- und Abrüstung in einen logischen Zusammenhang brachte und an der konkreten Adresse der beiden größten atomaren Weltmächte festmachte. Da wäre noch Lernpotenzial bei Greta plus Anhängerschaft, die auch in dieser Hinsicht getrost bei Waluliso in die Schule gehen könnte – am besten an einem Wochende.

Dass er weder eine willig mitjubelnde Medienlandschaft noch eine breite Anhängerschar hinter sich wusste, ließ ihn keinen Moment verzweifeln, hinderte ihn nicht daran, sein für ihn heiliges Anliegen tagtäglich in unverdrossener Regelmäßigkeit auf dem Pflaster des Stefanplatzes unter die Leute zu bringen – in milder Güte salbungsvoll meditierend, aber auch in ruhigem Tonfall die Gleichgültigkeit der Welt anklagend. Und das zumeist demütig kniend und in befremdlich erscheinender Garderobe, die zumindest Aufmerksamkeit erheischte. Dass er damals schon von jedem Menschen eine Unterstützung der Abrüstungsverhandlungen zwischen Moskau und Washington einforderte, kann man wohl getrost einen Weitblick über den lokalen Tellerrand nennen.

Hätte Waluliso noch die heutige fiebrige Weltlage mit Koma- und Kollapsgefahr erlebt, würde er wohl seinen Hirtenstab zur Seite legen und statt seiner Einsiedlerkutte ein Büßerhemd anlegen, um auch sich selbst nach seiner Mitschuld an solcher Misere zu befragen. Auch da gäbe es Lernpotenzial – und das sogar für die Politikerelite in Ost und West, die in geübter Regelmäßigkeit immer nur auf den anderen zeigt und sich nie an die eigene Nase fasst, bis sie eines Tages blutet.

Waluliso und Greta – zwei mit überaus hohem Aktionsquotienten versehene verschiedene Personen von verschiedener Herkunft zu verschiedenen Zeiten an verschiedenen Orten, aber mit gleichem Grundanliegen. Lässt sich in unserem gemeinsamen Glashaus umweltlicher Sensibilitäten guten Gewissens darüber richten, wessen Hingabe für seine Überzeugung größer ist? Die eines sanft mahnenden Österreichers aus einem Ärmlichkeitsmilieu oder die einer aggressiv auftretenden Schwedin aus einer Wohlstandsfamilie? Schon die Frage scheint in die Irre zu führen, denn mehr Engagement von dem einen wie von der anderen geht wohl nicht. Wobei der eine nur in Wien bekannt ist und die andere in der ganzen Welt.

PROFESSOR MICHEL DELFORGE

*gelang es als Krebsspezialisten, dem Sensenmann
extrem viel Lebenszeit abzuringen*

Er hat neun Jahre lang das Leben meiner Marion gerettet. Und
nach jeder gelungenen Wiederbelebung schon gestorbener Hoffnungen sagte er: „Nein, keinen Dank!"

Es passierte inmitten von dreißig gemeinsamen Auslandsjahren
in Moskau, Paris und Brüssel. Da fällte das Schicksal ein vernichtendes Urteil: unheilbarer Blutkrebs. Das warf nicht nur die
direkt betroffene Marion aus der Bahn, sondern zwang auch ihren Ehemann zur härtesten Kraftprobe seines Lebens. Die Konsequenz war uns in all ihrer bitteren Tragweite von Anfang an
klar: Von der Bewältigung dieser Herausforderung unter dem
permanent messerscharfen Damoklesschwert dieser Krankheit
hing unsere berufliche, soziale und persönliche Existenz ab. Wir
hatten sie als selbstständige Journalisten unter fremden Sternen im grasgrünen Brüsseler Vorort Moorsel im Gemeinde-Idyll
von Tervuren langfristig, geduldig und erfolgreich aufgebaut.
Nach einer dreijährigen Festanstellung beim von mir auf-
gebauten europäischen Informations- und Nachrichtenservice
Dekracom hatten wir das Risiko einer eigenen EU-Presseagentur gewagt und uns bei einem europaweiten Kundenstamm einen qualitätssoliden Ruf erworben. Nun stand plötzlich im siebenten Jahr unseres solide etablierten Zweierbetriebes alles
auf dem Spiel. Ein Spiel, das über Nacht zu einem unberechen-
baren Roulette wurde. Denn die Spielregeln bestimmten nicht
wir, sondern die Unwägbarkeiten einer tollwütigen, heimtücki-
schen Krankheit.

UNHEILBARER BLUTKREBS!!! Die Wucht dieser zwei Worte aus berufenem ärztlichem Munde begrub zunächst jegliches Denken und Fühlen unter sich. Nur stummschreiende Ohnmacht. KREBS! Und dann auch noch **NICHT HEILBAR!** Damit war das Schafott gezimmert, der Galgen aufgebaut, der Strick gedreht, der Henker bestellt. Nur wie schnell er seines Amtes walten würde, war unklar. Wie lange würden wir diese Galgenfrist hinauszögern können? Wie damit umgehen?

Wen dieser Blitz aus gerade noch heiterem Himmel jemals trifft, den wird er in tausend Variationen brennender Blessuren in seinem damit vorbestimmten verkürzten Leben ständig verfolgen. Ein Meteor ist losgetreten. Der Einschlag in Psyche und Physis ist fürchterlich, löst ein Körperbeben aus, das mitunter abebbt, aber den getroffenen Betroffenen latent bis zum Schluss begleitet. Und der engste Mensch an seiner Seite brennt mit und bekommt seine eigenen Wundmale, deren Schmerzen nach dem Weggang seines geliebten Nächsten nicht mehr zu übertreffen sind.

Was dem mitfühlenden Partner außer laienhafter medizinischer Assistenz zur Schmerzlinderung bleibt, ist vor allem das Herkuleswerk einer starken psychologischen Hilfe, die er eigentlich auch selbst braucht. Er hat seine Ängste dem Kranken gegenüber zu verleugnen, zu kaschieren, zu verstecken und seine oft tiefe Verzweiflung in optimistische Überlebenshilfe umzumünzen. So ist die erbarmungslose Dialektik. Dabei kann er nur hoffen, dass fähige Ärzte diesen menschlich komplizierten Prozess der Seelenhilfe für den Schwerkranken über ihr fachliches Können hinaus mitbefördern. Wir hatten dieses große Glück im großen Unglück mit unserem belgischen Professor, haben aber auf dem deutschen Endstück der Krankenstrecke leider auch anderes erleben müssen.

Die Person des Belgiers Delforge ist aufs Engste verbunden mit unserer Geschichte, die zu erzählen ist ohne Klage und Wehleidigkeit, sondern mit dem versuchten Nachempfinden unserer Sorgen, Ängste, Hoffnungen und Glücksgefühle, um wenigstens einigermaßen verständlich zu machen, was dieser Mann für uns bedeutete.

Vom Ausweg aus der Ausweglosigkeit

Wir versuchten, uns nach dem Senkrechtsturz in eine abgrundtiefe Verzweiflung der Bodenlosigkeit auf schlimmste Zeiten einzustellen. Aber welch tonnenschweres Kreuz wir da wirklich zu schultern hatten, welch dornenreicher Golgathaweg uns erwartete und welch extreme Hoch- und Tief-Amplituden unsere Lebenslinien beuteln würden – dieses dann über uns hereinbrechende Ausmaß an körperlichen und seelischen Blessuren konnte keiner von uns auch nur im Entferntesten ahnen, als wir die Schreckensnachricht erhielten. Sie kroch in die Ohren und blieb darin stecken. Das Hirn weigerte sich, sie anzunehmen. Als sie endlich durchdrang, versetzte uns die Mitteilung zunächst in eine Art widerstrebende Ungläubigkeit, in ein schockstarres Wachkoma, eine fiebrige Trance, die alles für einen rabenschwarzen Albtraum mit perversem Inhalt hielt – psychologische Zustände, die sich weigerten, die Wirklichkeit zur Kenntnis zu nehmen, geschweige denn zu akzeptieren.

Letztendlich zwang uns die Notwendigkeit des Handelns, in der bitterbösen Realität aufzuwachen und sie fast zehn Jahre lang gemeinsam mit dem verhassten Neuankömmling, der sich heimlich in Marions Körper eingenistet hatte, nicht nur zu leben, sondern mit allen Fasern von Körper und Geist gegen ihn anzugehen – mal in kraftlos gedrückter Depressivstimmung, mal im lebensgetriebenen Powermodus, immer aber in unermüdlicher Rebellion und tätigen Hartnäckigkeit, weil deprimierende Teilnahmslosigkeit ein schnelles Ende bedeutet hätte. Solange wir heulten, aber auch wieder lachten, solange wir abstürzten, aber auch wieder aufstanden, waren das untrügliche Zeichen des Weiterlebens.

Was war da von einer Minute zur anderen über uns gekommen? Der Blickwinkel auf unsere irdische Existenz hatte sich verändert, war extrem sensibel und dankbar geworden für jeden normal gelebten Tag, den uns eine wirkungsvolle Therapie zwischendurch schenkte. Wir nutzten jede kostbare Chance, die sich im oft chaotischen Verlauf der Krankheit vorhersehbar oder unverhofft ergab. So sahen wir den Ausweg aus der Ausweglosigkeit auch im Improvisieren und lernten, jeden uns plötzlich zuteil gewordenen lebens- und liebenswerten Moment mit all seinen Möglichkeiten voll auszuschöpfen. Ein geschärftes Bewusstsein wusste Glücksmomente doppelt und dreifach zu schätzen. Es wurden unsere am intensivsten gelebten zehn Ehejahre.

Die Hiobsbotschaft

Die Stunde null unseres neuen Lebens hatte das Schicksal auf den 5. März 2002, 18.45 Uhr, gelegt. Im östlich von Brüssel gelegenen Universitätsklinikum von Leuven wurde uns nach eingehender ärztlicher Untersuchung mitgeteilt: Multiples Myelom, Krebserkrankung des Knochenmarks, Gendefekt der weißen Blutkörperchen, der Plasmazellen. Entartete Plasmozyten. Deshalb wurde die Krankheit mit dem Fachterminus „Plasmozytom" bedacht, landläufig bekannt als „Morbus Kahler", benannt nach seinem Entdecker, dem österreichischen Arzt Otto Kahler.

Bis heute ist gegen diese Erkrankung kein Kraut gewachsen, keine Pille gedreht, kein Trank gebraut, kein Pulver gemischt, kein Gegenmittel entdeckt und auch keine medizinische Therapie erfunden, die gänzlich heilen kann. Letztendlich tatsächlich ein heilloses Unterfangen, das den frühen Tod nicht verhindern, allenfalls hinauszögern kann.

Das war er also, der auf uns zugeschneiderte neue Lebensabschnitt, bestimmt durch die für uns hiobscheste aller Hiobsbotschaften, den supergauischsten aller Super-GAUs. Plötzlich relativierte sich die Wichtigkeit aller Dinge, wurde das Unterste nach oben gekehrt, stand unser Dasein kopf. Alle bisherigen großen Probleme schrumpften auf Erbsengröße und verschwanden hinter dem einen monströsen Problemriesen mit dem hässlichen Namen Blutkrebs der unheilbaren Myelom-Sorte.

Jonchen – mein Kosename für Marion – ist gerade mal 55 Jahre, ich 57. Wie lange hat sie noch zu leben? Die Auskunft ist vage und in ihrer Substanz trotzdem bedrohlich: „Verkürzte Lebenserwartung". Wir recherchieren, bemühen internationale wissenschaftliche Studien. Das Ergebnis ist niederschmetternd: Normalerweise sind ihr noch drei Jahre vergönnt. Nur rund einem Drittel aller Patienten gelingt mehr als fünf. Wir schaffen nahezu zehn Jahre und damit sieben mehr als der schreckliche Standard einer nach Monaten bemessenen Lebenszeit. Das letzte, das Sterbejahr, verbringen wir in Deutschland, weil Marion in heimatliche Erde gebettet werden möchte. Ein letzter Wunsch, den ich ihr in dramatischer gesundheitlicher Verfassung in einer risikoreichen Rückkehraktion erfülle.

Abgetrotzte Lebenszeit

Die Berliner Endphase wird zum letzten aufbäumenden Ansturm gegen das Unvermeidliche. Es ist ein Amoklauf gegen ein sich metastaseverzweigendes giftspeiendes Ungeheuer zwischen hartnäckigem Überlebenskampf und schreiender Hilflosigkeit, begleitet vom ungläubigen Staunen Berliner Ärzte, weil – und das höre ich immer wieder in verklausulierter und direkter Form – die Patientin im Vergleich ihrer Daseinsüberlänge zur prognostizierten Lebenserwartung der Krankheit eigentlich schon längst tot sein müsste. Im Klartext: Sie ist überfällig. Jonchen hat sich an die vom Krankheitsbild vorgegebene Zeit für den Exitus nicht gehalten. Sie hat in den zurückliegenden neun Belgien-Jahren ihr eigenes Ende bereits mehrfach überlebt. Sie hat es weit über die für diese Krankheit ‚genormte Auszeit‘ hinaus geschafft. Eine wunderbare Abnormalität!

Der erfahrene, international bekannte Chefarzt und Leiter der Hämatologie, Onkologie und Tumorimmunologie in unserem Berliner HYBERIA-Klinikum, Prof. Dr. Kranichfeld (beide Namen geändert) meinte beim Einstellungsgespräch, so etwas habe er in seiner langen Berufspraxis noch nie erlebt. Eine Art medizinische Sensation, ein Wunder, das sich auf der Krebsstation herumspricht und zuweilen auf mitfühlende Sympathie stößt – und mitunter sogar auf Verständnis dafür, dass ich mich ständig fragend, zweifelnd, hinweisend und informationsfordernd in die ärztliche Behandlung einmische, wenn ich ihre Notwendigkeit nicht verstehe, ihren Sinn nicht begreife oder ihre Konsequenzen nicht erfasse. Und das ist leider oft der Fall.

Zwar bekommen wir mit dem jungen, sympathisch wirkenden Arzt Dr. Tonisch (Name geändert) einen formellen Nachfolger von Delforge, der die nächsten Behandlungsetappen festlegt, aber mit medizinischem Tunnelblick, wissenschaftlicher Kurzatmigkeit und fehlender Menschenkenntnis nicht im Entferntesten an die umfassenden souveränen Konsultationen und das Charisma unseres Medizin-Belgiers erinnert. Mitunter beschlich mich das Gefühl, er habe Angst, mehr mitzuteilen als unbedingt nötig sei. Da ich bei seinen verknappten unpersönlichen Mitteilungen Hintergründe, Zusammenhänge und Details vermisse, ich aber auch in einer deutschen Klinik über jeden Akt dieses Trauerspiels einer Krebsentwicklung und ihres Kontraparts im Bilde sein möchte, bitte ich das jeweilige Fachpersonal von Schwestern und Pflegern bis hin zu Chirurgen und Augenärzten bei der nun einsetzenden Vielfalt medizinischer Eingriffe in permanenter höflicher Beharrlichkeit um Begründungen für gravierende Entscheidungen und ihre voraussichtlichen Folgen. Ich möchte gegen böse Überraschungen gefeit sein und mir spätere Selbstvorwürfe von unterlassener Hilfeleistung ersparen. Also wiesele ich hellwach herum und sehe und höre und frage. Nicht störend und aufdringlich, aber in ungeduldiger, unbequemer, unruhiger Weise, die keine weißen Flecken der Unwissenheit zulässt.

So werde ich immer mehr zum ärztlichen Mitwisser und medizinischen Mitdenker, soweit es mein laienhaft begrenzter Verstand auf diesem Gebiet zulässt. Meist wird dieses zäh bis stur erkämpfte zivile Mitspracherecht von der Oberkaste der Heilkundigen toleriert, da sie meine tiefsitzende Motivation respektieren. Schließlich geht es um nicht weniger als um Tod oder Leben für mein Jonchen. Da ist nichts zu dramatisieren, denn die Realität selbst ist das Drama.

Unvorstellbar: Ein frankofoner Flame

Dieses Wunder, dass wir dem Sensenmann sieben zusätzliche wertvolle Lebensjahre abtrotzen konnten, ist neben Jonchens unglaublicher Tapferkeit vor allem einem Mann zu danken, den ich ein Leben lang nicht wie den vielzitierten „Gott in Weiß", aber wie einen irdischen Heiligen verehren werde: Prof. Dr. Michel Delforge. Er ist Spezialist für Hämatologie am Klinikum der belgischen Katholischen Universität mit dem flämischen Namen Leuven, auszusprechen als „Löwen", wie auch in dieser Lautung die deutschsprachige Version geschrieben wird. Dass es für diesen Ort mit einem imposanten jahrhundertealten Kulturerbe noch den französischen Namen „Louvain" gibt, nehmen die Flamen nicht zur Kenntnis. Denn schließlich liegt die von Studenten übervölkerte Universitätsstadt in Flandern und nicht in der französischgeprägten Wallonie.

Belgienfremde schütteln ungläubig den Kopf; Belgienkenner tun dies auch, wissen aber um den Tiefgang dieses Verhaltens der drei Hauptgruppen von Flamen, Wallonen und Deutschen im belgischen Königreich – und dieses Verhalten gründet sich auf einen übergroßen Stolz der familiären Herkunft und gesellschaftlichen Wurzeln in Abgrenzung zu den anderen Volks- und Sprachgruppen. Auf die ausschließliche Anwendung ihrer Muttersprache in ihrer Region legen die Flamen als niederländisch Sprechende ebenso großen Wert wie die französischsprachigen Wallonen in ihrem Landstrich und die deutschsprechende Minderheit in ihrer Gemeinschaft. Diese brachiale Abschottung der Sprachen hat in Belgien zu einem historisch tief verwurzelten Sprachenstreit geführt, der schon Regierungen stürzen ließ und das Königreich bis in die Gegenwart immer mal wieder an den Rand des Auseinanderbrechens bringt.

Daran dachten wir auch bei unserer ersten Begegnung mit Prof. Dr. Michel Delforge. Er ist Arzt in einem flämischen Klinikum, aber sein Nachname hat eine typisch französische Schreibweise. Wir waren unsicher, in welcher der drei belgischen Amtssprachen Flämisch, Französisch oder Deutsch wir ihn mit seinem Familiennamen anreden sollten. Noch bevor wir es auf gut Glück versuchen wollten, sagte er in astreinem Französisch: „Seien Sie willkommen. Ich werde ‚Delforsche‘ ausgesprochen und bin Belgier."

Ein Flame, der einen Verhaltenskodex seiner Volksgemeinschaft ignoriert, indem er Französisch spricht und sich darüber hinaus als Landsmann für alle Belgier empfindet. Ein frankofoner Flame – ein Widerspruch in sich. Eigentlich unvorstellbar. Ein Sakrileg. Denn Flamen und Wallonen gehen sich im Allgemeinen in jeder – auch sprachlicher Hinsicht – aus dem Wege und deponieren jeweils für den anderen auf jedem Pfad des staatlich und königlich verordneten Zusammenlebens Hindernisse und Stolperfallen, wo und wann immer sie es können. Er nicht. Damit war klar: Unser Medizinmann ist sich für den traditionellen egostolzen Sprachen- und sonstigen Zwist zwischen Flamen und Wallonen zu schade, das gestattet seine hohe Toleranzgrenze nicht. Das – so gibt er damit zu verstehen – schadet gesellschaftlichem Zusammenhalt und menschlicher Nähe. Er lässt sich nicht regional einsperren, er ist Belgier, ein Bürger des Königreiches Belgien. Ein mit umsichtiger Klugheit, Liberalität und Weitsicht gesegneter Belgier, was uns immer wieder bestätigt wird. So haben wir ihn kennengelernt, unseren Professor Dr. Michel Delforge. Es wird für uns ein Name, der in den Reflexionen meiner Vergangenheit auf einer Ehrentafel in güldenen Lettern ewigen Bestand hat. Und das nicht nur wegen dieser kleinen sprachlichen Episode.

Der Beichtvater

Er ist zum ersten Mal an unserer Seite, als die gefürchtete Chemotherapie unumgänglich wird. Ein schlanker, fast hagerer Mann von mittelgroßer Statur. Wenn etwas an ihm auffällt, dann ist es seine Unauffälligkeit. Ein Arzt im schneeweißen Kittel, der mit seiner unaufdringlichen, nahezu bescheidenen Art keineswegs auf sich aufmerksam macht. Dazu trägt nicht zuletzt sein Äußeres bei. Schmales, leicht gebräuntes Durchschnittsgesicht mit randloser Brille, aufmerksame Dunkelaugen, Glatzenansatz mit Fusselhaaren, leicht hervorstehende Vorderzähne. Geschätztes Alter runde 40. Alles in allem eine scheinbare Dutzenderscheinung, die zu den einprägsamsten Persönlichkeiten meines Lebens wurde.

Ein Medizinmann mit ganzkörperlicher und vollherziger Präsenz. Jede Stunde mit ihm war eine Sternstunde der Hoffnung. „Nein, keinen Dank."

Niemandem ist sein Charakter auf die Stirn geschrieben. Wäre das so, hätte man bei ihm goldene Lettern verwenden müssen. Denn dass sich seine überdurchschnittlichen Fähigkeiten als Arzt und Wissenschaftler mit sanfter Wesensart und psychologischem Fingerspitzengefühl verbinden, machte diesen äußerlich unscheinbaren Durchschnittsmensch für uns sehr schnell zur Personifizierung von Vertrauen und Zuverlässigkeit. Dass wir ihn fast ein Jahrzehnt an unserer Seite hatten, war wohl der Einsicht einer gütigen Fee zu danken, welche die Härte des uns auferlegten Schicksalsschlages zumindest etwas mildern wollte. Jede Stunde mit ihm wurde zu einer Sternstunde der Hoffnung. Vorwürfe der Übertreibung weise ich entschieden zurück.

Im Rückspiegel meiner Erinnerung erscheint in klaren Konturen das Bild der ersten Stunde mit ihm. Wir sitzen in seinem spartanisch eingerichteten Büro, bestückt mit einem Schreibtisch, drei Stühlen und einer Liege zur Ad-hoc-Untersuchung. Ab jetzt, so sagt der Professor in leiser Freundlichkeit, werde er nicht mehr von Marions Seite weichen und uns über alle Berge und durch alle Täler begleiten. Das, so merkt er mit einem verschmitzten Lächeln an, möge bitte nicht als Drohung aufgefasst werden, sondern als Ausdruck einer individuellen Fürsorge. Das beweist er sofort.

Er fragt nicht nur nach Jonchens körperlichem Befinden, sondern auch nach ihrer Gemütslage, lässt sie ausreden, nickt ab und zu verstehend, hört ihrer depressiven Hilflosigkeit aufmerksam zu, unterbricht sie nicht ein einziges Mal. Und ich erlebe, wie eine ansonsten in Gefühlsdingen der Außenwelt gegenüber sehr zurückhaltende Marion schon nach wenigen Minuten ihr Herz öffnet und ohne Scheu ihre Seele bloßlegt. Sie findet schnörkellose klare Worte, wiederholt, was sie bislang in stiller Verzweiflung nur mir anvertraut hat: „Herr Professor, ich fühle mich wie in einer Todeszelle. Unklar ist nur der Zeitpunkt, wann der Henker kommt."

Sie weiß nur zu gut, worüber sie spricht. In jungen Jahren hatte mein Jonchen in Leipzig bereits vier Semester Medizin studiert und – obwohl Beststudentin – den praktischen Pathologieteil des brutalen Leichensezierens emotional nicht verkraftet. Sie konnte dazu keine sachliche, kühle, neutrale Distanz aufbauen. Stattdessen nahm sie fremde tote Menschen sehr persönlich, zu persönlich. Sie sah auf dem Seziertisch keine männliche Leiche, sondern eine individuelle Person, an deren Arm mit dem eintätowierten Namen der Liebsten nun pietätlos herumgeschnippelt wurde.

Auf Dauer verkraftete sie das nicht. Bevor die Traumatisierung zur Krankheit wurde, war sie beruflich zur damals aufkommenden Wissenschaft der Informatik umgesattelt, hatte als Programmierer gearbeitet und im Fernstudium an der Dresdener Technik-Hochschule ihren Diplom-Ingenieur erworben. Nun aber verfügte sie immer noch über genügend medizinisches Grundwissen, um ihren eigenen ausweglosen Zustand voll begreifen und korrekt einschätzen zu können. Da läuft billiger verbaler Trost mit Abwiegeln und Verharmlosen ins Leere.

Das liegt einem Professor Delforge fern. Er kennt ihren Werdegang, hat ihr Seelenleben ergründet, achtet auf jedes ihrer Worte, scheint nicht zwei, sondern zwanzig offene Ohren zu haben. Er ist auch ihr Beichtvater, denn nun lädt Marion noch einmal alles ab, was sich in ihr aufgestaut hat. Unser Medizinmann hat den Kopf leicht gesenkt, was – wie wir bald merken – seine typische Haltung für eine hochkonzentrierte Aufnahmefähigkeit ist. Er beeindruckt uns von der ersten Minute an durch seine äußerst ruhige, besonnene, verständnisvolle Art. Man merkt, dass er seine Berufung zum Krebsheilmediziner verinnerlicht hat und dieses Empfinden nach Außen strahlt. Seine Art der Anwesenheit vermittelt das anheimelnde Gefühl von Geborgenheit. Das nimmt uns ein wenig die ängstliche Scheu vor dem Unbekannten, Schrecklichen, Unvermeidlichen. Wir brauchen Sachwissen und er gibt es uns. Wir wollen alles erfahren, hängen an seinen Lippen, saugen seine Informationen auf und bedanken uns. Er wehrt ab: „Nein, keinen Dank!“ Das werden wir von nun an immer wieder hören.

Marion wirkt gefasst, tapfer, kämpferisch. Ich bin stolz auf sie. Selbst Freunde glauben später nicht, dass sie sehr schwer krank ist. Eine immer chic und adrett gekleidete, dezent geschminkte, elegant blondhaarfrisierte, topgepflegte Frau, die in der Öffentlichkeit selbst rabenschwarze Momente durch gefasste Freundlichkeit überstrahlt und um nichts in der Welt Mitleid will.

Das Wunder einer Korkenzieherfrisur

Der Professor hat uns aus dem ersten Jammertal der größten Seelenpein herausgeholt. Das zweite ist angefüllt mit Angst vor der Chemotherapie.

Er erläutert geduldig: Die Chemo – zunächst vier Tage am Stück mit anschließendem Ruhetag – sei schon die Vorbereitung auf eine „periphere Stammzellen-Transplantation", für deren Wirksamkeit durch die Früherkennung gute Voraussetzungen bestünden. Und wie wird das mit dem Haarausfall? Was ist mit dem ellenlangen Blondhaar?

Sicher nicht das Wichtigste, aber für eine auf ihr ästhetisches Äußeres bedachte Frau eine quälende Nebensächlichkeit. Delforge versteht das und reagiert mit einer verblüffenden Argumentation. Er zeigt auf seine Glatze und sagt mit verschmitzter Miene: „Sehen Sie, hier wächst nichts mehr. Nur Betonköpfe halten die Haare fest – und da ich keiner bin, habe ich leider eine Platte." Er entblößt sein etwas zu groß geratenes Gebiss zu einem entschuldigenden Lächeln: „Ja, Sie müssen sich leider damit abfinden, die Therapie wird Ihnen die Haare nehmen. Aber die Natur wird Sie für diesen Verlust mit etwas Besonderem entschädigen. Ihre Haare kommen wieder – und zwar in einer wundervoll anderen Form. Sie werden von innen so stark gegen die Kopfhaut stoßen, dass sie als Korkenzieher herauskommen." Auch Marion muss lachen: „Wirklich?" Er nickt: „Wirklich!"

Sollte es noch eine zögerliche Skepsis in meiner Einschätzung seiner Person gegeben haben, so ist sie nun endgültig weg. Er ist mir rundum sympathisch. Kein Gott in Blütenweiß, der über den Wolken schwebt, sondern ein sehr terrestrisch gepolter Mediziner, der sich sogar helfenden Witz bewahrt hat. Und immer wieder sein leises, aber bestimmtes „Nein, keinen Dank!"

Ich konnte ihm später berichten, dass sich seine Prophezeiung der Korkenzieher-Haare erfüllt hatte und er triumphierte und freute sich mit uns. Denn als nach Marions erster Chemo-Tortur die Haare wieder sprossen, bekam sie tatsächlich einen wuscheligen, überquellenden Lockenkopf. Freunde und Bekannte fragten, welcher Coiffeur denn diese elegante Frisur gezaubert habe. Das war in der Tat Mutter Natur, die sie immer wieder nach einem niederschmetternden Kahlschlag durch die Chemokeule mit einem üppigen Kraushaar belohnte. Davor aber war stets abgrundtiefes Entsetzen. Ihre Haarpracht, auf die sie besonders stolz war, ging büschelweise aus. Das Gift daran konnte man riechen. Jonchen versinkt jedes Mal in Depressionen. Ich leide mit, Delforge auch.

Ein hinterhältiger Freund

Es ist, als wäre er nur für Marion da. Dabei behandelt er 140 Patienten. Jeden betrachtet er als seinen individuellen Schützling, gibt ihm das wohltuende seelenheilende Gefühl, er sei nur für ihn oder sie da. Jeder ist ihm wichtig und der mit den größten Problemen am wichtigsten. Wird einer seiner Schützlinge plötzlich von extrem grässlichen Auswüchsen der Krankheit attackiert, lässt er alles stehen und liegen und ist vor Ort. Wenn sein Funkmeldepieper am Gürtel ertönt, entschuldigt er sich im Davoneilen, dass er kurz weg müsse, denn es gebe einen Notfall. Dann schrillen bei ihm alle Sirenen, läuten alle Alarmglocken, ist er sofort zur Stelle, reagiert und agiert er in Windeseile.

Wir haben das nur allzu oft erlebt. Wenn er gerufen wird, ist Not am Mann – oder an der Frau. Dann zögert er keine Sekunde, um von einer Konsultation oder einer Standardbehandlung in den Kampfmodus umzuschalten. Er eilt im Sauseschritt an die Front, um sich seinem Todfeind zu stellen – zu einem Kräftemessen mit dem Knochenmann, der in manchen Gegenden auch „Freund Hein" tituliert wird. Ich glaube, mit diesem Freund-Feind-Verhältnis treibt Delforge ein doppeltes Spiel mit einer raffinierten, aber lebensrettenden Philosophie. Da man den Körperfeind nun mal direkt am Leib hat, kann man den Leibhaftigen nicht einfach so weghexen. Da er nicht zu ignorieren ist, muss man ihn akzeptieren und am besten sogar zum Intimfreund machen. So kann man ihn genauer studieren und seine Schwächen und Angriffspunkte besser kennenlernen. Also nähert sich unser Delforge seinem Feind in listiger Absicht als Freund, um zu versuchen, ihn in der Umarmung zu erdrosseln. Die einzige Hinterhältigkeit gegenüber einem Freund, die ich nicht nur billige, sondern in der Hoffnung auf Erfolg von Herzen befürworte.

Mutter Teresa von Leuven

Einmal erwische ich mich bei dem abstrus wunderbaren Gedanken: Unser Professor ist die männliche Ausgabe von Mutter Teresa, der katholischen Ordensschwester, die für ihre aufopfernde Pflege von Schwerkranken und Todgeweihten den Friedensnobelpreis erhielt und als Heilige verehrt wird. Nun, im Oktober 2022, elf Jahre nach dem Weggang von Jonchen, bin ich immer noch so von ihm beeindruckt, dass ich selbst mit dem Abstand dieser langen Zeitspanne bekräftige: Auch er, der belgische Katholik in Leuven, hat den Heiligenschein einer Mutter Teresa mit ihrem humanen Anspruch einer bedingungslosen Hingabe für die Heilung krebsverseuchter Menschen. Und er bemüht sich mit seinem eigenen Beispiel um die sprachliche Aussöhnung von Flamen und Wallonen. Ein zusätzlicher Freundschaftsdienst. Wenn es nach mir ginge, wäre auch er reif für einen Friedens- oder Medizin-Nobelpreis.

Andere Preise, die ihn in seiner Berufssparte adeln, hat er schon. So den Wissenschafts-Award der Europäischen Organisation für Blut- und Knochenmark-Transplantation sowie in doppelter Ausführung den Wissenschaftspreis der Belgischen Hämatologie-Gesellschaft.

Noch jetzt frage ich mich: Woher nahm unser Professor die für ihn charakteristische Zeit und Ruhe, um sich nahezu rund um die Uhr um seine Pflegefälle zu kümmern, denn damals wie heute beackert er viele Felder, praktiziert als Arzt, forscht als Wissenschaftler, lehrt als Dozent, gibt Wissen und Erfahrung weiter als Ausbilder für den Nachwuchs. Er hat sich einen Namen gemacht als Hochschullehrer für Hämatologie an der Universität von Leuven und als Inhaber des belgischen „Lehrstuhls für Stammzellenplastizität" zur Herstellung von Arzneimitteln aus Zellplasma. Er hat mehr als hundert Manuskripte publiziert, die in der Fachwelt hohe Anerkennung gefunden haben.

Dass der Arzt unseres Vertrauens für seine Wissensakkumulation und die freimütige Diskussion seiner Forschungsergebnisse keinen Kongress, keine Tagung, kein Symposium zwischen

Brüssel, Moskau und New York auslässt, ist selbstverständlich. Und das bis heute. So war ich nicht sonderlich überrascht, als ich 2019 aus der Presse erfuhr, dass der belgische Mediziner Michel Delforge auf dem Pariser Weltkongress zum Thema „Kontroversen um das multiple Myelom" die Fachwelt mit Ausführungen zu vermeidbaren Nebenwirkungen bei der Krebsbehandlung beeindruckt hat. Er wird die anerkennende Reaktion mit stiller Genugtuung aufgenommen haben.

Der Erfolg wurde ihm nicht geschenkt. Er hat studiert und gearbeitet an Universitäten und Krankenhäusern in Großbritannien, der Schweiz und den USA mit den markanten Stationen London, Nottingham, Genf und Minnesota. Er promovierte in biomedizinischen Wissenschaften und ist vielfach präsent als Mitglied oder in leitender Funktion von nationalen und internationalen Gremien der Onkologie und Hämatologie. Er ist Vorsitzender des Krebsinstituts Leuven und Leiter der dortigen Hämatologie-Abteilung, engagiert sich als Chef der belgischen Myelom-Arbeitsgruppe und in der „International Myeloma Working Group" sowie in der niederländischen HOVON-Stiftung für Blutkrebs. Er scheint immer und überall zu sein und vor allem an Krankenbetten.

Trotzdem habe ich ihn nie atemlos gesehen, nie gehetzt erlebt. „Wann", so habe ich ihn gefragt, „wann, Herr Professor, schlafen Sie? Mir fällt bei Ihrem Arbeitspensum keine reale Möglichkeit ein." Da schaute er mich verwundert an, um dann seine etwas üppigen Zahnreihen wieder für ein gebissbreites Lächeln zu entblößen: „Meinen Sie wirklich, darüber sollte ich mal nachdenken?" Sprach's und wandte sich wieder unserer Krankenakte und ihren dringenden Notwendigkeiten zu.

Der Rollstuhl muss warten

Er ist ein Gesundheitsapostel, der ganzkörperlich und vollherzig für seine Gemeinde da ist. Auch für Marion. Er tröstet sie nicht mit der plumpen Allgemeinverbalität eines „Es wird schon wieder", sondern vermittelt Trost mit aufmunternden Fakten. Er informiert mit unaufgeregter Stimmlage über die Entwicklung von Marions Myelom. Bei Böszellen-Alarm verfällt er nicht in Aktionismus, sondern bietet in der ihm eigenen behutsamen Art eine Problemlösung an. Er gewichtet Vor- und Nachteile, wägt ab, macht auf mögliche Komplikationen aufmerksam. Ich habe ihn selbst in schier ausweglosen Situationen nie verlegen oder gar ratlos gesehen.

So war es auch, als die Velcade-Therapie nur Kurzzeitwirkungen zeigte, weil die Negativkeime mit jeder Gegenbehandlung resistenter wurden. Die Krankheit hatte sich zu einer aggressiven Form entwickelt, erneuerte sich schneller als früher, hatte gelernt, sich durchzusetzen. Delforge konstatierte ohne Umschweife: „Sie sind schwerkrank." Und Marion schlussfolgerte: „Ich habe keine Chance mehr." Das ließ er nicht gelten: „So dürfen Sie nicht reden. Wir werden eine andere Strategie und eine andere Chemo versuchen." Und so wurde es und das Leben ging weiter.

Sein Meisterstück lieferte unser Professor in einer völlig unerwartet über uns hereinbrechenden gefährlichen Situation ab, die uns in tiefe Resignation stürzte. Es war kurz vor Weihnachten des Jahres 2009, als über Marion eine plötzliche Körperlähmung hereinbrach und sie sich nur unter höllischen Schmerzen zentimeterweise fortbewegen konnte. Beginnt nun, fragten wir uns, ihre Zeit im Rollstuhl, die krankheitsbedingt durch spröde Glasknochen sowieso irgendwann auf uns zukommt? Die Untersuchungen zogen sich bis ins neue Jahr hinein. Nachdem weder Röntgenaufnahmen noch Bilder von einem normalen Körperscan und einer Computer-Tomographie Klarheit gebracht hatten, ließ Delforge durch ein detailliertes Intensiv-Scannen jeden Zentimeter ihres Körpers absuchen. Des Rätsels Lösung war ein deformierter Knochen der Wirbelsäule in Hüfthöhe. Er war durch das Chemogift und die Krankheit um unglaubliche fünf Zentimeter geschrumpft und hatte einen Nerv eingeklemmt. Für Marion müssen es entsetzliche Schmerzen gewesen sein.

Ein desolater, fragiler Zustand, der leider nicht operabel war. Aber Delforge wäre nicht Delforge, hätte er nicht eine Lösung parat gehabt. Man könne, so befand er, die Deformation durch einen Gipszusatz mildern. Andererseits sei klar, dass sich der Körper in relativ kurzer Zeit der neuen physischen Gegebenheit trotz des recht großen Knochenschwundes anpassen würde. Darauf vertrauten wir und die Realität gab dem Professor wieder einmal recht.

Trotzdem war es ein Schock. Und nicht der einzige. Denn hinzu kam, dass die schon länger laufende „Revlimid"-Therapie nicht mehr so anschlug wie zu Beginn. „Austherapiert" hieß das Wort, das wir fürchteten und nun ausgesprochen werden musste. Nun also auch das noch! Und wieder wurde der Erfindungsreichtum unseres Professors auf die Probe gestellt. Wenn die Wirkung eines Chemostoffes nachließ und kein neuer in Sicht war, hatte sich Delforge bislang immer etwas einfallen lassen – meist eine Kombination verschiedener Präparate. Diesmal war es eine Verstärkung durch Kortison und Tabletten. Und was, wenn diese Notlösung nicht bis zur nächsten neuen Chemosubstanz ausreichen würde? Was dann? Trotz aller Fähigkeiten und immer wieder neuer Ideen war auch unser Medizinmann kein Magier aus dem Fantasiereich eines Harry Potter. Und nun die Schreckenserfahrung einer Lähmung! Wir lagen wieder einmal am Boden und schauten wie immer hilfesuchend nach oben zu unserem Medikus.

Ich sehe ihn noch heute vor mir, wie er mit leicht abwehrenden Armen unsere Aufregung dämpft und mit einem beruhigenden Zungenschlag in wohltemperierter Lautstärke die Katastrophe relativiert:

„Nein, Sie brauchen keinen Rollstuhl! Nach zwei bis drei Wochen hat sich der Körper an die Fraktur gewöhnt und angepasst, sie wird verwachsen und verheilen. Und was die neue Chemo-Mischung anbelangt, da machen Sie sich mal keine Sorgen. Wir sind noch lange nicht am Ende."

Vielleicht hat er daran im fortgeschrittenen Stadium der Behandlung manchmal selbst gezweifelt, aber er hat es nie spüren lassen und seinen Optimismus auch begründet, damit er glaubhaft ist: „Sehen Sie, durch das herkömmliche Kortison und das bislang nicht verwendete Pillenmedikament haben wir einen völlig neuartigen Mix, den die kranken Plasmazellen nicht kennen – und das ist unsere Chance. Wir überrumpeln sie und wenn sie sich daran gewöhnt haben und darauf nicht mehr reagieren, haben wir sicher schon die neue Therapie zur Verfügung – und die steht kurz vor der Zulassung."

So war er, unser Gesundheitspapst und heiliger Vater Delforge. Sein Vatikan war das Klinikum von Leuven, in dem er Kranken, die blind vor Angst waren, zum Sehen verhalf und Cortison-Lahmende wieder zum Gehen brachte. Das war nicht bei allen möglich, aber er versuchte es bei jedem mit ruhiger Geduld und nicht nachlassendem Erfindungsreichtum – eine gebündelte Heilkraft, die auf seine Patienten abstrahlte und Zuversicht, Optimismus und Lebensmut produzierte.

Im Zweitberuf Menschenfreund

Oft habe ich ihn unter vier Augen um Rat gebeten. Ich habe andere Ärzte erlebt, die haben dann auf eine Zusatzkonsultation verwiesen, die ihnen privat oder von der Krankenkasse bezahlt wurde. Nicht so Delforge. So habe ich ihn auch nach Marions Kurzzeit-Lähmung auf dem Flur angesprochen und ihm ein Problem vorgetragen: Schon in anderthalb Wochen sollte die monatelang vorbereitete Feier zu meinem 65. Geburtstag im fernen Oldenburger Münsterland über die Bühne gehen. Sollte ich das Jubiläum absagen? Es folgte eine typische Delforge-Reaktion: „Herzlichen Glückwunsch! Nein, nicht absagen. Machen Sie das gemeinsam. Ich sehe derzeit keine neuen Gefahren. Auch auf dem Scannerbild sind keine weiteren Risiken erkennbar. Aber passen Sie auf, dass sich Ihre Frau vorsichtig bewegt!"

Ich nutze die Gelegenheit des Vieraugen-Gesprächs und frage ihn wie so oft nach dem neuesten Stand der Wissenschaft in Sachen Knochenmarkkrebs. Und wie so oft gibt er auch diesmal bereitwillig und vorbehaltlos Auskunft: „Sagen Sie ihr, dass es weiter aufwärts geht. Voraussichtlich zum Jahresende oder spätestens Anfang 2011 kommt ein neues Krebspräparat mit dem Namen Pomadilomid." Er freut sich, dass ich mich freue, lacht mit seinem Pferdegebiss-Charme eines Fernandel: „Nein, keinen Dank!"

Er sagt es jedes Mal auf Deutsch. Ansonsten spricht er Französisch mit uns. Unser Doktor ist Philanthrop und damit im Zweitberuf Menschenfreund. Es gefällt ihm, wenn Patienten mitdenken, wenn sie über ihre Krankheit Bescheid wissen wollen, wenn sie aktiv beim Gegensteuern mithelfen. Diese Tugenden erfüllen wir, was er zu schätzen weiß.

Delforge war Fachmann mit Leib und Seele, aber kein Fachidiot, der mit Scheuklappen für die anderen Dinge des Lebens herumlief. Er hatte die Hand nicht nur am Puls seiner Patienten, sondern auch am Puls der Zeit, hatte Auge und Ohr fürs aktuelle politische Geschehen. Er wollte viel über das vereinte Neudeutschland wissen, stellte detaillierte Fragen, hörte interessiert zu, fragte nach. Wir konnten ihm nicht nur Nachrichtenwissen vermitteln, sondern oft auch eigenes Erleben, denn wir fuhren – wenn es Marions Verfassung erlaubte – zu Freunden nach Berlin, die wiederum auch uns besuchten.

Ich erinnere mich, dass wir einmal nach einer besonders stressigen nächtlichen Rückfahrt über 850 Autobahn-Kilometer erst in den Morgenstunden in Brüssel anlandeten und sofort zum Behandlungstermin in die Klinik fahren mussten. Übermüdet und unausgeschlafen stolperten wir über die Schwelle der Krebsstation. Der Wartesaal war überfüllt und ich besorgte zwei Stühle für uns. Ich glaube, wir sind schon beim Hinsetzen eingeschlafen. Geweckt wurden wir durch das schallende Gelächter eines gemischten Chores von Frauen- und Männerstimmen. Alle um uns herum ließen ihrer Lustigkeit freien Lauf und als sie unsere verdutzten Mienen sahen, brach ein regelrechter Tornado der Fröhlichkeit aus.

Nicht weniger köstlich amüsierte sich unser Professor. Er stand vor uns mit Akten unter dem Arm, Kopf und Oberkörper zu uns heruntergebeugt und feixte so intensiv, dass seine hervorstehende Zahnleiste ihre maximale Breite zeigte. „Ich freue mich", ließ er sich vernehmen, „ich freue mich, dass Sie so sorglos schlummern. So soll es sein. Das ist ein gutes Zeichen für Ihre Genesung." Seinen aufmunternden Worten folgte Beifall im Saal.

Wie sich herausstellte, hatte Delforge uns zum Gaudi der Mitpatienten mehrfach mit mitfühlenden Worten angesprochen, war aber an der Schallmauer unseres Tiefschlafes gescheitert. Daraufhin hatte er uns behutsam, aber mit eindringlicher Stimme mitgeteilt: „Ich hole Ihnen jetzt einen starken Kaffee. Wenn Sie ihn möchten, wachen Sie bitte auf!" Dieses verlockende Angebot drang endlich bis in unsere Träume. Wir entschuldigten uns und er meinte: „Nein, ich sehe, dass Sie Ruhe nötig haben. Und natürlich etwas Coffein." Dann gingen wir in sein Arbeitskabinett und er spendierte uns einen extra starken Kaffee.

Seine Therapie des Mitdenkens

Was unseren Frontmann der Onkologen und Hämatologen in den Rang der Unentbehrlichkeit erhob, war nicht zuletzt sein Wollen und Können, uns mit Engelsgeduld und allgemeinverständlichen Worten die Möglichkeiten und Unmöglichkeiten der jeweils verfügbaren Therapien zu erläutern. Und Zweifel und Nachfragen, die so mancher Medizin-Egomane als störende Verschwendung seiner so knapp bemessenen Arbeitszeit hasst, liebte er, forderte sie geradezu heraus. Die schlüssige Beantwortung von Fragen Betroffener sah er nicht als notgedrungenes Beiwerk, sondern als willkommenen Teil der Therapie. Und er erklärte nicht, sondern veranschaulichte: Sehen Sie, das müssen Sie sich so und so vorstellen. Er wollte, dass wir das Wesentliche seiner Entscheidungen verstehen, um sie nachvollziehen zu können und damit gewappnet zu sein für das, was da wieder auf uns zukommt.

Es war oft ein Abwägen von Chancen und Risiken. Das gab uns das Gefühl einer gewissen Sicherheit. Und er ermunterte Marion immer wieder, ihr Innenleben offenzulegen, wollte Ängste ergründen, um sie abzubauen, wollte quälende Gedanken wissen, um nicht nur den Körper, sondern auch die Psyche zu heilen. Das, so sagte er, sei ein gröblichst unterschätzter Produktivitätsfaktor im Ringen um mehr Lebensqualität für einen Krebskranken. Versteckte, verheimlichte Seelenpein dagegen erschwere Heilungsprozesse, fördere Verzweiflung und Depression, verstärke Schmerzen statt sie zu lindern und ersetze Lebenswillen durch Lebensunwillen. Dann sei der Schritt nicht mehr allzu groß zu Suizidgedanken.

Leider, so meinte er einmal, gebe es da noch Patienten, die in ängstlicher Distanz zu ihrer Krankheit überhaupt nicht wissen wollen, was mit ihnen los sei. Kopf in den Sand wie Vogel Strauß. Auch das müsse man akzeptieren. Nur leide er dann doppelt mit, wenn sie in einer von ihnen nicht wahrgenommenen herangereiften schlimmen Situation in Unkenntnis ihres Zustandes plötzlich, unverhofft und unausweichlich mit einer erbarmungslos brutalen Realität konfrontiert werden. Dann sei dies für den Patienten eine infarktgefährdende Schock-Überraschung, die durch sein eigenes Mitwissen, Mit- und Nachdenken verhindert werden könne. Natürlich gebe er jedem seiner Schützlinge die nötigen Grundinformationen, aber wer mehr Transparenz nicht wünsche, dem dränge er sie nicht auf. Manche leben eben auf diese Weise glücklich in ihren Illusionen.

Da haben wir ihn, den in Zusammenhängen denkenden Professor Delforge, der Arzt und Mitmensch zugleich ist! Ein Mann der Heilkunst als exzellenter Mediziner, Wissenschaftler, Psychologe und Seelsorger. Diese Kombination war mir bis dato nicht begegnet – und in dieser Perfektion schon überhaupt nicht. Ich bewerte diese Sensibilität umso höher bei einem Arzt, der täglich und stündlich konfrontiert wird mit der schonungslosen Barbarei von schmerzhaftem Leiden, körperlichem Verfall und erbarmungslosem Sterben auf Raten. Ich habe dieses Jammertal selbst zehn Jahre lang im Umfeld von Marions Krankenbett in aller Härte miterlebt, habe mit anderen Betroffenen gesprochen und Schicksale erfahren, die mich erschauern ließen.

Da auch der beste „Gott in Weiß" schließlich nur ein menschliches Wesen aus Fleisch und Blut ist, wäre es durchaus vorstellbar, dass ihn dieses tagtäglich zu bekämpfende brutale Leid und seine Opfer, der ständig erlebte gnadenlose Beschuss mit der tödlichen Munition dieser Krankheit bis zu einem bestimmten Maß abstumpft und zermürbt. Delforges Haltung dazu ließ sich an jedem seiner Worte und jeder seiner Handlungen erkennen: Dieses Krankheitselend beflügelte ihn umso mehr in seinem Bemühen, es zu lindern. Jedes gewonnene Gramm Gesundheit machte ihn froh, bestärkte ihn in seiner Mission. Jeden Tag einer Lebensverlängerung betrachtete er als einen persönlichen Sieg. Und mit jedem geheilten Patienten und seinem Wiedereintritt ins Leben feierte er einen inneren Geburtstag.

Eine Einstellung, die bei weitem keine Selbstverständlichkeit ist, wie ich später auf der Krebsstation unseres Klinikums am Berliner Stadtrand leider erfahren musste. Exzellentes Fachpersonal, modernste Technik, neueste Arzneimittel, fortschrittlichste Therapien – und von meist sehr unnahbar und überdistanziert wirkenden Ärzten ein eiskalter, übersachlicher, unpersönlicher Umgangston gegenüber ihren Patienten, gepaart mit einem Ökonomiedenken finanzieller Rentabilität, das eher der profitorientierten Führung einer Kleiderbügelfabrik oder eines Stahlkonzerns entspricht.

Für mich ist noch heute unfassbar, dass uns nach längerer Wirkungslosigkeit einer Therapie nahegelegt wurde, die Behandlung für Marion abzubrechen und sie schmerzlos einschlafen zu lassen. Das, so wurde uns bedeutet, sei eine angemessene Lösung. Also ein Angebot zum Sterben, obwohl es – wie sich nach meinen Eigenrecherchen herausstellte – noch Alternativen gab, die mit dem Lebensfaden allerdings auch den Finanzfaden weiter in die Länge zogen. Diese Weiterbehandlung kam nun wohl in die Zone einer für den Konzern nicht mehr akzeptablen monetären Unrentabilität, in der sich der Aufwand nicht mehr amortisierte. Ich kann für mich in Anspruch nehmen, durch intensives Nachforschen diese Weiterbehandlung erzwungen zu haben – ganz im Sinne meiner schwerstkranken Marion, die über das ihr empfohlene Sterben vor der Zeit ebenso empört war wie ich.

Der Gerechtigkeit halber sei erwähnt, dass ich in anderen Abteilungen desselben Klinikums angenehme menschliche Umgänglichkeit erfahren habe. Möglicherweise, weil dort die weniger kostspieligen Behandlungen längst nicht in die finanziellen Höhen der Onkologie- und Hämathologietherapien reichten. Aber dass ich ausgerechnet in der potenziellen „Todeszelle" eines Krankenhauses und damit in seinem sensibelsten Trakt Umgangsformen erlebt habe, die an Gebaren und Tonfall von unnahbaren, frostigen Beamten erinnern, überzieht meinen Körper noch heute mit Gänsehaut. Unheilbar Krebskranke, die sich in ihrem physischen wie psychischen Elend als Todeskandidaten fühlen, erwarten zwar nicht unbedingt ärztliches Mitleid, aber was sie dringend brauchen, ist neben medizinischer Hilfe bei aller gebotenen Distanz zwischen Arzt und Patient ein Mindestmaß an vertrauensvoller menschlicher Zuwendung.

Sein Kampf gegen den Pleitegeier

Um die besonders ausgeprägte Sehnsucht von Todkranken nach dem Wohlgefühl ärztlicher Geborgenheit wusste Delforge und gab ihnen dieses Gefühl durch seine Art der individuellen persönlichen Aufmerksamkeit. Ein Geschenk, das zusätzliche heilende Wirkung entfaltete und keiner Krankenkasse zur Last fiel. Er praktizierte mit ruhiger Hand und klugem Kopf ein helfendes Zusammenspiel von modernster Medizin und psychologischem Seelentrost, was so manchem preußischen Akkuratmediziner mit Tunnelblick vielleicht ein mitleidiges Lächeln entlockte und verwundert den Kopf schütteln ließ. Ihm kann ich nur sagen: Die Fakten sprechen für sich. Wir haben nahezu ein Jahrzehnt lang auf beeindruckende Weise die Wirkung erlebt, die der heilende Zauber dieser Gesundheitsphilosophie auf Marion hatte.

Delforge verstand sich nicht nur als Intelligenz-Mediziner und Human-Wissenschaftler, sondern ganz einfach auch als Freund seiner Schutzbefohlenen, für deren Genesung er sich über die fachlichen Pflichten seiner Profession hinaus in vielfältiger Weise einsetzte – koste es, was es wolle. Und es kostete natürlich! 2500 Euro für eine einzige Injektion im „Velcade"-Zyklus. Das trug die Krankenkasse, die Arztkosten und einige Zusatzmedikamente gingen auf unser Konto. Im Laufe der Zeit summierten sich die Beträge, wuchsen bei neuen Therapien ins Astronomische, überstiegen die Zuzahlungen der Kasse und unsere monetären Möglichkeiten. Der kräftige Flügelschlag des Pleitegeiers war nicht zu überhören.

Was tun? Nun auch noch diese Sorgen! Wieder einmal Verzweiflung pur. Wir bewältigten die Summen gerade noch, wussten aber nur zu gut: Wenn sich unsere Kosten weiterhin sprunghaft erhöhen, sind wir irgendwann Pleite. Der Professor – das hatte er mehrfach bewiesen – war ein Meister im Kampf gegen den über unseren Häuptern kreisenden Pleitegeier. Darauf bauten wir auch diesmal. Zu Recht. Wieder einmal machte er unsere Sorgen zu den seinen. Er beruhigte und beschwichtigte in dem uns vertrauten leisen, sanften Ton. Er wisse noch nicht, wie er das bewerkstelligen könne, doch da werde er sich schon was einfallen lassen. „Keine Bange, wir finden einen Weg! Nein, keinen Dank!"

Wir waren erleichtert, wussten wir doch, dass es keine leeren Worte sind, denn er hat dieses leidige Problem schon mehrfach gelöst. Er verlor sich nicht in Aufrechnungen von Geld gegen Gesundheit, fragte nicht, ob der Klinik oder der Krankenkasse weitere Unsummen zuzumuten sind. Oder ob sie es verkraften oder ein Stoppsignal setzen. Darauf ließ er es ankommen, um dann aber schnell die Notbremse zu ziehen, wenn der Zug zu entgleisen drohte.

Sicher hatte er da auch seine Sorgen, aber er hielt sie von uns fern, belastete uns keine Minute damit, sagte sich: Die haben genug um die Ohren, nicht auch noch das! Das greift zusätzlich Körper und Geist an, ist kontraproduktiv, vertieft die ohnehin latent vorhandene Verzweiflung. Noch mehr Hoffnungslosigkeit brauchen wir nicht, das gefährdet den Erfolg der Therapie.

Also konstatierte er nüchtern: „Der nächste Therapie-Zyklus mit zwanzig Injektionen wird 50000 Euro kosten. Lassen Sie mich überlegen, wie wir das machen, dass es für Sie erträglich ist." Und er fand jedes Mal einen Ausweg.

Bei unserer Krankenkasse im ostbelgischen Büllingen hatte er den Antrag gestellt, uns das mittlerweile für Härtefälle zugängliche neue „Revlimid"-Präparat – auch bekannt als „Lenalidomid" – für eine Therapie zu bezahlen. Die Kasse weigerte sich. Was nun? Delforge wusste wieder einmal Rat. Diesmal zapfte er mit einem Antrag auf „Sondergenehmigung" eine Quelle der belgischen Ärztekammer an, die für besonders aggressive Krebsarten einen Solidaritätsfonds eingerichtet hatte. Er bewies dem erlauchten Fachgremium, dass Marions Leiden zu eben dieser Kategorie der schwersten Fälle gehört und das Direktorenkollegium der Ärzteschaft genehmigte die Zuzahlung, womit etwa die Hälfte der Kosten gedeckt wurde. Obwohl die Marscherleichterung nur für eine Dreiwochen-Therapie galt, waren wir vorerst wieder einmal gerettet! „Nein, keinen Dank!"

Und wie sollte es danach weitergehen? Delforge konterte die bange Frage mit einer Gegenfrage: „Meinen Sie nicht auch, dass uns dann sicher wieder was einfällt?!" Dass IHM wieder was einfällt, hätte er sagen müssen, aber selbst in dieser kniffligen Angelegenheit betonte er das WIR. Und WIR, so hieß seine Order, sollten uns nun ohne abschweifende Problemgedanken voll und ganz auf die nun anstehende Therapie konzentrieren.

Seine Durchhalte-Regel

Undenkbar, dass er vor einer ausweglos scheinenden Situation kapituliert. Aufgeben – dieser Begriff hat keinen Platz in seinem Denken und Tun. Solange auch nur die kleinste Hoffnung auf den Erhalt menschlichen Lebens besteht, muss es weitergehen. Bis zur letzten Minute. Er fragt mich nach meinem Beruf, meiner Arbeit, meiner Position im belgischen Sozialgefüge, stellt das alles in den Zusammenhang der Gesamtsituation, um professioneller helfen zu können.

Ich erkläre ihm, dass ich als freiberuflicher akkreditierter EU-Journalist tagtäglich vertragsgemäß Nachrichten, Reportagen, Berichte und Kommentare zu liefern habe – und zwar für 18 Zeitungen, Zeitschriften, Magazine und Illustrierte in Deutschland, Österreich, der Schweiz und Belgien. Und ich gestehe ihm, dass es für mich ein Spagat ist, der mit fortschreitender Krankheit von Marion der Quadratur des Kreises nahekommt: 100 % da zu sein für mein schwerkrankes „Jonchen" und 100 % da zu sein für unser gemeinsames kleines Unternehmen, eine private EU-Presseagentur, die als Hauptschlagader des Lebens unser täglich Brot sichert. Also sind 200 % an Kraft aufzubringen. Unmöglich!? Oder doch machbar? Das ist die quälende Frage aller Fragen, die Tag für Tag aufs Neue zu stellen und zu beantworten ist. Letztendlich neun Arbeitsjahre lang.

Jeder Tag, an dem der Spagat gelang, war ein Tag des Optimismus und der Zuversicht, der uns motivierte. Und jeder Tag, der uns überforderte, war ein Tag des Zweifels und der Niedergeschlagenheit, der uns am Boden sah. Dabei half, wozu uns Delforge ohne Unterlass mit seiner eigenen Haltung ermutigte: Weitermachen! Durchhalten! Und zwischendurch in Phasen der Erholung das Leben möglichst maximal leben. Genießen, so gut es geht!

Das war seine Philosophie mit dem eisernen Grundsatz: Die einzig vernünftige Alternative ist, die Herausforderung der Gegenwehr trotz ständig neuer Tiefschläge immer wieder anzunehmen, der Kampfansage treu zu bleiben und das Kräftemessen mit dem vielköpfigen Ungeheuer Krebs solange mit aller Kraft durchzustehen, wie es Körper und Geist vermögen. Bis zur letzten Reserve! Und er hatte einen Leitspruch, den auch wir uns zu eigen gemacht haben: Nicht die Krankheit darf uns dominieren, sondern wir müssen sie dominieren. Schließlich wird zwar sie bestimmen, wann es zu Ende ist, aber keinesfalls heute.

Diesen Kampf um Jonchens längstmögliches Überleben mit seinem nervenzehrenden Wechsel von Hoffnungen, Niederschlägen, Glücksmomenten und wiederholten Abstürzen habe ich akribisch protokolliert. Schon kurz nach dem Entdecken der Krankheit hatte ich ein Tagebuch begonnen, um mein inneres und äußeres Chaos zu bewältigen. Darin notierte ich – oft am Rande zum AUS – den täglichen Balanceakt, der sich mit einer ungemein starken Frau auf ein intensives Jahrzehnt der Extreme ausweitete. Es ging um nicht weniger als den Erhalt unserer Zweisamkeit und das maximale Hinauszögern des Abschiedes für immer. Daraus wurde ein Buch mit dem Titel „Jonchen und die Endlichkeit des Daseins".

Die Beziehung zwischen Delforge und mir war ein von gegenseitiger Sympathie getragenes Vertrauen, das ich aber nie in ein unangebrachtes joviales Schulterklopf-Verhältnis abgleiten ließ. Ich habe ihn nie genervt, ihn nie zu sehr in die Eisenklammer unserer Gefühle eingespannt, wohl aber in Extremsituationen auch seinen menschlichen Rat gesucht. Das war auch der Fall, als Marion, die stets mit mir gemeinsam den Rucksack des Tagesgeschäftes geschultert hat, nach und nach die Kräfte verließen und die Intervalle ihres Klinikaufenthaltes immer länger wurden. Ich versuchte, ihren Teil der Arbeit in unserem kleinen Privatunternehmen mit zu erledigen, kam allerdings schnell an die Grenzen meiner Körperlichkeit.

Sie merkte das und ließ sich ihren Laptop ans Krankenbett bringen, um mich zu entlasten und weiterhin – so gut es ging – ihren Teil zum Lebenserhalt beizutragen. Da die Phasen ihrer Klinikaufenthalte immer länger wurden, blieb mir nichts anderes übrig, als meinen Schreibtisch zeitweise ins Krankenhaus zu verlagern. Eine verlängerte Werkbank. Das ging eigentlich gegen die Kranken- und Hausordnung. Ich sprach mit Delforge. Er gestattete es. Er praktizierte nicht nur Arztsein, sondern auch Menschsein. Und da Marion und ich auf ein enges kreatives Miteinander eingespielt waren, funktionierte unser Pressebetrieb auch unter diesen Umständen. Seine Toleranz machte es möglich. Die besaß er im Überfluss in menschlichen Belangen, nicht aber, wenn es an seiner ärztlichen Ethik kratzte. Aber selbst, wenn er strenge medizinische Order geben musste, tat er dies nicht im Kommandostil, sondern in wohltuend entspannter Art, die eher wie eine fürsorgliche väterliche Empfehlung klang.

Transplantations-Schock

Ein einziges Mal haben wir ihn in unbeherrschter Betroffenheit und Fassungslosigkeit erlebt. So erschrocken und konsterniert, dass er seine tiefe Bestürzung nicht verbergen konnte. Es war nach der Stammzellen-Transplantation, einem äußerst massiven Eingriff, der nach seiner Schwere und Kompliziertheit einer Herz- oder Nierentransplantation gleicht.

Da Marion keine Verwandten mehr hatte, die ihr saubere Stammzellen spenden konnten, musste eine Notlösung her. In einem quälenden Chemoverfahren wurden eigene gesunde Stammzellen in ihrem Körper gezüchtet, geerntet, eingefrostet und in einen von Böszellen befreiten Organismus wieder eingesetzt. Dabei ging es um Leben und Tod in der entscheidenden Frage, ob diese Eigenproduktion von Sauberzellen vom Organismus angenommen wird. Ein medizinischer Balanceakt am Rande zum Jenseits.

Delforge wich keinen Moment von Marions Krankenbett, bis sie in die völlige Isolation weggesperrt wurde. Mit einem gegen Null strebenden Immunsystem und de facto blutleeren Körper, in dem sich später die künstlich geschaffenen Gesundzellen ausbreiten sollten. Dann, so unser Professor, würde Marion mindestens fünf Jahre Ruhe haben. Ich durfte – was zu dieser Zeit in Deutschland kaum möglich war – bei der Transplantation dabei sein und durchlebe sie, indem ich dies notiere, ein weiteres Mal.

Es ist Donnerstag, der 15. Mai 2003, der alles entscheidende Tag. Ich werde schweigend geduldet, wage kaum zu atmen, möchte mich am liebsten unsichtbar machen und habe mich deshalb in die hinterste Ecke des mit Technik vollgestopften Zimmers verkrochen. Ich habe Angst. Leben oder Sterben hängt ab von zwei handflächengroßen Plastikbeuteln mit tomatenrotem Inhalt, der kostbaren Gabe gesunder Stammzellen. Zwei Mal hundert Milliliter, unter Schmerzen im eigenen Körper gewonnen, bei minus 196 Grad konserviert und für diesen Augenblick ausgefrostet. Das ist Leben pur! Aber der Körper muss es akzeptieren. Wenn nicht, wäre für immer Ruhe, Grabesstille. Nach zehn Minuten ist klar: Die Wiedergeburt ist gelungen. Ich ritze eine sonnenfarbene Kerbe in das Holz meines Lebensbaums – und ein Herz dazu. Woche für Woche geht es aufwärts.

Ein Vierteljahr nach der Transplantation konstatiert Delforge „exzellente" Resultate: „Das Knochenmark ist sauber." Wir atmen auf und sind überglücklich. Die prophezeite gesunde Langzeit scheint zu beginnen. Dann Schock total: Plötzlich tauchen wieder Böswerte auf, tauchen auf und steigen. Delforge will es selbst nicht glauben, ist perplex. Wir sehen ihn erstmals sprachlos, befangen in stummer Ungläubigkeit. Wir stehen neben uns. Alle Quälerei umsonst! Die Sonne in unserem Gemüt geht unter, hinterlässt erneut Dunkelheit und Leere – die eiskalte Nacht eines Gefühls, das wir nun der Vergangenheit zugeordnet hatten. Wir empfinden uns mit einem Schlag als so müde, deprimiert, traurig und ausgelaugt, dass wir nicht mal mehr die Kraft haben, mit dem Schicksal zu hadern.

Da Delforge rücksichtsvoll und feinfühlig ist, übersieht er unser Augenwasser, hat selbst mit seiner Enttäuschung zu kämpfen, gönnt dem Feind aber nur wenige Augenblicke des Triumphes. Dann ist er wieder der alte medizinische Haudegen, stellt sich der ernüchternden Realität und damit der erneuten Auseinandersetzung mit dem hinterhältigen, tückischen Widersacher. Er prüft hin und her und konstatiert mit präziser Kürze: „Wert 46! Die Krankheit kommt zurück! Wir müssen etwas tun!" Und er tut es. Und das wieder und immer wieder!

Wohnzimmer als Apotheke

Unser Mann des ärztlichen und menschlichen Vertrauens hat breitgefächerte medizinische Kenntnisse – und die musste er haben, ging es doch immer stärker um die Einschränkung oder Beseitigung von Nebenwirkungen: vom Chemogift verbrannte Schleimhäute, geschwollener Korpus, dicke Hände, aufgedunsene Haut, Nasenbluten, Schwindelanfälle, Durchfall, Kopf- und Nackenschmerzen, Nervenschädigungen, Schlaflosigkeit, Wadenkrämpfe, taube Hände und Füße, Schraubstock-Gefühl in den Beinen, Schmerzattacken bis an den Rand der Bewusstlosigkeit sowie weitere Nachwehen der Chemokeulen wie dicke Blasen, Frieseln, Pickel, die vom Gesicht in den Oberkörper gewandert sind – und immer wieder neue Blessuren.

Er kannte alle Gegenmittel, verordnete, verabreichte und verschrieb sie, heilte damit offene Wunden an Körper und Seele. Unser Wohnzimmer glich einer Apotheke. Ein Siegfried-Kampf gegen einen Drachen, dessen abgeschlagene Köpfe immer wieder nachwuchsen. Delforge blieb unbeeindruckt, schärfte sein Schwert ohne Unterlass.

Während mir nur helfendes Beiwerk blieb, bewunderte ich ihn als nimmermüden Therapie-Einstein, der zudem als höflicher, taktvoller und humoriger Mensch mit Feingefühl nie die Fassung verlor – mit der furchtbaren Ausnahme des Negativ-Resultetes nach der Stammzellentransplantation. Er muss unendlich mitgelitten haben. Das sah ich trotz immenser äußerer Selbstbeherrschung an seinen Augen und hörte es am angestrengten Tonfall seiner ansonsten stets ausgeglichen ruhigen Stimme. Es waren Sensibelmomente, wie wir sie mit ihm nie wieder erlebt haben.

Als er nach der Transplantation von der schlimmen Realität überrascht worden war, dass die Blutanalyse einen Sprung der Böswerte nach oben signalisierte, rief er persönlich bei uns zu Hause an, was normalerweise unüblich ist. Mit diesem schnellen Direktkontakt wollte er keine Zeit verlieren im Wettlauf mit der Krankheit.

Er scheute sich nicht, seine eigene Enttäuschung einzugestehen, redete die Katastrophe nicht klein, ließ an seinen Überlegungen zum Fortgang der Dinge teilhaben. Es gab für ihn keine Patientenfrage, die tabu war. Er stand unmerklich über den Dingen und war trotzdem oder gerade deswegen stets mittendrin, permanent dran an Leib und Seele seiner Schutzbefohlenen. Immer hatten wir das Körper und Geist stärkende Gefühl, dass es weitergeht. Trotzdem hat er keinen Zweckoptimismus verbreitet, hat nicht beschönigt und die Realität in rosarote Farbe getaucht, aber auch nicht dramatisiert und schwarzgemalt. Das gab Lebensmut.

Ich weiß, dass solche zum Teil euphorischen Worte vielleicht übertrieben klingen. Für mich nicht! Ich habe auf der Bettkante von Marions Krankenlager diese Zeit auf dem schmalen Steg zwischen Sein und Nichtsein auf Tuchfühlung mit ihm durchlebt und durchlitten und weiß, wovon ich rede und schreibe. Wieviel tausend Mal mag ich wohl die Labyrinthgänge des riesigen, in sich verschachtelten Klinikbaus mit seinen 8000 Mitarbeitern zu Marions Krankenzimmer in der Abteilung „Interne Geneeskunde" gegangen sein? Jonchen und ich waren Ertrinkende und wären für jeden Strohhalm dankbar gewesen. Er gab uns – möge es theatralisch klingen oder nicht – keinen Strohhalm, sondern einen starken Ast vom Baum des Lebens. Der hielt vielen Stürmen stand und knickte erst, als der ganze Baum entwurzelt wurde. Nein, Delforge begnügte sich nicht mit schwachen Halbheiten, weil er seinen Beruf als Berufung empfand und in seinem Verständnis von Ethik und Moral den Dienst am Menschen nicht nur als Dienst am Körper verstand.

Am Freitag, dem 28. Januar 2011, wird die Fahrt nach Leuven eine traurige Pflicht, die wir uns selbst auferlegt haben und fast schon bereuen. Ein schwarzer Freitag. Wir haben nach neun Jahren den letzten Termin bei ihm. Er spricht uns Mut zu, wünscht uns das Beste, kann aber schwerlich verbergen, dass auch ihm der Abschied schwerfällt. Wir gehörten zu seiner Familie, die er als Medizin-Vater umsorgt, und ein kleiner Teil davon verließ ihn nun. Wir schenken ihm einen Hochglanz-Bildband über Berlin und legen unsere neue Adresse dazu. Wenn, so sagen wir ihm, wenn ihn einer seiner Fachkongresse mal nach Berlin verschlage, würden wir uns über einen Besuch von ihm sehr freuen. Mit diesem Berlin-Bilderbuch möge er sich schon mal darauf einstimmen. Als er antworten will, sage ich: „Nein, Herr Professor, keinen Dank!"

Der Kommunikator

Drei Wochen später beginnt nach über neun Delforge-Jahren ein neuer Abschnitt unserer Krebszeit in Deutschland. Der „Hyberia"-Klinikchef der Hämatologie, Onkologie und Tumorimmunologie schätzt ein: „Dringender Handlungsbedarf!" Professor Kranich (Name geändert) ist eine anerkannte Koryphäe auf seinem Gebiet, fällt eine exakte zutreffende Prognose, dringt auch sofort auf eine Untersuchung von Marions stark geschädigten Augen, staunt allerdings über den in Leuven erforschten Zusammenhang von Myelomkrebs und Augenkristallen, die mein Mädchen zunehmend erblinden lassen.

Ich berichte ihm von dieser neuen Studie seiner belgischen Kollegen, in die sie auch Marion einbezogen haben. Ich würde ihm die an ihren Augenschäden erforschten Erkenntnisse gern zukommen lassen. Er willigt in mein Angebot ein und die Belgier schicken mir die Studie, die ich an ihn weitergebe im guten Glauben, dass er daran sehr interessiert sein müsste – sowohl zum Nutzen seiner schwerkranken Patientin als auch zur Bereicherung seines Fachwissens. Er hat sie meines Erachtens nie eingesehen, obwohl er das Arbeitsrefugium von Delforge in Leuven sehr gut kannte, da er ebenfalls in diesem belgischen Universitätsklinikum Medizin studiert hatte. Diese Abschottung war für mich beklemmend.

Auch hatte Professor Delforge keinerlei Vorbehalte, in dieser belgisch-deutschen Übergangsphase von Marions Therapiebehandlung seinem Berliner Kollegen über Ländergrenzen hinweg detaillierte Erfahrungen zu vermitteln. Er erlaubte mir, ihm seine Kontaktdaten zu geben, die aber meines Wissens nach nie genutzt wurden. Der Kommunikator und der Blockierer. Ist es – so habe ich mich gefragt – die von Stolz gespeiste Überheblichkeit eines in Fachkreisen hochgeschätzten Chefarztes, der sich seine vermeintliche Aureole von Alleswissen und Alleskönnen nicht durchlöchern lassen will? Oder ist es die Abwehrhaltung eines nur von seiner eigenen Genialität überzeugten Medizinmannes, der die Einschätzung eines anderen Spezialisten außerhalb seiner Klinikmauern von vornherein für überflüssig hält? Oder ist es die menschliche Kleingeistigkeit eines medizinischen Großgeistes, der vor kollegialer Hilfestellung zurückschreckt, weil er um den berühmten aus der Krone gebrochenen Zacken fürchtet – und damit um seinen Ruf als Respektsperson? Oder ist es ein Charakterpaket von Ignoranz, Selbstverliebtheit, Standesdünkel und Konkurrenzdenken eines „Gottes in Weiß", der keine anderen Götter neben sich duldet? Wissenserweiterung war da wohl nicht erwünscht, wurde vielleicht als Demutsgeste eines Nehmenden empfunden.

Ich stelle mir nun eine gewisse skurrile Situation vor. Es ist nicht nur denkbar, sondern sogar sehr wahrscheinlich, dass der Krebsspezialist aus Leuven und der aus Berlin gemeinsam an einem internationalen Fachkongress teilnehmen und auch der Deutsche dem Vortrag des Belgiers lauscht. Als der – wie tatsächlich geschehen – mit aufsehenerregenden neuen Erkenntnissen aufwartet und von der versammelten Fachwelt mit Beifall überschüttet wird, hat da etwa der „Hyberia"-Chefarzt seinen Notizblock zur Seite gelegt und Wissensakkumulation für neue Erkenntnisse verweigert? Das wäre zu Hause auf totales Unverständnis gestoßen und hätte ihn vielleicht sein Amt gekostet. Und warum ist es dann im Auditorium eines Theoriekongresses anders als in der täglichen Praxis einer länderübergreifenden Kommunikation?

Delforges deutsches Pendant war Dr. Tonisch (Name geändert), ein sehr junger, höflicher, blendend aussehender Doktor. Ich war überzeugt, dass er auch ein dazu passendes sympathisches Wesen besaß, das er aber hinter einer gezwungen wirkenden, auffallend kühlen Übersachlichkeit versteckte – so, als hätte er Angst, dass verbindliche Freundlichkeit unangemessen sein könnte als fehlende Distanz des Arztes zu seinen Patienten. Ich wurde den Eindruck nicht los, dass er sich Mühe gab, dem ihm womöglich anerzogenen, im Studium verinnerlichten, immer noch weitverbreiteten Ruf der Medizinerkaste als über den Dingen schwebende „weiße Götter" gerecht zu werden. Vielleicht hätte er an der Seite eines Delforge begriffen, dass sich wirksame ärztliche Kunst nicht mit Fachlichkeit erschöpft. Ein wahrer, von Vertrauen getragener Respekt des Patienten gilt Medizinkönnern, die ihm nicht nur Arzt, sondern auch Mensch sind – Doktoren und Professoren, die ausschließlich Leben und Gesundheit ihres Schützlings in den Mittelpunkt ihres Tuns und Trachtens stellen. Wäre dieses Credo von Prof. Delforge auch das von Dr. Tonisch gewesen, wäre die folgende böse Episode nie passiert.

Ich werde den Tag nie vergessen, als unser Medizinmann eine Waterloo-Mitteilung von sich gab: Er sehe nur noch eine letzte Therapie-Chance mit einem überschweren toxischen Chemohammer. Wenn auch der nichts bringe, dann – so meinte er unumwunden – werde Marion sterben. Als ob dies nicht genug sei, folgte eine ungeheuerliche Offerte: Sollte diese bevorstehende äußerst qualvolle Tortur für die Patientin unzumutbar sein, könnte sie auch gleich loslassen, einfach wegschlummern in die Ewigkeit. Das würde jeder verstehen. Im Klartext: Wenn Sie wollen, dann sofort aus die Maus ohne letzten Versuch!

Mir flog der Kopf weg von dem riesigen Brett, das mir davorgeknallt wurde, und Marion versank lautlos in abgrundtiefe Apathie. Sie stand nun in Ketten an einem Marterpfahl, den wir um nichts in der Welt selbst zur Richtstätte machen würden! War das der offensichtliche Versuch, eine fürs Unternehmen unrentable Behandlung endlich abzuschließen? Weiterbehandlung als geschmälerter Profit fürs Klinikum? Meine Seele war eingesargt, aber mein Geist rebellierte.

Ich surfte ein ganzes Wochenende lang auf den Wellen des Internets und zog schließlich einen Fisch an Land, der „Bendamustin" hieß, einst in der DDR entwickelt wurde und mit einer ähnlichen Wirkung eine weniger quälerische Tortur versprach. Ein ebenfalls aggressives zytostatisches Mittel, das aber mit weniger Gift weitaus ungefährlicher war. Das jedenfalls entnahm ich übereinstimmend mehreren seriösen wissenschaftlichen Abhandlungen. Also bestanden wir auf einer Behandlung mit „Bendamustin". Damit wurde die als „letzte Ölung" deklarierte Therapie plötzlich problemlos abgesagt, auf unbestimmte Zeit verschoben und für Marion erneut Lebenszeit gewonnen.

Sicher ein seltener Fall, dass eine Krebspatientin ihrem Onkologen eine neue Therapie abringt, die dieser jedoch – wie sich herausstellte – ebenfalls kannte. Paradox! Warum nicht sofort diese etwas weichere Variante, sondern eine Hartversion angesetzt wurde und dies auch noch als letzte Möglichkeit des Überlebens deklariert wurde – auf diese Frage bekam ich keine schlüssige Antwort. Unter Delforges Fittichen undenkbar!

Jeder Ruck des Zeigers nach vorn rückte die Krankheit näher an ihr Endstadium. An der früheren Leichtigkeit des Seins hingen die Bleigewichte einer sich unaufhaltsam nähernden Endlichkeit. Ich bat uns beide um die Kraft, das weiter durchzustehen. Und die Ärzte im Berliner Hospital bat ich in stummer Eindringlichkeit immer wieder um psychologische Rücksicht. Ein Bitten und Bangen, das sich bei Professor Delforge erübrigte. Dabei bat ich die Gesundheitsbringer lediglich darum, Körper- und Seelen-Leiden ihrer Patientin nicht durch unnötige Härte ihrer Äußerungen noch zu verschlimmern, sondern möglichst zu dämpfen – bei vollem Verständnis für den nötigen mentalen Abstand, den die Ärzteschaft aus Eigenschutz zu den Schicksalen ihrer Patienten braucht. Zu Recht!

Trotzdem oder gerade deshalb frage ich mich, warum unser belgischer Professor diese Distanz nie spüren ließ. Hatte er keine oder hat er sie überspielt? Dies zu erfahren, was ohnehin nur er weiß, ist eigentlich unwichtig, denn beides lief auf dasselbe hinaus: Vertrauensvolles Wohlbefinden in seiner Nähe.

Der belgische Außenseiter

Nachdem Marions Lebensfaden gerissen war und ich mich wieder artikulieren konnte, war unser Professor in Leuven einer der ersten, den ich anrief. Obwohl er bestens über die Begrenztheit von Marions Lebenszeit Bescheid wusste, war er tief betroffen, sagte in seinem sympathischen Deutsch-Kauderwelsch: „Das tut mich in die Seele leid leid. Ich trauere mit Dich. Sie war ein tapferes Frau und ich werde ihr nie vergessen."

Ich hatte den Sensenmann trotz ihrer zunehmenden körperlichen Schwäche nicht kommen sehen – und sie wohl auch nicht. Deshalb hatten wir vor, ihren 65. Geburtstag mit einer Gästeschar langjähriger Wegbegleiter in einem Romantik-Hotel der Berliner Umgebung ganz groß zu feiern. Ich wollte ihr das schönste Wiegenfest ihres Lebens ausrichten. Alles war bestens vorbereitet, aber ein plötzlicher Rückfall gestattete nur ein Feierstündchen mit engsten Freunden im Krankenhaus. Auch eine Nachfeier war nicht möglich – diesmal mit dem Siegel der Endgültigkeit. So wollte es denn eine zynische Ironie des Schicksals, dass derselbe bunt dekorierte Saal für ihre Geburtstagsfeier zum tiefschwarz umflorten Ort ihrer Trauerfeier wurde.

Ich bin sicher: Wäre Jonchen in Delforges Obhut gestorben, hätte er mich – als das Ende absehbar war – zu sich gerufen, um mich in der intimen Atmosphäre seines Arbeitszimmers unter vier Augen mit behutsamen Worten über ihren bevorstehenden Weggang zu informieren und Bilanz zu ziehen.

Anders sein Amtsbruder im Berliner „Hyberia".

Von ihm erfuhr ich diese urpersönliche Katastrophenmeldung zwischen Tür und Angel in einer kürzelhaften eiskalten Nüchternheit, die mir wie eine unwirkliche amtliche Telegramm-Mitteilung vorkam. Und unwirklich war ebenso die

Situation. Ich war Professor Kranich nach längerer Abwesenheit wieder einmal während einer Routinevisite von Patienten in Begleitung seiner weißbekittelten Entourage begegnet. So nutzte ich die seltene Gelegenheit, um ihn nach Marions Untersuchung vor der Tür ihres Patientenzimmers um eine kurze Einschätzung ihres Zustandes zu bitten. Die fiel sehr ernst aus. Zum Schluss warf mir der Chefarzt unvermittelt den Satz an den Kopf: „Ihre Frau wird sterben!", begleitet von dem Rat, den ich nur noch wie aus weiter Ferne vernahm: „Ich würde jetzt an Ihrer Stelle Kontakt aufnehmen mit der Palliativstation." Was gehirn- und ohrenzerreißend nachdröhnte, war: „IHRE FRAU WIRD STERBEN!" Marions Todesurteil! Ich erhielt es vom Klinikchef auf dem Flur vor den Krankenzimmern, umringt von seinem Gefolge – bekannt als „weiße Wolke" – und in Hörweite von vorbeispazierenden Patienten. „Ihre Frau wird sterben!" Punkt, aus! Nicht einmal das Wort „leider" kam in dieser Verbalität der Ungeheuerlichkeit vor. Etwa: „Ich muss ihnen leider mitteilen ..." Mehr Ehre hätte ihm der Satz eingebracht: „Kommen Sie doch bitte mal in einer halben Stunde in mein Arbeitszimmer." Nichts dergleichen! Stattdessen Eiszapfen-Verbalität, die ein Menschenleben abhakte: „Ihre Frau wird sterben!"

Die Plötzlichkeit dieser mir den Atem raubenden Nachricht traf mich trotz der Vorwarnung einer stark angegriffenen Leber in ihrer folgenschweren Tragweite unvorbereitet bis ins Mark, drang in jede Pore, brachte mein Herz aus dem Takt. Die vernichtende Prognose mit ihrem intimen Endgültigkeitscharakter war dem Chefarzt keine individuelle Unterrichtung wert. Auf dem Gang zwischen Tür und Angel reichte auch. Noch heute bin ich entsetzt über die vom Oberonkologen eher wie beiläufig hingeworfene schlimmste Botschaft meines Lebens. Warum hat er konsequenterweise nicht gleich formuliert: „Übrigens: Ihre Frau wird sterben!" Auch das habe ich mir in grimmiger Fassungslosigkeit vorstellen können.

Nach seiner in knapper Direktheit an den Mann gebrachten Horrorinformation setzte der Meister seinen unterbrochenen Rundgang fort, als hätte es bei diesem Zwischenstopp zwischen uns nur einen kleinen, belanglosen Plausch gegeben. Währenddessen verharrte ich im schockgefrorenen Zustand der Sinnesbetäubung mit der Seelenkonsistenz einer Eisscholle als Produkt einer Kaltherzigkeit übelster Sorte. Diesen grausamen Moment werde ich bis zu meinem eigenen Ende nie vergessen.

Dabei verlange ich von einem Arzt weder geäußertes Mitgefühl noch Mitleid. Nein, was sich mir aufdrängt, ist lediglich die Frage, warum einem hochintelligenten exzellenten Fachmann, einem Chefarzt, der höchste Medizinbildung hat, selbst der leiseste Schimmer von Herzensbildung fehlt, warum eine medizinische Koryphäe, die das Skalpell mit hoher Sensibilität führt, keinerlei Fingerspitzengefühl besitzt, warum bei seinem Umgang mit Tod und Leben eine überbordende Kompetenz jegliche Psychologie erstickt. Das lässt mich sehr betroffen und nachdenklich zurück.

Ist dieses Verhalten einer ärztlichen Philosophie steifer Gefühlsneutralität geschuldet? Ist es ruf- und imageschädigende Angst beim Spitzenvertreter einer Berufskaste, die in ihrer selbstauferlegten respektvollen Unnahbarkeit nicht einmal im Ansatz menschliche Gefühle zulässt? Sollte das zutreffen, wäre Professor Delforge ein absoluter Außenseiter.

Der lange Faden mit ihm

Einen seltenen, aber regelmäßigen Kontakt zu unserem Professor gibt es bis heute. Um ihn nicht in seiner verantwortungsvollen, lebenserhaltenden Arbeit zu bedrängen und zu stören, habe ich mich darauf beschränkt, ihm nur zu Weihnachten und Ostern eine kurz gehaltene E-Mail zu senden. Er hat jedes Mal geantwortet – höflichkeitshalber in Deutsch und mit Grüßen und der Anmerkung, mein Foto mit ihm am Krankenbett seiner Patientin Marion stehe auf seinem Schreibtisch.

So reagierte er denn auch auf meine guten Wünsche zum Jahreswechsel 2020/21 wie immer mit einer E-Mail in einem mich sehr berührenden zerhackten Deutsch – berührend, weil er als flämischer Belgier natürlich in perfektem Flämisch oder Französisch hätte antworten können, aber um seine solidarische Nähe zu mir auszudrücken war es ihm egal, wie viele Rechtschreib- und Ausdrucksfehler sein Deutsch haben würde. Es ist eine Geste liebenswürdiger Nähe. Ich liebe jeden seiner Deutsch-Fehler. Deshalb gebe ich seine Mail-Post unverfälscht wieder:

„Sehr geehrter Herr Wahl,

Wie gehts mit Ihnen? Vielen Dank für ihre Nachricht. Ich wünsche dir auch eine gute Gesundheid ohne Corona und viel Glück in 2021.

Im tages Kränkenhaus vergessen wir Ihre Frau Marion nicht!

Viele herzliche Grüssen

Michel Delforge"

Und zur Jahreswende 21/22 antwortete er:

„Sehr geehrter Herr Wahl,

Wir wunschen Ihnen auch eine gute Gesundheid und ein Schönes 2022! Nach 10 Jahren sind wir deine frau Marion und dich nicht vergessen! (aber mein deutsch ist leider noch schlimmer geworden.)

Met herzlichsten Grüssen et beaucoup d' amitié! (zu übersetzen „... und in guter Freundschaft")

Michel Delforge"

Nach meiner Erfahrung kommen Ärzten allenfalls aufmunternde Worte für ihre Patienten über die Lippen, aber schwerlich verirren sich Komplimente. Denn das hieße, sich als Mediziner seinem Patienten in unangemessen persönlicher Weise zu nähern – und das macht eben ein Herr Doktor einfach nicht. Unserem Herrn Professor Doktor waren solch distanzierte Gepflogenheiten schnuppe, weil er sich nicht in die Kategorien „Arzt" und „Diplomat" aufspaltet und den Zustand von Menschlichsein nicht an der Garderobe abgibt, wenn er dort seinen weißen Arztkittel anzieht. So hat er Marion spontan aus der Situation heraus mehrfach bescheinigt, sie sei eine „starke Frau".

Nicht spontan, sondern gut zwanzig Jahre nach unserer ersten Begegnung möchte ich ihm selbst dasselbe sagen und ich hoffe, er liest es eines Tages:

Lieber Herr Professor, Sie sind ein starker Mann. Da Ihnen bis heute weder der Friedens- noch der Medizin-Nobelpreis zuerkannt wurde, verleihe ich Ihnen hiermit meinen erfundenen Ehrentitel „Lichtgestalt der Krebstherapie".

Andererseits hoffe ich, dass er es nicht liest. Eine solche Eloge wäre ihm peinlich, seine Bescheidenheit würde solch überschwängliches Lob nicht zulassen. „Nein, keinen Dank!"

Ich bin am Ende dieses Kapitels selbst überrascht, dass es mich im Nachdenken über die Person von Michel Delforge zu einer emotionsintensiven Laudatio hingeschrieben hat. Unbewusst und ganz selbstverständlich. Vorgesehen war stattdessen ein dem Arztberuf angemessenes Porträt mit nüchternem Pinselstrich. Dass mir für diese Absicht die Disziplin ihrer konsequenten Umsetzung entglitten ist – daran hat wohl die sensibilisierende Kraft des Herzmuskels einen übergroßen Anteil.

Jemand, dem ich von Delforge erzählt habe, fragte mit nachsichtigem Lächeln, ob ich denn nicht zu hohe Töne der Lobhudelei anschlage. Ihm gönne ich das Glück, nie einen Krebsarzt benötigt zu haben. Sollte es aber irgendwann unvermeidlich werden, wünsche ich ihm einen Professor Delforge.

 SIGMAR KRAUSE

**hat als Gründervater und erster Chef des
Kultradios DT64 Rundfunkgeschichte geschrieben**

Am 25. September 2019 passierte in Hamburg eine Politgroteske, die mich gleichermaßen erfreut wie erbost. Gelobt wurde die frühere jugendumschwärmte DDR-Radiowelle DT64 von keinem Geringeren als Frank-Walter Steinmeier, dem ranghöchsten Amtmann der deutschen Gesamtrepublik – derselben Republik, deren Westeliten diesen ehemaligen DDR-Sender im Nachwendejahr 1993 gegen den Einspruch von Osteliten mit brachialer staatlicher Gewalt platt gemacht haben. Nochmal die Kurzform dieser Schizophrenie: Das offizielle Deutschland rühmt einen Rundfunksender, den es eigenhändig entsorgt hat.

Nunmehr vom Bundespräsidenten ein korrigierender Nachtrag zur damaligen Schandtat? Nein! Einsicht und Reue? Natürlich nicht! Politischer Aberwitz? Schon eher! Am besten trifft es wohl die Feststellung: Gönnerhafte Würdigung eines ostdeutschen Ätherwellen-Phänomens, das auch in der gesamtdeutschen Radiogeschichte nicht gänzlich wegschweigbar ist – und das aus Sicht von Altwest-Spitzenpolitikern auch nur, weil dieser Jugendfunk den DDR-Oberen ziemlich zu schaffen machte. Denn er habe – so Steinmeier – den „Sound der Freiheit" verbreitet. Also wäre meine wohlwollende Interpretation der überraschenden DT64-Eloge: Zum RIAS, der „freien Stimme der freien Welt", gesellte sich mit DT64 eine „freie Stimme der unfreien Welt". Ein zweifelhaftes Lob aus der Riege der DT64-Totengräber.

Fakt ist jedenfalls: Bundespräsident Frank-Walter Steinmeier würdigte an jenem denkwürdigen Mittwoch in seiner Festrede zur feierlichen Verleihung des zehnten „Deutschen Radiopreises 2019" in der hanseatischen Elbphilharmonie die

235

unangepasste kritische Stimme dieses einst von seinesgleichen eliminierten Ostberliner Jugendradios. Dass es mit einer riesigen Stammhörerschaft im Rücken einem Piratenangriff des RIAS standgehalten hat, nannte der erste Mann im Staate „eine schöne Geschichte ostdeutscher Selbstbehauptung".

Dabei blieb er dann auch stehen. Den entscheidenden Rest der „schönen Geschichte" überging er geflissentlich. Kein Wort dazu, dass in ostdeutschen Nachwende-Gefilden beim radikalen Rundumschlag der westdeutschen Abriss-Birne schließlich auch DT64 trotz gerühmter „Selbstbehauptung" in Inquisitionsmanier zerschlagen wurde. Dass eine Fangemeinde von über einer Million junger Leute in Ost wie auch West gegen die Vernichtung ihres Senders auf die Barrikaden gingen – darüber ebenso kein Sterbenswörtchen. Dafür nach 26 Jahren eine von jovialer Gnade getragene leichte verbale staatsmännische Verbeugung vor dem toten Sender und seinen Hinterbliebenen.

Zu denen gehört auch der Autor dieses Buches, der als 19-jähriger Volontär den Start der Jugendwelle des Berliner Rundfunks miterleben und ein wenig mitgestalten durfte. Und dies gemeinsam mit jungen Radioleuten der ersten Stunde, die mit einem außergewöhnlichen Sendungsbewusstsein angetreten waren. Warum mich der Außergewöhnlichste von ihnen besonders beeindruckte – darüber möchte ich im Folgenden erzählen.

Von Currywurst und Zähneklappern

Es war an einem besonders kalten Oktobertag anno 1964. Ich saß zu morgendlicher Stunde im Speisesaal des Ostberliner Funkhauses in der Nalepastraße beim Frühstück. Dessen fester Bestandteil war wie immer eine Currywurst, auf die ich mich jeden Morgen aufs Neue freute. Hier gab es am Selbstbedienungstresen in Konkurrenz zu Konnopke's Imbissbude in der Schönhauser Allee die schmackhaftesten Currywürste, für die ich außer Eisbein mit Erbspüree alle Gerichte dieser Welt stehen gelassen hätte. Dazu die übliche Cola und diesmal auch einen heißen Tee. Den hatte ich bitter nötig, denn mein Domizil im Köpenicker Ortsteil Wendenschloss bestand aus einem unbeheizten gartenlaubenähnlichen Anbau, den meine Wirtin nicht gerade komfortabel bestückt hatte. Sie gönnte mir ein Schlafsofa mit Decke und einen Korbsessel. Auf einer Kommode stand eine Keramik-Waschschüssel samt Kanne, mit der ich von der Pumpe im angrenzenden Garten Wasser holen konnte für die körperliche Morgen- und Abendwäsche. Dieses Open-Air-Ritual eines Wasserträgers praktizierte ich nun schon seit Anfang September, als beim Berliner Rundfunk mein Volontärjahr begonnen hatte.

Das Praktikum war die Vorstufe zum vierjährigen Leipziger Journalistik-Studium, für das ich bereits immatrikuliert war. Ein Arbeiterjunge aus dem Mansfelder Bergbaurevier bei Halle an der Saale im zentralen Radiohaus der DDR! Ich war stolz und neugierig. Noch heute habe ich die Worte von Kaderleiter Preckel im Ohr: „Junger Mann, Sie haben das Glück, zur neuesten Einrichtung zu kommen, die der Berliner Rundfunk zu bieten hat". Dann sprach er den Namen dieser Einrichtung mit weihevollem Respekt aus wie ein Priester den Namen eines Jesus-Apostels: Jugendstudio DT64. Ich wurde sein erster Praktikant. Der Novumsender sollte für die jungen Leute hüben und auch ein wenig drüben in der Tat so etwas wie der Heilige Gral werden, den sie gesucht und nun im Gegensatz zur Historiensaga gefunden haben.

Eigentlich war die Wendenschloss-Gegend ein Sehnsuchts-Idyll, dessen spätsommerliches Flair ich bei meiner Ankunft Ende August noch einige sonnenwarme Tage lang genießen konnte. Ein von See- und Dahme-Wasser umspültes, von Müggelbergen begrenztes und von der Köpenicker Altstadt umrahmtes Naturparadies mit Strandbad, Küstenpromenade und Wanderpfaden in lauschiger Natur. Anfangs machte es mir nichts aus, in dem brüchigen, unbeheizten Gartenanbau der alten Villa zu hausen. Ich entlockte der von Grün umrankten Situation sogar einen Hauch von abenteuerlicher Romantik, der allerdings langsam eisig wurde. Das steckt man anfangs weg, wenn man 19 ist. Aber mit fallenden Herbstblättern und steigenden Minusgraden erhöhte sich das Risiko, dass mir nach und nach immer mehr Körperteile abfrieren könnten. Für sentimentale Kuscheligkeit war da spätestens kein Platz mehr, als ich merkte, dass die von einer Raureifhaut überzogene Pumpe anfing zu streiken und meine frostklammen Finger die Wasserkanne der Frau Wirtin kaum mehr halten konnte.

Mit diesem Kältegefühl saß ich also zu frühmorgendlicher Stunde im Speisesaal des Funkhauses, wärmte meine weißknöcheligen Hände an einem heißen Teeglas und fasste den Entschluss, mir von meinem monatlichen Volontärsgehalt von 330 Mark brutto einen Ölradiator oder zumindest eine Heizsonne zu kaufen. Damit könnte ich mir mit meinem Salär nach Vergütungsgruppe 5 der Rundfunk-Lohnordnung ein halbwegs warmes Nest schaffen. Bislang hatte ich die vorwinterlich strenge Luft noch mannhaft ertragen und bei gelegentlichen Tieftemperaturen die Zähne zusammengebissen, aber allmählich wurde es recht ungemütlich und ich fürchtete, dass bei stärkerem Zähneknirschen Plomben bröckeln könnten.

Das Angebot eines Ofenbaus

Das Unheil frostklappernder Zähne und steifgefrorener Glieder verhinderte mein Chef Sigmar Krause höchstpersönlich. Der Redaktionsleiter von DT64 hatte sich vor Arbeitsbeginn ebenfalls einen Tee von der Theke geholt und saß plötzlich neben mir. Mit einem freundlichen Morgengruß und wie immer mit einem losen Wort auf der Zunge – und das war diesmal die Frage: „Junge, ist denn schon Karneval? Oder warum bist du grün und blau um die Nase? Hast du jeden Morgen so eine bunte Rübe? Oder frierst du etwa?" Ich winkte ab, aber er ließ nicht locker, um den Kern der Dinge zu erfahren. Wie bei seinen Interviews. Ich bemerkte, dass ich zwar in Wendenschloss wohne, dass der Zustand meiner Bleibe aber alles andere als schlossähnlich sei. Er konnte es nicht fassen: „Was, du hast keine Heizung in deiner Bude?! Warum erfahre ich das erst jetzt? Junge, DT64 ist eine proletarische Truppe. Kalle Neumann, Klaus May und ich – wir sind gelernte Maurer. Und mein Stellvertreter Manne Kühn ist Schmied. Wir setzen dir einen Ofen. Bevor du dir den Arsch abfrierst, fragst du Deine Wirtin, ob sie den Einbau eines Ofens erlaubt."

Nein, sie erlaubte es nicht. Das bedauerte Sigmar zutiefst und machte mein persönliches Problem zur Chefsache und damit zum Problem aller. Die gesamte Redaktion kümmerte sich um ein neues Domizil für ihren Volontär. Noch vor den ersten Eiszapfen hatte ich in der Behringstraße hinter dem S-Bahnhof Baumschulenweg ein schützendes Dach über einem warmen Zimmer, vermietet von Frau Böhler, einer gütigen, fürsorglichen, immer freundlichen älteren Urberlinerin. Ihre Tochter arbeitete ebenfalls beim Rundfunk, weshalb mein Problem dank einer Umfrage über den kurzen Weg gelöst werden konnte. Solidarität wurde damals großgeschrieben.

Die Redaktion war zufrieden und ich erst recht. Sigmar überzeugte sich, dass ich jetzt gut aufgehoben war und freute sich, dass die frostigen Karnevalsfarben aus meinem Gesicht verschwanden.

Nicht nur das. Ich wohnte zudem sehr günstig für meinen Arbeitsweg am Rande des Plänterwaldes dicht an der Spree. Das Funkhaus am gegenüberliegenden Ufer war bei eisfreiem Fluss schnell erreichbar. Nach dem Übersetzen auf einer Fähre und einem kurzen Spaziergang durch eine Kleingartenanlage stand ich schon am Eingang des langgestreckten Funkkomplexes.

So war das – und alle in der Redaktion fanden das normal. Eben eine bodenständige proletarische Mannschaft, in die ich nahtlos hineinpasste mit meinem noch druckfrischen Facharbeiterbrief eines Elektromonteurs und dem nagelneuen Immatrikulationspapier eines angehenden Studenten.

Nun sei eine nicht ganz ernst zu nehmende und deshalb rhetorische Frage erlaubt: Welcher Chef einer Print-, Funk- oder Fernsehredaktion würde wohl heute einem Volontär bei frostigem Notbedarf den eigenhändigen Bau eines Ofens anbieten und ihn zum familiären Mittagessen in seine gute Stube einladen?! Eine groteske Vorstellung!

Ich revanchierte mich mit intensivem Arbeitsfleiß bis zu einer noch ungefährlichen Vorstufe des Herzinfarkts. So kann ich mich heute damit brüsten, neben den professionellen Aktivisten der ersten Stunde der Volontär der ersten Stunde gewesen zu sein, der den rasanten Aufstieg der populären Jugendwelle zu einem wirklich echten Kultradio in den Anfängen begleiten durfte.

Eine Umkehrverrücktheit

Der Jugendsender begann als *DT Sonderstudio*, wobei das Kürzel *DT* für Deutschlandtreffen stand. Speziell für dieses Ostberliner Pfingsttreffen der Jugend im Mai 1964 war der Sender auf Zeit geschaffen worden. Nach seiner Zweckerfüllung wurde er ausgeblendet, dann aber durch eine immense Hörerresonanz wiederbelebt und noch im gleichen Jahr als „Jugendstudio DT 64" fester Programmteil des Berliner Rundfunks. Die „64" im Sendernamen ist eine Referenz an das Jahr des Jugendtreffens und seiner damaligen Entstehung.

Anfangs nach dem Sendestart am 19. Juni meldete sich der Radioneuling an den fünf Werktagen täglich von 16 bis 18 Uhr und ab Mai 1965 auf Drängen seiner begeisterten Hörergemeinde mit der Zugabe einer halben Stunde.

Nach einer kontinuierlichen Erweiterung der Sendezeit zog die Leitung des DDR-Rundfunks mit dem Segen der Parteiführung 1986 aus dem beeindruckenden landesweiten Echo eine logische Schlussfolgerung: Aus dem Programmteil *DT64* wurde ein eigenständiger Vollsender, der während des gesellschaftlichen Umbruchs und nach dem Ende der DDR zunächst durch hartnäckige Gegenwehr von Machern und Hörern das wendeübliche Massaker der Abwicklungen überstand, dann aber im Mai 1993 mit der geballten Wucht des altwestdeutschen Establishments juristisch und demokratisch verbrämt zerschmettert wurde.

Wie der für jedermann offene „Palast der Republik" als symbolträchtiges „Haus des Volkes" musste ebenso *DT64* als ein symbolträchtiges Element der DDR-Jugendkultur verschwinden. Das von Helmut Kohl bediente politische Räderwerk in Bonn-Gronau bestimmte, dass die Uhren der Neuzeit auch für den Osten mit rabiater Totalität in Richtung Westen zu stellen sind. Und für DT wurde beschlossen, die Uhrzeiger anzuhalten. Da hätte sich auch Sigmar nicht mehr bei seinem *DT64*-zugewandten, politisch schwergewichtigen Rundfunkvorsitzenden Gerhart Eisler beschweren können. Nicht nur, weil der bereits 1968 gestorben war, sondern weil es mit der Abschaltung des gesamten Sendebetriebes schon zum Jahresende 1991 analog zum DDR-Fernsehen auch keinen DDR-Rundfunk mehr gab – und damit auch keinen Vorsitzenden. Aus und vorbei!

Dass der Sender *DT64* dem Deutschobersten Steinmeier nun einen lobenden Nachruf wert war, zeugt einmal mehr von seinem festen Stammplatz in der Rundfunkhistorie der DDR – und in den Anfangsannalen der neuen Bundesrepublik von einem neuartigen Radio-Element, das trotz seiner kurzen Nachwende-Galgenfrist auch in der gesamtdeutschen Medienlandschaft als Phänomen radioaktiver Massenwirksamkeit unübersehbare DNA-Spuren hinterlassen hat.

Sollte die *DT64*-Eloge des Bundespräsidenten ein sentimentaler Ausrutscher gewesen sein, stellt sich die Frage nach dem Motiv, das nur durch eine joviale Geste des Siegers erklärbar wäre. Ein gnädiges Kopfnicken von oben herab. Wäre es als ehrliche Rehabilitation gedacht, käme sie 26 Jahre zu spät.

Über den Fakt selbst hätte sich Sigmar natürlich gefreut, vielleicht aber auch gleichzeitig fassungslos an den Kopf gegriffen ob der Seitenverkehrtheit von Lob und Tadel. *DT64* als Radiokind der DDR wurde von *Frank-Walter Steinmeier* als höchstem Staatsmann des einstigen Klassenfeindes im September 2019 belobigt und von Erich Honecker als höchstem Staatsmann der sozialistischen Heimat im Dezember 1965 gerügt.

Welch Umkehrverrücktheit! Wobei der gravierende Unterschied darin besteht, dass die DT-Jugendwelle zu DDR-Zeiten von der offiziellen BRD-Politik weitgehend ignoriert und von den Weststationen als störende Konkurrenz angefeindet wurde, während sie im Deutsch-Osten zur populären Institution avancierte und grundsätzlich beliebt war – bei der Jugend mit anhaltendem, unverwüstlichem Enthusiasmus und bei den hö-

heren Politfunktionären mit schwankender Wertschätzung, die
sich nach den mal wohlwollenden, mal skeptischen bis ableh-
nenden Vorgaben der Parteispitze richtete.

Balance zwischen kesser
Lippe und Parteilinie

Ein Sigmar Krause litt unter diesen Schwankungen, versuchte sie aber zu dämpfen, damit sie sich nicht in voller Stärke auf
das Hochseil übertrugen, auf dem seine Redakteure zwischen
Saloppheit und Parteilinie balancierten. Das hätte redaktionelle Unsicherheiten geschürt, Kreativität und Produktivität
erdrosselt und schwungvolle Unbeschwertheit gekostet. Darüber wachte er, denn er wusste aus Erfahrung: Wenn – beflügelt
vom Übermut des Erfolgs – in unbefangener Sorglosigkeit eine
Tabu-Schwelle überschritten wird, kann wohlwollende Duldsamkeit im politischen Olymp schnell umschlagen und aus einer langen Leine eine Fessel werden.

Das hatte er 1965 schmerzlich erlebt mit Honeckers Inqui-
sitionsanklage gegen DT64 auf dem sogenannten kulturellen
Kahlschlag-Plenum – und das gab es auch noch kurz vor der
Wende, als im November 1988 die Zeitschrift „Sputnik" wegen
einer Lobeshymne auf Gorbatschows Glasnost verboten wurde
und die *DT64*-Moderatorin Silke Hasselmann es wagte, dies als
„Absturz eines Sputniks" zu kritisieren und den Song „Aufruhr
in den Augen" der Berliner Pankow-Band zu spielen. Da war der
Rahmen des Möglichen gesprengt, der Sturz vom Hochseil unvermeidlich. Die Sprecherin wurde strafversetzt und der verantwortliche Redakteur erhielt Mikrofonverbot.

Bleibt der deutsch-deutschen Gerechtigkeit halber anzumerken, dass bei aller weitgesteckten westlichen Pressefreiheit
flotte Sprüche oder der Politkaste missliebige Äußerungen auch
manchem BRD-Mikrofonisten und TV-Prominenten Tadel oder
Kündigung einbrachte. Das war schon im Oktober 1959 beim
großen TV-Quizmaster Hans-Joachim Kulenkampff ebenso der

Fall wie im Oktober 2001 bei *Tagesthemen*-Starmoderator Ulrich Wickert. Die Grenze der Meinungsfreiheit bekam ein scheinbar unantastbarer Kulenkampff zu spüren, als er zu Beginn seiner Sendung „Quiz ohne Titel" unter den Zuschauern auch die in der DDR begrüßte und nicht die in der „Sowjetzone", wie es die Staatsräson der Bundesrepublik verlangte. Und Wickert sprengte das Korsett seiner regierungsamtlichen Politiktreue, als er US-Präsident George W. Bush und Terroristenführer Osama bin Laden gleiche Denkstrukturen bescheinigte und damit an einer Entlassung vorbeischrammte. Diese Zwangsjacke geforderter Hörigkeit gegenüber der offiziellen Politik sprengte in der Neuzeit-BRD auch ZDF-Chefredakteur Nikolaus Brender, den es besonders hart traf. Er wurde im November 2009 wegen einer angeblich amerikafeindlichen Berichterstattung über den Irak-Krieg geschasst. Er und seine Crew hatten es gewagt, die Behauptung der US-Regierung in Zweifel zu ziehen, Iraks Diktator Saddam Hussein besitze Massenvernichtungswaffen. Dass dies tatsächlich eine dreiste Lüge war, mit der Präsident Bush junior seinen Angriffskrieg rechtfertigte, nützte Brender hinterher herzlich wenig. Nach zehn Jahren im Amt musste er gehen. Und auch während ich dieses Buch schreibe, ist es nicht anders. Nachdem die Fernsehjournalistin Nemi El-Hassan von Israel provozierte Missstände auf palästinensischem Territorium öffentlich scharf angegangen war, startete das Haus Springer wegen eines angeblichen Antisemitismus eine vernichtende Kampagne gegen die sogenannte Skandal-Moderatorin, die daraufhin vom TV-Kanal des Westdeutschen Rundfunks WDR im November 2021 sang- und klanglos fallen gelassen wurde.

Beispiele aus der realbundesdeutschen Wirklichkeit, die das diktatorisch durchideologisierte Mediengeflecht der 1979 begonnenen DDR-Ära eines Joachim Hermann als Nachfolger des tödlich verunglückten SED-Pressechefs Werner Lamberz in keiner Weise beschönigen soll; aber sie mögen zumindest die selbst heute noch hochgepeitschte Schwarz-Weiß-Malerei vom BRD- und DDR-Bild ein wenig in die bunte Farbe wirklichen Lebens tauchen – des gewesenen wie des gegenwärtigen.

So hatte sich DT64 innerhalb der DDR-Medienpolitik anfangs einen bis zu einem gewissen Grad eingeräumten Schonplatz begrenzter Narrenfreiheit erobert. Das war nur möglich unter einem klugen, moderaten Politbüro-Patron Werner Lamberz, der natürlich aber den Jugenderfolgssender ebenfalls zur unbedingten Gefolgschaft der offiziellen Staatspolitik verpflichtete.

Diese Prämisse hat Sigmar bei allen Erkundungsfahrten des DT-Dampfers hin zu neuen Ufern der Funkgestaltung niemals vergessen. Er ließ sich nie zu unbedachter politischer Dreistigkeit oder einem törichten Wagemut verleiten, die Vorwände sein könnten, seinem geschliffenen Radio-Juwel die Schärfe zu nehmen. Kesse Lippe ja, Anprangern von Missständen ja, aber keine Systemkritik. Genosse Krause gefiel sich nie in der Rolle eines Widerspruchsgeistes, sah sich nicht als Oppositionellen, sondern als Kind der DDR, die er mit seinen ihm gegebenen journalistischen Mitteln attraktiver machen wollte. Der junge Mann auf dem Chefsessel ertastete mit sensiblem Gespür das Maximum dessen, was im Politbürobereich des Möglichen war. Er achtete auf die Einhaltung von Grenzen, ließ aber Grenzwertiges gern zu, wenn es Freizügigkeit, Gerechtigkeit und Fortschritt beförderte. Er reizte Freiräume aus, belastete mit diesem Balanceakt aber seine Mitstreiter nicht. Darin lag eine seiner Führungsstärken.

Ein breites Kreuz als Schutzschild

Das Schicksal meinte es gut mit mir. Ich hatte meine erste journalistische Heimat gefunden bei der soeben erst installierten jüngsten Funkredaktion. Der Kahn der fröhlichen Leute, der als „Sonderstudio Deutschlandtreffen 1964" als schwimmendes Funkstudio über die Spree schipperte, war danach als Sendedampfer fest vor Anker gegangen. Mit einer Crew, die bewiesen hatte, was sie in rund hundert zumeist live übertragenen Nonstop-Sendestunden an Reporterqualitäten draufhatte. „Das", sagte mir Sigmar, „war kein zusammengetrommelter Zufallshaufen, sondern eine sorgsam ausgesuchte junge Truppe mit journalistischem Talent und Können, die zu einer verschworenen Gemeinschaft geworden ist. Sonst wäre das alles nicht zu machen gewesen."

Der Kitt für diesen Zusammenhalt war die stillschweigende Übereinkunft von der Sekretärin über den Musikredakteur bis zum Moderator und Reporter, eine flott-freche Wort- und Musikwelle zu kreieren in frischer, origineller, offener Direktheit als Stimme der Jugend und gegen alles, was deren Entfaltung hemmt. Das war Jugendförderung im kreativsten Sinne und zugleich eine Kampfansage gegen alltägliche Borniertheiten, gedankenlosen Bürokratismus, personenkultige Tendenzen, betonierte Selbstherrlichkeiten und sturen Dogmatismus.

Dass dies nicht jedem Beamten und Apparatschik gefiel, ist naheliegend. Für so manch gewagte Reportage und ihren Macher musste der Chef des Öfteren seinen Kopf hinhalten. Und sein breites Kreuz diente nicht selten als Schutzschild für Angriffe und Beschwerden für aufs Korn genommene Missstände, deren Ursachen mit Ross und Reiter benannt wurden. Der Kapitän wusste: Rumeierei wäre da fehl am Platz, denn gefragt von der Jugend waren klare Worte neben internationaler Musik, zu der auch DDR-Musikgruppen eine Menge an westlichen Titeln beisteuerten. DT64 gab seinen Hörern beides – und die identifizierten sich mit dieser ihrer Sendung, zumal sie in ihr selbst zu Wort kamen.

Gründervater Sigmar Krause hatte mit seinen 30 Jahren genug Elan, Standpunkt und Stehvermögen, um alle Chancen liberaler Freiräume zu nutzen, die das gerade beschlossene Jugendgesetz bot, flankiert zudem vom SED-Kommuniqué „Der Jugend Vertrauen und Verantwortung" und im Aufwind einer Wirtschaftskonjunktur, die der DDR eine im Westen bestaunte Steigerung der Arbeitsproduktivität um sieben Prozent bescherte. Die Zeichen standen denkbar günstig und Krause nutzte sie, um das Freidenker-Profil seiner Sendung zu schärfen.

Er hatte schon 1959 mit 26 Jahren die Leitung der Jugendredaktion des Berliner Rundfunks übernommen. Als er Chef ihrer neuen Kreation wurde, hatte er bereits zehn Jahre Funkerfahrung. Man sah ihm den Maurer an, der an- und zupacken konnte und sich auch nicht einschüchtern ließ durch manche Zurechtweisung und Mahnung, es mit der Lockerheit und Offenheit nicht zu übertreiben. Schließlich höre der Klassenfeind mit und nutze kritisierte Zustände hierzulande für seine propagandistischen Zwecke. Das ließ Sigmar nicht gelten, lehnte es als feige Schutzbehauptung strikt ab.

Wer sich als Außenstehender von seinem Äußerem dazu verleiten ließ, den Mann mit der gedrungenen, untersetzten kräftigen Statur und dem Hang zu leicht frivolen Witzbemerkungen für ungehobelt zu halten, lag voll daneben. Er pflegte eine Mischung aus taktvollem Umgangston und pointenbetonter neckischer Direktheit. Er war gesegnet mit spontanem Wortwitz und spritzigem Geist, unterschätzter Gedankenschärfe und hintergründigem Humor. Er besaß einen ausgeprägten Intellekt, war aber kein Intellektueller. Dass es ihm in der prallen Überzeugung für die Richtigkeit seines redaktionellen Kurses zuweilen an selbstkritischer Betrachtung fehlte, verbuchte sein Umfeld nachsichtig und augenzwinkernd als Schönheitsfehler, der ihm zu gönnen war. Hätte ihn seine Mannschaft nicht als Chef und Journalisten, Kameraden und Menschen gemocht und geachtet, wäre sie ihm wohl nicht durch dick und dünn gefolgt und wäre auch nach dem öffentlich vernichtenden Ulbricht-Honecker-Angriff kaum an seiner Seite geblieben. Darüber später mehr.

Der Maurer und der Ideologiebeton

Der redaktionelle Frontmann des in rasantem Tempo hochpopulär gewordenen Jugendradios war alles andere als ein Duckmäuser oder Ja-Sager, der Blankoschecks für Lobhudelei ausstellte. Er war – worauf er Wert legte – zwar ein unkonventioneller kritischer Geist, aber beileibe kein renitenter Aufsässiger, kein gesellschaftlicher Störenfried, der ohnehin schnell ein Disziplinar- oder Parteiverfahren am Hals gehabt hätte. Er war kein journalistischer Raufbold, Meckerer oder Stänkerer, dem das Mikrofon schnell aus der Hand genommen worden wäre, sondern ein mit schöpferisch-kritischer Ader gesegneter und mit Herzblut agierender individueller Eigendenker.

Nein, auch als heimlicher Revoluzzer oder Rebell sah er sich nicht und so wollte er auch nicht gesehen werden. Er war durch und durch Humanist mit einem auf Menschenfreundlichkeit ausgerichteten Ego, das keinerlei Ungerechtigkeit, Unehrlichkeit, Heimtücke, Diskriminierung und Demütigung duldete. Was an menschlicher Würde und persönlicher Integrität kratzte, war für ihn Gift im gesellschaftlichen Miteinander.

Gerade weil er an die dem Kapitalismus überlegenen sozialen und humanen Grundzüge des sozialistischen Systems und damit auch an die DDR als selbsternannte Hüterin dieser Werte glaubte, wollte er sie verbessern helfen. Originalton Krause, wie ich ihn noch von einer Unterhaltung mit ihm im Ohr habe: „Wir wollten mithelfen, unser Land mit den Mitteln des Hörfunkjournalismus sympathischer, attraktiver und liebenswerter zu machen." Andererseits war er unglücklich über jede Unzulänglichkeit im System, jeden Missstand in Wirtschaft und Kultur, jede ideologische Einseitigkeit und Beschränktheit, jede Eigenwilligkeit und Borniertheit der Macht.

Das habe ich ihm erst im Nachhinein richtig nachfühlen können, als mir in der Redaktion der Nachrichtensendung *Aktuelle Kamera* die fürs DDR-Fernsehen besonders ausgeprägte Gängelei von Politbüro-Medienlenker Joachim Herrmann selbst begegnete – in einer Zeit, als der Kult um die Person Honecker immer kultiger wurde.

Genosse Krause billigte die ideologische Vorreiterrolle der SED, ließ sie aber nicht als Kommandorecht für den Rest der Gesellschaft gelten. Ein überzeugter Marxist, der sich nicht im stillen Kämmerlein heimlich so manchen Frust von der Seele trank, sondern stocknüchtern und mit offenem Visier für seine Ideale focht – mal mit dem Florett, mal mit dem Schwert. Und dass ein Journalistenleben im Staate DDR seine eng gesteckten ideologischen Freiheitsgrenzen hatte, war für den Realdenker keine neue Erkenntnis. Umso mehr genoss er die ihm bewilligten inhaltlichen und gestalterischen Privilegien mit dem Anstrich eines wohltuenden Liberalismus.

Als Gegenteil davon ärgerte ihn Sturheit, Verbohrtheit und Dogmatismus – egal ob von unten oder von oben. Und wenn er von ganz oben kam, verursachte ihm das regelrecht körperliche Schmerzen – umso mehr, wenn es ihn selbst betraf. Und das dauerte nicht lange. Schon anderthalb Jahre nach der Sendergründung erwischte es ihn und seine Crew völlig unvorbereitet mit voller Breitseite. Die SED-Spitze im vereinten Gespann von Ulbricht und Honecker wetterte vom Podium des 11. Parteiplenums herab gegen eine angeblich verfehlte DDR-Kultur- und Jugendpolitik und erhob mit scharfen Worten verheerende Vorwürfe gegen DT64 wegen vermeintlicher Verstöße gegen Normen von Ethik und Moral, Anstand und Sitte. Ein bis dahin beispielloser Ausfall gegen einen DDR-Radiosender durch die eigene Partei- und Staatsspitze, nachzulesen tags darauf zudem in allen Tageszeitungen zwischen Rostock und Erfurt. Der Überraschungsangriff in aller Öffentlichkeit schlug im Funkhaus an der Spree wie eine Riesenbombe ein, deren Splitter mit voller Wucht die Redaktion von *DT64* trafen.

Ich erwähnte das Desaster bereits und werde darauf noch einmal detaillierter eingehen, weil dieser an *DT64*-Totschlag und persönlichen Rufmord grenzende Frontalangriff den Gerechtigkeitsapostel Krause immer noch umtrieb, als wir uns ein Jahr vor seinem Tod zu einer ausführlichen Plauderei in seinen vier Wänden trafen, in die er sich zurückgezogen hatte.

Ich erlebte ihn im Rückblick auf die Obrigkeitsattacke nicht in händeringender Verfassung an einer Klagemauer, kam aber in meiner Nachbetrachtung zu dem Fazit: Zwar hatte er durch seinen Auslandseinsatz den Ort der Schmach und deren Urheber mit Erleichterung hinter sich gelassen, nicht aber das bohrende Unverständnis für die ehrabschneidende Ungerechtigkeit, für die er immer noch eine halbwegs einleuchtende gültige Erklärung suchte.

Sicher hatte auch er wie jeder Mensch geirrt und gefehlt, zumal er auf seiner unkonventionellen Tonspur immer auf der Suche nach neuen journalistischen Elementen jugendlicher Pfiffigkeit war. Da lag man schnell mal daneben und auf der Nase. Aber was sollte er grundsätzlich falsch gemacht haben? Welche Schandtat hatte er begangen, die eine solch harsche Abfuhr rechtfertigte?

Er war sich nicht nur keiner Schuld bewusst, sondern sah sich in seinem Handeln vom jungen Hörerpublikum massenhaft bestätigt. Wie konnte es da in der allerobersten Chefetage seines Landes über diese offensichtlichen Tatsachen hinweg zu einer solchen Verkennung des *DT64*-Erfolges und seiner Arbeit kommen? Das war wohl mit Realitätsfremdheit allein nicht mehr zu erklären!?

Der arg Gescholtene wollte Motive begreifen und logische Antworten finden für die öffentliche Anfeindung, die sich in sein Bewusstsein mit einem latenten Dauerschmerz der Ratlosigkeit eingebrannt hatte. Dieses Problem, so deutete er an, hatte ihn nie ganz losgelassen, es werde ihn wohl Zeit seines Lebens begleiten und beschäftigen.

Sein Selbstbewusstsein konnte ihm diese für ihn unbegreifliche Demütigung nicht nehmen. Da hatte er eine klare Meinung: „Dass eine landesweite Hörergemeinde hinter ihrem Sender stand, das habe ich doch nicht geträumt. Und der kann man doch nicht paradoxerweise vorwerfen, sie hätten mit Begeisterung ein unmoralisches, untaugliches Radioprogramm gehört."

Bei klarem Kopf mit dem Hintern wackeln

Den Jugendlichen als „Hausherren von morgen" hatte ein zunächst toleranter DDR-Landesvater „Vertrauen und Verantwortung" zugesichert – und die Möglichkeit, in der Musik ihren eigenen Takt zu wählen, so es denn taktvoll zugehe. Und dass Jungs und Mädels mit dem Hintern wackeln dürfen, wenn der Kopf klar ist, war mehr als ein flotter Spruch des *DT*-Chefs. Es war ein Plädoyer für die Akzeptanz jugendlicher Selbstbestimmung und Eigenständigkeit, ein Werben um das Verständnis der älteren Generation für das freimütige, unbeschwerte Lebensgefühl junger Leute, die sich zu ihrer DDR bekannten, aber das Leben in seiner bunten Vielfalt genießen wollten – und das nicht nur mit Blauhemd-Disziplin. Krause hatte damit ein liberales Prinzip angesprochen, das die führenden Genossen vorerst beifällig aufnahmen.

Mit diesem frischen Wind eines Aufbruchs zu großzügigeren Gestaltungsräumen segelte der Sendekahn von DT64 vom Funkhaus an der Spree in attraktiver Vielfalt über die Ätherwellen, mit sicherer Hand navigiert von Kapitän Krause. Der steuerte einen für Ideologiedogmatiker nicht ganz ungefährlichen Kurs, den er natürlich aber bei allen Abstechern in neue Gewässer auf Parteilinie hielt. Wenn bei diesen Kolumbusfahrten trotzdem einer aus der journalistischen Neugier-Crew nach Ansicht der obersten Obrigkeit den Äquator der ideologischen Zulässigkeit überschritten hatte und für eine temporäre Auszeit im Archiv landete, holte Sigmar den Matrosen über kurz oder lang wieder an Bord. Aber wo genau lag der Äquator? Neues, Unkonventionelles, auch Freches zu wagen ohne auszuscheren – das war die hohe Kunst, die es zu beherrschen galt.

Sigmar glaubte lange Zeit, sie zu beherrschen, und irrte – wie bereits skizziert – in katastrophaler Weise. Unvermittelt passierte ihm und seinem Team eben jene Einmaligkeit in der DDR-Rundfunkgeschichte, die man noch einmal in ihrer bizarren Widersinnigkeit auf den Punkt bringen muss: Ein Sender namens *DT64* wurde durch den Bannstrahl der Parteioberspitze fast vernichtet mit der Anschuldigung, den Äquator sittlicher Sauberkeit vor allem durch einseitige Beatmusik überschritten zu haben. Trotzdem gelang es dank einer couragierten Redaktion und einer treuen Hörerschaft, den Tabubruch der Yeah-Yeah-Yeah-Musik zu legalisieren und zur allgemeinen DDR-Normalität werden zu lassen.

Es ging um Anklage und Urteil zugleich, gesprochen gegen *DT64* durch die höchsten Polit-Richter des Staates DDR wegen vornehmlich antisozialistischer Musikpropaganda von Beat und Beatles und die Förderung eines angeblichen Sittenverfalls der DDR-Jugend.

Der Autor hat als Mitwirkender und Augen- und Ohrenzeuge des Dramas die extrem scharfe Auseinandersetzung um den knochenharten Zankapfel und die Haltung des davon hauptsächlich betroffenen Angeklagten Sigmar Krause in ihren Anfängen hautnah miterlebt. Beginnen wir das Drama wie es sich gehört mit dem Prolog.

Beatles-Begeisterung mit Folgen

Sigmar war zu jener Zeit 30, ich 19. Bevor er mich ans Livemikrofon ließ, pflegte ich einen hochinteressanten täglichen Kontakt mit dem Senderpublikum in der Hörerpostabteilung von Willi Hundt. Er durfte im zweiten Jahr von DT64 dessen Mannschaft im Demonstrationszug zum 1. Mai 1965 mit dem übergroßen Logo des Jugendstudios anführen – für mich der Beweis, wie hoch Sigmar die Verbindung zur Hörerschaft schätzte. Da in Willis Reich die Schreibtische ausgebucht waren und die Räumlichkeit auch keinen zusätzlichen Arbeitsplatz vertrug, wurde extra für den Volontär sehr unorthodox ein Tisch auf den sehr breiten Mittelgang des Flures gestellt, zu dessen beiden Seiten sich die Redaktionszimmer in einer nicht enden wollenden Flucht hinzogen.

Die Ausquartierung hatte mehrere Vorteile. Zum einen konnte ich aus nächster Nähe DDR-Prominente bestaunen, die an mir vorbeipilgerten und die ich verehrte – vom Sportreporter Heinz Florian Oertel bis zum Showmaster Hans-Georg Ponesky, der – wer hätte das gedacht! – acht Jahre später gemeinsam mit unserem Team der ersten Stunde das TV-Jugendmagazin *rund* aus der Taufe hob. Und zum anderen konnte ich jenseits der redaktionellen Amtsstuben mit dem Elan des ehrgeizigen Neulings in ungestörter Eigenständigkeit meine Arbeit verrichten. Die bestand zu Beginn meines Volontariats vor allem in der

Auswertung von Hörerbriefen, um der Redaktion Anregungen für lebensechte Beiträge zu liefern.

Es war just die Zeit, als *DT64* die Dreistigkeit hatte, die im ungewöhnlich vordergründigen elektronischen Gitarrensound schwelgenden Rock- und Poprhytmen der Beatles zu spielen. Als erster DDR-Sender ließ er die später erfolgreichste Band der Musikgeschichte auf seine Hörergemeinde los. Die hatte dies ungeduldig gefordert, seit John Lennon & Co. sich auf Westsendern austobten. „Es war", sagte mir Sigmar, „der große Modetrend der Jugend in Ost und West. Und einen Trend mit einer solchen Sogwirkung können auch Ländergrenzen nicht aufhalten, denn es gibt keine Sendergrenzen. Hätten wir den Beat nicht in die DDR reingelassen, hätten wir an Glaubwürdigkeit verloren. Das wollten einige alte Herren in Stadtmitte und sogar Leute im eigenen Haus partout nicht begreifen."

Der Autor dieses Buches bekam das sehr geteilte DDR-Echo im Hörerpost-Format sehr direkt zu spüren. In Willi Hundts Abteilung stapelten sich nicht nur Zuschriften mit der euphorischen Begeisterung junger Hörer, sondern auch geharnischte Beschwerdebriefe von besorgten bis zornigen Eltern, Pädagogen, Politikern und Funktionären, die durch ein – wie sie meinten – haltloses, ekstatisches Englischgetöse um Ethik, Ästhetik, Tugend und Moral ihrer Kinder, FDJler und Schüler fürchteten. Die Spannweite reichte vom ängstlichen Unverständnis von Vater und Mutter bis zu wutschnaubender Empörung staatlicher Würdenträger.

Vorerst wusste Sigmar nichts von dieser Eskalation des Meinungsstreits durch eine unbewusste Respektlosigkeit, die ich in Unkenntnis redaktioneller Gepflogenheit beging.

Die eingehenden Briefe nämlich gab Hörerpost-Abteilungsleiter Willi zur fachmännischen Beantwortung an Musikredakteur Harry Grabka – und der reichte sie prompt an mich weiter, da ich seiner Ansicht nach als 19-jähriger angehender Journalist und Anhänger der Liverpooler Pilzköpfe wohl am besten die Belange der Jugend vertreten könne. Ich tat es mit Inbrunst und wurde aus tiefster innerer Überzeugung zum Schreibtisch-Anwalt der Beatles-Fans.

Ich verfasste ellenlange Antwortbriefe gegen Intoleranz und Spießbürgertum und übereignete sie im Direktverfahren flugs dem Postversand. Bis eines Tages Sigmar mit hochrotem Zorneskopf vor meinem Flurtisch auftauchte und in unwirschem, aber betont sachlichem und kürzelhaftem Ton sprach: „Harry hat seine Standpauke schon weg. Jetzt zu dir: In Zukunft geht jedes Antwortschreiben von dir über meinen Tisch. Ohne Ausnahme!" Sein von Strenge und Nachsicht gezeichneter Blick verhakte sich in meinem und verlangte Auskunft. Ich nickte erschrocken. Das nahm er als klares Einverständnis, drehte eine einfache Pirouette und kehrte in betont abgeregter Körperhaltung und gemessenen Schrittes zu seinem Büro zurück, das er kurz vorher mit Kurs auf meinen Schreibplatz in kaum kaschierter ärgerlicher Gemütsverfassung verlassen hatte. Alles aber in totaler Selbstbeherrschung, ohne die ich ihn nie erlebt habe. Genau so wenig wie im kleingeistigen Nachtragen nebensächlicher Zwistigkeiten. So klopfte er mir denn auch einige Tage später wohlwollend auf die Schulter: „Ich habe deine neuen Werke gelesen. Alle Briefe sind raus. Gut argumentiert. Mach weiter so!"

Ich denke, dass er genau wusste: Hätte er mich ausführlich getadelt, wäre er laut geworden – und das wollte er um nichts in der Welt. Und schon gar nicht gegenüber seinem Lehrling. Lärmintensive Zurechtweisungen gehörten nicht zur Klangfarbe seiner Umgangstöne. Dafür originelle Reaktionen auf besondere Begebenheiten. So schenkte die Redaktion ihrem Jüngsten in Anspielung an dessen übereifrige beatles-begeisterte Hörerantworten zum 20. Wiegenfest eine Single der Pilzköpfe aus dem Hause „Amiga", der staatlichen Schallplattenfirma, die sofort nach dem von DT64 erreichten DDR-Durchbruch der Liverpool-Musik mit der Produktion ihrer Scheiben begonnen hatte.

Frontalangriff der Alpha-Genossen

Die damit verbundene Fassung entglitt ihm mitten im Beatles-Debakel nicht einmal bei der obskuren Warnung seines Chefs, beim ersten nachweisbaren Fehler sei er dran – einer zweifellos obrigkeitsbuckelnden Absicherung gegenüber dem Wagnis einer facettenreichen Funkausgabe jenseits dogmatischer Bravheit. Und was die Obrigkeit selbst anbelangte, so war nach anfänglicher Euphorie ihr plötzlicher Angriff auf ihr selbstgewolltes Radiokind Ausdruck einer kopfvernagelten abstrusen Fehleinschätzung legitimer jugendlicher Begehrtheiten mit einem schalen Beigeschmack von Maulkorb. Oder mehr noch? Denn in diesem Zusammenhang scheint das Wort Schizophrenie nicht besonders übertrieben, wenn wir nun ins Detail gehen.

Der bis in die Machtzentrale getragene Sturmangriff der Beatles-Gegner ließ im Verein mit Anfeindungen gegen andere sogenannte Abweichler das begonnene kulturelle Tauwetter zu einer Eiszeit gefrieren, eingeleitet im Dezember 1965 mit einem ideologischen Gemetzel auf der 11. Tagung des ZK der SED, eingegangen in die Annalen als „Kahlschlag-Plenum". Die Chefgenossen sahen ihre gewährte Freizügigkeit missbraucht für dekadente, sozialismusfremde Praktiken.

Letzter Auslöser dafür war ein Vierteljahr vorher ein Rockkonzert der Rolling Stones gewesen, bei dem die Westberliner Waldbühne in Schutt und Asche gelegt worden war. Nach einer Gummiknüppel-Schlacht mit der Polizei, fast hundert Festnahmen und ebenso vielen Verletzte hatte es in der westlichen Welt der älteren Generation einen Sturm der Entrüstung gegen enthemmte Jugendkultur gegeben. Damit fühlte sich die DDR-Führungsriege endgültig darin bestätigt, dass solch aggressiver „West-Dreck" die Jugend bis auf die Knochen verderben würde.

Der damalige SED-Sicherheitssekretär Erich Honecker wollte eine „saubere Leinwand". Verboten wurden auf dem „Kahlschlag-Plenum" aber nicht nur zwölf Filme, sondern auch Theaterstücke, Bücher und Musikgruppen. Und angegriffen wurde auch DT64 in einer direkten Weise, die in dieser Form der öffentlichen Anklage des DDR-Rundfunks beispiellos war. Honecker wies das Jugendradio mit vernichtenden Worten in die nun von der Partei wieder errichteten Schranken:

„Über eine lange Zeit hat *DT64* in seinem Musikprogramm einseitig die Beatmusik propagiert. In den Sendungen des Jugendsenders wurden in nicht vertretbarer Weise die Fragen der allseitigen Bildung und des Wissens junger Menschen außer Acht gelassen."

Sigmar Krause war entsetzt, empört, verstand die DDR- und SED-Welt nicht mehr – zumindest die, wie sie die Spitze plötzlich wieder sehen wollte. Dabei hatten Funktionäre der obersten Parteiliga noch ein Jahr zuvor auf der Journalistenkonferenz sein kesses Plädoyer für einen lockeren Jugendstil wohlwollend beklatscht.

Noch schlimmerer Vergehen außer Parteischändung und Landesverrat konnte ein DDR-Radiosender kaum bezichtigt werden. Parteichef Ulbricht hieb auf diesem denkwürdigen Dezember-Plenum vehement in dieselbe Kerbe: „Ist es denn wirklich so, dass wir jeden Dreck, der vom Westen kommt, kopieren müssen? Ich denke, Genossen, mit der Monotonie des Je-Je-Je und wie das alles heißt, sollte man doch Schluss machen."

Die äußerst rüden Rüffeleien rechtfertigte Honecker mit den Worten: „Unsere DDR ist ein sauberer Staat. In ihr gibt es unverrückbare Maßstäbe der Ethik und Moral, für Anstand und gute Sitte."

Damit hatten die beiden Alpha-Genossen der Parteispitze mit einem extraharten eisernen Besen einen Kehraus veranstaltet, der nicht nur unzulässiges Abweichlertum in Kunst und Kultur entfernte, sondern die Künstler gleich mit, die nach und nach ihrem angestammten Zuhause voller Wut und Enttäuschung den Rücken kehrten in Richtung Westen. Manche mit weiterem beruflichen Erfolg, manch andere nicht.

Das kann man mit ihm nicht machen

Der Gründungsvater des Jugendradios hatte die Toleranz der Altherrenriege im „Großen Haus" am Berliner Werderschen Markt überschätzt, hatte ihre zugesicherte journalistische Lockerheit als Ewigkeitsbestand aufgefasst. Ein kolossaler Irrtum!

Für Sigmar war es eine nicht nachvollziehbare Kehrtwendung und irrationale Borniertheit, die er im Kern als Verrat an der Sache einer ehrlichen Jugendpolitik empfand. Der gelernte Maurer hatte es mit einem Baustoff der besonderen Sorte zu tun, der nicht verband, sondern trennte: Ideologiebeton. Seine Härte war untauglich als Bindemittel zwischen dem Hörervolk von *DT64* und der Politik von Partei und Regierung, festigte beim Redaktionsleiter kein Vertrauen in die einstmaligen Schutzpatrone der Sendung, sondern zerstörte es. Die ihn zu mehr publizistischer Courage ermutigt und angespornt hatten, stampften ihn nun in den Boden, rückten seine Arbeit und Gesinnung in die Nähe von staatlichem Ketzertum. Sein Kurzkommentar: „Das kann man mit mir nicht machen!"

So war es. Leider! Aber so blieb es nicht. Ulbricht und Honecker schreckten schlussendlich davor zurück, eine zutiefst unpopuläre Entscheidung zu treffen gegen das Volk der jungen Leute, dem sie Vertrauen und Verantwortung versprochen hatten. Und sie begriffen wohl auch irgendwie, dass sie nicht ein ganzes Redaktionskollektiv in die Wüste schicken konnten, das mit seinem Radioprodukt tief in dieser Generation verwurzelt war.

Nach endlosen Aussprachen, Versammlungen und Stellungnahmen ordnete Sigmar an, den Anteil westlicher Musik zurückzufahren, um ihn sukzessive wieder zu erhöhen. Nachdem der Blitz eingeschlagen hatte und der Donner vergrollt war, wurde in alter Manier weitergesendet. Sigmar konstatierte im Nachhinein: „Letzten Endes ist nichts Ernsthaftes passiert. Auch der Draht zur Jugend war nicht gerissen."

So konnte sich der Sender weiter behaupten – und das fast dreißig Jahre lang. Sonst wäre *DT64* schon zu DDR-Zeiten in der Versenkung verschwunden. Die Grube war zwar gegraben,

aber das Begräbnis fand nicht statt, denn Enttäuschung und
Wut der Trauergemeinde wären zu groß gewesen. Die Beerdigung überließ die DDR der großen Einheitsrepublik.

Balsam auf die Wunden

Sigmar sagte mir in der Nachwendezeit bei einem Besuch in
seiner Berliner Wohnung in der Grünauer Rießerseestraße, er
habe damals die Gefahr einer Abschaltung von *DT64* als sehr
real empfunden. Zugleich aber habe er starke Verbündete an seiner Seite gewusst. Da sei zum einen die riesengroße junge Fangemeinde gewesen und zum anderen der Funkchef, Politiker
und Journalist Prof. Dr. Gerhart Eisler, ein alter KPD-Funktionär mit tiefrotem Lebenslauf: in den 1930er Jahren Mitarbeiter der Kommunistischen Internationale, später Abgeordneter
der DDR-Volkskammer und danach Mitglied des SED-Zentralkomitees – also eine schwergewichtige Personalie, deren Wort
auch in den höchsten Etagen der Macht Gehör fand.

Sigmar erinnerte sich: Schon bei den pflichtgemäßen Demutsveranstaltungen, die dem Plenum folgten und in denen
Selbstzerfleischung erwartet wurde, habe Eisler die Hand über
seine couragierte junge Garde gehalten. Das habe ihn ermutigt, auf direkte Weise zu intervenieren. „Ich bin", besann sich
Sigmar, „direkt zu Eisler gegangen und habe gesagt: ‚Herr Professor, wir können machen, was wir wollen. Auch die DDR-Jugend will die Beatles hören und es ist mir lieber, sie hören sie
auf unserem Sender als auf einem von drüben.‘ Eisler hat mir
zugehört und dann gesagt: ‚Spielt sie!‘ Und so haben wir es gemacht und sie weiter gespielt."

Eisler verteidigte *DT64*, gegen wen immer es sein musste –
selbst gegen die FDJ, denn DT64 war eine Sendung des Rundfunks der DDR und nicht ihres Jugendverbandes. Bei einer versuchten Einmischung von FDJ-Funktionären ins *DT64*-Programm
soll er ihnen kurz angebunden erwidert haben: „Solange ich
hier das Sagen habe, wird gesendet, was ich für richtig halte."

Das war Balsam auf Krauses Wunden, aber ganz geheilt sind sie wohl nie. Enttäuschung und Desillusionierung waren zu groß. Dass in seinem eigenen, von ihm geschätzten Staat als Reaktion der obersten Obrigkeit auf sein unstrittig wirkungsvolles Jugendradio versucht wurde, ihm ein Brett mit der Aufschrift „Keine übertriebene Jugendlichkeit!“ vor den Kopf zu nageln, empfand er als empörende dogmatische Engstirnigkeit und Beleidigung seiner Kompetenz und Intelligenz. Für die beeindruckenden Hörerrekorde konnte er gut und gerne auf Lorbeerkränze verzichten, doch dass ihm Dornenkronen aufs eigenständige Denkerhaupt gedrückt wurden, war für ihn ein schwerlich kompensierbarer Widerspruch. Er wähnte sich auf einer breiten, mit Erfolgen gepflasterten ideologiekonformen Straße und landete plötzlich in einer Sackgasse mit Stoppschild.

Man muss sich vergegenwärtigen: Da wurde ihm von höchsten Gnaden ein freies Spielfeld journalistischer Kreativität angetragen, mit dem er als Kapitän einer produktiven Mannschaft die Jugend seines Landes begeistern sollte – und nachdem ihm das gelungen war, wurde er von höchsten Ungnaden zurückgepfiffen, weil er angeblich die Spielregeln verletzt habe. So, als wäre man sich plötzlich der Kühnheit der eigenen Entscheidung bewusst geworden, der Jugend auch jugendlich zu begegnen und ihr keinerlei Staatsräson aufzudrücken.

Und Sigmars Chefredakteur, der auf eine Sendung mit solch massenhaftem Anklang hätte stolz sein müssen, stärkte ihm nicht den Rücken, sondern fiel ihm in selbigen mit der Drohung, den ersten nachweisbaren Arbeitsfehler werde er ihm schwer ankreiden. Es war eine Situation zum nervlichen Ausflippen. Dass er es nicht tat, lag an seiner Fähigkeit, selbst bei einer sehr hohen Schmerzgrenze nicht in ein resignatives Koma zu flüchten.

Asche aufs Haupt

Dass diese Böserlebnisse die Grundsatzideale des Sigmar Krause nicht beseitigen konnten, ist so klar wie seine Art zu denken und zu argumentieren. Aber ich habe Annahme zu der nur allzu verständlichen Vermutung, dass sein Glaube irreparabel gelitten hat, dass Staat und Partei in dieser personellen Vertretung seine Ideale verwirklichen können. Die in Parteiversammlungen von ihm verlangte Buße bestätigte das in totalitärer Weise.

Sein angeknackstes Innenleben im Zwiespalt von Sozialismustreue und dem Realverhalten seiner Chefverwalter verstand ich später besser, als ich in ähnlicher Leiter- und Moderatorenfunktion das TV-Jugendmagazin *rund* miterfinden und mitgestalten durfte.

Bei Sigmar war es das Berliner Deutschlandtreffen der Jugend, das für *DT64* ungeahnte Spielräume radioaktiver Gestaltung ermöglichte – eine Freizügigkeit, die es gegen eine zunehmend kleinliche, ideologiestarre, beckmesserische Obrigkeit immer konsequenter zu verteidigen galt. Für das Leitergespann von Hartmut Berlin und dem Autor dieses Buches waren es die Weltfestspiele der Jugend, die dem TV-Neuling *rund* ungewöhnliche Freiräume von Inhalt und Form erlaubten, zugleich aber die rote Linie der Toleranz im noch strenger parteikontrollierten Fernsehen weitaus enger zogen als im Rundfunk.

Auch wir durften eine neue Jugendsendung mit zugebilligter journalistischer und musikalischer Liberalität und Weltoffenheit aus der Taufe heben. Es entstand eine neue Dimension von TV-Jugendmagazin, deren unkonventionelle, lebenslustige Nichtbravheit in Dissonanz mit unserem Vorgesetzten, Dr. Rolf Ofen (Name geändert), einem Veteranen der DDR-Jugendbewegung aus der Honecker-FDJ-Ära, immer wieder aufs Neue erfochten werden musste und leider nicht selten auf der Strecke blieb. Da klangen mir die an *DT64* gerichteten Honecker-Worte vom „sauberen Staat" mit „unverrückbaren Maßstäben der Ethik und Moral" in den Ohren. Solcherlei Schelte seines einstigen Kampfgefährte – so hatte sich Dr. Ofen wohl geschworen – sollte ihm und seinem Sender nicht passieren.

Auch wir waren wie Sigmar alles andere als Revoluzzer mit dem nicht vorstellbaren Ehrgeiz, am Ideologiegebäude zu kratzen, wollten aber die uns zugesicherte und gewährte lange Leine bis zu ihrem Ende nutzen. Dass uns dies immer öfter durch Engstirnigkeit und gefordertes uniformes Standardverhalten verwehrt wurde, schürte auf Dauer nicht nur ständige Konflikte mit Vorgesetzten, sondern auch Unzufriedenheit und Zwist untereinander. Und wie Sigmar wollte ich ebenfalls kein ewiger Berufsjugendlicher sein. So warf ich eines Tages ebenfalls das Handtuch und sah wie er meine Perspektive im Auslandseinsatz möglichst weit weg von solchen Querelen.

Wie Sigmar konnten sich auch Hauptabteilungsleiter Hartmut Berlin und sein Stellvertreter nicht den Luxus leisten, manch herben Unwillen zur Entlastung von Herz und Gemüt unbeherrscht in die Mannschaft zu tragen und damit Demotivation zu ernten. Ich konnte darüber in späteren Jahren mit meinem früheren Radiochef auf Augenhöhe reden und war überrascht, welche Parallelen ich zwischen uns fand.

Ich hatte frühzeitig beobachtet, wie inbrünstig er Ungerechtigkeit, Gängelei und Bevormundung verachtete und hasste. Mitunter kam es auch vor, dass sein trockener Humor in wütenden Sarkasmus und Spott umschlug. Ich war deshalb mitunter erschrocken, weiß aber heute, dass er meist so reagierte, wenn er gegen eine festgefügte ideologische Betonmauer der Unveränderlichkeit lief und sich hilflos fühlte. Ja, er war aus Überzeugung Parteimitglied geworden, wollte jedoch nie Parteisoldat sein. Er akzeptierte Parteidisziplin, nicht aber Kommandogehorsam.

Eine gesunde Krankheit, die ihm anhaftete, war eine allgegenwärtige Allergie gegen gedankenlosen sklavischen Gehorsam, gegen ideologische Sturheit und Engstirnigkeit. Partei- oder Zeitgenossen von solchem Schlag hätten in seiner Redaktion keinen Platz gehabt. Es muss bei ihm die Spitze der Unerträglichkeit erreicht worden sein, als nach Honeckers öffentlicher DT64-Zurechtweisung von ihm und seinem Team in betriebsinternen Aussprachen und Versammlungen erwartet wurde, sich Berge von Asche aufs Haupt zu streuen und darin zu versinken – in Reue und Demut und Schuldbekenntnis. Man muss nicht unbedingt übermäßig sensibel und phantasiebegabt sein, um sich den Gemütszustand der Jungredakteure und ihres Chefs vorzustellen.

Das alles scheint er äußerlich weitgehend unbeschadet weggesteckt zu haben, aber im tiefsten Innern hat er es als ungerechtfertigte persönliche Kränkung nie ganz überwunden. Die Brüskierung war – wie er mir später andeutete – zusammen mit dem unverhohlen geäußerten Misstrauen seines Chefs ein ausschlaggebender Grund für seinen Weggang ins journalistische Ausland. Es war eine Flucht in die Weltoffenheit, da zu Hause seine erfolgreiche, aber unkonventionelle, eigensinnige Art zwar beim umworbenen Zielpublikum hohen Anklang fand, nicht jedoch bei seinen Vorgesetzten. Da war Vorsicht angesagt vor einem so ungestüm vorpreschenden Idealisten, der nicht immer normgerecht ins Schema passte, oft jenseits der ausgetretenen Pfade eigene Wege ging und damit auf Dauer unberechenbar schien.

Ein solch extrovertierter, nicht stromlinienförmiger Dickkopf wie er, der sich nicht zum Befehlsempfänger eignete und seinem eigenen Denken und seiner eigenen Logik vertraute, musste konservativen Rückversicherern als unbequemer Querulant erscheinen – und damit als Risikofaktor gegenüber den Tugendwächtern der politischen Oberklasse. Deshalb die oft wiederkehrende Mahnung aus der mittleren Chefetage seines eigenen Hauses: Tanze bitteschön nach den von dir erzwungenen Beatles-Rhythmen, aber tanze nicht zu sehr aus der Reihe.

Der Kapitän bleibt an Bord

Bei all diesen Querelen und Querschlägern, Stolperfallen und Fußangeln in der Tagesmühle der Sendeproduktion wirkte der DT-Frontmann, wo und wann immer ich ihn auch später traf, äußerlich bewundernswert ausgeglichen und souverän. Ihn schützte eine Elefantenhaut, die beim Vorturner der modernsten und zugleich problematischsten Funkredaktion doppelt dick geworden war. Unter dieser Schwarte hielt er sein Innenleben unter Verschluss und sein Benehmen im Gleichgewicht, kokettierte zu *DT*-Zeiten nicht mit seinen Niederlagen und pranzte nicht mit seinen Erfolgen. Er machte sich nicht wichtig, obwohl es ihm keiner in der Redaktion übel genommen hätte, denn er war wichtig.

Da Sigmar zumindest nach außen hin mit charakterlicher Ausgeglichenheit glänzte, konnte er auch ein Mann des Ausgleichs sein – ein Kapitän, der volle Fahrt voraus verlangte, zugleich aber auf Untiefen und Eisberge achtete, um den Dampfer nicht zu gefährden. Als der kurzzeitig ins Schlingern geriet, weil die harsche öffentliche Schelte der Partei- und Staatsmacht sehr hohe Wellen schlug, verkrümelte er sich nicht ins Unterdeck, sondern harrte eisern auf der Kommandobrücke aus und gab das Ruder nicht aus der Hand. Diese Bewährungsprobe, die ihn bis ins innerste Mark traf, hat ihn ein Leben lang begleitet. Den Vorwurf, der Kapitän sei vom Kurs abgewichen, empfand er als von dogmatischer Weltfremdheit geprägte ungerechte und willkürliche Demütigung. Es war der außerordentlichen Beliebtheit des Senders zu danken, dass der Kapitän an Bord bleiben durfte.

Manch anderer war – nein, wurde – über Bord gegangen. Da griff er zum Rettungsring, den er im Extremfall in der obersten Etage des so genannten Funkhausturmes suchte und vom Radiovorsitzenden Gerhart Eisler auch meist bekam. Der Vorsteher Sigmar Krause stand nicht nur vor, sondern auch hinter seiner Crew. Andererseits hatte er die Konsequenz, sich von wiederholt undisziplinierten Mitarbeitern zu trennen. Aber selbst das ging kameradschaftlich und ohne Aufsehen über die Bühne und meist sogar mit der Einsicht des Betroffenen. Zumal Rückkehr bei Besserung nicht ausgeschlossen war.

Jedweder Charakter hat eine multiple Architektur. Sicher hatte auch er seine pessimistische, unleidliche Seite. Die ließ er nie an die Oberfläche, versteckte sie hinter einer schelmischen Art des schlagfertigen Umgangs mit stets paraten verbalen Originalitäten, kaschierte damit auch manch offensichtliche depressive Anwandlung. War ihm eine Spaßvogel-Bemerkung gelungen, lachte er als Erster. Dass er sich über seine eigenen Sprüche stets mit amüsierte, offenbarte eine ungezügelte Lust am Vergnügen. Gelang ihm ein geistreiches Bonmot, sonnte er sich im Glanz eines anerkennenden Gelächters, dem meist nicht weniger pfiffige Ergänzungen seiner nicht weniger wortgewandten Moderatoren folgten. Hinzu kam seine Vorliebe für Wortspiele, die auch vor drastischen Ausdrücken nicht Halt machten. Da kam der Maurer durch. So kam es schon mal vor, dass er seinem Ärger über Dilettanten, Schleimer, Intriganten oder Nassauer mit deftiger Wortwahl Luft machte. Das waren für ihn „Arschgeigen".

Der Ruhepol

Die Doppelrolle von Chef und gleichzeitigem Redakteur war ihm keine Belastung, sondern gewünschter notwendiger Ausgleich zwischen Theorie und Praxis, Schreibtisch und Mikrofon. Er hatte die Gabe, auch in nervösen Situationen Ruhe und Durchblick zu bewahren und komplizierte Sachverhalte mit einem treffenden Wort auf den berühmten Punkt zu bringen. Das war auch der Fall, als der sowjetische Partei- und Regierungschef Nikita Chruschtschow gestürzt wurde, bis dato ein Denkmal des robusten, bauernschlauen, machtbewussten, klugen wie redegewandten, reformfreudigen und respektlosen Staatsmannes, der in der UNO-Vollversammlung schon mal seinen Schuh auszog und ihn als Protest auf seinen Tisch knallte.

Es war der 14. Oktober 1964, ein vorwinterlicher Mittwoch, als uns die Nachricht erreichte. Sigmar befand sich mit mir auf dem Weg zu meiner Junggesellenbude in Berlin-Wendenschloss. Der Redaktionsleiter persönlich wollte sich ein Bild vom Zustand meiner Bleibe machen, die er dann als „unzumutbar" klassifizierte. Noch im Anmarsch auf meine provisorische Unterkunft erreichten ihn Anrufe bestürzter Redakteure, die ihn um seine Meinung und eine erste Erklärung und Einschätzung baten. Auch er war zutiefst erschrocken, fing sich aber schnell, ruderte nicht in einem Meer von Worten herum, sondern sagte nur in ehrlicher Betroffenheit und Schlichtheit: „Kinder, keine Panik, der Parteichef ist nicht die Partei. Wir müssen abwarten, wie es Moskau begründet."

Diese Begründung bestand im Vorwurf eines angeblichen Abdriftens von Chruschtschow in Eigenmächtigkeit und individuelle Sturheit, mit der er eine untaugliche Parteireform und eine unzumutbare Umgestaltung der Landwirtschaft durchgedrückt habe. Zudem sei er mit einer zu großen Annäherung an den Westen zu weit gegangen und habe mit diesem Alleingang auch noch das Politbüro brüskiert. Damit begann die selige und unselige Ära Breschnew, die ich später aus nächster Nähe als Fernsehkorrespondent in der Sowjetunion fünf Jahre begleitet habe.

Die Sache mit dem Salzamt

Redaktionssitzungen bekamen im Eifer der Wortgefechte um wirksame Sende-Inhalte nicht selten kabarettistische Züge, wenn zungengewandte Moderatoren und Reporter wie Karl-Heinz „Kalle" Neumann, Peter Salchow oder Jürgen „Kuno" Babenschneider die humorvolle Argumentationskunst des Chefs auf eine harte Probe stellten. Da gab es gepfefferte Dispute, bei denen es nicht um Rechthaberei ging, sondern um die besten Begründungen für die besten Ideen. Was immer seine Redakteure ihm an Klugheit, Langmut und Toleranz abverlangten – der Redaktionsleiter schien über die verschleißfeste Gabe zu verfügen, seine Mannschaft mit Herz und Verstand motivieren zu können. Eine durchgeistigte Frohnatur.

Sigmar hatte einen Nerv für unkonventionelle Beiträge, die bei entsprechender Originalität auch mal außerhalb des Sendeprofils lagen. So erzählte „Kuno" in einer Redaktionssitzung eine niedliche Schnurre, die schallendes Gelächter erntete und von Sigmar schenkelklopfend zur Sendung empfohlen wurde. Kuno hatte auftragsgemäß in einer Grundschule eine Mikrofon-Umfrage über Berufswünsche durchgeführt und als Gag auch Erstklässler befragt. Eine kesse Sechsjährige hatte den Reporter total verblüfft. Als er wissen wollte, was sie denn mal werden wolle, sagte sie schlicht: „Ich will Mutti werden." Daraufhin konterte Kuno mit dem Hinweis, dass sie dafür aber einen Partner brauche, einen Mann, den sie am besten gleich heiraten sollte. Ja, antwortete das Mädchen ohne zu zögern, dann würde sie eben heiraten. Und wen? „Das Sandmännchen". Da war der wortgewandte Radiomoderator nahezu sprachlos, konnte aber noch die Neugierfrage stellen: „Und warum das Sandmännchen?" Die Kleine hatte eine plausible Erklärung und zögerte damit keine Sekunde: „Weil das Sandmännchen jeden Abend im Fernsehen auftritt. Das muss 'ne Menge Kies haben."

Eine andere Schnurre ging auf Kosten des Volontärs. Eine hundsgemeine Posse, die Kalle und Kuno sich händereibend ausgedacht hatten und in einer Redaktionssitzung vortrugen, in der ich notgedrungen fehlte. Während sich der Volontär aus dem Mansfelder Land im Nachbarhaus bei Frau Rothenburgers Sprecherziehung um Hochdeutsch bemühte, hörte sich die Redaktion mit wachsender Begeisterung die verrückte Idee zu einem hinterlistigen Streich an, der dem abwesenden Praktikanten gespielt werden sollte. Sigmar äußerte – wie ich später erfuhr – psychologische Bedenken, die aber kein Gehör fanden. Dann wurden alle Teilnehmer der Sitzung auf strengstes Stillschweigen vergattert.

Alsdann nahm das Schicksal seinen Lauf, dirigiert von Kuno, dem mit robustem Humor um sich werfenden Sprecher der Dienstag-Sendung. Zu seinen Freizeithobbys gehörte es, andere Leute mit Freude am Spaß aufs Kreuz zu legen. Das ist ihm mit mir auch in Vollendung gelungen. So teilte er denn dem arglosen Opfer den Beschluss aus der Redaktionssitzung mit, welch nächsten Sendebeitrag man von ihm erwarte. Ich sollte ein Telefon-Interview mit dem Chef des Salzamtes führen und ihn befragen, warum der Salzverbrauch in der DDR in letzter Zeit so stark gestiegen sei. Ich glaubte, mich verhört zu haben. „Ein Salzamt? Gibt's denn sowas auch?" „Ja, natürlich, hast du nie was davon gehört?", empörte sich Kuno. Andere taten es ihm gleich. Ich staunte und zweifelte, schließlich jedoch war mir mein Unwissen peinlich, weshalb ich auch den Redaktionsleiter damit nicht behelligen wollte.

Eine Bestätigung für das fragwürdige Unterfangen wollte ich aber noch von unseren beiden Sekretärinnen Maggie und Heidi einholen, die bei der Sitzung ebenfalls dabei gewesen waren. „Wenn", so attackierte ich sie, „wenn es ein Salzamt gibt, dann müsste es ja auch ein Marmeladenamt geben – und ein Zuckeramt und ein Honigamt und ein Pfefferamt. Das ist doch nicht möglich!" „Doch!", meinten beide mit unbewegter Miene, „doch, das gibt es, sonst könntest Du ja nicht dieses Interview machen." Das war eine seltsame Argumentation. Als jedoch auch die verständnisvolle wie sanftmütige und immer gut aufgelegte Chefsekretärin Frau Hensel die Seriosität des Auftrages bestätigte, verflog mein Argwohn endgültig.

Was mich noch einmal kurz stutzen ließ, war das eilfertige Angebot von Kuno, mir die Telefonverbindung herzustellen, was er auch sofort tat. Als er mir den Hörer in die Hand drückte, war ich wenig später mit der Chefsekretärin des Salzamtdirektors verbunden, die mich auch zu ihm durchstellte. Das sogenannte Salzamt befand sich – wie ich später erfuhr – in einem Nachbarstudio, sein imaginärer Direktor war Kalle Neumann und seine Sekretärin spielte ausgerechnet Frau Hensel, der ich am meisten vertraut hatte.

Das zusätzlich Gemeine war, dass man den Volontär das Interview auch noch auf 2 Minuten und 20 Sekunden heruntercuttern ließ. Als zu lang befunden wurde zudem mein Einleitungstext, den ich ebenfalls zu kürzen hatte. Mehr Schikane geht nicht! Doch, indem meine gesamte Produktion zum landesweiten öffentlichen Gaudi über den Sender abgespielt wurde. Natürlich war ich an jenem für mich denkwürdigen Tag, dem 25. Januar 1965, in der Regie, um die Ausstrahlung meines ersten längeren Beitrages so richtig genießen zu können. Ich wunderte mich nur, dass in geschlossener Formation nahezu auch die gesamte Redaktion vertreten war, schöpfte aber keinen Verdacht. Dann war die Sendezeit 15.30 Uhr da und Kuno kündigte mein Werk an. Ich hörte ihn sagen: „Es ist guter, schlitzohriger Brauch, dass Lehrlinge ein wenig veralbert werden. So, wie man Gärtnerlehrlinge nach Stecknadelsamen schickt, haben wir auch unseren Volontär Dieter zum Salzamt geschickt. Hören wir uns mal an, was er dort erfahren hat."

Selten ist es wohl in einer Senderegie so lustig zugegangen. Alle klopften sich vor Lachen die Schenkel wund. Auch ich lag flach und schnappte nach Luft, aber aus anderen Gründen. Zugleich begriff ich instinktiv in Sekundenschnelle, dass ich ihnen den Triumph nicht uneingeschränkt gönnen dürfe. Aber alles zu seiner Zeit. Zunächst mitspielen, also mitlachen. Ich weiß heute allerdings nicht, ob das sehr echt klang. Jedenfalls musste ich einige Nervenstränge verknoten, um nicht die Beherrschung zu verlieren und mich und andere zu beschimpfen.

Ja, ich verstehe Spaß, aber nicht solchen auf Dummenfang, bei dem ich das Opfer bin und DDR-weit ausgelacht werde. So jedenfalls empfand ich es. Mein begonnenes journalistisches Selbstwertgefühl schien durchlöchert. Die Sorge, meine Mutter oder meine Freundin Gudrun hätten es vielleicht gehört, bestätigte sich gottlob nicht. Dafür aber machte die Schnurre im gesamten Rundfunk die Runde und sorgt auch noch heute beim Treff der DT64-Veteranenrunde für Gesprächsstoff, wie ich selbst miterleben durfte.

Das Salzamt war also meine Feuertaufe in der Kategorie „Spaß und Schabernack". Das Original-Sendeband mit der Nummer JR/BR 3623, sauber abgezeichnet vom verantwortlichen Redakteur und technisch freigegeben von Studiotechniker Ingo Langberg, liegt heute wohlverwahrt im Raritätenschrank meines Arbeitszimmers.

Schon in meiner Lehrzeit auf dem Walzwerk Hettstedt sollte ich auf die Nudel geschoben werden. Der künftige Elektromonteur sollte einen Sack mit Spannungsabfällen abholen. Diesen Dienst habe ich verweigert, denn das erschien mir denn doch zu abwegig. Das Salzamt zwar auch, aber die sprechgeübten Moderatorenprofis waren überzeugender als meine Walzwerkkumpel. Die vom Spielspaß beflügelten Laienschauspieler hatten mich einfach überrumpelt und krachend aufs Kreuz gelegt. Eins zu null für sie.

Der einzige, der mit mir fühlte, war Redaktionsleiter Sigmar. Ihm sei, erzählte er mir, als Maurerlehrling Ähnliches widerfahren, als er einen Erdhobel holen sollte. Der Kollege in der Werkzeugausgabe hatte bedauernd mit den Schultern gezuckt und ihm als Ersatz einen Böschungswinkel angedreht, der eigens für ihn gefertigt wurde. Das tröstete mich. Und sein Stellvertreter Manfred Kühn sollte als Schmiedelehrling Ambossfett holen und hatte es ernsthaft versucht. Auch seine Laufbahn als Journalist war daran nicht gescheitert.

Sigmar war nicht nachtragend, aber in diesem Falle konnte er sich eine leichte Mahnung an seine Truppe nicht verkneifen: „Leute, ich habe es euch gesagt. Kratzt nicht am Selbstbewusstsein des Jungen, das er gerade erst aufbaut. Es war eine deftige Schote!"

Nach dem ersten Schreck sah ich die Klamotte etwas lockerer, denn gerade auch diese unbeschwerte, frechelnde Keckheit war es ja, die den Jugendsender jugendlich machte. Also rächte ich mich auch auf dieselbe Art, indem ich die Täter-Opfer-Rolle umkehrte. Ich selbst erzählte, wann immer es ging, die Story aus meiner Sicht in heiterer Gelassenheit weiter, malte sie dabei in farbiger epischer Breite aus und trug so tatkräftig dazu bei, sie zu einem Klassiker der Funkgeschichte zu machen. Man hörte belustigt zu und amüsierte sich mit mir gemeinsam, denn schließlich war ich es ja, der im Mittelpunkt der Anekdote stand – und das genoss ich.

Sigmar war wohl der einzige, der diese Taktik durchschaute, denn er klopfte mir augenzwinkernd und schmunzelnd auf die Schulter, froh, dass sein Volontär nicht ins Mimosenhafte abgerutscht war. Es wirkte wie ein befreiender, anerkennender Ritterschlag und war vielleicht sogar einer – von einem Journalisten, der die Reaktion seines Praktikanten gut verstand, weil ihm Psychologie und Einfühlungsvermögen keine Fremdworte waren und er sich vielleicht daran erinnerte, mit welchem Ehrgeiz er selbst sein Dasein als Radiomann begonnen hatte.

Das war auch so, als das prominente Sprecherpaar Kalle und Gretel es gut mit dem Volontär meinten und ihn der Hörergemeinde in einem Interview vorstellen wollten, aber der neue Azubi aus Respekt vor dem Livemikrofon kaum ein Wort herausbrachte. Ich war einfach noch nicht soweit.

Auch da hörte ich, wie Sigmar zu beiden Mikrofonisten sagte: „Kinder, ich habe euch gewarnt. Der Junge muss langsam ans Mikro rangeführt werden." Er hätte das anordnen können, doch solcherlei Freiheiten überließ er den Machern. Er war ein Leiter, der klare Richtlinienbefehle erteilte und inhaltliche Grundsatzentscheidungen fällte, aber er war kein Diktator, der ihre Umsetzung bevormundete, damit Kreativität, Individualität und Originalität erstickte und so sterile, uniforme Einheitssendungen produzierte. Das Gegenteil war der Fall. Er wollte innerhalb des maximal Machbaren auch höchstmögliche themenfarbige Wirksamkeit mit dem Anspruch einer ehrlichen, realen Interessenvertretung der Jugend.

Bitte kein Protokollquark!

Seinen Wesenszug, Ursache und Wirkung in nüchterner Sachlichkeit treffsicher abschätzen zu können und in größeren Zusammenhängen zu denken, konnte ich mehrfach an ihm beobachten – sowohl in kleinen wie auch großen Dingen. Das bewahrte ihn auch vor eitler Selbstgefälligkeit. So verstand er sich und seine Leute als kollektiven Anwalt der jungen Generation, die der auf Zeit angelegten Extrawelle nach dem offiziellen Ende durch massenweise Zustimmung das Mandat für ihre Fortführung als eigenständiges Jugendradio gegeben hatte. Sigmar sah die Aufgabe darin, dieses Vertrauen Tag für Tag zu rechtfertigen und die Hörerbriefe bestätigten es ihm.

Ich hatte diese überwältigende Resonanz in der Hörerpost-Abteilung stapelweise auf meinem Schreibtisch. Daraus sprudelte eine Quelle von Ideen und Anregungen, die Wasser auf die Mühlen der Redaktion waren und den Journalisten einen nicht versiegenden Strom an Kreativität lieferte. Kaum ein Brief oder eine Karte, an deren Schluss nicht die Aufforderung stand: „Macht weiter so!" Was heißen sollte: Wir brauchen eure Radiowelle mit Prosa- und Popkultur, mit unkonventionellen verbalen und musikalischen Tönen und Zwischentönen, mit Schlager, Twist, Hully-Gully, Jazz und Rock, mit Kurzreportagen, Kino- und Theatertipps, pfiffig-pointierten und kritisch-polemischen Wortmeldungen. Nicht in manierierter, gestelzter Form, sondern in verständlicher Alltagssprache, für die der Vorarbeiter Krause die Formel ausgab: „Locker und leicht, aber nicht seicht!"

Die Resonanz der Junghörer waren Liebeserklärungen, die einen gemeinsamen Nenner hatten: Wir mögen euch. Wir verstehen uns. Wir finden uns bei euch wieder. Ihr seid unser Heimatsender.

Um das zu erreichen, hatte Sigmar die zwanzig talentiertesten Jungredakteure aller Hörfunksender um sich geschart und den Freibrief bekommen, im Rahmen von Recht und Gesetz relativ autark schalten und walten zu können. Er war für seine Leute schon deshalb glaubwürdig, weil er als Chef die von ihm geforderte journalistische Qualitätsleistung auch selbst brachte. Das meistgebrauchte Werkzeug des Maurers Krause war nicht mehr die Kelle, sondern das Mikrofon. Sein wichtigstes Bindemittel war jetzt nicht Mörtel, sondern Vertrauen. Und an die Stelle des fundamentalen Grundmaterials Zement trat nun der Rohstoff Grips.

Mit all dem baute er Stein für Stein ein Sendeformat auf, das mit der Jugend für die Jugend da war. Er wollte keine gekünstelte Anbiederei, sondern mittendrin sein im Alltagsleben junger Leute. Kein Schreibtischhengst also, sondern ein Vollblut-Radiomann, der sich selbst mit dem Mikrofon in der Hand beim Livereportern aus dem Stegreif am wohlsten fühlte. Mit einer solch gebündelten Radioaktivität habe ich ihn kennen und schätzen gelernt.

Andere meinten, mit seinen unangepassten Ansprüchen an *DT64* ginge er zu weit. Auch mit seinem Ausscheren aus respektvollen Gepflogenheiten. So waren ihm ein Gräuel mit Magenpickel-Potenzial offizielle Verlautbarungen und ellenlange Funktionärstitel, wie sie die *Aktuelle Kamera* des Fernsehens auf Geheiß und im ständigen Fokus der Partei- und Staatsführung unter Honeckers, Herrmanns und Mielkes Kuratel herbeten musste. Gnadenlose Titelschlangen bis hin zum „Generalsekretär des Zentralkomitees der Sozialistischen Einheitspartei Deutschlands und Vorsitzenden des Staatsrates der Deutschen Demokratischen Republik". Für Sigmar gehörten solche Wortgirlanden in feierliche Staatsakte und allenfalls in Nachrichtensendungen, aber nicht in seine Jugendwelle. Das war ein absolutes Tabu und ich vernehme noch heute seine rigorose Warnung: „Kommt mir nicht mit sterilem offiziellem Protokollquark! Den könnt ihr gleich selber rausschneiden oder ich lasse bei Livesendungen die Regler zuziehen!"

Andere Weisungen waren ebenso unmissverständlich: „Keine Rumlaberei! Freche Sprüche sind erlaubt und erwünscht, aber nur oberhalb der Gürtellinie!" Er konnte geistreicher Lästerer und zugleich derber Spaß- und Spottvogel sein, der sein Team aber auf dem Sender um Differenzierung bat: „Klopft lose Sprüche, wenn ihr wollt, aber bitte keine Beleidigungen, auch wenn's schwer fällt!"

Nicht zu vergessen der verbale Feingeist Krause, dessen Phonetik selbst bei kabarettreifen Spitzfindigkeiten sprachliches Niveau hatte und der auch seine Mannschaft zu offenherzigen, saloppen Worten ermutigte, zugleich aber Sprach-Ästhetik anmahnte: „Redet, wie euch der Schnabel gewachsen ist, aber – wenn's geht – nicht zu viel Wortschlamperei!" Erlaubt waren auch nach seinem Duktus „originelle Anspielungen, aber keine Anzüglichkeiten!" Und worauf er den meisten Wert legte: „Bitte freie Rede! Ich will keine Papiere sehen!"

Die Krause-Regeln trafen erst recht auf den Volontär zu, der das Rundfunk-Handwerk von der Pike auf lernen sollte. Und da besaß ich den besten Lehrmeister, der in meiner Funk-Lehrzeit auf die Folgerichtigkeit meiner journalistischen Entwicklung achtete, um mich nicht zu überfordern, indem er behutsam ausprobierte, was ich können könnte und was nicht. So ging es denn treppchenweise bergauf: Hörerpost-Abteilung von Willi Hundt, Redaktionsgruppe Wirtschaft von Ingrid Kuhfeld, Mikrofon-Umfragen, Berichte vom Band, schließlich Livereportagen, die Krönung des Radiojournalismus, der damals keineswegs selbstverständlich war. Da gab es bestimmte Ängste, denn bei einer Direktsendung ist das gesprochene Wort eben raus und weg, Versprecher oder ein Blackout sind nicht mehr korrigierbar.

Dazu muss man wissen, dass im Hörfunk der 1960er Jahre außer Nachrichten so ziemlich alle Radiobeiträge auf Band – den sogenannten Schürsenkel – aufgezeichnet wurden. Dass DT64 seine Sendungen live fuhr, war neu und rückte die Moderatoren und Reporter noch näher an ihr Publikum heran, auf dessen Telefonanrufe sie beispielsweise sofort reagieren konnten. Und dass ein stundenlanges Erlebnisprogramm wie „Marktplatz unserer Sensationen" aus verschiedenen DDR-Bezirken als Direktübertragung lief, glich einer Sensation. Sigmar erinnerte sich: „Ich wollte keine vorgestanzten Sätze, sondern die freie Rede. Es gab damals noch viel starre, verkrustete Funkformen, die wir deshalb aufbrechen mussten, um lebensechter zu werden. Das ist uns, glaube ich, ganz gut gelungen."

Dass mein Chef schon nach kurzer Zeit das Vertrauen zu mir hatte, mich live auf den Sender zu lassen, machte mich glücklich. Mikro in die Hand und Kopfhörer auf! Der Volontär durfte mitmischen beim monatlichen „Marktplatz". Originalreportage vom Tauchgang des Kollegen Achim Kretzschmar im Hafenbecken von Rostock-Warnemünde, während Sigmar 35 Meter höher auf dem Leuchtturm über Attraktionen des Ostseebades

informierte und der jungen Hörergemeinde Urlaubstipps gab.
Oder ein Bericht aus der Schule in Arnstadt oder von einer spektakulären Hubschrauberlandung in Templin. Es war meine Welt
der journalistischen Funksrpüche!

Abgeschlafft, aber glücklich nach gelungener „Marktplatz"-Livekiste:
die Reporter Achim Kretzschmar und Manfred Kühn, Chef Sigmar Krause,
der Volontär (von links nach rechts).

Ich hatte im Kontext des Sendeplanes meine redaktionelle Aufgabe und niemand redete mir in mein Reden rein. Nur Moderatoren wie Karl-Heinz Neumann und Margarethe Ortner – bekannt als Kalle und Gretel – forderten meine Wortmeldungen
ab, hakten nach, gaben ihren Senf dazu – meistens der von der
scharfen Sorte. Aber keine Auflagen, keine kleinlichen Regle-
mentierungen, keine peinlichen Manuskriptüberprüfungen oder
Textabfragen. Stattdessen das freie Wort, das zur notwendigen
Einhaltung der Sendezeit nur durch minutiöse Vorgaben eingeschränkt war. Das zwang zu Konzentration, Kürze und Würze
zwischen den Musikblöcken.

Mich machte stolz, dass Sigmar und seine Mannschaft mich schon nach einer kurzen Zeit bestandener Bewährung spüren ließen, dass sie mich nicht notgedrungen als in die Redaktion hineindelegierten Übergangskader akzeptierten, sondern als Mitstreiter achteten. Diese durch eine besondere Mission zusammengeschweißte Gemeinschaft hatte mich als Familienmitglied in ihrer Mitte aufgenommen. Das war wie eine Taufe.

DT64 wurde mein Leben, füllte mich aus, gab mir das warmsonnige Gefühl kollektiver Geborgenheit und ließ meine Hoffnung zur Gewissheit werden, hier kreuzrichtig zu sein. Ich konnte meine Stärken und Schwächen ausloten und das Gebrauchtwerden bis zum Anschlag meiner Möglichkeiten ausschöpfen und auch genießen. Ich war knappe zwanzig und der Jüngste, der Benjamin, der Filius des Teams.

Die Folgeära des Ostberliner Deutschlandtreffens war eine Zeit kultureller Freiräume für die DDR-Jugendpolitik. Und *DT64* nutzte sie in der ganzen Bandbreite seines Sendungsbewusstseins. Sigmar hatte auf der 4. Journalistenkonferenz des ZK der SED im Dezember 1964 einen Satz formuliert, der zum geflügelten Wort wurde: „Wer im Kopf klar ist, der kann ruhig mit dem Hintern wackeln!" Womit er den Westtönen von Twist und Beat DDR-Salonfähigkeit verlieh, mit Beifall bedacht von den Genossen im Präsidium.

Geredet wurde nicht nur über Marx, sondern auch über Murks. Und tonangebend waren nicht nur Lenins Worte, sondern auch Lennons Lieder, die von *DT64* erstmals auf einer öffentlichen DDR-Funkwelle gespielt wurden. Mehr noch: Beatles-Ohrwürmer und andere Westhits konnten junge Leute durch einen Mitschnittservice auf ihren Tonbandgeräten sauber aufzeichnen, weil die Moderatoren sie ansagten und vor und nach den Titeln kleine Pausen ließen. Das war mitgedacht und mitgemacht. Optimal für die Musikfans – und die gab es zuhauf, darunter auch der Volontär.

Sigmars Faustregel hieß: Nicht alles Zuquatschen! Ein Drittel Wort, zwei Drittel Musik. Und bei diesen zwei Dritteln waren nicht, wie durch die staatliche Wächteranstalt AWA vorgeschrieben, höchstens 40 % Westschlager erlaubt und mindestens 60 % DDR-Produktion Pflicht, sondern in der Proportion allenfalls halbe-halbe.

Dabei konnte ich begeistert mithelfen. Meine ins andere Deutschland gewechselte Kinder- und Jugendfreundin Edith hatte mir bei den jährlichen DDR-Besuchen ihrer Verwandtschaft ab und zu Westplatten mitgebracht, die Kuno auf Studiobänder überspielte und hemmungslos sendete. Ob Elvis Presley, Paul Anka oder Cliff Richard – niemand inner- oder außerhalb des Hauses regte sich darüber auf. Dieser Ärger war Krauses Offensive für den Radiovormarsch der Beatles in der DDR vorbehalten – und dies gleich in der Dimension einer öffentlichen Hinrichtung.

Ein zerschlagener Traum

Die Volkskammer hatte im Februar 1965 das „Gesetz über das einheitliche sozialistische Bildungssystem" beschlossen. Es orientierte darauf, Absolventen von Hochschulen und Universitäten dort einzusetzen, wo sie dem Staat am nützlichsten erscheinen. Das kippte vier Jahre später nach Ende des Studiums meinen bereits abgeschlossenen Vorvertrag mit *DT64*, weil ich mit weiteren zwölf Uni-Abgängern auf allerhöchsten Beschluss am dringlichsten im Fernsehen gebraucht wurde.

Ich weigerte mich mit Hinweis auf meinen Vertrag und verdrahtete mich, da Sigmar bereits weg war, mit seinem Stellvertreter Manfred Kühn. Der informierte die Intendantin des Berliner Rundfunks, Hertha Classen. Sie wiederum intervenierte bei dem als klug und vernunftbegabt bekannten Politbüro-Medienchef Werner Lamberz, der natürlich nicht über den langen Schatten seiner eigenen Mit-Entscheidung springen konnte. Er ließ wissen, dass der ZK-Beschluss der Partei keine Zufallslaune sei, auch ein Kultsender keine Sonderrechte gepachtet habe, der Absolvent Wahl kein Ausnahme-Genosse sei und selbiger sich deshalb ohne weiteres Sträuben sofort in Berlin-Adlershof zum Dienstantritt einzufinden habe.

Diesen Parteiauftrag mit versteckter Drohung teilte mir Manfred postwendend am Telefon mit – in derselben Wutverfassung wie ich. Da man das Jahr 1969 schrieb, lud er mich zur Feier des fünften *DT64*-Geburtstages nach Berlin ein. Da, so meinte er, könnten wir die ganze Sache nochmal in aller Ruhe beschnarchen. So wurde es dann auch und wir trafen uns bei der Jubiläumssause in der Kongresshalle am Alexanderplatz. Unser Gesprächsort war die Theke. Ab dem ersten Glas Wodka suchten wir nach einer Lösung und waren uns beim ungefähr zehnten Glas einig, dass es keine gibt. Damit war mein Radiotraum ausgeträumt.

So wurde ich denn in widerwilliger und knurriger Verfassung zum Fernsehfunk gegangen, was – wie sich herausstellte – auf Dauer nicht so arg nachteilig war. Zuerst Nachrichtenkanal *Aktuelle Kamera*, anschließend Jugendsendung *rund*, in die ich viel *DT64*-Erfahrung einbringen konnte, und dann Auslandskorrespondent in Moskau und Paris.

Auch Sigmar war als Rundfunk-Korrespondent ins Ausland gegangen, nachdem er sich mit Teilen seiner Chefredaktion zerstritten hatte. Er machte den Chefsessel für seinen Nachfolger Jonny Marhold frei und berichtete aus London und Neu-Delhi. So war es kein allzu großer Zufall, dass sich unsere Wege mitunter auf Flugplätzen kreuzten und wir bei einer Tasse Kaffee ins Fabulieren gerieten – über unsere ähnlichen Schicksale sowie über Gott und die Welt und nicht zuletzt auch über unsere gemeinsamen irdischen Götter in Berlin, die derweil fleißig am Ruin ihres Systems arbeiteten, das auch das unsrige war.

Zum Abschalten verurteilt

Mit viel ungläubiger Bitterkeit nahm Sigmar in der Geburtsstunde von Einheitsdeutschland zur Kenntnis, was er früher selbst dem ärgsten Klassenfeind im anderen Deutschland nicht zugetraut hätte und was sich nun sogar in regierungsamtlicher Übereinstimmung beider Deutschlands laut Einigungsvertrag Schritt für

Schritt vollzog: Sein Sender sollte nicht mehr gebraucht werden, obwohl ihn eine Million Hörer brauchten und in Ost und West die Jugendbewegung „Rettet DT64" lostraten. Allein in Dresden gingen 10000 Demonstranten auf die Straße und in altwestdeutschen Städten wie Braunschweig gründeten sich *DT64*-Freundeskreise. Solidarität mit dem Sender bekundeten sogar Prominente verschiedenster Couleur aus Ost- und Westdeutschland wie im politischen Sektor Günter Gaus und Regine Hildebrandt oder in der Kultursparte Udo Lindenberg und Tamara Danz.

Nichts half! *DT64* war von vornherein regierungsgewollt zum Abschalten verurteilt. Eine kritische, unbequeme Stimme des Ostens, die auch im Einheitswesten unter anderen gesellschaftlichen Vorzeichen aufmüpfig geblieben war. Zu laut, zu gegenstromig, zu unbotmäßig, zu widerborstig, zu ostdeutsch! Der Berliner Bär westdeutscher Gattung wollte sich keine Ostlaus in den Pelz setzen. Aus Richtung Bonn kam starker Westwind, der den Fremdkörper in der BRD-Medienlandschaft wegblasen sollte. Dass damit zugleich die eigene begrenzte Freiheit für Anderstönende bewiesen wurde, war für die Sieger hoch zu Ross das kleinere Übel. Presse- und Medienfreiheit? Für Axel Cäsar Springer ja, für Sigmar Krause nein.

Nach einem beschämenden Hin- und Hergezerre der BRD-Funkanstalten, bei dem sich vornehmlich der Norddeutsche Rundfunk *NDR* in der Rolle eines Hauptblockierers gefiel, wurde der Jugendsender schließlich bei der Jagd auf DDR-Rudimente zum Abschuss freigegeben. Das änderten weder eigene Kraftakte noch eine partielle Übernahme durch den Mitteldeutschen Rundfunk *MDR* oder Protestdemonstrationen einer gesamtdeutschen Hörergemeinde.

Just am 1. Mai 1993, dem „Internationalen Kampftag der Werktätigen", endete schließlich der Kampf um das Fortbestehen von *DT64* nach 29 glorreichen Sendejahren, in denen sich das einstige Pfingst-Studio mit Bravour als Institution, Anwalt und Sprachrohr der Jugend etabliert hatte. Eine DDR-Kulteinrichtung war gestorben, an der sich Generationen von Funkmagazinen orientiert hatten. Oft kopiert, aber nie erreicht!

Selbst ein Thomas Gottschalk gestand, den frischen, spritzigen Soundmix aus Wort und Musik mit seinen bayerischen Ohrlöffeln gern inhaliert zu haben.

So kam es, wie es kommen musste, weshalb sich die große Politik das zeitraubende formelle Vorgeplänkel der Scheinheiligkeit hätte sparen können. Der Bundestag diskutierte den Erhalt von *DT64* und lehnte ihn mehrheitlich ab. Das junge ostdeutsche Volk wollte seinen Heimatsender, seine altwestdeutschen Interessenvertreter wollten ihn nicht. Was kümmerte die Volksvertretung das Volk? Es sollte radiomäßig nicht zusammenwachsen, was fairerweise zusammengehörte, was einem Kanzler Kohl aber nicht ins politische Farbenspektrum passte. Denn ein „Rotkohl" war ja wohl nicht denkbar. Insofern hatte alles seine Logik.

Logisch war deshalb auch, dass einem Sigmar Krause nicht nur das Heimatgefühl für *MDR Sputnik* abging, sondern für die gesamte, dem Osten Deutschlands übergestülpte Westgesellschaft, mit der er in keiner Weise zurechtkam. Und er wollte es vielleicht auch nicht in seiner grenzenlosen Enttäuschung darüber, was Neudeutschland mit der im Grundgesetz verbürgten Würde des Menschen anfing, die um rund 13 000 Beschäftigte einen großen Bogen machte und sie aus einem festgefügten Berufsleben von Funk und Fernsehen in den freien Fall der Arbeitslosigkeit schickte.

Wie sollte er zudem ein System gutheißen können, dass sein Geisteskind auf dem Gewissen hat, eine Hörerinstitution, die ihn immer – egal, wo er war – als seine Lebensleistung in Gedanken begleitete. Und als ungeheuerlich empfand er, dass der Westberliner *RIAS* seinem *DT64* in einem hinterhältigen Piratenakt die Frequenzen stehlen konnte. So geschehen am 7. September 1990. Andererseits aber war erfreulich, dass mehr als eine Million Stammhörer die Rückgabe des Diebesgutes erzwangen. Die endgültige Entsorgung des Senders konnten sie nicht verhindern.

Danach war der Nachwende-Rentner Krause auch stolz darauf, welche Pfründe an Können und Erfahrung sein *DT64* ins

Einheitsdeutschland einbrachte. Ein Potenzial an professionellem Personal, das seine eigene obskure Geschichte bekommen sollte. Die mediale BRD-Obrigkeit, die das Sender-Original nach der gesamtdeutschen Machtübernahme zerstörte und die Trümmer zu einer Musikkiste zusammenzimmerte, konnte aus der verramschten Erbmasse Spitzenmoderatoren für ihr ARD-Fernsehen rekrutieren.

Die Hallenserin Susanne Daubner wurde Nachrichtensprecherin der *Tagesschau* und der Spreewälder Jens Riewa ihr Chefsprecher. Stefanie Markert, Frank Aischmann, Ingolf Rackwitz und Matthias Reiche gingen als ARD-Korrespondenten ins Ausland. Hagen Boßdorf avancierte zum Chefredakteur des Ostdeutschen Rundfunks und auch andere ehemalige *DT64*-Macher konnten dem Hörfunk treu bleiben: Mein „Salzamt"-Pate Jürgen „Kuno" Babenschneider in der Sportredaktion des *ORB*, Joachim Dresdner bei *Radio Sachsen Anhalt*, Jörg Wagner beim Berlin-Brandenburg-Sender *RBB*, Marion Brasch und Knut Elstermann bei *Radio EINS*. Sie alle wurden in der gesellschaftlichen Neuzeit trotz teilweiser ideologischer Bedenken mit Kusshand genommen, weil sie profunde ausgebildete Journalisten sind.

Dudelsender waren nichts für ihn

Die fremdbestimmten Tücken des gesellschaftlichen Umbruchs erwischten meinen Ex-Chef und Freund Sigmar mit existenzieller Tragweite, wie er mir bei einem *DT64*-Treff bei einer Bierplauderei gestand. Und das nicht nur beruflich, sondern mit einer Ehescheidung auch familiär. Er tummelte sich wie sein ehemaliger Volontär zu diesem Zeitpunkt in einem hochaktiven professionellen Dasein, womit uns dasselbe Schicksal plötzlicher Entlassung und Arbeitslosigkeit verband. Im Zenit des Berufslebens ein Senkrechtsturz aus der Höhe geistiger und journalistischer Regsamkeit ins Nichts. Denn wer – wie unsere Betriebe offiziell hießen – beim Staatlichen Komitee für Rundfunk und dem für Fernsehen arbeitete, der war natürlich DDR-staatsnah, wie es die Namen der Institutionen in plausibler Deutlichkeit vermeldeten.

Nach dem mit geballter politischer Westwucht zerschlagenen Jugendradio *DT64* trat seit Mai 1993 *MDR Sputnik* an seine Stelle, ein Sender des Mitteldeutschen Rundfunks mit dem Motto „Einfach die beste Musik", eine einfallslos gestrickte Masche. Bis heute ein Schlager- und Gewinnspielradio, das – gemessen an Qualitätsmaßstäben – in die Bedeutungslosigkeit abrutschte. Nach einem kurzen Gastspiel bei seinem Nachfolgesender war Sigmar mit starken Bauchschmerzen ausgestiegen, die – da ihr Epizentrum im Gehirn lag – medizinisch nicht behandelbar waren. Denn statt zumindest eines kleinen Hauchs von bunter Jugendwelle gab es nun einen – wie er ihn nannte – „Dudelsender" mit Dauermusik, Glücksspielchen, Moderatorengeplapper und Standardnachrichten. Journalistisch indiskutabel, weil banal, farblos, null acht fünfzehn. Mit origineller, ideenreicher Musik-Wort-Radiounterhaltung hatte das nichts mehr zu tun. Ein solch anspruchsloses Ätherwellen-Programm konnte für den Kreativgeist Krause für den Rest seiner Tage unmöglich zur befriedigenden Lebensaufgabe werden – und dies zu allem Übel auf den Scherben seines geliebten Senders, auf dessen Grab er nicht auch noch herumtanzen wollte. Für ihn eine graue Klangmasse mit kultureller Schlagseite, degradiert zur Tonkulisse.

Schließlich ein Lichtblick und ein neues berufliches Zuhause. Das fand er als „Chefredakteur Wort" beim Seniorensender *Radio 50plus*, gegründet 1994 vom westdeutschen Showmaster Wim Thoelke und dem ostdeutschen Funkjournalisten Peter Bosse, einem guten alten Kollegen. Schon ein Jahr später war Schluss. Nach Thoelkes Tod wurde mit ihm auch dieses Funkformat begraben und die Station in *Spreeradio 105,5* umbenannt. Damit kam es zu einem weiteren „Dudelsender", in dem ein dynamischer, dem wirkungsvollen, entertainerhaften Funkjournalismus verfallener Radiomacher mit Leib und Seele wie Sigmar nichts mehr zu suchen hatte.

Er konnte keine Klinken putzen

Das alles lud der von mir verehrte Freund und Kollege bei mir ab, als ich ihn am 26. Oktober 2018 und damit ein knappes Jahr vor seinem Tod in seiner Wohnung in Grünau besuchte. Dass er sich danach zurückziehen würde, dass es ein letztes Treffen war, ahnte ich nicht, obwohl einiges darauf hindeutete.

Als er im Türrahmen stand und mich mit freundlichem Lächeln begrüßte, schien alles in Ordnung. Dann bei näherer Betrachtung die Ernüchterung. Ich war erschrocken über seinen depressiv und apathisch wirkenden Zustand, den er nur mit Mühe verbergen konnte. Er steuerte auf die 85 zu, machte aber den Eindruck eines steinalten Greises.

Dass dieser Mann, der mir nun wie die personifizierte Enttäuschung vorkam, einst vor Optimismus, Tatendrang und Lebensfreude sprühte und Ideen-Feuerwerke zünden konnte, die eine ganze Redaktion begeisterten, war nahezu unglaubhaft. Das war nicht nur Krankheit. Da zeichneten sich psychische Blessuren ab. Ich suchte bekannte kämpferische Wesenszüge und fand Resignation. Kaum etwas schien geblieben zu sein von dem Aktivisten der ersten Stunde, der mit seinen Gleichgesinnten unbeirrt durch dick und dünn gegangen war.

Sigmar, der stets ein perfekter Gastgeber sein wollte, schickte sich an, uns einen Kaffee zu kredenzen. Die Filtermaschine hatte ihr Werk verrichtet und er holte zwei Tassen aus dem Schrank. Dann griff er die gläserne Kanne und ihr dampfender Inhalt schwappte zu Boden, gefolgt von splitterndem Glas. Offensichtlich war die Kanne sehr alt und ihr Plastehenkel so verschlissen, dass er die Nichtbeachtung seines desolaten Zustandes mit Dienstverweigerung bestrafte. Die Situation erschien mir fast wie ein Symbol von Sigmars fragiler, destruktiver Verfassung. Er entschuldigte sich im verzweifelten Tonfall eines Mannes, der glaubt, dass ihm alles misslinge.

Die Kanne hätte längst durch eine neue ersetzt werden müssen, aber für solch häusliche Notwendigkeiten schien der gebrechliche alte Herr keinen Blick und keinen Nerv mehr zu haben. Sein Anblick schmerzte, zumal seine Selbstbeherrschung nur schlecht kaschieren konnte, dass ihm jeder Handgriff Mühe bereitete. Sein Körper führte ein Eigenleben, das nur noch bedingt mit der Schaltwarte seiner Gehirnzentrale kommunizierte.

„Du, ich bin auch kein Küchenmensch", versuchte ich zu trösten, „was denkst du, was mir schon alles danebengegangen ist." Er ließ sich widerstandslos Kehrschaufel und Lappen entwinden. Ich wischte den Schlamassel auf und versuchte eine weitere tröstende Bemerkung: „Dann weiß ich wenigstens, Sigmar, was ich dir das nächste Mal mitbringen kann. Außer Büchern zwei Kannen – eine zum Sofortgebrauch und eine als Reserve. Der Trend geht zur Zweitkanne." Er bemühte sich um ein dankbares Lächeln, bei dem ein wenig seine frühere ungekünstelte Herzlichkeit durchschimmerte.

Da ich schon am Telefon erfahren hatte, dass er nur noch selten aus dem Haus ging und es kaum mehr in seinen Buchladen um die Ecke schaffte, hatte ich ihm als Geschenk meine ersten beiden autobiografisch gefärbten Bücher mitgebracht, für die er sich interessierte. Er selbst dachte nicht ans Schreiben, obwohl er sich mit optischen Erinnerungen an seine *DT64-* und Korrespondentenzeit umgab. Als ich auf ein Bildnis des indischen Marmormausoleums Taj Mahal zeige und ihn mit dem Hinweis ermuntern will, dass er doch ebenfalls eine Menge aus seinem bewegten Journalistenleben zu berichten habe, winkt er mutlos ab. Die ihm nach der Wende geschlagenen seelischen Wunden hatten ihn offensichtlich in gravierender Weise gezeichnet, schienen in ihrer täglichen Allgegenwart seine lange glanzvolle Berufszeit zu überlagern.

Während ich in den gesellschaftlichen Wechseljahren nach turbulenten zwölf Monaten zwischen Arbeitslosigkeit und Freiberuflertum als Pressemann in Brüssel wieder Fuß fassen konnte, war Sigmar ein Neustart mit Dauerbeschäftigung nicht vergönnt.

Gefragt, ob er sich nach seiner *„Sputnik"*-Stippvisite woanders beworben habe, sagte er mit leisem, trotzigem Bedauern: „Ich kann keine Klinken putzen. Ich kann nicht betteln. Ich kann das einfach nicht." Da er sich zu demütigen Bittgesuchen in den Chefetagen der Funkhäuser nicht überwinden konnte, blieb dem umtriebigen Radiomann nur der berentete Ruhestand.

Ich versuchte, ihn mit Erinnerungen aufzuheitern, was partiell gelang. Dabei fragte ich ihn, wie er seine Zeit bei *DT64* mit dem Abstand so vieler Jahre sehe und ob er etwas bereue. Sigmar musste nicht lange überlegen: „Ich würde alles noch einmal genauso machen!" Die entschiedenen Worte hatten endlich den Ton früherer guter Jahre. Ja, auch in seinem Drängen aufs Livemikrofon sah er sich bestätigt. Das, so meint er, habe sich durchgesetzt. Ob es Widerstände gegeben habe? Ein aufflackerndes Lachen: „Jede Menge! Da wurde gewarnt: ‚Krause, was ist, wenn einer dir plötzlich staatsfeindliche Parolen oder Beleidigungen ins Mikro sagt?' Derartiges ist nie passiert. Keiner hat gerufen ‚Der Spitzbart muss weg!' oder ‚Wir wollen hier raus!' oder sonst was in dieser Art. Mit dem Mikrofon direkt unter die Leute zu gehen, war richtig."

Ungeschönte Echtheit des Lebens

Für Sigmar waren mit journalistischer Neugier gespickte Livereportagen aus einem quirligen Jugend-, Musik- und Theaterklub oder aus dem vielfältigen Dasein in Schule und Betrieb ein ehrlicher Blick ins Leben, der ungeschönte Echtheit widerspiegelt. Dort im Alltäglichen etwas Neues, Spannendes zu entdecken, war für ihn eine aufregende Mission. Dabei nahm er in Kauf, dass bei den Direktsendungen „Marktplatz unserer Sensationen" auch mal Dinge aus dem Ruder liefen. Das ist mir beim Merseburg-Spaziergang mit dem damaligen Schlagerneuling Frank Schöbel in Vollendung gelungen. Über die Schnurre wäre im nächsten Kapitel zu erzählen.

Gegenüber jeglicher Obrigkeit – so resümiert mein Gegenüber – sei eine Skepsis mal mehr, mal weniger sein ständiger Begleiter gewesen. Und natürlich habe es auch in seinem kollegialen Umfeld unkollegiale Töne von Karrieristen gegeben, die sich absichern wollten, obwohl sie ihn als seine übergeordneten Genossen eigentlich hätten ermutigen müssen. Da habe es mitunter mehr Rufe zur Vorsicht gegeben als Beistand für zwar heikle, aber natürlich systemkonforme Beiträge. Sigmar: „Ein völlig unbegründetes Misstrauen. Wir waren auch im tiefsten Inneren keine Widerständler oder Bürgerrechtler!"

Natürlich ist, so dachte ich während seiner Worte, eine Redaktion das Spiegelbild ihres Leiters. Ein *DT64* ist so, weil ihr Chef so ist. Der Volksmund hat dafür den sinnigen Spruch: „Wie der Herre so's Gescherre". Ergo ist auch der *DT64*-Herr unangepasst wie seine Kofferradio-Gemeinde – und damit alles andere als stromlinienförmig folgsam, pauschal gefügig und denkuniformiert. Er war in gewisser Weise das journalistische Ebenbild seiner Radio-Zielgruppe, weshalb er sie auch in ihrer Denk- und Lebensart bestens verstand. Er begriff ihren Daseinszustand auf der Suche nach Wahrheit, Vorbildern und Lebenssinn und im Ausprobieren der eigenen Kraft, war er zur Gründerzeit seines Senders doch selbst erst 30 Jahre. Er wollte die Entwicklungsphase seiner jungen Hörer hin zum fertigen Erwachsenen ohne Bevormundung unterhaltsam, informativ und unaufdringlich helfend begleiten. Seine Sendung wollte ihren Glücksmomenten und Enttäuschungen, Gewissheiten und Zweifeln Rechnung tragen und für ihre drängenden Fragen Antworten suchen. Und er glaubte daran, dass jungen Leuten bei aller lebenslustigen Ausgelassenheit und pubertären Aufmüpfigkeit Fleiß und Redlichkeit keine Fremdworte sind. Er nahm sie als Persönlichkeiten ernst und enttäuschte sie deshalb nicht in ihren Erwartungen an *DT64* – weder beim Aufgreifen ihrer Probleme noch bei der Berücksichtigung ihrer musikalischen Interessen bis hin zu den Popsongs der Beatles.

Dieser Anspruch schien einigen ewig Zaudernden und Rückversicherern sowie Oberideologen und Sittenwächtern zu gewagt – erst recht, wenn sie für dieses Sendeprodukt mitverantwortlich waren. Sie befürchteten, bei einem von ganz oben hineininterpretierten ideologischem Fehlverhalten mit in Haftung genommen zu werden. Nein, ihren Chefsessel wollten sie nicht zum potenziellen Schleudersitz umfunktionieren. Solcherart Ängste von Vorgesetzten habe er höchst undiplomatisch zu spüren bekommen, erinnerte sich Sigmar. „Oder", so meint er, „hältst du es für normal, wenn mir mein Chefredakteur sagt: ‚Sigmar, noch läuft der Laden. Noch kann ich dir keine Fehler nachweisen, aber warten wir's ab'. Ich denke, das baut dich nicht unbedingt auf. Und das kann man mit mir nicht machen."

Er wollte kein glattpoliertes Radioprodukt liefern, was ja auch seinem Auftrag entsprach. Dass er sich dabei oft sehr weit aus dem Fenster lehnte, war ihm klar. Dass aber einige nur darauf warteten, dass er hinausfiel, war eine neue Erkenntnis und frustrierte ihn zutiefst. Wie, so fragte er sich, kann das von einem Chefgenossen seiner SED kommen, die sich doch als Partei der Gleichgesinnten verstand. „Noch kann ich dir keine Fehler nachweisen, aber warten wir's ab!" Nein, nach Rückhalt klang das nicht gerade – und genau den brauchte er von seiner unmittelbar übergeordneten Leitung. Da es daran haperte, musste er sich anderweitig stimulieren und motivieren. Was ihn beflügelte, fasste er in wenigen Worten zusammen: „Wir bekamen massenweise ein Hörer-Echo der Zustimmung, denn wir waren jung, hatten Kreuz und wollten es wissen! Und da standen die an unserer Seite, für die wir da waren! Das hat mich aufgebaut!"

Mit einem blauen Auge davongekommen

Zugleich schwärmt mein Gastgeber von den Reporterstunden beim Pfingsttreffen 1964, als sein Festivalstudio auf dem Weg zum späteren Jugend-Kultradio eine freie Stimme am Mikrofon war. Für den Aufbau der neuen Welle habe er keinerlei argumentative Vorgaben erhalten, sondern nur den Auftrag, mit den besten Jungreportern des Rundfunks eine mitreißende Livesendung für junge Leute in den Äther zu schicken.

Also galten in diesen bewegten Tagen keine tagesaktuellen Argumentationsprämissen aus dem SED-Zentralkomitee, sondern die Richtlinien des Journalisten Sigmar Krause, die bei aller Freizügigkeit in Wort und Musik selbstredend DDR-verbunden waren. „Dass Krause kein Umstürzler war, wusste man ja schließlich, sonst hätte man ihn *DT64* nicht miterfinden lassen“, bemerkte er mit schalkhaftem Augenzwinkern an jenem Oktobertag 2018 bei unserer Nachmittagsplauderei bei ihm zu Hause in Grünau.

Sigmar hatte das Glück, trotz einer gehörigen Portion journalistischer Eigenwilligkeit und der dem Parteiapparat oft suspekten Zivilcourage an ständiger politischer Bevormundung und Gängelei vorbeigeschrammt zu sein. Selbst die öffentliche harsche Disziplinierung durch die SED-Spitze auf dem sogenannten Kahlschlag-Plenum hinterließ letzten Endes nur ein tiefblaues Auge, das aber wieder heilte. Seine Erklärung: „Helfender Rückenwind kam in brenzligen Situationen vom Professor, wie der auch in hohen Parteikreisen geachtete Rundfunkchef Gerhart Eisler von uns genannt wurde. Aber unser bester Schutz war die übergroße Popularität bei der Jugend im Lande.“

Ein wenig Piratensender

Mit dem gelernten Maurer hatte die Obrigkeit genau den richtigen Mann erwischt. „Ich galt als Vorzeigeproletarier“, schmunzelt er. „Und vielleicht hat auch mein Ruf dazu beigetragen, wenig Respekt vor den Fürsten zu haben und etwas aufmüpfig zu sein.“ Das färbte dann auch auf die Sendungen ab – und auf seine kürzelhaften Vorgaben: kein Gesang vom Blatt, kein protokollarisches Parteichinesisch, schnörkellos und frech und spontan und zugleich taktvoll, neue journalistische Wege, vertraulicher Dialog mit der Hörergemeinde und Zugang zu ihrem Lebensgefühl.

„Wir wollten leicht sein, aber nicht seicht sein“, charakterisiert er sein Credo. „Natürlich waren wir keine Revoluzzer und haben auch das Politbüro nicht kritisiert. Das hätten wir nur einmal gemacht. Aber wir haben uns im Auftrag der jungen Leute mit Bürokraten, Paragrafenreitern und anderen Vertretern von Beamtensturheit und Arroganz angelegt. Kritisch bis gewagt gegen den Strich gebürstet mit heißen Eisen und heißer Musik. Um auch Titel zu spielen, die es in der DDR nicht gab, haben wir sie sogar bei Westsendern mitgeschnitten und auch Westplatten überspielt."

Dass auch Scheiben von meiner in den Westen gegangenen Kinderfreundin Edith dabei waren und von Jürgen Babenscheider alias Kuno mit antiautoritärer Dreistigkeit gesendet wurden, ist ein Schmunzel-Detail meiner Volontärszeit im Gründungsjahr der Jugendwelle. Da schwammen DDR-ferne Töne eines Paul Anka, Cliff Richard oder Elvis Presley auf den Ätherwellen und niemand fischte sie vorerst als dekadente westliche Machwerke heraus. „Insofern", meint mein Gegenüber, „hatten jene nicht ganz unrecht, die uns als Piratensender sowohl verehrt als auch beschimpft haben. Aber es wehte anfangs ein frischer Wind journalistischer Erneuerung!"

Ihr seid das Volk!

Nach den harschen, ungenossenschaftlichen Drohworten seines Chefredakteurs Heinz Brenzel (Name geändert) und dem damit verbundenen Zerwürfnis mit der Leitung des Berliner Rundfunks war für Genossen Krause ein Tabu zwischenmenschlicher Beziehungen gebrochen, notwendiges kollegiales Vertrauen zerstört und damit eine rote Linie überschritten, die eine produktive Zusammenarbeit mit seinem unmittelbaren Vorgesetzten unmöglich machte.

Den Ausweg sah er darin, als Auslandskorrespondent des DDR-Rundfunks dem Radiokomplex in der Berliner Nalepastraße den Rücken zu kehren. Als er nach fünf Jahren Delhi und sechs Jahren London 1991 ins neue Einheitsdeutschland zurückkam, hatte er ein Schlüsselerlebnis, das ihn mit allen Widrigkeiten und Widerwärtigkeiten der Vergangenheit aussöhnte.

Als er mir die Episode schildert, verklären sich seine angespannten Gesichtszüge zu einem Ausdruck innerer Zufriedenheit, den man auch als Triumph deuten könnte. Er nimmt einen Schluck aus seinem Wasserglas und seine Stimme bekommt einen feierlichen Klang: „Als ich aus dem Ausland zurück war und in den kritischen Wendetagen ins Funkhaus ging, habe ich gleich daneben einen Spruch gelesen, den jemand mit weißer Farbe auf Backstein geschrieben hatte: ,DT64 – ihr seid das Volk‘. Das hat mich glücklich gemacht.“

Früher hat er sich in solchen Glücksmomenten eine dicke Zigarre gegönnt, obwohl er Zigaretten bevorzugte. Nunmehr nichts von alledem. Ich bemerke keinen Aschenbecher. Er pafft und quarzt nicht mehr. Ist es die Lunge? Es ist keine Flasche in Sichtweite. Weder Bier noch Hochprozentiges. Bekanntlich sind sowohl Maurer als auch Journalisten keine Kostverächter – und Sigmar als eklatanter Vertreter beider Berufssparten war in beruflichen Hoch-Zeiten beileibe kein Kind von Traurigkeit. Ist es die Leber? Oder beides – Lunge und Leber? Oder vor allem Altersmüdigkeit am gefühlten Ende eines unruhevollen, kreativen und produktiven Lebens, das ihn als DDR-Bürger herausforderte und als Bundesbürger überforderte?

Welchen Anteil mag daran die Enttäuschung gehabt haben, dass ihm sein Einsatz für eine bessere DDR im Fiasko ihres Unterganges als unnütz und ergebnislos erschien? Unter dem Eindruck unseres Gesprächs neigte ich zu der Bewertung: einen hohen Anteil. Das Mammutquantum aber – so empfand ich es – hatte für ihn die niederschmetternde Erkenntnis, dass die vielbeschworenen westlichen Deutschwerte von Demokratie und Freiheit in vielerlei Hinsicht durch die tagtägliche Praxis entwertet wurden. Auch er hätte sich wohl gern bei Beibehaltung seines grundehrlichen Charakters mit seinem journalistischen Schwergewicht und seinem Rucksack an Radioerfahrung in ein ehrbares Großdeutschland eingebracht. Stattdessen aber hatte es ihm mit der Zerschlagung seines Lebenswerkes bereits die Grenzen von Presse- und Meinungsfreiheit aufgezeigt.

Der Radiomann im Fernsehen

Wenn er vom Altern ohne Hoffnungsstreifen sozialer Gerechtigkeit am gesellschaftlichen Horizont spricht, überfällt ihn kaum verhohlene Verzweiflung; wenn er von der Kraft des Jungseins redet, erlebe ich die Metamorphose vom erschlaffenden Daseinsmut zur plötzlichen Wiederbelebung seines alten Temperaments. Er hängt seiner erfolgreichen beruflichen Vergangenheit nicht in wehleidiger Weise nach, freut sich aber über jede ehrliche Resonanz, die seine Überzeugung von einem lebensnahen dynamischen Radiojournalismus bestätigt.

So sagt er mit dem Selbstbewusstsein des erfolgreichen Machers, dass ihn das *RBB*-Fernsehen für die Dokumentarreihe „Berlin – Schicksalsjahre einer Stadt" um ein Interview gebeten habe. Es gehe um das Jahr 1964 und da dürfe, so habe man ihm mitgeteilt, die Gründung von *DT64* nicht fehlen. Und was sei naheliegender, als seinen ersten Chef darüber zu befragen. Der freut sich, skizziert seine Gedanken dazu, fragt mich nach meiner Meinung und nach Ergänzungen. Er ist hellwach und ich merke, dass er auch meine Reminiszenzen aufsaugt. Ich habe Fotos mitgebracht, schenke ihm einige und wir schwelgen in Erinnerungen. Das, so merke ich, gibt ihm inneren Auftrieb, weil er die Chance sieht, noch einmal Sinn und Motivation für sein Tun zu kommentieren.

Als ich wenig später das Interview auf dem Schirm sehe, erlebe ich ihn hochkonzentriert mit druckreifen Formulierungen, die ich bei meinem Besuch vermisst habe. Ich rufe ihn an und sage ihm das. Er bedankt sich mit der ihm eigenen Höflichkeit und fügt etwas missmutig an: „Schön, dass du das so siehst. Aber sie haben viel weggeschnitten – vor allem die Passage, dass wir das volle Vertrauen der Jugend hatten." Ich erwidere, dass der inhaltliche Kern und der Gesamteindruck stimmten, wobei ich mir einen Zusatz nicht verkneifen kann: „Lieber Sigmar, vergiss bitte nicht, dass es nicht das DDR-Fernsehen war, dass dich interviewt hat. Und so gesehen war es in Ordnung." Damit war er einverstanden. Und erst recht mit der Bemerkung, dass man selbst bei einer heutigen TV-Sendung über die Berliner Schicksalsjahre von 1964 an Krauses Jugendstudio nicht vorbei komme, weil *DT64* diese Schicksale mitbestimmt habe.

Erinnerungsplausch mit Sigmar (links) bei Eisbein und Bier beim Berlin-Treff zum 51. Jahrestag von DT64 am 29. Juni 2015, vier Jahre vor seinem Tod.

Auch die frühere Musikredakteurin und Expertin der DDR-Singebewegung, Marianne Oppel, kümmerte sich mit rührender Aufmerksamkeit um ihren ehemaligen Chef. Für den denkwürdigen 29. Juni, den Geburtstag von DT64, organisiert sie noch heute jedes Jahr einen Veteranentreff, zu dem im Laufe der Zeit immer weniger Kämpen der alten Garde kommen konnten – und zum Junitreffen 2019 kam ihr Grandseigneur auch nicht mehr. Ein knappes Vierteljahr später, am 15. September, verließ er diese Welt, die nicht mehr die seine war.

Seine eigene Grabrede

Als der Lebensbaum des Sigmar Krause fiel, hatte er 85 Jahresringe. Er ist nicht nur ein ganzes Leben lang mit jeder Faser seines Ich Journalist geblieben, sondern über sein Ende hinaus. Er hat es fertig gebracht, seine eigene Grabrede zu halten.

Als ich ihn gemeinsam mit anderen ehemaligen Mitstreitern am 26. September 2019 auf dem Waldfriedhof von Grünau für immer verabschiedete, wollte er keinen bestellten Trauerredner über sich und sein Leben sprechen lassen. Das behielt er sich selbst vor. Er hatte das letzte Wort in Eigenregie. Einen abgelesenen Nachruf an seiner Urne ließ er nicht zu. Vorgestanzte Buchstaben auf Papier waren ihm seit jeher ein Gräuel. Das wollte er selbst nach seinem Weggang auch seiner eigenen Person nicht antun, der Vollblut-Radiomann, der Zeit seines Lebens ein gespaltenes Verhältnis zu Manuskripten hatte. Sein Metier war die freie Rede der Beobachtungsreportage, die er aus dem Stand beherrschte.

So meldete er sich also noch einmal persönlich zu Wort und sagte seinem Sohn, seinen Verwandten, Freunden, Bekannten und der Welt, was zu sagen war. Es fröstelte mich nicht nur, weil es in der mit modernistisch strengem Stil gebauten Friedhofshalle etwas kühl war. Und mein Augenwasser blieb auch für jedermann sichtbar dort, wo es sich sammelte. Das war ich ihm schuldig.

Die Wortmeldung war fern jeglicher Sentimentalität, jeglichen Selbstmitleides und atmete die Zufriedenheit eines Man-

nes, der mit sich selbst im Reinen war und mit der Welt nicht so
ganz, der in Würde, Anstand und uneitlem, aber festem Selbstbewusstsein das geliebte Mikrofon in souveräner Ruhe aus der
Hand legen konnte, weil er von der Richtigkeit seines vollherzigen
Tuns absolut überzeugt war und den Schlusspunkt akzeptierte.

Dieses allerletzte der unzähligen selbstproduzierten Tondokumente seiner beeindruckenden Funklaufbahn war eine
Glanzleistung der Ungewöhnlichkeit, mit der er selbst dem
Sensenmann die Schranken seiner Allmacht aufzeigte. Er besaß die Größe, sich über den Tod hinaus bei jenen zu entschuldigen, die er unwissentlich vielleicht beleidigt habe. Das, so ließ
er noch aus seinem eigenen Grab heraus wissen, sei nie seine
Absicht gewesen. Er habe versucht, nach bestem Wissen und
Gewissen zu handeln. Es tue ihm leid, wenn ihm das nicht immer gelungen sei.

Welche Kraft muss es ihn gekostet haben, diesen letzten Beitrag zu schreiben – oder hat ihn der begnadete Reporter, Kommentator, Schilderer, Fabulierer und engagierte Verfechter von
Direktübertragungen vielleicht sogar aus dem Stegreif gesprochen? Zuzutrauen wäre es ihm.

Ein präsidialer Nachruf ins Jenseits

Sigmar wusste um den Kultstatus des von ihm mit aus der Taufe gehobenen DDR-Jugendstudios, das zum akustischen Wegbegleiter einer ganzen Generation wurde. Dafür bekam der Genosse Freigeist von der Führungsspitze seines Landes maximales
Lob und maximalen Tadel. Das war nur wegzustecken mit Blick
auf die, für die er mit Enthusiasmus bei der Sache war. Er war
glücklich über den Tsunami an Begeisterung, mit der ihm seine jungen Hörer bestätigten, dass sie sich in seinen Sendungen
wiederfanden und sie sogar mitgestalten durften. Dass es aber
einmal so etwas wie eine Laudatio vom höchsten Repräsentanten der neuen Bundesrepublik geben würde, das wäre nie in seinen kühnsten Gedankenkapriolen vorgekommen.

Ein schicksalhafter Zufall wollte es, dass die schon anfangs erwähnten Lobesworte eines Frank-Walter Steinmeier wie ein Nachruf klangen, denn gesprochen wurden sie just am Vortag von Sigmars Beisetzung. Bei der Jubiläumsgala zur Vergabe des zehnten „Deutschen Radiopreises" am 25. September 2019 in der Hamburger Elbphilharmonie hatte der Bundespräsident die Ehrung des Ostberliner Jugendsenders in seine Festrede eingebaut. Vor 1400 Gästen kam der Staatsoberste auf die von der DDR-Führung hausgemachten Querelen um *DT64* zu sprechen. Steinmeier wörtlich:

„Und auch jenseits des Eisernen Vorhangs hatte man offenbar verstanden, dass Westmusik nicht einfach abzustellen war. Ich jedenfalls erinnere mich an die leidenschaftlichen Auseinandersetzungen um den Ostberliner Jugendsender DT64 vor und nach dem Mauerfall. Er war lange Jahre der einzige Sender, der Rock, Pop und andere populäre Musik im Programm hatte. Er war ein Ventil und der Staatsführung ebenso lange ein Dorn im Ohr. Rock und Pop war verdächtig. Der Sound der Freiheit ängstigte die, die mit Freiheit nichts am Hut hatten."

Dann wandte sich der Bundespräsident an alle Funkmitarbeiter, die ihrer Verantwortung gerecht werden müssten, indem sie ihr Metier vor einem Abdriften ins Seichte bewahren müssten. Originalton Steinmeier:

„Der reine Dudelfunk wird sich gegen Spotify und andere nicht behaupten, und wenn noch so viele Gewinnspielchen ins Programm eingestreut werden. Muten Sie den Hörern ruhig zwischendurch ein paar Sätze zu, die bei der Orientierung im unübersichtlichen Gelände des alltäglichen Wahnsinns helfen."

Damit hatte er gewollt oder ungewollt den *DT64*-Nachfolger *Sputnik* angegriffen, der mit der spritzigen Pfiffigkeit seines Vorgängers bis heute nichts gemein hat.

Also: Der schillernde Ostsender wird von gesamtdeutsch staatstragender Stelle gelobt, nachdem er von gesamtdeutsch staatstragender Stelle entsorgt wurde. Und sein dafür installierter Nachfahre wird zwar ohne explizite Namensnennung, aber mit zutreffender charakteristischer Eindeutigkeit wegen belangloser Oberflächligkeit kritisiert.

Damit bestätigte der erste Mann im deutschen Einheitsstaat auf seine Weise das Argument, mit dem Sigmar dem Vorwurf der Obrigkeit begegnet war, *DT64* würde westdeutscher Hottentottenmusik Tür und Tor öffnen. Die DDR-Jugend, so hatte er mit störrischer Vernunft den Dogmatikern entgegengehalten, höre die Beatles, ob ihnen das passe oder nicht – und es sei doch wohl besser, die Beatles beim eigenen Sender zu hören als auf einem Westkanal.

Verständlich, dass die *DT64*-Passage in Steinmeiers Rede nicht in allen deutschen Medienhäusern und Redaktionsstuben auf eitel Wohlgefallen stieß. Nachzulesen ist sie jedenfalls im vollständigen Redetext auf Steinmeiers Webseite „https://www.bundespraesident.de > Reden > 2019/09".

Indem er die Vorkämpferrolle des Jugendradios in erstaunlich ausführlicher Weise würdigte, ging er auch auf dessen bedingungslosen Rückhalt bei seinen Hörern ein. Obwohl, so konstatierte er, das elfte Plenum des ZK der SED festgestellt habe, der „schädliche Einfluss" von Beatrhythmen „auf das Denken und Handeln von Jugendlichen" sei „grob unterschätzt" worden, habe *DT64* diesen Frontalangriff der DDR-Führungsspitze überlebt. Dann schlussfolgerte Frank-Walter Steinmeier:

„Wirklich schaden konnte dieses Verdikt Erich Honeckers dem Sender dennoch nicht. Er wurde mal bedrängt, mal nicht, existierte aber weiter und sendete in Konkurrenz zum *SFB* und *RIAS*. Als nach dem Fall der Mauer vor bald 30 Jahren die Frequenzen außerhalb Berlins dem *RIAS* übergeben werden sollten, protestierten die Hörer so unüberhörbar, dass der Handel schon am nächsten Tag rückgängig gemacht wurde. Eine schöne Geschichte ostdeutscher Selbstbehauptung."

Ende des Zitats und damit Ende der Ansichten ohne Einsichten. Eine davon wäre wenigstens gewesen, dass sich die „ostdeutsche Selbstbehauptung" des Senders zwar in der deutschen undemokratischen Republik durchsetzen konnte, nicht aber in der deutschen demokratischen Bundesrepublik. Da endete die „schöne Geschichte" der Ostdeutschen am rabiaten politischen

Tilgungswillen von ideologisch intoleranten Altwestdeutschen der Führungskaste.

Dass diese entscheidende existenzvernichtende Wahrheit in Steinmeiers Manuskript fehlt, lässt an der Ehrlichkeit und Aufrichtigkeit seiner *DT64*-Komplimente nicht nur zweifeln, sondern ist zudem die logische Fortsetzung eines heuchlerischen Umgangs mit dem Erbe des anderen deutschen Staates und einem einseitigen Blickwinkel auf seine Leistungen und Hinterlassenschaften. Sie taugen allenfalls für ein Lob, wenn sie sich gegen ihn selbst verwenden lassen – bei gleichzeitiger Aussparung eigenen gravierenden Fehlverhaltens, was als Unterlassung und damit Halbwahrheit einer Lüge gleichkommt. Womit das *DT64*-Loblied von Deutschlands Staatsoberhaupt nicht nur den Anstrich von Scheinheiligkeit bekommt, sondern an Manipulation und Zynismus grenzt.

Trotzdem sei festzuhalten: Eine solche Ehrung post mortem aus dem Munde eines bundesdeutschen Staatsoberhauptes hätte den Neubundesbürger Sigmar Krause zweifelsohne stolz gemacht und viel erlittene Unbill in ost- wie westdeutschen Landen sicher ein klein wenig vergessen lassen. Die ungewöhnliche Eloge auf *DT64* wurde seinem Mitbegründer und ersten Chef zumindest ins Jenseits nachgeschickt.

Ich werde dem Gutmenschen mit dem Allerweltsnamen Krause, aber der Charakterseltenheit von Gradlinigkeit und Ehrlichkeit, nie vergessen, dass er seinem kleinen DT64-Volontär einen wärmenden Ofen bauen wollte und ihm die vertrauensvolle Chance gab, sich journalistisch auszuloten, zu beweisen, zu bewähren und seinen Weg zu finden. Er und seine Mannschaft haben mir dafür das fundamentale praktische Rüstzeug mitgegeben.

Ob solch hochtönender Worte höre ich sein stets etwas verhalten meckerndes Lachen in Begleitung eines Spruchs, der typisch für ihn gewesen wäre: „Junge, lass gut sein, sonst ersticke ich noch an soviel Honig ums Maul." Da ich noch lebe, kann er mir das allerletzte Wort nicht streitig machen: Ich bleibe dein dankbarer Schüler, lieber Sigmar, und Dein respektvoller Freund bis in alle Ewigkeit.

FRANK SCHÖBEL

**enttäuschte zu Beginn seiner glanzvollen Popkarriere
als „Rabenvater", den niemand wollte**

Im Herbst des Corona-Jahres 2020 bangte die Fangemeinde
von Frank Schöbel um das Leben ihres Schlagerhelden. Er galt
mit 77 Jahren als Risikoperson und hatte sich prompt mit dem
kreuzgefährlichen Aggressiv-Virus infiziert – und das in beängstigender Weise. Das ganze Ausmaß des Krankheitsverlaufs wurde publik, als er darüber am 8. Oktober 2020 in der Wochen-
zeitschrift *Super Illu* bereitwillig Auskunft gab.

Frank gestand: „Dass Corona so fett zuschlägt, hätte ich
nicht gedacht. Ich hatte nachts wirklich das Gefühl: So – das
war's dann." Er habe unter Kopf- und Gliederschmerzen, Husten,
Schwäche und Übelkeit gelitten. „Das war schlimmer als alles,
was ich bisher erlebt habe." Nach einigen Ruhewochen in Qua-
rantäne sei er froh, die krachschwere Krise überstanden zu haben. Ein Musik-, Lebens- und Überlebenskünstler, der er immer
war. Und meist auch mit dem dafür nötigen Quäntchen Glück.

Schöbel im Angst- und Schreckmodus. So hatte man ihn
noch nie erlebt, den in der DDR zum Spitzenreiter der Schlagerbranche avancierten ewigen „Sunnyboy", der einer stets ab-
nehmenden Lebenszeit zum Trotz nicht zu altern scheint. Ein
zeitloser Erfolgstroubadour, der mit seiner modernen und zugleich romantischen Art des Minnesangs noch heute gefeiert
wird – besonders in Ostdeutschland, wo er seine angestammte
Verehrerschaft hat.

Noch vor gut einem Jahr hatte er mich bei einem elektronischen Briefwechsel per E-Mail wissen lassen, dass ihm Zeitknappheit zu schaffen mache, weil er noch viel vorhabe. Da war
gerade sein neuestes Album erschienen. Der Titel „Wir leben los"

scheint ihm Aufforderung, Botschaft und zentrales Motto zu sein. Dass er sich noch mit 76 Jahren nicht nur zu solch praller Daseinslust bekannte, sondern sie auch als Hymne ans Leben in Tonrillen und auf Digitalspeicher der CD-Sorte presst, verwundert mich nicht.

Diese Einstellung zum „Losleben" habe ich an ihm schon als Jüngling mit 22 Jahren einen ganzen Nachmittag lang an meiner Seite bemerkt. Aus nächster Nähe bei einem stundenlangen Spaziergang der sehr seltenen Art. Das war 1965. Da bastelte er gerade mit ersten musikalischen Knüllern an der Abschussrampe für seine Karriere, der ein raketenhafter Senkrechtstart beschieden war. Dass sie trotz heftiger Turbulenzen in den Wechseljahren des deutschgesellschaftlichen Umbruchs über fast sechs Jahrzehnte in schillernder Attraktivität anhalten würde, konnte damals niemand voraussehen. Vielleicht sogar er selbst nicht, als man auch ihm – warum sollte er eine DDR-Ausnahme sein? – im Stasi-Entdeckerrausch verräterische Kontakte zum Hause Mielke andichten wollte. Es blieb dann bei Vorwürfen von Westreise-Privilegien, die bundesdeutschen Bestimmern in der Show- und Musikszene ganz recht waren. Denn Schlagerkonkurrenz aus dem Osten war in vielen westlichen Managerställen unbeliebt. Dort standen schon genug Rennpferde und Goldesel im Stall, die hohe Publikumsquoten und klingende Münze brachten. Warum da noch einen mit ostdeutscher Vergangenheit belasteten Popaktivisten à la Schöbel riskieren?! Vielleicht hätte der Leipziger Strahlemann unter dem Ost-West-Druck der vielen Daumenschrauben kapituliert, wenn er nicht dieses unkaputtbare Energiebündel gewesen wäre, das ich schon im Urschleim seines Sängerdaseins in sehr persönlicher Weise kennenlernen durfte.

Mein Erlebnis mit ihm ist eine softige tragikomische Geschichte mit der schicksalhaften Gnade eines zum Feixen animierenden Happy Ends. Dass sie in seinem Gedächtnis mit dem Abstand von Jahrzehnten und unter seiner späteren Erfolgsserie unter Garantie versandet ist, macht sie nicht weniger interessant und aus heutiger Sicht, da alles über ihn gesagt scheint, zu einer netten kleinen Fußnote seiner Biografie mit Episoden-gehalt. Ich wollte ihm die Schnurre immer mal erzählen. Vielleicht hätte er sich bruchstückweise sogar daran erinnert und köstlich über das Gesamtwerk amüsiert, zumal er schon damals für humorige Anekdoten empfänglich war. Ich habe es leider nie geschafft, den dynamischen Unruhegeist festzuhalten.

Auch als er mehrfach unser TV-Jugendmagazin *rund* beehrte, verschwand der termingestresste Spitzenmann im DDR-Schla-germilieu so schnell aus der Studio-Arena wie er gekommen war. Mein selbstgestellter Auftrag blieb unerledigt, die putzig-peinli-che Geschichte unerzählt. Frank hetzte im In- und Ausland von Termin zu Termin, hatte keine Zeit für private Plaudereien! Die hatten wir dagegen damals Mitte der 1960er Jahre in Merseburg in fast vierstündiger Üppigkeit und ich nutzte sie für interessan-te Konversationen. Für diese Rarität am Rande der jahrzehnte-langen Schöbel-Erfolgsgeschichte bin ich heute sehr dankbar.

Meine sehr frühe Bekanntschaft mit Ostdeutschlands Fern-seh- und Schlagerliebling ist die angenehme Seite der Episo-de. Die weniger angenehme ist, dass ich dabei einen Spielspaß vergeigt habe. Es sollte eigentlich mein größter Volontärser-folg bei DT64 werden. Es wurde meine größte Niederlage. Nun schreibe ich die Story mit Seltenheitswert einfach auf – einer-seits, damit sie den Hauptdarsteller vielleicht irgendwann ein-mal schwarz auf weiß erreicht, und andererseits und vor allem, weil ich schon im Morgentau seiner Popularität einen außerge-wöhnlichen Menschen kennengelernt habe, der nicht nur als erfolgreichster Popstar der DDR, sondern auch als Mensch al-lemal einen roten Teppich verdient hat.

„Rabenvater" gesucht

Es war während meines Rundfunk-Lehrjahres als *DT64*-Volon-tär, von dem ich im vorherigen Kapitel schon berichtet habe. Ich hatte es im September 1964 mit 19 Lenzen begonnen und war nun, im Sommer 1965, auch mit 20 immer noch der Jüngste, der Benjamin, der Filius des Jugendstudio-Teams. Da ich damit altersmäßig am dichtesten an der Junggeneration und ihrem Denken und Fühlen dran war, bescherte mir das oft die Ehre eines kompetenten Ratgebers. So auch auf einer Redaktionskonferenz, bei der es um die Konzeption für die Live-Veranstaltung „Marktplatz unserer Sensationen" ging – diesmal aus Merseburg an der Saale im Südzipfel von Sachsen-Anhalt im lokalen Dunstkreis meines heimatlichen Mansfelder Landes.

Das journalistische Programm stand fest und der dafür verantwortliche Redakteur Werner Kapitola atmete auf. Was wackelte, war der Musikteil. Als Rockband waren die „Butlers" engagiert, die nur wenige Monate später – im September 65 – parteiamtlich verboten wurden, nachdem ein aufpeitschendes Konzert ihres britischen Vorbildes „Rolling Stones" die Westberliner Waldbühne in Kleinholz zerlegt hatte. Als das passierte, war die Leipziger Formation um Gitarrist Klaus Renft aber schon mit Rückenwind von *DT64* zum Flaggschiff der damit losgetretenen Beatwelle in der DDR geworden. Ein Vierteljahr später wurde von der höchsten Personalinstanz der DDR auch über unseren Hörfunkjugendsender der Stab gebrochen, der aber gottlob wieder repariert werden konnte. Dies sei an dieser Stelle nur noch einmal erwähnt, um zu veranschaulichen, in welch beginnendem Spannungsfeld zwischen DT64 und der DDR-Führung die niedliche Tragikomödie mit dem aufgehenden Schlagerstern und seinem Volontärsbegleiter spielte.

Was also nach dem fix und fertigen journalistischen Konzept für die Direktsendung noch fehlte, war ein zugkräftiger Solomusikant – und da ich zudem glühender Schlagerfan war, hatte ich die imposante Stimme eines Neulings im Ohr, der im Vorjahr „Sieben junge Mädchen" besungen hatte, die zum gesamtdeutschen Pfingsttreffen der Jugend nach Berlin fuhren. Nicht vorstellbar, dass sie dort nicht auch den Sondersender *DT* hörten, aus dem dann zur Erinnerung an das Festivaljahr *DT64* wurde. Und ebenso wenig vorstellbar, dass dieser erste Schöbel-Song nicht auch vom Festivalradio hin und her gespielt wurde.

Also erinnerte ich die Redaktion an diesen von ihr selbst vielgenudelten Song und ihren Sänger, einen gewissen Frank Schöbel, der mit seinen anderen Erstlingen „Blonder Stern", „Looky-Looky", „Teenager-Träume" und „Party-Twist" neue Töne anschlug, in atemberaubendem Tempo Teenieherzen eroberte und bei Radio DDR zum Chartstürmer in Heinz Quermanns „Schlagerrevue" wurde. Dass der junge Mann dazu noch unverschämt gut aussah, komplettierte den Gesamteindruck eines hoffnungsvollen Showtalents, dessen Stimme manch banale Textstelle seiner ersten Songs ausbügelte. Mit diesen im Rundfunkstudio aufgenommenen Anfangstiteln okkupierte er Ende 1964 bei den „Schlagern des Jahres" auf Anhieb den ersten, zweiten und vierten Platz. Drei auf einen Streich! Das war beispiellos.

Musikredakteur Harry Grabka gab zu meiner Empfehlung seinen wohlwollenden fachlichen Segen, sodass ich mich heute mit einem leichten Augenzwinkern DT64-Entdecker von Frank Schöbel nennen darf. Damit begann eine Geschichte, über die ich heute feixen kann, bei der mir aber damals das Lachen gründlich vergangen war.

Der tiefere Grund lag in einer redaktionellen Vorgabe, die da hieß: Der junge musikalische Frischling möge bitte nicht nur schlechthin als Programm-Nummer seine Liedchen trällern, sondern in eine originelle Aktion eingebunden werden – und da der Volontär ihn vorgeschlagen hatte, möge er sich auch darum kümmern. Damit wurde aus meinem treuherzigen Ratschlag ein Bumerang, der mir später fast die Beine wegsäbelte. Das war damals aber fern meiner Vorstellungskraft, die auf Erfolg programmiert war.

Also grub ich auf der Suche nach der gewünschten originellen Begleitgeschichte in den historischen Annalen der Stadt. Wer tief gräbt, der findet manchmal auch. Und so fand ich die Sage um den Raben als Wappentier Merseburger Adligkeit. Danach hatte ein Bischof Thilo von Trotha im 15. Jahrhundert seinen Diener meucheln lassen, weil der ihm angeblich einen güldenen Ring entwendet hatte. Nachdem das Prachtstück in einem Rabennest entdeckt worden war, übte sich der Würdenträger in Reue und brachte ein Exemplar der diebischen Rabenschaft hinter Gitter, wenn auch nur hinter die eines Vogelkäfigs. Damit nicht genug der Symbolik. In sein Familienwappen ließ der Bischof zudem einen Raben mit einem Goldreif im Schnabel eingravieren als ewige Warnung, niemals im Jähzorn voreilig zu richten.

Von diesem bis in die Gegenwart nachwirkenden Drama inspiriert, kam mir eine – wie mir schien – grandiose Idee. Frank Schöbel sollte in meiner redaktionellen Begleitung mit einer Attrappe des schicksalträchtigen Raben in einem tragbaren Käfig durch Merseburg flanieren. Derweil sollte das durch die Sendung führende Moderatorenpaar Gretel Ortner und Karl-Heinz „Kalle" Neumann die Bürgerschaft aufrufen, den Raben mit seinem Spaziergänger zu stellen und ihn als neuen Stern am Schlagerhimmel zu identifizieren. Für jene, denen sein Äußeres noch nicht so geläufig war, hatten Kalle und Gretl den helfenden Hinweis parat, sich sein jugendfrisches Konterfei auf den Plattentaschen seiner Hitsingles anzusehen. Spätestens dann, so dachten wir, würde die Merseburger Damenwelt dahinschmelzen und in geschlossener Formation zur Jagd auf den wohlgestalteten Junggesellen ausschwärmen.

Angepriesen als verlockenden Lohn für die Entdeckung des singenden „Rabenvaters" war eine Einladung in die Berliner Redaktion von DT64 zu einem aufregenden Tag inmitten des Sendebetriebes. Sobald der Lockvogel enttarnt war, sollte ich dem Moderatoren-Duo übers nächstbeste Telefon Vollzug melden sowie Name und Hausnummer des glücklichen Gewinners mitteilen, um das Ereignis seiner Enttarnung über die Wellenlängen des Berliner Rundfunks feierlich zu verkünden. Ich war mir sicher, dass es eine Zugnummer werden würde. Hätte ich auch nur im mindesten geahnt, wie die Chose enden würde, hätte ich mich krankgemeldet.

Ein rabenschwarzes Unterfangen

Ich traf Frank pünktlich und gutgelaunt am Übertragungswagen. Ein wohlgestalteter, blendend aussehender Jüngling, von dessen mausgrauem Outfit ich allerdings auf den ersten Blick enttäuscht war. Ich hatte keine Bühnengalagarderobe erwartet, aber auch keine fade, nichtssagende Kluft. Er kam in flanelldunkler langer Schlabberhose und aschfahler Jacke über einem unattraktiven Pulloverhemd mit aufgestülptem Kragen. Die profanene, lässige, sommerliche Alltagskleidung eines junggeselligen Spaziergängers. Andererseits hatte er sich im Sinne unserer Idee wohl etwas dabei gedacht – und als ich es recht überlegte, fand ich seine Aufmachung eigentlich genau richtig, weil unauffällig. Damit würde die Aufgabe seiner Identifizierung etwas schwerer. Dachte ich. Meine bittere Erkenntnis nach der Sendung war eine andere: Hätten wir ihm lieber eine blinkende Krone aufs Haupt gesetzt, ein Zepter in die Hand gedrückt und einen Purpurmantel um die Schulter gelegt. Vielleicht auch noch eine Schärpe mit der Aufschrift „Hitparadenkönig". Das wäre für den Erkennungseffekt besser gewesen. Vielleicht hätte er sich noch eine Gitarre umhängen sollen. Dann wäre die Aktion vielleicht günstiger verlaufen und nicht im Chaos versackt.

Auch das hätte er sicher mitgemacht, denn Frank hatte schon damals einen sechsten Sinn für ausgefallene Einfälle und einen siebenten für schrulligen, lausbubenhaften Humor. Und mit der Kombination beider Sinne fand er das Spiel ganz drollig. Für Schabernack jeder Art und mitunter auch Abart war er empfänglich. Mehr als jeder andere Sängerknabe, wie er in seiner mittlerweile fast 60-jährigen Karriere immer wieder bewies.

Vor unserem Treffen hatte ich Franks biografische Daten studiert, die man sich damals noch aus informationsbescheidenen Zeitungsnotizen zusammensuchen musste. Sie gaben preis, dass er schon 1962 mit gediegener Gesangsausbildung sowie Gitarren- und Klavierunterricht die Voraussetzung geschaffen hatte für den Erwerb des obligatorischen Berufsausweises – und damit für die Qualifikation und Berechtigung, als professioneller Künstler ein williges Publikum mit öffentlichen Auftritten zu beglücken. Das durfte nicht jeder Topstar, der nur glaubte, einer zu sein. Ob jemand das Zeug dazu hatte, entschied eine sach- und fachkundige Jury anerkannter Koryphäen der DDR-Musikbranche. Das war ein Ritterschlag für gesicherte Qualität. Frank hatte ihn bekommen.

Der Lockvogel mit dem Rabenvogel. Das Volk von Merseburg hatte an beiden kein Interesse.

Ich freute mich nun auf die Spannung versprechende Fahndung nach ihm und seinem gefiederten Korbinhalt, fest überzeugt von der Genialität meines Einfalls und nicht im geringsten ahnend, dass der Spaziergang mit dem „Rabenvater" auch ein rabenschwarzes Unterfangen werden könnte. Und der Einfall ein Reinfall.

Minute um Minute verstrich, Stunde um Stunde verging, aber niemand drehte den Kopf, keiner nahm Notiz von uns und nicht einmal Kinder wollten neugierig beäugen, was sich denn in dem metallvergitterten Korb verbarg. Vielleicht, weil ein Schild mit der Warnung „Vorsicht, beißt!" am Käfig baumelte?! Ich hatte es lustig gefunden; nun nicht mehr so sehr. Aus der Warnung vor dem beißenden Pappvogel war die seitenverkehrte Aufforderung geworden: Leute, kommt und beißt um Gotteswillen endlich an! Anfangs waren wir auf Seitenpfade ausgewichen, weil ich Angst hatte, dass unsere Aktion zu schnell entdeckt werden könnte, was einer spannenden Suchaktion abträglich gewesen wäre. Diese Angst stellte sich als völlig unbegründet heraus.

Beim heutigen Nachempfinden des Debakels kommt mir mit fast wollüstigem Masochismus eine von den Comedian Harmonists und später von Max Raabe gesungene, nur leicht geänderte Liedzeile in den Sinn: „Kein Schwein spricht uns an. Keine Sau interessiert sich für uns." Das beschreibt ungefähr meinen damaligen Gemütszustand. Denn man stelle sich vor: Da startet der damals schon berühmte Jugendsender den Aufruf eines Entdeckerspiels mit Finderlohn und statt der erhofften Begeisterung weigert sich eine ganze Stadt, davon Kenntnis zu nehmen. Ein grausamer Gedanke, den ich zunächst konsequent verscheuchte.

Dass mein stilles Flehen um Aufmerksamkeit unerhört blieb, war wohl – so dachte ich anfangs – meiner zu großen Ungeduld zuzuschreiben. Wir liefen und liefen und Merseburg zog in vielfacher Gestalt seiner Einwohner in geschäftiger Eile an uns vorüber. Was zuhauf stattfand, war volksquirlige Betriebsamkeit um uns herum; was fehlte, waren Entdeckerehrgeiz und Neugierblicke auf die im Korb hockende mausetote Rabenattrappe. Ich verfluchte im Stillen ihre Stummheit. Ein Lautsprecher mit nervigem Gekrächz wäre da wohl hilfreicher gewesen. Warum war mir das nicht eingefallen? Mir dämmerte mit fortlaufender nichtsnutziger Zeit, dass ich die Schwierigkeit der Situation wohl unterschätzt und Franks Präsenz überschätzt hatte.

Auch die Schönen der Stadt hatten offensichtlich anderes zu tun, als den smarten Korbträger in Flanellgrau anzuhimmeln. Wie auch, wenn sie gar nicht erst hinschauten. Am absurdesten aber war, dass einige ihrer männlichen Begleiter mit Kofferradios bestückt waren, aus denen wie zum Hohn die Töne unserer Sendung klangen. Sie mussten also den Aufruf zum Prominenten- und Rabenfang gehört haben. Trotzdem wollte keiner den Rabenfänger von Merseburg spielen. Hätte Frank ähnlich dem Rattenfänger von Hameln liebliche Melodien auf einer Flöte oder Schalmei gespielt, wären vielleicht einige Passanten zumindest stehengeblieben und wir hätten eine Chance gehabt. Andererseits, so tröstete ich mich, waren wir von den immerhin dreieinhalb Stunden der Livesendung erst knapp eine Stunde unterwegs und es konnte noch viel passieren.

Näher ran ans Leben!

Trotzdem war ich vom Auftakt unserer Suchaktion nicht so hinreißend begeistert, wie ich es hätte sein sollen. Um Frank mit meiner aufkommenden Miesepetrigkeit nicht anzustecken, versuchte ich sie mit aufmunternden angelesenen Stadterklärungen wegzuplaudern.

Insgeheim aber beschlich mich das leise, unangenehme Gefühl, dass den Mägdelein und Jünglingen der Stadt unser Suchspiel zu kindisch und albern sein könnte. Der Schritt von albern zu veralbern ist nur ein kleiner. Was hatten die Jungdamen, die längst nicht mehr mit Puppen spielten, mit einem ausgestopften Raben im Sinn? Und ihre Verehrer mit dem Kofferradio und dem lässigen James-Dean-Gang sahen sich nicht als Schuljungen, die zu Ringelreihen aufgelegt sind, sondern als ernst zu nehmende Männer mit dem stilvollen Accessoire einer Zigarette zwischen den Lippen. Ja, und der Name Schöbel haftete bei weitem noch nicht so fest in ihrem Gedächtnis, dass er einen Zugpferd-Effekt hätte auslösen können. Also ging die Zirkusnummer wohl an ihnen vorbei, fühlten sie sich nicht angesprochen. Damit wollten sie nicht ihre Zeit verplempern, obwohl DT64 ihre Radioheimat war. Aber man musste sich ja als ernst zu nehmender mädchenbeschützender Bodyguard für einen Raben nicht zum Affen machen!

Die junge Generation war eben erwachsen! Keine allzu überraschende Erkenntnis. Das hätte ich wissen müssen, war ich mit meinen 20 Lenzen doch selbst ein Jungerwachsener – und das ebenfalls mit allen standesgemäßen Utensilien wie Kofferradio und Glimmstängel, dem ich erst im reiferen Alter von 24 abschwor. So stellte ich mir denn später die selbstkritische Frage, ob ich mein rabenverliebtes Spiel selbst mitgemacht hätte – und kam zu einem niederschmetternden Ergebnis. Vielleicht hätte im Vorfeld der Sendung auch etwas Reklame gutgetan.

Die pädagogisch notwendigen Grübeleien verschob ich auf irgendwann, denn es musste gehandelt werden. Deshalb änderte ich die Taktik: Näher ran ans Leben! Also spazierten wir ins belebte Stadtzentrum, schlenderten am Renaissanceschloss vorbei, durchquerten betont gemächlichen Schrittes den Schlossgarten. Über eine mangelnde Masse an Menschen konnten wir uns nicht beklagen, nur über eine mangelnde Masse an Aufmerksamkeit. Ich besann mich auf meinen mitgeführten Knipsapparat. So versuchte ich es denn mit einem improvisierten Fotoshooting am umlagerten Reitermonument von König Friedrich Wilhelm dem Dritten. Ich tat geschäftig wie ein Fotoreporter, der einen Prominenten für ein Titelbild ablichtet. Frank sah in die Kamera, alle anderen sahen weg. Oder fotografierten ebenfalls fürs Familienalbum. Selbst dem Preußenherrscher aus dem Haus der Hohenzollern schien es hoch droben auf seinem Sockel peinlich zu sein, denn er schaute in die entgegengesetzte Richtung. Ergo: Bei Lebenden wie Toten Desinteresse.

Um unsere Sendung unterwegs im direkten Wortsinne laufend verfolgen zu können, baumelte die batteriebestückte Miniausgabe eines Kofferradios an meinem Handgelenk. Da es auch eingeschaltet war, konnte ich nicht länger ignorieren, dass Kalle und Gretel bereits nachgefragt hatten, ob wir verschollen seien. Damit war ich gezwungen, schweren Herzens die nächste Telefonzelle anzusteuern, um statt des gewünschten Sturmes im Wasserglas Windstille zu melden. Ebbe und keine Flut in Sicht! Auch meine wortreichen Umschreibungen konnten das Manko an Interesse nicht großreden und das Loch in der Hose verdecken, das beim Herumsitzen auf diversen Bänken längst hätte entstanden sein müssen. Weder der Lockvogel im Korb noch der an meiner Seite reizte das junge Volk der Saalestadt zu einer Suchaktion. Es drohte peinlich zu werden!

Mit uns könn' s' es ja machen

Im Strudel meiner gemischten Gefühle hatte in besitzergreifender Hartnäckigkeit langsam, aber sicher eine innere Zerknirschtheit die Oberhand gewonnen. Ich versuchte weiterhin, sie mit betont aufmunternden Bemerkungen zu kaschieren. Etwa: „Wir haben Glück, dass es nicht regnet." Dabei wäre mir das eigentlich ganz recht gewesen als Erklärung für das Desinteresse an Rabenvögeln im Allgemeinen und an Korbraben im Besonderen. Denn wer könnte sich schon in klatschnasser Kleidung an einem staubtrockenen rabenschwarzen Humor begeistern?! Da ich mich als Schuldiger des Dilemmas aber zur Aufhellung unserer Gemüter verpflichtet fühlte, musste ich dafür sorgen, dass aus unserer gespielten Leutseligkeit auf Dauer kein Schweigemarsch wurde. Also versuchte ich es zur Überbrückung beginnender Sprachlosigkeit weiterhin mit banalen Feststellungen, damit uns zumindest ein Dialog erhalten blieb: „Frank, man kann sagen, was man will, aber diese Stadt hat Flair." Mit solchen nicht übermäßig scharfsinnigen Sprüchen versuchte ich krampfhaft, der Situation doch noch eine gute Seite abzugewinnen. Aber eine Entschuldigung für das Neugierphlegma und die Reaktionsträgheit ihrer Einwohner fiel mir beim besten Willen nicht ein.

Mein Spielpartner war kein Spielverderber, stimmte in den Zweckoptimismus ein, übertraf sich selbst und ging über zu selbstironischem Galgenhumor: „Meinst du, ich sollte einfach mal singen? Auch wenn die meisten Leute dann endgültig abhauen, bleiben ein paar vielleicht doch stehen – und die haben wir dann!" Unter normalen Umständen hätte ich für diese Idee ein Bier spendiert, zumal wir schon wiederholt den zentral gelegenen „Gasthof Zum Palmbaum" passiert hatten, ein ehrwürdiges Uraltgemäuer mit einer verlockenden Gerstensaftquelle. Aber da Hopfen und Malz für den Erfolg meiner Idee verloren schienen, blieb mir nur die schwarzhumorige Ahnung, dass sie sehr wohl im redaktionellen Gedächtnis haften bleiben würde – allerdings als abschreckendes Beispiel für realitätsferne Ideen.

Frank schienen solche Gedankengänge fremd. Aus heutiger Sicht hätte es mich nicht gewundert, wenn ihm in dieser Situation sein späterer Veralberungshit eingefallen wäre, den er oft in passendem Outfit mit Narrenmaske und Schellenbaum zum Besten gegeben hat: „Mit mir könn' s' es ja machen ..." Die Schuld dafür hätte er durchaus mir geben können, aber so war und ist er nicht. Eher so, wie er weitergetextet hat: „Solche Scherze gehn nur mit 'ner starken Natur ..." Und die hatte er schon damals.

Den Schunkelsong hat er nach der Wende auf treffende Weise umgedichtet und Ost wie West mit einem lachenden und einem weinenden Auge den Eulenspiegel vorgehalten. Da singt er mit originellen Wortspielen von Millionären und Aktionären, Sparzwängen der Kleinen und Geldgier der Großen und Textzeilen wie „Man killt für Moneten den halben Planeten". Ein politischer Frank mit einer unbequemen, selbstkritischen Botschaft an seine ostdeutschen Landsleute: „Mit uns könn' s' es ja machen, wir hab'n so viel Geduld, doch es ist nicht zum Lachen, wir sind selber mit schuld."

Frank, der Wahr- und Klarsager. Seine Komposition „Wir brauchen keine Lügen mehr" kam in der Wendezeit gerade richtig. Absicht oder Zufall? Er selbst äußerste sich dazu nicht eindeutig, sondern sah in diesem Lied lediglich einen „tieferen Sinn". Allerdings widersprach er auch nicht, als einige es zum

Protestsong machten. Andere wiederum vermuteten ein flugs umgewidmetes Liebeslied. Es war in dieser brenzligen Situation klug von ihm, alles gelten zu lassen.

Bei unserem damaligen nachmittäglichen Spaziergang habe ich Frank kennengelernt als einen im besten Sinne des Wortes unkompliziert gestrickten Kumpel, der er meinen Beobachtungen zufolge bis dato geblieben ist – inklusive einiger lebensnotwendiger Pirouetten um die Seelen- und Meinungsachse, die ihm Privatleben und Profession aufzwangen, aber seinen Geradeaus-Charakter nicht beschädigten.

Davon zeugen auch seine über 700-seitigen Memoiren. Er nennt sie „frank und frei", fragt aber auf der letzten Buchseite, ob nach allen Hoch- und Tieferlebnissen im Einheitsdeutschland der Titel nicht besser hätte heißen müssen „frank und MANCHMAL frei". Sein Fazit ist differenziert: Anstelle sozialistischer DDR-Bevormundung durch staatliche Zensur nun kapitalistische BRD-Zwänge durch marktwirtschaftliche Verkaufs- und Einschaltquoten. Damals wie heute in den Schwitzkasten genommen!

Die Unverschämtheit eines Nationalpreises

Ja, ganz Merseburg schien auf den Beinen, aber leider nicht in unsere Richtung. Wir liefen uns die Beine spitz, doch niemand war spitz auf uns. Es war zum Verzweifeln. Natürlich wollte ich von ihm wissen, wie er zu dieser oder jener Musikrichtung steht. Ich war nicht allzu überrascht, dass er sowohl für gediegenen Schlager als auch wilden Rock und hämmernden Beat schwärmte. Er hatte beides ja schon mit den sanften Tönen vom „Blonden Stern" und dem schmissigen Rhythmus vom „Party Twist" angedeutet.

Zu dieser oder jener Politikrichtung musste ich ihn nicht befragen, weil es in der DDR nur eine gab – und gegen die hatte auch er im Frühjahr 1965 keinerlei Ressentiments. Das zumindest vermutete ich, denn er machte einen äußerst zufriedenen

Eindruck beim Erzählen über seinen Werdegang, den ich nun aus berufenem Munde detaillierter erfuhr. Mit einer mütterlichen Lehrerin als Operndiva und einer lehrreichen Zeit als Gefreiter beim Erich-Weinert-Ensemble der Nationalen Volksarmee. Dass auch seine berufliche Vita im späteren Strudel kulturpolitischer DDR-Wechselbäder einiges auszuhalten hatte und in der Wendezeit dramatische Formen annehmen würde – wer konnte damals solch unwirkliche Szenarien ahnen?

Da zählte auch nicht, dass Frank sich im heißen Herbst 1989 zur Bürgerbewegung NEUES FORUM bekannte und Mitunterzeichner einer Wende-Resolution von Künstlern für die Demokratisierung der DDR-Gesellschaft war. Er wurde als westprivilegierter Nichtgenosse genauso angefeindet wie andere seiner Kollegen, darunter auch Monika Hauff und Klaus-Dieter Henkler, die als „rote Honecker-Musikanten" beschimpft wurden, oder die Puhdys als stasiverseuchte Truppe, die später gesamtdeutschen Kultstatus erlangte. Natürlich wurde dem Erfolgsmenschen Schöbel vorgehalten, dass er Mitglied des FDJ-Kulturbeirates und des Nationalen Komitees für die X. Weltfestspiele in Berlin war.

Sowohl von Häme-Journalisten als auch heimatlichen Neidern wurden ihm nun auch noch staatliche DDR-Ehrungen angekreidet. Denn dass er sich der SED-Mitgliedschaft verweigerte, hatte die oberste Genossenschaft nicht daran gehindert, ihn mit den höchsten Auszeichnungen zu dekorieren. Er nahm dankend die Verdienstmedaille der DDR entgegen, ließ sich mit dem Kunstpreis schmücken und freute sich – wie er selbst bekannte – „unheimlich" über den Nationalpreis, der erstmals einem Schlagersänger verliehen wurde. Mehr Ehre für einen musikalischen Spitzenunterhalter des Landes DDR geht nicht. Altbundesdeutsche Politik-Bestimmer verübelten dem solchermaßen Hochdekorierten, dass er zumindest diesen Preis in der Nachwendezeit nicht zurückgegeben hat. Seine Haltung dazu hat Frank in seiner Autobiografie eindeutig klargestellt:

„Ich bin auch nie auf die Idee gekommen, ihn zurückzugeben. Warum auch? Ich habe dafür gearbeitet, ich habe in diesem Land gelebt und ich habe das Ding bekommen ... Nein, es gehört zu meinem Leben."

So mancher im Rudel der Künstler distanzierte sich von seinen DDR-Trophäen, der Platzhirsch nicht. Ich auch nicht. Meine zehn Bronze-, Silber- und Gold-Lorbeeren als höchste Auszeichnungen des DDR-Fernsehens stehen in meinem Arbeitszimmer, beschwert mit den Gewichten von Fleiß, Schweiß und Arbeit als Journalist. Das hielten auch die meisten meiner Kollegen so.

Zum anderen erlebte ich mit der demonstrativen Rückgabe staatlicher Auszeichnungen auch Gesten demütiger Unterwürfigkeit und liebedienerischer Anbiederei von Journalisten, die zuvor noch treue DDR-Gefolgschaft bewiesen hatten und nun plötzlich zu Bürgerrechtlern oder Oppositionellen mutiert waren – Genossen, die angeblich schon immer die geballte Faust in der Tasche hatten. Einen etwas jüngeren Kollegen aus der aktuellen Politik fragte ich, ob er mit seinen TV-Lorbeeren auch die daran gekoppelten Honorare zurückgegeben habe. Sein arg erstaunter bis verwunderter Blick verriet mir, dass wohl allein schon meine Frage für ihn eine Zumutung gewesen sein musste.

Teenagerträume

Ich weiß nicht, warum mir in unserem Querfeldeinspaziergang von allen steinernen Merseburger Attraktionen das Krumme Tor an der Domstraße besonders gefiel. Vielleicht wegen der Respekt einflößenden Rundkrone des Turms und der daran gemauerten Toranlage? Vielleicht auch wegen seiner Zinnen, die lustigerweise an Zahnlücken erinnerten? Oder wegen eines ritterträchtigen Mittelalterhauches, der mit gefühltem Schwerterklirren die gesamte stolze Stadtbefestigung umwehte? Wahrscheinlich aber fand ich das Krumme Tor am sympathischsten, weil es mit seinem krummen Namen irgendwie zu meinem aktuellen Gemütszustand passte.

Von seiner architektonischen Äußerlichkeit allerdings ragte die Wehranlage mit keinerlei Krummheit in die Landschaft, sondern war mit kerzengerader Standfestigkeit als ein dominierender Baustein des städtischen Mauerrings in die Erde zementiert.

Wir gönnten uns eine Verschnaufspause. Verschnaufen wovon? Wenn man Herumspazieren, das langsam einem Herumlungern ähnelte, Arbeit nennen konnte, dann hatten wir sogar eine ausgedehnte Verschnaufspause verdient. Das Verschnaufen war zumindest bei mir weniger einer körperlichen als vielmehr einer psychischen Tortur geschuldet. Aber meine ausgefransten Nerven als redaktionell beauftragter Maître de Plaisir vor meinem Mitspieler nach außen zu kehren, verbot sich von selbst.

Also befingerte ich mit gespieltem Interesse die Quader des Turms und befand sie für gegenwartstauglich. Es waren auch nicht mehr die verbauten Feldsteine von 1430, denn der Turm war nach einem Abriss in der zweiten Hälfte des 19. Jahrhunderts erneuert worden, war also im Gegensatz zur angrenzenden Stadtmauer jüngeren Datums. Von seiner historischen Faszination, so fanden wir, hatte er trotzdem nichts eingebüßt.

Warum wir am Krummen Tor auf die westdeutsche Teenie-Schlagerszene zu sprechen kamen, kann ich heute nicht mehr sagen. Was aber meine skizzenhaften Aufzeichnungen ausweisen, ist meine an Frank weitergegebene Begeisterung für die Jungstars Peter Kraus und Conny Froboess. Sie waren damals in der BRD das Ideal-Duo, das in der DDR Frank und Chris Doerk werden sollten. Dass heute Schöbel mit 78 Jahren und Kraus mit 82 Lenzen nach allem Karrierestress immer noch beifallumtost auf der Bühne schmusen und rocken, ist aller Ehren wert.

Beide hatten ihre Fans mit der musikalischen Kuschelromantik versorgt, die sie brauchten und bekamen – zuerst vom Kraus Peter mit dem Softi „Wenn Teenager träumen" und danach vom Schöbel Frank mit der Schmachthymne „Teenagerträume". In beiden Titeln ging es fast wortgleich um Glück, Küssen und Rosen. Aber natürlich wurde ergänzend zur Sentimentalität von Liebe und Sehnsucht auch dem Temperament der Tanz- und Feierwütigkeit Jugend Genüge getan. Was für den West-Peter der „Susi Rock" war, das war für den Ost-Frank der „Party Twist".

Auch sind beide dem gleichen nachvollziehbaren Gedanken gefolgt, ihre bürgerlichen Namen der besseren Promi-Merkbarkeit wegen etwas einzukürzen. Bei Frank weniger, bei Peter mehr. Aus Frank-Lothar Schöbel wurde Frank Schöbel und aus Peter Siegfried Krausnecker wurde Peter Kraus.

Auch sorgten beide mit ihren Gesangspartnerinnen für proppevolle Kinosäle in ihrem jeweiligen Deutschland – Cornelia Froboess und Peter Kraus mit der Komödie „Conny und Peter machen Musik" und Frank Schöbel und Chris Doerk mit dem Filmmusical „Heißer Sommer".

Endlich gab es also auch im Lande DDR zwei umschwärmte Teenagerstars, wenngleich sie sich nicht so nennen sollten und auch erst einige Jahre später als ihre Westkonkurrenz auf der Bildfläche erschienen. Dafür hat Frank dem Peter einige Sachvorteile voraus. Frank war ein waschechter Bürger der deutschen Ostrepublik, während Peter – obwohl in München geboren – Österreicher ist, also streng genommen für die Zeit seiner enormen deutschen Hitparadenerfolge vom Alpenland an die deutsche Westrepublik ausgeliehen wurde. Zudem hat Frank seine Duettpartnerin geheiratet und Peter nicht, obwohl es in beiden Fällen Irritationen und tränende Augen der Fans gab. Beim Traumpaar Frank und Chris, als sie sich scheiden ließen, und bei Conny und Peter, als sich herausstellte, dass die von der Presse berichtete Liebesbeziehung mit Peter nicht Peter Kraus galt, sondern Peter Weck. Der korrigierte später in mehreren Interviews, dass selbst diese Liaison angedichtet war und sich auf gegenseitige Sympathie reduzierte.

Ich weiß noch um die kalt-heißen Wechselbäder meiner eigenen Teenie-Gefühle. Euphorisch, als ich das von mir bewunderte Schlagerpaar wie gewünscht vor dem Traualtar sah, enttäuscht, als ich erfuhr, dass es sich um einen anderen Peter handelte und veralbert, als ich mitbekam, dass selbst das gelogen war.

Vielleicht hat bei dieser Nachbetrachtung damaliger Kapriolen das Krumme Tor noch heute Pate gestanden. Damals war ich darüber erfreut, dass Frank meine Meinung über die erfolgreiche westdeutsche Schlagerszene nicht schlechthin teilte, sondern von ihr Wirkungseffekte auch für seine eigenen Titel ableitete. Dieses lernende Herangehen an internationale Bestmarken war wohl nicht zuletzt ein Schlüssel für seine Erfolge – im Denken weder mit Tabus noch Scheuklappen behaftet und im Tun schrankenlos aufgeschlossen für alles Neue in Ost und West ohne ideologische Ressentiments.

Freifahrtschein in den Westen

Später beschwerte sich Frank darüber, im Staate DDR zu enge Freiräume gehabt zu haben. Wie, so fragte ich mich, kann ein Mann, der ansonsten ein feines Gespür für Realitäten hat, zu solch gedanklicher Schieflage und verquerer Einschätzung kommen. Zu enge Freiräume? Der Sänger Schöbel war in Funk und Fernsehen omnipräsent, darunter mit eigenen Radiosendungen wie „Franks Diskothek", „Franks Beatkiste" und „Frank und frei" sowie den Fernsehshows „Franks Gäste", „Frank und Freunde" und „Tour de Frank". Er spielte die Hauptrolle in vier Musikfilmen, von denen der DEFA-Streifen „Heißer Sommer" Kultstatus erlangte. Nicht zufällig wurde Frank zehnmal „Fernsehliebling des Jahres". Gemeinsam mit Chris Doerk moderierte er auf dem Bildschirm „Disko-Treff" und „Treff mit Chris und Frank". Mehr geht kaum noch!

Auch international wurde der Name Frank Schöbel ein Begriff. Er gastierte zu DDR-Zeiten in 23 Ländern und überzeugte so manche strenge Wettbewerbsjury zwischen Havanna und Tokio von seinen künstlerischen Qualitäten, sodass sie nicht anders konnten, als ihm Lorbeeren aufs Haupt zu drücken.

Speziell in Richtung Bundesrepublik hatte er im Vergleich zu seinen Berufskollegen die meisten Freifahrtscheine in der Tasche, wenn's manchmal auch aus der Parteizentrale eine Absage gab, die möglicherweise sogar mit einem gestörten deutsch-deutschen Verhältnis und seinen unschönen Folgen zusammenhing. Summa summarum ließen die Obergenossen den Nichtgenossen Schöbel zu lukrativen Auftritten beim Klassenfeind fahren –

ob zur „ZDF-Starparade" oder zur TV-Show „Musik aus Studio B", zu der ihn sogar seine Ehefrau Chris Doerk begleiten durfte. Beklatscht wurde er nicht weniger im TV-Wunschkonzert „Musik liegt in der Luft" mit Dieter Thomas Heck, beim „Boulevard Bio" von Alfred Biolek, zur „NDR–Talk–Show" oder bei den ARD-Festen der Volksmusik. Zumindest also war er intensiver „frank und frei" als andere in seinem Metier.

Der Allessportler

Das alles lag damals noch vor ihm, als wir entgegen unserem sehnsüchtigen Wollen, aber nicht Können unbeachtet durch Merseburg bummelten. Während die Sendezeit ohne unser Zutun verstrich, hatte ich immer wieder unsere Unterhaltung angekurbelt – nicht nur, um Trübsinn zu verscheuchen, sondern um möglichst viel über seine Person und seine Ambitionen zu erfahren. Dass er später König Fußball als „Rund wie die Welt" in höchsten Tönen besingen würde, hätte ich mir eigentlich schon damals denken können, denn Sport in jeder Form schien er als Lebenselixier entdeckt zu haben.

Die Kehrseite der Fußball-Platte erschien der DDR-Führung allerdings als nationaler musikalischer Beitrag zur Eröffnungsfeier der Fußballweltmeisterschaft 1974 in der BRD wesentlich geeigneter, da sich der Titel „Freunde gibt es überall" mehr nach Völkerverständigung anhörte. So sang Frank den Freundschaftstitel als Repräsentant der DDR im Waldstadion von Frankfurt am Main in einer weltweiten TV-Liveübertragung vor geschätzten 600 bis 900 Millionen Zuschauern in über hundert Ländern. Noch heute traktiert der Ballsportler Schöbel in der Berliner Altherrenriege von „Eintracht Mahlsdorf" die Lederkugel und genehmigt sich anschließend im durchschwitzten Trikot ein Feierabendbier.

Mich wundert, dass Frank noch keine Hymne auf den Radsport komponiert hat, denn seine Vorliebe für Fortbewegungsmittel galt nicht so sehr der motorisierten Pferdestärke als vielmehr dem Stahlross mit Beinantrieb. Dass er sich als Pedalritter von Format gemeinsam mit dem Pedalfürsten, dem Weltmeister, Friedensfahrtsieger und DDR-Champion Gustav Adolf „Täve" Schur beim Bezwingen der „Steilen Wand" von Meerane beweisen konnte, muss für ihn ein schweißnasser Hochgenuss der Körperbeherrschung gewesen sein.

Zwischen seinen Lieblingsdisziplinen Radfahren und Fußball hält sich der Universalsportler Frank in vielfacher Form bühnenfit. Dabei haben es ihm nicht minder kleine Bälle angetan. Vornehmlich die an der Tischtennisplatte. Auch der anderen Platte ist er treu geblieben, dem als Plattenbau-Tristess verunglimpften Ostberliner Wohnort Marzahn-Hellersdorf. Und Wasser mag Frank nicht nur aus der Dusche, sondern ebenso im Schwimmbecken. Eben ein Allrounder. Das half uns aber momentan nicht aus der Klemme.

Ich hätte – um Leute anzulocken – in meiner Verzweiflung jedwede verwegene Aktion unternommen, soweit sie mit unserer sozialistischen Ethik und Moral vereinbar gewesen wäre. Aus heutiger Sicht fallen mir da noch einige Möglichkeiten ein. So war auch ich beim Mansfelder Turnverein „Stahl Walzwerk Hettstedt" mit einem gebührenden Ehrgeiz an Barren und Reck aktiv. Also wäre in Merseburg vielleicht ein lautstarkes, marktschreierisches Sportduell zwischen uns eine Chance gewesen, um die ersehnte Aufmerksamkeit zu bekommen. Oder aber ein Wettlauf über den Marktplatz, den ich in missionarischem Hörfunkeifer als „Marktplatz unserer Sensationen" hätte weidlich ausschlachten können. Als Start in Frage gekommen wäre der imposante Renaissance-Brunnen, den wir uns für eine weitere Rast ausgesucht hatten.

Oder eine Problemlösung auf künstlerische Art. Im Besitz von Kreide hätte ich auch nicht vor Pflastermalerei zurückgeschreckt, zumal ich mich bereits an Aquarellen und Federzeichnungen versucht hatte. Passend dazu hätte Frank singen können „Komm wir malen eine Sonne auf dem grauen Pflasterstein", die Titelmelodie seines gleichnamigen Albums für Kinder. Der Haken bestand nur darin, dass er es erst zehn Jahre später produzierte.

Wie politisch ist er als Musikant?

Wer wollte bestreiten, dass Frank, der multitalentierte Musikant, die bekanntesten und erfolgreichsten seiner 350 selbst komponierten Lieder in der DDR schuf!? Bis heute interpretierte er mehr als 600 Titel und schrieb rund 50 Liedtexte. Die Themenbreite seiner Kreationen reicht von bissigem Umweltschutz und Streicheleinheiten für einsame Seelen über parodistische Einlagen bis zur Würdigung stiller Helden und Zuneigung für Benachteiligte und Randgruppen der Gesellschaft.

Dass er aber Prioritäten setzt, habe ich schon damals gespürt, als er mir auf dem von unseren Schuhsohlen traktierten Pflaster von Merseburg zu verstehen gab, dass er trotz gelegentlicher Ausflüge in andere Themenwelten ein Troubadour der Liebe sein wolle. Die Bandbreite an amourösen Tönen ist imposant, reicht vom romantischen „Gold in deinen Augen" über die sentimentale Bitte „Schreib es mir in den Sand" und den lyrisch angehauchten Titel „Die Sprache der Liebe ist leis" bis zum stimmungsvollen Hitparadenstürmer „Nur wer das Feuer kennt."

Franks Beschwerde über das Verbot von Englisch-Titeln im sozialistischen Deutschland ist nur teilweise berechtigt. Vom Hickhack der DDR-Musikpolitik zeugt zwar eine kurzzeitige Sperre von mit Anglizismen durchsetzten Songs, um sie anschließend aber wieder boomen zu lassen. Mit dem Album „Frank international" wurde diesem Englisch-Trend 1980 schließlich die Krone aufgesetzt – mit nachgesungenen Rock- und Poperfolgen von Westgrößen wie Cliff Richard, den Beach Boys oder den Beatles. Und im Hörfunk wurde aus „Franks Diskothek" über Nacht „Franks Beatkiste" mit der von DT64 losgetretenen Sendelawine eines schmissigen Elektrogitarrensounds, der schließlich stocksteife Altherren-Argumente unter sich begruben.

Mit Politik in der Musik war Frank stets vorsichtig – im Gegensatz zu den zwei West-Udos, dem Jürgens und dem Lindenberg, die sich scharfzüngig und unverblümt einmischten. Der eine vor allem in die Ostpolitik, was er mit seinem „Sonderzug nach Pankow" vorexerzierte. Und der andere insbesondere in die Westpolitik mit seinem anklagenden „Lieb Vaterland" und Aussagen wie „Konzerne dürfen maßlos sich entfalten, im Dunkeln steh'n die Schwachen und die Alten ..." Der Chart-Hit von Udo Jürgens wurde sowohl mit Honig und Balsam als auch mit Gift und Galle bedacht – und das in einer Heftigkeit, die für die Geschichte des BRD-Schlagers beispiellos ist.

Soweit ist Frank im eigenen heimatlichen Nest nie gegangen. Nationale Missstände in der DDR musikalisch aufs Korn zu nehmen, entsprach nicht seinem Herzensthema Liebe und wäre vermutlich auch der Anfang vom Ende seiner Karriere gewesen. Erst als späterer Bundesbürger opponierte er – und da konnte er es dann, ohne offiziell anzuecken. Da verpackte er seine seltene Systemkritik in eine seinem Stil gemäße satirisch-humorvolle Form. So nahm er in seiner 1993 geänderten Version von „Mit mir könn' s' es ja machen" auch die Raffgier der Profiteure aufs Korn:

„Wir zahl'n nur noch Steuer und soll'n ungeheuer
viel sparen, sonst könnt es gescheh'n,
dass 'n paar Millionäre und auch Aktionäre
als Bettler vorm Supermarkt stehn.
Man killt für Moneten den halben Planeten,
bald fang'n wir als Affen neu an.
Keiner, keiner glaubt's, doch wir sind schon dicht dran."

Frank war 48 Jahre DDR-Bürger, nun ist er bereits über 30 Jahre BRD-Bürger. Und auch als solcher mischt er sich nicht vordergründig in Politik ein. Wohl aber stellt er sich mit klarer Position brennenden Menschheitsproblemen wie Umweltschutz, Krieg und Frieden. Das gelang ihm schon 1984 in der DDR in glänzender Weise mit „Alt wie die Welt" – eine Hymne, für die er 220 namhafte einheimische Interpreten für einen einzigartigen Chor gewinnen konnte. Eine klare Ansage an Humanismus und Völkerverständigung. Auch da hatte er das Herz auf dem rechten Fleck, nämlich auf dem linken – und das gewollt oder ungewollt nicht nur in physischer Hinsicht.

Schöbels Landsleute aus Leipzig, die aufmüpfigen „Prinzen“, waren da im neuen Großdeutschland nicht so zartbesaitet. Sie verschärften die bei ihm vereinzelt anklingenden Protesttöne in schrille kabarettreife Bissigkeiten, ohne die Schlagerebene zu verlassen. Mit dem Gewicht von fast sechs Millionen verkauften Tonträgern verschafften sie ihren deftigen Aussagen zum Zustand der neuen großdeutschen Gesellschaft bundesweit Gehör. Als eine der erfolgreichsten deutschen Popbands mit unverwechselbarem A-cappella-Chor agierten die „glorreichen Sieben“ mit drastischem Sarkasmus in gesanglicher Perfektion, die sie vom Leipziger Thomaner- und Dresdner Kreuzchor mitgebracht hatten.

Die Band moralisierte mit diebischer Freude am Lästern über die gesellschaftliche Notwendigkeit, für den Erfolg und Aufstieg ein Schwein zu sein, gemein zu sein, zu klauen und als Lebensziel Millionär zu werden mit der Erkenntnis: „Ich werde immer schöner durch mein Geld.“ „Denn“, so resümieren sie, „willst du ehrlich durchs Leben geh’n, ehrlich, kriegst ’nen Arschtritt als Dankeschön. Gefährlich!“ Deshalb wird „geklaut und gestohlen, … gezogen und geraubt. Entschuldigung, das hab ich mir erlaubt.“ Und so endet denn der „Prinzen“-Song mit der auf den Punkt gebrachten Lebensphilosophie eines Finanzadligen: „Geld, Geld, Geld!“

Auf verlorenem Posten

Von all dem war längst noch nicht die Rede, als wir vergeblich versuchten, den Merseburgern ihren eigenen Raben nahezubringen. Ich litt unendlich, musste immer mehr Kraft investieren, um Haltung zu bewahren und keinen Rollentausch zuzulassen. Denn eigentlich sollte ich die helfende Stütze von Frank sein und nicht er für mich. Das amüsierte ihn und minderte mein Schuldgefühl. So einigten wir uns denn nach einiger Zeit in stillschweigender Vergnüglichkeit darauf, unsere Rabentreibjagd in einen Touristenbummel umzufunktionieren.

Also spielte ich den Fremdenführer. Da ich mich dank meiner Vorrecherchen mit Sehenswürdigkeiten und Geschichte der Stadt gut auskannte, erklärte ich ihm den eindrucksvollen gotischen Dom und die Historie von Merseburg als Residenz sächsischer Adelsgeschlechter, dann den Aufstieg zur Beamten- und Regierungsmetropole der preußischen Provinz mit anschließender Entwicklung zum Chemie- und Technikzentrum.

Als dieses Thema erschöpft war, erzählten wir uns in zwangloser Vertrautheit Persönliches, denn schließlich mussten wir irgendwie die Hängepartie eines ungewissen Ausgangs unserer Operation „Rabe" überbrücken.

Warum, so fragte ich mich mit einem immer beklemmender werdenden Schuldgefühl, warum hatten wir die Rabengeschichte nicht schon vorher in der Bezirkszeitung „Freiheit" angekurbelt? Oder in einer Lokalzeitung? Natürlich auch mit einer originellen Schlagzeile wie „Ein singender Rabenvater will gejagt werden!"

Singender Rabenvater? Warum nicht? Die Westmedien hatten da im Umgang mit Beinamen weniger Skrupel. Sie entfalteten später ein erstaunliches Maß an Ideenreichtum, um DDR-Prominente jeglicher Sparten mit fantasievollen Attributen zu bedenken. Da war auch das MDR-Fernsehen nicht zimperlich, das in der deutschen Einheitsrepublik sowohl für Schöbel als auch für Merseburg und ganz Sachsen-Anhalt zum Heimatkanal wurde. Auf seiner Webseite verstieg sich der Sender am 3. Januar 2019 zu der Formulierung, das Gesangsduo Schöbel-Doerk sei das „Aushängeschild eines strahlenden Sozialismus" gewesen. Wobei das mit dem „Aushängeschild" gar nicht so daneben ist, wenn man bedenkt, dass Chris Doerk im sächsischen Großenhain zur Schaufenster-Dekorateurin ausgebildet wurde. Für Frank waren die Beinamen einfallsloser und als zweifelhafte Komplimente zum Großteil mit Geschmacklosigkeit überzogen: „Zonen-Elvis", „Peter Pan des Ostens", „Roy Black Ostdeutschlands" oder „Sunny Boy Ost".

Der Sozialismusbezug aber gefiel den BRD-Printmedien am besten, weil da ein Krümel Häme dazukam. So war die zweifache Olympiasiegerin und vierfache Weltmeisterin im Eiskunstlauf, Katarina Witt, schon vor dem gesellschaftlichen Umbruch das „schönste Gesicht des Sozialismus".

Dem künftigen „Zonen-Elvis" verschwieg ich meine nachträgliche Idee, denn er hätte sicher abgewinkt und in seiner direkten Art wissen lassen: „Du, lass mal gut sein, so groß ist unsere Nummer nun auch wieder nicht!" Das DU hatte er mir ja angeboten. Später war er mit aller Welt per DU. Das SIE war ihm zu umständlich. Nun also zwei Dutzfreunde auf verlorenem Posten.

„Der Quatsch wird immer quätscher!"

Mittlerweile dürften wir unsere Fußabdrücke auf dem gesamten Straßenpflaster von Merseburg hinterlassen haben. Wir zogen über bekannte Plätze und um unbekannte Häuserecken, spazierten drauflos und die Beine liefen automatisch mit – so, als müssten sie beweisen, dass es ein Perpetuum mobile doch gibt. Stillstand wäre die Besiegelung unserer Niederlage gewesen. Wir waren zum ziellosen Dahinbummeln verurteilt und irgendwann schienen Themen, Fragen und Antworten erschöpft. Der Fluss unserer Konversation war nur noch ein Rinnsal. Und auch pausenloses Verlegenheitsgerede nervt schließlich und macht zudem maulfaul.

Also verordneten wir uns in stiller Übereinkunft eine erholsame Schweigsamkeitsphase, in der ich meinen Grübeleien freien Lauf lassen konnte. Und die ließen mich im Getriebe meiner Gedankenmühle schwarzhumorige Nachdenklichkeiten wälzen. Da es, so sinnierte ich, da es Globetrotter gibt, sind wir wohl Stadttrotter. Diese Erkenntnis teilte ich meinem Leidensgefährten mit, dem diese Wortschöpfung gefiel. Ich setzte in einem Anfall masochistischer Selbstquälerei noch eins drauf: Oder, Frank, statt Stadttrotter vielleicht besser Stadttrottel? Nein, das ging ihm zu weit. Aber Stadttrotter – ja, das würde es treffen!

So trotteten wir weiter drauflos, denn noch lief die Sendung und wir mussten mitlaufen – allerdings ohne unseren geplanten Beitrag beisteuern zu können. Das war nicht allzu lustig!

Langsam bekam ich das Gefühl, einigen Leuten schon mehrfach begegnet zu sein. Die aber schienen das nicht zu bemerken, sonst wären sie wohl ins Stutzen geraten oder hätten angesichts unseres offensichtlichen Herumirrens gefragt, ob wir etwas suchen und ob man uns helfen könne. Dann hätte ich den erlösenden Satz sagen können: „Nein, danke, obwohl wir nichts suchen, haben Sie uns gefunden." So wären wir miteinander ins Gespräch gekommen durch ein höfliches Hilfsangebot für Ortsfremde. Solcherlei Höflichkeit wurde Merseburgs Bürgerschaft in so manchem Werbeprospekt bescheinigt und ich zweifle nicht daran, dass sie diesem guten Ruf immer wieder gerecht geworden ist. Nur eben heute nicht.

Obwohl wir also auch nicht auf das Mitleid der Einheimischen hoffen konnten, hatten wir den Glauben auf ein glückliches Ende noch nicht völlig aufgegeben. Vielleicht waren wir zu zurückhaltend und sollten unser Anliegen etwas vordergündiger kundtun. Also postierten wir nun den Rabenkorb bei jeder Rast wie eine Werbetafel in hemmungsloser Nähe der Passanten als demonstrativen Blickfang. In dieser Aufdringlichkeit eigentlich unübersehbar. Und tatsächlich erschien mit zwei Spaziergängern plötzlich auch ein Silberstreif am Horizont. Es war ein älteres Ehepaar und damit nicht unbedingt die Zielgruppe des Jugendsenders. Das aber war mir erstens längst egal und zweitens hoffte ich durch sie auf den Animiereffekt eines weiteren Zulaufs von Neugierigen, angelockt vielleicht durch Rufe des Erstaunens oder Entzückens über die zierliche Rabenpuppe. Mutti und Vati kamen interessiert näher, beugten sich zum Rabenkäfig hinunter, riefen ein erschrockenes „Huch!" und enteilten. Eine vertane Chance!

Für solch Ausnahmesituationen hat meine nette Leipziger Studentenwirtin Linda Ränker später die treffenden Worte gefunden: „Der Quatsch wird immer quätscher!"

Dann ein weiterer Lichtblick. Ein schon sehr erwachsener Jugendlicher steuerte mit Wissbegier im Gesicht auf uns zu. Sie galt leider aber einer profanen Frage. Ob wir wüssten, wo in Merseburg die Naumburger Straße sei. Wir bedauerten und machten ihn auf den Raben aufmerksam. Er schaute durch das engmaschige Drahtgeflecht, sagte „Der ist ja tot!" und ging doppelt enttäuscht seines Weges. Fast geglückt, aber eben nur fast!

Der Erich-Weinert-Sänger

Da saßen wir nun – der gelernte Mechaniker, mit 22 Popmusik-Aufsteiger aus Leipzig und der zwei Jahre jüngere Elektromechaniker und Journalistenlehrling aus Mansfeld. Er berichtete mir vom sehnlichsten Wunsch seiner Mutter, die ihm als Operndiva und Gesangspädagogin die beste denkbare Lehrmeisterin war. Sie hätte ihren Knaben Frank-Lothar liebend gern im weltberühmten Leipziger Thomanerchor gesehen und gehört. Das wäre stimmlich allemal möglich gewesen, weshalb ihn Mutti Käthe auch als Siebenjährigen zu einem Vorbereitungslehrgang schickte. Aber ihren Jungen zog es unwiderstehlich zur leichten Muse, die ihn schon vor Chris Doerk küsste.

Deshalb, so erinnerte er sich, sei er 1962 in seiner Heimatstadt für einige Monate gitarrespielender Sänger in einer Band gewesen, die im „Haus Leipzig" zum Tanz gespielt habe und sich damals „Kapelle Heinz Müller" nannte. Noch im selben Jahr, so meinte Frank, habe es eine entscheidende Zäsur in seinem Leben gegeben. Da sei er nach vier Wochen militärischer Grundausbildung Sänger im Männerchor des Erich-Weinert-Ensembles der Volksarmee geworden. Damit habe im September 1962 eine Berliner Zeit begonnen, die in mehrfacher Hinsicht prägend gewesen sei und ihn zum professionellen Singen gebracht habe.

Das Weinert-Ensemble war mir ein Begriff. Es versammelte Künstler, die später ebenfalls von sich reden machten – sowohl in den Sparten Ballett, Orchester und Kabarett als auch im Film- und Theaterbereich wie die Schauspieler Ernst-Georg Schwill oder Eberhard Mellies und in der Schlagerszene Sängerinnen wie Bärbel Wachholz oder Chris Doerk, in die sich Frank während dieser gemeinsamen Berufszeit verliebte. Letzteres allerdings verriet er mir damals nicht. Das war sein Geheimnis, das aber schon ein Jahr später keine private Verschlusssache mehr sein konnte, als beide 1966 heirateten.

Was das Weinert-Ensemble mit seiner breitgefächerten Kunstpalette angeht, so war es personell so hochkarätig besetzt, dass es vorerst in die Bundeswehr von Einheitsdeutschland integriert wurde. Das ging auf Dauer natürlich nicht. Also wurde es im Strom generalisierender DDR-Umwälzungen schnell mit Parlamentsbeschluss ausgegliedert und zum Chor degradiert. Den wusste Hans-Jürgen Carl-Maria Freiherr von Weber zu schätzen. Der Urenkel des gleichnamigen berühmten Komponisten übernahm die Gesangsgruppe und führte sie weiter, bis sie nach Einstellung der Bundesfinanzierung zu einem kleinen privaten Vokalensemble wegschmolz und schließlich 2002 hoffnungslos kapitulieren musste. Aus die Maus!

Berufszulassung erst im dritten Anlauf

Er müsse doch rundum froh sein über seine ersten Plattenerfolge, wollte ich ihn über seine noch dürftige Bekanntheit hinwegtrösten. Ja schon, meinte er, aber er ärgere sich, weil er im vergangenen Jahr das Vorsingen für den Berufsausweis zwei Mal vermasselt habe, bevor er ihn endlich beim dritten und letzten Versuch bekommen habe. Andererseits sei er nun natürlich froh, nicht mehr nur mit zeitlichen Begrenzungen öffentlich auftreten zu dürfen, sondern unbefristet und mit dem unschätzbaren Vorteil, feste Gagen einfordern zu können. Mit diesem Papier in der Tasche könne er nun Vollgas geben.

Der Berufsausweis – das muss zur Erklärung angefügt werden – war das von einer Expertenkommission verliehene Qualitätssiegel als Nachweis für einen hohen professionellen Leistungsstandard von Personen, die als Schlagersänger in der Öffentlichkeit auftraten.

Das betraf im modifizierten Sinne auch TV-Journalisten, weshalb der Autor dieses Buches zu Beginn seiner DDR-Fernsehzeit einen sogenannten Bildschirmpass erwerben musste –

als Legitimation für berufliche Professionalität zur personellen
Präsentation auf dem Schirm. Das berechtigte ihn, wie es in salopper interner Umgangssprache hieß, „die Rübe rauszuhalten".

Bitte hören und schauen Sie sich mit kritischem Auge und Ohr
um in unseren heutigen Radio- und TV-Kanälen, vornehmlich
in den Privatmedien, was da so aus dem Lautsprecher dröhnt
oder über die Monitore flimmert. Es ist teilweise zum Gehirn-
und Herzzerreißen! Das fängt bei schnellgeplapperter gruse-
liger Grammatik an und hört bei verbaler Unästhetik längst
nicht auf. Da coolt und geilt es nur so. Ich wünschte, all diese unreifen Kandidaten dürften erst nach einer Zulassung für
berufliche Eignung aufs dafür zahlende Volk losgelassen werden. Welch schräger Treppenwitz, dass gerade sie und ihre Bosse den Berufsausweis und Bildschirmpass der DDR verächtlich
als „Pappe" abtun.

Natürlich hat der westlich geprägte Zeitgeist sofort das Argument bei der Hand, dass damit unliebsame Journalisten vom
Bildschirm ferngehalten werden sollten. Die, lieber Herr Zeitgeist, wären gar nicht erst eingestellt worden! Die wären schon
vorher im Fach „ideologische Eignung" durchgefallen. Und auch
Sängerdissidenten hätte die Jury wohl nicht an sich herangelas-
sen. Ergo ging es um Professionalität und Wirksamkeit.

Die Fans sind eine Macht

Auch, so gestand mir Frank, sei er nicht so rundum glücklich,
weil er und seine Freundin sich getrennt hätten. Da muss er
aber schon seinen neuen Schwarm Chris Doerk angehimmelt
haben. Hätte ich das damals gewusst, wäre meine Vermutung
gewesen, dass er es war, der die Verbindung mit seiner Flamme
hat platzen lassen. Das allerdings ist reine Spekulation, die besser in den Blätterwald der Regenbogenpresse gehört. Was aber
die Trennung von einer Herzdame angeht, so kannte ich diese
miese Rundum-Verfassung nur allzu gut, hatte sich doch gerade erst meine liebe Gudrun von mir verabschiedet, meine erste

große Liebe. Seine – glaube ich – hieß Hannelore und die davor Anne. Da war er 15 und es habe, so feixte er, etwa ein Jahr gedauert bis zum ersten Kuss.

Würde Schöbel heute durch Merseburg flanieren, wäre er im Nu von Autogrammbettlern umzingelt. Da brauchte es keinen Käfigraben, weil der Lockvogel ein Star wäre. Ein Zugvogel der Gattung Ost, der auch in westliche Gefilde entfleucht ist, aber immer wieder in die heimatliche Nestwärme zurückgekehrt ist. Das hält er bis heute so trotz nunmehr ungehemmt freier Flugbahn in Richtung Westen. Er weiß, was er an seiner ostdeutschen Verehrergemeinde hat und ließ es sie wissen mit seinem gesungenen Kompliment „Die Fans sind eine Macht" – und die honorieren seine Bodenständigkeit bis heute mit zuverlässiger Treue bei Plattenkäufen und gefüllten Sälen. Frank und frei und trotzdem mehr Ost als West. Für alle Freifahrtscheine in den Westen hat er immer auch ein Rückfahrticket gelöst. Er weiß, wo er hingehört, macht kein Geheimnis aus seiner Privatadresse nebst Telefonnummer und verspricht auf seiner Webseite, jede E-Mail schnellstens zu beantworten. Ich habe es ausprobiert und kann's bestätigen. Er habe, las ich da, noch sehr viel vor und geize mit jeder Minute. Ergo würde er heute wohl kaum seine wertvolle Zeit bei einem Merseburg-Bummel vergeuden. Damals hatte er sie noch – und auch da schien sie vergeudet.

Ich fühlte mich immer mehr auf verlorenem Außenposten, während die Sendung auch ohne uns bestens auskam. Das verriet uns mein Kofferradio, das dummerweise auch über unser Schweigen informierte. Denn Kalle und Gretel fühlten sich ab und zu bemüßigt, das leidige Thema aufzuwärmen und mitzuteilen, es gebe keine Neuigkeit vom Stadtbummel des Frank Schöbel. Das bedeute, dass Korbträger und Rabe noch nicht identifiziert seien. Deshalb ging Kalle dazu über, einen Steckbrief für Franks Aussehen zu entwerfen und zu mahnen: „Strengt euch an, liebe Merseburger!" Die fühlten sich nicht angesprochen und ließen uns weiterhin in Ruhe.

Eigentlich hätte mir aus heutiger Sicht nichts Besseres passieren können, denn so wurde es vor über 50 Jahren ein unge-

störter Nachmittag mit dem damals noch optischen „Nobody",
dessen Gesicht später jeder DDR-Teenager kannte. „Franky-Boy"
werden ihn dann plötzlich wie einen alten Bekannten westliche
Radio- und TV-Leute gern in schulterklopfender jovialer Vertraulichkeit nennen – im Nichtwissen des kleinen Unterschie-
des, dass Frank zwar das zwanglose DU bevorzugt, aber plumpe Anbiederei genauso ablehnt wie oberflächlichen Small Talk.
So fragte er den Journalisten Martin Lamss mitten in einem
Interview für die Mai-Ausgabe 2007 des Leipziger Stadtmaga-
zins Kreuzer: „Wollen wir jetzt nicht mal langsam ein bisschen
gedankliche Tiefe ins Interview bringen?"

Das Schraubstock-Gefühl in meinem Gemüt wurde umso beklemmender, je weiter die Zeiger der Uhr sich unerbittlich zum
Sendeschluss hinarbeiteten. Sie waren mittlerweile soweit vorgerückt, dass ich mich ernsthaft mit dem Gedanken befasste,
meinerseits Passanten anzusprechen und ihnen unsere Absicht
zu erklären – in der verzweifelten Hoffnung, dass sie sich unserer erbarmten. Ich war mir sicher, dass Frank ebenso zu diesem
Umkehrspiel bereit gewesen wäre, denn er hatte einen ausgeprägt volksnahen Charakter. Er behielt ihn über alle Laufstege
des Erfolgs hinweg bis heute – und ebenso die in seinem bereits
erwähnten „frank und frei"-Buch verankerte Erkenntnis, die ich
in ähnlicher Form schon damals bemerkenswert fand, als wir
dialogisierend auf „Leutefang" durch Merseburg schlenderten:
„Wenn man ackert wie ein Pferd und trotzdem nur Pferdemist
rauskommt, muss man diese Niederlage einstecken. Das kann
jedem passieren und das verstehe ich. Was ich nicht verstehe,
ist nicht zu ackern, weil das schon die Niederlage ist."

Warum Schlager feuern müssen

Längst waren wir beim Thema gute und schlechte Schlager angelangt. Ich staunte, mit welcher Vehemenz der damals ruhig und
bescheiden wirkende Sänger auf das Achillesfersen-Thema von
Inhalt und Form, Absicht und Wirkung poppiger Songs ansprang.

Es gebe, meinte er, zu viel lahmes Gedudel. Da müsse Feuer rein. Keine frenetische Hatz der Töne, aber „abgehen" müsse es wie die Post. Ich höre ihn noch heute sagen: „Da muss was losgehen!"

Ich staunte: Er, der mit „Teenagerträumen" zum Schmachten und Schwärmen einlud, brach eine Lanze für zündende Rhythmen. Ja, wehrte er ab, natürlich, der „Blonde Stern" und die „Teenagerträume" – das sei genauso in Ordnung wie der „Party Twist". Aber beide Klangfarben in einem Lied – sowohl besinnliche als auch aufrüttelnde – das könnte spannend sein. Lieder mit Kontrasttönen – das würde ihm gefallen. Das erzeuge eine gewisse Stimmungslage mit Gänsehauteffekt.

Ich dachte sofort an das weltbekannte und oft gecoverte „Buona Sera, Signorina" des New Orleans-Virtuosen Louis Prima, der in diesem Song mit kehliger Stimme Schmuseleichtigkeit und gepfefferte rockige Töne vereint. Rhythmischer Beginn mit extremer Langsamkeit, der sich dann zu einem Orkan steigert. Daran wollte er sich also orientieren. Aber das gab es ja schon. So neu war das also nicht.

Ich hatte damals nicht so ganz begriffen, warum er sich da in eine kleine Rage redet. Erst später war mir klar, dass er nicht schlechthin das „Buona Sera"-Prinzip meinte, bei dem lediglich derselbe Text mit einem unterschiedlichen Rhytmus umgesetzt wurde. Ich habe erst verstanden, was da schon damals in seinem Hinterkopf nistete, als er es später selbst vorgemacht hat – vor allem mit einem Volltreffer, den er mit „Wie ein Stern" nicht nur in den Hitlisten seiner Heimat landete. Was er da realisierte, war die erfolgreiche Kombination behutsam leiser und explosiv lauter Töne bei jeweils unterschiedlichen Texten.

Die DDR-Plattenfirma „Amiga" verkaufte davon 400 000 Singles, das BRD-Label Philips mehr als 150000. In den „Schlagern der Woche" des Westberliner RIAS kroch der Ohrwurm fünf Mal auf den Spitzenplatz. Der „Stern" strahlte in Polen wie in der Sowjetunion, in der Tschechoslowakei wie in Ungarn. Er erntete Beifall auch in der Bundesrepublik Deutschland, wo Frank in der ARD-Fernsehshow „Musik aus Studio B" einen imposanten Auftritt hinlegte.

Als Moderator Henning Venske den Gast aus der DDR in der „Studio B“-Ausgabe vom 19. Mai 1972 ankündigte, hatten nur wenige westdeutsche Zuschauer den Namen Schöbel schon einmal gehört. Das änderte sich, als er fünf Wochen lang in den einschlägigen Musiksendungen des Rundfunks genannt wurde, denn solange konnte sich Frank mit seinem Riesenhit in den bundesdeutschen Singlecharts halten. Die vom Westkollegen Peter Orloff nachgesungene Version konnte bei weitem nicht mithalten.

Damals in „Studio B“ passierte eine Doppelpremiere, denn es war im deutschen Weststaat nicht nur der erste Auftritt von Schöbel, sondern der eines DDR-Schlagersängers überhaupt. Und das mit Selbstsicherheit, Strahlekraft und Professionalität. Unbeeindruckt von der ihn umgebenden Westprominenz wie Udo Jürgens, Siw Malmkvist oder Costa Cordalis zelebrierte er mit – wie mir schien – besonderer Hingabe, was er in unserer Merseburg-Plauderei skizziert hatte: ein Laut-leise-Lied mit Kontrast-Tönen für Gänsehautempfinden. Da stand er auf der Showbühne und begann mit den von ihm beschworenen leisen Anfangstönen:

„Mir scheint, mein Leben
wurde mir heut' neu gegeben …“

Dann kam der Kontrast, der stimmliche Umschwung vom fast gehauchten Prolog in einen explosiven Sound, in eine kraftvolle Hymne, eine Ode an die Liebe. Wie sagte er doch: „Da muss was losgehen!“ Und es ging los. Es feuerte. Er sang den Refrain nicht, er jubelte ihn aus tiefster Kehle – und man war versucht, mitzujubeln:

„Wie ein Stern in einer Sommernacht ist die Liebe, wenn sie strahlend erwacht …“

Dieses melodiöse Wechselbad von beschaulicher, nahezu meditativer Versonnenheit und temperamentvoller Vitalität blieb im vielfältigen Repertoire der Schöbelschen Liebeslieder ein dicker Brummer, aber keine Eintagsfliege. Der Funke, der aufs Publikum übersprang, zündete beim Kassenmagneten „Nur wer das Feuer kennt" ebenso wie bei der gemeinsam mit Chris Doerk geschmetterten Aufforderung „Lieb mich so, wie dein Herz es mag".

Dass die Herzdame und der Herzbube des DDR-Schlagers dann getrennte Wege gingen und die Ehe des musikalischen Idealpaares nach acht Jahren nicht mehr zu kitten war, stürzte eine ganze Generation treuer Anhänger in vorübergehende Verzweiflung.

Das Dilemma hatte aber auch eine optimistische Seite. Das Singledasein des Junggesellen nährte in der Damenwelt Hoffnungen, die dann aber nur für Aurora Lacasa in Erfüllung gingen. Die mit ihr und den beiden kleinen Töchtern besungene Weihnachtsplatte XL machte Frank zum erfolgreichsten Amiga-Musikanten aller Zeiten. Wer hätte das damals an diesem rabenschwarzen Tag in Merseburg geahnt!?

Warum er sein Hinterteil zeigte

Wenn Funk- und Fernsehmoderatoren wiederauferstandene einstige Musik-Autoritäten oder heutige Promi-C-Interpreten mit Beziehungen und Playback-Karrierehilfen bedenkenlos als „Superstars" oder „Schlagerbarden" in den Quotenhimmel jubeln, wie soll man dann einen Popkünstler nennen, der 55 Alben und rund 600 Titel sein eigen nennt? Als „Recken" oder „Golem"? Obwohl das vergleichsweise stimmt, würde es dem Sänger, Komponisten, Liedtexter, Entertainer, Schauspieler und Buchautoren Schöbel selbst nicht gefallen – und seiner Anhängerschar auch nicht.

Sogenannte Markenzeichen wie Schlapphut mit Zigarre oder Ottifanten-Mütze sind ihm genauso zuwider wie PS-starke Statussymbole der Renommier-Sorte „Porsche Panamera" oder „Cadillac CT6". Er liebt zur Fortbewegung nicht die Pferdestärken aus dem Stall der Nobelkarossen, sondern die Pedalen von Drahteseln. Das ist heute so und das war damals so, als er auf unserer Merseburg-Promenade trotz einiger Anfangserfolge noch nicht einmal an einen Trabi denken konnte. Und als er sich fünf schwere Mercedes-Schlitten leisten konnte, kaufte er sich keinen einzigen. Auch da blieb der Trabant aus Zwickau lange Zeit sein treuer Weggefährte, bis dann Ende April 1991 das letzte Exemplar vom Band lief, heute behaftet mit einem verklärenden Oldtimer-Status.

Derweil Frank mir auf Merseburgs Altstadtpflaster von seiner Vorliebe für Drahtesel im heimischen Stall erzählte, ritten wir uns auf Schusters Rappen die Hufe wund. Bei einer Rast auf dem Marktplatz hatte sich mein sehnsüchtiger Blick auf jeden Vorübergehenden schon nach wenigen Augenblicken mit Enttäuschung eingetrübt. Vielleicht, so dachte ich mit einem Anflug von resignativer Selbstironie, vielleicht haben wir eine radiofreie Stadt erwischt, der das Fernsehen genügt!? Kalle und Gretel hatten sich schon eine geraume Weile nicht mehr gemeldet. Offensichtlich war ihnen durch das ergebnislose Ankurbeln unseres beabsichtigten Spielspaßes der Spaß vergangen. Sicherlich hatten sie uns aufgegeben oder im besten Fall für irgendwann als Hängepartie auf Wiedervorlage gelegt.

Langsam beschlich mich der unheilvolle Gedanke, dass sich die Merseburger nicht nur nicht für uns interessieren, sondern dass sie uns bewusst meiden. Die nunmehr zerrige, zeitschindende Programmnummer unter dem DT64-Sendetitel „Rabensuche" hatte zumindest den Vorteil, dass wir uns näher kennen lernten. Ich gestehe ihm gern ein Charisma zu, das er schon damals ausstrahlte, gekoppelt mit einem lausbubenhaft sympathischen Charakter, der es einem auch später leicht machte, ihn menschlich zu mögen: direkt, gradlinig und heimatverbunden, leutselig und unkompliziert, gepaart mit Fußballseligkeit und einem dickseiligen Nerv für Humor, Selbstveralberung eingeschlossen. Zu seinem Naturell gehörten Schabernack und artverwandte Schnurrpfeifereien mit sowohl Tiefgründigkeit als auch Quatschfaktor – und dabei war ihm nichts Menschliches fremd, wie er später selbst erzählte.

Es war bei der Produktion seines familiären Weihnachtsalbums, das 1985 mit seiner damaligen Lebensgefährtin Aurora Lacasa und den gemeinsamen Kindern Dominique und Odette entstand und überaus erfolgreich werden sollte. Einer seiner beiden kleinen Töchter fehlte die dafür nötige Stimmung. Der Papa war verzweifelt, weil sie sich durch keinerlei seiner Faxen aufheitern ließ. Er sei, so schilderte Frank die Situation, so richtig ratlos gewesen und habe zu einer List als letzte Notlösung gegriffen. Er habe einfach die Hose heruntergelassen und seinem kleinen Mädchen die nackten Pobacken gezeigt. Das habe ihre Laune schlagartig gehoben und das Vorhaben gerettet.

Das erzählte er so nebenbei ohne viel Aufhebens und ohne peinliche Note, immer noch angetan von seiner rettenden Idee. Ein Gaudiversteher mit einer Humorspanne, die von der satirischen Menschenbeobachtung eines Loriot über die Nonsensgabe eines Dieter Hallervorden bis zur hintergründigen Spitzzunge einer Helga Hahnemann reicht. Dass er 1995 den nach ihrem Namenskürzel benannten Publikums- und Medienpreis „Goldene Henne" als einer der ersten Künstler erhielt, bedeutete ihm als Trophäe für den beliebtesten Ost-Star sehr viel.

Untauglich fürs Dschungelcamp

Nach fast zwei Stunden unseres erfolglosen Schaulaufens bot ich ihm an, den Korbträger zu wechseln. Das lehnte er ab, denn es gebe ja eine vereinbarte Arbeitsteilung. Er trage den Korb und ich die Verantwortung. Obwohl kein Vorwurf in der Stimme lag, verdeutlichte seine Reaktion noch einmal das desaströse Ausmaß meiner Schmach.

Noch heute, mit dem jahrzehntelangen Abstand zu dieser Merseburger Episode, bewundere ich seine Engelsgeduld, den albernen Käfig bei einer immer aussichtsloser werdenden Aktion auf gut Glück herumzuschleppen, ihn nicht einfach hinzustellen und zu erklären, er habe die Faxen nun dicke satt und beende die sinnlose Narretei. Ich hätte es ihm nicht übel genommen. Aber so war er nicht! Er hatte das Spiel akzeptiert und wollte es ohne Krach und Überheblichkeiten zu Ende bringen. Er stand zu seinem Wort.

Vertraut man der heutigen Wahrnehmung des Schöbel-Bildes in der Öffentlichkeit, liegt die Schlussfolgerung nahe, dass diese solide Grundausstattung seines Charakters mit Verlässlichkeit und Natürlichkeit geblieben ist und sich mit wachsender Popularität eher noch intensiviert hat. Mit Schickimicki hatte er nie was am Hut. Und mit fast trotziger Gegenwehr gegen das Promiklischee eines Schickeria-Highlife pflegt der mit Trophäen behangene Junge aus Leipzig mit scheinbarer Sturheit sein eigenes Image einer unkomplizierten Normalität. Zu diesem selbstgeschnürten Korsett passt Arroganz ebenso wenig wie Imponiergehabe, Skandalnudelei oder Eskapadensucht. Sich lauthals wehren gegen Ungerechtigkeiten ja, aber kein effekthaschendes Berechnungsgetöse. Ebenso fremd sind ihm kollegialer Futterneid und Ellenbogen gebraucht er allenfalls auf dem Fußballplatz! Eben ein ungekünstelter Künstler, der die Sprache seiner Fans spricht.

Zum Leidwesen der Journaille alles unspektakulär und damit auch untauglich für Seifenopern oder ein RTL-Dschungelcamp. Das konnte auf Dauer nicht hingenommen werden und so wurden eben Geschichten erfunden und Lügen gestreut, Animositäten gegen den vermeintlichen DDR-staatsnahen Sänger in Druckformen gegossen und unverfrorene Unterstellungen lanciert. Das alles hat der Betroffene mit Betroffenheit in seinem „frank und frei“-Buch zur Genüge geschildert.

Besonders hervorgetan hat sich dabei die *BILD*-Zeitung, wie Frank in seinen Memoiren schildert. Als er ihrem Reporter Dieter Wirth Auskünfte zu seinem Privatleben verweigert, droht der: „Dich mache ich fertig.“ Der so Angegriffene beschreibt das Ergebnis der Rumstocherei in seiner Intimsphäre so:

„Es brauchte zwei Tage, um das Ganze – ein Gemisch aus Lügen und Halbwahrheiten – das dreckigste, was ich bis dahin über mich lesen musste – in der neuen Pressefreiheit rechtlich abzusichern.“

Damit hatte das Haus Springer dem privatsphärenbewussten, kooperationsbockigen Oststar die Erkenntnis aufgezwungen, dass nicht nur seine Fans eine Macht sind. Was Redakteur

Wirth alias Jan Triff da an Verunglimpfung verzapfte, hatte die volle Rückendeckung seines Chefs. Dreckigen Staub aufzuwirbeln, war ganz im Sinne von Julian Reichelt, seines Zeichens Chefredakteur der *BILD*-Zeitung, die dazu fähig ist, „Existenzen und den Ruf von Einzelpersonen zu gefährden, ja schlimmstenfalls zu ruinieren", wie der Journalist Tomasz Kurianowicz am 23. Oktober 2021 in der *Berliner Zeitung* formulierte. Das ist keine neue Erkenntnis, wohl aber war der Anlass neu, sie wieder einmal eindringlich ins Gedächtnis zu rufen, denn der unangreifbare *BILD*-Boss war über sich selbst gestürzt.

Dem Pressediktator aus dem Konzernimperium Springer, der auch schon mal mit dem damaligen Außenminister Heiko Maas dinierte, widerfuhr nun selbst, was vielen seiner Schreibtisch-Opfer widerfahren war: Er stürzte über eigene Sünden von Lügen und Machtmissbrauch. Die blamable Affäre betraf immerhin – wie nachzulesen ist – einen der „mächtigsten Medienmenschen dieses Landes, vor dem man noch vor wenigen Wochen wirklich Angst haben konnte." Nun passierte dem Meinungsmacher exakt das, was er selbst mit beispielloser Haudrauf-Medienmacht praktiziert hatte: Eine intensive Schlammschlacht, die seine Karriere in Trümmer legte, veranstaltet von seiner eigenen Sparte.

Redakteurin Mandy Tröger konstatierte in der *Berliner Zeitung* vom 26. Oktober 21: „Mittlerweile ist der Ex-*BILD*-Chef zum medialen Abschuss freigegeben und die deutsche Presse stürzt sich wie Hyänen auf die Story." Hätte das so im DDR-Parteiblatt *Neues Deutschland* gestanden, wäre es wohl als SED-Propaganda abgekanzelt worden. Frau Tröger bringt in hierzulande selten gelesener Klarheit den von der *New York Times* angestoßenen Fall auf den bemerkenswerten Punkt: „Das Problem ist kollektives Schweigen in einem Mediensystem, in dem sich Meinungsmacht am Markt orientiert." Bleibt anzumerken, dass mit Johannes Boie längst ein neuer König auf dem Thron sitzt.

Über die Dreistigkeit
von Meinungsmachern

In seinen Memoiren zeigt sich Frank bestürzt und zornig darüber, welche Freiheiten sich eine freie Presse gegenüber seiner Person herausnimmt. Ihm wurde zumindest die Freiheit des Dementis zugestanden. Und freie Presse? Frei für wen? Diese Frage beantwortete der CBS-Fernsehproduzent Lowell Bergman alias Al Pacino in dem US-Thriller „Insider": „Die Presse ist für den frei, dem sie gehört." Dass er ebenfalls mit Stasi-Anschuldigungen traktiert wurde und westdeutschen Wendebetrügern auf den Leim ging, beweist, dass Frank, der sogenannte West-privilegierte, auch in der Zeit gesellschaftlicher Umkrempelungen und weitverbreiteter ostpersoneller Verrenkungen keinen West-Sonderstatus genoss und als der Ostmensch behandelt wurde, der er immer war und noch heute ist.

Bestürzend ist, was er schon 2007 in einem Interview mit der Zeitschrift *Melodie & Rhythmus* zum 60-jährigen Jubiläum des Ex-DDR-Plattenlabels *Amiga* über seine Erfahrungen mit der Boulevardpresse erzählte. Er hat daraus eine besonders deftige Passage sogar in seine Webseite *www.frank-schoebel.de/press.php* übernommen:

„Heute schreibt man in vielen Zeitschriften nur über dich, wenn du Krebs oder ’ne neue Freundin hast. Wenn sie in deiner Wohnung mit dem Fotoapparat rumschnüffeln können (auch Homestory genannt) das wird gern genommen. Vielleicht ist dir sonst noch was ‚Schönes‘ (z. B. ’ne Fehlgeburt) passiert, das interessiert unsere Leser. So die dreist arrogante Haltung der ‚Macher‘. Ein Chefredakteur meinte zu mir: ‚Wir müssen unser Blatt am Markt halten, weißt du, wie schwierig das ist? Klar, da ist kein Platz für solche überholten Dinge wie Wahrheitsgehalt usw. Wenn du bei uns stattfinden willst, dann nur nach unseren Bedingungen.‘ Es freut mich zu beobachten, dass außer mir sich immer mehr kluge Kollegen von diesen Schreiberlingen zurückziehen. Keine Interviews mehr mit denen machen, das nenne ich Rückgrat. Man sollte nur mit Redakteuren und Zeitungen sprechen, die Künstler und Leser noch ernst nehmen. Es fehlt leider eine kompetente, fachliche Auseinandersetzung in einer populären, von vielen Menschen gekauften Zeitung, die über Musik und deren Produkte, egal welcher Richtung, schreibt. Das heißt eben nicht, einen Titel oder eine CD runterzumachen, weil das so schön in ist, oder weil sich das besser verkauft.“

Drei Volltreffer hintereinander

Das alles hatte Frank noch vor sich, als er käfigtragend im Bummel- und Trödelschritt und mit dahinschmelzender Begeisterung durch Merseburg schlenderte. Da war die BRD-Presse noch weit weg und die DDR-Medien nahmen erste Notiz von ihm. Was deren Freiheit anbelangt, so war sie damals in den 1960er Jahren unter Walter Ulbricht bei weitem nicht so harsch reglementiert wie unter der späteren Honecker-Ära, die im Mai 1971 mit vielversprechender Liberalität begann und mit zunehmender Drangsalierung der Leitmedien endete. Damit hatte auch DT64 vorerst grünes Licht zum Ausleben seiner Ideen, von denen mein Rabenprojekt leider nicht die allerbeste war.

Als der Schlagerdebütant aus Leipzig und der Praktikant aus Mansfeld die Saalestadt Merseburg mit zunehmend erlahmender Schrittgeschwindigkeit durchmaßen, hatten sich die Pressestimmen zum Neueinsteiger Schöbel schon auf Lob eingepegelt. Denn seine Kreationen „Blonder Stern“, „Looky-Looky“ und „Party-Twist“ waren in atemberaubendem Tempo an die Spitze der Hitparaden geschossen. Nach kurzem Anlauf drei Volltreffer hintereinander! Das hat Hobbyfußballer Frank nicht einmal in seiner Spielerkarriere geschafft. Und mit dem Nachschuss „Teenagerträume“ traf er in den DDR-Charts auch noch ins Schwarze einer Zweitplatzierung.

Das, so dachte ich, kann doch der Merseburger Teeniewelt nicht verborgen geblieben sein. Und den Hitparadenstürmer persönlich kennen zu lernen, müsste doch eigentlich Anreiz genug sein, um auf seinen Spuren zu wandeln.

Das war mit Gedankenschärfe nicht mehr zu erklären. Da hätte ich wohl mit dem Verteilen der Musikzeitschrift *Melodie und Rhythmus* nachhelfen müssen. Sie hatte dem Schlagerneuling in ihrer zu Jahresanfang erschienenen ersten Ausgabe das erste Titelbild in der DDR-Presse beschert und ich hätte dieses Januarheft 1965 am liebsten allen jungen Leuten, die uns begegneten, in die Hand gedrückt.

Auf dem Cover ein bildschöner Jüngling mit dunklem Kraushaar, zahnpastaweißem Lachmund und einem um den Hals geschlungenen Schal über einem schwarzen Pullover. In der Hand hält er weder Gitarre noch Mikrofon, sondern einen Schlittschuh. Es war eben Winter! Ich glaube, der Anblick dieser jugendlichen Lichtgestalt hätte Mädchenherzen und unsere Suchaktion in Schwung gebracht. Aber ich hatte gerade mal keinen Heftstapel von *Melodie und Rhythmus* bei mir, um sie zu verteilen. Ja, ich hatte nicht einmal ein einziges Exemplar, um es herumzeigen zu können. Ein weiterer Fehler, der aber nicht allzuschwer wog, denn wer hat schon mit einem solchen Flop rechnen können!? Im Übrigen war die Musikpostille bei Jugendlichen sehr begehrt und wurde deshalb sicher auch in Merseburg gelesen. Warum also blieb das ohne Wirkung auf unseren Aufruf? Des Rätsels Lösung wurde mir bis heute verwehrt.

Die Super-Illu-„Ostlegende"

Die Merseburger Rabenpleite war im Schöbeljahr 1965 eine Fußnoten-Episode, wenngleich speziell für mich eine mit Denkmalcharakter. Dessen ungeachtet war dieses Jahr die Geburtsstunde eines Topmusikanten und seiner rasant wachsenden Verehrerschar. Sie begeisterte, dass parallel zu der grandiosen Bärbel Wachholz nun auch in die etwas angestaubte männliche Schlagerszene eine neue Stimme und ein moderner Sound frischen Wind in die schlaffen Segel der Unterhaltungsszene brachten.

Was mich noch heute erstaunt, ist die damalige mentale Alltagsnormalität, mit der ein dreifacher Hitparadenkönig mich geduldig stundenlang begleitete. Er hätte eigentlich in durchgehender Hochstimmung sein müssen. Aber statt Euphorie oder Übermut war eher Zurückhaltung zu spüren, wenn ich die Sprache auf seinen furiosen Einstieg in die Schlagerbranche brachte.

Vielleicht waren ihm schon soviel Lobreden zuteilgeworden, dass es ihm langsam peinlich wurde. Oder in seiner – wie wir heute wissen – nimmermüden Gedankenrastlosigkeit hatte er bereits die nächsten Projekte im Kopf. Vielleicht in groben Umrissen schon seinen Rocktitel „Außer Rand und Band", der ein Jahr darauf Furore machte. Da war er nur noch fünf Jahre entfernt vom gesamtdeutschen Erfolg seines Favoriten „Wie ein Stern" anno 1971.

Es hagelte Anerkennung von beiden Seiten. Der stellvertretende DDR-Kulturminister Werner Rackwitz bescheinigte dem Titel „einen hohen Identifikationsgrad" für die Jugend, dem nicht einmal das Gros der Pressekritiker in der Bundesrepublik widersprach. Knapp zwanzig Jahre später gesellte sich zu den Buntblättern im gerade vereinten Deutschland ein pfiffiges Westjournal mit wohlwollendem Ostanstrich, das sich als Ausnahme in der Konfettilandschaft der Printmedien in seriöser Weise mit einem Frank Schöbel beschäftigte. Die im August 1990 auf dem Markt erschienene und auf ostdeutsche Themen spezialisierte *Super Illu* avancierte zur größten Kaufzeitschrift auf dem Terrain der gewesenen DDR. Sie streichelt die verwundeten Seelen der ehemaligen Brüder und Schwestern im anderen Deutschland, kittet ihr gebrochenes oder angeknackstes Selbstbewusstsein, sieht DDR-Biografien und ihre BRD-Fortsetzung bei ostdeutschen Promis oder Ex-Promis von Katarina Witt über Gustav Adolf „Täve" Schur bis Frank Schöbel recht differenziert, verständig, mitfühlend und meinungsfreundlich, weil geschäftsfreudig.

Ja, geschäftsfreudig ist er zweifelsohne, der *Super-Illu*-Besitzer Hubert Burda, dem das amerikanische Wirtschaftsmagazin *Forbes* 2021 ein Vermögen von über drei Milliarden Dollar attestierte. Der „Rockstar der Medienbranche", wie ihn die Presse ehrfürchtig tituliert, beherrscht die Meinungsklaviatur der Schwarz-weiß-Tasten seines Nachrichtenmagazins *Focus* genauso wie die hochadligen Haus- und Hofberichte seiner Promi-Zeitschrift *Bunte* und die Ostalgie-Beiträge der *Super Illu*, die sein Presse-Imperium durch die Geldbörse einer dankbaren Leserschaft in Ex-DDR-Land bereichert – und sein Konto gleich mit.

Summa summarum: Das Burda-Wochenblatt mit dem Anspruch einer – so der Slogan – „Plattform für alle, die das Land und seine Menschen lieben" eroberte sich als „Ossi-Versteher" einen Namen, der sich bezahlt macht und deshalb nicht verspielt werden darf. Deshalb behandelte es auch einen Schöbel mit gebührendem Respekt. Sein erstes Sonderheft zu „Ostlegenden" galt mit der Ausgabe 1/2020 dem – so steht's dort geschrieben – „Lockenkopf mit den stahlblauen Augen", der zum „Vorbild einer ganzen Generation" wurde und dabei „seinen eigenen Kopf" behielt. Frank hat's gut getan und seinen Fans auch.

Das Tabu des öffentlichen Privatlebens

Als der Leipziger Rucksack-Merseburger und der fast einheimische Mansfelder fürbass dahinschlenderten, hatten Franks Plädoyers für zündende Schlagertitel mir klar gemacht, dass seinem ersten Titelfoto in der DDR-Musikzeitschrift weitere Cover in anderen Blättern folgen werden. So war es dann.

Wer lange in der DDR gelebt hat, weiß: Unsere Medien waren antispektakulär, promibrav und privatlebensensibel. Aber nicht nur deshalb war der Ossi hinsichtlich seiner Film- und Schlagerstars alles andere als skandalverwöhnt. Daran waren auch die Prominenten selbst schuld. Ein Frank oder eine Chris, ein Gojko Mitić oder eine Ute Freudenberg, ein Reinhard Lakomy oder eine Dagmar Frederic waren klatschresistent und tratschimmun – und die Presse war zwar einheitsideologisch auf Linie, aber nicht kapital- und paparazzigesteuert. Deshalb erfuhr der DDR-Normalo in der Tagespresse über seine Stars meist nur das Notwendigste durch schnörkellos sachliche, dafür jedoch seriöse Mitteilungen und Nachrichten sowie etwas mehr in Wochenendbeilagen.

Dem Bedürfnis nach mehr Promi-Informationen kamen die FDJ-Zeitung *Junge Welt* sowie Bunt- und Wochenblätter entgegen. Zur überregionalen Wunschlektüre gehörten der *Filmspiegel*, die *Wochenpost* und die *Berliner Illustrierte*. Und vor allem die Funk- und Fernsehzeitschrift *FFdabei* und das *Magazin* – zwei Print-Begehrlichkeiten, die mit dem Glück des Hartnäckigen oder mit entsprechenden Beziehungen das Schmalspur-Angebot mit einem Seltenheits-Abonnement austricksen konnten.

Da das lesefreudige DDR-Volk nicht nur aus Dichtern und Denkern bestand, sondern auch aus Leuten mit ausgeprägtem Neugiersinn für prominente Mitbürger, wären sie sicher dankbar gewesen, statt der spartanischen Berichterstattung über Schöbel und Co. einen etwas tieferen Blick in ihr Familienleben zu bekommen – nicht unbedingt in die Betten, aber doch ins traute Heim.

Mitunter gab es das sogar, wenn Volkes Interesse überhandnahm und drängend wurde. Das war hochgradig der Fall bei Franks Familie. Immerhin stand das Gespann Schöbel-Doerk wie kein anderes Künstlerpaar so stark im Rampenlicht der Allgemeinheit, dass auch die DDR-Presse dem immensen öffentlichen Interesse an ihrem Privatleben ab und zu Tribut zollen musste. So gab es neben Berichten über ihre berufliche Arbeit gelegentlich Einblicke ins Privatleben – und in einer Bildschirmübertragung sogar in die Babywiege von Sohn Alexander, der heute als gelernter Elektronikfachmann in Neuseeland lebt. Mutter Chris hatte sich gesträubt, sich aber schließlich dem sanften Druck einer massenhaft artikulierten Bitte des Fernsehpublikums gebeugt. Dafür gab es von einer dankbaren Fangemeinde begeisterte Zuschauerbriefe und eine Menge Pluspunkte.

Seine westfremde Bescheidenheit

Die Uhrzeiger am Kaiserdom zu Merseburg sind bedrohlich weit
vorgerückt, haben auf dem Zifferblatt bereits zweieinhalb Mal
ihre Runden gedreht und laufen nun langsam, aber sicher dem
Ende der Sendung entgegen. Es bleibt uns noch eine Stunde, um
die Scharte auszuwetzen, konstatiere ich halb deprimiert, halb
hoffnungsvoll. Ich versuche, das Kompassempfinden für Örtlichkeiten zu behalten, die wir mit unseren Füßen noch nicht
abgearbeitet haben. Mit jedem Fleck, den wir unverrichteter
Dinge verlassen, schmelzen die noch ungenutzten lokalen Möglichkeiten ebenso dahin wie mein Kinderglaube, doch noch auf
vernunftbegabte, gnädige Wesen zu stoßen, die den singenden
Rabenvater kennenlernen wollen.

Frank indes scheint solcherart düstere Gedanken nicht zu
wälzen. Er marschiert weiterhin unverdrossen, wohlgemut und
ohne ein Anzeichen von Unwillen neben mir her, den Henkel-
korb fest im Griff und ab und zu ein aufmunterndes Wort auf
den Lippen. Woher, so denke ich, nimmt er den Gleichmut und
die Duldsamkeit bei dieser ungewollten Stadtbesichtigung, die
immer mehr zur Geisterwanderung wird? Sein auf Anhieb gelungener Senkrechtstart in den Schlagerhimmel hätte ihn durchaus befugt, vorwurfsvoll und lauthals seine vergeudete wertvolle Zeit zu beklagen. Stattdessen die bescheidene Freundlichkeit
eines jungen Durchschnittsbürgers, der sich für nichts Besseres hält, den Volontär an seiner Seite als seinesgleichen ansieht
und ihm mit ermunternden Worten sogar solidarische Rückendeckung gibt. Kein bereits der Bodenhaftung entrückter Hitparadenstürmer, sondern einer wie du und ich.

Eine bis heute vorhandene Schöbelsche Bescheidenheit, mit
der ein altbundesdeutsch sozialisierter Erfolgsmensch schlecht
umgehen kann, hatte er sich doch seit jeher in seinem beruflichen Kämpferleben tagtäglich zu behaupten – und da ist Bescheidenheit eine Zier, die er sich nicht leisten konnte. Ähnlich
wie Solidarität und Rücksicht, die er ebenfalls als typisch ost-
mentalen Mangel an Selbstbewusstsein auslegt und als nicht be-

greifbare Schwäche missversteht. Daran haben auch gut 30 Einheitsjahre nichts geändert.

Dabei wäre dieses Verhalten bei etwas gutwilligem Interesse für das immer noch unbekannte Wesen Ost und den Promi-Leipziger Frank sowie für sein Sachsenland und den Rest-Osten recht erklärbar, denn tägliche harte, existenzielle Arbeitskämpfe um den Erhalt von Schreibtisch oder Werkbank und für die besten Futternäpfe haben auf der früheren weggepflügten Heimatscholle in westlicher Manier nie stattgefunden – bei allen sonstigen Querelen. Es brauchte zwar ebenfalls berufliche Behauptung, aber kein menschliches Bangen. Das überkam ihn dann, wie aus seinen Memoiren ersichtlich, in einer fremdgesteuerten chaotischen Wendezeit, die ihn jedoch im Gegensatz zu einigen seiner Landsleute nicht zum anpassungsfähigen Ellenbogen-Egomanen werden ließ. Heute wäre bei Frank vielleicht statt des Wortes „Bescheidenheit" der Begriff „Zurückhaltung" treffender eingedenk der Duelle mit der am eigenen Leib erlebten Revolverpresse. „Hände hoch und Privatinfos raus oder wir schießen!" Frank hat sich dieser Drohung nie ergeben.

Rabenschwarzer Tiefpunkt

Eine späte Nachmittagssonne hatte das Himmelsblau über Merseburg in helle Pastelltöne verwandelt – im Kontrast zu den Gewitterwolken in meinem Gemüt, die langsam zum Dauerzustand wurden, mir nun selbst immer intensiver auf die Nerven gingen und drohten, in Panikverhalten auszuarten. Übertrieben? Man vergesse bitte nicht, dass es um den Leumund eines Praktikanten ging, der sich seinen guten Ruf beim Erfolgsradio DT64 durch Dauerfleiß, Ehrgeiz und Maloche mühsam erworben hatte und ihn nicht durch eine misslungene Rabenidee verspielen wollte.

Je weiter die Sendezeit fortschritt, umso weniger konnte ich mich im Labyrinth meiner ablenkenden Gedanken- und Wortspiele verstecken. Eine unangenehme Realität machte mich

mit zunehmender Wucht auf die immer größere Wahrscheinlichkeit aufmerksam, dass mein Plan gescheitert war. Keine
so amüsante Erkenntnis, denn da lief über die weitreichenden
Ätherwellen des Berliner Rundfunks ein von mir inszenierter
Aufruf für das gesamte Teenievolk einer bekannten Dom- und
Hochschulstadt – und alle ignorierten ihn! Die zentrale Aktion unserer Livesendung platzte! Für einen Redakteur und erst
recht für einen Volontär der Super-GAU! Eine hochnotpeinliche
Blamage, die ein ganzes Land mithören konnte! Ich bangte in
übersteigerter Beklommenheit um mein monatelang erkämpftes Renommee, was letztendlich nicht zutraf, aber unter dem
Druck der Situation durchaus verständlich war. Meine von mir
auch noch selbst angebotene, bislang größte Bewährungsprobe total vermasselt! Prima! Mit dem rabenschwarzen Tiefpunkt
war zugleich der Höhepunkt meiner Zerknirschung erreicht.

Im Zenit der Ausweglosigkeit tat ich nun gottlob das einzig
Richtige, um nicht die Beherrschung zu verlieren: Ich zog die
Notbremse und stoppte die nach Auswegen suchende permanente Grübelei, bevor sie mich ins ansteigende Wildwasser einer
Selbstzerfleischung stürzte. Da ich an einen erfolgreichen Ausgang der Operation „Rabenvater" nun nicht mehr glaubte, fügte
ich mich mit dem schalen Beigeschmack von Resignation in das
Unabänderliche. Wer wagt, der kann eben auch verlieren. Wer
nicht wagt, der hat schon verloren. Nun war Ersteres der Fall.
Ich streckte die Waffen. Burgfrieden! Plötzlich wich die Daueranspannung einer mit Gleichgültigkeit vermengten wohltuenden mentalen Gelassenheit, wie sie Frank von Anfang an gezeigt hatte. Hätte ich den Schluss der Geschichte geahnt, wäre
ich noch wesentlich lockerer gewesen.

Nun konnte sich mein grübelfreier Kopf auch mehr auf ihn
konzentrieren, schließlich war er der neue Schlagercharmeur
mit Spitzenpotenzial – und das an meiner Seite. Kostbare Momente, einprägsame Stunden!

In Konkurrenz mit dem Welfenspross

Ich möchte von ihm wissen, ob er sich über mehr Präsenz in der Presse freuen würde oder ob er journalistisches Interesse an seiner Person als aufdringlich empfinde. Kommt darauf an, meint er. Wenn es um musikalische Dinge gehe, sei das in Ordnung. Sein Privatleben aber sei seine ureigene Sache, die er ohne Wenn und Aber für sich behalten möchte. Eine Position, die er bis heute mit aller Entschiedenheit verfochten hat. Dabei ist ihm ein Umstand zugutegekommen, über den er sich andererseits sicher insgeheim ärgert: Während er trotz gelegentlicher Ausflüge auf deutschlandweite Bühnen als ewiger Oststar wahrgenommen wird, werden Schlagerpromis der alten Bundesländer mit medialer Aufmerksamkeit als gesamtdeutsche Stars hofiert.

Dabei hätte er sicher nichts dagegen, wenn nicht nur in der ostdeutschen Regionalpresse, sondern auch in überregionalen bunten Großformaten über seine musikalische Rastlosigkeit informiert würde. Aber der Name Schöbel kommt da selten, kaum oder nicht vor, weil die knallbunten Seiten vornehmlich bevölkert werden von altwestdeutschen Pop- und Showgrößen im trauten Verein mit Grafen, Baronen, Prinzen, Freiherrn, Fürsten, Milliardären, Wirtschaftsbossen und Glamourfiguren des Geld- und Hochadels – also von der Prominenz eines dem ehemaligen DDR-Bürger fremden Gesellschaftskreises.

Geht es in den einschlägigen Illustrierten mal nicht nur um hochherrschaftlich Erfreuliches oder Peinliches wie handgreifliche Ausraster des Welfensprosses Ernst August von Hannover, Königlicher Prinz von Großbritannien und Irland und Herzog zu Braunschweig und Lüneburg mit wilhelminischen Kaiserwurzeln, sondern auch um deutsche Topmusikanten, dann dominieren Erörterungen über die Mutterschaft von Lena Meyer-Landrut, den Trennungsschmerz von Florian Silbereisen oder den süßen Babybauch von Helene Fischer. Was ist dagegen das neue Album „Ich bin wieder da!" des Kollegen Frank Schöbel, der zudem mit seinen 78 Jahren eine Tournee durch Ostdeutschland im Ärmel hat!? Der neuesten Lebensleistung eines brillanten Musikleipzigers nachzuspüren, scheint für deutschlandweite Hochglanzpostillen halt unspektakulär und damit langweilig.

Bekäme ein Schöbel diese ihm zustehende gesamtdeutsche Anerkennung, wäre das ein Baustein zur überfälligen Ost-West-Parität und der Verwirklichung des Willy-Brandt-Wortes, dass zusammenwachse, was zusammen gehöre. Zudem würde es den Ossi-Leser mit einem Anflug von Stolz beglücken, seinen Heimatstar gleichberechtigt neben dem ebenfalls vergötterten Roland Kaiser aus dem Deutschwesten zu wissen. Das umso mehr, als sich der DDR-Normalo früher schon seine Traumwelten aus dem damals sprichwörtlichen goldenen Westen holte – und da er klatschmediales Wissen schwerlich aus *Bild* oder *Praline* beziehen konnte, konzentrierte er sich auf seinen heimischen TV-Monitor, auch wenn der arg flimmerte, spratzte und grieselte.

Das wurde in Kauf genommen für das Wonnegefühl eines Schlüsselloch-Blicks durch die Bildröhre auf die angebeteten Showmaster und Schlagerheiligen „von drüben". Für viele war es eine allabendliche ideelle Republikflucht mit dem legitimen Mittel grenzüberschreitender Ätherwellen. Es wurde mit dem zunehmenden Verfall der DDR-Regierungsautorität zum Massenphänomen, das entgegen versuchter illegaler Ausreisen folgenfrei blieb.

Diese Blankoscheck-Euphorie für die mit dem Nimbus der Westverklärung versehenen Schlager-Ikonen relativierte sich für den Ostler zusehends in dem Maße, wie sie ihm durch die einheitsdeutsche Alltäglichkeit der Berichte von *Bunte*, *Gala* oder *Bravo* nahegebracht wurden. Da schrumpfte so manches Heldenbild auf Passfotogröße, da verblasste so mancher Glorienschein und so mancher „Poptitan" und „Schlagerbarde" wurde entzaubert wie der wunderschöne Apfel in Nachbars Garten, der – hält man ihn in der Hand – sich als weniger schmackhaft oder gar madig erweist.

Eine solch sinnesgetäuschte Metamorphose aber können einem Schöbel auch beim schlechtesten Willen nicht einmal seine ärgsten Kritiker andichten – einem Künstler, der selbst in seinem 57. Bühnenjahr immer noch ein rappelvolles Leipziger

Gewandhaus begeistert – ob bei der Präsentation eines neuen Albums oder bei einem Adventssingen. Wenn schon nicht Gesamtgermanien, so hat doch Ostdeutschland seinen Musikanten von außergewöhnlichem Format und internationaler Exporttauglichkeit ins Herz geschlossen und lässt ihn da auch nicht mehr raus, zumal er alles getan hat, um drin zu bleiben – mit Rückgrat, Selbstbewusstsein und ungekünstelter Einfachheit bei fehlenden Extravaganzen. Selbstinszenierte eitle Eigenwichtigkeit und Schlagzeilengier – da bin ich sicher – würden seine einheimischen Getreuen enttäuschen, in Altbundesland aber Bekanntheit und kapitale Verwertbarkeit in Liaison mit einer gehörigen Portion medialer Windmacherei wesentlich steigern. Dass er auf diesen Westwind verzichtet, diktieren ihm Selbstwertgefühl und Stolz.

Ostaufreger: die Scheidung

Meine wiedererlangte gleichgewichtige Gemütsruhe versetzte mich in die angenehme Lage, eine kuriose Situation stimmungshebend bespötteln zu können. Wir waren am westlichen Rand der Merseburger Altstadt an einem altertümlichen steinernen Rundbau angekommen, der mit seinem Pyramidenhut auf rötlichen Sandsteinzinnen einen imposanten Anblick bot, sich aber meinen angelernten Kenntnissen über die Stadt Merseburg entzog. Das historische Kleinod war mir schlicht und einfach beim vorbereitenden Studium des Stadtplanes entgangen. Wohlweislich hatte ich ihn mitgenommen und in der Brusttasche griffbereit verstaut. Das erwies sich nun als nützliche Investition.

Damit war ich in der Lage, das erstaunlich wohlbehaltene mittelalterliche Bauwerk als sogenannten Eulenturm zu identifizieren, ein denkmalgeschützter Rest der Stadtmauer, dessen Alter auf etwa 750 Jahre geschätzt wurde. Dass der Wehrturm ohne ersichtlichen Grund nach der Vogelgattung der Eulen benannt war, ließ uns die schalkhafte Frage erörtern, warum er denn nicht auch den Namen der Vogelspezies Rabe bekommen habe. Das hätte durchaus seine historische Berechtigung gehabt durch die Sage vom Diebstahl des Bischofsringes, wodurch der schwarzgefiederte Kleptomane zu einer lokalen Berühmtheit wurde und der sprichwörtlich diebischen Elster den Rang abgelaufen hatte. Dieser Räuberrabe schien die Merseburger allerdings weit mehr zu interessieren als unser Korbrabe. Die Bestätigung dafür war nicht zu leugnen.

Also sollte der Eulenturm bitteschön weiter Eulenturm heißen. Damit war er einem Vogel gewidmet, der zwar nicht klaute, aber dafür einen recht zwielichtigen Charakter hat. Zum einen gilt die Eule seit jeher bei vielen Völkern als Symbol der Weisheit und wurde von den alten Griechen sogar als heilig verehrt – und zum anderen sahen Ägypter oder Chinesen in dem Nachtkauz die Verkörperung von Finsternis, Unheil und Tod. So überbrückten wir mit philosophischem Verlegenheitsgeplänkel über Merseburgs Eulenturm ein weiteres Stück Sendezeit, zu der wir nichts beisteuern konnten.

Schon einige Jahre weiter hätte es weder eines Rundfunkaufrufs noch eines Rabenkäfigs bedurft, um Merseburgs Teenager um den Spaziergänger Schöbel zu scharen. Damals aber war trotz der rasanten Anfangserfolge kaum vorstellbar, dass der Neueinsteiger Frank einmal ganze Radiosendungen und Fernsehshows mit seiner Person und seiner Musik prägen würde. Und dass eine Chris Doerk die ideale Gesangs-, Bühnen- und Filmpartnerin an seiner Seite wurde, konnte nur noch durch ihre Eheringe übertroffen werden. Die Fangemeinde jubelte und vergötterte ihr Traumpaar, dass später in privater Heimlichkeit immer mehr zum Albtraumpaar wurde.

Die berühmte Ironie des Schicksals wollte es, dass Frank seinen bisher größten Publikums- und Presseaufreger nicht als Bundesbürger produzierte, sondern als DDR-Bürger. Die Printmedien überbrachten einer ungläubigen Nation zwischen Ostseeküste und Thüringer Wald die Trauernachricht, dass Frank und Chris sich scheiden lassen. Lokaltermin war der 6. März 1974, 13 Uhr. Zu Ende war die Ehe eines Strahlepaares, das DDR-Musikge-

schichte geschrieben hat und der Inbegriff für Schlagerselig-
keit und Harmonie auf der Bühne wie im wirklichen Leben war.

Ein Unding für die Heerschar der Verehrer. Die Ostrepublik
im Allgemeinen und die Fans im Besonderen konnten es nicht
begreifen, die glühenden Schöbel-Doerk-Anhänger fielen in tiefe
Löcher ungläubigen Entsetzens. Kollektive Traurigkeit. Lehre-
rinnen schrieben an Frank, dass sie nach dieser Information den
Unterricht nicht mehr weiterführen konnten. Sogar die Staatsführung zeigte sich bewegt. Und namhafte Genossen wandten
sich an den obersten SED-Presse-Zampano Werner Lamberz
mit der Bitte, die höchste Instanz der Partei möge ihren Einfluss geltend machen, um zwischen beiden Sympathieträgern
zu vermitteln und sie auf den Weg der Tugend zurückzuführen.
Selbstredend befasste sich auch das Kulturministerium mit dem
Schockdilemma. Und wie reagierte die einheimische Presse?

Die Zeitungen veröffentlichten eine knapp und sachlich gehaltene offizielle Meldung der DDR-Nachrichtenagentur ADN
und die Illustrierte NBI ließ Frank sich später selbst dazu äu-
ßern. Das tat er mit schlichten, klaren Worten, die er in seiner
Autobiografie „frank und frei" wiedergibt: „Die Trennung war
für mich keine leichte, oberflächliche Entscheidung, und ich
bitte alle Freunde um Verständnis dafür, dass das meine private Angelegenheit bleiben muss, die nicht in Zeitschriften oder
anderswo erörtert werden soll."

Dem fügt er noch einen Gegenwartsbezug an:

„Damit war das ganze Stück erledigt. Heute undenkbar. Da
wird der Teig selbst nach zwanzig Jahren nochmal so richtig
warm gemacht, geknetet und ausgerollt und hochgepulvert,
Stoff für mindestens drei Folgen."

Hätte ein DDR-Blatt es gewagt, respektlos und skandal-
hungig im intimen Privatleben des einstigen Paares herumzu-
schnüffeln, wäre das der eigentliche Skandal gewesen. Frank
kommentiert das auf seine Weise wie immer in einem unmiss-
verständlichen Klartext seines Buches:

„Es gab ein ungeschriebenes Gesetz in der DDR-Presse. Wer
mit Dreck schmeißen wollte im privaten Bereich, der hatte in

der Zeitung keine Chance. Bei allem, was über den Zustand der Presse zu sagen wäre, diese Seite war human. Die Dödel-Zeitschriften und Möchtegernjournalisten, die heute ihr Sensationsgeschreibsel als freie Meinungsäußerung deklarieren, wollen letztlich nur Kohle damit machen und vergiften die Menschen."

BRD-Presseleute spekulierten und die DDR-Kollegen legten die Angelegenheit als Privatsache zu den Akten. Trotzdem interessierte natürlich, warum die nach außen hin heile Welt des sogenannten Schlager-Traumpaares so Knall und Fall in die Brüche ging und nichts mehr zu kitten war. Wer war schuld und warum? Damals gab es in Ost und West mehr oder weniger nur Gerüchte. Heute weiß man mehr, da Chris und Frank mit dem Abstand von Jahrzehnten ins Plaudern kamen. Allerdings ist es schwer, sich eine klare Meinung zu bilden, da die Einschätzungen von ihr und ihm differieren und mitunter sogar gegensätzlich sind.

Frieden mit seinen Ex-Frauen

Frank verweist in seinem Memoiren-Band zu den Gründen des Zerwürfnisses auf seinen Liedtitel „Wir waren viel zu jung", den er als treffende Antwort für das Scheitern seiner Ehe sieht. An anderer Stelle wird er deutlicher, lässt durchblicken, dass die burschikose Chris ein sehr dominantes, tonangebendes Wesen gehabt habe, gepaart mit einem recht resoluten Auftreten. Das wird in Schöbels Stasi-Akte bestätigt. Chris habe zu Hause die Hosen angehabt und stets zu bestimmen versucht, wo's langgeht. Frank wirft ihr vor, schon vor der Scheidung eine feste Liebesbeziehung mit einem Fotografen eingegangen zu sein, der Bilder für eines seiner Platten-Cover gemacht habe. Er schreibt über diese letzte entscheidende Phase ihrer Noch-Ehe:

„Wir lebten wie Bruder und Schwester. Uns hielten nur noch der Beruf und das Kind zusammen. Sie sagte, dass sie sich scheiden lassen wollte. Und ich fand das mutig von ihr. Wir redeten lange und fanden endlich zu einem tiefergehenden Gespräch.

Letztlich, so traurig das für meinen Sohn ist, im Nachhinein war die Trennung richtig.“

Chris sieht das weniger freundlich, wie ein Interview mit der Super Illu vom 23. Februar 2017 zeigt. 43 Jahre nach der Scheidung bestätigt sie, dass der Wunsch nach Trennung von ihr ausging, sagt aber in ihrer Eigenbespiegelung: „Ich bin von Natur aus ein versöhnlicher Mensch.“ Wenn sie allerdings merke, es werde zerstörerisch, müsse sie etwas dagegen unternehmen. Dann wird sie konkreter: „Irgendwann hatte ich nicht mehr die Kraft, sein Fremdgehen länger zu ertragen.“ Und angefangen habe alles mit ihrer Mutterliebe zum Baby Alexander, womit sich Frank vernachlässigt gefühlt habe. Es folgt ein ernüchterndes Fazit: Das Traumpaar habe es in den letzten zwei Jahren bis zur Scheidung nur noch auf der Bühne gegeben. Dass sie auch danach und zuletzt 2015 mit Frank noch gemeinsame Konzerte gegeben habe, sei sinnvoll gewesen, weil das Publikum sie beide immer noch geliebt habe. Auf die Frage, wie sie jetzt miteinander auskommen, gibt sie eine deprimierende Antwort: „Wir sind keine Freunde.“

Früher hatte Chris auch schon mal andere, versöhnliche Töne angeschlagen. Noch 2011 war sie in der Presse zitiert worden mit dem Satz, man gehe wie Bruder und Schwester freundschaftlich miteinander um und das sei schön. Vielleicht versteckt sich die Wahrheit in einem Song, für den sie sich noch einmal 37 Jahre nach ihrem Bruch zusammenfanden. Anfang 2011 veröffentlichten sie den gemeinsamen beziehungsreichen Titel „Du bleibst ein Teil meines Lebens“. Das klingt nicht nach verlorenen Jahren, sondern eher nach bleibender angenehmer Erinnerung.

Bei einem Konzert in Potsdam verriet Frank am 2. April 2016 in aller Öffentlichkeit: „Jetzt bin ich mit Chris über’n Berg. Mit beiden Frauen. Auch mit Aurora. Und hab’ Frieden geschlossen.“

Nicht ganz unwesentlich für die Bergab-Phase ihrer Beziehung war sicher auch der Umstand, dass beide Charaktere Alpha-Künstler waren, denen individuelle Spielräume fehlten. Denn auch nach „Dienstschluss“ fanden sie sich im gemeinsamen Haushalt wieder, wie das eben bei Eheleuten so ist. In dieser Hinsicht hatten es unverheiratete Gesangspaare sicher leichter – wie das ebenfalls erfolgreiche DDR-Musikanten-Duo Monika Hauff und Klaus-Dieter Henkler oder die westdeutschen Teenager-Gespanne Peter Kraus und Conny Froboes oder Rex Gildo und Gitte Haenning.

Nach der Scheidung wurde es still um Chris. Sie blieb mit Unterbrechungen in der Musikbranche, arbeitete als Sängerin in der Schikora-Formation und mit einer eigenen Band, ging als Solokünstlerin international auf Tour, veröffentlichte ein Buch und ein Schlager-Album, war Gast auf Franks Konzerten und fügte ihren Berufen Sängerin, Schauspielerin und Gebrauchs-werberin noch die Profession Malerin hinzu. Mit ihrem Part-ner, dem Fotografen Klaus D. Schwarz, lebt sie im Brandenbur-ger Kleinmachnow vor den Toren von Berlin.

Ein zu normales Privatleben

Als die Uhren die Zeitenwende anzeigten und ihre Zeiger an-dersherum liefen, wurde auch ein Schöbel ins Einheitsdeutsch-land eingemeindet. Die Redaktionen der Konfetti-Presse hofften auf fotogenes Frischfleisch, das sie gewinnträchtig durch den Wolf leiern konnten. Würde der Neuzugang mithelfen, die knall-bunten Spektakel-Seiten und Aufreißer-Kolumnen zu füllen?

Fehlzündung! Der Neue blieb auch in der krachlauten Ka-pitalwelt der skandalscheue Ost-Promi, der Leistung brach-te, aber keine spektakulären Abenteuer-Geschichten mit Gän-sehaut-Effekt. Das konnte auf die Dauer nicht hingenommen werden, sodass Eklats ab und an auch in Schöbels Leben hin-eingedichtet werden mussten. Das hat seine Fanfamilie begrif-fen, die gewisse Pressemeldungen über ihn nicht glaubt, bevor er sie auf seiner Webseite nicht selbst bestätigt. Wie beispiels-weise die Meldung vom 22.12.2020 in der *Super TV*:

„Abserviert – der MDR lässt ihn eiskalt fallen! Die Sendung ,Fröhliche Weihnachten mit Frank' wurde im vergangenen Jahr aus dem Programm gekegelt."

Der Betroffene dementierte noch am selben Tag auf seiner Webseite:

„Doppelt falsch – ich habe im letzten Jahr im Einvernehmen mit dem MDR die letzte Sendung gemacht. Ich habe es selbst so gewollt! Ich hatte auch überhaupt nicht die Absicht in diesen Tagen ein Album zu veröffentlichen, sondern erst im nächsten Jahr."

So bleibt denn schwer vorstellbar, dass er mit seinem stinknormalen Privatleben neben Schlagzeilen bestehen könnte, die sich in Hülle und Fülle so lesen:

„Kehrt Schlager-Queen Helene Fischer doch wieder zu Entertainer Florian Silbereisen zurück?"

Oder: „Hat Hollywood-Filmpirat Johnny Depp seine Ex-Frau Amber Heard zuerst geschlagen?"

Oder: „Wo hat Tennis-Held Boris Becker seine Restgelder vor dem Fiskus versteckt?"

Und Schöbel? Mehr als zwanzig unverheiratete Lenze mit nur einer Frau namens Aurora Lacasa – das fand die Plapper-Presse für einen Spitzenpromi unnormal und langweilig. Dass er mit ihr und den beiden gemeinsamen Töchtern Dominique und Odette mit der LP „Weihnachten in Familie" das mit 1,7 Millionen Exemplaren meistverkaufte Album in der Geschichte der DDR-Plattenfirma AMIGA ablieferte, nun ja – das nahm man im Westen allenfalls zur Kenntnis und entdeckt heute diesen Schatz von 1985 nach und nach als CD-Neuauflage mit „Gold"-Status. Die daran angelehnte Heiligabend-Sendung brachte dem MDR-Fernsehen noch 1993 die höchste Einschaltquote.

Dass die achtjährige Liaison mit seiner jüngeren Freundin Katrin Drawert vom MDR-Fernsehballett außer dem Altersunterschied von fast dreißig Jahren nichts Bemerkenswertes und erst recht keinen zänkischen Lesestoff lieferte, war für die Konfettiblätter ärgerlich, weil kontraproduktiv. Dann aber – Hallo! – ein Lichtblick für die Redaktionen der Konfettiblätter! Eine zusätzliche Vaterschaft für Tochter Liv Cosma! Leider trotzdem kein Getösevorfall, da es kein außerehelicher Fehltritt war wie beim Westkollegen Roberto Blanco, denn Schöbel war ja nicht verheiratet. Also ließ sich auch dieser Fakt in der Hochglanzwelt der Illustrierten nicht allzu gewinnbringend strapazieren. Schlichtes Fazit: Nun ist Frank eben vierfacher Vater mit Liv Cosma, Dominique, Odette und Sohn Alexander.

Wenn er wenigstens rumkiffen und rumsaufen würde. Stattdessen trinkt er nach einem Senioren-Fußballspiel lediglich ein Feierabendbier. Nur auf der Bühne lässt er die Sau raus und treibt sie durchs Dorf, denn mit sich lässt er's ja machen. Es fehlen eben richtige Skandalkracher, aber Schöbel ist eben kein Balkonpinkler wie Drafi Deutscher oder Steuerschuldner wie Les Humphries. Da konnte nicht mal eine Ohrfeige à la Dieter Bohlen ausgeschlachtet und vermarktet werden. Unverständnis in den Boulevard-Redaktionen. Ein Oststar mit mangelndem Ehrgeiz für westübliche Aufreger, mit denen man doch im Gespräch bleibt. Wer soll das versteh'n?

Nein, Aufmerksamkeit will er auf diese Tour nicht. Die wollte der Leipziger immer nur mit Leistung – anfangs scheibchenweise mit Singles und dann scheibenweise mit Alben – und das will er mit gestandenen 78 Jahren immer noch. Im Tonstudio, im Radio, im Fernsehen, auf der Bühne. Und nachdem er sich allen Anfeindungen zum Trotz in Einheitsgermanien mit Stehvermögen und Leistung etabliert hatte, wurde der Umgang mit Showgrößen der einst anderen Seite normal – ob mit Matthias Reim und Katja Ebstein oder mit Heino, Tony Marshall und Frank Zander, der ihm durch schwere Wendezeiten half und zum persönlichen Freund wurde.

Frank Ost und Frank West können miteinander. Warum können das nicht republikweit Otto Ost und Otto West? Natürlich unterstützt der Ost-Frank die West-Frank-Aktion „Weihnachtsessen für Obdachlose" – und das, obwohl er mit Obdachlosen in der DDR keinerlei Erfahrungen sammeln konnte, denn es gab schlichtweg keine.

Ein altersloser Altstar

Frank scheint das Altern zu ignorieren. Das biologische Gesetz zunehmender Jahre und abnehmender Lebenszeit scheint ihn nicht zu tangieren. Ein altersloser Altstar. Mit 78 Lenzen offerierte er im Oktober 2021 sein neues Album „Ich bin wieder da!" und bereitete im Dresdener Boulevardtheater die Premiere seines Musicals „Die Frank Schöbel Story" vor, für die schon im Vorfeld des Ticketverkaufs die Nachfrage boomte.

Zugleich wollte er mit dieser Show quer durch Ostdeutschland auf Tournee gehen. Alles war dafür gerüstet und der Frontmann stand mit seiner Band in den Startlöchern, als das Vorhaben platzte. Der fassungslose Musicalheld zürnte im September 2021 auf seiner Webseite, die Menschen seien durch „unsinnige Auflagen" zum Coronaschutz verunsichert und kauften keine Karten mehr. So würde die Kultur kaputt gemacht.

Ein Jahr zuvor hatte Frank mit 77 Jahren seine Single „Danke liebe Freunde" in die Ladenregale gebracht – und bereits mit 76 hatte er sein CD-Album „Wir leben los" präsentiert. Das alles mit dem ihm eigenen Stimmungsmix: spaßig und klamaukig, besinnlich und nachdenklich.

Nach 57 Bühnenjahren zeigte sich der Schlageropa im Rampenlicht immer noch in Lederjacke und mit leicht sächselnder Moderationszunge als natürliche Reverenz an die Stadt seiner Geburt. Ein scheinbar altersloser Altstar, der nicht loslassen kann, für den Musik Lebenselixier ist, ein Wundertrank aus dem Füllhorn der leichten Muse. Sein Grundsatz: Locker und leicht, aber nicht flapsig und seicht, lässig, aber nicht nachlässig. Nicht nur Wortspiele, sondern programmatischer Selbstauftrag. Und immer noch gibt es Blümchen und Autogrammwünsche.

Und an seinem schier alterslosen Alter lässt er nicht rumschnippeln. Auch da ist er anders als seine Westkollegen Nino de Angelo oder Costa Cordalis. Nicht nur Konfettiredakteure, sondern auch Schönheitschirurgen verdienen nicht an ihm.

Summa summarum: Frank ist als Topmann der Showbranche schlichtweg unwestlich mit seiner verstörenden Einfachheit, Selbstachtung und Prinzipienreiterei statt eines allesverkäuflichen West-Images. Er will bis heute nicht begreifen, dass Charakter im Hardcore-Business der musikalischen Marktwirtschaft eher hinderlich ist. Er ist weder fettnapftalentiert noch großmaulsüchtig, dafür in seinem Metier ein verbissen fleißiger Streber. Dasselbe verlangt er von seinesgleichen im Beruf und wird sauer, wenn sie ihr Versagen durch eigene Unfähigkeit anderen andichten.

Das, sagt Frank, habe in der Einheitsrepublik nachträglich auch eine ehemalige Kollegin getan. Grund für ihr Scheitern in der DDR sei die Partei gewesen, die sie einfach habe fallen lassen. Bei solch infamer Lüge geht der Gerechtigkeitsapostel Schöbel auf die Barrikaden. Das liest sich dann in seinen Memoiren aus dem Verlag *Das Neue Berlin* so:

„Von den Leuten, die heute so sehr jammern, sagt keiner, ich habe selber Fehler gemacht, hatte keine Lieder, war zu dick oder zu faul, hab zu viel getrunken, kann keine Noten, mein Mann hat mich falsch beraten ... nein, die Partei und die anderen waren schuld.“

Wie er doch noch erkannt wurde

Inzwischen hatten wir zur seelischen Erbauung das romantische Saale-Ufer abgewandert – jenseits der Öffentlichkeit, die uns ohnehin zu meiden schien. Als die Uhrzeiger in eine überaus bedenkliche Nähe des Sendeschlusses rückten, erhellte plötzlich ein Lichtstrahl das Dunkel meines Hirnkastens. Wenn schon beim Normalbürger der Name Frank Schöbel nicht zog – Plattenverkäufern müsste er doch was sagen, denn seine ersten Singles waren schon eine Weile auf dem Markt und darüber hinaus in hartnäckiger Permanenz an der Spitze von Heinz Quermanns populärer DDR-Schlagerrevue, die noch heute als dienstälteste Hitparade der Welt gilt.

Angetrieben von dieser fixen Idee erkundigte ich mich nach einem einschlägigen Musikgeschäft in Merseburgs Innenstadt.

Das war in schnell erreichbarer Nähe vorhanden. Dort, so dachte ich, müsste der Jungstar der Schlagerbranche doch zumindest durch sein einprägsames Konterfei auf den Plattenhüllen erkannt werden, zumal das Coverbild ja lebend neben mir stehen würde. Also in fiebriger Erwartung gemeinsam mit Frank rein in den Laden. Ich schöpfte Hoffnung, als ich zwei junge, ausgesprochen hübsche Verkäuferinnen sah – und sonst niemanden, der mein Manöver hätte stören können. Also eine günstige Gelegenheit! Eine der Damen sortierte auf einer Leiter Platten in höhere Regale, die andere stand ansprechbereit hinterm Ladentisch. Was sich nun an Dialogen abspielte, waren kabarettreife Kostbarkeiten.

Die Ladentisch-Schöne musterte uns aufmerksam, zeigte aber keinerlei Reaktionen, die auf die Erkennung von Frank schließen ließen. „Sie wünschen?" „Also ich möchte gern die Platte ‚Looky-Looky' kaufen." Das nette Gesicht der Blondgelockten am Verkaufstresen verwandelte sich in ein Fragezeichen, dem die Erklärung dafür in sympathischem Sächsisch folgte: „Wär soll'n des Lied sing?" Mein Gott, dachte ich, wie kann eine so junge Frau fachlich so alt aussehen? „Das singt Frank Schöbel", war meine mir äußerst peinliche Antwort, indem ich das lebende Original neben mir mit einem kurzen, entschuldigenden Blick streifte.

Daraufhin fragte die junge Blonde am Ladentisch die junge Schwarze auf der Leiter: „Mouniga, kännst du e Frong Schejbl?" Das Leiter-Mädchen hielt beim Plattensortieren inne und fragte über die Schulter mit nicht weniger Sachsensound zurück: „Frong Schejbl? Nee, was soll'n där sing'n?"
Die Luft im Laden knisterte vor fataler Ratlosigkeit. Ich versank in alle Löcher der Erde. Frank neben mir feixte. Nun blieb mir nur noch ein beherzter Angriff, um die endgültige Blamage abzuwenden: „Ich bitte Sie, hören Sie denn kein Radio? Die nudeln doch tagaus, tagein ‚Looky-Looky' und ‚Blonder Stern.' Und ich weiß, dass die Platten dazu schon lange raus sind. Die sind von Frank Schöbel." Ich wiederholte eindringlich und inständig flehend: „Von Frank Schöbel!"

„Ach där", schien sich nun die Hübsche auf der Leiter zu erinnern, „ja, där is richt'ch jut. Singt där nich ooch ‚Party-Twist‘?
Den ha'm mir ooch reinjegricht! Warten se ma kurz!"

Mein Gott, dachte ich, jetzt hat sie's! Ich atmete tief und erleichtert durch. „Woll'n se de Blatte gleich mitnähm?" „Ja, bitte, ich kaufe beide Scheiben."

Die wurden gebracht und die verquere Situation war vorerst
gerettet. Da sich nun doch noch alles zum Guten gewendet hatte,
verfiel ich in einen Zustand freudigen Übermuts. Nachdem ich
gezahlt hatte, hielt ich den beiden wohlgeformten Evastöchtern
den Strahlemann auf dem Cover der Plattenhülle unter die Nase
und sagte genüsslich: „Schauen Sie bitte genau hin. So sieht Frank
Schöbel aus. Ich kenne den sympathischen Typ sogar persönlich
und könnte Ihnen ein Autogramm besorgen. Hätten Sie Interesse?" Beide waren hin und weg: „Natirlich, ober gärne. Der sieht
rischtsch schnugglich aus!" Dann die andere: „Gennten se das
wirglich ermechlich'n? Wann gennt'n mir denn das Autogramm
griech'n?" „Sofort, wenn Sie mir noch mal zwei Platten holen."

Nach kurzem, ungläubigem Staunen lagen zwei weitere eingehüllte Scheiben auf dem Ladentisch. „Also", wandte ich mich – die
Situationskomik genießend – in betont langsamer Rede an meinen Begleiter, „also, lieber Frank Schöbel, signieren Sie bitte Ihre
Platten für unsere beiden netten Verkäuferinnen". Dann schob
ich ihm die bunten Plattentaschen und meinen Kugelschreiber
hin. „Bitte seien Sie so gut!" Und Frank war so gut. Ich habe nie
wieder so entgeisterte Gesichter von Verkäuferinnen gesehen.

Als wir mit meinen beiden Singlescheiben und dem Rabenkorb wieder draußen waren, haben wir uns kaputtgelacht. Leider habe ich später meine beiden Platten verschenkt, die mir
Frank ebenfalls mit Autogramm und Datum veredelt hatte. Sie
dürften heute Sammlern einiges wert sein.

Mein nunmehriger Versuch, Kalle und Gretl zu rufen, um
endlich Erfolg zu melden, scheiterte an einer nicht in Sichtweite befindlichen Telefonzelle. Aber die Moderatoren hatten uns
wohl ohnehin längst abgeschrieben, zumal die Sendung nun
zügig dem Ende zuging.

Der Rest der Geschichte ist schnell erzählt. Er versöhnte mich mit dem Spießrutenlauf durch die Saalestadt, die sich schließlich doch noch als franksympathisch erweisen sollte. Denn er bekam sein Erfolgserlebnis noch, was ich ihm doppelt und dreifach gönnte. Es hätte keinen besseren Abschluss der Sendung geben können als seinen Auftritt mit dem temperamentvoll auf die Bretter gelegten „Party Twist" auf der DT64-Bühne. Da glühten Mikrofon und Drähte des Übertragungswagens.

Was wir an Aufmerksamkeit in 210 Sendeminuten – sprich dreieinhalb Stunden – mit dem Rabenkorb nicht erreicht hatten, schaffte er nun singend und tanzend auf offener Stadtbühne im Handumdrehen. Der Techniker im Ü-Wagen hatte die Tonregler für die Außenlautsprecher bis zum Anschlag hochgefahren und bei „Looky-Looky" hatte sich längst eine begeistert mitklatschende Menschentraube angesammelt. Ich stand mittendrin, freute mich, dass der unerkannte Lockvogel nun endlich die verdiente Anerkennung der Merseburger bekam und glaubte im größer werdenden Pulk der Merseburger auch Kofferradio-Jünglinge erkannt zu haben, die mit ihren Bräuten noch eine Stunde zuvor achtlos an uns vorüberstolziert waren und nun bei der Zugabe „Party-Twist" eine kesse, flotte Sohle auf dem Altstadtpflaster hinlegten.

Die Anfangsbekanntschaft mit Merseburg blieb keine Einmaligkeit. Frank, der hier als Star wider Willen und Nobody ungewollt brüskiert wurde, war keineswegs nachtragend, kam an den Ort seiner einstigen Demütigung mit einem Koffer voller Erfolgssongs zurück und wurde frenetisch gefeiert.

Aus dem franksympathischen Merseburg des Sommers 1965 war längst ein frankyfones Merseburg geworden, als er dort 47 Jahre später, am Freitag, dem 23. März 2012, im ausverkauften Ständehaus der Stadt ein umjubeltes Konzert gab. Unter dem Titel „Hautnah" ein mehr als zweistündiges Programm mit seinen Solobestsellern und als Krönung der Schlagergala im Duett mit Chris Doerk unvergessliche Hitparadenstürmer sowie Ohrwürmer aus ihren DEFA-Filmen „Heißer Sommer" und „Nicht schummeln Liebling". Und das in der neuen Bundesrepublik nach über 30 Jahren, seitdem Chris und Frank ihr letztes gemeinsames Konzert noch in der DDR gegeben hatten.

Gut fünf Jahre danach war sich Frank nicht zu schade, auch für ein kommunales Event zurückzukommen. Am 23. September 2017 war er beim traditionellen „Mieterfest der Merseburger Bürger" Stargast. Er hätte da nicht mehr durch die Saalestadt gehen können, ohne von einer dichten Verehrerschar umringt zu werden – und das ohne Rabenkorb oder sonstige Spielchen.

MAX PRITZE

Wenn man ein Frauentyp ist, sollte man kein katholischer Geistlicher werden. Er wurde es trotzdem. Das hätte ihm zum Verhängnis werden können, wurde es aber nicht. Ich war schon damals als sein Messdiener zutiefst überzeugt, dass er nie dem weiblichen Charme einer seiner zahlreichen Verehrerinnen erliegen würde. Darauf jedenfalls hatte ich mein schneeweißes Chorhemd verwettet, was doppelt risikolos war, denn zum einen gehörte es nicht mir, sondern war Eigentum der Kirche, und zum anderen hielt ich es für unmöglich, dass sein ehrlicher, gottergebener Charakter eine solch unverzeihlich schwere Sünde zuließ, nicht nur seinen himmlischen Herrn zu lieben, sondern ein Erdenmädchen. Solcherart Fremdgehen verbot das strenge Gesetz des Zölibats. Dass er es brach, konnte ich mir beim schlechtesten Willen nicht vorstellen, denn wir Ministranten lernten ihn als ergebenen Gottesdiener und seriöse, integre Vertrauensperson seines kirchlichen Amtes schätzen.

Er schien erhaben zu sein über die Missliebigkeiten der gebotenen asketischen Amtsstrenge, die er scheinbar mit eiserner Selbstdisziplin und religiöser Überzeugung meisterte. Dass er verletzlich sein konnte und mit Macken und Fehlern behaftet war, machte ihn nicht weniger sympathisch und zeigte nur, dass auch er von dieser Welt war – genauer gesagt aus Halle an der Saale im heutigen Sachsen-Anhalt. Diese von Industrie geprägte Region sollte ein Leben lang sein Aktionskreis werden.

Nachdem der Theologiestudent Max Pritze seinen erfolgreichen Abschluss in der Tasche hatte, führte ihn der von der Obrigkeit befohlene erste Weg seines Wirkens ins Südharz-Städtchen

Mansfeld, genauer gesagt in seinen Ortsteil Leimbach. Als der Vikar hier auftauchte, schlugen die Mädchenherzen höher. Da kam ein junger Mann, der mit seiner sanftkörperlichen stattlichen Äußerlichkeit durchaus weibliche Sehnsüchte weckte oder durch seine bloße Anwesenheit zufrieden stellte, obwohl er kein Heldenbild eines kraftstrotzenden, sportlichen Adonis war.

Das verlangt nach einer Erklärung.

Das naturmodellierte ästhetische Gesicht des Max Pritze war geradezu eine Herausforderung, als Porträt für die Nachwelt festgehalten zu werden. Das animierte seinen Messdiener, denn ich nahm schon als Kind gern Stift und Pinsel in die Hand, um meinen malerischen Drang nicht nur an Märchenfiguren auszulassen. Nein, ich prüfte auch meine personelle Umgebung auf Bildtauglichkeit und kein Charakterkopf war vor meinen Mal- und Zeichenattacken sicher, wenn er mich dazu inspirierte. Und des Vikars Gesichtspartie inspirierte mich, weil ich fand, dass sie durchaus eines Märchenprinzen würdig sei. Das wurde mir umso mehr bewusst, als auch Barbara, die hübsche, schon halberwachsene Tochter der ebenfalls katholischen Nachbarfamilie, von ihm schwärmte und neuerdings gern in die Sonntagsmesse ging.

Diesen Hang zum Zeichnen und Malen hatte mein Vikar spätestens mitbekommen, als ich mich in unvorsichtiger Disziplinlosigkeit an seinem Konterfei versuchte. Das handgefertigte Bildnis übergab ich ihm nicht ganz freiwillig, denn ich schuf das Werk während seiner wöchentlichen Religionsstunde. Als er meine vom Unterricht ablenkende heimliche Werkelei bemerkte, verlangte er die Herausgabe des Produkts. Er betrachtete das von Kinderhand gezeichnete Bleistiftporträt und meinte, es sehe ihm entfernt ähnlich. Das deutete ich als Ermunterung zum Weitermachen, als Zugeständnis an ein Talent, das zu pflegen und zu fördern wäre.

Dazu wollte er wohl beitragen, indem er mich kurz darauf bat, ein Heiligenmotiv für sein neues Messgewand zu entwerfen. Es sollte ein Jesuskreuz mit dem daran festgenagelten gemarterten Heiland sein. Dieses Vertrauen in meine gestalterischen Fähig-

keiten schmeichelte mir. Aber nachdem ich mich auf einem groß-
formatigen Papierbogen mit Übereifer ans Werk gemacht hatte,
holte eine grausame Realität meinen Höhenflug auf den Boden
der Tatsachen zurück. Ich begriff, dass der künstlerische Weg
zu einem Leonardo da Vinci, Raffael oder Michelangelo noch
sehr weit war. Entnervt und enttäuscht kapitulierte ich vor der
Größe der Aufgabe. Der Vikar bedankte sich und würdigte den
ehrenwerten Versuch, indem er seinem neuesten Westpaket ein
für Messdiener-Vorlesestunden bestimmtes Abenteuerbuch der
von uns geliebten „Gelbe Streifen"-Serie entnahm und mir eine
exklusive Ausleihe gestattete. Eine höhere Anerkennung von
seiner Seite konnte ich mir nicht vorstellen.

Mein für ikonische Darstellungen untaugliches Künstler-Ego
wurde komprimiert durch schulische Mal- und Grafikerfolge. Da
wurde mir Dauerlob zuteil für die vielprämierte Wandzeitung in
meiner Klasse. Und fernab schulischer Pflichten übertrug mir
die Lehrerschaft die ehrenvolle Aufgabe, mein Schöpfertum zu
gegebenen Anlässen in den Dienst staatlicher Fest- und Feier-
tage zu stellen. So malte ich für unser Volksfest zum Internationalen Kindertag am 1. Juni Plakate mit glücklich lachenden
Mädchen und Jungen und schrieb auf Transparente für den Um-
zug am 1. Mai Losungen wie „Alles für das Wohl des Volkes!"
oder „Nie wieder Krieg!". Das fand ich genauso in Ordnung wie
mein gestalterisches Engagement für die Belange unseres Vikars.

Ich wünschte mir, älter und damit künstlerisch reifer zu sein,
um seine Erscheinung möglichst in Öl so auf die Leinwand zu
bringen, dass sie ihm nicht nur ähnelte, sondern seiner Persönlichkeit gerecht würde. Die war schmalschultrig und feinglied-
rig ins Leben gebaut, wirkte irgendwie fragil, gleichzeitig aber
dynamisch und drahtig. Es hätte mehr sanfter als kräftiger Pin-
selstriche bedurft, um diese mit Zerbrechlichkeit gepaarte Robustheit festzuhalten. Scheinbare Gegensätze, die aber seine
Jugendlichkeit kompensierte, miteinander versöhnte und deshalb aufhob. Ein Widerspruch, der keiner war. Er war nicht allzu
groß gewachsen, dafür gertenschlank, aber nicht von schmächtiger Statur. So weit, so noch normal.

Was faszinierte, waren seine ebenmäßigen Gesichtszüge, die wie in Marmor gemeißelt wirkten. Sie überzogen sein edel geformtes schmales Gesicht mit einem Hauch von klassischer Schönheit, nur beeinträchtigt durch die in strenger Schlichtheit nach hinten gekämmten strähnigen Haare, die in unpassendem Kontrast zu seiner ansonsten gepflegten Erscheinung standen. Ich wurde nie so ganz den Verdacht los, als sei dies Absicht aus einer diffusen Angst heraus, auf Frauen animierend zu wirken. Das lag dem jungen Gottesmann himmelweit fern, wie wir noch sehen werden. Ob er sich seiner anziehenden Wirkung auf die junge wie ältere Damenwelt bewusst war, habe ich nie ergründen können. Seine Lockerheit jedenfalls ließ keine Verklemmungen erkennen.

Nein, den Eindruck eines frauenfreundlichen Schönlings wollte er tunlichst vermeiden. So konnte er zwar seinen Haarschopf vernachlässigen, nicht aber die Harmonie seines männlichen Profils verleugnen. Es wurde dominiert von einem schmalen Nasensteg, feingeschliffenen Augenbrauen und einem neckischen Grübchen am Kinn, das auch sein glattrasierter dunkler Bartwuchs nicht verdecken konnte. Das machte ihn zu einem imposanten jungen Mann mit unfreiwillig charismatischem Charme, der ihm – hätte er diese Wirkung bemerkt – sicher peinlich gewesen wäre. Nicht wenige feminine Einwohner jedenfalls dankten es ihm religionsübergreifend mit platonischer Liebe und so manch bewunderndem Blick.

Obwohl Mansfelds Seelenhirte noch im Jünglingsalter war, prägte sein Wesen eine erstaunliche Kombination von lockerer Jugendlichkeit und lebensweisem Ernst. Das prägte sich mir vor allem ein, als er seinen hochrangigen Vorgesetzten, Erzbischof Lorenz Kardinal Jaeger, mit wohlgesetzten Worten der Seriosität zu einer Inspektion am Vorplatz zur Mansfelder Kirche empfing. Auf dieses einschneidende Erlebnis und die damit verbundenen Irritationen werde ich später noch ausführlich eingehen.

Man sieht es ihm nicht an: Als Vikar Pritze seinen Erzbischof willkommen heißt, trägt er sich mit dem schweren Gedanken eines Kirchenaustrittes.

Ein doch im Glauben Schwankender?

Was der selbstbewusste Kirchenjüngling Pritze mit erst Mitte zwanzig ausstrahlte, war eine gleichbleibend freundliche Besinnlichkeit mit einem vertrauensvollen, ruhigen Wesen, das oft in stillem Demutsdenken versunken schien, gepaart mit einem erstaunlich lebenserfahren wirkenden Auftreten bei einer angenehm zurückhaltenden Natur. Er predigte, lehrte und argumentierte lebhaft und leidenschaftlich, verwechselte aber Eindringlichkeit nicht mit Aufdringlichkeit.

Ich bewunderte seine himmlische Glaubensfestigkeit bei gleichzeitiger irdischer Lebensfreude, die aber demonstrativ fleischlich-femininen Gelüsten abschwor und die Zölibatsregeln der Ehe- und Kinderlosigkeit bedingungslos anerkannte und befolgte.

Diese seine Standhaftigkeit gegenüber dem schönen Geschlecht empfand ich schon im vorpubertären Alter als unnatürlich, ja nahezu unheimlich, keimte doch sogar in mir schon ein kleines Pflänzchen lieblicher Schmetterlingsgefühle zu meiner Kinderfreundin Edith. Seine konsequente Abstinenz gegenüber Amors Versuchungen ging so weit, dass er sich einer recht hübschen, ihm dauerhaft nachstellenden Dame nicht anders zu erwehren wusste, als ihr in aller Öffentlichkeit einen rüden Platzverweis zu erteilen. Ich denke heute noch, dass es ein Verzweiflungsschlag war. Weiche von mir, Satan! Und das erst recht, wenn du in der wohlgeformten Gestalt weiblicher Verlockung daherkommst!

In entgegengesetzte Richtung irritierte mich eine zufällig bemerkte plötzliche Gemütsaufwallung, bei der er in einem kurzen, zornigen, nur zu sich selbst gesprochenen heimlichen Monolog der Kirche abzuschwören gedachte. Ich glaubte, mich verhört zu haben. Ein vielleicht doch im Glauben schwankender Oberkatholik?

Eine zudringliche Verehrerin aus dem Gotteshaus zu werfen, um der Kirche treu zu bleiben, und andererseits bei einem Anfall von Jähzorn aus eben dieser Kirche austreten zu wollen –

wie, so fragte ich mich, passt das zusammen? Unser verehrter Vikar ein widersprüchlicher Charakter? Irritationen, auf die ich später zurückkomme.

Aus heutiger Sicht halte ich es für durchaus vorstellbar, dass dieser Gegensatz seines Verhaltens Ausdruck des latenten inneren Spannungsfeldes eines attraktiven jungen Mannes war, der sich einerseits nach dem Verlassen seiner abgeschirmten Weihestätten plötzlich mit den Reizen der Geschlechterliebe und weltlichen Genüssen konfrontiert sah, andererseits aber genau diesen Verführungen und Begehrlichkeiten in pflichtgetreuer asketischer Enthaltsamkeit abgeschworen hatte. Da aber auch unser Vikar ein Wesen aus Fleisch und Blut war, könnten normale männliche Körpertriebe diesen Zwiespalt eher noch verstärkt haben. Dass er anders als nicht wenige seiner Amtsbrüder dieses Problem offensichtlich mit Selbstdisziplin gemeistert und sein Gelübde des zölibatgerechten lebenslangen frommen Gottesdienstes bis zum Schluss gehalten hat, nötigt Hochachtung ab. Jedenfalls ist mir bis Anfang Februar 2022, da ich diese Zeilen schreibe, nicht zu Ohren gekommen, dass er in den anhaltenden Strudel sexueller Schandtaten der Geistlichkeit bis hin zu Bischöfen und Generalvikaren hineingezogen worden wäre.

Wenn also etwas an ihm in meiner Messdienerzeit zu beanstanden war, dann lediglich die für die Weiblichkeit bedauerliche Tatsache, dass er ihr als potenzieller Romeo verloren ging. Unvorstellbar, dass er als Ausgleich dafür versucht hätte, uns Messknaben leibliche Liebesdienste aufzuzwingen.

Was mag er wohl empfunden haben, als er über den massenhaften Missbrauch Minderjähriger durch seine Brüder im Geiste erfahren hat? Eine schockhafte, weltweite und auch das deutschkatholische Sittenbild prägende Schande, die noch zu seinen Lebzeiten ruchbar wurde – skandalös in zweifacher Hinsicht: Zum einen, dass sexuelle Übergriffe sogar an Messknaben passiert sind, und zum anderen, dass selbst allerheiligste Exzellenzen bis heute versuchen, diese praktizierte ungezügelte klerikale Lüsternheit zu verharmlosen und zu vertuschen – bis hin zu seiner Oberheiligkeit Papst Benedikt XVI., der als einflussreicher Kardinal und engster Vertrauter seines Vorgängers Johannes Paul II. die römisch-katholische Kirchenpolitik in entscheidendem Maße mitbestimmt hat. In seinen ehemaligen Erzdiözesen München und Freising wurde im Januar 2022 in einem Gutachten eine „Bilanz des Schreckens" nachgewiesen, wie Experten das verbrecherische Desaster nannten: rund 500 Opfer und mindestens 235 Täter, wozu vermutlich eine hohe Dunkelziffer kommt. Damit gilt ebenso der bis dahin tadellose Ruf des deutschen Pontifex Benedikt alias Joseph Ratzinger als zerstört. Als er zudem der mehrfachen Falschaussagen überführt wurde, nannte er seine Lügen ein bedauerliches Versehen. Wer hätte das bis dato einem Stellvertreter Christi auf Erden zugetraut? Und das auch vielen seiner Hohepriester, die seinem Beispiel folgend unfähig zur Selbstkritik sind und allenfalls nur das zugeben, was ohnehin bekannt ist.

Mit Würde und Humor in der Diaspora

Angesichts solch gottloser Freveltaten der Gottesdiener kann ich das offene und ehrliche Verhältnis zwischen Vikar Max Pritze und seinen Ministranten nicht hoch genug würdigen – eine Beziehung, die seitens unseres Oberhirten nahezu väterliche Züge trug, obwohl er bei seinem Erscheinen im rotproletarischen Mansfeld gerade mal Mitte zwanzig war.

Nachdem er also die theologischen Studien mit Erfolg absolviert und die Priesterweihe empfangen hatte, wurde er im Range eines Vikars zunächst in meine Heimatgegend des Mansfelder Landes geschickt. Sie war geprägt vom steinharten Tagewerk der Hüttenleute und Walzwerker sowie vom Untertagewerk der Schachtkumpel, die für überirdische Gottesverehrung nicht allzu empfänglich waren. Ihr Dasein war sehr irdischer und vor allem unterirdischer Natur. Zudem hielt sich die Zahl der Katholiken in sehr engen Grenzen. Und auch den Anhängern der evangelischen Konfession war das Licht ihrer Grubenlampen wichtiger als das Licht der Altarkerzen und ihr monatliches Deputat an Schachtschnaps schätzten sie mehr als den Messwein des heiligen Abendmahls.

Der Kirchenmann Pritze muss sich wie in der Diaspora gefühlt haben – ein Fremder unter Fremden mit einem Häuflein religiös Gleichgesinnter, mit denen er die Fahne des Katholizismus hochhalten sollte. Ein Missionar auf heidnischer Scholle. Selbiges Amt und die Aufgabe, das Wort Gottes und seines Stellvertreters im fernen Vatikan auch in diese von religiöser Tristesse gezeichnete Gegend zu tragen, war ihm wohl als erste Bewährungsprobe zugedacht. Er bestand sie mit Würde, Anstand und einem gerüttelt Maß an trockenem Humor. Das unterschied ihn von so manchem Eiferer, der den fanatischen Ehrgeiz hat, als beauftragter Heilsbringer alles und jeden umzukrempeln, um das Idealbild einer vorbildlichen, dem päpstlichen Gemeinwohl gefälligen Gemeinde zu schaffen.

Mein Fränzchen

Das gefiel nicht nur mir, sondern auch meinem besten Kinder- und Jugendfreund Feri, mit dem ich das Ministrantenamt teilte. Einen besseren Partner am Anfang meines Lebens hätte ich mir nicht vorstellen können. Auch er besaß als Aggregatzustand seiner Seele ein heiteres Gemüt. Nicht die einzige Übereinstimmung. Er war ebenfalls Sportfreak, Katholikensprössling und Vertriebenenkind, was uns in nahezu zwillingshafter Harmonie zusätzlich zusammenschweißte. Außerdem waren wir gebürtige Auslandsdeutsche. Ich aus dem ehemaligen tschechischen Sudetenland der Region Böhmen und er aus der ungarischen Weinbauregion Mór, deren hervorragender Weißwein nicht der einzige Tanzabendbegleiter unserer gemeinsamen Jugendzeit werden sollte.

Sein Name in der Deutschdiktion war Franz und im Original der Geburtsurkunde Ferenc, woraus weniger streng die wohlklingende Kurzform Feri wurde. Dass wir auch als Messdienergespann gemeinsam vor dem Altar knieten, war selbstverständlich. Damit gehörten wir zum Entzücken unserer katholischen Elternschaft in den engsten Kreis der Mansfelder Kindergeistlichkeit, die sich um den Vikar scharte und von seiner Popularität ein Stück abbekam.

Feri und ich waren uns durch einen wohltuenden Gleichklang gegenseitigen Verstehens und gleicher Interessen bald so sympathisch, dass er mir als Steppke einmal einen schriftlichen Gruß schickte mit der mich noch heute berührenden Unterschrift „Dein Fränzchen". So steht es unter einer Ansichtskarte aus Weißkirchen in der Steiermark, wohin ihn seine Mutter zu einem Österreich-Besuch bei Tante, Onkel und drei Cousins mitgenommen hatte. Ich habe die Reliquie bis heute aufbewahrt, zeigt sie doch die Herzlichkeit einer tiefen Kinderfreundschaft. Hier der wortwörtliche gesamte Kartentext, der für mich von Jahr zu Jahr in seiner Wertigkeit steigt:

„Lieber Dieter, ich bin gut in Weißkirchen angekommen. Wenn du nicht weißt, wo Weißkirchen ist, das ist das Dorf, wo wir zu Besuch gefahren sind. Es war eine lange Fahrt, denn wir sind 2 Tage und 3 Nächte gefahren. Dein Fränzchen."

Zweifelsohne hieß der informativste Satz meines Freundes: „Wenn du nicht weißt, wo Weißkirchen ist, das ist das Dorf, wo wir zu Besuch gefahren sind." Und genauso zweifellos war die Signatur das klare Liebesbekenntnis einer reinen Kinderseele an den Busenfreund: „Dein Fränzchen." Sicherheitshalber hatte er an meine Mutter geschrieben und mit akribischer Sorgfalt Adresse und Absender angegeben. Nur beim Datum haperte es, denn nach der Angabe „31.12." war meinem Freund das Jahr abhandengekommen, weil die Karte leider eine begrenzte Dimension hatte. Es war 1955 und wir waren zehn Jahre jung.

Jeder tat sich schwer, eine Woche lang ohne den anderen auszukommen. Wir waren als Lausbuben eines unbeschwerten Daseins und als heranwachsende Jünglinge Zwillinge im Geiste, bis sich notgedrungen unsere beruflichen Wege trennten. Was zusätzlich kittete, war die katholische Konfession des Elternhauses, deren Zweitdomizil sich unter dem Dach der

Kirche befand. Ich war genauso daheim bei Familie Schwarz wie Feri bei Familie Wahl. Dazwischen lagen gottlob nur einige Hausnummern.

Er war nur etwas mehr als vier Monate jünger, kam aber durch den unglücklichen Stichtag einer Altersgrenze zu unserem tiefen Bedauern erst ein Jahr später auf die Schulbank. Wer bis zum 31. Mai eines Jahres sechs Lenze zählte, wurde in demselben Jahr eingeschult, die danach Geborenen im Folgejahr. So trennten uns die Wiegenfeste, meines im Februar und seines im Monat Juni, um den ich ihn aber als ideal sommerlichen Geburtstagstermin mit dem von Mutter Natur erlaubten Freiraum zum Feiern im Grünen beneidete.

Wir waren Schlagerfans von Elvis und Ost- und Weststars, schwärmten von DDR-Radfahrlegende Täve Schur und dem ungarischen Fußballgott Ferenc Puskás, ahmten mit Begeisterung das Grandeln von Österreichs Topkomiker Hans Moser nach, liebten unsere Tonbandgeräte und Modelleisenbahnen und schrieben gemeinsam Märchenbücher. Wir hatten in fast allen Bereichen von Sport und Spiel, Hobby und Freizeit dieselben vielfältigen Interessen und auch dieselbe nimmermüde Energie, sie mit Begeisterung und Fantasie umzusetzen. Nicht zuletzt beim Gottesdienst an der Seite von Vikar Pritze.

Messdiener beim Vikar

Das Oberhaupt der überschaubaren katholischen Gemeinde von Mansfeld hatte meinen Freund und mich mit 9 Jahren in die kleine Schar seiner Messknaben aufgenommen und wir fühlten uns in dieser Zweitfamilie bestens aufgehoben. Denn Ministranten im christlichen Bayern sind Alltag, im roten Mansfeld nicht. Hier waren die Katholiken eine exotische Minderheit, die in Frieden und Frömmigkeit mit der protestantischen und konfessionslosen Mehrheit harmonierte und durch die Klammer der proletarisch geprägten Lebensweise von Bergleuten, Hütten- und Stahlwerkern geeint war.

Durch dieses verständnisvolle, solidarische Miteinander wurde es auch möglich, dass der evangelische Pfarrer vom Mansfelder Ortsteil Leimbach seine mittelalterliche spätgotische Stadtkirche Sankt Peter und Paul dem katholischen Amtsbruder für sein sonntägliches Morgen-Hochamt überließ. Was die Wochentage anbelangte, gab es Frühmessen in des Vikars Wohnhaus. In dessen Obergeschoss hatte er einen mit Heiligenschein dekorierten Raum von der Größe eines Klassenzimmers als Kapelle eingerichtet – mit Bankreihen, Altar, Sakristei und Hausorgel.

In den unteren Räumlichkeiten lag neben der Wohnung sein Büro. Hier versammelte er seine achtköpfige Messdienergarde jeden Samstagnachmittag, um die Dienste für die kommende Woche einzuteilen – normalerweise zwei Ministranten für eine Messe, an Sonn- und Feiertagen oft mehrere und zu Weihnachten und Ostern die gesamte Mannschaft im vollen Ornat.

Feri und ich setzten alles daran, möglichst gemeinsame Zweierdienste zu ergattern. Wir mochten unseren Vikar, begegneten ihm mit zwangloser Offenheit, später mit jugendlicher Saloppheit, aber stets mit Achtung und Respekt, wie sie einer sympathischen Leitfigur zukommen.

Ein missverstandener Atemwettbewerb

Geboren wurde Max Pritze 1928 in Halle an der Saale, besuchte in Bitterfeld die Oberschule, wurde noch kurz vor Ende des Zweiten Weltkrieges zum Wehrdienst eingezogen, kam in amerikanische Gefangenschaft, studierte nach dem Abitur Theologie in Paderborn und Luzern und erhielt danach seine Priesterweihe. Unsere gemeinsame kurze, aber unvergessliche Zeit dauerte vier Jahre.

Irgendein heller Kopf hat mal ergründet, dass jedem Menschen in seinem Leben im Durchschnitt rund 80000 Personen begegnen. Für mich war er eine der bemerkenswertesten.

Er verlangte viel von uns, denn die meist zwei Wochendienste für ein Messdienerpaar fingen an Werktagen schon früh um sieben an. Da mussten wir kurz vorher gestiefelt und gespornt in der Sakristei stehen – angetan mit liturgischer Kleidung, bestehend aus einem Ministrantenrock, dem sogenannten Talar, darüber ein weißes Chorhemd, genannt Rochett, und ein schulterbreiter Kragen, die Mozetta. Die Farbe der Kleidung richtete sich nach der religiösen Bedeutung des Kirchenkalenders.

Dann kam unser Vikar und legte Stola und Messgewand an – oft eine seiner prachtvollen Roben, gefertigt von gläubigen Laienkünstlerinnen des Schneiderhandwerks aus der ihn bewundernden älteren Gemeindeweiblichkeit. Sie sah wohl neben dem Heiland in der Höhe in ihm den Gott ihrer irdischen Sehnsüchte und buhlte mehr oder minder geschickt um seine Gunst. Die meisten jedenfalls, wie uns schien.

Wer von den Damen glaubte, die Aufmerksamkeit des anmutigen Vikars nicht mit dem für ihn gefertigten Messgewand gewonnen zu haben, die versuchte es bei den heiligen Gesängen mit der lautesten und klarsten Nachtigallstimme. In diesem Wettstreit der frommen wie auch frömmelnden Betschwestern gewann fast immer Frau Plewina (Name geändert). Die von ihr in den Raum geschmetterten glockenhellen Laute übertrafen alle anderen Geräusche – selbst die georgelten Töne von Herrn Detting (Name geändert), der mit unverdrossenem Elan aus Leibeskräften in die Tasten seines Harmoniums griff, von uns respektlos als Quetschkommode betitelt.

Ihre Sirenenstimme – so glaubte Frau Plewina – verlieh ihr das Recht, uns Ministranten hin und wieder mit sanft säuselnder Stimmlage, aber steil erhobenem Zeigefinger in mütterlich besorgtem Kammerton zu ermahnen, auch vor dem Gottesdienst ein unserer Position angemessen würdiges Benehmen an den Tag zu legen. Damit war meist unsere Zeit des Umkleidens im Schutze der Sakristei gemeint, die Metamorphose der profanen Straßensachen in die Messdienergarderobe. Da hatte sie nicht ganz Unrecht, denn das langweilige Warten auf den Vikar und die bevorstehenden heilig-ernsten Zeremonien wollten oft mit ausgleichendem Spaß verkürzt werden.

So hatten Feri und ich einmal vor der Frühmesse gewettet, wer die kräftigeren Lungen hat und mit seiner Puste die Quecksilbersäule im Thermometer der Sakristei am höchsten treiben kann. Der Orkan unserer abwechselnden Luftstöße musste sich wohl in der angrenzenden Kapelle wie die letzten keuchenden Atemzüge eines verendenden Halbtoten angehört haben. Prompt kam der Organist Herr Detting in die Sakristei gestürmt, weil er dachte, einer von uns würde das Zeitliche segnen und er müsste den Vikar vorzeitig zu einer letzten Ölung rufen. Als er uns in friedfertiger Messtracht zwar atemlos nach Luft schnappend, aber putzmunter und quicklebendig antraf, fürchteten wir ob seiner Fassungslosigkeit einen Moment um seine Gesundheit. Nun rang er mit uns gemeinsam nach Luft. Nachdem er sich unserer Unversehrtheit vergewissert hatte, begab sich der Organist der katholischen Gemeinde von Mansfeld wieder zurück an den geliebten Ort seines gemeinnützigen musikalischen Wirkens – nicht aber, ohne einen kurzen missbilligenden Rückblick auf die Messknaben und ihr ungebührliches Benehmen.

Ich kann mich gut erinnern, dass ich vor der Vikar-Zeit in früher Kindheit einmal in der Woche im Religionsunterricht von Herrn Detting saß. Er war ein von den Zöglingen gefürchteter Lehrer der alten Schule, der Zucht und Ordnung predigte, gegenüber jeglichem Ungehorsam unnachgiebig war und Unaufmerksamkeit im Unterricht auf seine Weise bestrafte. Dazu benutzte er als Allzweckwaffe auch schon mal sein Schlüsselbund, das er nach dem geistesabwesenden Schüler warf oder damit Kopfnüsse austeilte. Nun ließ seine väterliche Besorgnis um unser Wohl meine Erinnerungen an seine Schlüsselwürfe und Kopfnüsse in einem milderen Licht erscheinen. Und auch, weil er dem Vikar diesen Vorfall unseres unwürdigen Benehmens im Gotteshaus nicht weitertrug, kletterte er auf meiner Skala personeller Beliebtheiten von unteren Stufen ein ganzes Stück nach oben in den Mittelbereich.

Nach dem bedenklichen Vorfall kam nichtsahnend unser Vikar, schlüpfte in sein Messgewand und zelebrierte vor dem Gottesdienst das stets gleiche Prozedere: Wir gingen vor ihm in die

Knie, er segnete seine Diener und begab sich mit uns zum Altar – unter den aufbrausenden Klängen der Hausorgel, mit deren Musikus uns nun ein kleines neckisches Geheimnis verband.

Über Freud und Leid des Messknaben

Vor Beginn der Andacht knobelten Feri und ich jedes Mal aus, wer auf der rechten Seite der Altarstufen dienen durfte. Das war eine Ehre. Wem sie zuteilwurde, der durfte mit einer güldenen Dreiklangschelle im Verlauf der Messe bestimmte exakt vorgeschriebene Zeremonien einläuten. An ihrem Kreuzgriff hingen drei Glocken und dem Geschick des Ministranten war es überlassen, sie alle zum Einsatz zu bringen und ihnen einen maximal harmonischen Dreiklang zu entlocken. Das möglichst in Perfektion zu beherrschen, erforderte künstlerisches Fingerspitzengefühl und jeder von uns versuchte, den anderen darin zu übertreffen. Bis wir auch da von Frau Plewina ermahnt wurden, es nicht zu übertreiben, weil es sie gesanglich aus dem Rhythmus bringe.

Außerdem hatte der Rechtsdienende die repräsentative Aufgabe, Messwein in den Abendmahlkelch des Vikars zu gießen, damit er ihn zusammen mit der Hostie als Leib Christi in einer zeremoniellen Geste einnehmen konnte. Das Eingießen besorgte Feri einmal so reichlich, dass ich als linksdienender Handtuchhalter hörte, wie unser Chef ihm zuraunte: „Franz, willst du mich besoffen machen?"

Auf der rechten Altarseite zu dienen hatte aber neben der Ehre gewichtiger Handlungen auch Tücken und Beschwerlichkeiten. Denn da musste die eisenbeschlagene und mit Goldornamenten bestückte dickschwere Bibel zur zweiten Lesung von der einen Seite des Altars auf die andere getragen werden. Dabei lag sie aufgeschlagen auf einem wuchtigen Holzgestell, das die gespreizten Kinderarme gerade noch umfassen konnten. Zudem verhinderte dieses sperrige Paket vor der Brust die Sicht auf die Stufen, die vom Altar hinabzuschreiten waren, um sie nach einem Kniefall vor dem Jesuskreuz auf der anderen Seite wieder zu erklimmen. Es kam mir jedes Mal vor, als hätte das sogenannte Buch der Bücher, die „Heilige Schrift" mit ihrem Alten und Neuen Testament, etwa tausend Seiten. Ich wusste, dass Gottes Wort schwer wog, aber so schwer – das war für einen Knaben schon bedenklich. Wahrlich ein Kraftakt selbst für unsere sporttrainierten Kinderkörper beim Turnverein Mansfeld, den Feri später mit dem Fußballclub tauschte.

Am begehrtesten war das Rechtsdienen bei den Festgottesdiensten zu Ostern, Weihnachten und Pfingsten. Wenn man da als Chefministrant in der Mitternachtsmesse des Heiligabends in Ehrfurcht und ritueller Tradition das Weihrauchfass schwenken durfte und die sinnesbetäubenden sanften Duftschwaden durch das Kirchenschiff waberten, entfachte das eine stimmungsvolle, opiumhafte Euphorie, der sich niemand entziehen konnte. Der Linksdiener hatte für den Nachschub an Weihrauchkörnern zu sorgen und streute sie aus einer Silberdose auf die glimmenden Kohlen des an einer Kette hängenden vergoldeten Gefäßes mit einer ziselierten Haube, durch deren Löcher der orientalisch duftende Rauch entweichen konnte. Erklang dann zum Abschluss der Christmette im kraftvollen Chor die „Stille Nacht, heilige Nacht", hörte man förmlich das Flügelrauschen der Engel. Da kam ein unbeschreiblich abgehobenes gemeinschaftliches Glücksgefühl auf, das die Gemüter beschwingt und leichtfüßig zurück an den heimatlichen Herd gehen ließ.

Gefürchtet waren im Mai zusätzlich zu den Frühmessen die abendlichen Marien-Andachten mit der Gefahr geschundener Kniegelenke. Denn da standen wir – geschart um unseren Vikar – selten in der Senkrechten, wenn der ellenlange Katalog an Fürbitten an die heilige Mutter Gottes vorgetragen wurde. Was es erträglich machte, war der humane Inhalt des Flehens, das der Vikar vortrug: „Auf dass die Kriege in der Welt einer Friedfertigkeit der gesamten Menschheit Platz machen." Und die Gemeinde antwortete: „Heilige Mutter Gottes, bitte für uns."

Es erschien mir wie eine Unendlichkeit, bis der Rosenkranz abgearbeitet war. Einem schmächtigen, schwächlichen Messjungen wurde dabei plötzlich so speiübel, dass er diesem Drang nachkommen musste. Das tat er geistesgegenwärtig in den weiten Ärmel seines Chorhemdes, um Schlimmeres zu verhüten.

Das blieb auch dem Vikar nicht verborgen und er ließ seine Knaben spüren, wie sehr er unsere Mühen schätzte. Da war er nicht mehr die amtliche Respektsperson, sondern ein väterlicher Freund, der sich auf vielfache Weise bedankte, worauf ich noch zu sprechen komme.

Meine frühmorgendlichen Dienste begannen jedes Mal mit einem längeren Weg zur Hauskapelle des Vikars, wo die Andacht Punkt sieben begann. Danach startete ich mit dem Schulranzen auf dem Rücken einen Dauerlauf zur Schule, zu deren erster Unterrichtsstunde um acht ich trotzdem permanent zu spät kam. Wenn an diesem Morgen die um meinen Gottesdienst wissende katholische Lehrerin Frau Schmidtchen (Name geändert) vor der Klasse stand, hatte ich Glück und wurde wortlos in die Bank gewunken. Die anderen, unwissenden Lehrer hatten weniger Nachsicht. Ich nahm den Tadel dann auf mich und verbuchte dieses Opfer als Pluspunkt für die Absolution meiner Sünden. Am liebsten war mir natürlich der Einlauf ins Ziel, wenn die in meine ehrenamtlichen Dienste eingeweihte Frau Schmidtchen mich empfing.

Mit ihr hatte es eine besondere Bewandtnis. Wenn es in der Mansfelder Gemeinde der Katholiken je ein Wunder gegeben haben sollte, dann war es nach der Mund-zu-Mund-Überlieferung das Glaubenswunder von Frau Schmidtchen. Sie war eine bei uns Schülern gefürchtete, überaus strenge, konfessionslose Grundschullehrerin, die vor ihrer klerikalen Läuterung jegliche religiöse Bindung abgelehnt hatte. Hinter vorgehaltener Hand bekam sie in der Lehrerschaft das Attribut eines sogenannten Blaustrumpfes, womit ältere Dame gemeint waren, die stets einen vergrämten Eindruck machten ob ihres unbemannten, unbefriedigenden Dauerzustandes. Andere drücken es mit dem Begriff „alte Jungfer" weniger galant aus.

Dann wurde Frau Schmidtchen todkrank. Fast schon auf dem Sterbebett und dem Sensenmann ziemlich nahe, soll sie sich dem Hörensagen zufolge an Gottvater gewandt und geschworen haben, sie konvertiere zum katholischen Glauben, wenn die Krankheit von ihr ließe. Sie wurde gesund und sie konvertierte. Verständlich also, dass ich froh war, wenn Frau Schmidtchen die erste Schulstunde gab und mich als Zuspätkommer zum Erstaunen meiner Mitschüler wortlos und damit auch tadellos in meine Bank winkte. Über dieses mein eigenes kleines Wunder habe ich eisern geschwiegen.

Von der Unerhörtheit eines Kirchenverweises

Vikar Pritze war als sympathischer Allesversteher in der Gemeinde allseits beliebt. Er ging keinem Problem und keinem Plausch aus dem Wege, vermied aber nichtssagende Plappereien und fand bei seiner angeborenen Schlagfertigkeit und seinem trockenen Humor immer das richtige Wort für die richtige Person. Das war auch so, als eine seiner älteren Verehrerinnen klagte: „Ach, Herr Vikar, so ein schreckliches Wetter." Pritze entgegnete der verdutzten Frau: „Besser als gar keins!"

So was sprach sich herum und er hatte die Lacher auf seiner Seite. Nein, hochnäsig war er nicht. Dafür volksverbunden. Er hörte hin, wenn Volkes Stimme ertönte, was ich mitunter auch meinen späteren Genossen gewünscht hätte. Leider war er da nicht so sensibel bei der holden, ihm zugetanen Weiblichkeit. Seine ungewollte Wirkung auf sie ließ er sich nicht im Entferntesten anmerken, wehrte sich aber eines Tages in aller Öffentlichkeit mit einer solchen Vehemenz gegen zu große feminine Nähe, dass es mir schlichtweg den Atem nahm.

Das Unglaubliche passierte während eines sonntäglichen Hochamtes in der großen, übervollen Kirche zu Leimbach. Wir Ministranten hatten wie immer in der für uns reservierten ersten Bankreihe Platz genommen, wenn die Predigt anstand. Unser Vikar wandte sich würdevoll wie stets dem Glaubensvolke zu und ich traute keinem meiner beiden Ohren, was da in sie an unglaublichen Tönen eindringen wollte. Denn diesmal sprach der Seelenhirte alles andere als heilige Worte: „Bevor ich die Predigt beginne, bitte ich Frau Fronhoff (Name geändert) die Kirche zu verlassen." Dass Stille so still sein konnte, hatte ich bis dahin nicht gewusst. Dann noch einmal die verhaltene, aber feste und überdeutliche Stimme: „Bitte, Frau Fronhoff, verlassen Sie das Gotteshaus!"

Ein langer Gänsehautmoment. Alle Köpfe fuhren herum, drehten sich zur rechten Mitte des Kirchenschiffs, wo es raschelte, sich eine junge Frau erhob, aus der Bankreihe trat, sich im Mittelgang wie gewohnt beim Kniefall bekreuzigte und das Sakralgebäude verließ. Jeder Schritt hallte nach wie eine Ohrfeige.

Nachdem die schwere eichene Kirchentür ins Schloss gefallen war, folgte Teil zwei des Dramas mit den Worten von Vikar Pritze: „Ich bin der Gemeinde eine Erklärung schuldig. Diese Frau hat mir trotz wiederholter Bitten und Ermahnungen mehrfach in aufdringlicher Weise nachgestellt, sodass mir leider keine andere Wahl blieb, als sie der Kirche zu verweisen. Ich beginne nun meine Predigt."

Es war schlichtweg ein Skandal, den aber niemand so nannte und über den kaum geklatscht, getratscht und nicht einmal hinter vorgehaltener Hand geraunt und gewispert wurde – und wenn, dann kurioserweise mit Anteil nehmendem Verständnis für Herrn Vikar. Es lief alles weiter, als wäre nie etwas gewesen. Die Kirchenlieder klangen nicht anders als sonst: „Macht hoch die Tür, die Tor macht weit, es kommt der Herr der Herrlichkeit, ein König aller Königreich, ein Heiland aller Welt zugleich."

Einfach jemand aus Gottes Tempel werfen – wir waren entsetzt, wussten nicht, ob wir unseren Herrn und Meister dafür bewundern oder schelten sollten. War es eine verzweifelt harte Antwort auf den Zwang zum Zölibat, den auch unser Vikar bei seiner Weihe dem Bischof in die Hand versprochen hatte? Mir war klar, dass unser mädchenumschwärmter Vikar das Gelübde zur Ehelosigkeit abgelegt hatte. Kein Sex, keine Ehe, keine Kinder! Was für alle katholischen Würdenträger galt, das galt als katholische Rechtsnorm in ihrer natürlichen Unnatürlichkeit auch für unseren Vikar. Selbst bestimmten buddhistischen

Nonnen und Mönchen ist das Vergnügen der Hochzeit und Familiengründung erlaubt, ihm nicht! Gerade beneidenswert ist das wohl kaum!

Feri und ich waren taufrisch jung, aber alt genug, um die Härte dieses selbstauferlegten Lebens-, und Körperzwanges eines geschlechtslosen Wesens zu erahnen, einer Unnormalität, die seit fast einem Jahrtausend für Geistliche der römisch-katholischen Kirche Verpflichtung und Gesetz ist. Da der Rauswurf eine prophylaktische, vorbeugende Maßnahme war, um nicht in fleischliche Versuchung zu geraten, war sie damit sicher auch im Sinne Gottes, weshalb sein Diener Pritze sie wohl nicht beichten musste. Oder ist diese lebensfremde Anordnung etwa einer irdischen Eingebung zu danken? Das scheint so. Papst Innozenz II. hat laut Kirchenhistorie 1139 auf dem zweiten sogenannten Laterankonzil den Zölibat für christliche Priester zur generellen Pflicht gemacht. Ihre bis dahin bestehenden Ehen wurden für ungültig erklärt.

Dass in der Geschichte der römisch-katholischen Kirche nahezu 40 Päpste verheiratet waren, spielt in ihren Annalen der Zölibatsstrenge und für deren unnachgiebigen Verhaltenskodex eine ebenso verschwiegene Rolle wie die verheimlichte Tochter von Vatikan-Oberhaupt Julius II., die drei Kinder von Pius IV. und die mindestens fünf Kinder, die der Borgia-Pontifex Alexander VI. als Kardinal und Papst gezeugt hat. Schwamm drüber! Oder besser den purpurnen Mantel barmherziger Vergesslichkeit, der Unliebsames mit der milden Nachsicht des eigenen Verzeihens gnädig zudeckt.

Mich hätte brennend interessiert, ob unser Vikar davon wusste. Schwer vorstellbar, dass er solch schnödes Geschichtswissen in seinem Theologiestudium serviert bekommen hat. Und wie er sich am besten verhalten sollte, wenn feminine Gefahr droht, war sicher nicht Gegenstand der Lehre. Ebenso wenig die Beantwortung der sicher nie gestellten verschämten Frage, ob die Selbstbefriedigung eigener sexueller Bedürfnisse eine Sünde sei. Mit diesem Risikopotenzial also sollte jeder Geistliche nach Gutdünken auf eine Weise fertig werden, die er verantworten kann – oder eben auch nicht. Will er trotz amouröser Abenteuer oder gar sexuellen Missbrauchs Amt und Würden behalten, hat er zwei Möglichkeiten: sich nicht erwischen zu lassen oder alles zu vertuschen. Will er aber seinem Glauben reinen Gewissens frönen, bleibt ihm bei weiblicher Bedrängnis nur konsequente Gegenwehr, wie sie unser Vikar praktiziert hat – oder in jüngster Zeit auch auf andere Weise sein Glaubensbruder Michael Hammerschmidt.

Der Fall der liebestollen Christel G.

Der heute 67-jährige katholische Pfarrer in Nordrhein-Westfalen hat versucht, das Problem einer ihn jahrelang verfolgenden Dame auf dem eleganteren Rechtsweg zu lösen. Da ich diese Zeilen schreibe, erregt das Gerichtsurteil über diese Stalkerin den sauerländischen 4000-Seelen-Ort Meschede-Freienohl in dem Maße, dass selbst die Deutsche Presseagentur dpa Notiz davon nahm.

Der Seelenhirte der kleinen St.-Nikolaus-Gemeinde hatte die nunmehr 79-jährige Christel G. bereits vor zwanzig Jahren angezeigt, weil sie ihm auf extrem unsittliche Weise nachstellte habe und damit sein Leben zur irdischen Hölle gemacht hätte, ohne dass die Justiz sie ernsthaft belangte. Sie wurde zwar mehrfach vor Gericht gestellt, aber ohne Ergebnis. Selbst während der dreijährigen erfolglosen Behandlung in einer Psychiatrie konnte sie den Pfarrer mit einem Handy weiter belästigen. Auch nachdem ihr 2011 gerichtlich verboten worden war, sich dem Gottesmann auf weniger als 50 Meter zu nähern, verfolgte sie ihn weiter ungestraft.

Die Liste der erwiesenen obszönen Avancen ist lang und zeugt sowohl von Hemmungslosigkeit als auch Erfindungsreichtum: Sie terrorisierte den Geistlichen zeitweise mit täglichen Anrufen, schrieb ihrem „liebsten Bräutigam" anzügliche Briefe und Handy-Nachrichten mit pornografischen Wünschen und Phantasien, lauerte ihm regelmäßig auf, machte sexuell abartige Geschenke, installierte in seinem Garten Phallus-Symbole, beschmierte sein Auto mit Liebesbotschaften und setzte dem Ganzen mit Striptease- und Nackttänzen vor dem Pfarrhaus die Krone auf – sozusagen die Dornenkrone, die das Opfer der Begierde in den psychologischen Ruin trieb, sodass der Seelsorger selbst einen Seelsorger gebraucht hätte.

Auch nachdem das Amtsgericht Meschede sie 2005 zu acht Monaten Freiheitsstrafe auf Bewährung verurteilt hatte, setzte die liebestolle Frau ihren Amoklauf fort.

Als Pfarrer Hammerschmidt 90 penetrante Taten aufgelistet hatte, wurde schließlich Haftbefehl erlassen. Wegen Stalkings und Hausfriedensbruchs kam Christel G. in Untersuchungshaft und es wurde Anklage erhoben. Der Geistliche sah im Jahr 2019 endlich Licht in der Dunkelheit seines Martyriums, als das Amtsgericht Meschede gegen die Peinigerin eine zweite Bewährungsstrafe verhängte.

Leider erlosch nun dieses Licht der Hoffnung, denn der Richterspruch wurde am 16. Februar 2022 durch das übergeordnete Landgericht Arnsberg in einem Berufungsverfahren für ungültig erklärt – mit der Begründung, die Seniorin sei schuldunfähig, da sie an einer Persönlichkeitsstörung leide, einem krankhaften Liebeswahn mit Kontrollverlust. Sie sei zwar „lästig", aber ungefährlich. Die Gesellschaft müsse sie aushalten.

Damit war die Dame freigesprochen – und Liebesterror gesellschaftsfähig. Auch wenn er einen Menschen ernsthaft krankgemacht hatte. Nach dem Urteil sagte Pfarrer Michael Hammerschmidt der Katholischen Nachrichtenagentur KNA: „Der Rechtsstaat hat versagt. Ich bin vogelfrei." Auch er habe Bürgerrechte, die aber wohl nicht interessiert hätten.

Unser Vikar muss damals schon einer juristischen Lösung seines Stalking-Problems misstraut haben. Vielleicht war auch das ein Grund, weshalb er einer zähen staatlichen Gerichtsbarkeit mit ungewissem Ausgang die schnelle Selbstjustiz eines Kirchen-Rausschmisses vorgezogen hat.

Vikar contra Pionierleiterin

Auch in anderer Hinsicht konnte unser ansonsten gütiger Seelsorger harsche Töne anschlagen. Noch heute staune ich, dass er nicht irgendwann mal von der Kanzel wegverhaftet wurde, denn nicht selten kam er während einer Predigt ungeniert von religiösen auf weltliche Dinge und wetterte vehement gegen die Staatsmacht und Staatsohnmacht und ihre Diener in den Chefetagen der Politik.

Dass ihm der Westen näher war als der Osten, war unschwer auch bei unserer samstäglichen Messdiener-Runde zu merken, wenn nach der Wocheneinteilung der Dienste der gesellige Teil kam. Wir hockten auf dem Boden vor des Vikars Schreibtisch und ließen uns Kekse, Schokolade, Bonbons und Pralinen aus Paketen „von drüben" schmecken. Ebenfalls aus dem staatlichen Jenseits importiert waren die Jugendbücher der „Gelbe Streifen"-Reihe, aus denen er uns vorlas. Wir lauschten andächtig und vollmundig den spannenden Geschichten: fantastische Abenteuer von außer Kontrolle geratenen Robotern und verwegenen Rettungsmanövern für Schiffe in Seenot. Und dass wir uns diese Lektüre auch noch ausleihen durften, entschädigte im Verbund mit noch anderen Annehmlichkeiten für jegliche Mühsal unseres christlichen Dienstes zu unchristlich früher Zeit.

Ich konnte nicht sagen, wer sich in meiner Freizeit mehr um mich kümmerte: er oder meine rothaarige Pionierleiterin Thea, für die ich schwärmte. Sie organisierte Zeltlager, Ferienspiele und eine Schlosswanderung, er bunte Nachmittage, Ferienfahrten und eine Brockenwanderung. Sie verschenkte als Anerkennung für gute schulische Leistungen erzieherisch wertvolle Kinder- und Jugendbücher von DDR-Verlagen, er stellte als Dank für unsere Messdienste seine Bibliothek zur Verfügung mit spannender Westlektüre.

Beide hatten also eine bemerkenswerte soziale Ader für ihre Zöglinge und ich konnte nicht sagen, ob ihre oder seine stärker war. Mal lag in meiner Gunst die Pionierleiterin vorn, mal hatte der Vikar mehr Pluspunkte. Während sie an femininer Wirkung meiner Freundin Edith fast den Rang ablief, war Herr Vikar für mich unbemerkt zu einer Art Ersatz für einen Vater geworden, den ich nicht hatte – eine Rolle, die er sich mit Opa Josef teilte.

Irgendwann kam mir mal in den Sinn, dass Max Pritze und Thea eigentlich ganz gut zueinander passen würden. Ich hätte sie ihm gegönnt, denn ich selbst war ja mit Edith liiert. Es wäre ein schönes Paar gewesen. Darüber erschrak ich dermaßen, dass ich diesen Gedanken für immer aus meinem Gehirn und meiner Fantasie verbannte, wenngleich er mich wohlig erschauerte. Damit blieb die Frage für immer unbeantwortet, ob er sie ebenfalls aus der Kirche gewiesen hätte.

Unser Vikar hatte viele Facetten, die ich fast alle leiden konnte. Er war freundlich und streng, humorvoll und intelligent, gesellig und seriös, aber vor allem eben fürsorglich für seine Ministranten, die er nicht mit klingender Münze entlohnen durfte und es deshalb auf andere Weise tat. Dazu gehörte auch, dass er uns nach der mitternächtlichen Christmette am Heiligabend in seiner guten Stube mit einer Bescherung überraschte. Danach trugen wir müde, aber glücklich eine prall gefüllte Tüte mit Schokoladenplätzchen nach Hause. Zudem begeisterte er uns zur Ferienzeit mit einem gemeinsamen mehrtägigen Ausflug ins Harzstädtchen Wernigerode. Strohbetten unterm Dach, Brocken-Wanderung und Picknick unter freiem Himmel. Er wusste, was Lausbuben wollten.

Die Qualen des „Confiteor"

Es machte Spaß mit ihm. Manchmal aber auch nicht. Da konnte er erbarmungslos sein wie beim Erlernen des sogenannten Schuldbekenntnisses, eines Bußgebetes, das gleich am Anfang der Messe zeitgleich von ihm und uns gesprochen wurde. Daran gefiel mir nicht, dass ich Gott um Vergebung bitten musste, wenn es aus meiner Sicht nichts zu vergeben gab. Nicht erträglicher wurde diese Selbstkasteiung durch den lästigen Umstand, dass sie in uns unverständlicher lateinischer Sprache vorzutragen war und ich also den darin enthaltenen Vorwürfen nicht einmal widersprechen konnte. Und völlig abstrus war für uns, dass wir dieses „Confiteor", wie es in Latein hieß, nicht ablesen durften, sondern es auswendig zu lernen hatten. Als Gipfel der Zumutung empfanden wir, dass uns der Vikar dafür zu allem Übel auch noch eine leidlich knapp bemessene Zeit ließ.

Es waren zwar nur 40 Worte, aber die hatten es in sich für einen Jungen, der ab der fünften Klasse schon an Russischvokabeln verzweifelte und von Latein so wenig Ahnung hatte wie ein Laubfrosch vom Kühemelken. Da wir aber weiterhin Westschokolade und „Gelbe Streifen"-Bücher mochten und unseren Vikar noch dazu, paukten wir also mit dem Mut schicksalhafter Ergebenheit Worte, die ich noch heute kaum aussprechen kann:

„Confiteor Deo omnipotenti, et vobis, fratres, quia peccavi nimiscogitatione, verbo, opere et omissione: mea culpa, mea culpa, mea maxima culpa. Ideo precor beatam Mariam, semper Virginem, omnes angelos et sanctos, et vos, fratres, orare pro me ad Dominum, Deum nostrum."

Mich freute, dass Feri genauso litt wie ich – und mich ärgerte, dass ich gerade die unglücklichsten, demütigsten Worte für den Ursprung meiner Sünden am besten behielt: „ … mea culpa, mea culpa, mea maxima culpa" – „ … durch meine Schuld, durch meine Schuld, durch meine übergroße Schuld." Diese durch ihre Wortwiederholung auffällige verbale Wucht hatte ich mir durch den Organisten, Herrn Detting, übersetzen lassen und sprach sie in bewusst leiser Opposition.

Nun wollte ich mit legitimer Neugier auch den Rest des Textes wissen und bat unseren Vikar um Aufklärung. Noch heute verüble ich ihm, der des Lateinischen mächtig war, dass er uns nur sagte, es handele sich um eine Selbstanklage und Fürbitte und uns lediglich den Anfang derselben ins Deutsche übertrug: „Ich bekenne Gott, dem Allmächtigen, und allen Brüdern und Schwestern, dass ich Gutes unterlassen und Böses getan habe …"

Ich hatte zu dieser pauschalen Anklage starke Bedenken, aber um des lieben Friedens willen keine Nachfragen. Ich schwieg sie feige weg und lernte die Gebetsformel mit den schwierigen

Worten und dem schwerwiegenden Inhalt mit verzweifelter Anstrengung und schweißtreibender Energie.

Der nächste Sonnabend des Messdienernachmittags kam – und damit die Stunde der Wahrheit. Ich lud die nächste Sünde auf mich, indem ich unseren Vikar und seine Prüfung verfluchte. Er hatte die Abfrage des Lateingebetes nicht nur angekündigt, er realisierte sie tatsächlich. So deklamierte ich aufgeregt mein „Confiteor" – zwar stotternd, aber in einem Stück, sodass Vikar Pritze es noch gelten ließ, versehen aber mit der Mahnung an eine deutlichere Aussprache.

Feri hatte weniger Glück, weil er mehr Fußball gespielt als gelernt hatte. Es folgten ein Tadel und die Auflage, das „Confiteor" in einer Woche und an gleicher inquisitorischer Stelle fließend zu präsentieren. So zerknirscht und niedergeschlagen hatte ich meinen Freund bisher nur erlebt, wenn er den Ball nicht ins Tor bekam.

Nach der grausamen Messdienerstunde gingen wir wie geplant zur Spielfilm-Matinee, die es exklusiv für Kinder und Jugendliche jeden Samstagnachmittag im Lichtspieltheater „Capitol" der Mansfelder Oberstadt gab. Feri konnte den Kinobesuch nur mit äußerst gedämpfter Freude genießen – und ich im leidvollen Mitgefühl ebenfalls. Während um uns herum ein temperamentvolles Kinderpublikum den sowjetischen Abenteuerfilm „Schiffe stürmen Bastionen" mit lautstarker Begeisterung verfolgte, schluchzte sich mein Freund den Frust von der Seele. Er war gekränkt, beleidigt, von seiner eigenen Leistung enttäuscht und haderte mit sich und der Welt. Ob wohl, so dachte ich, Martin Luther auch solche Sorgen hatte, als er in der Sankt-Georg-Kirche der Mansfelder Oberstadt Ministrant war? Sicher nicht, denn wer später die gesamte Lateinbibel ins Deutsche übersetzt hat, der kann wohl kaum mit dem „Confiteor" größere Schwierigkeiten gehabt haben.

Da wir den Ehrgeiz nicht nur im Sport gepachtet hatten, spulte mein Freund natürlich eine Woche später das Auftragswerk ohne Fehl und Tadel herunter. Es nützte aber nicht viel, denn wir konnten uns das Fremdgelernte nicht allzu lange merken.

Deshalb griffen wir beim Ernstfall der Messe notgedrungen zu einem Trick, indem wir den unaussprechlichen Text mit extrem gesenktem Kopf sowie inbrünstig leise und arg vernuschelt aufsagten. Ich bin sicher, dass Vikar Pritze unsere bauernschlaue Taktik des undeutlichen Wegmurmelns sehr wohl bemerkt hat. Es ehrt ihn, dass er nicht noch einmal nachgetreten hat, sondern diese Schwachstelle unseres Messdienstes mit verständnisvoller Rücksichtnahme durchgehen ließ.

Mein blamables Beichtgeheimnis

Hin und wieder überfiel mich der von Reue getragene Wunsch, die „Confiteor"-Schummelei zu beichten, zumal sie sicher nur als lässliche Sünde galt. Das hätte aber paradoxerweise bedeutet, dem Vikar als Beichtvater unsere Verfehlung offiziell einzugestehen und eine erneute Examinierung zu provozieren. Andererseits hätte sie Abwechslung in das immer wiederkehrende Einerlei meiner zu beichtenden Schuldlitanei gebracht.

Das war stets der Fall, nachdem ich im Beichtstuhl kniend meinen Standardvers aufgesagt hatte: „In Reue und Demut bekenne ich meine Sünden." Da es immer wieder dieselben waren, schwante mir im Laufe der Zeit der unangenehme Verdacht, mein Vikar könnte mich als unverbesserlichen Wiederholungstäter einstufen. Da ich das weder ihm noch mir zumuten wollte, ging ich dazu über, meine eintönigen Selbstanzeigen zu variieren. Das erforderte ein gutes Gedächtnis, denn aus dem Gesamtkatalog meiner Verfehlungen mussten – um Dopplungen zu vermeiden – jedes Mal die Sünden herausgezogen werden, die ich schon beim letzten Beichtgang erwähnt hatte. Da auch das eine Schummelei war, beichtete ich sie gleich mit. Mit der pauschalen Selbstanklage „Ich habe getäuscht und getrickst" war damit im Paketverfahren außerdem zugleich die „Confiteor"-Sünde mit einbezogen. Das fand ich clever und freute mich über die Absolution, die mich von beiden Sünden freisprach und mein Gewissen gleich zweifach erleichterte.

Eine weitere Schwierigkeit bestand darin, dass mein Sündenregister nicht allzu lang war und durch meine Strategie der Auslese und des Variierens zu einer unglaubhaft kurzen Bravheit schrumpfte. Die Kinderliste der Selbstbezichtigung beschränkte sich auf Neugier, Neid, Bockbeinigkeit, Schadenfreude, Missgunst, Lügen, Naschen, Ungehorsam, Fluchen und Streiten. Mehr fiel mir nicht ein, weil ich Schlimmeres auch nicht getan hatte.

Daran änderte auch der im Katechismus stehende sogenannte Beichtspiegel nichts mit seinem vorgedruckten Sündenregister, das vergessene Verfehlungen aus ihrer gedanklichen Versenkung holen sollte. Aber ich hatte nun mal nicht des Nächsten Weib begehrt oder Ehebruch betrieben oder andere schwere Verfehlungen auf mich geladen, sodass sich die Anzahl der auferlegten Bußgebete von „Vaterunser" oder „Ave Maria" in Grenzen hielt. Trotzdem war mir dabei mitunter unwohl. Denn nachdem ich dem Beichtvater meine Fehler anvertraut hatte, wurde ich manchmal das Gefühl nicht los, als hätte ich mich selbst verpetzt.

Obwohl wir die Beichte nicht als heiliges Sakrament anzweifelten, nervte es mich mitunter, dass ich unbedingt schuldig sein sollte. Zudem empfanden wir das Prozedere drumherum als lästig, denn es klaute Zeit, die wir unbedingt fürs Kino oder Schwimmbad brauchten.

Allerdings hatte ich mitunter Selbstzweifel an meiner eigenen Redlichkeit. Als ich 12 war, unterschlug ich regelmäßig einen sündhaften Tatbestand, den ich als solchen immer wieder verdrängte. Da meine Mutter dank ihres Beziehungsgeflechts als Verkäuferin im wichtigen Stoff- und Technikkonsum alle Printmedien der DDR abonniert hatte, war es ihr auch gelungen, die in begrenzter Auflage hochbegehrte Monatszeitschrift Das Magazin zu ergattern. Die griff ich mir stets klammheimlich und beäugte mit neugieriger Aufmerksamkeit das darin befindliche ganzseitige weibliche Aktfoto. Dieses frevelhafte Verhalten führte mich schließlich nach genügend angehäuften Gewissensbissen in zwanghafter Ehrlichkeit zu der Einsicht, es beichten zu müssen. Das war eine mit blamabler Note behaftete völlig neu zu bekennende Sünde in meinem Standardrepertoire der Selbstanklage. Aber es musste sein, egal, was mein Vikar anschließend über seinen Messdiener dachte.

Also nahm ich all meinen Mut zusammen und haspelte mein Schuldbekenntnis in gebotener Eile herunter – in der Annahme, die unangenehme Sache schnell hinter mich zu bringen: „In Reue und Demut bekenne ich meine Sünden. Ich war unschamhaft." Bevor ich hastig weiterreden konnte, kam eine nicht einkalkulierte Nachfrage, welche mich zutiefst erschreckte und die von mir ohnehin empfundene Peinlichkeit ins Unerträgliche steigerte: „Unschamhaft in Gedanken, Worten oder Werken?" Da keiner dieser Tatbestände zutraf, wählte ich in impulsiver Erschrockenheit die harmloseste Variante: „In Gedanken." Herr Vikar ließ nicht locker: „Einmal oder mehrfach?" Er hatte mich beim Lustwandeln auf Abwegen ertappt und bestand nun darauf, den Grad der Gefährdung zu erfahren. Jetzt war mir alles egal und ich gestand mit rotglühendem Kopf: „Mehrfach." Nun schien er zufrieden – und Gott mit ihm. Selten habe ich dem Ende einer Beichte so inbrünstig entgegengefiebert – und als der Vikar endlich die sehnlichst erwartete Abschlussformel „Gelobt sei Jesus Christus!" von sich gab, kam äußerst erleichtert meine nach kirchlichem Brauch übliche Antwort „In Ewigkeit. Amen."

Dass der Beichtvater mir weitere Details meines unkeuschen Tuns ersparte, bewahrte mich vielleicht vor einem vorzeitigen Nervenschock. Und dass es ein Beichtgeheimnis gab, verhinderte zuverlässig, dass meine erste Sünde der Unkeuschheit nie das Ohr meiner Mutter Maria erreichte.

Was meine Verfehlung aber gottlob in die Kategorie federleichter Sünden einreihte und als Buße lediglich ein mehrfach zu betendes „Vaterunser" nach sich zog, war die relative Harmlosigkeit, unsittlich nur in Gedanken gewesen zu sein. Das traf den Kern, denn nach dem geheimen Aktstudium beließ ich es beim Tatbestand platonischer Inaktivität. Allerdings hatte ich mir – ehrlich gesagt – schon mal zwischendurch vorgestellt, wie es so wäre, wenn mir eine solch gut gebaute Venus in Natura begegnen würde. Nicht auszudenken! Und trotzdem dachte ich mit wohligem Grausen daran.

War es vorpubertäre Größenwahn-Romantik? Letztlich aber ging es ja nur um unschamhafte Gedanken und nicht unschamhafte Worte. Denn nichts lag mir ferner, als mein monatliches Tabu jemandem zu offenbaren. Und unschamhaft in Werken? Aber nicht doch! Ich hatte die Fotoseite ja schließlich nicht über mein Bett gehängt. Da hing schon ein Poster von Gina Lollobrigida in bis zum Hals zugeknöpfter Garderobe. Alles andere hätte Mutter Maria beanstandet.

Der Schrecken über die nicht geplante ausführliche Auskunft zu meinem Intimgeheimnis saß mir noch eine ganze Weile in den Gliedern. Das war ein Warnschuss für zu übertriebene Ehrlichkeit. So ersparte ich dem Beichtvater und mir den absoluten Tiefpunkt, ihm eine aggressive Bösartigkeit mitteilen zu müssen. Aber wie hätte ich auch auf eine erneute Nachfrage kurzgefasst erklären können, warum ich den Nachbarhund Flocki so lange gereizt habe, bis er aus einem Oberfenster des Hauses in die Tiefe stürzte!? Gottlob kam er glimpflich mit einer Ohnmacht davon, denn sonst hätte ich auch noch den Tod eines Tieres auf meinem Gewissen. Das war nun absolut beichtuntauglich, denn da hätte ich Nachfragen nicht ausgehalten. Allerdings fühlte ich mich Flocki gegenüber nicht allzu schuldig, denn meine Attacke war zwar Selbstjustiz, aber letzten Endes ein gerechter Akt der Rache. Denn er hatte mich einmal unvermittelt und völlig grundlos angegeifert und in ungehemmter Raubtiermanier Beißversuche gestartet. Dem nächsten, vielleicht gelungenen Versuch kam ich mit einer angemessenen prophylaktischen Gegenwehr zuvor, was mein Schuldgefühl erheblich minderte. Seit seinem Fenstersturz jedenfalls kroch Flocki mir gegenüber zu Kreuze und wedelte in friedfertiger Ergebenheit mit seinem dünnen Stummelschwanz, sobald er meiner ansichtig wurde.

Ein stinknormaler Vorfall

Was mich zwanghaft zu Schuldbekenntnis, Läuterung und er-
hoffter Absolution trieb, war ein einmaliger doppelter Selbst-
vorwurf, der mein Gewissen plagte, zumal er den Vikar selbst
betraf: „Ich habe mich unanständig benommen und war feige.“
Noch heute bin ich Beichtvater Pritze dankbar, dass er in diesem Fall nicht nachgehakt hat, obwohl meine Selbstbezichtigung
mit voller Absicht sehr nebulös vorgetragen war und zur Nachfrage reizte. Hätte er es getan, wäre das der Gipfel der Peinlichkeit für mich und meinen Freund Feri geworden, denn hinter
meiner vagen Selbstanklage steckte eine unliebsame Geschichte, die wir anfangs am liebsten vergessen hätten und uns aber
später unter Lachgetöse immer wieder erzählten.

Es war bei unserem Messdiener-Ferienausflug in Wernigerode. Frei wie ein Vogel baute ich wie die anderen auf dem Dach-
boden der dortigen Pfarrei mein Nest im Stroh. Neben mir Feri
und eine Etage tiefer unser Seelenhirte, der auf ein zivilisiertes
Bett verzichtet hatte und die abenteuerliche, etwas staubige Lagerstatt mit uns teilte. So war er eben und das honorierten wir
mit zusätzlichen Pluspunkten.

Als wir unser Nachtlager richteten, überkamen mich plötzlich
nach des Tages Wandermühen immense innere Luftwallungen,
die nach außen drängten und dieses Problem über den kürzes-
ten Weg durch die leibliche Hintertür lösten. Da dies mit meiner
gewollt kräftigen Unterstützung passierte, war die rückwärtige
Entladung des Luftstaus lang anhaltend und sehr geräuschvoll.
Wir kugelten vor unbändigem Lachen in den Strohballen herum. Mitten in das Gaudi hinein hörten wir eine zornige wohl-
bekannte Stimme, die unseren Lachanfall abrupt stoppte und
mir im wahrsten Sinne des Wortes die Winde verschlug. „Franz“,
erklang es in einem harschen Ton von der unteren Strohetage,
„Franz, wir sprechen uns morgen früh!“ Ich hielt nun erst recht
die Luft an. Es brauchte nur einige Sekunden der Verblüffung,
dann brach es tief empört aus meinem Freund heraus: „Das war
ich nicht, Herr Vikar!“ Da dem schwerlich zu widersprechen war,

behielt mein Freund das letzte Wort, was im Dialog mit unserem Vikar absoluten Seltenheitswert besaß.

Da die Sache nun klar war, ersparte sich unser Meister anderentags weitere Nachfragen und aus Pietätsgründen auch eine restlose Nachforschung über die unangenehme Geräuschquelle höchster Peinlichkeit.

Befürchtete Nachfragen blieben gottlob auch bei der nächsten Beichte aus, bei der ich hoffte, dass er den Vorfall vergessen hatte. Jedenfalls beließ er es ohne nachzustochern bei meinem lapidaren Satz: „Ich habe mich unanständig benommen und war feige". Ich bin mir bis heute unsicher, ob er dieses Bekenntnis noch mit der windigen Angelegenheit im Stroh der Harzer Berghalme in Verbindung gebracht hat. Ich denke ja, sonst hätte er bei den schwammig formulierten Sünden von Unanständigkeit und Feigheit sicher Konkreteres wissen wollen. Hätte er das verlangt, wäre mir nichts anderes übrig geblieben als die eindeutige wie blamable Klarstellung: „Herr Vikar, nicht Feri hat damals im Stroh gepupst, sondern ich." Es wäre die volle Wahrheit gewesen, aber wie fäkalienhaft und damit unheilig und gotteslästerlich hätte dieses Geständnis denn geklungen! Es wurde mir mit oder ohne seine Erinnerung daran erspart. Halleluja! Ich bin noch heute froh, dass sich die Sache so stinknormal erledigt hat.

Das Sakrament der Beichte akzeptierten wir Jungs als notwendiges Übel, um während der Messe sündenfrei den Leib Christi zu empfangen, eine vom Vikar auf die Zunge gelegte Hostie.

Nach dem Canossagang zum Beichtstuhl arbeiteten wir die für unsere Sünden aufgebrummte Buße mit der gebotenen Geduld und Ehrlichkeit ab – Wort für Wort bis zur letzten Zeile der Gebete, die der Vikar uns nach Anzahl und Schwere der Verfehlungen auferlegte. Dauerte es bei Feri länger, wusste ich, dass er schwerer gesündigt hatte als ich – und umgekehrt war es ebenso.

Meist hatte uns Beichtvater Pritze zur Tilgung unserer Verfehlungen das mehrfache Deklamieren des „Vaterunser" aufgebrummt. Dass es in diesem uralten Hauptgebet der Christenheit angeblich eine Ungereimtheit gibt, wurde erst im Dezember 2017 durch keinen Geringeren als Papst Franziskus entdeckt. Er bemängelte in der letzten Zeile des Gebetes die Bitte an Gott: „Und führe uns nicht in Versuchung.“ Dies sei eine schlechte Übersetzung, fand er, denn nicht Gott führe uns in Versuchung, sondern der Satan. Deshalb hätten die französischen Bischöfe bereits angewiesen, die letzte Gebetszeile zu ändern in „Lass uns nicht in Versuchung geraten, sondern erlöse uns von dem Übel. Amen.“

Der katholische Theologe Prof. Thomas Söding von der Ruhr-Universität Bochum wagte es als Übersetzer der aktuellen Bibelfassung, der päpstlichen Krone couragiert zu widersprechen. In einem Interview der Berliner Zeitung vom 11. Dezember 2018 tat er dies mit deutlicher Aufmüpfigkeit: „Seit Martin Luther ist die deutsche Übersetzung des Vaterunser ein und dieselbe. Sie ist präzise und sie ist tief. Falsch ist nur die Behauptung, die Übersetzung sei falsch.“

Unser Vikar als Aufklärer

Nach meiner ersten Beichte stieg mein Respekt vor unserem Vikar ins Unendliche. Denn, so wurde mir schlagartig bewusst: Er ist der einzige, der die Sünden und Fehler aller Menschen in der Gemeinde kennt. Das ist ein geniales wie problematisches Wissen, das ihm die Leute da anvertrauten. Darüber ist er zwar laut Kirchenkodex zu strengster Verschwiegenheit verpflichtet, ist also wie ein Arzt, Anwalt oder Notar Geheimnisträger, aber kann er denn diese individuellen Einblicke in das intime Verhalten seiner Seelenschützlinge für sich selbst wegdrücken oder ausblenden, wenn er diese oder jene Person sieht und mit ihr spricht!? Da er auch nur ein Mensch ist, der Gefühle und Empfindungen hat, muss das doch zwangsläufig seine Einstellung oder sogar sein Verhalten zu jedem von uns beeinflussen – oder nicht? Dieser Gedanke ließ mich frösteln und erschauern, weil ich ihn auch auf mich bezog.

Was mag er wohl über mich gedacht haben, als ich ihm Unschamhaftigkeit in Gedanken und Worten gebeichtet habe? Vielleicht, dass ich unanständige Witze erzählt habe? Zu den unschamhaften Werken kam ich als Kind ja noch nicht. Zu diesem pikanten, hochsensiblen Thema der Sexualität muss ich ihm Hochachtung zollen. Denn noch heute kann ich mich genau daran erinnern, mit welch beindruckendem Einfühlungsvermögen er sich in der Religionsstunde an die heikle Problematik menschlichen Geschlechtslebens herangetastet hat, zumal am Unterricht sowohl Jungen als auch Mädchen teilnahmen.

„Euch ist doch sicher aufgefallen", begann er, „dass Jesus am Kreuz einen Lendenschurz trägt. Er verhüllt den intimsten Teil des Körpers, der außer dem Arzt und dem Ehepartner niemandem sonst gezeigt werden sollte. Und Adam und Eva verdeckten ihre Blöße mit einem Feigenblatt ..." Dann meditierte der Vikar über menschliche Ethik und Moral, was ich ihm noch heute als eine Vorstufe zur Einführung ins Thema Liebe und Zeugung danke. Die volle Aufklärung war dann der Schule und dem Elternhaus überlassen, die in dieser Hinsicht versagten, weil sie in einträchtiger Feigheit darüber hinweggingen.

In diese Lücke sprang mein Opa Josef, der mir als Vierzehnjährigem einen heißen Tipp gab. Er drückte mir die von Mutter Maria abonnierte Zeitung Wochenpost in die Hand und riet: „Schau mal unter Annoncen nach. Da findest du ein Angebot der Dresdener Firma Kästner über den diskreten Versand von Präservativen." Nach diesem gewagten Hinweis atmete mein Großvater erleichtert auf, war sichtlich zufrieden mit sich und seiner Verantwortung für meine sexuelle Aufklärung und stopfte sich mit Inbrunst seine geliebte Tabakspfeife.

Woher sollte er auch wissen, dass ich mir meine Kenntnisse über Kondome und damit zusammenhängende Liebesdinge bis hin zu Zeugung und Geburt längst anderweitig besorgt hatte. Die einschlägige Literatur darüber stand in meinem Bücherschrank wohl getarnt durch falsche Schutzumschläge. Ich hatte alles zusammengetragen, was der DDR-Büchermarkt hergab: „Mann und Frau intim" von Dr. Siegfried Schnabel, „Du und ich" von Dr. Gerhard und Danuta Weber, „Sexuell aufklären – rechtzeitig und richtig" von Dr. Wolfgang Bretschneider und „Wie ist das mit der Liebe?" von Frauenarzt Klaus Tosetti. So gesehen hätte ich mich bei Opa Josef mit einigen zusätzlichen Informationen revanchieren können. Jedenfalls fühlte ich mich zumindest theoretisch fürs Liebesleben gewappnet.

Die Gretchenfrage: Woher kommen die Kinder?

Die Neugier auf diesbezügliche, von den Erwachsenen unter Verschluss gehaltene Informationen hatten Feri und ich schon lange vorher, als uns im zarten Kindesalter die Frage quälte: Woher kommen die Kinder? Wir waren völlig ratlos. Dass sie der Klapperstorch bringt, schien uns immer unwahrscheinlicher, zumal wir ihn vor angekündigten Geburten in der Nachbarschaft nie in Aktion gesehen hatten.

Da kam uns ein naheliegender Gedanke. Natürlich, Feris schon erwachsener Bruder Johann müsste es ja wissen. Also beschlossen wir, dass mein Busenfreund ihn ausfragt. Das Ergebnis der Befragung war erschütternd: „Die Kinder kommen aus dem Bauch der Frau." Ich war konsterniert: „Wie aus dem Bauch? Das glaube ich nicht". „Doch", sagte mein Freund, „ich habe Johann nochmal gefragt und er hat immer dasselbe gesagt. Es muss stimmen!" „Und", setzte ich immer noch ungläubig nach, „hat er auch gesagt, wie die Kinder in den Bauch hineinkommen?" „Ja, der Mann legt seinen Samen in die Frau rein und daraus wird ein Kind."

Feri hatte sich offensichtlich längst mit den Antworten abgefunden, aber mich trafen sie wie ein Keulenhieb aus dem Hinterhalt. „Du", opponierte ich widerspenstig, „das kann nicht sein. Wie soll das denn gehen?" Mein Kumpel triumphierte, weil er auch das erfragt hatte: „Ganz einfach! Der Mann steckt seinen Puller unten in die Frau rein!"

Ich brauchte eine Weile, um diese Ungeheuerlichkeit zu verdauen. Ich war fassungslos und hochgradig entsetzt. Was für eine Ferkelei! Dann schoss es mir heiß durch den Kopf: Dann hat also auch Onkel Werner das mit Tante Liesl so gemacht – und mein Vater mit meiner Mutter! Und Opa Josef hat das mit Oma Pauline gleich vier Mal getan! Und daraus sind dann zusammen mit Mutter Maria vier Mädchen geworden! Ich wollte und konnte mir den Tathergang des Kindermachens nicht vorstellen und dachte nur: solche Ferkel! Aber warum haben wir von diesem Rumgemache nie was gemerkt? Auch darüber war Feri informiert. „Das", so hatte sein Bruder Johann ihm erklärt, „ist eine geheime Sache zwischen einem Mann und einer Frau, die keinen anderen etwas angeht und die deshalb niemand sehen soll. Deshalb machen sie es in ihrem Schlafzimmer." Also, dachte ich, wenn es keiner sehen soll, ist es doch eine Ferkelei. Nun war mir endlich klar, warum im Schlüsselloch der Schlafzimmertür von Tante Christa ein Knäuel Watte steckte, weshalb man nicht durchgucken konnte. Das hatte ich schon mehrfach erfolglos probiert, denn ich war neugierig, warum es da im Schlafzimmer etwas gab, was man nicht sehen sollte. Nun wusste ich es, war aber in keiner Weise mehr erpicht auf einen Blick durchs Schlüsselloch, nur um diese heimlichen Ferkeleien zu sehen.

Was damals uns Steppkes widerfuhr, waren unvergessliche Schreckmomente, die sich mit der Wucht einer elementaren Welterkenntnis für immer in mein Gedächtnis gruben. Letztendlich war der Grund dafür die Unbeholfenheit meiner Familie bei einer sexuellen Erziehung, die aus falscher Scham ein Tabu war und deshalb nicht stattfand.

Das erinnert an die Mutter, die zum Vater sagt: „Du, ich glaube, dass unser Sohn mit 12 Jahren jetzt reif dafür ist, dass du ihm mal beibringen müsstest, wie das so ist mit dem Kinderkriegen und Kindermachen." „Können wir denn damit nicht noch etwas warten?" bettelt der Vater, doch sein Flehen wird nicht erhört. „Nun hab' dich nicht so", rügt die Mutter, „Du kannst dem Thomas das doch anhand des Tierreichs erklären, beispielsweise wie es die Mäuse machen." Das begreift der Vater als gute Idee. „Tommi, komm mal her, mein Junge! Du hast

uns doch schon mal gefragt, woher die Kinder kommen. Das erkläre ich dir jetzt. Also stell dir vor, dass dein Papa sein Pullerding in das Pullerloch von Deiner Mama steckt. Dabei legt er
seinen Samen in deine Mama. Siehst du, mein Sohn, und genau
so machen es die Mäuschen."

Wesentlich kompetentere Aufklärung betrieb die Journalistin und Partnerberaterin Jutta Resch-Treuwert ab 1971 in der
DDR-Jugendzeitung Junge Welt. Auch noch mit Mitte Zwanzig
habe ich regelmäßig ihre mit Humor und Einfühlungsvermögen
geschriebene Ratgeber-Kolumne „Unter vier Augen" gelesen. Die
Rubrik mit Antworten auf Leserbriefe zu Sexualfragen überdauerte sogar die gesellschaftlichen Wechseljahre.

Summa summarum: Die Ehre der sanften Erstaufklärung
gebührt unserem Vikar – und den Mumm zur Ersterkundung
der Babyfrage hatte mein Magyarenfreund Ferdl. Nachdem wir
die Herkunft des menschlichen Nachwuchses begriffen und zur
Genüge bestaunt hatten, erfüllte uns nach dem ersten Schock
unbändiger Stolz. So muss dem Italiener Christoph Kolumbus
zumute gewesen sein, als er Amerika entdeckte.

Am Priesteramt vorbeigeschrammt

So, wie unsere gemeinsame unbeschwerte Kindheit und Jugend
im synchronen Takt verlief, erlebten wir auch auf wunderbar
zeitsymmetrische Weise unsere erste Liebe in der kindlichen
Damenwelt unserer Umgebung. Da waren wir geschätzte zehn.

Mein Schwarm hieß Edith und der meines Kumpels Marlies.
Sie waren Schwestern und wohnten im übernächsten Haus. Welche intensive weibliche Hauptrolle das geliebte blonde Nachbarmädchen in den Fantasiefilmen meiner Kinderjahre spielte, hat
unwissentlich auch unser Vikar zu spüren bekommen.

Ehrwürden Pritze hatte uns zum Stolz meiner Großmutter
mit einem privaten Krankenbesuch beehrt, als sein Messknabe
wieder einmal mit starkem Nasenbluten daniederlag. Er brachte mir Kuchen mit und erkundigte sich nach meinem Gesund-

heitszustand. Als er ging, hatte ich mich soweit berappelt, dass ich ihn ein Stück begleiten konnte.

Auf der Wipperbrücke passierte es. Während wir das Harzbächlein überquerten, unterhielten wir uns über Nasenbluten und Gesundheit und Krankheit. Plötzlich verhielt mein Vikar den Schritt und fragte mich völlig unvermittelt, ob ich mir vorstellen könnte, später nach einem Theologiestudium die geistliche Laufbahn einzuschlagen. Wären wir nicht ohnehin stehen geblieben, wäre ich im Laufen zur Salzsäule erstarrt.

Mehrfach war mir zu Ohren gekommen, ich wäre sein Lieblingsmessdiener, und ich war auf diese Wertschätzung nicht wenig stolz und fühlte mich geehrt und geschmeichelt. Aber dass er mich für höhere klerikale Weihen auserwählen könnte, wäre mir weder in der Realität noch im Traum in den Sinn gekommen, auch nicht in fantasiereichsten Momenten. Nun überrumpelte mich der von uns verehrte Kirchenmann fast beiläufig und in scheinbar gleichgültig sanftem Tonfall mit einem Anliegen, als ginge es um die Zusage zu einem Lithurgieabend der heiligen Gesänge oder zu einem Lehrgang für lateinische Sprache. Die in Seide verpackte gefährliche Avance erscheint mir auch aus heutiger zeitlicher Distanz als nicht weniger unfair, denn der Chef einer katholischen Ortsgemeinde stellte einem Kind so ganz nebenbei eine schwerwiegende Frage, die ein ganzes Lebensmodell betraf. Natürlich hätte er auch bei einem JA auf keiner bindenden Zusage bestehen können, aber ich hätte mich damit zu seinem hoffnungsvollen Kader gemacht und ein späterer Rückzug wäre blamabel gewesen. Das muss ich wohl instinktiv gefühlt haben.

Ich empfand seinen Vorstoß als unangenehmen Überraschungsangriff, der mich völlig unvorbereitet traf. Mir wurde heiß und kalt und dann siedendheiß und eiseskalt. Meinen Kopf durchzuckte nur ein Gedanke: Dann müsste ich Edith aufgeben und das ist unmöglich! Gleichzeitig schämte ich mich, diesen Grund zu nennen, der ihn ja nun wirklich in keinster Weise etwas anging. Allerdings hätte ich ihn damit wohl zutiefst verblüffen können. Aber zum langen Nachdenken war keine Zeit, denn er erwartete eine Antwort und Floskeln wollte er sicher nicht hören.

Ich wusste nur, dass ich es nicht will und musste das mit einem möglichst unwiderlegbaren Argument begründen. So platzte denn ohne jegliches Wortgeschnörkel ungeschminkt mein geheimster Berufswunsch aus mir heraus: „Herr Vikar, ich möchte gern Schriftsteller werden oder für die Zeitung schreiben." Das warf ihn keineswegs aus der Bahn. Im Gegenteil. Er ging darauf ein und meinte, das könnte ich ja ohne Probleme im katholischen Kirchenblatt Tag des Herrn, das wir auch abonniert hätten. Damit hatte er mich entwaffnet und in weitere Erklärungsnot gebracht. Das hatte zur Folge, dass ich auf stur schaltete, denn ich kämpfte um Edith. Es wundert mich noch heute, dass ich damals als Kind in meiner plötzlichen Bedrängnis den rettenden Strohhalm fand: „Der Tag des Herrn, Herr Vikar, hat aber nur vier Seiten und das ist mir zu wenig."

Ich staunte selbst über meine prompten klaren Widerworte. Aber der Schreck über diese urplötzlich mir aufgezwungene Berufsfrage, die eine Lebensfrage war, gab mir intuitiv den Mut zu einer fast beleidigenden Direktheit, die ich ansonsten in dieser aufmüpfigen Form nicht gewagt hätte. Ich merkte, dass ihm meine couragierte Ehrlichkeit irgendwie imponierte. Er stellte seine Versuche ein und gab sich geschlagen.

Unser Vikar hat das Thema nie wieder berührt und mich weiterhin freundlich behandelt, als hätte es dieses Geplänkel zwischen uns nie gegeben. Das wiederum empfand ich als anständig. Ich war am Priesteramt vorbeigeschrammt. Es hätte mich nicht glücklich gemacht.

Seine undenkbare Verfehlung

Der Höhepunkt meiner Messdienerzeit war zweifellos der Besuch des Erzbischofs von Paderborn in unserer kleinen Mansfelder Gemeinde. Dafür wurde schon Tage vorher unter persönlicher Anleitung des Vikars geprobt: Spalier aller acht Messdiener bei der Ankunft seiner Exzellenz am Eingang des Kirchenvorplatzes, seine Begleitung bis ins Innere der Kirche, das Verhalten bei den zeremoniellen Riten vor dem Altar und der Ministrantendienst bei der vom Bischof zelebrierten Sondermesse.

Unser Meister war sichtlich aufgekratzt, versteckte seine Nervosität aber hinter einer demonstrativ extremen Ruhe und Ausgeglichenheit. Umso entsetzter war ich über einen Vorfall, den ich am liebsten aus meinem Gedächtnis gestrichen hätte oder den ich – besser noch – erst garnicht erlebt haben wollte. Aber daran war nichts mehr zu ändern. Was ich gehört hatte, hatte ich gehört. Wenn die leidige Angelegenheit überhaupt etwas Gutes hatte, dann die tröstliche Tatsache, dass der Vikar nicht wusste, dass ich eine von ihm im Selbstgespräch geäußerte Unfassbarkeit unfreiwillig mitanhören musste.

Dazu muss erklärt werden, dass Erzbischof Lorenz Kardinal Jaeger aus Nordrhein-Westfalen für die mitteldeutsche Kirchenprovinz zuständig war – und damit auch für die in der DDR liegenden Teile seines Bistums. Die inspizierte er nun schon seit geraumer Zeit, um nach dem Rechten zu sehen und sich von der Arbeit seiner ihm unterstellten Kleriker ein Bild zu machen. So hatte er auch unserem Vikar seinen Besuch angekündigt und unsere Gemeinde der vergleichsweise wenigen Seelen fieberte seinem Kommen entgegen. Zuvor hatte er im Nachbarort Klostermansfeld Station gemacht und den dortigen Priester in seiner Amtsführung harsch kritisiert. Also eine Zitterpartie für unseren Vikar.

Am Vortag seines Erscheinens hatte unser Oberhirte seine Messdiener für den späteren Nachmittag zu einer letzten Generalprobe in die Kirche bestellt. Da Feri dorthin direkt vom Fußballplatz kommen wollte, ging ich allein zum Treffpunkt und war vorzeitig an Ort und Stelle – genauer gesagt kurz vor dem offenen Eingang zur Sakristei hinter dem Altar. Dort wollte ich in Ruhe meine Chorkleidung anlegen, denn diese letzte Probe sollte im vollen Ornat stattfinden. Als ich eintreten wollte, erblickte ich unseren Vikar, der noch eher gekommen war und sich mit seinem Messgewand beschäftigte. Er hatte mich nicht bemerkt. Ich erschrak, denn er sprach leise vor sich, weshalb ich instinktiv einen Schritt zurücktrat. Damit war ich außerhalb seines Gesichtskreises, konnte aber seine gedämpfte Stimme deutlich vernehmen – und die bekam just in diesem Moment einen für ihn ungewöhnlich erregten Tonfall. Was ich da vernahm, konnte und wollte ich einfach nicht glauben. Ich habe es sinngemäß noch heute im Ohr.

In seinem verhaltenen Selbstgespräch ging es um den morgigen Besuch des hohen Vorgesetzten. Pritze missbilligte die Kritik des Bischofs an seinem Amtskollegen im benachbarten Klostermansfeld, verteidigte im vor sich hin geflüsterten Nachdenken dessen guten Ruf und sagte plötzlich in einem einzigen Satz das für mich Ungeheuerliche: „Wenn er mich und meine Arbeit genauso rügt, trete ich aus der Kirche aus!“

Ich stand wie versteinert und versuchte zu verkraften, was ich da soeben heimlich mitbekommen hatte. Dann schlich ich mich davon, um auf dem Kirchhof nach Luft zu schnappen und das unfreiwillig Mitgehörte in seiner Brisanz zu verdauen. Er würde also im gerechten Zorn seine Mutter Kirche verlassen! Dieser eine Satz vertaumelte meine Gefühle für ihn, brachte den Sockel meines Säulenheiligen ins Wanken. Dass er, der auf uns wie ein Fels des Glaubens wirkte, diesen Felsen so nahe am Wasser gebaut hatte, wäre mir nicht im Entferntesten in den Sinn gekommen. Das, so sagte ich mir, kann kein zufälliger, spontaner Blitzausraster gewesen sein, da muss sich im Laufe der Zeit einiges an Zweifeln und Unsicherheiten angestaut haben.

Als mir diese Tragweite klar wurde, spürte ich eine zeitgleiche Gemengelage von Fassungslosigkeit, Trauer und Freude. Fassungslosigkeit, weil ich ihm eine solch verheerende Konsequenz nie zugetraut hätte, Trauer, weil wir ihn dann verlieren würden und Freude, weil er sich einen Nerv dafür bewahrt hatte, dass es auch außerhalb seines Klerusdaseins ein Leben gab – und zwar ein sehr prallbuntes. Dann könnte sich der religionsneutralisierte Jüngling Max Pritze auch eine Edith suchen. Er würde sie sogar finden, ohne zu suchen, denn sie würde ihm nachlaufen wie Frau Fronhoff. Und diesmal müsste er sie nicht in die Wüste schicken! Andererseits wären dann seine theologischen Studienjahre verlorene Jahre und er müsste sich ein neues Berufsfeld erobern.

Mein Vikar tat mir in diesem Moment irgendwie leid und ich spürte eine tiefe solidarische Zuneigung zu ihm. Ich merkte, wie mich ein Tsunami der Gefühle überrollte und mich so etwas wie ein Schüttelfrost von Empfindungen beutelte. Mir war kotzrig schlecht und euphorisch gut. In diesem Zustand verharrte ich, bis der noch vom Fußballtraining dampfende Frei eintraf und sich arg wunderte, warum ich mutterseelenallein und geistesabwesend abseits der Kirchenpforte vor mich hindämmerte. Ich habe ihn in dem Glauben gelassen, ich hätte auf ihn gewartet. Auch später erfuhr nicht einmal mein Busenfreund den wahren Grund, den ich selbst für absurd gehalten hätte. Ich glaube, es war das einzige Geheimnis zwischen uns.

Seit diesem Tag sah ich unseren Vikar mit noch etwas anderen Augen. Ich wünschte ihm die richtige Herzensentscheidung, abgekoppelt von allen beruflichen Zwängen und Dogmen seines klerikalen Standes. Er war altersmäßig erst zwischen 20 und 30 und damit ein Twen, der alles im Leben noch vor sich hatte. Und er sah blendend aus, nicht gerade geschaffen für ein Eunuchendasein kastrierter Liebesgefühle. Und nun stand dieser frischgeweihte Geistliche vielleicht an einem Scheideweg: weiter hin zur Heiligen Dreifaltigkeit von Gottvater, Gottsohn und Heiligem Geist oder hin zu einer irdischen Dreierfamilie aus Mann, Frau und Kind. Durchaus vorstellbar, dass ihn im tiefsten Innern solche Gedanken wenn schon nicht gequält, so doch zu schaffen gemacht haben. Und nun könnte ein von seinem Patron zugefügtes ehrverletzendes Unrecht der berühmte Tropfen sein, der das Fass zum Überlaufen bringt. Ich gestehe, dass ich gewünscht habe, der Bischof möge ihm dieses Unrecht zufügen. Er wurde gelobt.

Wäre es anders gekommen, könnte ich mir allerdings aus heutiger Sicht schwerlich vorstellen, dass ihn ein bischöflicher Tadel wirklich aus der berufsgeistlichen Bahn geworfen hätte. Das entspräche nicht der aufrechten, gottgläubigen Persönlichkeit eines Vikar Pritze und seiner tiefreligiösen Erziehung.

Wie dem auch sei: Schließlich entschied er sich endgültig für die Wege des Herrn und ist sie bis zu seinem Tod konsequent und würdevoll zu Ende gegangen. Das macht ihn in meinen Augen zu einem großartigen Menschen und Katholiken, dem ich einen Heiligenschein von terrestrischer Natur zubillige. Besäße ich die vatikanische Allgewalt über hierarchische Entscheidungen, wäre der Hallenser Max Pritze im Zenit seiner konfessionellen Biografie nicht Probst geworden, sondern Papst. Max der Erste.

Der rasende Geistliche

Das Geheimnis des irritierenden Ausflippens unseres Gemeindevorstehers habe ich bislang für mich behalten und auch diesem Manuskript wurde es nur zögerlich anvertraut. Dabei bin ich mir nicht sicher, ob ich die Verheimlichung eines so gravierenden Sündenfalles nicht auch hätte beichten müssen. Dafür wäre aber der Vikar selbst mein Beichtvater gewesen – und gerade der sollte es ja nicht erfahren. Also ein Gewissenskonflikt, über den sich Beelzebub vor satanischer Schadenfreude die Hände – nein, die Teufelskrallen – gerieben haben dürfte. Diese Genugtuung wollte ich dem Höllenfürsten natürlich nicht gönnen. Also, Luzifer, weiche von mir! Den Gefallen eines solchen Triumphes über die Unzulänglichkeiten katholischer Glaubensregeln habe ich ihm als Messdiener nicht erwiesen!

Allerdings fragte ich mich, wie denn wohl der Betroffene selbst mit seiner gotteslästerlichen Absicht eines Kirchenaustrittes umging und ob er sie wohl beichten würde. Denn dass dieser Fehltritt eine Art versuchter Verrat an Gott und der Gemeinde war und unter die Kategorie einer frevelhaften, recht schweren Sünde fiel, war wohl nicht zu bestreiten. Vielleicht hat Gottesdiener Pritze dieses Sakrileg aber auch – was menschlich verzeihlich wäre – einfach nur verdrängt, weil es doch seiner Meinung nach keine irdischen Zeugen gab und der große Zampano da oben in diesem Moment vielleicht mal kurz abgelenkt war und nicht hinhörte.

Andererseits hatte ja auch der Bischof keinen geringen Anteil an der Entgleisung. Er hatte es geschafft, die schützende Hornhaut auf der Seele des Vikars zu durchdringen und die darunter liegende feinnervige Dünnhäutigkeit zu verletzen. Mit diesem Schmerz war wohl die Grenze des Erträglichen überschritten. Zu der ganzen Geschichte mit ihren spannenden facettenreichen Hintergründen komme ich später.

Sicher ist: Sollte unser Vikar – woran ich keineswegs zweifle – seinen Glauben wirklich gelebt haben, hat er über diesen schwachen Moment seiner beabsichtigten Kirchenflucht nicht einfach so hinweggehen können. Und dass er bei seiner Gewissenserforschung dafür dem Bischof die alleinige Schuld zugeschoben hat, ist bei seinem grundehrlichen Charakter ebenso unvorstellbar wie der untaugliche Versuch, seine Seele in einer Art Selbstbeichte rein zu waschen, was unzulässige Trickserei gewesen wäre.

Also beneidete ich den Priester, der ihm die Beichte abgenommen hat. Denn er erfuhr, mit welchen Sünden sich unser Vikar sonst noch so herumplagte, was ich ebenfalls nur zu gern gewusst hätte. Zudem wäre es mir gegenüber eine ausgleichende Gerechtigkeit gewesen, denn meine Verfehlungen kannte er ja auch. Über mein Sündenregister war er durch meine regelmäßigen Gänge zum Beichtstuhl als Mitwisser ständig auf dem Laufenden, was bei näherer Betrachtung geradezu deprimierend war.

Aber wer war überhaupt des Vikars Beichtvater mit dem wunderbaren Privileg, all seine Sünden zu kennen? Infrage kam in unserer näheren Umgebung eigentlich nur der vom Bischof getadelte Priester in Klostermansfeld. Die Entfernung zum Nachbarort war für den Glaubensbruder in Leimbach kein Hindernis, denn er besaß einen Motorroller der Marke „Pitty“ aus DDR-Produktion – und von dessen Leistungsfähigkeit hatte ich mich selbst überzeugen können.

Der Hersteller in Ludwigsfelde hatte gute Arbeit geleistet und bei den technischen Daten sogar noch untertrieben. Denn seitdem mich der Vikar zu einer Messdienerei ins benachbarte Vatterode auf dem Rücksitz mitgenommen hatte, wusste ich, dass die mit 65 Sachen angegebene Maximalgeschwindigkeit weit höher lag. Da wurde der Vikar zum Testfahrer und Rallyepiloten – und der Dreikilometer-Asphalt von Mansfeld nach Vatterode zur Rennstrecke. Da qualmten die Reifen! Das hätte ich ihm nicht zugetraut! Da präsentierte sich ein neuer, salopper Max Pritze, dem es offensichtliches Vergnügen bereitete, aus der 123-Kubikzentimeter-Maschine alles herauszuholen! Es war wohl nur eine Frage des Geldes, dass er sich keine 350er-Zweiräder der Doppelzylinder-Marken „IFA BK" oder „Java" geleistet hat. Aber vielleicht fand er eine solche Versnobtheit für einen Gottesmann auch als unpassend.

Jedenfalls hatte ich das Gefühl, als würde er seinen Einzylinderroller auf Zweizylinderstärke testen und den Versuch wagen, die fünf PS auf zehn Pferdestärken hochzutrimmen. Der rasende Geistliche! Ich hockte dicht an dicht hinter ihm auf der Sitzbank, umklammerte mit beiden Armen seine Brust und sah uns bei jeder Kurve im Straßengraben oder in einem Getreidefeld und anschließend auf dem Gottesacker. Was dann an uns erinnert hätte, wäre allenfalls ein Kreuz am Straßenrand gewesen! Aber der Herrgott wollte seinen Vikar und dessen Messknaben noch nicht, denn in der Regel beschützt der da oben seine Diener – und das erst recht, wenn sie Sturzhelme tragen. Außerdem hatten wir erst einmal einen verstorbenen Einwohner von Vatterode unter die Erde zu bringen – und das in würdiger Form, wozu ja auch der Messdiener herbeigeeilt wurde. Bevor ich aber am Grab des Toten die Hände falten konnte, mussten wir unbeschadet auf dem Friedhof ankommen. Dafür schickte ich einige wenige Stoßgebete zum Himmel, die erhört wurden. Angst hatte ich während der gesamten Sausefahrt trotzdem nicht; eher einen Heidenspaß, nachdem ich mich an die ungeahnte, verblüffend neue Dynamik unseres Vikars gewöhnt hatte.

Ich genoss die Fahrt noch lange hinterher, fühlte mich geehrt, zumal mir in den Sinn kam, dass mich nicht wenige Weiblichkeiten um diese körperliche Nähe zum Vikar beneidet hätten. Als Soziusbraut und mit Max Pritze in Leder! Wer hätte das

gedacht! Ich habe aufs vielfache Weitererzählen verzichtet, weil
mir das außer Feri doch keiner geglaubt hätte.

Nachdenklich machte mich die rasante Hinfahrt dann allerdings doch, denn anschließend hatte ich auf dem Friedhof
des 500-Seelenortes im Tal der Wipper dem Vikar bei einer Beisetzung zu assistieren. Meine Bedenklichkeiten behielt ich für
mich, denn einem vom Vatikan gesalbten Diener Gottes die offensichtliche Liebe zu einem Motorroller ausreden zu wollen,
stand mir nicht zu und kam mir zudem unangemessen vor.

Es war für den Herrn Vikar sicher eine der wenigen Möglichkeiten, mit denen er sein überraschend gezeigtes jugendliches
Temperament austoben konnte. Und ich ertappte mich bei dem
rasanten Tempolauf, dass ich mich eigentlich mehr um ihn sorgte als um mich, denn für uns Zwillingsfreunde Feri und mich
konnte es nie wild genug zugehen, was einige Körpernarben bezeugten. So war denn auch die Rückfahrt ein Déjà-vu-Erlebnis,
bei dem wieder die Windsbraut mitfuhr – und gegen die konnte selbst der Papst nichts einzuwenden haben.

Hochwürden gibt sich die Ehre

Dann war er da, der Tag vom lange vorher angekündigten Ereignis des Bischofbesuches. Es fand religionsübergreifende Aufmerksamkeit. Da drängelten sich dicht an dicht sowohl katholische und evangelische Gläubige als auch Atheisten und Mitbürger
aller Altersklassen, die von purer Neugier getrieben waren. Nahezu die gesamte körpermobile Einwohnerschaft des Mansfelder Ortsteils Leimbach schien auf den Beinen, um die Ankunft
des Westbischofs nicht zu verpassen.

Einen solchen Andrang hatte ich bislang nur erlebt an der
Kinokasse des Mansfelder „Capitol" bei der örtlichen Leinwandpremiere des bundesdeutschen Unterhaltungsstreifens „Bonjour,
Kathrin" mit Caterina Valente und Peter Alexander sowie an den
von Menschentrauben gesäumten Straßen bei der Durchfahrt
des Republikpräsidenten Wilhelm Pieck zu den Hütten- und

Bergarbeitern in und um Hettstedt. Für die Kinopremiere ab 14 Jahren war ich noch zu jung, für's Jubelspalier unseres Staatsoberhauptes waren Jung und Alt aller Altersklassen erwünscht.

Nun also galt das massenhafte Interesse weder dem Showstar Valente noch dem Politiker Pieck, sondern dem Oberkatholiken Lorenz Jaeger. Ein erwartungsvolles Publikum, das sich auf dem Gelände vor dem Gotteshaus einfand und der heiligen Dinge harrte, die da in personifizierter Konzentration von jenseits der Grenze kommen sollten. Alle wollten Hochwürden „von drüben" sehen und natürlich auch hören, was er zu sagen hatte. Und alle kamen auf ihre Kosten – zumindest in optischer Hinsicht.

Das begann mit einem schweren Mercedes, wie ihn viele wohl nur aus dem Westfernsehen kannten. Er schaukelte die holprige, kopfsteingepflasterte Kirchstraße herunter bis vor das sehr schlichte Gatter, der Eingangspforte zum grünen Vorplatz der Kirche. Der Nobelkarosse entstieg Lorenz Kardinal Jaeger, Erzbischof von Paderborn, und in seinem von Rom zugewiesenen Ost-West-Aktionsradius verantwortlich auch für das Seelenheil der DDR-Katholiken. Nun also kam der für die Mansfelder Katholikengemeinde höchste Würdenträger auf Arbeitsbesuch, um zu prüfen, ob und wie gut der Vikar seine Ostschäfchen hütete.

Auch ich musterte den in Gewänder gehüllten Chef der mitteldeutschen Katholiken mit einer Mischung aus Hochachtung und Neugier, wie er da gemessenen Schrittes auf uns und unseren Vikar zukam. Der geistliche Übervater der Mansfelder Provinzkatholiken strahlte freundlich lächelnde Gelassenheit aus, die etwas Majestätisches hatte und nicht unsympathisch wirkte.

Über dem bebrillten, scharf geschnittenen Gesicht mit einer herausragenden Adlernase thronte auf dem Haupt von Ehrwürden eine nach oben gefaltete barettartige Kopfbedeckung, genannt Mitra. Sie war im Gegensatz zum Prachtmodell der Gottesdienste in schlichter Alltagsform gehalten. Ihr sattes Violett fand sich farblich in der bis zur Hüfte reichenden Soutane wieder, der sogenannten Mozetta, einem langen Schulterkragen mit geschlossener Knopfleiste, der einem Poncho ähnelte. Darunter ein faltenreiches weißes Leinengewand, das an den Knien abschloss. Indem ich es eingehend beäugte, kam ich zu dem respektlosen Ergebnis, dass es mich in seinem feinmaschigen Muster an eine längere Gardine erinnerte – allerdings an eine fürs gute Wohnzimmer. Um den Hals des hohen Ordensmannes schlang sich eine Stola, an deren Enden die klar stilisierten religiösen Insignien von Hoffnung und Glaube ins Auge fielen. Dazwischen baumelte eine Halskette, die auf der Brust von einem Kreuz zusammengehalten wurde.

Vikar Pritze empfängt Erzbischof Lorenz Kardinal Jaeger auf dem Vorplatz der Leimbacher Kirche. Im Spalier der Messdiener mein Freund Feri und daneben der Autor (von rechts nach links).

Mein Gesamteindruck dürfte von der Meinung des umstehenden mental und religiös gemischten Bürgervolkes nicht allzu weit entfernt gewesen sein: eine würdevoll dekorierte imposante Erscheinung in traditioneller altehrwürdiger Bischofstracht, die Ehrfurcht einflößte. Ausdruck der Erhabenheit einer Persönlichkeit, die dem Vatikan nahestand, dem Heiligen Stuhl in der römischen Hochburg der Katholiken. Wer wurde da Auge in Auge mit dem Vertreter dieser religiösen Weltmacht selbst als Nichtgläubiger nicht mal kurz übermannt von diesem andächtigen Moment göttlicher Nähe, bei dem man gewillt war das Knie zu beugen?! Das war nur allzu menschlich gegenüber einem solchen Hauch überirdischen Geistes!

Vikar Pritze empfing den hohen Gast in seiner prächtigsten Feiertagsrobe an der steinernen Eingangsschwelle zum Kirchengelände. Er kleidete die Begrüßung mit der protokollarisch korrekten Anrede „Eure Exzellenz" in salbungsvolle Worte, flankiert von der Schar seiner acht Messknaben in ihren frisch gewaschenen und gebügelten blitzsauberen liturgischen Gewändern. Meinem neben mir stehenden Freund Feri wurde die Ehre zuteil, ein weihevolles kleines Jesuskreuz als Willkommensgruß der Ministranten zu präsentieren.

Der Erzbischof dankte mit warmen Worten und ließ sich durch ein Spalier der Menschenmenge in die Kirche geleiten, wo selbst auf der Empore keine Stecknadel mehr Platz gehabt hätte.

Ich hatte – wie bereits geschildert – um unseren Vikar und sein Schicksal gebangt. Er wurde gelobt und blieb uns erhalten.

Die Aura des Erzbischofs

Die Visite des ranghohen Geistlichen lieferte in Mansfelder Gefilden auch noch Tage nach seiner Abreise vielfältigen Gesprächsstoff. Er selbst war weg, aber seine schillernde Aura hinterließ eine nachhaltige Wirkung. Ich war nicht weniger ergriffen von seiner würdevollen und nahbaren Art, in der er sich präsentierte, sowie von seinem einnehmenden freundlichen Wesen zu jedermann. Ich konnte mir nicht vorstellen, dass er dem Amtsbruder unseres Vikars im nachbarlichen Klostermansfeld solch geharnischt tadelnde und beleidigende Worte gesagt haben sollte. Eine Persönlichkeit, die Güte und Väterlichkeit spüren ließ. Fürwahr ein Kirchenfürst, der mich nachhaltig beeindruckte. Wir Messdiener waren stolz, dass wir ihm so nahekommen durften.

Wer da wirklich vor uns stand, erfuhr ich erst viel später. Und damit auch, wessen Geistes Kind der Geistliche war, der wie Pritze in Halle geboren wurde, dann aber an der Hand seiner Mutter ins westfälische Olpe wechselte und später in Paderborn, München und Münster Theologie und Philosophie studierte. Niemandem ist halt seine Vergangenheit auf die Stirn geschrieben. Und so mancher schreibt sie mit der gewünschten Vollständigkeit nicht einmal in seinen amtlich angeforderten Lebenslauf. Die ungeschönte Vita des Bischofs jedenfalls gibt zu denken.

Im Ersten Weltkrieg war Lorenz Jaeger ein strammer Christsoldat, Kompanieführer und Offizier, der vom Rüstungskaiser Wilhelm II. für Tapferkeit im Feld mit dem Eisernen Kreuz erster und zweiter Klasse dekoriert wurde – eine Auszeichnung, deren unselige Tradition Adolf Hitler im Zweiten Weltkrieg fortführte, in dem Jaeger anfangs als Offizier diente. Wie eifrig er für ein Deutschland kämpfte, das im August 1914 Zarenrussland den Krieg erklärte und im Juni 1941 Sowjetrussland überfiel, beweist auch der Hohenzollern-Orden der im Deutschen Kaiserreich mächtigsten Hochadel-Dynastie. Ihr heutiges Oberhaupt Georg Friedrich Ferdinand Prinz von Preußen streitet immer noch in erbitterter Unverdrossenheit um die Rückgabe ehemaliger lukrativer Besitztümer und Ländereien.

Lorenz Jaeger war beim deutschen Angriff auf die Sowjetunion Divisionspfarrer im Range eines Majors in Hitlers Wehrmacht. Knapp zwei Monate danach ernannte Papst Pius XII. den 48-jährigen Kriegsgeistlichen mit der Feldpostnummer 00131 im August 1941 zum Erzbischof von Paderborn.

Während bei der Leningrader Blockade durch deutsche Truppen mehr als eine Million Einwohner zumeist an Hunger starben, unterstützte der einflussreiche Gottesmann die faschisti-

sche Ideologie einer Ausrottung des „jüdischen Bolschewismus"
durch diskriminierende Äußerungen gegen die russische Bevölkerung. In seinem ersten Fastenhirtenbrief vom 8. Februar 1942 verstieg er sich in eine astreine Nazi-Terminologie, die
vom Klerus später kleingeredet wurde.

Die Online-Enzyklopädie Wikipedia veröffentlichte daraus
am 16. Mai 2018 Auszüge unter Berufung auf „Das Personen-
lexikon zum Dritten Reich", publiziert 2005 von Ernst Klee im
Fischer Taschenbuch-Verlag. Danach gab Lorenz Kardinal Jaeger seiner katholischen Glaubensgemeinde seine Sicht auf das
feindliche Russland zur Kenntnis:

„Ist jenes arme unglückliche Land nicht der Tummelplatz
von Menschen, die durch ihre Gottfeindlichkeit und durch ihren Christenhaß fast zu Tieren entartet sind? Erleben unsere
Soldaten dort nicht ein Elend und ein Unglück sondergleichen?
Und warum? Weil man die Ordnung des menschlichen Lebens
dort nicht auf Christus, sondern auf Judas aufgebaut hat."

Gut zwei Wochen danach lässt er seine Gläubigen am 25. Februar 1942 in einem Hirtenwort wissen, wie er den vor einem
halben Jahr von der deutschen Wehrmacht begonnenen Erobe-
rungs- und Ausrottungsfeldzug einschätzt, der angeblich einen
Aggressor abwehren soll:

„Eine tödliche Gefahr für unsere ganze Kultur ist dicht an
uns vorübergegangen, beinahe wäre er Wirklichkeit geworden,
der so oft beschriebene und beschrieene Untergang des Abend-
landes. Vom Osten her drängten ungeheure Massen heran, bereit, die Welt unserer Kultur zu zerstören. Im kraftvollen Ge-
genstoß sind sie abgewiesen worden."

Wem die Gesinnung von Erzbischof Lorenz Kardinal Jaeger
in der Zeit des sogenannten Dritten Reiches nun immer noch
nicht klar sein sollte, dem hilft der freiberufliche Düsseldorfer
Publizist und studierte Theologe Peter Bürger mit seinem Buch
„Kriegsbischof der deutschen Blutsgemeinschaft". Ich zitiere aus
dem Paderborner Sonderdruck vom 6. August 2020:

„Schon am 1. März 1942 wird der katholische NSDAP-Mann
Peter Grohmann der Gestapo über einen Besuch beim neuen

Oberhirten berichten: ‚Zur Wahrheit muß ich sagen, daß der Erzbischof Jaeger bei meinem Besuche zum Ausdruck brachte, daß wir den Krieg unter allen Umständen gewinnen müßten, und daß es (gemeint: er) niemals ein Wort gegen den Staat oder seine Einrichtungen sagen würde.‘“

Peter Bürger schlussfolgert: „Die Amtszeit hatte also mit demonstrativer Staatstreue und kriegsertüchtigenden Worten begonnen.“

Noch heute wundert mich, dass die angeblich kommunistisch autoritär regierte und kirchenfeindliche DDR Hochwürden Lorenz Kardinal Jaeger aufgrund dieser Vergangenheit nicht zur unerwünschten Person erklärte, sondern ihn zum Besuch seiner ostdeutschen Religionsgemeinschaft inklusive Mansfeld-Visite über ihre Grenzen ließ. Das nennt man wohl Toleranz.

Nach Kriegsende beglückte die Bundesrepublik ihren hohen Würdenträger mit einer Reihe illustrer Auszeichnungen, darunter das Großkreuz des Verdienstordens, die Ehrendoktorwürde der Universität Münster, das Ehrenbürgerrecht der Städte Olpe, Werl und Paderborn, die Ehrenmitgliedschaft verschiedener katholischer Studentenverbindungen, das Großkreuz des Päpstlichen Ritterordens vom Heiligen Grab zu Jerusalem, der Staatsorden „Stern von Jordanien“ sowie der Titel „Ehrendomherr der französischen Kathedrale von Le Mans“. Kein Mangel also an respektvollen Ehrenbezeugungen.

Das schmutzige Erbe
des Lorenz Kardinal Jaeger

Im Mai 2015, 46 Jahre nach dem Tod des Erzbischofs am 1. April 1975, beantragte die Fraktion „Demokratische Initiative“ im Rat der Stadt Paderborn, ihm posthum die Ehrenbürgerwürde abzuerkennen. Die Begründung, Lorenz Kardinal Jaeger habe zur „Rechtfertigung der nationalsozialistischen Kriegsverbrechen“ beigetragen, führte zu einer hitzigen kontroversen Debatte in der Öffentlichkeit und auch im Stadtrat, der den Antrag am 21. Mai 2015 mehrheitlich ablehnte. Das würdige Andenken an den in der Krypta des Paderborner Doms bestatteten Kardinal und die Ehre seiner Stadt sollten nicht beschmutzt werden.

Es dauerte bis zum 29. April 2020 für ein halbwegs klares Wort der katholischen Kirche, mit dem die Verstrickung deutscher Bischöfe in den nationalen Zeitgeist des sogenannten Dritten Reiches eingeräumt wurde. Die Deutsche Bischofskonferenz konstatierte 75 Jahre nach Kriegsende wahrhaft Historisches, festgehalten sogar mit Druckerschwärze in einem Abschlussdokument, das von den katholischen Bischöfen aller Diözesen in Deutschland angenommen wurde:

„Indem die Bischöfe dem Krieg kein eindeutiges ‚Nein‘ entgegenstellten, sondern die meisten von ihnen den Willen zum Durchhalten stärkten, machten sie sich mitschuldig am Krieg."

Ein anderes rabenschwarzes Kapitel der Geistlichkeit im Allgemeinen und von Bischof Jaeger im Besonderen wurde im Dezember 2021 aufgeblättert, als die Universität Paderborn das Zwischenergebnis einer Studie zum sexuellen Missbrauch durch Priester im Erzbistum Paderborn veröffentlichte. Darin wird Erzbischof Lorenz Jaeger zur Last gelegt, Beschuldigte geschützt zu haben, während Opfern keine Beachtung geschenkt wurde. Verdächtigte oder überführte Täter seien nicht zur Rechenschaft gezogen, sondern immer wieder versetzt worden, womit Wiederholungstaten möglich wurden. Mehr noch: Mitunter seien auf Bewährung verurteilte Täter sogar wieder in Gemeinden eingesetzt worden, womit in eklatanter Weise gegen Vereinbarungen mit der Staatsanwaltschaft verstoßen wurde. Die heilige Mutter Kirche scheint halt auch ohne Beichte im Vergeben und Verzeihen großmütig zu sein und so manchen Sexualverbrecher aufzufangen, wenn er denn aus den eigenen Reihen kommt.

Drängt sich an dieser Stelle nun die Frage auf, ob unser Vikar heute seinen Bischof Jaeger – wäre er dessen Beichtvater – im Namen des Herrn von diesen Sünden freisprechen würde? Ob er ihm, dem er damals mit gefalteten Händen, Hochachtung und Respekt begegnete, guten Gewissens die Absolution erteilen könnte?

Und was ist mit dem Stadtrat von Paderborn? Will er jetzt noch immer das würdige Andenken seines Ehrenbürgers nicht beschmutzen? Oder wagt vielleicht einer der Ratsherren oder Ratsdamen den zaghaften Hinweis, dass er mit seinem schmutzigen Erbe nicht schon selbst eifrig für die Besudelung seines Namens gesorgt hat? Wie sie nun mit der Erinnerung an ihren Erzbischof Lorenz Kardinal Jaeger umzugehen gedenken, bleibt ihr äußerst delikates Problem, zumal auch seinem Amtsnachfolger Johannes Joachim Kardinal Degenhardt ähnlich schwerwiegendes Fehlverhalten vorgeworfen wird.

Die Kirche als „Ort des Unheils"

Da ich dies Ende Januar 2022 notiere, steht zugleich ein anderer der ranghöchsten Kirchenmänner Deutschlands am Pranger. Dem Erzbischof von München und Freising, Reinhard Kardinal Marx, werden vertuschte Sexualvergehen in seiner Diözese vorgeworfen. Was dem reuigen Sünder dazu über die Lippen kommt, grenzt an Blasphemie, an eine Gotteslästerung aus der verzweifelten Position eines Christpatriarchen heraus, der auf einem Scherbenhaufen sitzt: Die Kirche sei statt zu einem Ort des Heils zu einem „Ort des Unheils" geworden.

Dass sich dieser Zustand mit keinem Weihrauch mehr wegwedeln lässt, dürfte also jetzt selbst dem letzten Hardliner auf einem Chefsessel des Klerus dämmern. So trat Kardinal Marx denn die Flucht nach vorn an und plädierte urplötzlich für eine Lockerung des Zölibats, der keine strenge Pflicht mehr sein möge für Keuschheit, Ehe- und Kinderlosigkeit. Ein gleichzeitiges Reformprojekt unterstützt diesen aus der Not geborenen Vorstoß und fordert die Spitzen der katholischen Kirche in Deutschland auf, sich beim Papst für diese gravierende Änderung einzusetzen.

So wurde verkündet, was schon oft verkündet wurde: Man müsse sich erneuern. Bislang aber sind alle Versuche zur Aufhebung oder Durchlöcherung des eisernen Zölibats am Hartholz des Heiligen Stuhls in Rom krachend gescheitert. Womit die Kernursache klerikaler Sexverbrechen unangetastet blieb. Da Jesus nicht verheiratet war, sollen es bitteschön auch seine heutigen Jünger nicht. Punkt!

Eine der mir im Oberschulfach Biologie vermittelten Erkenntnisse hieß, dass der Geschlechtstrieb aus gutem Grund der stärkste Drang menschlicher Natur sei. Dieses Naturgesetz von Befriedigung und Fortpflanzung versucht die Vatikankirche mit zölibatärer Gewalt zu negieren. Sie schickt damit ihre zumeist noch jungen Berufsdiener in die geschworene widernatürliche Pflicht, drängenden Grundbedürfnissen des Körpers zu entsagen und ihn damit selbst zu foltern und zu vergewaltigen. Eine psychische wie physische Sackgasse, die nach einem Ausweg sucht. Der kann dann eben verheerend sein. Damit wäre es ungerecht, den Täter ans Kreuz zu schlagen, ohne klipp und klar zu konstatieren, dass seine kirchliche Institution mit ihrem lebensfremden Verhaltenskodex daran ein gerüttelt Maß an Schuld trifft.

Während evangelische Pfarrer und Pfarrerinnen, die im Katholizismus erst gar nicht vorkommen, ein ausgeglichen normales Leben mit Ehefrau und Kindern führen dürfen, ist dies dem katholischen Amtsbruder kategorisch verwehrt. Denn Gottes Sohn Jesus hat's ja vorgemacht und die Katholiken wollen ja am nächsten an ihm dran sein. Dass sie sich immer mehr von ihm entfernen, dürfte ihnen nun einmal mehr in aller dramatischen Deutlichkeit bewusst werden.

Heerscharen von Gläubigen sehen nun ungläubig zu, wie sich ihre Kirche in aller Öffentlichkeit selbst demontiert – und dies in einem biblischen Ausmaß sexueller Übergriffe und Heuchelei, die eigentlich eine so riesige Überraschung nicht sein dürften. Denn dazu gab es warnende Vorläufer.

Schon im April 2010 hatte der Klerus jahrelange schwere Fehler im Umgang mit den Opfern von deutschen und österreichischen Kinderschändern aus den eigenen Reihen zugegeben. Der am 18. Juli 2017 vorgelegte Abschlussbericht zum Missbrauchsskandal um die weltberühmten Regensburger Domspatzen konstatierte, was schon 2016 bekannt geworden war:

Mindestens 547 Chorknaben erlitten durch ihre geistlichen Vorgesetzten alltägliche brutale körperliche oder seelische Gewalt und sexuell strafbare Übergriffe bis hin zu Vergewaltigungen.

Die Online-Ausgabe der *Süddeutschen Zeitung* berichtete am selben Tag der Veröffentlichung des Skandalreports, der mit der Aufklärung beauftragte Rechtsanwalt Ulrich Weber habe sogar den früheren Domkapellmeister Georg Ratzinger, einen Bruder des früheren Papstes Benedikt XVI., für mitschuldig befunden. Denn was er Joseph Ratzinger vorwarf, sei – so wörtlich – sein „Wegschauen" und „fehlendes Einschreiten trotz Kenntnis". Weber habe von einer „Kultur des Schweigens" gesprochen, bei welcher der Schutz der Kirche primär gewesen sei. Dabei wäre es nicht um Bagatelldelikte gegangen. Betroffene hätten – so zitiert die Zeitung den Anwalt – diese „schlimmste Zeit ihres Lebens" charakterisiert als „Gefängnis, Hölle und Konzentrationslager", geprägt von „Angst, Gewalt und Hilflosigkeit".

Danach sah sich die Deutsche Bischofskonferenz auf den immensen Druck neuer Beschuldigungen wegen tausendfachen sexuellen Missbrauchs von Kindern und Jugendlichen gezwungen, eine Studie über die vergangenen 70 Jahre deutschkatholischer Priestermoral in Auftrag zu gegeben. Sie wurde am 24. September 2018 fertiggestellt und am Folgetag veröffentlicht. Ihre Ergebnisse lösten einen landesweiten Sturm von Entrüstung und Entsetzen aus. In 27 deutschen Bistümern ermittelten die Forscher aus über 38000 Personalakten 3677 Gewaltopfer und 1670 Beschuldigte. Das entspricht einer Quote von mehr als 4 % der Geistlichkeit.

Die *Frankfurter Rundschau* zitierte auf ihrem Onlineportal am 25.9.2018 den Forensischen Psychiater Harald Dreßing, Koordinator des Forscherverbundes der Universitäten Mannheim, Heidelberg und Gießen, der die erschreckenden Zahlen „untere Schätzgrößen" nannte. Das tatsächliche Ausmaß der Vergehen dürfte seiner Ansicht nach erheblich höher sein. Dies liege zum einen an einem „Dunkelfeld von unbekanntem Ausmaß", zum anderen an der „unvollständigen Auswertung des Aktenbestandes".

Bestürzendes weltweites Phänomen

Schon einen Monat zuvor sah sich Papst Franziskus im August 2018 genötigt, Gott um Vergebung zu bitten für sexuelle Missetaten katholischer Geistlicher in den USA. Ein leid- und tränenschwerer Skandal ungeheuren Ausmaßes im Bundesstaat Pennsylvania erschütterte die Zivilisation. Nach zweijährigen Recherchen hatten Ermittler bestürzende Erkenntnisse vorgelegt, wonach mehr als 300 Priester sich in den letzten 70 Jahren mit Vergewaltigungen, Übergriffen und Exzessen an über tausend Kindern vergangen hatten, systematisch unter einen großen Teppich gekehrt durch ranghohe Gottesdiener. Der Skandal riss alte Wunden auf, denn bereits anno 2004 hatte eine Studie belegt, dass in den USA in einem Zeitraum von 50 Jahren mindestens 4400 Priester fast 11000 Kinder sexuell missbraucht haben.

Ähnliche Verbrechen an Tausenden Minderjährigen wurden aus Irland bekannt – und im selben Jahr 2018, da der Heilige Vater in Rom Abbitte leistete, boten alle Bischöfe von Chile in geschlossener Formation nach einem handfesten Missbrauchsskandal ihren Rücktritt an. Schwere Sexualdelikte eines namhaften Geistlichen waren jahrelang gedeckt worden.

Die weltweite Dimension des Problems war spätestens schon Mitte 2016 deutlich geworden, als der Aufschrei einer empörten Öffentlichkeit auch den Petersdom in Rom hatte erbeben lassen. Ein internationales Team renommierter Wissenschaftler hatte rund 12900 sexuelle Vergehen von Geistlichen in neun Staaten dokumentiert und analysiert.

Sexualverbrechen der Geistlichkeit waren und sind also kein exklusives deutsches Phänomen, wenngleich das Epizentrum internationaler Eruptionen mit verstörender Häufigkeit in der Bundesrepublik lag und zum Jahreswechsel 2021/22 eine nie dagewesene Maximalstärke erreichte. Die ans Tageslicht katapultierten hochexplosiven Fakten aus dem gelobten Land Bayern glichen einem Erdbeben, das die Scholle einer frommen Äußerlichkeit aufriss und eine massive Scheinheiligkeit bloßlegte.

Die Einschläge sind so wuchtig, dass ein ganzes Betonfundament gepredigter Unfehlbarkeit zerbröselt. Da ist nicht Häme angebracht, sondern Trauer – und im Staate Vatikan Staatstrauer. Aber dazu würde ehrliche Einsicht gehören und nicht permanente Abwiegelei. Nun fragen sich sowohl der treue Rest der weltumspannenden Familie der Gläubigen als auch ihre Oberhirten und Honoratioren in der obersten Liga der römisch-katholischen Hierarchie: Ob wohl ihr aller Chef, der päpstliche Monarch des kleinsten, aber wohl reichsten Staates der Welt, durch das Erdbeben mit den Epizentren in Bayern und Nordrhein-Westfalen wachgerüttelt wird und den Zölibat kippt? Kaum vorstellbar, denn dann würde der Heilige Stuhl samt seinem Inhaber zum Schleudersitz, weil es genügend Kirchenfürsten aus der Diplomaten- und Despotenschule eines Kardinal Richelieu gibt, die dieses antiquarische Relikt des Dogmatismus mit der Starrheit eifernder Sittenwächter hüten und verteidigen, als ginge es um den Schatz der Nibelungen.

Das wusste Papst Benedikt XVI., als er sich im November 2006 gezwungen sah, zum immer heißer gewordenen Thema der priesterlichen Ehelosigkeit ein Gipfeltreffen der ersten Riege einzuberufen. Beobachter in Rom sprachen von einem „Hoffnungsschimmer" und vom Versuch einer Rehabilitierung von Geistlichen, die durch eine Heirat ihr Amt verloren hatten und als Abtrünnige, Verräter und Frevler gebrandmarkt wurden. Vielleicht hat auch unser Vikar – zu diesem Zeitpunkt 78 Jahre – sich an frühere unerfüllte Sehnsüchte erinnert und jüngeren Männern seines geistlichen Amtes die Verwirklichung solchen Wunschdenkens gegönnt. Der Hoffnungsstreif am Himmel verblasste sehr schnell. Warnende Zungen behielten recht. Außer Spesen nichts gewesen!

Nicht nur massenhafte sexuelle Verfehlungen von Gottesmännern hatten den Pontifex in Bedrängnis gebracht, sondern auch unüberhörbare warnende Stimmen der Vernunft. So hatte der wegen seiner fundierten Kirchenkritik suspendierte katholische Priester Eugen Drewermann die repressive Sexualmoral des Klerus verantwortlich gemacht für Verformungen der

Erotikseele und Triebentwicklung von Geistlichen. Der deutsche Theologe, Psychoanalytiker und Publizist – nunmehr bereits über 80 – hält es für falsch, Priester mit dem Eheverbot zu zwingen, zwischen der Liebe zu Gott und den Menschen zu wählen. Der Schweizer Psychotherapeut Prof. Udo Rauchfleisch von der Universität Basel pflichtet ihm bei. Der Experte für Klinische Psychologie nannte den frauenfeindlichen Zölibat eine rigide und dem heutigen Leben fremde Sexualmoral.

Ich habe mich oft gefragt, ob das unser in Ehren ergrauter Vikar in der Heimlichkeit einer Gedankengrübelei mitunter vielleicht ebenso gesehen hat? Ich dachte an seine junge Verehrerin, die ihm nachstellte und die er in vermeintlicher Notwehr vor der gesamten Gemeinde bloßstellte und der Kirche verwies, die doch angeblich für alle da sei. Eine harte Strafe für eine Frau und ihre Zuneigung oder sogar Liebe für einen Mann, der zufällig ein Priestergewand trägt.

Schmach ohnegleichen:
meine Exkommunizierung

In der Folge meiner zunehmend intensiven Gewissenserforschung sagte ich mich nicht von der Person Max Pritze los, sondern von der Religion, an die er glaubte und die er – soweit ich es beurteilen kann – ehrlichen Herzens, reinen Gewissens und mit konsequenter Hingabe vertrat. Meine Fahnenflucht vom Katholizismus zum Atheismus war ein langwieriger Prozess, der viele Stationen der Erkenntnis durchlief. Um sie glaubhaft nachzuvollziehen, reichen keine wenigen lapidaren Sätze. Deshalb bitte ich Sie als Leserschaft um Nachsicht, Ihnen aus Respekt vor durchaus angebrachtem Skeptizismus gegenüber meinem Sinnes- und Glaubenswandel wesentliche Facetten dafür zuzumuten – und damit auch eventuelle Längen, denn eine so schwerwiegende Entscheidung, die mich zum Deserteur auf Lebenszeit gemacht hat, bedarf einer etwas tiefgründigeren Rechtfertigung. Dazu gehören die bereits erwähnten

Erfahrungen und Einsichten – und ebenso die folgenden Fakten und Argumente.

Längst hat sich die Zölibatsturheit zu einer handfesten Krise der Vatikankirche ausgewachsen. Eine fortschrittsresistente Eigenwilligkeit, die in mein Dasein eingriff und mich im Fußvolk der Katholiken in einen ausgewachsenen Gewissenskonflikt stürzte. Als wir im Messdiener-Outfit gemeinsam mit unserem Vikar den Erzbischof von Paderborn vor den Toren der Leimbacher Kirche in Herzlichkeit willkommen hießen, ahnte ich noch nichts von dem, was da später auf mich zukam. Es nahm mir endgültig die Illusion, einer Glaubensgemeinschaft der Toleranz anzugehören, und richtete mein Leben neu aus. Der Preis für diese Erkenntnis war eine Sinnkrise mit Konsequenzen, die meiner Familie eine gramvolle Zeit brachten: Mutter Maria, Oma Pauline und Opa Josef, die von Kind an streng katholisch erzogen waren, hatten plötzlich die Schmach eines abtrünnigen Sohnes und Enkels zu verkraften.

Dasselbe traf auf Feri zu. Stets waren Freud oder Leid des einen auch Freud oder Leid des anderen. Diesmal traf es uns beide gleichermaßen. Doppeltes Leid gewissermaßen, das zumindest den zweifelhaften Vorteil hatte, dass wir es gegenseitig noch besser verstanden. Ein Eklat, durch den zwei beliebte Messdiener der Oberliga aus der katholischen Kirche ausgeschlossen wurden. Exkommunizierung nach dem Willen des Heiligen Vaters in Rom für all jene, die sich nicht nur altbackenen Gebräuchen, sondern auch aktuellen hausgemachten Gesetzen der Willkür nicht bedingungslos beugen wollen.

Es wurde ein Skandal mit Tiefen- und Breitenwirkung in der gesamten Kirchengemeinde von Mansfeld mit dem Schwerpunkt Ortsteil Leimbach, in dem wir wohnten. Und es war vor allem eine kompromittierende Kränkung für unseren Vikar, die um vieles schwerer wog als meine Ablehnung der mir angetragenen geistlichen Laufbahn. Ich habe in dieser Situation die berühmten Worte Martin Luthers besser denn je verstanden, die er 1521 auf dem Reichstag zu Worms gesagt haben soll: „Hier stehe ich und kann nicht anders!" Ich fühlte mich meinem Vikar gegenüber sauschlecht, aber die Entscheidung über meine Lebensplanung konnte er mir nicht abnehmen.

Was war passiert? Langsam und der Reihe nach!

Unser renitenter Vikar

Zu meiner Zeit als Messdiener erlaubten die Stadtväter im Mansfelder Rathaus unserem Vikar, seinen Religionsunterricht in einem Raum der Grundschule durchzuführen, obwohl es in der DDR bis zu ihrem Ende eine strikte sachliche Trennung von Staat und Kirche gab. Um aber den Dialog zwischen Kirche und Staat zu pflegen, war schon 1957 das Amt eines Staatssekretärs für Kirchenfragen eingeführt worden und über den Umgang miteinander hörte ich zu meiner Messdienerzeit von keiner Seite Klagen. Dazu hätte eher Vater Staat Anlass gehabt, denn DDR-Bürger Pritze wetterte mitunter in seiner Sonntagspredigt dermaßen intensiv gegen ihm nicht genehme DDR-Realitäten, dass ich es mitunter schon für Hetze hielt.

Auch das gehört zur Wahrheit über unseren mitunter staatsaufsässigen Vikar, obwohl die Kirche immer wieder betont hatte, sie mische sich nicht in staatliche Belange ein. Das schien unseren zuweilen renitenten Seelenhirten aber nicht allzu sehr zu kümmern. Es hätte mich aus heutiger Sicht nicht gewundert, wenn er erhebliche Probleme mit der schon 1950 gegründeten Staatssicherheit bekommen hätte, denn seine rednerischen Eskapaden überschritten nicht selten das Tabu, von der Kanzel herab staatliche Politik zu attackieren.

Aus heutiger Sicht neige ich zu der Einschätzung, dass er es als gebürtiger Ostdeutscher nicht nur an Loyalität gegenüber staatlichen Stellen missen ließ, die ihm alle Freiheiten zur Praktizierung seines Amtes gaben, sondern dass er mit einer Überdosis an westfeindlicher Sicht auf die Ostrepublik geimpft war. Schließlich wurde er in bundesdeutschen Gefilden ausgebildet und sein Herr und Meister saß in Paderborn, dessen Servicedienste ihn unzweifelhaft mit allem nötigen Inventar versorgten – bis hin zu Paketen mit „Gelbe-Streifen“-Büchern, Bahlsen-Keksen und Milka- und Sarotti-Schokolade, wovon wir in so mancher Messdienerstunde mit genüsslichem Vergnügen profitierten. Unser Vikar hatte sich meist nicht einmal die Mühe gemacht, den süßen Inhalt dieser Westpakete auf Teller oder Schüsseln zu präsentieren, sondern wir langten zu und aßen in unkomplizierter Weise direkt aus dem geöffneten Karton mit dem bundesdeutschen Poststempel und der Aufschrift: „Geschenkpaket, keine Handelsware.“

Die Jugendweihe als Heidentum

Die verkorkste Geschichte meiner Exkommunizierung begann, als ich eines Nachmittags Anfang April 1955 – ich war erst zehn – zum Religionsunterricht ging, den Vikar Pritze von Lehrer Detting übernommen hatte. Er stand vor der Haustür des großen Backstein-Schulbaus und war ein Abbild des Zorns. So hatte ich ihn noch nie gesehen. Er empfing die kleine katholische Schülergruppe mit grimmigem Gesicht.

Die Auflösung des Rätsels gab es wenig später. Da erklärte er uns, es sei eine staatliche heidnische Maßnahme, die da am 27. März in Ostberlin mit einer sogenannten Jugendweihe begonnen habe. Dies sei eine gotteslästerliche Alternative zur heiligen Kommunion und Firmung, erklärte er aufgebracht. Deshalb wären die religiösen Sakramente und die staatlich beschlossene Jugendweihe unvereinbar. Wer an ihr teilnehme, werde exkommuniziert und damit aus der katholischen Kirche und ihrer Glaubensgemeinschaft ausgeschlossen.

Also wieder ein Rauswurf, diesmal aber auf Befehl der religiösen Krone. Ich habe weder vorher noch nachher unseren ansonsten besonnenen Vikar so erregt gesehen. Da ich erst in der vierten Klasse war und die Jugendweihe für Schüler der achten Klasse bestimmt war, rauschten seine Worte an meinen nicht sehr gespitzten Ohren im gleichgültigen Zustand von Desinteresse vorüber. Das schien auch den anderen Kindern so zu gehen.

Die Uhren tickten aber weiter und aus dem zehnjährigen Ministranten wurde 1959 ein 14-jähriger Absolvent der achten und damit letzten Klasse der Grundschule. Ich hatte die Erstkommunion längst hinter mir, bei der in einer Eucharistiefeier mit einer Hostie der Leib Christi empfangen wird, und die Firmung als Schritt ins Leben der Erwachsenen war gerade erst passiert – von ihrer Bedeutung gleichzusetzen mit der Konfirmation in der evangelischen Kirche.

Nun stand die Frage der Jugendweihe, die auf staatlicher Ebene dasselbe symbolisieren sollte wie die Firmung: den Übergang vom Kindsein zum Erwachsenwerden. An ihrem Inhalt als weltlich-feierliche Zeremonie konnte ich weder Lug noch Trug erkennen. Zudem war sie keine Erfindung der DDR, sondern war als freiwilliger Brauch schon in der Arbeiterbewegung um 1900 praktiziert worden. Sie war im Osten Deutschlands so tief verwurzelt, dass sie dort auch heute noch als Familienfest gefeiert wird. Der Staat DDR hatte nichts einzuwenden gegen eine gleichzeitige Teilnahme an Jugendweihe und Firmung, der Vatikan jedoch drohte mit einem vernichtenden Bannstrahl. Übrig bliebe dann vom sechs Jahre lang treu und redlich gedienten Messdiener ein von seiner Kirche Geächteter und Ausgestoßener. Konnte ich das meinem Vikar und meiner Katholikenfamilie antun, auf die dieses Desaster abfärben würde? Andererseits wollte ich berufsmäßig nicht auf klerikalen, sondern staatlichen Pfaden wandeln. Die berühmten zwei Seelen wohnten ach in meiner Brust. Der Gewissenskonflikt war da

Der steinige Pfad des Umdenkens

Also betrieb ich Gewissenserforschung, wohl wissend, dass mich bei einer Teilnahme die kirchliche Extremstrafe treffen würde. Beim Nachdenken und Grübeln merkte ich, dass sich allerhand Ressentiments gegen die Kirche angestaut hatten und sich nun die Schleusentore öffneten. Es war lange her, dass ein kleiner Junge vor der Sankt-Marienkirche im benachbarten Klostermansfeld beim Anblick eines großen Kirchenkreuzes mit einem angenagelten Menschen bittere Tränen des Mitleids vergossen hatte. Dass er Jesus von Nazaret hieß, erfuhr ich erst später.

Seither drängten sich mir – je länger ich Messdiener war – immer mehr Fragen auf, führten zum tieferen Nachdenken, Mitdenken und Umdenken, bewirkten eine nachhaltige Metamorphose der Ansichten und Gefühle.

Nach Gagarins Weltraumflug hatte die hohe Geistlichkeit im Vatikan Angst, der russische Kosmonaut würde nach seiner Landung sagen, er hätte da oben den Gottvater nicht gesehen – also gebe es ihn nicht. Deshalb betonte der Papst mit besonderer Eindringlichkeit, man solle sich den lieben Gott nicht als einen alten Mann mit Rauschebart vorstellen, der im Weltall herumsitze und für uns gewöhnlich Sterbliche greifbar sei.

Da hatte der Heilige Vater wohl recht, denn die Bezeichnung „Gott" steht laut Glaubenslehre für einen überweltlichen Spirit oder Intellekt, der in der Summe seiner Eigenschaften ohne Fehl und Tadel ist und in dieser Vollkommenheit als Schöpfer alles Irdischen und als unser gütiger Vater gilt. Wer an ihn und die biblische Legende vollen Herzens glauben kann, den beneide ich um seine damit verbundene Seelenruhe. Aber ist, wer nicht daran glauben kann, deshalb ein schlechter Mensch? Und wenn man sich der als ungerecht empfundenen drakonischen Strafe der Kirche für eine harmlose religionsneutrale Zeremonie widersetzt, ist man dann ein Verräter am Christglauben?

Meine Abtrünnigkeit wurzelt nicht in einer plötzlichen Erleuchtung und ist auch keinem launenhaften Moment geschuldet. Sie reifte in einem langen Prozess, der eigentlich schon mit meinem Eintritt in das Fähnlein der Messknaben anfing. Meine Zweifel begannen mit solch banalen Fragen, warum ein gütiger Vater seine Kinder Adam und Eva als erstes Menschenpaar wegen der Lappalie des Genusses einer verbotenen Frucht drakonisch bestraft, indem er sie aus dem Paradies wirft, Eva künftig unter Schmerzen gebären lässt und Adam zu harter Arbeit verurteilt. Und warum überhaupt hat der allmächtige Vater im Garten Eden eine teuflische Schlange geduldet? Und warum sollten seine Gotteskinder nicht den „Baum der Erkenntnis von Gut und Böse" nutzen, um gerade eben diesen Gegensatz zu erkennen? Fragen über Fragen auf einem steinigen Weg der Erkenntnis.

Hat es ihn tatsächlich gegeben, den Jesus als jüdischen Wanderprediger, der auf Geheiß des Präfekten Pontius Pilatus von römischen Soldaten gekreuzigt wurde? Das zu bestätigen oder nicht, ist Sache der Historiker, aber vorstellbar. Schwer vorstellbar dagegen waren und sind für mich all die Wunderdinge, die vor der Kreuzigung passiert sein sollen – von der unbefleckten Empfängnis Marias über die Auferstehung und Himmelfahrt Christi bis hin zu seinen Wundern der Krankenheilung, Totenerweckung und Dämonenaustreibung sowie seiner Brotvermehrung, Wasser-in-Wein-Verwandlung, Speisung von Tausenden Erdenbürgern oder Bändigung eines Seesturms.

Ich bin beruhigt, dass ich kein lästernder Außenseiter bin, sondern dass sich mit solch biblischen Ungewöhnlichkeiten sogar Koryphäen wie der amerikanische Literaturwissenschaftler Stephen Greenblatt befassen. In seinem 2018 im Siedler-Verlag München erschienenen Buch „Die Geschichte von Adam und Eva" untersucht er im Zusammenhang mit früheren Kulturen den – wie der Untertitel heißt – „mächtigsten Mythos der Menschheit". Was daran ist Wahrheit und was Legende? Ist die Bibel ein beeindruckendes Geschichtswerk oder das brillanteste Märchenbuch der Welt? Oder eine Mischung aus beidem?

Warum schwand mein einstmaliger Glaube?

Das alles sind angehäufte Fragen, nach deren Antwort krampfhaft auch Wissenschaftler suchen. So glaubten im Frühjahr 2006 amerikanische und israelische Forscher das Geheimnis gelüftet zu haben, warum Jesus über den See Genezareth wandeln konnte. Professor Doron Nof, Experte für Meeresforschung in Florida, verriet in der *Washington Post* vom 6. April 2006 die Auflösung des Rätsels: Die Untersuchung von Wettermustern vor 1500 bis 2500 Jahren habe lange Kälteperioden ergeben, sodass

Jesus den See mit seinen salzigen Quellen auf Eisschollen überquert haben könnte. Gläubige, die sich nach dieser Erklärung eines Wunders beraubt sehen, sollten nicht verzweifeln, denn es gibt noch mehr an Wundern und Verwunderungen.

So geht auch innerhalb der Kirche die fieberhafte Suche weiter nach Reliquien als Beleg für die Wahrheit der Biblischen Geschichte. Am 21. Dezember 1996 berichtete die italienische Presse ihren erstaunten Lesern, bei Restaurierungsarbeiten im Dom von Spoleto in der Provinz Perugia sei die Windel Jesu wiedergefunden worden. Das 20 mal 25 Zentimeter große Tuch aus Flachsfasern war 1175 von Papst Alexander III. für authentisch erklärt worden und galt nach ihrer Einlagerung in einen Silberschrein als verschollen. Nun freut sich die Kirche wieder über einen gegenständlichen Beweis für die durch den Evangelisten Lukas überlieferte Weihnachtsgeschichte, in der es heißt: „Und sie fanden das Kind in Windeln gewickelt und in einer Krippe liegend.“

Und dass der Gottessohn ein wohlerzogener, von Sünden freier Knabe war, verkündete Papst Johannes Paul II. im November 1996. Jesus, so erklärte er, musste nicht gezüchtigt werden, denn er war artig und brav. Woher, habe ich mich gefragt, woher wusste er das? War er dabei?

Was mich aber schon als Messdiener immer mehr störte, war die überbordende, ausufernde Lobhudelei in unbegrenzten Formen. Wenn Gott wirklich souverän über seiner Schöpfung thront, muss es ihm doch – so denke ich – peinlich sein, wenn der Mensch, den er nach seinem Ebenbild formte, ständig vor ihm auf den Knien liegt und ihn unentwegt mit Lobpreisungen überschüttet. Das aber erlebte ich immer und immer wieder, wobei Frau Plewin alle im Damenchor übertraf. Ich war mir unsicher, ob ich die Höhenlage ihres Soprans bewundern sollte oder ob die aufdringliche Lautstärke ihres Gesanges zu tadeln war. Jedenfalls machte Frau Plewin ihrem Ruf als Heidelerche der Gemeinde alle Ehre, schien weltentrückt in höheren Sphären zu schweben und die jubilierenden himmlischen Heerscharen der Cherubim- und Seraphim-Engel in Hingabe und Inbrunst noch übertreffen zu wollen, zumal sie jedes Wort überartikulierte: „Großer Gott, wir loben dich, Herr, wir preisen deine Stärke, vor dir neigt die Erde sich und bewundert deine Werke …"

Ist Gott, so fragte ich mich besorgt, ist Gott denn wirklich so primitiv gefallsüchtig, dass er ununterbrochen solche Huldigungen nötig hat und sie ihm vielleicht auch noch schmeicheln? Möchte er wirklich in hundert Variationen unentwegt hören, was eine weitere Kirchenhymne ebenfalls in höchsten Tönen ausdrückt: „Lobe den Herren, den mächtigen König der Ehren! Lob ihn, O Seele, vereint mit den himmlischen Chören! Kommet zuhauf, Psalter und Harfe, wacht auf, lasset den Lobgesang hören!"

Eine wahrhaft wohlklingende Eloge mit verbaler Eleganz, derer aber der Allmächtige ob ihrer stetigen Wiederholung doch überdrüssig sein müsste. Solche Selbstherrlichkeit, denke ich, kann doch keinem gerechten Heiland eigen sein, der in seiner Vollkommenheit auch mit der Gabe der Bescheidenheit gesegnet sein müsste. Solch huldigende permanente Hofhaltung kann nicht einmal dem lieben Gott gottgefällig sein. Ständig die Gebetsmühle nur für ihn zu drehen, müsste er doch als überirdischen Personenkult ablehnen. Gottvater wird doch sicher seine Gläubigen nach ihren Taten beurteilen und nicht nach der Tiefe ihrer Bücklinge?!

Wenn das vernünftigerweise so wäre, warum verlangt dann der Kirchenkodex dieses mit penetranter Kriecherei gepaarte unentwegte peinliche Untertanentum, das den Gläubigen zum ewigen Sünder und den Priester zum ewigen Claqueur degradiert? Diese Kombination kann doch nicht gottgefällig sein – oder? Hat der Meister tatsächlich so wenig Selbstwertgefühl, dass er diese fortwährende Bestätigung seiner übergroßen Größe braucht? Ich liege ihm zu Füßen, huldige ihm, beweihräuchere seine Werke und soll mich zugleich ständig als reuiger Übeltäter mit Bringeschuld fühlen und mich für meine Verfehlungen immer und ewig entschuldigen. Eine Schöpfung Gottes, die sich ständig zu ihrer großen und übergroßen Schuld zu bekennen hat. Mea culpa, mea maxima culpa!

Diese meine Schuld kann ich heute sogar im Internet beichten. Das Kommunizieren mit Jesus und Gott ermöglichen gegen ein kleines Entgelt privat betriebene Online-Portale. Auf ihren gesegneten Seiten tippt der Sünder seine Verfehlungen ein, klickt das entsprechende Feld der Reue an und die Frevelei geht mit Glockengeläut ins himmlische Postfach. Ihm wird durch den elektronischen Beichtvater vergeben, nachdem der Heilige Geist und etwas Werbung über ihn gekommen sind. Das nährt den Gedanken an den mittelalterlichen Ablasshandel des Predigers Johann Tetzel: „Sobald das Geld im Kasten klingt, die Seele in den Himmel springt." Ich denke, Martin Luther würde heute seine 95 Wittenberger Thesen gegen Sündenablass und Missbrauch kirchlicher Rituale mit Wollust um ein Dutzend neuer Thesen bereichern.

Worüber sich unser Vikar ausschwieg

Es wäre unehrlich und deshalb ebenfalls sündhaft, ein Kirchenkapitel zu unterschlagen, auf das auch unser Vikar nicht sehr stolz sein konnte – eine historisch verbürgte barbarische Scheußlichkeit, auf die er mit hoher Wahrscheinlichkeit nur widerwillig ansprechbar gewesen wäre. Denn von ihm selbst habe ich das Wort „Inquisition" nicht ein einziges Mal vernommen, geschweige denn, dass er darüber im Religionsunterricht referiert hat. So weiß ich bis heute nicht, wie er darüber dachte. Vermutlich hat er das damit verbundene grauenvolle Kapitel achselzuckend als bedauerlichen Irrtum einer heute längst geläuterten Kirche zu den verstaubten Akten der Geschichte gelegt. Schließlich sind auch Kirchendiener nur Menschen und irren ist halt menschlich.

So bin ich denn nicht durch meinen Vikar auf diese unselige Zeit kirchlicher Barbarei gestoßen, sondern durch meinen Hang zum Schmökern jedweder Literatur. Mit zunehmendem Alter steckte ich meine Nase immer seltener in Märchen- und Sagenbücher, dafür immer häufiger in Sachliteratur, darunter überlieferte Kirchenhistorie, die mir spannender erschien als jedes Abenteuerbuch. Dadurch begriff ich sukzessive, dass der katholische Oberklerus mit der von Gott gegebenen Lizenz zur Beichtabnahme nicht zuerst mit dem Finger auf die Sünder seiner Gemeinschaft zeigen sollte, sondern auf sich selbst.

Sie, die heilige römisch-katholische Kirche als übermächtige Bastion frommer Gottergebenheit und tugendhafter Sittenwacht, hätte es schon vor 800 Jahren zuallererst zum Beichtstuhl drängen müssen, weil sie einen demütigen Kniefall vor Gott am nötigsten hatte. Noch heute müssten der Vatikan und seine Gefolgschaft ihren obersten Herrn und Meister um Gnade und Vergebung anflehen für die damaligen Todsünden, die ihre Vorfahren als Serientäter begangen haben und die bis heute nicht vollständig aufgearbeitet sind. Bleibt zu hoffen, dass ihnen der Herr in seiner stets apostrophierten unermesslichen Güte ihr Kardinalverbrechen der Inquisition verzeiht. Ich wüsste keine Buße, die diese Schuld tilgen könnte, zumal die Gräuel wie zum Hohn im Namen des Herrn geschehen sind.

Seit Papst Gregor IX. 1231 die Inquisition als offizielle Instanz zur Reinhaltung des Glaubens einrichtete, wurden unterschiedlichen Quellen zufolge bis Ende des 18. Jahrhunderts bis zu zehn Millionen Menschen in Folterkellern und auf Blutgerüsten und Scheiterhaufen als Ketzer und Hexen ermordet. Nein, es war keine zufällige Verirrung der Kirche, sondern hochoffizielle Langzeitpolitik, die bis heute nachwirkt. Die Hinrichtung des weltbekannten Priesters, Philosophen und Astronomen Giordano Bruno, der dem geozentrischen Weltbild mit der Erde im Mittelpunkt des Universums widersprach, wurde von der Kirche erst nach 400 Jahren im März 2000 für Unrecht erklärt. Eine vollständige Rehabilitierung des Gelehrten steht immer noch aus.

Der mörderische missionarische Eifer zur Bekehrung Andersdenkender zieht seine Blutspur vom Mittelalter bis in die Neuzeit. Der international renommierte Mittelalterhistoriker Philippe Buc dokumentiert sie in seinem 2015 veröffentlichten Buch „Heiliger Krieg – Gewalt im Namen des Christentum", herausgegeben im Verlag Philipp von Zabern. Er bezeichnet diesen

Wahn als „das vermeintliche Recht, die eigene Wahrheit auch mit Gewalt verteidigen zu dürfen" – in den Kreuzzügen, den Reformationskriegen, den Terroraktionen der RAF oder dem Irak-Krieg von Georg W. Busch junior.

Über die schmachvolle Geschichte der kirchlichen Abscheulichkeiten vernahm ich von meinem Vikar, der in seinen Predigten immer mal wieder mit scharfen Worten DDR-Unrecht geißelte, nicht einmal die Andeutung einer Andeutung. Da folgte er der jahrtausendealten Tradition seiner Kirche, aus dem Glashaus heraus mit Steinen zu werfen.

Unverzeihlich und beschämend auch, dass sich die Oberzensoren im Vatikan erst 1966 von ihrem berüchtigten Index der verbotenen Bücher verabschiedet haben. Auf der schwarzen Liste standen nicht nur Schriften eines Nikolaus Kopernikus oder Galileo Galilei, sondern auch die eines Aristoteles, Platon, Zola, Luther, Immanuel Kant, Gotthold Ephraim Lessing, Heinrich Heine oder Jean-Paul Sartre.

Eine Kulturbarbarei, die ihre Fortsetzung in den Bücherverbrennungen der Nazis fand. Und dass in den politischen Wechseljahren der Deutschwende ganze ostdeutsche Bibliotheken mit wertvollen Beständen der Weltliteratur ausgeräumt und zuhauf auf der Müllkippe entsorgt wurden, zeugt auch nicht gerade von demokratischer Toleranz und kulturellem Verständnis.

Dagegen hatte die Geistlichkeit mit Hitlers Propagandafibel „Mein Kampf" ebenso wenig Bauchschmerzen wie mit der erwiesenen aktiven Solidarität für die faschistischen Massenmörder Adolf Eichmann und Josef Mengele, denen kirchliche Würdenträger nach dem zweiten Weltkrieg zur Flucht nach Übersee verhalfen.

Ganze 2000 Jahre hat es gedauert, bis der polnische Papst Johannes Paul II. am 12. März 2000 in einem historisch einmaligen Schuldbekenntnis für die schweren Sünden, Irrtümer und Fehler der Katholischen Kirche „demütig um Vergebung" gebeten hat.

Auch deutsche Militärpriester der katholischen wie evangelischen Konfession waren immer hautnah dabei, wenn es mit Gewehren oder Kanonen gen Osten ging. Sie segneten Waffen im Ersten Weltkrieg zu den Klängen des Soldatenliedes „Kein schön'rer Tod ist in der Welt als wer vorm Feind erschlagen" – und im Zweiten Weltkrieg sprachen sie den Truppen Mut zu für den Sieg über den Bolschewismus, bevor sie singend „Von der Maas bis an die Memel" marschieren sollten. Feldseelsorger gaben dem Heldentod der Soldaten einen Sinn, denn gefallen waren sie für „Kaiser, Gott und Vaterland" und später für „Führer, Volk und Vaterland". Sie betreuten Verwundete, zelebrierten Feldmessen und spendeten Deserteuren, die den Wahnsinn nicht mehr mitmachen wollten, Trost und Zuversicht für's Jenseits, bevor sie als Fahnenflüchtige exekutiert wurden.

Heute kümmern sich etwa 200 Militärgeistliche in Deutschland und bei Auslandseinsätzen um den Seelenfrieden der Bundeswehrsoldaten. Das sichert ein Militärseelsorgevertrag, abgeschlossen schon 1957 zwischen Bundesregierung und Evangelischer Kirche für das erste wiederbewaffnete Heer auf deutschem Boden. Für die Betreuung durch den katholischen Klerus gilt das sogenannte Reichskonkordat, das als völkerrechtlicher Vertrag am 20. Juli 1933 zwischen dem Vatikan und dem Deutschen Reich auf Betreiben von Reichskanzler Adolf Hitler abgeschlossen wurde. Danach wird noch heute verfahren. Kaum glaubhaft, aber wahr.

In der Nationalen Volksarmee der DDR, die knapp vier Monate später als Antwort auf die Gründung der Bundeswehr entstand, gab es keine Militärseelsorger. Fluch oder Segen?

Eine Kirche für die Armen?

In die Gewissenserforschung meiner konfessionellen Lossagung gehören auch Erstaunen und Verwunderung über den artistisch anmutenden Spagat der Kirche, ihren Anspruch einer genügsamen, maßvollen Gottesinstanz der Bescheidenheit und Enthaltsamkeit und der schlichten, einfachen Lebensführung ihrer Berufsdiener in Einklang zu bringen mit ihrem offensichtlichen üppigen kapitalen Vermögen – ein Gegensatz, der mich – gelinde ausgedrückt – sehr irritierte.

Dass die gekrönten Oberhäupter mit dem Heiligen Vater in Rom nicht nur während der Zeit einer extrem skrupellosen Machtgier der Medici-Päpste viel Sinn für Reichtum hatten, ist bekannt. Eine Überraschung war trotzdem, was die britische Tageszeitung *The Guardian* im Januar 2013 herausfand: Dass der Vatikan nämlich umgerechnet 60 Millionen Euro aus der Kasse des italienischen Hitlerfreundes und Faschistendiktators Mussolini in den Aufbau eines internationalen Immobilienimperiums steckte. Das Blutgeld eines Kriegsverbrechers, Henkers und Volkstyrannen, den das Volk selbst hängte, als Kapital für die Besitztümer des Klerus!

Auch heutigen deutschen Kirchenfürsten kann getrost bescheinigt werden, dass sie mitunter gnadenlos zulangen, wie der Finanzskandal um den ehemaligen Limburger Bischof Franz-Peter Tebartz-van Elst im Herbst 2013 gezeigt hat. Das geht, denn die sakralen Schatullen sind reichlich gefüllt. So hat Mitte 2016 eine finanzielle Bewertung des Erzbistums München ein Vermögen von sechs Milliarden Euro offenbart. Dass die dem Rekordhalter folgenden anderen deutschen Diözesen und Kirchenväter auch nicht darben, versteht sich.

Disneys schwerreicher Geldsack Dagobert Duck hätte sicher Neidgefühle, wüsste er um das gesamte Hab und Gut der katholischen Kirche in der Bundesrepublik. Das bezifferte der deutsche Politologe und Publizist Carsten Frerk nach dreijährigen Recherchen in seinem Anfang 2002 erschienenen Buch „Finanzen und Vermögen der Kirchen in Deutschland" auf 270 Milliarden Euro. Die Kirche bestritt diesen monetären Mount Everest. Gut zehn Jahre später ergaben neuerliche Erhebungen des Journalisten anno 2013 einen Wert von bis zu 200 Milliarden Euro.

Während er bei diesen Hochrechnungen mitunter auf Schätzungen angewiesen war, konnte er das Kapitalvermögen der Banken mit mindestens 16 Milliarden Euro ziemlich genau ermitteln. Dass der Katholikenklerus zudem mit 8250 km² Land größter privater Grundbesitzer in gesamtdeutschen Landen ist, verwundert da schon nicht mehr.

Was mich allerdings arg erstaunt, ist die Erklärung von Papst Franziskus, er wolle eine vorbildliche „arme Kirche für die Armen". Da dies die Wahrheit verhöhnt, könnte es wohl aber eine reiche Kirche für die Armen sein. Damit müsste der Souverän des Vatikanstaates spätestens jetzt anfangen, um noch zu retten, was vor allem in der sogenannten Dritten Welt eventuell noch zu retten ist. Am besten, er würde den Armen dieser Welt wenigstens einen Spalt seiner Schatztruhe öffnen und ihnen eine Winzigkeit des angehäuften Geldsegens zukommen lassen. Das wäre zumindest ein erfrischender Tropfen auf den heißen Stein eines afrikanischen Problems, das der Menschheit unter den Nägeln brennt. Vielfache Gelegenheit dazu hatte der Stellvertreter Gottes auf Erden jedenfalls bei seinen mehrfachen Afrika-Reisen, die ihn auch in die Elendsviertel der kenianischen Hauptstadt Nairobi führten. Eine karitative Geste tätiger Linderung von Not und Pein hätte seinen salbungsvollen Worten über die Geisel von Armut und sozialer Ungleichheit ein dringend benötigtes Stück Glaubwürdigkeit in eine Kirche der Wohltätigkeit gegeben.

Die Jugendweihe
und ein fassungsloser Vikar

Indem ich all diese klerikalen Unrühmlichkeiten von heute notiere, wird mir noch einmal bewusst, dass sie auf drastische Weise die Richtigkeit meiner Entscheidung von damals bestätigen. Denn was auf schmerzhafte Weise immer mehr zerpflückt wurde, war sowohl mein Glaube an die Weisheit und Wahrhaftigkeit der religiösen Lehre und der Integrität ihrer Lehrmeister als auch mein Vertrauen in die Kirche als ethisch-moralische Instanz. Dass sie mir bei einer Teilnahme an der Jugendweihe mit ihrem Bannstrahl drohte und mich damit vor die Wahl Kirche oder Staat stellte, war ein dogmatischer Zwang, der den Rest von konfessioneller Bindung zerschlug und mir letztendlich die Entscheidung für eine Trennung von Kreuz und Altar erleichterte.

Andererseits konnte ich im Jugendweihe-Gelöbnis keinerlei vom Staat auferlegte Verpflichtung entdecken, mich von der Kirche lossagen zu müssen. Das verbot die weltanschauliche Neutralität des Staates. Die gilt heute – nebenbei bemerkt – auch in der neuen Bundesrepublik, deren staatliche Administration sich mit keiner Religionsgemeinschaft identifizieren darf. Was die bayerische Regierung im April 2018 keineswegs an einer Verordnung hinderte, nach der im Eingangsbereich jedes Dienstgebäudes der Staatsbehörden Kreuze hängen müssen. Ein klarer Verstoß gegen das Neutralitätsgebot.

Der starre Habitus der Kirche schreckte nicht nur mich, sondern Heerscharen ihrer Anhänger, für die das massenhafte Sexualverbrechen geistlicher Würdenträger unerträglich war. Die Quittung kam mit einer rasant steigenden Zahl von Kirchenaustritten, die 2018 ihren Höhepunkt erreichte. Die Deutsche Bischofskonferenz musste konstatieren, dass 216000 Katholiken ihrer einstigen religiösen Heimat den Rücken gekehrt hatten.

Unser Vikar war erwartungsgemäß fassungslos, dass sich seine Lieblingsmessdiener an die feindliche Front der Jugendweihe begeben hatten. Er konnte uns nicht verstehen – und wir ihn auch nicht. Da er zweifelsohne feingeistig und klug war, enttäuschte uns sein bedingungsloser Kadavergehorsam gegenüber der diktatorischen und für unser Verständnis unsinnigen Vatikan-Order. Er erschien uns urplötzlich nicht als souveräner Seelenhirte, sondern als buckelnder Lakai. Warum, so fragten wir uns, lässt er sich zum bedingungslosen Befehlsempfänger degradieren? Was unterscheidet ihn dann noch in seiner Denk- und Handlungsfreiheit von einem Soldaten der Schweizergarde, dem Militärkorps des Papstes? Und wenn das Oberhaupt des Vatikanstaates der Stellvertreter Gottes auf Erden sein will, dann handelte er wohl nicht so ganz im Sinne seines Chefs. Denn eine solche von seinem irdischen Vize gewünschte rückgratlose Untertänigkeit seines Mansfelder Vikars konnte der Meister hoch droben wohl nicht gutheißen. Was sein treuer Diener Max Pritze darüber wirklich dachte, hat er selbstredend für sich behalten.

Ich wollte, er wäre bei der Jugendweihe dabei gewesen und hätte uns hinterher über ihre Frevelhaftigkeit aufgeklärt. Aber er war nicht dabei. Stattdessen saß am 19. April 1959 meine Mutter Maria fein herausgeputzt im Saal und fand als fromme Katholikin nichts Anstößiges an unserem feierlichen Gelöbnis. Es verlangte von uns, „als treue Söhne und Töchter unseres Arbeiter- und Bauernstaates für ein glückliches Leben des ganzen deutschen Volkes zu arbeiten und zu kämpfen", unsere „ganze Kraft für die große und edle Sache des Sozialismus einzusetzen" sowie „für die Freundschaft der Völker einzutreten und mit dem Sowjetvolk und allen friedliebenden Menschen der Welt den Frieden zu sichern und zu verteidigen".

Das klang sehr pathetisch, aber dafür war es ja ein Gelöbnis. Und schließlich sollte ich mich ja nicht für irgendwelche bewaffneten Auslandseinsätze verpflichten, sondern zum Engagement für ein Leben in Glück, Sozialismus und Völkerfreundschaft – und dagegen hatte ich nichts. Also bekam ich eine Urkunde und das umfangreiche Werk „Weltall-Erde-Mensch", ein – wie es hieß – „populärwissenschaftliches Sammelwerk", herausgegeben 1959 vom Verlag Neues Leben. Darin, so schrieb Walter Ulbricht als Stellvertreter des Ministerpräsidenten im Vorwort, werde „ausgehend von den Erkenntnissen der fortgeschrittenen Wissenschaft ... aufgezeigt, dass wir durch unseren Kampf die Entwicklung der menschlichen Gesellschaft zum Höheren, zum Vollkommeneren beschleunigen können. Gleichzeitig wird der Kampf gegen Aberglauben, Mystizismus, Idealismus und alle anderen unwissenschaftlichen Anschauungen geführt."

Ich muss noch heute schmunzeln. Also doch ein Seitenhieb auf Religion und Bibellehre, denn wissenschaftlich ist sie ja wohl nicht und will es auch nicht sein.

An dieser Stelle ein klares Bekenntnis: Ich habe Hochachtung vor Menschen, die ehrlich und aus vollem Herzen ihrem Glauben frönen, so er einem friedfertigen, nützlichen Zweck für sich und die Allgemeinheit dient. Und ich habe Christen mit dem Glauben an ein Weiterleben im Jenseits sogar beneidet, wenn ich in Notsituationen einen Halt brauchte und ihn mir die Rationalität meines Denkens in religiöser Hinsicht verweigerte. Wie gern hätte ich mich da an einen Trost und Zuversicht spendenden Gott geklammert, aber der Verstand sperrte sich und zog mich immer wieder auf sehr irdische deprimierende Tatsachen zurück.

Allerdings ist es schon erstaunlich, dass sich auch zutiefst Ungläubige plötzlich auf den Herrgott besinnen, wenn sie in einem Wust von Problemen oder bei einem existenziellen Konflikt keinen Ausweg mehr sehen. Da bin ich bei weitem nicht der einzige, der sich – obwohl dem Glauben abgeschworen – in Notlagen händeringend an ihn gewandt hat. In schier ausweglosen Situationen und Momenten tiefer Verzweiflung habe ich ihn, den Allmächtigen, auch in späteren Jahren um Beistand angebettelt, habe Stoßgebete zum Himmel geschickt und um Hilfe gefleht. Da sind auch mir als Atheisten beim Anblick von todgeweihten lieben Menschen die Worte über die Lippen gekommen: „Bitte, lieber Gott, lass es nicht passieren!" Trotzdem ist es passiert – zuletzt bei meiner eigenen Frau.

Die Phänomene von
Unendlichkeit und Nichts

Ich gestehe auch ohne förmliche Beichte ein unwilliges Fluchen über größere Defizite in meinem Gehirn. Ich habe mich beruflich lange und ausgiebig mit der Raumfahrt und den damit verbundenen technischen und geistigen Höhenflügen befasst, die mich mitunter in Sachen Konfession und in meiner Gottlosigkeit schwanken ließen. Denn wenn ich über die wirklichen und doch so unwirklichen Phänomene der Endlichkeit des Lebens und der Unendlichkeit des Universums nachgrübele, bin ich in verzweifelter Erklärungsnot – und geneigt, an die Existenz einer höheren geistigen Idee zu glauben, die nicht unbedingt die greifbare Gestalt eines alten Mannes mit Rauschebart am Himmelstor sein muss. Wohl aber eine übersinnliche magische Kraft, die als spirituelles Zentrum des Weltalls alles zusammenhält und den Fluss der Dinge in Raum, Zeit und Materie regelt.

Mich macht noch heute die Frage verrückt, wo eine Linie enden würde, die man von der Erde durch alle Abermilliarden von Galaxien des Universums ziehen würde – weiter und immer weiter und immer weiter! Wo würde sie enden, wenn sie überhaupt enden würde. Das wäre eine endungslose Linie ins NICHTS. Nicht denkbar für ein Menschengehirn, das sich eine Linie oder Strecke nur mit Anfang und Ende vorstellen kann.

Ergo: Zur Entschlüsselung dieser unfassbaren Unendlichkeit, über die sich Wissenschaftler und Philosophen aller weltanschaulichen Couleur einig sind, braucht es mehr als unsere menschliche Vorstellung in ihrer beschränkten Dreidimensionalität. Es muss also eine Mehrdimensionalität geben, die für uns bis dato nicht begreifbar ist. Ebenso wie die wissenschaftliche Theorie, dass vor dem umstrittenen Urknall zur Entstehung des Weltalls NICHTS war.

Vor diesen zurückliegenden rund 14 Milliarden Jahren gab es also NICHTS! Was bitte ist NICHTS? Ein großes schwarzes Loch, meint die Wissenschaft! Das NICHTS war also schwarz? Und wenn es ein großes Loch war, muss es nach menschlicher Vorstellung Ränder gehabt haben. Und was war außerhalb dieser Ränder? Natürlich NICHTS. Kann man das wirklich auch nur annähernd erfassen? Am besten hätte es vielleicht Joachim Ringelnatz gekonnt, der festgestellt hat: „Die Löcher sind die Hauptsache an einem Sieb." Das hilft in diesem Fall aber nicht konstruktiv weiter, zumal auch in diesem Moment, da ich dies schreibe, außerhalb des Universums NICHTS sein soll. Und nun höre ich auch noch die neueste wissenschaftliche Erkenntnis, das Universum würde expandieren. Expandiert es in das NICHTS hinein? Und expandiert das NICHTS vielleicht mit? Ein herzinfarktbedrohliches Problem.

Zugleich existiert dieses verstörend Unbegreifliche als unleugbare Wirklichkeit, die niemand versteht und kennt!! Man kann das Phänomen nicht wirklich erklären, sondern nur zur

Kenntnis nehmen, akzeptieren und mit wissenschaftlich klingenden Namen belegen. Da versagt auch die schärfste und fantasievollste Denklogik von Schachweltmeistern und intellektuellen Gehirnakrobaten und selbst Einstein hatte dafür keinen Stein der Weisen in der Tasche, sondern letzten Endes auch nur die lapidare Feststellung: Das Weltall ist unendlich.

Hartnäckig nachsinnend über dieses Phänomen wurden Wissenschaftler verrückt oder traten, bevor sie völlig dem Wahnsinn verfielen, einem religiösen Glauben bei, wenn sie ihr Gehirn- und Seelenheil nicht sogar in einer Sekte suchten. So entflohen sie dem Zwang einer Erklärung, die ihrem Fassungsvermögen bislang versagt bleibt. Die Tatsache der All-Unendlichkeit setzt unseren Begriff von Logik außer Kraft. Also sind wir auf außermenschliche, überirdische Kraftfelder angewiesen und befinden uns damit in spiritistischen Bereichen, die wir dankend bedienen, argwöhnisch beäugen oder strikt ablehnen.

Also verhalte sich bitte niemand in überheblicher Allwissenheit herablassend weder zu einer kreativen Wissenschaft noch zu einem ehrlichen Glauben!

Das gilt auch für unseren Vikar. Wer glaubte, ihn in Verlegenheit zu bringen mit der Frage, warum der liebe Gott Krieg, Elend, Unheil und grausame Ungerechtigkeiten auf Erden zulässt, der bekam zu Recht die Stimme der biblischen Weisheit zu hören: Würde Gott auf der Erde für Ordnung sorgen, erübrigte sich sein Jüngstes Gericht. Der Allmächtige lässt den irdischen Dingen ihren Lauf, um am letzten Tag der Weltgeschichte Recht zu sprechen über jene Seelen, die aufrecht waren, und jene, die strauchelten oder gar stürzten. Die Sünder ins Fegefeuer der Hölle, die Rechtschaffenen in die seligen Gefilde des Himmels. Diese Schlussabrechnung entfiele, hätte der oberste Richter vorher schon auf unserem Planeten alle Wogen geglättet. Fürwahr eine plausible Erklärung.

Die Rehabilitierung

Sofort nach meiner Jugendweihe vollstreckte der Klerus seine dafür angekündigte Strafe und der Abtrünnige wurde exkommuniziert. Ein Messdiener flog aus der Glaubensgemeinschaft. Eine der modernen Zeit angemessene Softvariante der Inquisition aus finsterer Kirchenzeit, in deren Strafverfahren sich der Missetäter aber zumindest noch rechtfertigen konnte. Diese Chance bekam ich nicht.

Den waschechten Skandal quittierten nicht wenige Katholiken des Ortes mit spürbarer Verachtung, was mir aber vor allem für Mutter Maria und die Großeltern leid tat. Sie hatten den Willen ihres vierzehnjährigen Sprösslings mit Toleranz und Verständnis respektiert und auch jetzt fiel kein böses Wort. Mehr noch: Das Ereignis wurde im kleinen Familien- und Freundeskreis gefeiert.

Allerdings erfuhr ich später, dass meine Mutter heimlich, still und leise beim Vikar um meine Rehabilitierung buhlte. Mit Erfolg. Er bat sie und mich zu einer Aussprache. Dabei überraschte er uns mit der Mitteilung, er habe die Erlaubnis des Bischofs eingeholt, mich nach einem der Verfehlung angemessenen Bußgang wieder in den Schoß der heiligen Mutter Kirche aufzunehmen. Ich gab mit Blick auf meine Familie mein reuiges Einverständnis, absolvierte den mir zur Buße aufgetragenen Gebetsmarathon und nahm mit Genugtuung zur Kenntnis, dass die Kirchengemeinde die Rückkehr des verlorenen Sohnes mit wohlwollenden Gesten zu würdigen wusste.

Meinem Freund ging es ein Jahr später ebenso – mit einem Unterschied. Während mich niemand zu meinem Schritt überreden wollte, war Feris Klassenlehrer fürsorglicher. Er nahm seinen Schüler zur Seite und sprach Klartext mit Blick auf des Vaters Unternehmertum als Schneidermeister. Als Sohn eines selbstständigen Gewerbetreibenden, so belehrte ihn der Pädagoge, habe er nicht den Bonus eines Arbeiter- und Bauernkindes und wenn er nicht zur Jugendweihe gehe, werde er es weder auf die Erweiterte Oberschule (EOS) noch auf die Kinder- und

Jugendsportschule (KJS) schaffen. Die Folge dieser staatsbürgerlichen Belehrung war letztendlich dieselbe wie bei mir: Jugendweihe, Exkommunizierung, Rettungseinsatz der Mutter und Wiederaufnahme in die Kirchenfamilie. Die göttliche Ehre für uns Messknaben und unsere Lieben war wieder hergestellt.

Die wiederholte gleiche Schmach mit Feris Debakel blieb unserem Vikar gottlob erspart, denn er war zuvor ins weiter südlich gelegene Osterfeld versetzt worden. Wir hofften, dass die Entfernung von 70 Kilometern groß genug sein würde, damit ihn zumindest dieselbe Hiobsmeldung über die Exkommunizierung seines anderen ehemaligen Messjungen nicht erreichen würde.

Statt wegen unserer Rehabilitierung in Hosianna-Rufe auszubrechen, trauerten wir ihm nach, denn seine hinterlassenen Fußstapfen waren zu groß für seinen Nachfolger. Wir hängten schon bald nach seinem Weggang unsere Messdienergarderobe an den berühmten Nagel und verständigten uns darauf, unseren Eltern zuliebe in unregelmäßiger Folge die sonntägliche Frühmesse zu besuchen. Das hing aber vor allem davon ab, wie glatt das Tanzparkett am Vorabend gewesen war. Ein Diener vor den Damen als höfliches Bittgesuch für einen schmissigen Twist schien uns wünschenswerter als eine Dienerschaft auf den Stufen des Altars. Damit waren alle Messen gelesen und unsere begonnenen Teenagerjahre sorgten für andere Aufreger. Obwohl wieder wohlgelitten, passierten wir das Portal zum Gotteshaus immer seltener.

Allerdings wurde meine Vergangenheit des klerikalen Ungehorsams noch einmal Gegenstand einer öffentlichen Rüge – und das während der kirchlichen Trauung eines befreundeten Paares. Bevor der katholische Priester seines Amtes waltete, sah er sich zu dem Hinweis genötigt, dass unter der Hochzeitsgesellschaft ein Abtrünniger weile. Allen war klar, wer gemeint war. Offensichtlich war der Gottesmann mit seinen Glaubensbrüdern bestens vernetzt. Möglicherweise hinderte ihn nur das feierliche Zeremoniell der Eheschließung daran, den verräterischen Abweichler ebenfalls zum Verlassen der Kirche aufzufordern – gerade so, wie damals unser Vikar mit der jungen Frau verfahren war.

Dass ein ehrwürdiger Repräsentant des Katholizismus so unwürdig nachtreten konnte, erschütterte mich. Es bewirkte meinen zweiten Bruch mit der Kirche, der sich still und stumm und in der Heimlichkeit meiner Gedanken vollzog. Nach meiner Oberschulzeit und Elektromonteur-Lehre in heimischen Mansfelder Gefilden ersparte der Weggang zum Journalistik-Studium meiner Familie eine erneute Demütigung wegen meines selbstbestimmten, freiwilligen Kirchenaustrittes im fernen Leipzig. Auch diesen dritten und endgültigen Schritt habe ich bis heute nicht bereut.

Er hätte Papst werden sollen

Gut 15 Jahre nach seinem Weggang wurde der Berufsgeistliche Max Pritze zu seinem letzten, ebenfalls in Sachsen-Anhalt gelegenen Einsatzort geschickt. Er wurde zum Propst der Pfarrei St. Peter und Paul in Dessau ernannt, nur gut eine Autostunde nordöstlich von Mansfeld, seinem ersten Refugium der Seelsorge. In Dessau betreute er von 1976 an mehr als 25 Jahre nicht nur seine Gemeinde, sondern nach der gesellschaftlichen Wende auch psychologisch labile Soldaten und Sträflinge.

Am 20. Oktober 2014 starb der Kirchenvorsteher Pritze, der immer mein Vikar bleiben wird. Sein allerletztes Zuhause war das Krankenhaus der Saalestadt Halle, womit er zu seinem Geburtsort zurückgekehrt war und sich der Kreis seines irdischen Daseins am Ausgangspunkt seines Lebens schloss. Beigesetzt wurde er am Ort seines letzten Wirkens in Dessau. Max Pritze wurde 85 Jahre.

Den Nachruf des Bistums Magdeburg schmückte ein Zitat aus dem Römerbrief, nach dem „der Herr Geistliche Rat Max Pritze" gelebt und gewirkt habe: „Seid fröhlich in der Hoffnung, geduldig in der Trübsal, beharrlich im Gebet." An anderer Stelle heißt es: „Sein trockner Humor war geprägt von einer tiefen Hoffnung, die ihn erfüllte."

Ich wiederhole mit Vergnügen, was ich am Anfang unserer gemeinsamen vier Jahre gesagt habe: Irgendein heller Kopf hat irgendwann ergründet, dass einem Menschen in seinem Leben im Durchschnitt 80 000 Leute begegnen. Für mich war er von diesen 80 000 Personen eine der bemerkenswertesten. Und ich füge hinzu: Er hätte Papst werden sollen!

HERMANN FRÖHLICH

**brachte das Kunststück fertig, als Lehrer Respektsperson
und zugleich Schulkamerad zu sein**

Der Professor ließ sich ächzend hinter dem Katheder nieder und
entledigte sich seiner Schuhe, um sein Fußleiden zu mildern.
Dann fragte er seine Oberprimaner in behutsam-väterlicher
Tonlage und gemütlichem Rheinländisch: „Wo simmer denn
dran? Aha, heute krieje mer de Dampfmaschin. Also, wat is en
Dampfmaschin? Da stelle mer uns janz dumm. Und da sage mer
so: En Dampfmaschin, dat is ene jroße schwarze Raum, der hat
hinten un vorn e Loch. Dat eine Loch, dat is de Feuerung. Und
dat andere Loch, dat krieje mer später.“

Kommt Ihnen das bekannt vor? Noch eine Zugabe als Gedankenstütze:

Ein anderer Professor derselben höheren Lehranstalt schwenkt
eine Literflasche mit selbstproduziertem Heidelbeerwein. Er
will seine Pennäler zur Veranschaulichung der alkoholischen
Gärung davon kosten lassen und mahnt: „Jeder Schöler nor
enen wenzjen Schlock.“

Natürlich, Sie wissen es! Der erste Professor ist Physiklehrer
Bömmel und der zweite ist Chemielehrer Crey, genannt „Schnauz“.
Beide lehren an einem erfundenen Babenberger Gymnasium,
weil das die berühmte Geschichte von der „Feuerzangenbowle“ so will. Der mehrfach verfilmte Roman von Heinrich Spoerl
erlaubt die Bekanntschaft mit Pädagogen verschiedenster Prägung – vom trotteligen Bömmel über den pedantischen „Schnauz“
bis zum preußenschneidigen Oberlehrer Dr. Brett und dem ge-
strengen Herrn Direktor Knauer, der von den „Schölern“ ob seiner furchteinflößenden Gestalt den Beinamen „Zeus“ verpasst
bekam. Pädagogische Sonderlinge, deren schrullige Gewohn-

heiten und überhöhtes Paukergebaren mit schalkhaftem Augenzwinkern für bestimmte Lehrertypen stehen.

Auch im realen Leben habe ich nicht wenige lehrende Charaktere der verschiedensten Mentalitäten, Gemüter und Gewichtsklassen erlebt: als Unter- und Oberstufenlehrer, Grund- und Berufsschullehrer, Universitäts-, Hochschul- und Religionslehrer und in Besonderheit in meinen Heimatgefilden des Südharzes eine illustre Schar von Lehrern der Erweiterten Oberschule Hettstedt – kurz EOS. Einer von ihnen hatte ein Persönlichkeitsprofil, das sich in kein Schema der mir bekannten Paukerfiguren einreihen lässt und das auch in keine Schublade der Lehrer-Typisierung passt. Er war weder ein „Bömmel" noch ein „Schnauz", weder ein „Dr. Brett" noch ein „Zeus". Nein, in jeder Hinsicht ein Unikat. Hermann Fröhlich war sein Name und der Name Fröhlich war Programm. Er war eine Ausnahmeerscheinung lebenspraller Vielfalt und als unser Klassenlehrer ein ausgesprochener Glücksfall.

Im Unterschied zu der auf Sprachen ausgerichteten Parallelklasse der A-Kategorie war unsere sogenannte B-Klasse auf Mathematik orientiert. Wir begnügten uns sprachlich mit Russisch und Englisch und verzichteten auf Latein, da niemand von uns das blutige Handwerk eines Arztes anvisierte. Herr Fröhlich unterrichtete Russisch und Staatsbürgerkunde und war an der gesamten Erweiterten Oberschule, der EOS, im sachsen-anhaltinischen Städtchen Hettstedt für seine fachliche Brillanz und charakterliche Lauterkeit bekannt. Er war ein Pauker, der keiner war. Er prägte vier Jahre unseren Schulalltag und ist trotz dieses vergleichsweise kurzen Lebensabschnitts den 26 „Schölern" meiner Klasse bis heute gegenwärtig geblieben. Diesen Nostalgiezauber bewirkte die angenehme Ungewöhnlichkeit seiner Person. Er widerlegte ungewollt am eigenen Beispiel die These, die Schülerschaft sei der natürliche Feind der Lehrerschaft. Mehr noch. Unsere Einstellung zu diesem Klassenlehrer grenzt bis heute an allgemeine Verehrung.

Klassenfoto mit Symbolwert: Einer für alle, alle für einen. Praxis einer gelungenen Symbiose von einsichtiger Lernbereitschaft und vergnüglicher Geselligkeit. Lehrer Fröhlich unterste Reihe Mitte, der Autor oberste Reihe links außen.

Bei Hermann Fröhlich war – wie gesagt – der Nachname Programm. Und was seinen Vornamen betrifft, so hat es bei aller Übertreibung ein Körnchen Wahrheit, dass mir dabei der Heldengermane Hermann, der Cherusker, in den Sinn kommt – ein wackerer Streiter, der heimat- und volksverbunden war. Das war er auch, unser Hermann, der Hettstedter, wobei „volksverbunden" mit „schülerverbunden" zu konkretisieren wäre. Gäbe es mental gesehen einen charakterlichen Zwitter von halb Lehrer und halb Schüler – er würde diesem Fabelwesen sehr nahekommen. Er war ein OBERschullehrer, aber kein OBERlehrer und erst recht kein BElehrer.

Wir waren im besten Teenie-Alter wahrlich keine Bravlinge, keine Schulklasse klösterlicher Enthaltsamkeit, sondern junge Leute, die sich beim Suchen nach dem vollkommenen Glück und dem Sinn des Lebens auch mal in eine falsche Richtung verirrten. Und Schnurrpfeifereien und eigenproduzierten Schabernack mit Nonsenscharakter gab es in und außerhalb der Schule zur

Genüge. Aber ich muss gestehen: Ihn, unseren „Männe" – wie sein illegaler Zweitname hieß – haben wir von simplen Lausbubenstreichen verschont, wie sie der in der „Feuerzangenbowle" als Primaner getarnte Schriftsteller Dr. Hans Pfeiffer im Repertoire hatte. Das wäre uns bei Hermann, dem Hettstedter, plump und unnötig erschienen, denn es hätte die anspruchsvolle Qualität unserer beidseitigen Beziehung beleidigt. Unsere Spaßverbundenheit lag auf einer etwas anderen Ebene. Spätestens jetzt, verehrte Leserschaft, bin ich Ihnen Konkretheiten schuldig.

Eine Hiobsbotschaft

Es war der 4. Januar 2021. Die erste Arbeitswoche des neuen Jahres hatte gerade erst begonnen, als mich am Montagvormittag die traurige Nachricht per Telefon erreichte: „Hier ist Frau Fröhlich aus Hettstedt. Es ist etwas Schlimmes passiert. Mein Mann ist am Abend des 1. Januar gestorben. Bitte informieren Sie auch die anderen Schüler Ihrer ehemaligen Klasse. Sie waren ja alle bis zum Schluss eng mit ihm verbunden."

Das konnte ich gern bestätigen. Es kommt sicher nicht allzu oft vor, dass eine Oberschulklasse in geschlossener Formation ihrem Klassenlehrer mehr als 60 Jahre und über eine scharfe politische Zeitenwende hinweg in Freundschaft und Respekt auf vielerlei Weise die gedankliche Treue hält. Erst am 9. September 2020 – knapp vier Monate vor seinem Tod – hatte ihm eine Dreier-Delegation unserer ehemaligen Klasse bei einem Krankenbesuch in seiner Hettstedter Wohnung beste Genesungswünsche überbracht. Hermann, der uns allen beim ersten Wiedersehen nach der Wende im Rahmen eines Klassenfestes das dann schon erwachsene „Du" angeboten hatte, freute sich über das Blumenbukett und die Rotwein-Medizin, die ihm mit mir gemeinsam mein Leipziger Ex-Mitschüler Gerhard Ummerlée und seine Frau Ulla überbrachten. Am Vortag hatten wir uns mit einem Fähnlein der gesundheitlich noch Aufrechten am Fuße der in den Harzer Bergen idyllisch veschanzten Burg Falkenstein in Sachsen-Anhalt zu einem Klassentreffen versammelt. Gerhard hatte es schon für den Mai 2020 organisiert, aber es fiel wie so vieles der Zerstörungswut des Coronavirus zum Opfer.

Für dieses Mai-Treffen hatte Hermann mit großer Freude und Selbstverständlichkeit für sich und seine Frau Evamaria sogar schriftlich zugesagt – „Evamaria ohne Bindestrich", wie er seit jeher mit spitzbübischem Schalk anmerkte. Fürs September-Nachzüglerfest ging es dann durch seine gesundheitlichen Blessuren schon nicht mehr. Wir beschlossen: Wenn er also schon nicht zu seinen früheren Zöglingen kommen konnte, kamen die eben zu ihm.

Während unserer Plauderei wirkte er schon etwas gebrechlich, aber verstandesmäßig hellwach. Er amüsierte sich köstlich über Schulzeit-Anekdoten, die ich mit damals noch vagem Blick auf ein Buchprojekt bereits zu Papier gebracht hatte und ihm vorlas. Er erinnerte sich nicht nur an ernste und vergnügliche Gemeinsamkeiten, sondern ergänzte sie sogar hin und wieder. Und mitten beim Herumkramen in nostalgischen Unbeschwertheiten meinte er in wohlüberlegter Beiläufigkeit, wir wären seine Lieblingsklasse gewesen. Da er trotz einer seinem Charakter eigenen lebhaften Offenheit nie spontan und leichtfertig mit Lob und Tadel um sich geworfen hatte, empfanden wir das als ehrenhaftes, aber auch wohlverdientes Kompliment. Als kurz darauf die Krankenschwester zum Hausbesuch erschien, verabschiedeten wir uns – ohne zu ahnen, dass es für immer sein würde.

Nach diesem Treffen stand für mich endgültig fest, was ich bereits vorher erwogen hatte: Hermann Fröhlich, Klassenlehrer des B2-Abitur-Jahrgangs 1963 an der ehemaligen Erweiterten Oberschule Hettstedt, gehört für mich zu den außergewöhnlichen Menschen, die mich in meinem Leben beeindruckt haben und denen ich deshalb ein Kapitel meines nächsten Buches widmen werde.

Ein Vierteljahr später – Mitte Dezember – wollte ich mit Hermann darüber sprechen und mir von ihm die Erlaubnis einholen, ihn im Manuskript mit Klarnamen nennen zu dürfen.

Aber am anderen Ende der Telefonleitung war Schweigen. Meine Anrufe verhallten ungehört. Am Nachmittag meldete sich seine Frau Evamaria – ebenfalls eine ehemalige Lehrerin – und erklärte es. Just an diesem Tag habe sie ihren Mann ins Pflegeheim bringen müssen, denn sein Alzheimer sei schlimmer geworden und sie habe ihn zu Hause leider nicht mehr angemessen betreuen können.

Dass es nun so schnell ging, hätte niemand gedacht. Das schmerzte. Über mein Vorhaben war Frau Fröhlich zuerst erschrocken und dann hocherfreut. Ich auch, denn sie gab im Namen ihres Mannes ihr Einverständnis zu dem Buchprojekt – und mir dann sogar schriftlich die Erlaubnis, ihm mit seinem vollen Namen ein kleines bibliophiles Denkmal setzen zu dürfen. Ich empfinde innere Genugtuung und Zufriedenheit, dass wir ihm noch vor der Eskalation seiner Krankheit leibhaftig zum 90. Geburtstag gratulieren konnten.

Klassenfest statt Klassenkampf

Nach allem, was ich von Lehrer Fröhlich bisher erzählt habe, dürfte es nicht verwundern, dass er für uns Sympathieträger Nr. 1 im Berufsstand von seinesgleichen war. Um dies voll verstehen zu können, möchte ich die Beschaffenheit seiner Person noch etwas tiefer ausloten. Obwohl er die uneingeschränkte Lizenz zum Lehren, Prüfen und Notenverteilen besaß, hat er diese Machtfülle nie missbraucht oder damit Übellaunigkeit kompensiert. Er nutzte seine pädagogischen Privilegien mit milder Strenge, menschlicher Fairness und einem entwaffnend offenen, ausgeglichenen Charakter, durchsetzt mit Realitätssinn und einem soliden Nerv für Mitgefühl. Diese Kombination versetzte ihn in die Lange, selbst manch nassforschem Auftreten seiner Schüler mit staubtrockenem Humor zu begegnen. Alltagslaunen und Bekümmernisse schienen ihm fremd – und sollte er, was anzunehmen ist, mal welche gehabt haben, hat er sie weggedrückt und nicht an uns ausgelassen.

Lehrer Fröhlich war ein Meister alter Schule, dem Schulmeisterei fremd war. Er lehrte ohne Belehrung, tadelte und lobte mit Sinn für Gerechtigkeit und reagierte auf dreiste Widerreden zu unser aller Gaudi mit gespielter Fassungslosigkeit. Seine über den Dingen stehende Kompetenz verleitete ihn auch dann nicht zu naserümpfender Überheblichkeit, wenn man im Erraten von Problemlösungen meilenweit danebengehauen hatte. Da entlud sich über dem Haupt des Sünders ein Gewitter kabarettreifer Ausdrücke des Entsetzens, deren harmloser Tonfall die Schelte sofort wieder relativierte. Aber bei allen missbilligenden Worten blitzte auch immer ein wenig Verständnis durch, weil Lehrer Fröhlich sich vielleicht an die eigene Schulzeit erinnerte. Und wenn er mit bissigem Humor eine „dicke, fette fünf" verteilte, wusste der zerknirschte Delinquent, dass er sie auch redlich verdient hatte. Zwischen ihm und uns existierte eine Balance gegenseitigen Verstehens für die Position des anderen – nicht im Stile von Vertraulichkeit, sondern von Vertrauen.

Auf diese Weise meisterte er mit uns das werktägliche Allerlei mit Bravour und einer gewissen Lebensleichtigkeit – charismatische Fähigkeiten, die ihn aus dem charakterlich vielgestaltigen Pulk der Lehrerschaft heraushoben. So gab es auch außerhalb schulischer Mauern auf Klassenfesten oder Klassenfahrten nie Klassenkampf, denn Lehrer Fröhlich war der rundum anerkannte Chef und gleichzeitig so erdverbunden wie wir. Er tanzte ausgelassen auf Klassenfeten, hörte auch dem größten Nörgler aufmerksam zu, trank gern ein Bier oder zwei oder drei, erzählte schrullige Schnurren, war keinem Gaudi abhold, kannte aber die Grenzen – und wir kannten sie auch.

Bemerkenswert ist für mich noch heute, dass unsere außerschulischen und mitunter auch recht ausgelassenen Geselligkeiten alle vier Jahre hindurch nie jemanden von uns Schulbankdrückern ihm gegenüber zu schulterklopfenden plumpen Vertraulichkeiten oder Anbiedereien verleitet hat. Und das, obwohl wir intern nur von unserem „Männe" sprachen. Toleranz, Wertschätzung und Achtung waren gegenseitig. Das blieb auch so, wenn eine Geselligkeit seltenerweise mal aus dem Ruder lief oder wenn einer von uns Mist gebaut hatte, worüber ich noch konkret erzählen werde. Aber ohne diese generellen Bemerkungen würde manche der überaus frohsinnigen, vergnüglichen Anekdoten von Außenstehenden schwerlich verstanden.

Einer von uns

Über allem stand felsenfest und in Stein gehauen die Maxime: Er ist unser Chef und zugleich einer von uns, eine dem prallen Leben zugewandte Frohnatur und Respektsperson – für einen Lehrer eine seltene Kombination, die beidseitig tadellos funktionierte. Der Beweis dafür waren für uns sowohl erlebnisreiche Freiräume als auch schulische Leistungsstärke – und für ihn Anerkennung in seiner Pädagogenwelt und ein wenig Neid im Lehrerkollegium. Diese Einschätzung stammt nicht von mir, sondern in späteren Jahren gemeinsamer Erinnerungen von Lehrer Fröhlich selbst. Es war, als hätten wir ein stilles Abkommen: Er ist als Vollstrecker der ihm vom Staat verliehenen schulischen Allgewalt unser pädagogisch Vorgesetzter ohne erhobenen Zeigefinger und wir versuchen, eine klasse Klasse zu sein und zugleich miteinander schulisches Leben zu genießen. Das fiel auch deshalb nicht so schwer, weil er Jahrgang 1930 war – und damit nur 15 Jahre älter als wir.

Wie sah nun die Praxis unserer schulischen Symbiose mit unserem „Männe" aus? Um einen Eindruck davon zu bekommen, setze ich mich einfach noch einmal auf die Schulbank und melde mich sogleich zu einer Vorbemerkung zu Wort: Nichts von all den folgenden Schilderungen ist frei erfunden, alles ist wahr und so passiert – sowohl vonseiten des Lehrers als auch vonseiten seiner Schützlinge. Erdichtet sind lediglich die Namen der Schüler, nicht aber die Personen, die hinter ihnen stehen. So ist beides gewährleistet: Authentizität des Geschehens und Personenschutz. Nur unser Klassenlehrer heißt, wie er heißt, und bekommt dank der freundlichen Zustimmung seiner Gattin kein Pseudonym. Das aber hat Hermann Fröhlich auch nicht nötig – im Gegensatz zu seinen Zöglingen, die sich neben Glanzleistungen auch manch tadelnswerten groben Schnitzer erlaubt haben, von dem sie heute vielleicht nichts mehr wissen wollen. Oder doch? Selbst unsere Klassenfeste nach dem Beginn der neuen gesellschaftlichen Zeitrechnung haben gezeigt: Doch, wir erinnern uns gern an unsere schulischen wie außerschulischen Kapriolen, deren schalkhafte Züge nicht selten Anekdotenwert hatten und beim Erinnern und Weitererzählen einen doppelten Spaßfaktor haben. Deshalb möchte ich dies nun in aller Öffentlichkeit tun.

Der fliegende Kugelschreiber

Zum Unterrichtsbeginn kam unser Klassenlehrer Hermann Fröhlich stets so pünktlich, dass es fast schon peinlich war. Erschien er kurz nach dem Klingelzeichen Glock acht im Türrahmen, folgte das immer wieder gleiche Ritual. Im flotten Wiegeschritt eines Tangotänzers verscheuchte er jegliche im Raum vorhandene Müdigkeit. Die unter dem Arm geklemmte, schon etwas zerlederte Aktentasche erreichte das Lehrerpult noch vor ihm, geworfen im schwungvollen Bogen mit zielsicherer Landung. Um auch dem letzten verschlafenen Hinterbänkler klar zu machen, dass nun ein Russisch-Unterricht folgt, schmetterte er das „Guten Morgen!" als forsches „Dobroje utro!" in den Raum. Das Echo klang aus noch mit Frühtau belegten Kehlen meist schlapp und kraftlos. Denn für uns hatte die Morgenstunde weniger Gold im Munde als vielmehr einen Haufen von Vokabeln. Die wurden unabhängig von jeglichen Befindlichkeiten regelmäßig abgefragt. Die mit der lustigsten Aussprache konnte ich mir noch einigermaßen merken: „Pepelnitza" – der Aschenbecher, „Bugowitza" – der Knopf und „Dostoprimetschatjelnost" – die Sehenswürdigkeit.

Wir hatten schnell begriffen, dass die Freundlichkeit seines Guten-Morgen-Grußes keinerlei Anlass zur Entspannung gab. Denn Freundlichkeit war ihm eigen, deshalb permanent vorhanden und sagte nichts darüber, ob es eine normale, ungefährliche Unterrichtsstunde werden würde oder eine Zitterpartie mit einer gefürchteten Leistungskontrolle. Verteilte er die jüngst geschriebenen zensierten Arbeiten, tadelte er einen beklagenswerten Empfänger schlechter Noten nicht, sondern warf ihm sein Heft auf die Schulbank mit einem tröstlichen Nachruf – etwa so: „Forstmann, sei froh, dass es bei uns keine sechs gibt. So ist es gerade noch 'ne fünf geworden!" Oder: „Keine Angst, Maler, ich beschimpfe dich nicht, mit 'ner fünf bis Du schon genug gestraft!" Oder: „Bennewitz, deine Arbeit ist 'ne Beleidigung. Aber keine Angst, ich nehme es nicht allzu persönlich!"

Das war seine Art, die Peinlichkeiten individueller Fehlleistungen in den Rang von nicht allzu ernsten Lebenskonsequenzen zu heben, was zugleich eine helfende Zuversicht für die Besserung von vielleicht Unverbesserlichen ausdrückte. Das vermied zerstörerische Persönlichkeitsfolgen und kittete zumindest einige Scherben des zerbrochenen Porzellans von Selbstbewusstsein.

Er tat uns leid, wenn wir ihn durch Ignoranz oder Nichtwissen kurzzeitig in Fassungslosigkeit stürzten. Dann schlug er sichtlich genervt mehrfach die Fußknöchel zusammen. Kam größere Erregung über ihn, warf er in einer kurzen Anwandlung von Unwilligkeit seinen wie angetackert in der Hand gehaltenen Kugelschreiber aufs Lehrerpult, begleitet von einem dezent leisen Ausruf mit nur einem einzigen Wort: „Unwahrscheinlich!" Das aber kam nicht etwa wutschnaubend über seine Lippen, sondern mit einem Anflug von gespielter augenzwinkernder Empörung. Die signalisierte, dass er zwar enttäuscht ist, jedoch nicht verbittert oder verzweifelt und schon gar nicht nachtragend –, dass also, kurz gesagt, die Fehlleistung weder für dessen Verursacher noch für seinen Lehrer ein Grund ist, sich das Leben zu nehmen.

Diese Gefühlsaufwallung passierte auch bei unkonzentrierten Schülern, die ihm – was er überhaupt nicht mochte – ihr Ohr und ihre Aufmerksamkeit verweigerten. Beispielsweise, wenn er sie kurz vor dem Einschlafen erwischte. Dann war eine leichte Mahnung an alle fällig: „Bitte, jetzt nehmt euch mal zusammen und konzentriert euch! Kaum sag ich's, geht's schon wieder los. Ist das zu fassen! Bollnick, ich sehe dich da unter der Bank rummaikäfern, während ich Konzentration anmahne. Was machst du um Himmelswillen mit dem Kopf unter der Bank?" Der Angesprochene tauchte wieder auf: „Ich konzentriere mich, Herr Fröhlich".

Das war so ein Moment, in dem der Kugelschreiber auf dem Lehrertisch oder der darauf befindlichen Aktentasche landete: „Unwahrscheinlich!" Oder wenn „Männe" in gespieltem Entsetzen drohte: „Bosner, wann wirst Du's je begreifen? Wegen dir nehme ich mir nochmal das Leben!" Das Echo kam prompt: „Machen Sie das bitte nicht, Herr Fröhlich, das kann ich nicht verantworten." Der Kugelschreiber flog: „Unwahrscheinlich!"

Lehrer Fröhlich hatte sich wieder einmal Luft verschafft, womit zunächst ein Herzinfarkt abgewendet war. Meine Mitschriften seiner Kommentare in mentalen Notsituationen füllten im Laufe der Zeit ganze Heftseiten. Sie halfen mir später beim Abfassen unserer Abiturzeitung und erlauben mir jetzt die Wiedergabe von Zitaten. Verbürgt ist so auch sein vernichtendes Urteil: „Na, Grunwald, wo sind denn nun die Hausaufgaben? Nein, nicht schon wieder was schwören. Auf einen Meineid mehr oder weniger kommt's doch bei dir schon lange nicht mehr an! So, du meinst also, ich hatte nichts Schriftliches aufgegeben, sondern nur was Mündliches? Na, du bist vielleicht ein Schlaumeier, so ein Filou! Setz dich und bewundere die Fantasie deiner Ausreden."

Solch Schlagfertigkeit, so schien es mitunter, konnte ihn beeindrucken – und er honorierte sie bisweilen, indem er sie durchgehen ließ. Das untrügliche Zeichen für soviel Gnädigkeit war, dass er seinen stets widerspenstigen Haarwirbel am Hinterhaupt in genial ritueller Langsamkeit zurückstrich, eine Zeitlupe mit erfreulichem Wiedererkennungswert. Das geschah mit einer halbmondförmigen Handbewegung in gekonnter Bedächtigkeit, die etwas Durchgeistigtes an sich hatte. Da wussten wir: Jetzt ist er innerlich zur Ruhe gekommen, jetzt entspannt er sich. Die größte Gefahr dürfte vorüber sein.

Er kannte natürlich seine Pappenheimer, bei denen die Natur bei der Vergabe russischer Sprachgene gegeizt hatte und auf die er besonders achtete, damit sie nicht ganz im Sprachsumpf versackten: „Gerberlein, warum willst du denn unbedingt die russische Sprache reformieren? Die hat doch nun mal sechs Fälle. Lass es dabei!"

Als es um Redewendungen über Wald und Flur ging, wurde er gefragt, welche denn seine heimische Lieblingsblume sei. „Männe" überlegte nicht lange, um Ruhe zu haben: „Enzian". Ein Zwischenruf des Schülers Krossmann belehrte ihn: „Herr Fröhlich, Enzian wächst hier nicht. Aber Enzian gibt's im Eckladen am Markt als Schnaps!" Und schon war der Kugelschreiber unterwegs: „Unwahrscheinlich!" Ja, alkoholhaltige Wortspielereien gab es genug. Davor schreckte auch er nicht zurück: „Stoffmann, ich habe lediglich gesagt, es mangelt Dir an Wissensdurst. Man hält's nicht für möglich: Er hört Durst und leckt sich schon über die Lippen. Unwahrscheinlich!"

Über die Geldbörse eines Oberschülers

Bei allem Langmut und Verständnis für seine Schüler hatte auch ein Hermann Fröhlich eine Toleranzgrenze. Die wurde jedes Mal strapaziert, wenn seine pädagogischen Ausführungen und Erläuterungen durch Weghören, augenoffenes Tagträumen oder andere grobe Unaufmerksamkeiten missachtet wurden. „Kruse, was fummelst du denn da hinten immerzu mit den Händen unter der Bank rum? Und der Körber macht da auch noch fleißig mit! Ich fasse es nicht, die tauschen Geldscheine! Ja sind wir denn hier vielleicht in einer Wechselstube?" Dem unvermeidlichen „Unwahrscheinlich!" folgte der Kuliwurf und die Ruhe war wieder hergestellt.

Angesprochen war damit das hochsensible Thema der ständigen Geldnöte eines Schulgängers, obwohl er nicht voll und ganz auf das finanzielle Wohlwollen der Eltern angewiesen war. Denn der Staat DDR vergab an Lehrlinge und Schüler der Erweiterten

Oberschule – kurz EOS – als eine Art Mini-Stipendium Ausbildungshilfen, die nicht zurückgezahlt werden mussten. Das war schon in meiner EOS-Zeit von 1959 bis 1963 so.

Als vaterloser Schüler aus einer sozial schwachen Familie bekam ich eine monatliche staatliche Zuwendung von 45 Mark. Dieses Budget hat Mutter Maria um drei Mark aufgestockt, womit ich über ein üppiges Taschengeld von wöchentlich zwölf Mark verfügte. Sie selbst hatte es als Verkäuferin im Stoffkonsum von Mansfeld mit einem Monatssalär von 200 Mark auch nicht allzu dicke. Meine zwölf Mark in der Woche habe ich mir dann so eingeteilt, dass ich nach dem Unterricht in der Kreisstadt Hettstedt die Zeit bis zur Abfahrt des Schulbusses mit einem Bierchen und einer Bockwurst gerade noch ohne Insolvenz überbrücken konnte. Dank der damaligen Niedrigpreise reichte es sogar noch, um beim Samstag-Tanz im Mansfelder „Bergmann" mit Eintritt, Speis und Trank über die Runden zu kommen.

Zwanzig Jahre später hätte ich mir einige Bockwürste und Biere mehr leisten können, denn Mitte 1981 wurden die sukzessive gestiegenen Beihilfen noch einmal kräftig aufgestockt. Für einen Oberschüler betrug die monatliche Schülerstütze dann ab der 11. Klasse 110 DDR-Mark und ab 12. Klasse 150 Mark. Bei sozialer Bedürftigkeit wurden noch einmal 50 Mark draufgelegt. Auch für Berufsschüler gab es mehr Geld in einer Spanne zwischen 105 und 220 Mark.

Auf heißem Pflaster in Westberlin

Mutter Maria war im Rahmen ihres schmalen Verdienstes nicht knausrig, wenn bei besonderen Anlässen Not am Mann war, will heißen Geldnot am Sohnemann. Dann griff sie etwas tiefer in die spärlich gefüllte eigene Tasche und gewährte mir einen Zuschuss zum Schulobolus. Das war auch so bei einer Klassenfahrt, die zu einem denkwürdigen Abenteuer wurde – und zwar zu einem solch eskapadenhaften Erlebnis, dass sich selbst 60 Jahre danach bei einem Klassentreffen noch alle Beteiligten mit einem lachenden und einem weinenden Auge daran erinnern konnten.

Geplant war die Exkursion als Zweitagestour unserer zehnten Klasse in die Hauptstadt Berlin mit Übernachtung in der noch heute existierenden Jugendherberge am Ostkreuz. Realisiert wurde sie als Schulausflug, der sich letzten Endes zu einem Unterfangen katastrophalen Ausmaßes entwickelte.

Es war vor dem 13. August 1961. Die Berliner Mauer stand noch nicht. Unser Klassenlehrer und Reiseleiter Hermann Fröhlich hatte schon zu Hause ein Programm aufgestellt, das für den ersten Tag einen freien Nachmittag zur individuellen Besichtigung der Hauptstadt der DDR vorsah. Das wurde weidlich genutzt – allerdings etwas anders als offiziell geplant. Keiner sprach darüber, aber alle dachten und machten es. Da gab es wohl in stillschweigendem Einverständnis ein universelles Verhaltensmuster: Statt braver Spaziergang am Alexanderplatz gewagter S-Bahn-Ausritt nach „drüben", rüber auf feindlichen Boden jenseits des Brandenburger Tores. Das vielgepriesene westliche Schaufenster der geteilten Stadt angucken! Es war das Abreagieren aufgestauter Neugier.

Da hatte jeder so seine geheimen Wünsche, Vorstellungen und Absichten – oder sogar planvolle konkrete Aktionen wie Gaby Vogel. Sie hatte eine Tante in Westberlin und der Großvater war Fleischer in Mansfeld. Das ließ sich gewinnbringend zusammenfügen. Und so keimte die verwegene Idee, der Tante eine deftige Bratwurst und einen geräucherten Schinken mitzunehmen, was als angenehme Folge voraussichtlich etwas Westgeld einbrachte. Das Ost-West-Projekt klappte. Mit der moralischen Unterstützung ihrer Freundin Christa Werner wurde der Handel auf einem Westberliner S-Bahnhof perfekt gemacht. Die vom heimischen Metzger-Opa mitgebrachte frische Ladenware und einige DM-Scheine der Westtante wechselten ihre Besitzer. Damit war der Kinobesuch gesichert. Anderthalb Stunden „Schlagerparade 1961".

Auch ich sah das schreiend bunte Riesenplakat mit einem Aufgebot an Stars, die auf meinem Tonbandgerät „KB 100" mit ihren Hits vertreten waren – aber eben nur mit ihrer Stimme und nicht leibhaftig. Bill Ramsey, Chris Howland, Ted Herold, Vivi Bach! Auf ihre Leinwandfiguren musste ich verzichten, denn die Dame an der Kinokasse hätte für meine wenigen Westknaddeln nicht mal ein Ticket für die billigsten Plätze rausgegeben.

Dieses Pech war aber locker verkraftbar im Gegensatz zu einem Missgeschick staatsbürgerlichen Ausmaßes, an das ich noch jetzt mit leichtem Schaudern denke. Zugleich nötigte mir das Erlebte einmal mehr Hochachtung ab vor der menschlichen Seite von Lehrer Fröhlich. Aber der Reihe nach.

Auch ich war zur Stippvisite in die unbekannten Berliner Westgefilde nicht allein aufgebrochen, sondern gemeinsam mit zwei engen Schulfreunden. Ich taufe sie mal Edmund Kremlich und Rainer Thielemann.

Kaum waren wir auf dem weltberühmten Kurfürstendamm angelangt, verschlug uns weniger seine menschenquirlige Atmosphäre die Sprache als vielmehr ein unverschämter Willkürkurs an der Wechselstube. Er legte sich spontan auf Gemüt und Geldbörse. Es roch nach Schwarzmarkt. Da wir uns aber zumindest Westzigaretten gönnen wollten, gab jeder von uns seinen DDR-Zehner hin und empfing dafür zähneknirschend knapp zwei D-Mark. Das ernüchterte schlagartig unseren Blick auf die Glitzer- und Luxuswelt, die mit reichlichen Kaufangeboten lockte, uns aber mit unserer vorhandenen monetären Knappheit nicht gefährlich werden konnte. Nun standen wir also vor dem Shoppingtempel KaDeWe, dem Kaufhaus des Westens, dem Sehnsuchtsort meiner Mutter, die durchaus eine brave DDR-Bürgerin war. Das war er also, der Inbegriff von Überfluss und Kaufrausch, und wir mittendrin in der knallbunten Quirligkeit der kapitalistischen Wohlstandsgesellschaft, gestört nur durch einige vorüberpilgernde Clochards und etwas abseits hockende Bettler. Ich fühlte mich ihnen fast zugehörig mit meinen zwei Westmark in der Tasche. Warum hatte ich sie im Westfernsehen bisher nicht bemerkt? Das lag sicher daran, dass die TV-Schirme in den Wohnstuben meines Mansfelder Landes fernab westdeutscher Funkmaste und im Sendeschatten der Harzberge ein äußerst unscharfes, zittriges und vergrisseltes Bild zeichneten, auf dem nicht alles zu erkennen war. Oder wurden sie bewusst ausgeblendet?

Als wir einen Zeitungskiosk passierten, konnte ich nicht widerstehen und leistete mir für 50 Pfennig die neueste „Bravo". In der DDR war das sogenannte „Zentralorgan der deutschen Teenager" mit seinen Lifestyle- und Starkult-Kampagnen verboten. Ich wusste, dass in Bundesdeutschlands größtem Jugendmagazin auch der berühmte „Starschnitt" zu finden war. Das Prinzip war genau so einfach wie wirkungsvoll: Jede Wochenausgabe druckte ganzseitig das Foto eines immer wieder anderen Körperteils der gerade angesagtesten Film-, Schlager-, Pop- oder Rock-Ikone in physischer Originalgröße. Nun musste man nach und nach von Ausgabe zu Ausgabe nur noch alle Mosaikteile ausschneiden, richtig aneinanderkleben und fertig war der Star, den man nun in Lebensgröße als Poster zu Hause hatte. Mein Pech war, dass ich lediglich den linken Arm von Teenieschwarm Rex Gildo erwischt hatte. Wär's der Kopf gewesen, hätte es zumindest noch zu einem Porträtplakat gereicht.

Nach dem leichtsinnigen Zeitschriften-Kauf und einem DAB-Bier war ich fast am Ende mit meinem Westzaster. Den anderen beiden ging es ähnlich. Westberlins Kommerzmaschine hatte uns durch die Mangel gedreht und schamlos ausgenommen. Was uns aber niemand nehmen konnte, war ein sehnsüchtiger Blick ins Schaufensterparadies eines Zigarettenladens. Für einen einzelnen Filterstängel hätten die Kleinmünzen noch gereicht, aber wer verkauft schon einzelne Zigaretten!? Wir kannten die Marken mit ihren Reklamesprüchen und konsumierten sie zumindest mit den Augen. „Peter Stuyvesant" mit dem würzig-kräftigen Geschmack und dem „Duft der großen weiten Welt". Und natürlich die Filter-Marke HB, deren Werbemännchen der DDR-Raucher mit sehnsüchtigem Entzücken anhimmelte, wenn es bildschirmwirksam vom anderen Deutschland herüber verkündete: „Halt, mein Freund! Wer wird denn gleich in die Luft gehen? Greife lieber zur HB!" Ja, gut gesagt, wenn man in Mansfeld oder Hettstedt zu Hause war.

Nun standen wir vor einer Glasscheibe mit dem Werbeaufkleber des HB-Männchens und konnten nicht zu ihm finden. Da geschah den DDR-Fremdlingen Wirtschaftswunderliches in überraschender Form. Da wir nicht zum HB-Männchen konnten, kam es zu uns! In Form des Ladenbesitzers. Er muss uns wohl von drinnen beobachtet und als arme Ostdeutsche identifiziert haben.

Ich schäme mich noch heute, mit welch dankbarer Ergebenheit jeder von uns eine HB-Minipackung entgegengenommen hat. Ich denke, sie gehörten zum Repräsentations- und Werbe-Etat des Geschäftes, dessen freundlicher Vertreter sich wohl als mitfühlender Mitleidsgönner gegenüber ostgeschundener Konsumknappheit gefühlt haben muss. Und wir, ansonsten gelehrige Schüler von Hermanns Staatsbürgerunterricht, hatten uns in kurzen Phasen der Vergesslichkeit Marxscher Lehren von der Walze kapitalistischen Kommerzes überrollen lassen. Aber es war nicht zu leugnen: Der zur Schau gestellte schillernde Reichtum beeindruckte die Hettstedter Oberschüler in nicht erahntem Maße, während das allgegenwärtig aufdringliche Werbespektakel als Drangsalierung für einen haltlosen Kaufterror sie zugleich in sinnverwirrender Weise nervös machte und die Nerven strapazierte. Sie spazierten durch eine bonbonfarbene, reizüberflutete Innenstadt, für deren nähere Erkundung aber nur ein begrenztes Zeitkontingent blieb.

Der Pädagogenvater

Noch während wir hin- und herschwankten zwischen Freude über das unverhoffte westliche Glimmstängel-Glück und Scham über den kurzzeitig verlorenen Stolz des DDR-Bürgers, machte Rainer eine schrecklich Entdeckung. Sein Personalausweis war weg. An der Wechselstube hatte er ihn noch und nun nicht mehr. Er durchsuchte sich von Kopf bis Fuß, aber sein Dokument blieb abwesend. Dann klopften auch wir ihn von vorn und hinten ab, begrabschten ihn von oben und unten, aber der

Personalausweis blieb verschwunden. Nun hatten wir nicht nur unseren DDR-Stolz, sondern gleich einen ganzen DDR-Bürger verloren. Zumindest im Moment. Denn ohne amtliche Legitimation existiert eine Person nicht. Und das auf feindlichem Grund und Boden!

Nachdem die dichten Wolken von Schock und Schreck an uns vorübergeglitten waren, rätselten wir hin und her über die beste Variante unseres Verhaltens – mit dem ehrenwerten Endresultat, dass wir unsere Hirne vom Gift möglicher Lügengeschichten reinigten und die unrühmliche Sache klipp und klar unserem Lehrer beichten wollten. Also wieder rein in die S-Bahn. Die Zigaretten hatte ich in der Hosentasche und die „Bravo" auf dem Rücken unterm Hemd.

Wir bauten auf „Männes" Loyalität und irrten nicht. Ein blass werdendes Gesicht, aber kein Wort des Zorns oder Vorwurfs. Dafür die Entdeckung einer neuen charakterlichen Seite an ihm. Ein mitfühlender, sich mitsorgender Pädagogenvater mit klarer Ansage: „Die Sache bleibt unter uns! Rainer, du meldest den Verlust sofort bei der Polizei: Personalausweis verloren in unserem Berlin. Versprich dich nicht: in **unserem** Berlin! Sollte der Ausweis später mal bei einer kriminellen Machenschaft auftauchen und die Spur kann bis zu dir zurückverfolgt werden, bleibst du bei dieser Aussage. Jetzt auf's Revier! Ich komme mit!" Sprach's und marschierte mit seinem Schüler los.

Das war unser Klassenlehrer, wie wir ihn kannten. Er machte, was nahe lag, kein übergroßes Fass auf wegen unwürdigen, politisch untragbaren Schülerverhaltens mit der naheliegenden Gefahr eines anschließenden Rausschmisses oder zumindest Disziplinarverfahrens. Stattdessen verständnisvolle Hilfe in einer verfahrenen Situation. Er war Realist genug, um zu wissen, dass ein neugieriger Ausflug in den Wilden Westen und ein Schnuppern an Annehmlichkeiten des Kapitalismus nicht heißen muss, dass man dort auch Asyl beantragen will. Seine drei Jungs waren ja zurückgekommen – und ausnahmslos alle anderen auch inklusive seiner eigenen Person, denn wir hatten den leisen Verdacht, dass auch er „drüben" war.

Dieser Verdacht wurde sechs Jahrzehnte später zur Gewissheit, als mein Freund Gerhard, seine Ulla und ich unserem 90-jährigen ehemaligen Klassenlehrer einen Gratulations-Hausbesuch abstatteten. Da gestand er mit Schmunzeln, was er bislang für sich behalten hatte: Ja, er war damals auch in Westberlin. Und nicht nur das! Ihm begegnete auf dem Ku'damm eine nie vermutete Überraschung in Gestalt einer Person, die wie sein stellvertretender Direktor Karl Ruder (Name geändert) aussah. Aber er sah nicht nur so aus, er war es tatsächlich, wie Hermann beim Näherkommen erschrocken feststellte. Ihn unverhofft auf westlichem Terrain zu begrüßen, war auch für ihn zuviel an zugemuteter Toleranz. Also wandte er sich in geschwinder, aber unauffälliger Weise den Auslagen eines Schaufensters zu, um der peinlichen Begegnung zu entgehen – und damit vielleicht der gegenseitigen erstaunten Frage: „Was machen Sie denn hier?" Der Überraschungseffekt hätte zumindest einen Vorteil gehabt. Denn solange es beiden Kollegen die Sprache verschlagen hätte, wäre in diesem verbalen Vakuum Zeit gewesen zum Erfinden von Ausreden. Eine skurrile Situation wäre es allemal geblieben: Der Staatsbürgerkundelehrer und der Vizedirektor einer DDR-Oberschule treffen sich zufällig mitten im Vorzeigeparadies des deutschen Kapitalismus! Also, Hermann, lieber zur Seite weggedrückt!

Schließlich war auch unser verehrter Herr Fröhlich gottlob nur ein ganz normales Menschwesen. Und zwar eines, das auch mit dem seltenen verständnisvollen Sinn für unangenehme Realitäten ausgestattet war – und mit der Gabe für Schadensbegrenzung und viel Nachsicht für menschliche Schwächen, darunter auch für seine eigenen.

Eine feuchte, aber
nicht sehr fröhliche Kahnfahrt

Das Westberlin-Abenteuer im Allgemeinen und die fatale Ausweisgeschichte im Besonderen blieben bei unserer Berlin-Exkursion nicht die einzigen Erlebnisse, die das vertrauensvolle Freundschaftsverhältnis zu unserem Klassenlehrer auf eine harte Probe stellten. Es bestand nicht nur seine Feuertaufe, sondern auch seine Wassertaufe, was nun zu beweisen wäre.

In einmütiger Begeisterung hatte die gesamte Klassenriege ihrem Vorturner den verwegenen Vorschlag gemacht, den Müggelsee auf Paddelbooten zu erkunden. Natürlich ließ sich Herr Fröhlich von unserer Euphorie anstecken. Also schritten wir zur Tat, ohne auch nur den geringsten Gedanken zu verschwenden an meteorologische Details einer Wettervorhersage und deren Wirkung auf Paddelboote. Und was gingen uns auch wohlgemeinte Hinweise von Bootsverleihern über die Tücken von Wind und Wellen auf Berliner Gewässern an?! Schließlich wollten wir nicht den Pazifik überqueren, sondern nur ein wenig in der Badewanne des Müggelsees herumpaddeln. Da schmolzen die Risiken der Seefahrt auf Erbsengröße.

Also mieteten wir schnittige Zweisitzer-Kanus und stachen in See. Die sich bedrohlich türmenden Dunkelwolken am Horizont übersahen wir geflissentlich, denn unsere volle Konzentration galt dem unfallfreien Einsteigen und dem sauberen Ablegen vom Ufer. Mein Mitpaddler war Rainer Thielemann. Kaum waren wir ausgeschwärmt, verfinsterte sich das Firmament. Eine steife Brise verwandelte sich flugs in stürmische Windböen, die scheinbar den halben Müggelsee in unsere Boote trieben – und in Form von peitschendem Regen auch in die Augen. Es schwappte von unten und goss von oben, es spritzte von vorn und klatschte von hinten. Und vor allem schaukelte es in zunehmend gefährlicher Heftigkeit. Wir waren als Pulk gestartet, wollten in einer schwimmenden Gruppe zusammenbleiben und drifteten nun chaotisch in alle Richtungen auseinander.

Durch den Wasserschleier konnte ich erkennen, wie andere von uns ebenfalls gegen die Elemente kämpften. Dann hörte ich, wie Lehrer Fröhlich rief: „Sofort zum Ufer!" Natürlich, das wollten alle und wir auch. Aber wo war das Ufer? Wir waren von Wasser umzingelt und versuchten, uns in der Düsternis der Schiefwetterlage zurechtzufinden. Das gelang, als der Sturm abflaute und sich die Szenerie aufhellte. Endlich Land in Sicht! Unser Zweier mit Rainer und mir paddelte dem festen Teil der Berliner Wasserlandschaft entgegen, als müssten wir eine Regatta gewinnen.

Wieder festen Boden unter den eingeweichten Füßen, begrüßten wir uns in klatschnasser, aber erleichterter Verfassung und unser Klassenlehrer war über jedes Boot glücklich, das am rettenden Ufer anlangte. Nach kurzem Durchzählen war klar, dass es keine Vermissten gab. Statt Titanic-Stimmung machte sich kollektives Aufatmen breit, denn gottlob war auch kein Boot gekentert, sodass wir nicht nach Schiffbrüchigen suchen mussten. Trotzdem war wohl keinem von uns zumute, auf die ungewollte Operation „Seenot" Loblieder anzustimmen – und schon gar nicht „Eine Seefahrt, die ist lustig".

Am nächsten Morgen entdeckte ich beim Gang zum Frühstück unseren Lehrer in der Küche der Herberge in emsiger Aktion an einem Bügelbrett, sah aber keine Bügelwäsche. Weder Hemd noch Hose. Neben ihm auf dem Tisch lagen Münzen und – was mich arg verwunderte – mehrere Geldscheine, die mit Büchern beschwert waren. „Herr Fröhlich", fragte ich verblüfft, „haben Sie Angst, dass Ihr Papiergeld wegfliegt?" Er feixte und erklärte: „Die Hose habe ich gestern zum Trocknen aufgehängt, aber da steckte noch mein Portemonnaie drin. Mit dem Kleingeld war's ja leicht, das habe ich abgewischt und es ist schnell getrocknet. Aber das Papiergeld ist noch sehr wellig und braucht noch etwas Zeit. Und es muss eben noch ein wenig platt gedrückt werden." „Und was bügeln Sie da jetzt für kleine Papierchen?" „Das", so erläuterte er, „sind lose Seiten von meinem Personalausweis. Der war auch im Portemonnaie und ist hinüber. Der war so durchgeweicht, dass er aus dem Leim gegangen ist. Alle Blätter waren verquollen und haben sich jetzt nach dem Trocknen gewellt. Die kann ich in diesem lottrigen Zustand unmöglich auf der Behörde abgeben, denn ich brauche natürlich einen neuen Ausweis. Da sollten wenigstens die Seiten glatt sein. Also bügeln! Was soll ich machen?"

Damit hatte die Klassenfahrt ein zweites Ausweisopfer gefordert. Diesmal hatte es den Chef höchstpersönlich getroffen. Er nahm es mit der Gelassenheit eines Mannes, der sich dem Zwang einer Unabänderlichkeit mit Geduld und Gleichmut fügt.

Ein bulgarenvergoldeter Abschlussabend

Nach Westberlin- und Wannsee-Debakel holte das Schicksal zu einem dritten, dem kräftigsten Paukenschlag aus. Zum krönenden Abschluss der Klassenfahrt war ein geselliger Abend im „Haus Berlin" am Strausberger Platz vorgesehen. Dafür hatte unser Lehrer ein größeres Zimmer in einem der oberen Stockwerke reservieren lassen.

Noch unter dem Eindruck unserer nicht so lustigen Seefahrt herrschte stillschweigendes Einverständnis, die entgangene Lustbarkeit nun nachzuholen. Das sah Lehrer Fröhlich ebenso, mahnte aber zu disziplinierter Würde, wie es sich für die Hauptstadt der DDR geziemte. Diesen Vorsatz unterstützten alle durch eine kultivierte Konversation bei einem gediegenen Essen. Nach diesem Abendmahl mit reichlich „Berliner Pilsner" kam das Unheil daher in Form eines goldgelb glänzenden Dessertweins namens „Bulgarengold".

Selbst wenn „Männe" in vorausschauender Fürsorge schon Arges gewittert hätte, wäre er wohl kaum mit der in die Romangeschichte eingegangenen Forderung von Chemielehrer „Schnauz" durchgekommen: „Jeder Schöler nor enen wenzjen Schlock." Da autoritäres Reglementieren und Herumkommandieren aber ohnehin nicht seine Sache war und in dieser stimmungsgeladenen Vorfreude auf einen netten Abend zudem auf stocktaube Ohren gestoßen wäre, nahm die Tragödie ungebremst ihren Lauf und galoppierte über einen stark promillegepflasterten Pfad ins Jammertal der Unwägbarkeiten.

Auch ich als ehemaliger Messdiener der katholischen Gemeinde Mansfeld, der des „Vaterunser" immer noch mächtig war, hätte mit Blick auf die dickbäuchige Flasche sagen können: „Herr, führe uns nicht in Versuchung, sondern erlöse uns von dem Übel!" Dann hätte ich das Teufelszeug wegschieben müssen mit den Worten: „Weiche von mir, Satan!" Aber Luzifer war schon mitten unter uns und grinste sich eins. Denn vom honigfarbenen verlockenden Inhalt der Pulle hatten wir schon so viel genascht, dass sich Süchtigkeit ausbreitete. Der süß-süffige schwere Rebensaft verwandelte unser anfänglich sittsames Dinner in ein Kräftemessen mit König Alkohol, das dieser schließlich auf ganzer Linie gewann. Der extra für uns abkommandierte Kellner half dabei fleißig mit, denn wir luden ihn ebenfalls zu einem Gläschen der bernsteinfarbenen Köstlichkeit ein. Das wiederum spornte ihn nicht zuletzt zu seinem eigenen Nutzen zu einer zügigen Bedienung an, die genügend Nachschub sicherte.

Die beabsichtigte kollektive Disziplin, die sich bei unseren Geselligkeiten bisher stets bewährt hatte, versackte mit euphorischer Hochstimmung in einem berauschenden Fest, das eher an ein ausgelassenes mittelalterliches Gelage erinnerte. Es schien, als würde Bacchus, der Gott des Weines und des Rausches, sich höchstpersönlich bemühen, unseren Abschlussabend in eine orgiastische, sinneslüsterne Schlemmerei zu verwandeln.

Am Anfang war es sternhagellustig. Dann wurde aus dem Klassenkollektiv, das ansonsten zusammenhielt, eine haltlose Truppe feierwütiger Schüler, die mit jeder konsumierten flüssigen Traube der Rebsorte „Bulgarengold" schon der nächsten Flasche entgegenlechzte. Und mit jedem Tropfen wurde ein Stück der angemahnten und zunächst beherzigten Disziplin weggespült. Daran konnten auch zwischendurch bestellte Bockwürste mit Kartoffelsalat nichts ändern. Da hilft kein Drumherumreden: Es war ein Desaster!

Unser Klassenlehrer bemerkte schon bald den beginnenden Sittenverfall und versuchte mit kameradschaftlicher, behutsamer Eindringlichkeit, die quirlig werdende Lage zu beruhigen. Er gab in Sachen verbaler Überzeugungskunst sein Bestes, aber der Sinn seiner Worte erreichte schon nicht mehr die Denkapparate seiner Schüler. Die hatten sich fest vorgenommen, ihre wundersame Rettung aus den nassen Müggelseefluten mit dem goldgelben Wasser eines bulgarischen Weißweines in gebührender Intensität zu begießen. Es mag uns wie eine Art Taufe für eine Wiedergeburt vorgekommen sein.

Der Promillepegel stieg unaufhaltsam in verhängnisvoller linearer Steilheit mit jedem neuen randvollen Becher, bis er bei manchem von uns schließlich überlief. Denn zu allem Übel wurde zu späterer Stunde noch einigen besonders weinseligen „Schölern" so richtig übel, um nicht zu sagen speiübel. Und der Rest der Klassengesellschaft war nicht einmal mehr in der Lage, sie zu bedauern, denn er hatte mit sich selbst zu tun – und mit dem Bemühen, die senkrechte Körperposition beizubehalten. Jeder versuchte, auch in dieser misslichen Lage zu realisieren, was schulisch an staatsbürgerlicher Haltung von ihm verlangt wurde: Standpunkt und Stehvermögen. Das gelang unter diesen erschwerten Bedingungen nicht jedem Teilnehmer des Festes.

Das Schauspiel der ausgedehnten Weinverkostung wurde im Laufe des Abends von einer sich steigernden Geräuschkulisse begleitet, die in ihren Disharmonien steinerweichend war, weshalb sie selbst durch massive Zimmerwände nach außen drang. Was Wunder also, dass plötzlich eine gastronomische Amtsperson erschien, die sich als diensthabender Direktor vorstellte. Ihm muss sich ein Waterloo beabsichtigter Festlichkeit geboten haben, das ich im Detail gottlob nicht beschreiben kann, weil auch mein Auge getrübt war. Da meine Ohren aber noch aufnahmebereit waren, hörte ich mich im Chor mit den anderen rufen: „Hallo, Herr Direktor!" Dann lobten wir in überschwänglich höchsten Tönen sein „Bulgarengold" als Spitzengetränk der Saison. Ich erinnere mich, dass sich die Amtsperson darüber nicht so recht freuen konnte und nach dem Verantwortlichen fragte.

Völlig korrekt meldete sich unser Chef und bekannte sich auch zu seiner Funktion als Klassenlehrer und Schutzbefohlener. Er war – wie es sich gehörte – der einzige halbwegs unversehrte Festteilnehmer mit zweibeiniger Bodenhaftung.

Es erscheint mir noch heute wie ein sonniger Glücksstrahl aus göttlichen Gefilden, dass der extrem feucht-fröhliche Abend kein unliebsames Nachspiel hatte. Was den amtierenden Direktor gütig gestimmt haben mag, waren sicher die ehrliche Betroffenheit unseres Oberhirten, seine Schilderung der verunglückten Bootsfahrt, die emsige Mittäterschaft seines Kellners und vor allem die nicht unerhebliche Zeche von Saus und Braus einer feierwütigen Schulklasse.

Unter Leitung von Lehrer Fröhlich traten wir zu später Stunde in etwas ungeordneter Formation den Heimweg an. Dabei blieben einige von uns noch ungewollt auf der Strecke – genauer gesagt auf der Bahnstrecke. Da wir uns auf mehrere S-Bahnabteile verteilt hatten, verschliefen sie den Ausstieg am Bahnhof Ostkreuz und erreichten die Jugendherberge über Umwege, die sie nicht mehr schildern konnten, erst in den frühen Morgenstunden. Am nächsten Tag jedenfalls saßen wir zwar mit meist kalkweißer Gesichtsfarbe, aber wieder vollzählig in der Herbergskantine, wie es sich für eine lern- und charakterstarke Klasse von Lehrer Fröhlich gehörte. Schließlich hatte er maximale Disziplin gefordert. Die kam nun etwas verspätet, aber sie kam.

An dieser Stelle möchte ich um der Wahrheit willen ausdrücklich festhalten, dass dieses Schlamassel unter dem geteilten Himmel von Berlin ein einmaliges Ausrutscher-Fiasko war und dass es sowohl auf anderen Klassenfahrten als auch auf unseren Schulfesten bei aller jugendlichen Lockerheit und Überschwänglichkeit in angemessener Weise zivilisiert zuging. Da dominierte gehobene Stimmung in gehobener Qualität mit witziger Zwanglosigkeit. Das war Schubkraft für den Ernst obligatorischer Wissensakkumulation in schulischen Marathonstunden.

Von dieser Lehrer-Schüler-Beziehung der besonderen Art hatten Herrn Fröhlichs Kollegen keine Ahnung, denn nie ist davon auch nur ein Sterbenswörtchen an Information ins Lehrerzimmer gedrungen. Und auch wir hielten dicht, freuten uns letztendlich über unsere gemeinsamen anekdotischen Erlebnisse und belohnten uns und unseren „Männe" mit einem formidablen Leistungsdurchschnitt. Wir praktizierten eine gelungene Symbiose von Lerneifer und Spaß. Wohlbefinden erlebten wir als förderliche Produktivkraft! Welcher Stur-Pauker versteht das schon? Wir haben es verstanden, praktiziert und genossen. Wir haben die lange Leine, die uns Lehrer Fröhlich gelassen hat, als Vertrauensbeweis begriffen und deshalb nie missbraucht. Das war Gesetz! Vertrauen gegen Vertrauen! Und da jeder am anderen Ende der Leine es so gesehen hat, profitierten alle, was nicht zuletzt dem Ruf der Schule zugutekam. Zudem sorgten andere Lehrer dafür, dass wir nicht übermütig wurden. Sie hatten in ihren Fächern nicht weniger Kompetenz als unser Hermann, konnten allerdings mit seiner ungekünstelten intelligenten Jugendlichkeit nicht mithalten.

Ich schüttle mitunter den Kopf über so manchen prominenten Zeitgenossen, der sich vermeintlich medienwirksam damit brüstet, dass er als Schüler miserabel gewesen wäre und trotzdem ein großer Künstler oder Politiker geworden sei. Da würde ich ihm oder ihr doch gleich zu der konsequenten Aussage raten, er oder sie sei stolz darauf, als Taugenichtspennäler und Lernverächter nicht trotzdem, sondern gerade deswegen im Nachschulleben ein toller Hecht geworden zu sein. Bewunderungswürdige Einstellung oder kokettierende, sympathieheischende Anbiederei auf Dummenfang?!

Trotzdem entschuldige ich mich nicht für die Peinlichkeit, von unseren drei Jahrgangsklassen das beste Abitur hingelegt zu haben. Dass ich ein Streber oder Musterschüler war, kann ich trotzdem nicht behaupten. Und ständiger Klassenprimus war ich auch nicht. Wohl aber quälte mich von Natur aus meine menschliche Unkenntnis, wollte ich alles wissen – und jedes Rätsel oder Geheimnis vor allem in Literatur, Geschichte und Biologie war zum Befriedigen von Neugier und Phantasie unbedingt zu lüften, um innere Ruhe zu finden.

Dagegen hielt ich es in zwei anderen Fächern mit der bösen Schülerweisheit: „Chemie ist das, was pufft und stinkt – Physik ist das, was nie gelingt!" Die übrige Lernmaterie war mir egal, die nahm ich mit. Allerdings scheiterte ich an meiner ehrgeizigen Ambition, mit der von meiner Mutter gekauften Gitarre die Hitparaden zu erobern. Denn in Sachen Musik schaffte ich es trotz kräftezehrender Anstrengung leider nur soweit, die Funktion eines Notenschlüssels zu verstehen. Die Welt dahinter blieb mir verborgen. Diese Schlappe bügelte ich durch das Fach Sport aus. Da ich von Kindesbeinen an in der Betriebssportgemeinschaft „Stahl Walzwerk Hettstedt" geturnt hatte, gab hier die glatte „1" schließlich den Ausschlag für das Endergebnis, das meine alleinerziehende Mutter Maria wohlwollend zur Kenntnis nahm. Meine turbulente Freizeit hat unter dem Hausaufgabenstress nie gelitten.

So macht es auch noch im Nachhinein von sechs verflossenen Jahrzehnten dankbar, eine solche Tennie-Pennälerzeit erlebt haben zu dürfen – eine markante, lebensbestimmende Etappe, auf die vielleicht sogar der Oberprimaner Pfeiffer aus der „Feuerzangenbowle" stolz gewesen wäre. Es war – etwas geschraubt ausgedrückt – alle vier Oberschuljahre lang eine ideale Kombination von obligatorischer Wissensakkumulation und ausgleichender kameradschaftlicher Lockerheit, die ständig durch die Initialzündung von Hermann Fröhlich befeuert wurde. Wer Ahnung von Psychologie hat, wird das nicht nur verstehen, sondern gutheißen.

Wie er wurde, was er war

Ganz ohne Frage war so manche von uns verschuldete Extremsituation auch für Lehrer Fröhlich Stress, aber ich denke, er zweifelte nie an unserer sittlichen Reife oder wünschte uns weit weg. Und das nicht nur, weil das Lehrerdasein ohne Schüler kaum einen Sinn hat. Wir dankten es ihm jedes Jahr mit einem gesunden Notendurchschnitt in allen Fächern, als da waren deutsche Sprache und Literatur, Mathematik, Physik, Chemie, Biologie, Erdkunde, Geschichte, Staatsbürgerkunde, Zeichnen, Musik, Turnen, Russisch und Englisch.

Zudem war in der Erweiterten Oberschule – kurz EOS – eine berufliche Grundausbildung obligatorisch. Damit wurden der schon in der Grundschule praktizierte Werkunterricht und der sogenannte Unterrichtstag in der Produktion – kurz UTP – nahtlos weitergeführt. Ziel war das Erlernen praktischer handwerklicher Fertigkeiten durch Fachleute und Lehrausbilder in Produktionsbetrieben, im Westen oft naserümpfend als Kontaktzwang zur Arbeiterklasse verunglimpft. Mir jedenfalls haben die drei Jahre praktischer und theoretischer Grundausbildung im Walzwerk Hettstedt beim Übergang zur anschließenden Facharbeiterausbildung als Elektromonteur außerordentlich geholfen, zumal sie sich im selben Betrieb fortsetzte, der für mich sofort heimisch war. Summa summarum: Nicht nur mir, sondern keinem einzigen meiner Mitschüler hat diese Art der Kombinationsschule mit dem Zusatzfach „berufliche Grundausbildung" geschadet – und denen, die einen technischen Beruf ergriffen, hat es sehr genützt.

Diese Form der pädagogischen Praxis basierte auf einem einheitlichen DDR-Schulsystem, von dem die heutige Bundesrepublik nur träumen kann mit ihrem Flickenteppich von länderspezifischen, mitunter exaltierten und teilweise willkürlichen Bildungsformen bis hin zum absurden „Schreiben nach Gehör". Bestätigt wurde das oft genug durch weltweite Leistungsvergleiche und Studien, in deren Ergebnis Neudeutschland nur auf mittleren bis hinteren Plätzen landete.

Etwas überzogen ausgedrückt denke ich mitunter, die Gemeinsamkeit zwischen dem DDR- und dem BRD-Schulsystem reduziere sich auf den Umstand, dass Jungen und Mädchen nicht wie zu Pfeiffers Primanerzeiten getrennt, sondern gemeinsam unterrichtet werden. Gesichert ist dagegen für den Freizeitbereich in Ost und West die uralte Erkenntnis, dass beide Geschlechter ein Eigenleben führen. Für uns werdende Männer war in jenen sorglosen, unbeschwerten und ausgelassenen

Jahren typisch, dass wir uns in einer kraftvollen Lässigkeit gefielen, die auch Trinken und Rauchen als unabdingbare Merkmale des Erwachsenen-Status ansah.

Hermann Fröhlich, der mit seinen damals erst etwas über dreißig Jahren auch kein Mann von Traurigkeit war, hütete sich, diese lockere, aber harmlose Grundstimmung kaputtzumachen, wahrte zugleich aber die Balance zur Schulpflicht von Lehren und Lernen. So konnte er uns ehrlichen Gewissens mit dem Abitur ein Gesamtzeugnis ausstellen, das vom Lehrerkollegium der Schule nicht ganz ohne Neid beäugt wurde: Unsere B1 war 1A, unsere Klasse war klasse – und Vorreiter in der Leistungsstärke. Und weil er daran nicht ganz unschuldig war, ernannten wir ihn zum Klassenbesten.

Wir wussten zu schätzen, dass uns und unseren Lehrer jenseits aller Pflichtfächer der Lernstoff Lebenslust verband. Es klingt komisch, doch es stimmte: Schule mit unserem Lieblingspädagogen machte Spaß. Nun ja, nicht gerade, wenn er in Staatsbürgerkunde unser Wissen über die Strukturen der zentralen und örtlichen Machtorgane abfragte oder wenn er uns in Russisch einen Haufen Lernvokabeln aufs Auge drückte. Gerade darauf aber legte er großen Wert, was nicht zuletzt an seiner russischbeeinflussten Biografie lag.

Er war knapp 15, als die Rote Armee im Juli 1945 in seinen Kreis Bernburg einzog. In seiner Wohnung wurde ein junger Offizier mit seiner Frau einquartiert. Das Zusammenleben zwang zu einer gegenseitigen Verständigung, bei der jeder die Sprache des anderen mit den wichtigsten Wortbrocken immer besser zu beherrschen lernte. Diese Konversation wurde ergänzt bei gemeinsamen Einkäufen, Stadtbummeln oder Kinobesuchen. Der reicher gewordene Wortschatz verschaffte dem Jungen einen deutlichen Vorsprung vor seinen Klassenkameraden, als im Januar 1946 der Schulbetrieb wieder begann und das Fach Russisch auch auf dem Stundenplan stand.

Nachdem ihm ein „sehr gut" in der Reifeprüfung seine Befähigung bestätigt hatte, entschied sich Hermann im Herbst 1949 für ein dreijähriges Studium der Kombination Russisch-Geschichte an der Martin-Luther-Universität in Halle an der Saale. „Auf diese Weise habe ich zu meinem Beruf und meiner Berufung gefunden", sagte er mir beim ersten Klassentreffen nach der Wende, als wir uns in altersmäßiger Gleichberechtigung über seinen Werdegang unterhielten. Und mit dem Beruf fand er auch seine spätere Frau Evamaria, die mit ihm studierte.

Eines Tages, so erzählte sie mir, habe sie die Herren Studenten gefragt, wer sie denn ins Kino begleiten möchte – und der Kommilitone Hermann signalisierte seine sofortige Bereitschaft. Nach absolvierter Uni gingen beide ins 40 Kilometer von Halle entfernte Südharzstädtchen Hettstedt – sie zunächst an die Sportschule und er an die EOS. Dort, so berichtete er mir, sei unsere Schülerriege die erste Gruppe gewesen, die er 1959 von der 9. bis zur 12. Stufe als Klassenlehrer bis zum Abitur führen konnte. Diesen Vierjahreszyklus durfte er dann beibehalten.

Ab 1988 hat er als Vize-Direktor einer Volkshochschule mit Sorge die immer repressiver werdende Honecker-Politik beobachtet. Besonders empört war er über das faktische Verbot des auch in Deutsch erscheinenden sowjetischen Nachrichtenmagazins „Sputnik", das – ermuntert durch Gorbatschows Glasnost-Politik – immer kritischer wurde und im November 1988 aus der DDR-Postzeitungsliste flog. Das empfand Russischlehrer Fröhlich als besondere Schmach, war er doch 1947 als Schüler der 11. Klasse Mitbegründer der „Gesellschaft für Deutsch-Sowjetische Freundschaft", damals noch „Gesellschaft zum Studium der Kultur der Sowjetunion". Ein Jahr später entstand in der Sowjetischen Besatzungszone die NDPD, die National-Demokratische Partei Deutschlands, in der sich der junge Hermann politisch organisierte.

Nach der Wende, so berichtete er mir weiter, habe er am Hettstedter Gymnasium – wie es dann hieß – noch bis 1994 außer Russisch und Geschichte das Fach Englisch gelehrt, das er sich im Fernstudium angeeignet hatte. Bis zu seinem 80. Geburtstag hat unser ruhe- und rastloser „Männe" noch Englischkurse an der Volkshochschule gegeben.

Auch Sohnemann Bernd folgte den Fußstapfen seiner Eltern und wurde Lehrer. Er schenkte ihnen einen Enkeljungen

und ein Enkelmädchen. Die wiederum sorgten für drei Urenkel. Man darf gespannt sein, ob man später von einer Lehrer-
dynastie Fröhlich hört.

Wiedersehen nach 41 Jahren

Nach dem Abitur verstreute es die 26 Schüler unseres Jahr-
gangs in alle Ostwinde – und nach der Wende nicht selten auch
in alle Westwinde. Nachdem es allen mehr oder weniger und –
wie sich zeigte – meist weniger gelungen war, den Wendebruch
ihrer Biografien zumindest behelfsmäßig zu kitten, reifte die
Idee eines Klassentreffens. Sie wurde am 8. Mai 2004 Wirklichkeit. Ganze 41 Jahre nach unserem Abitur sahen wir uns wieder und ich war als Mitorganisator wohl nicht der Einzige, der
dabei ein mulmiges Gefühl in der Magengegend hatte. Unbegründet, wie sich gottlob herausstellte. Es wurde ein Erlebnis
von bleibendem Wert.

Immerhin konnten 19 der 26 kommen – aus allen Himmelsrichtungen im In- und Ausland. Partner waren erwünscht. Also
schloss ich unsere Haustür im Brüsseler Vorort Moorsel zu und
kam mit meiner Marion, der es durch eine neue Krebstherapie
gerade mal wieder etwas besser ging.
  Vereinbart war als Auftakt ein Mittagessen im Ratskeller am
Hettstedter Markt. Wir waren zwanzig Minuten vorher da und
steuerten in der Gaststätte auf einen vereinbarten Raum zu, in
dem die Begrüßung stattfinden sollte. Kurz davor verhielt ich im
Schritt und sagte zu Marion: „Ich glaube, wir sind noch zu früh.
Da sind noch andre Leute drin. Das muss ein Rentnertreffen
sein.“ Also setzten wir uns an einen Tisch und ich bestellte ein
Bier. Schon beim ersten Schluck kam aus dem nämlichen Zimmer ein unbekannter älterer Herr mit breiter Hornbrille, asch-
grauem Bart und stark gelichtetem Haar auf mich zu, streckte
mir seine Hand entgegen und rief freudestrahlend: „Schön, dich
zu sehen! Grüß dich, Dieter!“ Ich muss arg konsterniert drein-

geblickt haben, denn er setzte hinzu: „Kennst du mich nicht mehr? Ich bin der Emil mit dem langen Twist-Bein!"

Da klickten bei mir alle Relais: Was hatte ich denn erwartet? Dachte ich etwa, nach 41 Jahren die vertrauten Gesichter von einst wiederzusehen? Nein, die älteren Herrschaften im Empfangsraum – das war meine Oberschulklasse von einst! Wir waren nicht mehr 18 wie beim Abitur, sondern inzwischen alle so um die 60. Ich war vom ersten visuellen Eindruck platt wie die Flunder, die ich noch bestellen wollte – obwohl mir doch klar war, dass der Zahn der Zeit vier lange Jahrzehnte unerbittlich an uns allen herumgenagt hat. Manche erkannte ich, andere nicht. Ob die Zuordnung von Gesicht und Namen bei den Herren gelang oder nicht, war unproblematisch; bei den immer jung sein wollenden Damen brachte es mich ins Schwitzen, zumal einige daraus ein kesses Ratespiel machten: „Na, wer bin ich? Erkennst du mich nicht?" Dass ich identifiziert wurde, war sicher stark dem Umstand geschuldet, dass 20 Jahre DDR-Bildschirmpräsenz sicher das ihre dazu beigetragen haben.

Keinerlei Irritationen gab es auch bei Hermann Fröhlich. Er kam mit fast so jugendlichem Schwung wie früher hereingestürmt – und auch mit fast so jugendlichem Aussehen. Statt einer erwarteten Vollglatze sorgsam gescheiteltes graumeliertes Haar über einem sportlich braungebrannten freundlichen Gesicht mit hundert Prozent Wiedererkennungswert. Zur Feier des Tages dunkelblaues Jacket über hellblauer Hose und blütenweißes Hemd mit weißgepunkteter Musterkrawatte. Auch sein schnaufendes Lachen erinnerte an früher. Ja, das war original unser Lehrer. Es fehlte nur die abgewetzte Aktentasche, die sich garantiert längst in alle Einzelteile aufgelöst hatte.

Sofort war das Kopfbild da, wie er sich mit einer Hand am Pult festhielt – und mit der anderen an seinem Kugelschreiber. Mit dem zeigte er dann auf den Delinquenten: „Grabner, das muss man dir lassen! Deine Kontrollarbeit ist bei weitem die beste – von hinten! Dann kommt lange nichts und dann kommen alle anderen! Du feixt auch noch?" An dieser Stelle der gespielten Entrüstung flog dann der Kugelschreiber aufs Lehrerpult mit dem Ausruf, den alle schon im Geiste oder sogar leise mitformulierten: „Unwahrscheinlich!" Stattdessen aber sagte jetzt unser Ex, der weiterhin nur 15 Jahre älter war als wir: „Guten Tag und danke für die Einladung. Da sich in unseren Jahren das Alter vermuschelt, lassen wir das bitte mit dem Ge-SIEze. Ich heiße Hermann." Mit dieser klaren Ansage vermied unser „Männe" von vorn herein die Peinlichkeit eines wüsten Durcheinanders von SIE und DU. Wie immer klug und weise.

„Weißt du noch?" Auch der Autor und sein Klassenlehrer schwelgen in Erinnerungen. Amüsante und nachdenkliche Stunden 41 Jahre nach dem Abitur.

Nach einem ausführlichen bierbestückten Mittagsmahl pilgerten wir treppauf zur alten „Penne" und zu unserem ehemaligen Klassenraum. Wir saßen auf neuen Stühlen, aber in denselben Bankreihen des nunmehrigen Gymnasiums, das gut drei Jahre später den Namen von Wilhelm und Alexander von Humboldt erhielt. Ich deklamierte zu Beginn unserer denkwürdigen Schulstunde aus der von mir verfassten sechsseitigen „Schöööler-Postille" eine „Laudatio an unser Klassenzimmer und an jene, die darin geschwitzt haben". Keiner musste sich melden, denn jeder kam dran.

Es waren Momente eines prickelnden Rückbesinnens mit einem Glas „Rotkäppchen" für alle und einer Rose für jede Dame. Dann passierte etwas, was ich so nicht erwartet hätte. Obwohl seit unserer Schulzeit sehr viel Gegensätzliches passiert war, berichtete nach der Ouvertüre durch unseren Lehrer auch jeder seiner ehemaligen Schüler über seine Entwicklung vor und nach dem gesellschaftlichen Umbruch – mit meist gemischten Gefühlen traurig, stolz, wütend oder freudig, doch erstaunlich freimütig ohne Scheu und Scham.

Wir hielten einen Tag lang die Uhren an. 19 Schüler, 19 Biografien, 19 Schicksale. Von der geglückten Gründung einer Privatfirma über die Verwaltung von Arbeitslosigkeit bis zur missglückten Republikflucht. Allein diese Vor- und Nachwendegeschichten mit allen Facetten menschlicher Schicksale würden ein weiteres Buch füllen.

Vom Sündenfall der Westmusik

Die immer noch attraktive Blond-Inge erinnerte mich daran, wie wir gemeinsam Klassenfeten organisiert hatten, um Prüfungsstress zu kompensieren. Die dazu passenden Hitparaden-Stürmer kamen immer von meiner Bandmaschine „KB 100", die mir Mutter Maria unter Aufbietung all ihrer finanziellen Kräfte spendiert hatte. Da mein radioaktives Mitschnitt-Interesse sowohl dem UKW-Bereich von Radio DDR als auch der Kurzwelle von Radio Luxemburg galt, war bei unseren Feten Vorsicht angesagt. Denn nach den Bestimmungen der AWA, der „Anstalt zur Wahrung der Aufführungsrechte", durften von den öffentlich gedudelten Schlagern seit 1958 maximal nur 40 % aus westlichen Gefilden stammen. Mindestens 60 % mussten DDR-treu sein. Um diese Proportion einzuhalten, hätte ich neue Bänder zusammenstellen müssen. Prompt erwischte uns ein Musik-Tugendwächter auf frischer Tat.

Es war im Hettstedter „Klubhaus der Walzwerker". Wir hatten uns für unsere Wochenend-Klassenparty am Freitagabend einen größeren Raum gemietet und die sternhagelfröhliche Stimmung hatte ihren Zenit erreicht. Unser Twistkönig, der lange Emil, schraubte gerade ein Bein in die Höhe, um ein gewagtes Solo hinzulegen, während alle dazu den Takt klatschten. Just in diesem Moment stand ein Herr mit strenger Miene im Türrahmen, stellte sich als Klubhausleiter vor und fragte nach dem Verantwortlichen unseres Treibens. Da trat der seltene Fall ein, dass sich auch mal ein Lehrer vor den Schülern melden musste. Der Hausherr bat Herrn Fröhlich, ihn zu begleiten. Ich ahnte sofort, dass es um die Westtöne aus meiner Musikbox ging und schloss mich mit der Begründung an, ich sei der Musik-Verantwortliche.

In seinem Büro teilte uns der Klubhausleiter mit versteinerter Miene mit, Konferenzteilnehmer in einem Nachbarsaal hätten sich über laute Westmusik beschwert. Das müsse er leider bestätigen, denn Töne, die auch bis in sein Arbeitszimmer herübergedrungen seien, hätten mehr wie BRD- als DDR-Schlager geklungen. Dann belehrte er uns über das Ost-West-Verhältnis von öffentlichen musikalischen Klängen.

Darauf hatte ich gewartet. Das war mein Hobbby-Spezialgebiet. Da war ich in meinem Element und freute mich diebisch. Bevor unser Lehrer in Demut verfiel und irgendwas von Entschuldigung sagen konnte, antwortete ich, dass mich dieser Vorwurf der Westlastigkeit doch arg erschüttere. Erstens würden nicht wenige Westtitel offiziell in den DDR-Schlagerparaden von Heinz Quermann und Wolfgang Brandenstein gespielt – gesungen beispielsweise von den BRD-Stars Willy Hagara, Vico Torriani, Peter Beil oder Gerhard Wendland. Zweitens würden auch DDR-Sänger Westhits interpretieren – wie etwa Günter Happke, der den Bim-bam-Bumerang von Peter Alexander nachsinge, oder Jenny Petra mit ihrer Version des Caterina-Valente-Hits „Tipitipitipso". Ja, Herr Klubhausleiter, der Titel heißt wirklich so. Und toll sei auch Hartmut Eichlers Interpretation des US-Klassikers „Zwei, die sich lieben", der im englischen Original „Down by the riverside" schon Elvis Presley, Carl Perkins, Paul Anka und Nat King Cole Erfolge beschert habe – ein Welthit, der nun auch die DDR erreicht habe. In der deutschen Fassung, so erklärte ich dem verblüfften Klubhaus-Chef, haben den Ohrwurm neben unserem Mann auch der Niederländer Lou van Burg und der Österreicher Willy Hagara gesungen. Und DDR-Musikant Werner Hass habe mit dem Titel „Mister Patton aus Manhattan" sogar den Rock-and-Roll-Kracher „See You Later Alligator" der Ami-Band von Bill Haley gecovert. Der verdutzte Hausherr hatte längst schon Widerworte aufgegeben und war während meines Musikplädoyers sichtlich ermattet und gealtert. Aber nun war der Zug in voller Fahrt und ich konnte nicht mehr bremsen. Strafe musste sein!

„Das sind doch tolle DDR-Adaptionen von Westtiteln, nicht wahr, Herr Fröhlich?!", wagte ich ein übermütiges Spiel. Und unser Klassenlehrer, der von Teenie-Musik soviel verstand wie vom Freizeitverhalten eines Koboldmakis, sagte: „Ja, das stimmt!" Ich war noch nicht fertig: „Drittens habe ich eine ganze Latte an Westtiteln von unseren Amiga-Platten überspielt wie zum Beispiel …" An dieser Stelle winkte der Klubhausleiter müde und entnervt ab. Ich konnte mir einen Nachschlag nicht verkneifen: „Bitte unterschätzen Sie die Internationalität unserer DDR-Schlagerproduktion nicht. Wollen Sie mal in meine Bänder reinhören? Ich denke, da wird die Proportion von 60 zu 40 schon stimmen, nicht wahr, Herr Fröhlich?" Und unser Lehrer bekannte ein zweites Mal mit todernster Miene: „Das kann ich bestätigen."

Damit war der Fall erledigt und ich hatte das Gefühl, dass der Hausherr darüber erleichtert war. Er hatte als Klubhaus-Chef ja nur seine brave Bürgerpflicht getan. Über seiner Verblüffung hatte er wohl auch die Frage vergessen, woher ich das denn alles wisse. Allerdings hätte es ohnehin sein Vorstellungsvermögen gesprengt, dass ein schlagerbegeisterter Tonbandfan jegliche deutschsprachigen Hitparaden samt Interpreten und ihren Song-Platzierungen kannte und darüber auch noch Buch führte.

Der erhobene Zeigefinger des Kultur- und Klubhauswächters war langsam auf Halbmast gesetzt worden und nun völlig verschwunden. Er machte einen etwas ermatteten Eindruck und entließ uns mit der höflichen Bitte, etwas leiser zu sein. Als wir draußen waren, klopfte mir unser Lehrer erleichtert auf die Schulter und sagte etwas von starker Leistung. Dann tanzten wir weiter mit halber Lautstärke, aber doppeltem Vergnügen.

Was nachhallt

Bevor ich den Schlusspunkt unter dieses Kapitel setze, sei auch auf die Gefahr einer nervenden Wiederholung noch einmal mit Nachdruck vermerkt: Bei aller immens hohen Wertschätzung für unseren Klassenlehrer und seine jugendlich sympathische, mit Humor durchwirkte Art des Umgangs mit uns war Unterricht bei ihm Unterricht und weder ein Lachkabinett noch eine Unterhaltungsschau. Lernen blieb für uns auch bei Hermann Fröhlich angestrengte Geistesarbeit, Leistungskontrollen waren Stress pur und der liebste Teil des Unterrichts war die Pausenklingel. Die läute ich nun als Schlussglocke für meine Reminiszenz über einen außergewöhnlichen Menschen in einem Lebensabschnitt, der als „Zeit der Penne" für so manchen ehemaligen Insassen der Lehranstalt ein Synonym für Gängelei ist. Das sahen wir als Zöglinge von Lehrer Fröhlich schon damals anders und sehen es auch noch heute anders, wie die Reaktionen auf sein Lebensende zusätzlich beweisen.

Nachdem sein ehemaliges Schülervolk die traurige Nachricht erhalten hatte, erreichte mich ein berührendes Internet-Echo, für dessen Tenor stellvertretend drei Beispiele stehen sollen.

Frank schrieb: „Ich werde ihn in dankbarer Erinnerung behalten, als Lehrer und auch als Erzieher. Seine Aussage, dass wir seine Lieblingsklasse waren, kann uns mit Stolz erfüllen. Der Wunsch, im engsten Familienkreis beigesetzt zu werden, ist zu akzeptieren. Ich hätte ihm sonst die letzte Ehre erwiesen."

Christa formulierte: „Er war schon ein besonderer Mensch und hat sein Leben in vollen Zügen genossen immer mit Blick auf seine Mitmenschen. In Gedanken bin ich bei seiner Familie."

Und mein früherer Banknachbar Heinz brachte es kurz und bündig so auf den Punkt:

„In unserer Erinnerung wird er weiter leben, bis auch wir diesen Planeten verlassen haben und du wirst ihm in deinem Buch ein Denkmal setzen."

Das habe ich hiermit getan, wobei es kein Denkmal in unnahbarer Erhabenheit sein soll, sondern eines zum Anfassen, denn er war ein Lehrer der Schülernähe. Und auch kein Monument auf hohem Sockel, denn er war sehr erdnah und hatte Wurzeln geschlagen in seinem, unserem Mansfelder Land. Sein Lebensbaum mit 90 Jahresringen erreichte eine weitausladende Krone. Sollte er auf irgendeiner Wolke Wind von dieser Ehrung bekommen, dürfte sich seine nie ganz ernst gemeinte Fassungslosigkeit wie gewöhnlich in dem Ausruf entladen: „Unwahrscheinlich!"

Hermann Fröhlich hat am Abend des 1. Januar 2021 diese derzeit sehr unfriedliche Welt in Ruhe und Frieden verlassen. Seine Frau und sein Sohn waren bei ihm, als er dem Sensenmann seine ertragreichen neunzig Lebensjahre übergeben hat. Demenz, Corona und Herzversagen waren zusammengenommen eine Überdosis, die sein Körper nicht mehr kompensieren konnte. Beigesetzt wurde er in der Nähe seiner Datsche bei Thale im Harz.

Schon in seinem Antwortbrief auf die Einladung zum Klassentreffen hatte Hermann an den Festorganisator Gerhard geschrieben: „Bitte entschuldige die Schrift, die Augen wollen nicht mehr so, wie ich das will." Trotzdem wollte er „selbstverständlich" kommen. Einmal mehr der Beweis, dass die gegenseitigen Sympathiepunkte bei ihm und uns gleichmäßig verteilt waren. Eine, wie es in Neudeutsch-Englisch heißt, Win-win-Situation, bei der es zwei Sieger gab. ER und WIR, wobei er im Laufe der Zeit immer mehr zum WIR dazugehörte. Hätten wir weitere vier Schuljahre absolvieren müssen, wären wir vor nichts zurückgeschreckt, um ihn als Klassenlehrer zu behalten. Da hätten wir notfalls sogar einen Brief ans damalige Volksbildungsministerium geschrieben.

Er war – wie alle Lehrer in den Augen ihrer Schüler – natürlich ein „Pauker". Und er war zugleich, wie meine Walzwerker wahre Freunde nannten, ein „Kumpel". Er war also ein „Pauker-Kumpel" – eine Spezis von Lehrern, die es eigentlich nicht geben dürfte, weil beides in einem wohl den Normen eines ehrbaren Pädagogen-Kodexes widerspricht. Er hat beide scheinbaren Unvereinbarkeiten mit freundlicher Selbstverständlichkeit zusammengefügt, was ihm mehr Respekt eingebracht hat als jegliche Strenge. Und er war, wie der Berliner sagt, einfach „'ne Wolke". Und zu dieser Wolke, auf der er unter Garantie mit seinem wurfbereiten Kugelschreiber und milde lächelnd auf uns herunterblickt, schicke ich ihm die allerbesten Grüße einer dankbaren Schülerschaft.

SUBEIDA SHEIDAJEWA

war noch mit 119 Jahren als vermutlich ältester Mensch der Welt eine gefragte Lehrausbilderin

Wer zu viel Wodka trinkt, sieht ganz schnell alt aus, wird es aber nicht. Eine Binsenweisheit, zu der ich in der Kaukasusregion von Aserbaidschan eine interessante Alternative gefunden habe: Wer mit Bedacht und wohldosiert Wodka als Medizin zu sich nimmt, bleibt mental jung und kann steinalt werden. Das jedenfalls hat mich eine 119-Jährige wissen lassen, die dieses Rezept mit Erfolg an sich ausprobiert hat.

Subeida Sheidajewa war die wahrscheinlich älteste Frau auf dem Globus, wenn nicht überhaupt der älteste Mensch auf Erden, als Kameramann Thomas Schmajew und ich sie an einem sonnigen Novembertag des Jahres 1978 in der idyllischen kaukasischen Bergsiedlung Kubá besuchten. Es wurde eine ungewöhnliche Begegnung mit Seltenheitswert, die uns die stundenlange halsbrecherische Gelände-Rallye über holprige Schotterpisten und engschleifige Geröllserpentinen wert war.

Wir entschlossen uns zu dieser Strapaze, nachdem wir eine Reportage gedreht hatten über eine Schauspielerin, die eigentlich keine ist, aber in Aserbaidschan wie ein Filmstar verehrt wird. Sie ist Akademikerin, lebt in der Hauptstadt Baku, heißt Isset Orudshewa und bewirkte als junge Frau eine für Mitteleuropäer in ihrer Tragweite kaum vorstellbare Revolution zur geistigen Befreiung des muslimischen Weibes von einem traditionellen Sklavendasein. Das tat sie im wirklichen Leben und spielte es danach auch in einem Film, der in ganz Transkaukasien Aufsehen erregte. Isset Orudshewa war die erste Frau in Aserbaidschan, die den Schleier, die Tschadra, als jahrhundertelanges Zeichen bedingungsloser Demut und Unterwürfigkeit ablegte. Eine Sensation, die begrüßt und angefeindet wurde und über die ich in der nächsten Geschichte erzählen möchte.

Meine Recherchen im Vorfeld der Dreharbeiten zu Baku hatten ergeben, dass abseits vom Trubel der Millionenmetropole in gebirgiger Abgeschiedenheit eine weitere, über die Grenzen von Aserbaidschan hinaus bekannte Frau lebt. Keine Kinoberühmtheit, sondern eine Altersberühmtheit, wie mir die Gemeindeverwaltung ihres Bergdorfes Kubá bei einem Telefonanruf bestätigte. Subeida Sheidajewa, so erfuhr ich von amtlicher Seite, gehe ihrem 120. Wiegenfest entgegen. Ob sie tatsächlich den weltweiten Ältestenrekord innehatte, ließ sich damals mangels akribisch geführter Analysen kaum nachprüfen. Ich halte es aber auch aus heutiger Sicht für durchaus wahrscheinlich, denn mittlerweile werden überprüfte Altersrekorde solide registriert, sodass Vergleiche möglich wurden – und da kann die Kaukasierin aus Kubá durchaus mitreden.

Heutige Alterskrone für eine Japanerin

Anfang 2021 geisterte die Meldung durch die Presse, die Japanerin Kane Tanaka habe am 2. Januar ihren 118. Geburtstag gefeiert. Damit war sie zu diesem Zeitpunkt die dritte verifizierte Person in der noch jungen Geschichte der Altersforschung, die dieses biblische Alter nachweislich erreicht hat. Es bescherte ihr zugleich die goldene Krone als ältester lebender Mensch des Erdballs. Vizekönigin im Reich der Langlebigkeit war auf Platz 2 die Französin Lucile Randon und ehrenvolle Dritte war die Brasilianerin Francisca Celsa dos Santos, die laut der französischen Nachrichtenagentur AFP im Oktober 2021 gut zwei Wochen vor ihrem 117. Wiegenfest an einer Lungenentzündung starb.

Subeida Sheidajewa übertraf damals mit ihren 119 Lenzen die Langlebigkeit der japanischen Rekordhalterin sogar noch um ein Jahr. Das bestätigte mir der amtliche Eintrag in ihrem mehrfach erneuerten Personalausweis, der allerdings kein konkretes Datum, sondern nur das Geburtsjahr 1859 vermerkte. Das war bis weit ins 19. Jahrhundert durchaus üblich in weit abgelegenen Gebirgsregionen, die keine Beamtenstuben und brieflich besiegelte Beglaubigungen kannten und deren Bewohner andere Sorgen hatten, als akribisch nachweisbare Aufzeichnungen über Tag und Stunde einer Geburt anzufertigen.

Während die Aserbaidschanerin Sheidajewa als aufmunternde lebenslustige Medizin ab und zu ein Wodka-Wässerchen einnahm, bevorzugte die Japanerin Tanaka in ihrem Seniorenheim in der Präfektur-Hauptstadt Fukuoka als Lebenselixier Coca Cola. Sie hält sich – wie der Journalist Felix Lill mitteilte – durch vielfältiges tägliches Gedankentraining fit. Unsere Kaukasierin tat dies durch Wissensvermittlung im Kunstgewerbe des Teppichknüpfens, indem sie unbezahlbare altersweise Erfahrungen an den fachlichen Nachwuchs weitergab.

Noch ein anderes Indiz spricht für die Marathon-Lebenslinie der Subeida Sheidajewa. Sie ist in Aserbaidschan weder Zufall noch Einzelfall – und das besonders im Südkaukasus. Hier gibt es im Rayon Lerik an der Grenze zum Iran eine so hohe Konzentration von Menschen, die hundert Lenze oder mehr erreicht haben, dass dort für sie sogar eine Gedenkstätte eingerichtet wurde – als Referenz an ihr extremes Durchhaltevermögen ein Tempel der Erinnerung, der so einzigartig ist wie die Geschichten und Lebensläufe der so Geehrten. Eine beeindruckende Lebenslänglichkeit.

In diesem wohl einmaligen „Museum für Langlebigkeit", das 1991 eingeweiht und 2010 renoviert wurde, dokumentieren 2000 Schriftstücke, Fotos und persönliche Gegenstände die Biografien von rund fünfzig Einwohnern der Hochgebirgsregion, die über hundert geworden sind. Das bezeugen auch Briefe, die in aserbaidschanischer und russischer Sprache abgefasst sind – manche davon als Kopien, weil das Papier der Originale immer mehr vergilbt und die Schrift ins Unleserliche zu verblassen droht. Einige der Lebenskünstler schafften es ins Guinness-Buch der Rekorde.

Das Alterswunder des Shirali Muslimov

Dieser mit Skepsis verbriefte Guinness-Rekord gelang zuerst dem
mit Abstand ältesten Menschen aller Zeiten, obwohl Zweifel an
der Unwahrscheinlichkeit seines erreichten Alters von 168 Jahren
durchaus berechtigt sind, zumal es an glaubhaften Belegen
fehlt. Obwohl sein wiederholt neu ausgestellter Personalpass
und seine Nachkommen als Geburtsjahr 1805 angeben und auf
seinem Grabstein als Todesjahr 1973 steht, gilt dies nicht als
zweifelsfreier Beweis. Eine leider nicht vorhandene echte Geburtsurkunde hätte bezeugen müssen, dass dem Schafhirten
Shirali Muslimov dieses Alterswunder in seinem Bergdorf Barzavu tatsächlich gelungen ist. Dann wäre er die älteste Person,
die seit Menschengedenken jemals auf diesem Planeten gelebt
hat. Vielleicht ist er nur der Held eines verklärten Hörensagens,
vielleicht aber auch ein Opfer von damals fehlender Geburtenregistrierung. Man wird die Wahrheit darüber wohl ebenso wenig
erfahren wie über die als Information getarnte Behauptung, er
habe im Alter von 136 Jahren noch eine Tochter gezeugt. Weniger strittig ist die ebenfalls im Museum zu findende Angabe,
er sei drei Mal verheiratet gewesen. Hingegen ist nicht hinreichend beglaubigt, dass er 23 Kinder gehabt haben soll. Ebenso märchenhaft klingt die Beteuerung, schon sein Vater habe
150 Lenze erreicht.

Was immer daran stimmen mag oder auch nicht; unbestritten
ist die außergewöhnliche Langlebigkeit der Dynastie Muslimov.
Am 29. März 2020 veröffentlichte das amerikanische TV-Nachrichtenportal *CNN Travel* die Mitteilung von einem Interview
mit Halima Qambarova, einer 95-jährigen Tochter von Shirali
Muslimov. Sie erzählte, dass sie sicher nicht an die 168 Jahre
ihres Vaters herankommen werde, aber hoffe, wenigstens die
130 Lenze ihrer Tante zu schaffen

Wie auch immer: Schon zu Lebzeiten wurde das Familienoberhaupt Muslimov von Einheimischen als Altersgott verehrt
und von Touristen belagert. Als er am 2. September 1973 starb,
zweifelte niemand im Rayon Lerik daran, dass man den alleräl-

testen Erdenbürger zu Grabe trug. Erstaunlich ist, dass es trotz der umstrittenen legendären Zeitdauer seines Daseins mit dem 26. März 1805 eine exakte Geburtsangabe gibt. Demnach ist Shirali Farzali Muslimov, wie er mit vollem Namen heißt, 168 Jahre und 160 Tage alt geworden. Als er im Talysch-Dörfchen Barzavu zur Welt gekommen sein soll, tobte der Russisch-Persische Krieg um die Vorherrschaft seiner Kaukasus-Region, die sich das russische Kaiserreich unter Alexander Romanow einverleiben wollte. Und als er starb, war Aserbaidschan eine Republik der Sowjetunion mit dem Kremlherrn Leonid Breschnew.

Sollten die von Wissenschaftlern angezweifelten Daten stimmen, hätte Shirali Muslimov schon die russischen Befreiungskriege gegen Napoleon mitbekommen, weit über hundert Jahre eine Herrschaftsepoche der Romanow-Zaren mitgemacht, die gesellschaftlichen Umwälzungen der Oktoberrevolution von 1917 gespürt, die Gefechte der Kaukasus-Verteidiger im Ersten und Zweiten Weltkrieg erlebt und mehr als 50 Jahre die Geschichte seiner Sowjetheimat mit allen Höhen und Tiefen begleitet. Er wäre der einzige Mensch gewesen, zu dessen Lebzeiten sowohl der gescheiterte Russland-Feldzug von Napoleon als auch der von Hitler die Welt erschütterte. Beide Angriffe auf Russland endeten in den größten militärischen und humanitären Katastrophen der Geschichte.

Ob schwer glaubhafte, unwahrscheinliche 168 Jahre oder vielleicht nur 148 oder 128 – eine ehrfurchtsvolle Verbeugung vor seiner Rüstigkeit im überhohen Alter hat Shirali Muslimov allemal verdient. Ihn symbolisch einen Sohn Methusalems zu nennen, scheint nicht allzu arg übertrieben, übersteigen doch seine ihm nachgesagten 168 Lenze in ähnlicher Fassungslosigkeit unser Vorstellungsvermögen wie die 969 Jahre, die der Bibelfigur Methusalem zugebilligt werden. Aber eben einer Bibelfigur. Sollte Muslimovs Kraftakt stimmen, er habe noch im Alter von 136 Jahren eine Frau geschwängert, rückt ihn das noch näher in den Dunstkreis des Mythos von Methusalem, der mit 187 Jahren ebenfalls noch Kinder gezeugt haben soll. Da wäre die Bibelikone nur 51 Jahre älter gewesen als der kaukasische

Erdenbürger. Hut ab vor so viel gesunder Lendenkraft der zwei Altersgiganten, von denen jeder auf seine Weise ein staunenswertes Unikum ist. Der eine im überlieferten Schrifttum, der andere aus Fleisch und Blut. Als Lebenselixier schwor Muslimov auf einen wohlproportionierten Mix aus Obst, Gemüse, Vollkornbrot, Hühnerbrühe, fettarmen Käse und Joghurt, rauchte nicht und lehnte im Gegensatz zu Subeida Sheidajewa Wodka wie auch jeden anderen Alkohol ab. Schrieben die Zeitungen.

Erwischt! Wodkaverweigerer Muslimov mit dem Wodkaglas in der Hand. Da war er noch keine 168 Jahre, aber auf dem besten Wege zum angeblich ältesten Menschen aller Zeiten.

Als wir Frau Sheidajewa begegneten, lagen Muslimovs Gebeine
schon fünf Jahre auf dem Friedhof seines Geburtsortes Barzavu, einem Kaukasusdorf an der Grenze zum Iran. Im höchsten
Grade unwahrscheinlich ist, dass sich Subeida Sheidajewa und
Shirali Muslimov je begegnet sind, da sie zu ihrer Zeit kaum aus
ihren Bergdörfern herauskamen, dort ihr Leben begannen und
es dort auch beendeten. Als sie geboren wurde, war er 55 Jahre.
Und als er starb, war sie 113 Lenze. Wäre aus einer zufälligen Bekanntschaft zwischen den beiden kaukasischen Ureinwohnern
mehr geworden, hätten sie unendlich Zeit gehabt für Hochzei-
ten, Scheidungen und Kinder. Und die Liaison zwischen einem
Schäfer und einer Teppichknüpferin hätte für das Entstehen
prächtiger Schafwollgobelins auch ganz nützlich sein können.

Über das Geheimnis
des Uraltwerdens

Irgendwo auf kaukasischer Erde muss es den vielzitierten Jungbrunnen geben, in dem so viele Einheimische gebadet haben.
Er scheint mehrere Quellen zu besitzen – und die gesündeste
von allen gibt es offenbar im Talysch-Massiv. Denn der Club der
Superlativ-Senioren um ihren Alterspräsidenten Shirali Muslimov hat viele Mitglieder. Jene von ihnen, die zu ihrer Zeit die
ältesten Menschen gewesen sein sollen, werden im Museum von
Lerik ebenfalls namentlich angeführt. Zugeschrieben wird diese Ehre den einheimischen Siedlern Mahmud Eyvazov mit der
stattlichen Lebensleistung von 154 Jahren, gefolgt von seinem
Landsmann Majid Aghayev mit 136 sowie den Altmeistern Abdul
Huseinov mit spektakulären 128, Molla Hasrat Melik mit acht-
baren 125 und Nani Ahmadova mit immerhin 120 Jahresringen.

Nicht wenige Journalisten und Touristen haben die Champi-
ons der kaukasischen Altersriege oder deren Nachkommen nach
Ursachen für den ungewöhnlich langen Lebensfaden befragt.
Die Antwort war meist ratloses Schulterzucken oder ein verle-
genes Lächeln. Jene, die selbst realexistierendes Beispiel für die

ewige Sehnsucht der Menschheit nach einem riesigen Lebensbaum sind, können meist selbst nicht sagen, woran ihr Ausnahme-Verweilen auf Mutter Erde liegen könnte. Ja, sie scheinen oft sogar überrascht, dass sie immer noch leibhaftig auf irdischen Pfaden wandeln. Ist das Geheimnis vielleicht ohne ihr Wissen rein zufällig im Erbgut von Menschen versteckt?

Das Mysterium des Extremlebens ist seit urdenklichen Zeiten Gegenstand von Legenden, Spekulationen und Forschungen. Auch Wissenschaftler der kalifornischen Stanford Universität gingen dem Altersrätsel in unserer Neuzeit mit aufwändiger Gründlichkeit nach. In ihrer 2014 in der internationalen Online-Fachzeitschrift *PLOS ONE* veröffentlichten Studie kommen sie zu dem bemerkenswerten Schluss: Bei der Untersuchung von Menschen mit einem Mindestalter von 110 Jahren habe es keine Anhaltspunkte auf genetische Veranlagungen für extreme Langlebigkeit gegeben. Die Spezialisten hatten bei der Tiefenanalyse des Erbgutes mit besonderer Akribie 13 kaukasische Frauen unter die Lupe genommen und auch bei ihnen keine Altersgene gefunden. Ergo muss des Rätsels Lösung wohl in einer Kombination verschiedener Faktoren zu finden sein. Und vielleicht enträtselt sich denn der sagen- und märchenhaft umworbene und gesuchte Jungbrunnen nicht als greifbare Materialität, sondern als Synonym für ein glückliches Zusammenspiel aus objektiven und subjektiven Eigenschaften von Mensch und Natur.

Die naturell günstigen Gegebenheiten existieren zur Genüge gut 300 Kilometer südlich von Baku beim kaukasischen Bergvolk der Talyschen, benannt nach dem gleichnamigen Hochgebirge. Dass ihre Heimat in greifbarer Nähe der Wolken liegt, scheint eines der Geheimnisse für das Phänomen der Langlebigkeit zu sein. Die intensive Lebensgesundheit dieser Bergleute hat hier eine solide Basis: paradiesisch saubere Umwelt, glasklares Quellwasser und eine intakte Natur mit artenreicher Flora und Fauna. Sie ermöglicht eine biologisch einwandfreie Ernährung mit beneidenswerter Vitaminvielfalt, gekoppelt mit nachbarlicher Freundlichkeit, einem stressfreien Lebensstil und viel Bewegung in der frischreinen Luft des Talysch-Gebirges.

Und worüber ich in Unkenntnis lokaler kulinarischer Eigenheiten im Kaukasus selbst erstaunt war: Ihre altstämmigen Bewohner pflegen in uriger Tradition eine fast zum Ritual gewordene tägliche Frischekost mit geschmolzener Butter und Kefir, einem fermentierten Produkt aus Kuhmilch mit relevanten Inhaltsstoffen für eine gesunde Darmflora. Die Talyschen schwören auf dieses seit Jahrhunderten überlieferte Rezept mit der Kefirknolle, die ihre Urkraft aus einer idealen Symbiose von Bakterien und Hefepilzen bezieht. Verwandt damit ist ein anderes Vitalgetränk namens Kumys. Begehrt und verehrt wird es als Naturheilmittel für Leib und Seele in ganz Zentralasien und insbesondere in der Mongolei, wo es Nationalgetränk ist und angeblich schon Dschingis Khan zu Kraft und Stärke verholfen haben soll. Als mir eine Kostprobe des Sauermilchtranks aus vergorener Stutenmilch angeboten wurde, war ich erleichtert, den Becher schnell wieder absetzen zu dürfen. Mir kam es vor, als würde ich jede einzelne Milchsäurebakterie schmecken. Für einen Mitteleuropäer ein Härtetest, der allerdings mit flüssiger Gesundheit in purer Form belohnt wird.

Der US-Gerontologe Alexander Leaf von der Harvard Universität in Massachusetts brachte den Kern seiner jahrelangen Altersforschung so auf den Punkt: Die 80-Jährigen in den Großstädten der Industrieländer wirken meist hinfällig und verkalkt. Gesund und vital dagegen zeigen sich die meisten der Superalten fernab des Fabrikenmiefs in entlegenen sattgrünen Gegenden der Welt.

Für den Garten Eden in Höhenlagen stehen geradezu beispielhaft die Talysch-Berge des Kaukasus. Zu ihren Naturgegebenheiten gesellt sich eine innere Einstellung seiner Ureinwohner, die ich auch bei Subeida Sheidajewa bemerkte und die ein Museumsführer in Lerik so formulierte:

„Die Stille des Geistes ist Teil ihres Geheimnisses. Sie halten sich von Stress fern, denken ganz philosophisch über das Leben nach, leben einen Tag nach dem anderen, ohne viel zu planen oder sich um die Zukunft zu sorgen." Wenn man es nur könnte!

Gesundheitsalarm im Paradies

An dieser mit üppiger Natur überreich beschenkten Kaukasus-
region gehen die Krankheiten der hochmodernen Industrie-Zi-
vilisation allerdings auch nicht spurlos vorüber. Klimaverän-
derung und zunehmende Umweltverschmutzung spiegeln sich
nicht nur im landwirtschaftlichen Defizit, sondern auch in der
Lebenserwartung des Volkes der Talyschen wieder. Noch 1991
waren über 200 von ihnen registriert, die es über die Schwelle
der magischen 100 geschafft hatten – bei einer Bevölkerungs-
zahl von 63000. Sie war im Jahr 2019 auf 83800 Einwohner an-
gestiegen, aber es lebten nur noch 11 Menschen, welche die Hun-
dertmarke überschritten hatten. Innerhalb von 28 Jahren also
gab es selbst in der idyllischen Ferne einer kaukasischen Berg-
welt eine Senkung der Anzahl uralt gewordener Menschen von
200 auf nur noch 11, obwohl sich die Bevölkerung im gleichen
Zeitraum sogar um 20000 Einwohner erhöht hatte. Das zwingt
zum Nachdenken. Gesundheitsalarm im grünen Bergparadies!

Im gleichen Jahr, da diese Dezimierung der höchstbetag-
ten Kaukasier konstatiert wurde, berichtete die *Süddeutsche
Zeitung* am 3. Januar 2019, die älteste Person aller Zeiten sei
die Südfranzösin Jeanne Calment gewesen, die 1997 im wissenschaftlich bestätigten Alter von 122 Jahren gestorben sei.
Schon am 27. Juli 2016 hatte dasselbe Blatt wissen lassen, die
am Lago Maggiore lebende Italienerin Emma Morano sei laut
Guinness-Buch der Rekorde mit 117 Jahren der älteste lebende
Mensch, aufgewachsen mit sieben Geschwistern in dem kleinen
norditalienischen Dorf Civiasco.

Und noch eher, am 26.12.2014, hatte die Online-Ausgabe
der *Frankfurter Rundschau* darüber informiert, dass die Mexi-
kanerin Leandra Becerra Lumbreras am 31. August desselben
Jahres ihren 127. Geburtstag gefeiert habe. War dem tatsächlich so, hatte sie alle aktuellen Bewerber auf den Altersthron
hinter sich gelassen.

Wie man sieht, gab es an Bewerbern um den Siegerkranz im
Altersmarathon keinen Mangel.

Der *Stern* legte die Messlatte in dieser Disziplin noch höher. Am 28. August 2016 hatte das Hamburger Wochenmagazin gemeldet, dem Indonesier Mbah Gotho sei behördlich ein Alter von unfassbaren 145 Jahren attestiert worden. Von unabhängigen Gutachtern bestätigt wurde es nicht.

Zwei Afrikaner übertrumpften die ohnehin unglaublichen Altersangaben noch um ein Vielfaches. Der Nigerianer James Olofintuyi beteuerte nach Informationen der Londoner Tageszeitung *The Independent,* 163 Jahre zu sein, der Äthiopier Dhaqabo Ebba will seinen Geburtstag sogar schon 171 Mal gefeiert haben. Beweisen können beide dieses biblische Alter allerdings nicht – weder durch persönliche Papiere noch durch die Beglaubigung einer Behörde.

Die Kaukasierin Subeida Sheidajewa hatte beides: gültige Personalunterlagen und eine amtliche Bestätigung ihrer stolzen 119 Jahresringe am Baum des Lebens, an dem sich schon der 120. Kreis abzeichnete. Wahrlich ein Grund zum Feiern und für uns ein Anlass für ein Filmporträt.

Von der Nützlichkeit des Alters

Wir waren neugierig auf sie, wollten sie kennenlernen und im bewegten Bild verewigen. Zugleich war uns bewusst, dass der Weg zu ihr über Stock und Stein in eine unwegsame kaukasische Bergregion an der Schnittstelle zwischen Asien und Europa keine Spazierfahrt sein würde. Da war unsere „Wolga"-Limousine wegen ihrer Größe und trotz ihrer Robustheit wohl nicht so recht das geeignete Gefährt. Unser freundlicher Begleiter vom lokalen Fernsehen wusste Rat, charterte einen extrem wendigen, geländegängigen Jeep und übernahm auch noch die Rolle des Kraftfahrers, was in Kombination mit seiner Ortskenntnis ideal für uns war.

Wir starten die Abenteuertour in Baku auf der Apscheron-Halbinsel mit ihrem südländischen Flair an den Gestaden des Kaspischen Meeres. Es ist eigentlich ein See, denn das Gewässer hat keine natürliche Verbindung zum Ozean. Von der Niederung dieses riesigen Salzsees klettern wir mir PS-starker Allradkraft steil nach oben ins Gebirge. Nach einer dreistündigen Jeep-Schaukelei stehen wir durchgeschüttelt und staubkonserviert vor ihrem Häuschen, das sich in hölzerner Schlichtheit und geduckter Schüchternheit an einen hellgrünen Wiesenhang schmiegt. Ein Blockhaus auf steinernem Fundament.

Wir sind sicher, dass sie da ist, denn ich hatte uns angemeldet und ihr Einverständnis eingeholt. Wir treffen auf eine rüstige Rentnerin mit schütterem schlohweißem Haar, die mit ihrer siebenjährigen Enkelin Hodshar aus der vierten Kindeskinder-Generation vor einer dampfenden Tasse mit Schwarztee sitzt und uns sofort aus dem Samowar bedient. Sie hatte uns erwartet, kredenzte uns Zitronenscheiben, geleeartige Süßigkeiten und gekochte Früchte.

Beim Erzählen streicht sie dem kleinen Mädchen mehrfach liebkosend übers Haar. 112 Jahre liegen zwischen beiden. Ihre Hodshar ist eine der jüngsten von insgesamt 60 Nachkommen ihrer leiblichen Kinder. Sie alle bereiten den 120. Geburtstag ihrer Babuschka vor – eine Lebensspanne, die selten einem Menschen vergönnt ist. Ein angehäufter Reichtum an Weisheit und Erfahrung. Welche davon hält sie für die wertvollsten? Sie zögert nicht lange:

„Wenn man merkt, dass man als Persönlichkeit akzeptiert und geachtet wird, dann machen Arbeit und Leben Freude. Das kann ich nicht immer von meinem Dasein sagen, denn vergessen Sie nicht: Ich habe 57 Jahre unter der Zarenherrschaft verbracht."

Sie macht um ihr erstaunliches Alter und die Respektbezeigungen von allen Seiten kein Gewese, bittet uns aber, ihre Personaldokumente einzusehen, um etwaige Zweifel zu zerstreuen. Ja, es stimmt und ist amtlich beglaubigt. Geboren wurde Subeida Sheidajewa 1860 im benachbarten Dagestan als eines von 14 Kindern eines leibeigenen Bauern im weltabgeschiedenen Bergdorf Selenje Gil. Da musste sie von Kindesbeinen an mithelfen, den kargen Lohn der Eltern aufzubessern.

Subeida Sheidajewa ist eitel. Nein, fotografiert werden möchte sie nicht. Das lehnt sie höflich, aber bestimmt ab, als ich sie um ein Porträtbild bitte. „Wer", so fragt sie, „sieht sich denn gern auf einem Foto das faltige Gesicht einer uralten Frau an?" „Aber", wende ich ein, „Sie haben uns ja sogar die Erlaubnis zum Filmen gegeben." Das sei etwas anderes, belehrt sie uns mit hartnäckiger Unnachgiebigkeit. Ein bewegtes Filmbild zeige sie als quicklebendigen Menschen von allen Seiten und da verspiele sich das Alter, während eine Fotografie ein starres, lebloses Faltengesicht wie aus Stein zeige – und das gefalle ihr überhaupt nicht. Ich bin verblüfft über diese eigenartige Logik, drängele aber nicht weiter. Die Babuschka ist nicht nur eitel, sondern auch eigenwillig – und das muss ich respektieren und lasse meine „Exa" wieder in der Fototasche verschwinden.

Dann stelle ich die unvermeidliche Frage aller Fragen: „Wie ist Ihnen diese wunderbare Lebenszeit gelungen?" Sie bittet, nach Russisch nun in ihrer Heimatsprache Lesginisch antworten zu können. Russisch wurde nach der Oktoberrevolution nicht – wie oft behauptet – zwangsverordnet, damit die Russen alle anderen Völker besser beherrschen konnten, sondern es wurde als Zweitsprache eingeführt, damit sich die Völker der Sowjetunion mit ihren vielen hundert Sprachen und regionalen Dialekten untereinander verständigen konnten. Unser Begleiter übersetzt die Erklärung für ihr Extremalter:

„Jeden Tag spüren lassen, dass man nützlich sein will. Gegen sechs Uhr früh stehe ich auf und gehe gern in den Tag hinein. Denn ich merke von allen Seiten, dass ich gebraucht werde. Außerdem habe ich um mich herum eine herrliche Natur mit reiner Bergluft, Mineralquellen und Früchten, die man hier im Süden bis in den Winter hinein pflücken kann."

Ihre geliebte Gebirgsgegend hat, das schwingt in all ihren Bemerkungen mit, nicht nur ein gesundes kaukasisches Naturklima, sondern auch ein gesundes Gesellschaftsklima. Vielleicht sind das sogar die beiden Hauptgründe, warum es in Aserbaidschan rund 13000 Einwohner gibt, die 100 Jahre oder darüber sind. Sie ist die respektierte Alterskönigin und das weiß sie.

Ein Wodka in Ehren

Auf dem Weg zur Teppichfabrik zupft sie mich in neckischer Vertrautheit am Ärmel: „Ich habe Ihnen vorhin etwas verschwiegen, als sie mich nach Gründen für mein Alter gefragt haben. Ab und zu genehmige ich mir ganz gern auch mal einen kleinen Wodka. Das ist gut für die Verdauung." „Aber doch nicht etwa bei Ihrem Tagewerk?", frage ich mit künstlicher Entrüstung. Ebenso augenzwinkernd kommt mit gespielter Empörung ihre Antwort: „Aber nein, das würden meine Lehrlinge sofort merken."

Ich kann es nicht glauben, aber es stimmt: Sie arbeitet tatsächlich noch. Mütterchen Sheidajewa unterweist mit ihrer hundertjährigen fachlichen Erfahrung des Teppichknüpfens Lehrlinge in dieser traditionellen Kunst, die sie mit unnachahmlicher Fertigkeit und flinken, geschmeidigen Fingern grandios beherrscht. Davon können wir uns selbst überzeugen, als sie Knoten an Knoten reiht. An guten Tagen schafft sie davon in acht Stunden 10000 bis 12000. Es ist eine auf den ersten Blick ermüdende Konzentrationsübung, die eine nicht nachlassende Ausdauer und viel Zeit raubt. An einem zwölf Quadratmeter großen Teppich mit hoher Knotendichte und damit hoher Qualität und Lebensdauer sitzt eine geübte Knüpferin wie Frau Sheidajewa bei einer Achtstundenschicht etwa 600 Tage. Entsprechend hoch ist der Preis – und wer Topware haben möchte, bezahlt ihn auch.

Ein Handwerk, das goldenen Boden hat, wenn die Handwerkerin goldene Hände hat. Unsere Gastgeberin hat sie, lässt die Finger um einen Wollfaden spielen und drückt mit einem Kamm die Knotenreihen fest. Neben ihr liegen auf der Werkzeugbank Haken, Messer und Scheren verschiedener Formen und Größen in Bereitschaft. Mit ihrer Hilfe entstehen fantasievolle Muster in leuchtenden Farben, orientalische Ornamente in filigraner Schönheit. Wir stehen an einem Flachwebstuhl der kaukasischen Werkstatt von Kubá und bewundern das Geschick einer 119-jährigen Handwerkerin, die dieses seltene Gewerbe der manuellen Gobelinherstellung immer noch in Perfektion beherrscht – eine

Meisterin der Bildwirkerei, wie diese Kunst seit jeher von den Zunftmitgliedern der Tapisserie genannt wird.

Tom Schmajew filmt begehrte Handarbeiten, die in alle Welt gehen. Die wertvollsten aus zwei Jahrhunderten werden in Baku in einer nationalen Schatzkammer aserbaidschanischer Kunst und Kultur aufbewahrt. Wir besuchen das Museum mit seinen Glanzstücken nach unserer Rückkehr und bewundern eine Sammlung von 420 Meisterwerken. Auf den Visitenkarten dieser prächtigen Kollektion finden sich nicht selten zwei Begriffe, die wir ohne Schwierigkeiten einordnen können: als Ortsname der Manufaktur das Kaukasusdorf Kubá und als Name der Knüpferin Subeida Sheidajewa. Müsste ihr Alter dabeistehen, würden die Besucher mit Sicherheit an einen Druckfehler glauben.

 ISSET ORUDSHEWA

**bewirkte mit einer couragierten Filmrolle Jubel,
Entsetzen und eine Revolution in Vorderasien**

Man sah es den mitunter angekratzten, zerflimmerten Filmbildern an, dass sie die Patina einer langen Lagerzeit angesetzt hatten. Sie kamen zwar nicht aus der Laterna magica des 18. Jahrhunderts, wohl aber aus den tiefsten Tiefen sowjetischer Archive. Es war wenige Wochen nach meinem Antritt als Moskauer TV-Korrespondent im August 1978, als ich im Sowjetfernsehen TSS diese Retrospektive von Filmkunst der uralten Schwarz-Weiß-Schule sah. Natürlich gehörte zu den Zelluloid-Perlen Sergej Eisensteins „Panzerkreuzer Potjomkin" von 1925 genauso wie der russische Stummfilm-Klassiker „Sturm über Asien" von 1928.

Als der Jahrgang 1929 dran war, fesselte mich ein aserbaidschanischer Streifen mit dem Titel „Sevil" und der Hauptdarstellerin Isset Orudshewa. Dem exotisch anmutenden Uraltwerk mit Untertiteln in russischer Sprache gab ich das selbsterfundene Prädikat „wertvolle Rarität". Es zeigte den gefährlichen Wagemut eines Mädchens aus Aserbaidschan, das sich im Haus ihres herrschsüchtigen Mannes Balas gegen tausend Arten der gewohnheitsmäßigen Erniedrigung durch den nach historischer Sitte dazu befugten Pascha auflehnt. Es ist die Geschichte der Titelheldin Sevil, die mit dem traditionellen schwarzen Schleier, der Tschadra, das jahrhundertalte symbolische Requisit für schweigende Demut, sklavenhafte Ergebenheit und bedingungslose Unterwürfigkeit der Frau ablegt und in Gleichberechtigung zur Männerwelt mit trotziger Entschiedenheit die Chance eines Hochschulstudiums einfordert.

Der Kommentar zum Spielfilm verriet mir, dass diese junge Frau von Isset Orudshewa gespielt wird – einer Aserbaidschanerin, die zuvor dasselbe auch im wirklichen Leben getan hatte, sich durch Anfeindungen nicht einschüchtern ließ und es tatsächlich zu einem Studium und zur Akademikerin schaffte. Die landesweit verbreitete Kinoversion machte ihren couragierten Weg zur Befreiung der Frau aus feudal-mittelalterlichen Fesseln einer breiten Öffentlichkeit bekannt.

Zugleich vollzog sich parallel zu diesen muffig-modrigen Sitten und Gebräuchen des vorsintflutlichen Patriarchats eine Entwicklung modernen Stils, die Sevil zu ihrem Befreiungsschlag mit inspirierte. Seit Beginn des 20. Jahrhunderts bauten deutsche Siedler vor allem in Baku Kunst- und Kultureinrichtungen sowie Schulen, Kirchen und Ausbildungsstätten, die allerdings abgeschottet von der Armutsbevölkerung meist nur der einheimischen Oberschicht, den reichen Kolonisten und ihren Söhnen zugutekamen.

Mit der Etablierung der Sowjetmacht wurden auch im Südkaukasus kolonialer Großgrundbesitz und private Großunternehmen entschädigungslos in Staats- und Volkseigentum überführt und Agrarvereine der Siedler in Kolchosen integriert. Dieser Prozess vollzog sich ungeachtet einer festzementierten altherkömmlichen Diskriminierung der Frau in einer zutiefst islamistisch geprägten Gesellschaft der Unwissenheit und des Aberglaubens, woran auch das schon 1919 eingeführte Frauenwahlrecht nichts änderte. Nun hatte eine Aserbaidschanerin durch ihr eigenes Beispiel signalisiert, dass nach jahrhundertealter Unterdrückung der Frau weibliche Emanzipation im Alltag durchaus möglich und nicht mehr aufzuhalten war.

Zwar gab es schon seit 1889 solche vereinzelten Bestrebungen für eine höhere Bildung, eine eigene Frauenzeitschrift und ein Theater-Engagement mit personellen Erfolgen, aber sie blieben lokal begrenzt. Nun hatte eine Isset Orudshewa für sich nicht nur das Recht auf eine akademische Laufbahn durchgesetzt, sondern diesen unerhörten Schritt in mutiger Offenheit erstmals durchs Kino landesweit publik gemacht. Es war die erste Filmrolle einer aserbaidschanischen Frau, was in ganz Transkaukasien Aufsehen erregte und sowohl Jubel und Freude auslöste als auch Empörung und Hass. Eine für Mitteleuropäer in ihrer Tragweite kaum vorstellbare feminine Revolution.

Ein ungewöhnlicher Spaziergang

An diesem Fernsehabend fasste ich den Entschluss, diese couragierte Akademikerin und erste Filmschauspielerin Aserbaidschans kennenzulernen und filmisch zu porträtieren. Das hieß auf nach Baku! Da aber die Entfernung von Moskau zur aserbaidschanischen Hauptstadt mit gut 2000 Kilometern nicht geringer ist als die nach Berlin, konnte ich mich nicht einfach mal so auf die Schnelle von der täglichen aktuellen Berichterstattung und damit unserer Kernmission ausklinken, um meine spontane Eingebung zu realisieren und loszudüsen. Also tat ich, was wir TV-Journalisten im Moskauer DDR-Büro für Reportagereisen ins Land immer zu tun angehalten waren und was gleichermaßen auch für Westkollegen galt: Ich schnürte – damit sich die Aktion finanziell und journalistisch rechnete – ein Paket mit mehreren Vorschlägen für Beiträge in Aserbaidschan, darunter eben auch für ein Porträt der Isset Orudshewa. Solche Wünsche für Filmarbeiten außerhalb von Moskau mussten trotz unserer Presseakkreditierungen extra vom Außenministerium genehmigt werden. Einige gingen durch, andere nicht. Dann beschied man sich damit oder beantragte neu.

So reichte ich denn dieses Angebot nach der üblichen Prozedur ein und wie gehabt wurden einige Offerten der Vorlage genehmigt und andere abgelehnt. Der Film über Isset Orudshewa wurde bestätigt. Also packte ich schon ein Vierteljahr nach meinem Moskau-Einstieg gemeinsam mit meinem sowjetischen Kameramann Thomas Anatoljewitsch Schmajew im November 1978 die Koffer für den Aeroflot-Flug in die Zweimillionen-Metropole Baku, die sowohl landschaftlich als auch wirtschaftlich hochattraktiv war.

Die Hauptstadt der damaligen Sowjetrepublik Aserbaidschan entfaltet ihren rauen Charme südlicher Vegetation und

reicher Erdölquellen zwischen dem Kaspischen Meer und dem
Kaukasus, der zwischen Asien und Europa beide Erdteile ver-
einnahmt. Imponiert hat mir im Zentrum von Baku auf Anhieb
die eindrucksvolle Architektur einer pittoresken Altstadt, die
seit dem Jahr 2000 zum UNESCO-Welterbe gehört.

Hier, im steinernen Labyrinth von engen, verwinkelten Gassen zwischen Palästen, Moscheen und Festungsmauern – die
meisten noch aus persischer Zeit – gehen wir mit Frau Dr. Orudshewa spazieren. Ich wollte sie nicht in der sterilen Atmosphäre
ihres Büros in der Hochschule interviewen, sondern mitten im
Leben dieser fotogenen Stadt, in der sie geboren und aufgewachsen ist. Unsere Unterhaltung wird immer wieder unterbrochen,
weil Einheimische sie auf der Straße erkennen, ansprechen und
fotografieren. Sie reagiert ungezwungen und freundlich, ist diese
Aufmerksamkeit ihrer Mitmenschen und das Interesse an ihrer
Person gewöhnt, lässt sich bereitwillig auf Gespräche ein und
antwortet geduldig, fast schüchtern mit leiser, wohlklingender
Stimme. Ihr Wesen hat so gar nichts von einer robusten, zupa-
ckenden, resoluten Natur, die man nach allem, was sie durch-
geboxt hat, eigentlich bei ihr vermuten müsste. Anmutige Zart-
heit – das fällt mir beim Beobachten ihrer Reaktionen und beim
Betrachten der Szene ein, die Tom in Bildern festhält, ständig
mit dem Finger auf dem Auslöser.

Die Sympathie, die ihr auch weitaus jüngere Frauen entgegen-
bringen, ist förmlich greifbar. Eine von ihnen kramt ein Stück
Papier aus der Tasche, bittet sie um ein Autogramm. Während sie
nach kurzem Sträuben dem Wunsch nachkommt, streicht sie ab
und zu mit einer graziösen Handbewegung silberne Haarfäden
aus der Stirn, die unter einem fantasievoll gemusterten farben-
prächtigen Kopftuch hervorlugen. Sie hat es nach orientalischem
Brauch in großzügiger Manier und weiten Falten vom Scheitel
herab um die Schultern gelegt. Das solcherart eingerahmte Gesicht mit seinem südländisch braunen Teint weist klare, sinnliche Linien auf, die ihr den Ausdruck von klassischer Schönheit verleihen. Ausdrucksstarke Dunkelaugen unter schwarzen,
vollen Brauen runden das Bild ihrer ästhetischen Erscheinung

ab. Dass diese elegante Frau im nächsten Jahr 70 wird, muss ein von behördlicher Bürokratie verwechselter Geburtsfehler sein. Ich glaube es einfach nicht. Eine zierliche, im reiferen Alter befindliche Dame ja, aber ein knapp 70-jähriges Muttchen nein, zumal sie immer noch in ihrer Hochschule arbeitet und dort als Chemikerin ihr Wissen an Aspiranten und Praktikanten weitergibt. Am heutigen Sonntag opfert sie ihren wöchentlichen Ruhetag unserer journalistischen Neugier.

Sie wird bewundert wie ein Filmstar. Und eigentlich ist sie es ja auch. Das wird mir noch einmal so recht bewusst, als wir die belebte Uferpromenade erreicht haben und ich ihre Geschichte von ihr selbst höre. Es ist ein sonnendurchwirkter herbstlicher Nachmittag, an dem Familien mit Kind und Kegel im Sonntagsstaat über die Ausflugsmeile der langgestreckten Küste flanieren. Von der See her bringt ein laues Lüftchen eine schüchterne Vorahnung auf bevorstehende kühlere Tage, die das noch wohlig warme Wetter, das herbstliche Samtklima der Apscheron-Halbinsel, langsam ablösen werden. Der Hochsommer hat sich längst verabschiedet, der hier mit plus 45 Grad keine Seltenheit ist. Gleich zu Beginn unseres Treffens habe ich sie wissen lassen, dass ich ihren Film kenne und er mich tief bewegt hat. Nun gehe ich neben ihr und ich erfahre aus berufenem Munde ihre Geschichte vom wunderbaren Doppelleben der Isset Orudshewa auf der Leinwand und im Leben.

Die Sensation einer Immatrikulation

Ja, es stimmt, als Neunzehnjährige habe sie die Rolle ihres Lebens gespielt. Ich rufe mir den Handlungsbogen des Films noch einmal ins Gedächtnis. Er lässt das leidvolle Schicksal des Mädchens Sevil im alten, rückständigen Aserbaidschan nachempfinden. Sie versucht mit der Kraft der Verzweiflung, sich auf der untersten Stufe der gesellschaftlichen Hierarchie als Mensch zu behaupten. Nach einem qualvollen Prozess innerer Wandlung und der äußeren Auseinandersetzung mit ihrer Familie und ihrer Umwelt verweigert sie den obligatorischen Schleier und wendet sich voller Überzeugung von der Richtigkeit ihres Denkens und Tuns dem Neuen, Fortschrittlichen zu, das nach der Oktoberrevolution von 1917 mit neuen Dekreten und Gesetzen auch in ihrem Land keimte.

Damit endet der Film, der damals – 1929 – wie ein Aufruf wirkte, wie ein Fanal, gleiches zu tun. Wo er gezeigt wurde, folgten Frauen massenweise dem Beispiel von Sevil. Das, so sagt sie in besinnlichem Ton, habe sie auf ihrem Weg bestätigt. Wir gehen eine Weile schweigend nebeneinander, dann frage ich nach ihrem Hier und Heute. Nachdem sie vorhin mit Einwohnern von Baku Aserbaidschanisch geredet hat, antwortet sie mir nun wieder in gut verständlichem Russisch als der zweiten Amtssprache und ich vernehme die Fortsetzung der Geschichte, die ich nur oberflächlich kenne. Nun erfahre ich Details. Die Frau neben mir bestätigt, dass sie all das, was sie vor der Kamera gespielt hat, mit gleicher Entschlossenheit und Konsequenz auch im wirklichen Alltag erreicht hat. Was ihr das an Kraft, Nerven, Standpunkt und Stehvermögen abverlangte, lässt sich auch bei aller Kenntnis von Einzelheiten für einen Mitteleuropäer letztlich nur erahnen.

Damals, kurz nach dem ersten großen gesellschaftlichen Umbruch des historischen Oktobers, als 98 % der Frauen in Aserbaidschan noch Analphabeten waren, bewarb sie sich als erste Frau im Lande um ein Studium an der uneingeschränkten Männerdomäne der Technischen Hochschule von Baku, von einigen bewundert und bestaunt und von vielen belächelt, verspottet und verachtet. Ihre erfolgreiche Aufnahmeprüfung mit anschließender Immatrikulation glich einer Sensation. Ebenso der erfolgreiche Abschluss ihres Studiums 1932 drei Jahre nach der Filmpremiere.

Damit hatte sie die staatliche Fakultät für Industrie und Erdöl mit Bravour absolviert, womit der Weg zur späteren Promotion frei war. Dafür nutzte die Ölingenieurin interessante Resultate ihrer Forschungen zu hochwertigen Schmierstoffen und neuen Fördertechniken in der Petrochemie. Nun war sie Doktor der technischen Wissenschaften, arbeitete am Forschungsinstitut für Erdöl und wurde schließlich seine Direktorin. Für ihre wissenschaftliche Arbeit erhielt sie den Lenin-Preis und den Aserbaidschanischen Staatspreis. 1972 verlieh man ihr den Titel „Akademiker" als höchsten akademischen Grad der Wissenschaft. Für ihre Verdienste in der Erdölchemie wurde sie in die Nationale Akademie der Wissenschaften aufgenommen, wo die nunmehrige Professorin als Laborchefin am Chemie-Institut mit weiteren zahlreichen Ehrungen bedacht wurde.

Zum Zeitpunkt unserer Begegnung war Prof. Dr. Orudshewa Dozentin an der Technischen Hochschule. Film und Wirklichkeit und Wirklichkeit im Film – ein zweifaches Leben, das sich bei dieser Frau zu einer selten harmonischen Einheit verbindet.

Warum sie nicht beim Film geblieben ist, möchte ich wissen. Sie denkt kurz nach: „Als ich Sewil spielte, war ich schon Studentin." Dann, nach einer kurzen Pause: „Kurz darauf gab es einen zweiten Film, er hieß ‚Almas' – ‚Der Diamant'. Als ich da mitspielte, war ich schon Ingenieurin. Das ist der simple Grund, weshalb ich nicht Schauspielerin geworden bin. Das wirkliche Leben war schneller, eröffnete eine Menge neuer, ungeahnter Einblicke und Perspektiven auf meinem beruflichen Gebiet, das mit Chemie zu tun hat und mit Erdöl und seiner Wissenschaft. Davon bin ich bis heute nicht losgekommen."

Isset Orudshewa hatte einen gleichgesinnten Verbündeten, ohne den ihre Filme „Sevil" und „Almas" in dieser künstlerischen Vollendung nicht möglich geworden wären. Beide Drehbücher schrieb der angesehene aserbaidschanische Dramatiker, Dichter und Regisseur Jafar Jabbarly, dessen Schaffen sehr stark von ethischen, sozialen und gesellschaftlichen Themen geprägt war. Eines davon war nicht zuletzt die rechtliche Gleichstellung der Frau in der verstaubten Welt eines radikalen Patriarchats. Der Poet schuf in seinem kurzen Leben – er starb mit 35 an Herzversagen – neben 20 Theaterstücken eine Vielzahl von Werken in Lyrik und Prosa und übersetzte Shakespeares „Hamlet" ins Aserbaidschanische. Dafür ehrte ihn seine Heimat auf vielfältige Weise und verlieh auch dem nationalen Filmstudio seinen Namen.

*Die spätere Chemieprofessorin Orudshewa verweigerte als
19-Jährige den obligatorischen Schleier der Unterwürfigkeit, was
einer unfassbaren Schmähung heiliger Traditionen gleichkam.*

*Als Antwort auf die gesellschaftliche Ächtung wiederholte sie in
der Rolle des Mädchens Sevil ihre Ungeheuerlichkeit demonstrativ
in einem Protestfilm, der im gesamten Orient eine Revolution der
Frauenemanzipation auslöste.*

Isset hat die akribische, anspruchsvolle Zusammenarbeit mit Jafar immer wieder in höchsten Tönen gelobt. So habe er die Schlüsselszene, als sie den Schleier von sich warf, vielmals wiederholt, weil sie ihm zu künstlich erschien und er den geballten Ausbruch von Wut und Verzweiflung vermisste. Sie erinnert sich, dass ihre Mutter mit Verwandten und Bekannten am 3. September 1929 zur Uraufführung kam. Viele Zuschauerinnen hätten noch während der Vorstellung in spontaner Gemütsaufwallung Schleier und Kopftuch abgelegt. Es seien, sagt Isset, ergreifende Momente gewesen.

Baku: mehr als ein Postkartenmotiv

Inzwischen haben wir den Küstenstreifen mit den sonntäglich gestimmten Spaziergängern und Liebespaaren verlassen und sind wieder im Stadtinnern gelandet. Sie reicht mir die Hand, bedankt sich für mein Interesse, weist auf ein altehrwürdiges Haus auf der anderen Straßenseite. Dort wohnten Bekannte, die sie zum Kaffee eingeladen hätten und sie sei ohnehin spät dran. Ich bestehe darauf, dass nicht sie, sondern wir uns zu entschuldigen haben, und druckse herum. Sie ahnt mein Anliegen, ermuntert mich zum Reden und baut mir damit eine Brücke, die ich dankbar betrete. Sie ist mit meiner Bitte einverstanden. Ja, morgen könnte ich sie in der Hochschule besuchen – am besten um die Mittagszeit, da sie dann etwas Luft habe. Die entweicht jetzt aus meinen Lungen, da ich erleichtert durchatme. Denn ein Filmporträt ohne optische Eindrücke von ihrer Wirkungsstätte wäre ein rudimentäres halbfertiges Produkt geworden.

Ich schlage den Rückweg ein und merke erst jetzt, wie lang er ist und wie kurzweilig sie geplaudert hat. Ich hole nun in der Altstadt mit freiem Kopf nach, was ich durch die Konzentration auf unser Gespräch übersehen habe. Nun beginnt der kulturelle Teil meines Sonntags im denkmalgeschützten historischen Stadtteil von Baku. Ich balanciere über schmale Bordsteine, gönne mir in aller Ruhe eine Besichtigung dieses architektonischen Freiluftmuseums. Ich durchwandere Jahrhunderte.

Ein Prunkstück der Baukunst ist der Schirwanschah-Palast, ein im 15. Jahrhundert modelliertes Zentrum der Macht des damaligen Schirwan-Staates, der eine Blütezeit mittelalterlicher Hochkultur hervorbrachte. Verwinkelte Gassen führen zur Karawanserei, dem früheren Rastplatz und Übernachtungsort für Kaufleute und ihre Karawanen schwer beladener Kamele, die hier Station machten. Für sie war Baku ein markanter Meilenstein an der Handelsstraße zwischen Europa und Asien. Heute ist dieser einstige Hafen für die Wüstenschiffe eine Touristenattraktion als Nationalitätengasthof und exotische Herberge. Schattige, luftfrische Innenhöfe, originelle Brunnen mit Folkloreverzierungen und teppichbehangene Nischen laden zum Verweilen, Trinken, Essen und einem Nickerchen zur Siesta ein. Tom und ich gönnen uns diesen Freizeit-Luxus bei regionalen Spezialitäten der festen und flüssigen Art.

Am Rande der Altstadt überragt ein 30 Meter hoher Steinzylinder alle anderen Bauten: der „Kys Kalassi" oder „Dewitschja Baschnja", der 800 Jahre alte Mädchen- oder Jungfrauenturm. Erhielt er diesen Namen nun, weil er als Teil der ehemaligen städtischen Festung nie eingenommen wurde oder weil Fürsten ihre unliebsam gewordenen Damen kurzerhand von dort oben in den Tod beförderten? Ich betrachte das zylindrische Rundgemäuer mit besonderer Ehrfurcht, denn um diesen Turm ranken sich Legenden und unglückliche Liebesgeschichten, die das bittere Schicksal der Frauen im alten Aserbaidschan beklagen. Ich sehe die zu Stein gewordene Historie jetzt, da ich eine Isset Orudshewa kenne, mit anderen Augen. Von oben genieße ich ein fantastisches Panorama. Das Meer ist nur getrennt durch einen breiten Baumgürtel, der sich in elegantem Bogen um die wohlgeformte Küste schlingt.

Sowjetpoet Majakowski sprach einst in einem seiner Gedichte wehmütig von den höchstens zwei oder drei Blättchen Grün, die im ölverpesteten Baku kapitalistischer Konzerne zu finden waren. Niemand hat damals auch nur im Entferntesten an Olivenhaine, Teesträucher und Weingärten gedacht, die heute auf diesem Boden gedeihen. Die Landwirtschaft hat nun Raum für einen schier unbegrenzten Anbau auf weiten Flächen, macht dürre Steppen zu großen Teilen fruchtbar. Vielfältig sind die Möglichkeiten, denn über aserbaidschanisches Territorium hat Mutter Natur in wohlwollender Großzügigkeit neun von insgesamt elf Klimazonen der Erde verteilt. Russlands Dichterfürst Maxim Gorki konstatierte 1915 mit spitzer Feder: „Es ist eine Stadt, die an einem goldenen Abgrund steht und die nicht ihresgleichen an Armut hat."

Dem märchenhaften Reichtum der Ölmagnaten stand ein abgrundtiefes Elend des gemeinen Volkes gegenüber. Dabei wurde hier Anfang des 20. Jahrhunderts mehr als die Hälfte des „schwarzen Goldes" gefördert. Dies allerdings mit primitivsten technischen Mitteln und rücksichtsloser Knochenschinderei der Kulis. Die Lebenserwartung der Aserbaidschaner belief sich damals auf durchschnittlich 27 Jahre. Heute ist es ein Zahlendreher auf 72 Jahre.

Der Blick von hier oben ist ein Postkartenmotiv. Malerisch wächst aus dem Grün und Rot von Rosenhecken der Meerespavillon am Primorski-Boulevard. Die wuchtige Fassade der Hochschule wirkt aus der Ferne wie ein gewaltiger Tempel. Fürwahr ein Tempel des Wissens, in dem auch eine Isset Orudshewa ein und aus geht. Fünfzehn davon gibt es in der Republik. Mit 100000 Studenten.

Mir zu Füßen liegen die in sich verschachtelte Altstadt, die in der Sonne glänzenden Kuppeldächer der Koranschule und das türkische Bad. Zur Vervollständigung orientalischer Magie fehlt nur noch Aladin mit seiner Wunderlampe, die heute natürlich von Gas und Öl gespeist werden würde. Der moderne Aladin wäre dann sicher Mitarbeiter des Instituts für Erdölverarbeitung. Seine Direktorin hieße Prof. Orudshewa, 25-fache Erfinderin und Verfasserin von über 300 wissenschaftlichen Arbeiten. Wem, wenn keinem Aladin, gibt sie heute dieses Wissen und ihre Erfahrung weiter?

Bitte keine Heldenverehrung!

Am nächsten Tag tauche ich wie verabredet in der Hochschule auf. Sie hat gerade im Labor zu tun, bereitet Experimente vor. Ihr zur Seite der 26-jährige Evendiev Tofik, der bereits 14. Aspirant, den sie betreut. Dann ist Mittagspause und ich möchte gern von ihr wissen, in welchem familiären Umfeld sie aufgewachsen ist.

Sie gibt ohne zu zögern Auskunft. Nach ihrer Geburt in Baku am 16. September 1909 sei sie in einer ganz einfachen Familie groß geworden. Der Vater war Gärtner, die Mutter Hausfrau. Beide hatten nie die Gelegenheit, eine Schule zu besuchen. Fünf Geschwister waren sie zu Hause, zwei Jungen und drei Mädchen. Sie sei als Erstgeborene das älteste Kind gewesen, das sich um die anderen zu kümmern hatte. Dann schweigt sie. Eine Zäsur, die ihre Antwort beendet.

Ich merke, dass sie nicht ins Detail gehen will, dass sie nicht über persönliche Interna wie Armut, Sitten und Gebräuche reden möchte, dass sie ihre Eltern nicht für das Ausbrechen ihrer Tochter aus gesellschaftlicher und familiärer Hörigkeit verantwortlich machen möchte. Folgerichtig deutet sie mit einer kurzen Geste einen Schlussstrich unter das Damals an und summiert das Heute: Eine Schwester praktiziere als Chefärztin in einem Kinderkrankenhaus, der jüngere Bruder arbeite als Architekt für den Wohnungsbau und die beiden anderen Geschwister seien von Beruf Lehrer.

„Sie sehen also", lächelt sie und zuckt wie entschuldigend mit den Schultern, „ich bin wirklich keine Ausnahme." Dann fügt sie hinzu: „Und bitte, machen Sie mich in Ihrem Bericht nicht zu einer Heldin. Das bin ich nicht und das mag ich auch nicht. Das mag ich ebenso wenig wie Gleichgültigkeit. Verzeihen Sie, wenn es belehrend klingt, aber es ist ja wirklich so: Bei uns hat heute jeder zumindest nach dem Gesetz die gleichen Möglichkeiten – und damit ist meiner Meinung nach auch jeder verpflichtet, auf seinem Gebiet Erfolg zu haben. Ich weiß, das fordert Fleiß und Bewusstsein. Und da braucht es wirklich

Ausdauer und den Einsatz der ganzen Person. Dass ich mich darum immer sehr bemühe, gebe ich gern zu. Das können Sie gern aufschreiben.“

Haltungen und Charaktereigenschaften, die sie auch bei ihren Schülern zur Bedingung macht. Wenn sie mit Hochachtung vom wissenschaftlichen Nachwuchs spricht, meint sie damit auch hundert DDR-Studenten am hiesigen Institut für Erdöl und Chemie, dem früheren Technikum, an dem sie selbst ausgebildet wurde. Ihr Sohn, der Geologe ist, absolvierte sein Praktikum in der DDR. Sie selbst ist stellvertretende Vorsitzende der Freundschaftsgesellschaft Aserbaidschan-DDR. Zudem ist die Chemikerin Redaktionsmitglied der Sowjet-Enzyklopädie. Das, so bemerke ich, seien im Verbund mit ihren beruflichen Verpflichtungen eine Menge Verantwortlichkeiten, Aufgaben und Funktionen. Das nenne man eine Multifunktionärin. Ob sie sich da nicht übernehme?

Ja, das sehe sie auch so, aber daran sei sie selbst schuld. Das habe ihr niemand aufgezwungen, nur das Leben selbst – und das bestehe aus einer Vielfalt von Zusammenhängen und zumindest deren wichtigste sollte man im Auge haben und in ihrer Gestaltung versuchsweise mitbeeinflussen.

Mit jeder Minute in ihrer Nähe verstehe ich immer besser, warum ihr so hohe Achtung und Autorität entgegengebracht wird. Sie sagt in konsequenter Ehrlichkeit, was sie denkt – und sie denkt unbequem. Wenn ein Mann heute noch von seiner Frau verlange, ehrfürchtig und schweigend drei Schritte hinter ihm zu gehen, dann – so zürnt sie – sei das traurig und unzumutbar. Sie sei kein Ehrgeizling und keine notorische Emanze, wohl aber sei sie sich ihrer Fähigkeit und Persönlichkeit voll und ganz bewusst geworden und empfinde es als ungerecht, nur wegen ihres anderen Geschlechts als minderwertiger angesehen zu werden als ein Mann.

Ihr Beharren auf Gleichberechtigung hatte für sie auch bittere Momente. Als zwischen ihr und ihrem Ehemann nach vielen Bemühungen keine gemeinsamen Bande mehr bestanden hätten, habe sie sich von ihm getrennt. Das sei sehr schmerzhaft gewesen, allerdings habe sie das als eine ehrliche Notwendigkeit tun müssen. Nein, Halbheiten mag sie nicht. Dafür verstehe sie sich bestens mit ihrem Sohn und den Enkeln Nigar und Elchan.

Ein Fußweg durch die Geschichte

Ich merke, dass sie leicht unruhig wird und verstohlen auf die Uhr schaut. Es ist – wenn wir nicht länger stören wollen – Zeit zu gehen. Ich lege das Mikrofon zur Seite und Tom nimmt die Kamera von der Schulter. Ich will ihr ein Kompliment machen, verwerfe den Gedanken jedoch sofort, empfinde es als deplatziert, ihr gegenüber mit ein, zwei lächerlichen Sätzen lapidar kommentieren zu wollen, was sie in ihrem eigenen Leben und im Dasein ihrer femininen Landsleute erreicht und bewirkt hat. Das wäre nicht nur taktlos, sondern vermessen und albern – so, als würde man einem Kosmonauten nach einem von aller Welt bewunderten risikovollen, erfolgreichen Weltraumflug sagen: Gut gemacht! Also beschränke ich mich auf Blumen und einen herzlichen Dank. Das freut sie und ich habe das Gefühl, das Richtige getan zu haben. Sie lässt es sich trotz vorgerücktem Uhrzeiger nicht nehmen, uns auf den Hof zu begleiten. Nochmals „Spasibo bolschoje" und eine gesunde, kreative Zeit!

Tom fährt mit der Technik ins Hotel. Ich habe mich für einen Umweg zu Fuß entschieden – vorbei an einigen Stätten, die am Lebensweg von Frau Orudschewa liegen. Da wäre dieses strahlend kalkweiße Eckhaus mit der eleganten, golden schimmernden Balkonbrüstung, getragen von einem antik wirkenden Säulenpaar. In dieser mondänen Villa, die einer der Ölmillionäre bewohnt hatte, wurde der erste Frauenbund des Landes gegründet. Sie war dabei. Der ehemalige Besitzer des Prunkbaus flüchtete, als 1920 in Aserbaidschan die Konterrevolution besiegt war. 1918 hatten englische Interventen das Land am östlichen Rand des Südkaukasus überfallen, um die Enteignung der Ölmagnaten und eine Volksrepublik im Staatenbund einer Sowjetunion zu verhindern. Sie beseitigten die erste Volksregierung und ermordeten 26 ihrer Repräsentanten. Ihnen ist ein Memorialkomplex mit dem Denkmal der 26 Kommissare im Herzen Bakus gewidmet. Ihre Porträts sind in Stein gemeißelt, der älteste war 45, der jüngste 22.

Auf dem letzten Stück des Weges passiere ich das Stadttheater, in dem ein tragisches Geschehen den Befreiungsschlag von Isset Orudschewa überschattete. Als sie auf der Leinwand den Schleier der Unterwürfigkeit ablegte, wurde die erste Berufsschauspielerin an dieser Bühne von fanatischen Gegnern der Frauengleichheit gesteinigt.

Ich studiere den aushängenden Spielplan und bin überrascht. Obwohl „Sevil" nicht nur filmisches Kulturerbe ist, sondern auch zu den klassischen Theaterstücken gehört, habe ich es doch irgendwie den Aufführungen der Vergangenheit zugerechnet – und damit Stücken, deren Spielzeit vorbei ist, weil sie sich totgelaufen haben. Und nun lese ich neben anderen Werken die Ankündigung für „Sevil" als Drama von Jafar Jabbarly, dessen Titelheldin nunmehr die einstige heftig umstrittene Rolle einer Isset Orudschewa mit der Selbstverständlichkeit einer neuen Zeit spielt.

Auf den letzten Metern zum Hotel überkommt mich ein personenkultiges Denken, gegen das schwer anzukommen ist – und ich will es gar nicht erst versuchen. Denn von welcher Perspektive auch immer man die Lebensleistung der Schauspielerin und Wissenschaftlerin Prof. Dr. Orudschewa betrachtet: Sie hat eine historische Dimension. Daran ändert auch nichts, dass seither Zeiten, Gesellschaften und Regierungen gewechselt haben – und, da ich dies im Sommer 2022 aufs Papier buchstabiere, der Westen von einem autoritär herrschenden Regime im Staate Aserbaidschan spricht. Mag sein. Fakt aber ist, dass dort die Frau dem Mann gleichgestellt ist und ihre Entwürdigung als Rechtsbruch gilt, der gerichtlich verfolgt wird. Das bekräftigte Aserbaidschan im Jahr 2000 mit der Unterzeichnung der UNO-Konvention gegen jede Form von Diskriminierung der Frau. Zehn Jahre später bestimmte ein nationales Gesetz, dass alle Formen häuslicher Gewalt zu ahnden sind. Danach kann

Vergewaltigung in und außerhalb der Ehe mit bis zu 15 Jahren Freiheitsentzug bestraft werden.

So jedenfalls steht es auf dem Papier, das nicht selten zur Makulatur degradiert wird. Denn ein massives Problem bleibt, dass alte Ansichten, Gewohnheiten und Gebräuche vielerorts immer noch so verfestigt sind, dass Vergewaltigung, Missbrauch oder sexuelle Übergriffe oftmals nicht als Verbrechen angesehen werden. Zahlreiche Politikerinnen und ein Großteil der Presse haben diesen moralischen Zwiespalt erkannt und Bewusstsein wie auch Gespür für dieses heikle Thema sensibilisiert. In Sachen Prostitution ist das Land sogar manchem westlichen Staat voraus, denn auf Zuhälter- und Bordellbetrieb stehen bis zu sechs Jahre Gefängnis.

Auch die öffentliche Akzeptanz der Frau hat eine beachtliche Hürde genommen. Sie ist in ihrer gesellschaftlichen Aktivität nicht mehr eingeschränkt, sitzt in der Politik zögernd, aber mit steigendem Trend auf Chefsesseln und ist zunehmend im Parlament vertreten.

Wer will da bestreiten, dass SIE eine der Pionierin dieser Entwicklung ist. SIE, Isset Orudschewa aus Baku. Sie starb nur viereinhalb Jahre nach unserer Begegnung am 22. April 1983 mit 73 Jahren. Hätte mir das bei unserem damaligen Treffen ein Geist aus der Flasche prophezeit, hätte ich diesen Geist seiner Natur gemäß für geisteskrank erklärt. Und ich hätte ihm empfohlen, sich diese gesunde, lebensfrohe und jugendlich wirkende knapp Siebzigjährige aus der Nähe anzusehen und ihr zuzuhören. So, wie wir es durften.

ANDREJ SOKOLOW

Er hatte die kompakte Körperlichkeit des Recken Ilja Muromez aus der altrussischen Sagenwelt. Sein facettenreicher Charakter hingegen glich einer feingliedrigen lackkolorierten Matrjoschka mit ihrem vielschichtigen Innenleben. Das seine hatte nicht weniger überraschende Inhalte, die es an Kontrasten nicht fehlen ließen. Da standen einer zivilen Langmut, Friedfertigkeit und inneren Ausgeglichenheit schöpferische Ungeduld, streitbare Kreativität und rastlose künstlerische Motivsuche eines überehrgeizigen Malers gegenüber. Da lagen materielle Freigiebigkeit und finanzielle Großzügigkeit über Kreuz mit dem Geiz für jede Minute, die für seine Produktivität die wertvollste Währung war. Da konkurrierten Mutterwitz und umwerfender Humor mit spaßloser Arbeitswut und todernster Pinselsucht. Da gaben sich fragile Bescheidenheit und profundes Selbstbewusstsein die Klinke in die Hand für zwei verschiedene Türen in der weiten Kammer seines Gemütes.

Allerdings war da auch der alles überlagernde Konflikt, dass er einerseits als Genießer mit nimmersatter feinfühliger Zunge der festen und flüssigen Völlerei zugetan war, sich nach anstrengender Tagesarbeit unwiderstehlich zu Bacchus hingezogen fühlte und dem Gott des Weines und des Rausches ebenso hingebungsvoll huldigte wie Ganymed, dem Mundschenk der Götter. Andererseits stürzte ihn diese kulinarische Haltlosigkeit in tiefe Krisen mit seiner geliebten Ninotschka, die ihm ebenfalls in inniger Herzlichkeit zugetan war, aber seine promillestarken Götter abgrundtief hasste. Jedes Mal, wenn er ihnen ausgelassen huldigte, verließ Nina aus Protest seine Wohnung, in der sie zusammen lebten. Die Dauer ihres Fernbleibens richtete sich nach der Schwere seiner Ausschweifung. Er war an dieses Zickenritual seiner Freundin gewöhnt und ertrug es mit freundlicher Gelassenheit, denn er wusste, dass sie im selbstgewählten Exil gut aufgehoben war bei ihren Eltern, denen sie ausführlich ihr Leid klagte. Das war ihm lieber als Klagelieder zu Hause. Und er wusste aus gesicherter Erfahrung, dass sie – nachdem sie sich ausgeklagt hatte – in zuverlässiger Regelmäßigkeit zu ihm zurückkehren würde.

Diese Disharmonie überspielte Andrej durch rastloses Malen. Dessen Intensität verdoppelte sich, wenn Nina mal wieder ausgezogen war und er ungestört der Leidenschaft einer anderen Gottheit frönte, wusste er sich doch ebenso eins mit Apollon, dem Gott der schönen Künste. Pinsel und Leinwand waren für ihn Werkzeuge der Wollust, die ihn im höchsten Maße befriedigten. War ein Bild fertig und fand er es gelungen, war das für ihn ein ausgleichender Orgasmus. Und es war einmal mehr Grund, seinen Göttern in tiefer Zufriedenheit und Freude mit einem guten Tropfen für solche Momente künstlerischer Glückseligkeit zu danken. Dann soff er, als müsste er seine malerischen Fähigkeiten an einer nie versiegenden Quelle der Wodkaseligkeit auftanken. Wenn er wieder seiner Herr wurde, bereute er weder seine orgiastische Götterverehrung, die in Ninas Augen widerwärtige Götzenanbetung war, noch die volle, bedingungslose Hingabe zu seiner Malerei.

Nina, die regelmäßig zu Beginn seiner Götterdämmerung die Wohnung auf unbestimmte Zeit verließ, kam immer wieder zurück, weil sie ihn mochte, weil sie diesen Felsen in der Brandung des Lebens brauchte und weil sie seine Managerin und sein Kassenwart war. Denn Geld war ihm gleichgültig, ihr wiederum ganz und gar nicht. Das wusste er und diese Gewissheit verlieh ihm den mehr optimistischen denn resignativen Gleichmut, diesen Schwebezustand vorübergehender Lieblosigkeit mit der Leichtigkeit eines Strohwitwers zu ertragen, der Ninotschkas stets wiederkehrende Gewohnheit im Laufe der Jahre verinnerlicht hatte. Er liebte sie in Anwesenheit und Abwesenheit ohne Qualitätsabfall.

Andrej war mir vom ersten Moment an sympathisch. Mir imponierten seine charakterlichen Stärken und ebenso seine sehr menschlichen Schwächen. Wegen der einen prahlte er nicht und wegen der anderen machte er kein kniefälliges Gewese. Aus meiner Bekanntschaft mit diesem volkstümlichen Russenkünstler, der unter Insidern als Ikone der Kosmos-Malerei galt, wurde eine aufrichtige wie auch aufregende Freundschaft, die mich noch heute berührt.

Auch dieser Geschichte muss Raum und Zeit zugeordnet werden, sonst würde sie kurzgeschlossen erzählt, wäre nur halb verständlich und deshalb unhöflich gegenüber meiner Leserschaft, die das selbstverständliche Recht hat, glaubwürdig auch über mitunter unglaubliche Dinge informiert zu werden. Meine Bekanntschaft und Freundschaft mit dem Kosmosmaler Sokolow bedarf einer Einbettung in damals aufregende gesellschaftliche Ereignisse, um ihren Wert voll ermessen zu können. Und die waren nicht zufällig sehr überirdischer Natur.

„Staatsmaskottchen" Jähn

Schon knapp vier Wochen nach meinem Dienstantritt im Moskauer Büro des DDR-Fernsehens überfiel uns das erste Großereignis. Am 26. August 1978 katapultierte das Raumschiff „Sojus 31" vom kasachischen Weltraumbahnhof Baikonur DDR-Oberstleutnant Sigmund Jähn und seinen sowjetischen Kommandanten Waleri Bykowski in den Orbit. Ein gut siebentägiger Flug in die Geschichtsbücher. Die ihm gewidmeten permanenten Sondersendungen des DDR-Fernsehens bescherten unserer Moskauer Telemannschaft ein immenses Arbeitspensum. Wir mussten uns mächtig ins Zeug legen, obwohl wir als weltweit wichtigster Außenposten von Adlershof ein deutsch-sowjetisches Team von immerhin 13 Mitarbeitern waren: drei Redakteure fürs politische Tagesgeschehen und für Reportagen über Land und Leute, zwei Journalisten für die Sendereihe „Moskauer Journal", drei Kameraleute, ein Dolmetscher, ein Automechaniker und drei

Ehefrauen mit verschiedenen Arbeitsprofilen. Alle waren bis zur Leistungsgrenze gefordert, um das Berichtspensum zu schaffen. Denn der erste Deutsche im All war ein DDR-Bürger. Deutschland Ost war im brüderlichen Huckepackverfahren mit der „auf ewig verbundenen Sowjetunion" auf unvermutetem Terrain zu einer überraschenden technischen Höchstleistung aufgelaufen. Damit hatte die DDR zugleich einen überirdischen Popstar – und die Partei einen Beweis mehr für die Überlegenheit des Sozialismus.

Die BRD-Tagespresse nahm vom Jähn-Flug nur widerwillig Notiz, kam ihrer journalistischen Informationspflicht lediglich in verstümmelter Form nach, widmete dem himmlischen Ereignis verschämte Kurz- oder Randmeldungen sowie glossenhafte Kommentare und konzentrierte sich lieber auf die Wahl von Papst Johannes Paul I. im irdischen Rom. Über die Marathonstrecke der DDR-Berichterstattung über Kosmonaut Jähn witzelten einige Blätter: „Die ganze DDR jähnt schon."

Als fünf Jahre später endlich der Westdeutsche Ulf Merbold auf der Erdumlaufbahn war, überschlugen sich die bundesrepublikanischen Medien vor überschäumender Begeisterung und kein Superlativ wurde ausgelassen. Und damit sie ebenfalls eine Premiere verkünden konnten, feierten sie ihren Helden zumindest als ersten Nicht-US-Bürger auf einer amerikanischen Raumfähre.

Beiden – sowohl Jähn als auch dem ebenfalls im Vogtland geborenen Merbold – war der Rummel um ihre Person peinlich. Während sich beide deutsche Staaten als Konkurrenten sahen, begriffen sie sich als Berufskollegen und Freunde. Als die Bundeswehr den in aller Welt bewunderten ostdeutschen Kosmonautenoffizier nach der Wende nicht übernehmen wollte, verhalf ihm sein westdeutscher Kollege zu einer Anstellung als Berater der europäischen Raumfahrtbehörde ESA und des Deutschen Zentrums für Luft- und Raumfahrt. Sie haben es nie bereut.

Bleibt zu dem von Willy Brandt gewünschten deutsch-deutschen Zusammenwachsen leider auch in diesem Fall zu resümieren: Ebenso politgruselig wie das Verhalten der BRD-Militärs, die sich ihrer Übernahme-Großzügigkeit gegenüber DDR-Volksarmisten brüsteten, war das einiger Westmedien, die eine wirklich ehrliche Begeisterung des DDR-Volkes für ihren Mann im Weltraum als befohlene Parteibejubelung verspotteten. Diese ignorante Überheblichkeit klingt noch heute nach, weit mehr als 40 Jahre nach der ostdeutschen Pionierleistung und über 30 Jahre nach Herstellung der deutschen Gesamtstaatlichkeit.

So formulierte Frank Junghänel in der Berliner Zeitung vom 11./12. Februar 2017 in den Schlagzeilen seines Ganzseiten-Berichts über den noch lebenden Sigmund Jähn: „Die DDR machte ihn zu einer Art Staatsmaskottchen." Welch beklemmend rummelplatzorientierte Respektlosigkeit! Oder Frechheit? Oder Dummheit? Oder alles zusammen? Welch schmeichelhaftes Etikett, Herr Junghänel, würden Sie denn Ulf Merbold ankleben?

Da gab sich selbst der große Fritz realistischer, der Fritz Pleitgen, der nicht gerade ein Fan der DDR war. Der damalige ARD-Korrespondent in Ostberlin und spätere Intendant des Westdeutschen Rundfunks fand überraschend selbstkritische ehrliche Worte. Er gestand in der vom MDR-Fernsehen am 28.12.2020 ausgestrahlten Dokumentation „Sigmund Jähn – ein Vogtländer im Weltall", dass die hochnäsige Selbstbespiegelung seines Westens einen DDR-Bürger im aktiven sowjetischen Raumfahrtprogramm nicht für möglich gehalten habe. Wörtlich:

„Dass nun die DDR mit von der Partie war, das war uns in unserer Arroganz entgangen. Wir hatten einfach das Gefühl, dass wir überlegen waren und deswegen passte es eigentlich nicht so ganz in unsere Vorstellung, dass wir gerade in einem besonders schwierigen Bereich von unserem Nachbarn abgehängt wurden."

Im „Vorort zum Kosmos"

Mir fiel gleich zu Beginn von Jähns Kosmosmission eine heikle Aufgabe zu. Ich sollte am Tag des Raumschiffstartes seinen Vater Paul interviewen, einen ehemaligen Sägewerkarbeiter. Er logierte im Ausbildungszentrum der Kosmonauten, dem sogenannten Sternenstädtchen dreißig Kilometer vor den Toren Moskaus. Man hatte ihn dorthin in die Nähe seines Sohnes gebracht, um – wie ich intern erfuhr – sicher zu sein, dass er zu Hause im Vogtlandörtchen Morgenröthe-Rautenkranz nicht ausplaudere, was keiner wissen sollte und was er ob der Unvorstellbarkeit der geplanten Operation vielleicht selbst nicht so ganz begreifen konnte.

Das habe ich im Hinterkopf, als ich mich am 26. August 1978 in unserem Dienst-„Wolga" ans Steuer setze. Wenig später bin ich auf den Weg zum Sternenstädtchen, das ansonsten als „Vorort zum Kosmos" damals für Normalirdische tabu war. Heute haben Reiseveranstalter die Erlaubnis zu begleiteten touristischen Visiten auf vorgezeichneten Wegen, so es die Russland-Sanktionen zulassen.

Nachdem ich vom Moskauer Ring abgebogen bin, rolle ich schon bald über eine von Mischwald gesäumte schnurgerade Betonpiste, der sich nach drei Kilometern plötzlich ein solides eisenbeschlagenes Tor in den Weg stellt, eingelassen in eine grauverputzte, trist wirkende Steinmauer der Alltäglichkeit. Daneben erhebt sich ein flaches Backsteingebäude von ebenfalls äußerst bescheidener, schlichter Bauart, der jeglicher heroische Anstrich fehlt, obwohl dahinter durchaus Heroisches passiert.

Ebenso erstaunt mich, dass ich weder Überwachungskameras noch sonstige sicherheitstechnische Auffälligkeiten bemerke, obwohl sie hier allemal angebracht wären. Allerdings ist es ohnehin unwahrscheinlich, dass Unbefugte bis hierher kommen, denn unterwegs auf der Einflugschneise patrouillieren Militärkontrolleure, die mein angemeldetes Nummernschild auf dem Radar hatten und mich passieren ließen. Die gesamte bauliche Äußerlichkeit atmet profane Normalität. Niemand würde dahinter eine der ungewöhnlichsten Siedlungen der Neuzeit vermuten.

Ich reiche dem Uniformierten am Tor meinen Passierschein und weise mich aus. Kurzes Blättern in einem Registrierbuch, dann Kopfnicken. Die Torflügel schwingen auf und schon bin ich in einem der exklusivsten russischen Orte mit dem treffenden Exotennamen „Swjosdny gorodok" – „Sternenstädtchen". Die Siedlung mit einer Fläche von gut drei Quadratkilometern wurde im Nordosten Moskaus mitten in ein riesiges Waldareal hineingesetzt, eine ins Grüne gebettete Oase der betriebsamen Einsamkeit, deren Einwohner sich der Erforschung des Weltalls verschrieben haben, darunter mit dem seltenen wie gefährlichen Beruf des Weltraumfliegers.

Die hermetisch von der Außenwelt abgeriegelte Metropole der sowjetischen Raumfahrt hat sogar einen eigenen Bürgermeister, der für zwei Stadtteile verantwortlich ist: den Wohnbezirk mit normalen mehrstöckigen Häuserblocks und das mit architektonisch variablen Zweckgebäuden gestaltete Kosmonauten-Ausbildungszentrum. Sein Chef, Generalleutnant Georgi Beregowoi, empfängt mich. Sein Name ist ebenfalls in die Ehrentafel der Raumschiff-Kapitäne eingraviert.

Vor zehn Jahren und auf den Tag genau zwei Monaten startete Beregowoi am 26. Oktober 1968 mit der Rakete „Sojus 3" zu einem kosmischen Viertagetrip. Im Städtchen, so informiert er, leben 4000 Einwohner: die Weltallpiloten mit ihren Familien sowie Wissenschaftler, Techniker und Ärzte. Im Jahr 2010 waren es schon über 6000 Einwohner. Die äußere Ruhe trügt. Was mit der Aureole des Außergewöhnlichen umgeben ist, bedeutet harte Arbeit hinter den Fassaden. Auch in diesem Rundbau vor uns. Drinnen müssen die Kandidaten das Martyrium der Beschleunigungs- und Überbelastungstests aushalten. Seit 1980 steht hier die eigens dafür konstruierte weltgrößte Zentrifuge. Das immense Ausbildungsprogramm reicht vom Training für die Schwerelosigkeit im Tauchbecken bis zur Raumkunde im Planetarium von Zeiss Jena. Die Himmelsleiter ins All will Sprosse für Sprosse erklommen werden.

Die Tragik des Juri Gagarin

Dem Griff nach den Sternen vorgelagert ist die sehr irdische Mühsal geistiger und körperlicher Lernqualen. Das hatten am 14. März 1960 zwanzig junge Fliegeroffiziere schnell begriffen, als sie hier die erste Schulstunde in einem völlig neuen Fach absolvierten: Raumflug. Einer von ihnen sollte der erste sein, der mit

eigener Hand das Tor zu den Weiten des Universums aufstieß:
der 27-jährige Juri Gagarin. Nach ihm ist das Ausbildungszentrum benannt und mitten im Städtchen ist er mit einer überlebensgroßen Statue verewigt. Ihm zu Füßen legt jeder Kosmonaut Blumen nieder vor seiner Abreise zum Raketenstartplatz Baikonur in der kasachischen Steppe.

Für die weitere Nutzung dieser Abschussbase zahlt Russland seit dem Ende des Staatenbundes UdSSR an den 1991 unabhängig gewordenen Eigentümer, die ehemalige Sowjetrepublik Kasachstan, eine nicht unbeträchtliche Jahrespacht von umgerechnet rund 200 Millionen Euro. Zwar installierte Moskau 2016 in Fernost mit dem Kosmodrom Wostotschny einen eigenen russischen Weltraumbahnhof, aber der mit fast 7000 Quadratkilometern weltweit größte Startplatz im zentralasiatischen Kasachstan wird wesentlich öfter genutzt, denn mit günstigerem Wetter und weitflächiger Infrastruktur verfügt er über bessere Bedingungen als das Areal in der Amur-Region.

Von diesem neuen Kosmodrom startete am 28. April 2016 die erste Rakete, ebenfalls assistiert, gelenkt und kontrolliert vom Flugleitzentrum bei Moskau, das später bei gemeinsamen Missionen mit den Amerikanern eng mit dem Kontrollzentrum im texanischen Houston kooperierte. Das war permanent der Fall, wenn russische Kosmonauten und US-Kollegen mit Sojus-Raketen zu den Raumstationen flogen – zuerst zur russischen MIR und danach zur amerikanischen ISS, die als internationale Orbitalstation seit dem Jahr 2000 dauerhaft bewohnt wird. Zwischen Russen und Amerikanern ein friedliches, produktives kosmisches Miteinander, von dem ihre Länder 400 Kilometer tiefer derzeit himmelweit entfernt sind.

Wenn ein Kosmosflug erfolgreich beendet ist und das Sternenstädtchen den Rückkehrer aus dem All wieder hat, führt ihn sein erster Weg abermals zu dem Mann, der am 12. April 1961 in 108 Minuten mit der Raumkapsel „Wostok 1" die Erde umrundete und sieben Jahre später, am 27. März 1968, mit einem Jagdflugzeug hundert Kilometer vor Moskau in den Tod stürzte. Eine Unmöglichkeit, die sich jeglicher Logik entzieht. Wie ist es vorstellbar, dass ein Weltraumbezwinger, der eine technisch und physisch äußerst komplizierte und gefährliche Weltraumoperation in 300 Kilometern Höhe meistert, an einem profanen Flug mit einer normalen Düsenmaschine scheitert?

Gagarin startete vom Militärflugplatz des Sternenstädtchens mit dem erfahrenen Ausbilder Wladimir Serjogin, einem erfahrenen Kampfpiloten, zu einem Übungsflug, bei dem die „MiG 15" plötzlich abschmierte. Nach einer Reihe von Konjunktiv-Auslegungen der Sorte „hätte", „wäre", „würde", „müsste" und „sollte" lag nach einer gründlichen Untersuchung schließlich eine seriöse Dokumentation auf dem Tisch.

Darin kommt eine Kommission mit 200 Experten zu dem Schluss, die Katastrophe sei eine „unglückliche Verkettung verhängnisvoller Umstände" gewesen. Der interne Bericht bekommt den Stempel „top-secret", wird weggeschlossen und sorgt weiterhin für eine Hochkonjunktur wilder Gerüchte, die selbst zehn Jahre später während meiner Moskauzeit auch in unserem deutsch-sowjetischen Fernsehteam umliefen. Erst zum 50. Jahrestag des ersten bemannten Kosmosfluges wird der Geheimreport 2011 freigegeben.

Das Fazit ist von schicksalhafter Härte: Zunächst musste nüchtern konstatiert werden, dass Gagarin zwar ein exzellenter Raumschiffpilot war, aber ein unerfahrener Jagdflieger. Die „MiG", so wurde festgestellt, sei in einem schlechten technischen Zustand gewesen und habe Außenbordtanks gehabt, was für die beabsichtigten Kunstflugmanöver verboten war. Außerdem, so heißt es im Bericht, tangierte die eingeschlagene Flugroute die Nähe anderer gleichzeitiger Übungsflüge.

Zwei Jahre später konkretisiert Kosmonaut Alexej Leonow den Expertenbericht mit Erkenntnissen, die sich vor allem auf eine Computer-Rekonstruktion stützen. Danach kam ein nichtautorisiert und damit unerlaubt gestarteter Abfangjäger des Typs „Su 15" dem Flugzeug Gagarins in 4200 Metern Höhe zu nahe. Die „MiG" wurde von den Luftturbulenzen der größeren und schnelleren „Suchoj"-Maschine erfasst, ins Trudeln gebracht und dann in den freien Fall gedrückt, behauptet der Kosmosveteran und macht es öffentlich in seinen Büchern „Die Zeit der Ersten“ und „Mensch und Kosmos“. Es sei ein ehemaliger, nun schwerkranker Testpilot des Instituts für Flugforschung gewesen, der mit Überschallgeschwindigkeit in der tödlichen Entfernung von maximal 15 Metern Gagarins Maschine zum Absturz gebracht habe. Sie sei dadurch außer Kontrolle geraten, aus der Bahn geworfen und in eine Abwärtsspirale gezwungen worden. Die dafür aus der Realität zugrunde gelegten Beweise sind allerdings dürftig.

Leonow beruft sich bei seiner These vornehmlich auf selbst gehörte Geräusche und auf die Aussagen von drei Bauern, die unweit der Absturzstelle eine niedrig fliegende „Suchoj“ gesehen haben wollen. Er selbst habe am Tag des Unglücks rund 13 Kilometer entfernt mit anderen Kosmonauten ein Fallschirmtraining absolviert. Dabei, so gibt Leonow in seiner Lektüre zu Protokoll, habe er „zwei Explosionen im Abstand von 1,5 bis zwei Sekunden“ gehört. Das sei, schlussfolgert er, zum einen der Knall beim Durchbrechen einer Schallmauer gewesen und zum anderen der Aufschlag von Gagarins Maschine. Diese seine Version ist laut Leonow durch Computersimulationen und Windkanalversuche an der Moskauer Schukowski-Militärakademie bestätigt worden.

Im März 2018 informierte der Hamburger *Spiegel* darüber, dass Gagarins Tochter Galina die Theorie Leonows ablehne. In einer, so heißt es, erbetenen Stellungnahme des Nachrichtenmagazins habe die Ökonomie-Professorin der Moskauer Plechanow-Wirtschaftsakademie den Kosmonauten der Lüge aus Geldgier bezichtigt.

Das sorgte zusätzlich für Vermutungen und Spekulationen. War es vielleicht ein Vogelschwarm, in den Gagarins Maschine hineinraste – oder ein Wetterballon? Oder funktionierten die Schleudersitze nicht? Oder war er nicht ganz nüchtern? Gewisse Prachtexemplare der westlichen Investigativ-Journaille gaben sich mit solch einfachen Erklärungen nicht zufrieden. Für knallreißerische Aufmachungen waren politische Gruseltheorien allemal besser geeignet. Wollte der russische Geheimdienst

KGB etwa nicht nur Chrustschow entmachten, sondern danach ebenso seinen Weltraumfavoriten?

Nach Leonows Auffassung wurde die Unglücksursache lange geheim gehalten, um den Piloten der „Suchoi" zu schützen. Denn der sei ebenfalls „ziemlich berühmt", mittlerweile aber „alt und krank", sodass die Veröffentlichung seines Namens nichts mehr an der Sache ändere, ihn und seine großen Verdienste aber in Verruf bringe.

Obwohl ein Großteil russischer Forscher und Techniker der Leonow-Hypothese folgt, steht eine glasklare Ursache für den Tod des Nationalhelden Gagarin bis heute nicht felsenfest.

Die zusätzliche Tragik bestand darin, dass Gagarin – wie exakte Berechnungen ergaben – lediglich zwei Sekunden fehlten, um den Sturzflug zu stabilisieren. Da konnte auch sein sturmerprobter Co-Pilot nichts mehr richten. Die für beide tödliche Katastrophe war damit unvermeidbar. Der von aller Welt bewunderte sympathische erste Mann im Weltraum, Sohn eines russischen Bauern, dessen Leben im März 1968 in einem Waldstück bei Moskau mit einem Normalflugzeug zerschellte, hinterließ allgemeine Fassungslosigkeit sowie eine verzweifelte Familie mit Ehefrau Walentina, einer bekannten Ärztin, und zwei Töchtern.

Gagarins früher Tod mit 34 Jahren machte den Weltraumersten endgültig zu einem ikonischen Mythos der Raumfahrt. Bestattet wurde er mit einem Staatsakt, der bis dahin nur Staatschefs vorbehalten war, auf dem Ehrenfriedhof an der Kremlmauer des Roten Platzes.

Berühmt geworden ist Gagarins kurz vor dem Start um 9.07 Uhr ausgerufenes „Pojechali!" – „Los geht's! Und ebenso legendär ist die dokumentierte Geschichte seiner Landung im Wolga-Gebiet bei Saratow. Die Försterin Anna Tachtarowa und ihre sechsjährige Enkelin Rita waren die ersten, die den Rückkehrer aus dem All erblickten. Die Babuschka war am späten Vormittag mit Feldarbeiten beschäftigt, als sie mit ungläubigem Staunen den vom Himmel gefallenen Wostok-Piloten erblickte und ihn mit seinem rosafarbenen Raumanzug und schneeweißen Helm spontan für einen Außerirdischen hielt. Gagarin erfasste die Situation und rief: „Keine Angst, ich bin einer von euch!"

Das war am 12. April 1961, 11.05 Uhr. Der Moment einer glücklichen Landung, die in die Geschichtsbücher einging. Gagarin war 27 Jahre, hatte eine für die beengte Weltraumkugel günstige Körpergröße von bescheidenen 1,57 Metern und mit der Erdumrundung und der nervenstarken Entschärfung einiger lebensbedrohlicher Begleitprobleme eine glanzvolle Weltpremiere hingelegt.

Seither wird dieses Datum in Russland als Tag der Raumfahrt gefeiert. Die UNO schloss sich dieser Würdigung im Jahr 2011 an und erklärte den 12. April zum Internationalen Tag der bemannten Raumfahrt.

Das hat sich Vater Jähn
nicht träumen lassen

Wir schlendern am Gagarin-Denkmal vorbei, das vor seinem ehemaligen Wohnhaus steht. Die Kosmonauten, die an diesem exklusiven Ort 25 Kilometer nordöstlich von Moskau leben, nennen sich gern „Sternenmenschen". Ihr Zuhause sind Fünf-, Neun- und Elfgeschosser, dazwischen Birken, Kiefern, Fichten, viel Parkgrün und ein künstlich angelegter See inmitten des Wohnviertels. Ein Theater gibt es und ein Kino, ein Hotel und ein Café, einen Kindergarten und eine Schule, Kaufhallen und eine Post, bei der täglich bis zu 400 Briefe eingehen. Vor allem Autogrammwünsche aus aller Welt.

Das mit großzügigen Grünoasen angelegte Stadt- und Technik-Areal dehnt sich über ein Gebiet, das der Fläche von rund 3000 Fußballfeldern entspricht. Wir spazieren am Seeufer entlang. Hier war auch das Zuhause von Sigmund Jähn und Eberhard Köllner, der mit ihm gemeinsam als Double die gesamte Tortur der jahrelangen Ausbildung mitgemacht hat – und hier wohnt auch Vater Jähn, fern von zu Hause und befrachtet mit dem Wissen um das deutsch-sowjetische Staatsgeheimnis. Ein

Geheimnisträger, der sich dessen aber – wie ich schnell merke – nicht so recht bewusst ist. Denn er spricht mit mir in unbekümmerter Offenherzigkeit darüber, dass sich sein Sohn auf einen Flug vorbereitet habe – nicht in einem Flugzeug, sondern in einer Rakete.

Wenig später sitzt er im Auto neben mir. Ich beneide ihn um seinen Aufenthalt in dieser exklusiven Siedlung. Das kann er nicht verstehen. Ihm sei die Zeit lang geworden, meint er in rührender Offenheit. Einen Fernseher habe er in der Wohnung gehabt, aber Russisch verstehe er nicht. Und immer nur Karten zu spielen, sei auch langweilig gewesen. Allein draußen rumspazieren sollte und wollte er ebenfalls nicht. Deshalb freut er sich doppelt, als ich ihm unterwegs zu unserem Büro- und Wohnkomplex ein Stück Moskau zeige.

Während der Stadtbesichtigung auf attraktiven Touristenrouten quer durch Moskau merke ich, dass ihm die Tragweite der Weltallmission seines Sohnes nicht bewusst ist. Deshalb erkläre ich sie ihm während der Fahrt in behutsamer Deutlichkeit, was ihn erst irritiert und dann in ihrer historischen Dimension begreifen und staunen lässt. Scheinbar war man mit solchen Erläuterungen gelinde gesagt bewusst zurückhaltend, um im Vorfeld des Ereignisses keine unnützen Aufgeregtheiten und nervlichen Belastungen zu schüren.

Das Interview soll in meiner Privatwohnung stattfinden, um dem älteren Herrn in häuslicher Atmosphäre die Scheu zu nehmen vor der damals noch monströs wirkenden aufwändigen digitalen Kameratechnik mit Aufzeichnungsrecorder und Kabelschläuchen. Ich möchte es ihm außerdem so gemütlich und bequem wie nur möglich machen und ihm seinen geliebten Tee vorsetzen. Er soll sich willkommen und heimisch fühlen. Das tut er auch und genehmigt sich so viele Tassen flüssiger Gesundheit, dass unser Interview mehrfach unterbrochen werden muss, weil er zu viel angestaute Tasseninhalte wieder von sich geben muss. Die nun doch gesteigerte Aufregung trägt ihr Übriges dazu bei. In keinem Moment aber kommt Peinlichkeit auf, denn er meistert die sich wiederholende Situation drangsalie-

render Eigenbedürfnisse unbeeindruckt von unserer Fernseh-
technik mit einer solch ungekünstelten Selbstverständlichkeit,
dass mein Sympathiepegel für ihn weiter wächst. „Entschuldigen Sie, aber ich muss mal wieder."

Paul Jähn scheint nun die volle Bedeutung des Ereignisses
erfasst zu haben und ist dabei, sie zu verarbeiten. Dass dies vor
laufender Kamera passiert, lässt uns und die Zuschauer bewe-
gende, emotionale Momente miterleben. Ich bin froh, dass er
sich trotz dieser Gefühlsaufwallung nicht bemüßigt fühlt, ge-
stelzte, heroische Worte zu gebrauchen, was ohnehin seiner ruhigen, sachlichen und bescheidenen Art widersprochen hätte.
Vielmehr freue ich mich über seinen ehrlichen Stolz und seine
Erinnerungen an den Werdegang seines Sprösslings mit all seinen Stärken und Schwächen – von der ersten Freundin bis zur
Unlust der vom Vater gewünschten Lehre als Buchdrucker. Ich
konfrontiere den alten Herrn vor der Kamera mit der Situation:

„Herr Jähn, jetzt ist es Wirklichkeit. Ihr Sohn ist im Weltall. Alles in Ordnung! Die Kosmonauten fühlen sich wohl. Wie
fühlt sich der Vater des ersten DDR-Kosmonauten?"

Er antwortet bedächtig, formuliert einfach und klar und
hinterlässt bei mir durch die Betonung jedes Wortes den Eindruck, dass er die Tragweite des überirdischen Geschehens nun
voll und ganz verinnerlicht hat:

„Ich fühl' mich sehr geehrt. Dass es überhaupt möglich war,
dass er so weit kam und dass sie ihm die Möglichkeit gegeben
haben, das auszuführen – das ist prima. Herrlich ist das!"

Dann kommt ein Satz, der mich in seiner Schlichtheit besonders beeindruckt:

„Das habe ich mir nie träumen lassen, dass er mal so ein
tüchtiger Kerl wird."

Ein übereifriges Interview

Ich pendelte während der Weltallwoche des Gespanns Jähn-Bykowski fast täglich zwischen unserem Büro am Lenin-Prospekt im Südwesten Moskaus, dem sowjetischen Fernsehen im nordöstlichen Ostankino und dem Flugleitzentrum in Koroljow nahe dem Sternenstädtchen. Von hier aus verfolgte ich die Landung in der kasachischen Steppe und das erste Interview meines Chefredakteurs Erich Selbmann mit Sigmund Jähn kurz nach seinem Ausstieg aus der Landekapsel. Das DDR-Fernsehen war direkt dabei mit einer Live-Übertragung, die auch von westlichen TV-Stationen übernommen wurde.

Vor Mikrofon und Kamera ließ sich der DDR-Fliegerkosmonaut nicht anmerken, was wenig später durchsickerte: Beim harten Aufsetzen der Landekapsel überschlug sie sich mehrfach, was ihm einen dauerhaften Schaden an der Wirbelsäule einbrachte. Die DDR-Presse sah dezent über dieses Detail hinweg, denn das sonnige Strahlebild vertrug keinen Schatten. In gewohnter deutsch-deutscher medienpolitischer Arbeitsteilung sorgte die Westpresse fürs Gegenteil. Als sie Wind von dem Makel der nicht so weichen Landung bekam, wurde dieser Schatten zur Dimension einer Sonnenfinsternis aufgepumpt. Den direkt Betroffenen hat es weder geärgert noch gestört. Er hat sich nie so wichtig genommen, wie ihn die DDR-Welt sah.

Zum glücklichen Abschluss der DDR-Mission im Weltraum lud der Chef des Flugleitzentrums, Fliegerkosmonaut Alexej Jelissejew, die DDR-Mannschaft der Berichterstatter und Diplomaten zu einer abschließenden Zusammenkunft in seine terrestrische Kosmoszentrale, gratulierte und ließ diesen Moment auf einem Erinnerungsfoto verewigen. Der Hausherr war an persönlicher Bedeutung der Größe des Ereignisses durchaus ebenbürtig, hat er doch selbst als Bordingenieur an drei Raumflügen teilgenommen, darunter an zwei Premieren: Bildung der ersten Orbitalstation und erster Gruppenflug von drei Kosmos-Schiffen. Das Bild mit seiner Widmung ziert immer noch die Wände meines Arbeitszimmers.

Kaum hatte Jähn wieder festen Boden unter den Füßen, füllten Auftritte aller Art jede Stunde seines Terminkalenders. Nicht nur die Einwohnerschaft seines vogtländischen Geburtsortes Morgenröthe-Rautenkranz wollte ihn hochleben lassen, sondern möglichst jeder DDR-Bürger sollte die Chance bekommen, seinen Helden leibhaftig aus nächster Nähe erleben zu können. So zog er mit seinem Raumschiffpartner Bykowski kreuz und quer durchs Land, auf Schritt und Tritt begleitet von einem internationalen Pressetross, dem fürs DDR-Fernsehen der Autor, seine Journalistenkollegin Anja Ludewig und eine Kameragruppe angehörten. Dabei sollte sich unsere aus ehrlicher Begeisterung entsprungene propagandistische Übereifrigkeit als fatal erweisen. Die Geschichte ist schnell erzählt.

Nach den bereits publizierten offiziellen Erklärungen und Schilderungen von Sigmund Jähn sowie den höchsten staatlichen Auszeichnungen und Ehrungen inklusive weihevoller Reden hatten wir die Anweisung erhalten, den landesweiten Siegeszug der beiden Berühmtheiten zwar würdevoll in Wort und Bild zu dokumentieren, aber mit ihnen nicht noch zusätzliche Interviews anzustrengen. Dies nicht zuletzt in Anbetracht der Tatsache, dass von ihnen auch bei den nun folgenden Feiern und Kundgebungen auf lokaler Ebene ebenfalls Berichte erwartet wurden, die natürlich ebenfalls wieder in den Medien erschienen. Deshalb war das Interview-Verbot durchaus wohlüberlegt, um den Bogen nicht gänzlich zu überspannen und keine Übersättigung der ohnehin schon überschwänglichen Eindrücke aufkommen zu lassen.

Gerade diese Beschränkung aber stachelte unseren journalistischen Ehrgeiz an und die tägliche, fast vertrauliche Nähe zu beiden Weltallfliegern war geradezu verlockend für ein exklusives Interview der unerwartet anderen Art. Denn wir wollten versuchen, individuelle emotionale Aussagen zu bekommen mit sehr persönlichen Akzenten, die im Überschwang der Jubeltöne zu kurz kamen. Also sprachen wir darüber mit Werner Eberlein, Russisch-Chefdolmetscher unter Ulbricht und nun unter Honecker und als dessen Beauftragter offizieller Reisebegleiter des Kosmonauten-Duos. Mit ihm konnte man plaudern, er war für alle Fragen offen und hasste Pathos und Lobhudelei – nicht zuletzt wegen seines dramatischen Lebens in der Sowjetunion der 1930er Jahre, später ein wichtiger Teil seiner vielbeachteten Autobiografie „Geboren am 9. November".

Als 14-Jähriger ging er ins Moskauer Exil, wo sein Vater – ein Weggefährte Lenins und Mitbegründer der KPD und der Kommunistischen Internationale – in der Stalin-Ära hingerichtet wurde. Sohn Werner wurde 1940 für acht Jahre nach Sibirien verbannt. Eine Intervention des späteren DDR-Staatspräsidenten Wilhelm Pieck bei Stalin ermöglichte 1948 seine Rückkehr nach Berlin, wo er als Journalist und dann im zentralen Parteiapparat arbeitete. 1986 rückte er ins SED-Politbüro auf und saß damit im höchsten Führungsgremium der Partei. Zuvor war er 1. Sekretär der SED-Bezirksleitung Magdeburg geworden und blieb es bis zur Gesellschaftswende.

Eberlein hörte sich unsere Bitte an und lehnte entschieden ab. Er hatte wohl dieselbe Order wie wir erhalten, nur von höherer – sprich höchster – Ebene. Nachdem wir ihn mehrfach angegangen waren, signalisierte uns seine gewitterumwölkte Stirn, dass ihm in schleichender Verzweiflung sein allseits bekannter trockener Humor abhanden kam und stattdessen auf selbiger Stirn Feuchtigkeit perlte. Er konnte ja nicht wissen, dass es ein Alleingang von uns war und kein Wunsch unseres Fernsehvorsitzenden Heinz Adameck, der immerhin Mitglied des Zentralkomitees der SED war. Trotzdem: Sein „nein" schien endgültig.

Daraus wurde am nächsten Tag ein versöhnlich klingendes überraschendes „ja" mit der für uns zusätzlich angenehmen Bedingung, dass er das Interview persönlich übersetzen werde. Was war über Nacht passiert? Es blieb sein Geheimnis.

Anzunehmen ist, dass wir einen politischen Dominoeffekt in Gang gesetzt hatten. Es wäre nur logisch, wenn Eberlein zunächst die Kosmonauten als direkte Akteure befragt hätte. Und die – obwohl des Presserummels müde – müssen wohl oder übel zugestimmt haben in der Annahme, es sei höherer Wunsch oder gar Befehl. Mit dieser Zusage und dem nachdrücklichen Drängelwunsch des Fernsehens hat er dann sicher in seiner Berliner Parteizentrale nachgefragt. Die muss sich wohl gesagt haben: Wenn die Kosmonauten selbst noch Lust auf ein Exklusiv-Interview für unser Staatsfernsehen haben, kann uns das ja wohl nur freuen. Also bitte auf eigenen Wunsch der Akteure noch mehr Rummel, uns soll's recht sein! Genosse Eberlein, grünes Licht für das Interview!

Es wurde nach unserer Einschätzung ein totaler Erfolg und wir meldeten es sofort voller Stolz fernmündlich unserem Chefredakteur Erich Selbmann. Der schwieg zunächst und war dann zu unserer Überraschung recht einsilbig. Wir wurden das beklemmende Gefühl nicht los, dass er sich darüber nicht so recht freuen konnte. Dann lobte er uns doch noch ob unserer Eigeninitiative. Erst später habe ich seine Zwangslage voll und ganz begriffen und zolle ihm heute noch Respekt für seine beherrschte, überlegte und faire Reaktion. Was war passiert?

Da es zur Jähn-Euphorie mit Ansprachen in Serie nicht auch noch ein TV-Interview geben sollte, war dafür natürlich auch kein Sendeplatz vorgesehen. Weil das Kind aber nun einmal in den Brunnen gefallen war, musste es auch rausgeholt werden. Und da es ein sehr berühmtes Kind war und Sigmund hieß, hatte es oberste Priorität. Das hieß nichts anderes als aufwändige Programmänderung, wofür ein anderer Sendeteil dem Interview geopfert werden musste. In hektischer Eile wurde gekürzt, umgebaut und neu strukturiert. Das Interview wurde als Sondersendung aus gegebenem Anlass deklariert und der Zuschauer für die Programmänderung um Verständnis gebeten. Da sie nicht den Sport betraf und ausbootete, konnte man davon ausgehen, dass dieses Verständnis eines jähnbegeisterten Publikums da war. Oder vielleicht auch nicht, denn es war möglicherweise des Guten zuviel!

Hinter den Kulissen in Adlershof waren jedenfalls weder der Chefredakteur noch der Programmdirektor so recht glücklich – und erst recht nicht der Gesamtvorsitzende. Aber ein DDR-Weltraumflieger und sein kosmischer Sowjetbruder hatten dem DDR-Bildschirm exklusiv die Ehre erwiesen – und da musste man ja wohl stolz sein! Und uns als eigenwillige Initiatoren und Alleinmacher dafür zu tadeln, ging genauso wenig. Also bekamen wir von höchster TV-Stelle ein Schulterklopfen, wenn auch ein zaghaftes. Auf große Worte wurde verzichtet, denn sie wären wohl von Zähneknirschen begleitet gewesen.

Leben zwischen den Sternen

In diesem Kontext turbulenter Ereignisse kam es zu meiner denkwürdigen Begegnung mit dem Maler Andrej Sokolow. Er machte über die Grenzen seines Russlands hinaus von sich reden, denn er hatte gemeinsam mit dem künstlerisch begabten Kosmonauten Alexej Leonow faszinierende Gemälde zu Weltall und Universum, fremden Sternen und Galaxien, Orbitalstationen und Raumfahrt auf die Leinwand gebracht. Jeder hatte einen anderen Pinselstrich, aber was die Attraktivität der kosmischen Motive anbelangte, nahmen sich beide nichts – und wer konnte sich besser für die Wirklichkeitsnähe der Weltallbilder verbürgen als ein Mensch, der den Weltraum selbst erlebt hat. Beide trafen sich in Sokolows Atelier, malten, diskutierten, fachsimpelten und planten ihre nächsten Vorhaben.

Schon 1971 hatte das ungewöhnliche, sich ergänzende Malerduo mit einer Gemäldeausstellung im sachsen-anhaltinischen Eisleben geglänzt. Damals war es zwischen den Moskauer Künstlern und den Kumpeln des Mansfelder Kupferschieferbergbaus zu einer festen freundschaftlichen Verbindung gekommen, die sogar schriftlich besiegelt wurde. Nun hatten der Malerprofi Sokolow und der Hobbymaler Leonow eine Abordnung von Berg- und Hüttenarbeitern ins Sternenstädtchen eingeladen und ich wollte über diese ungewöhnliche Freundschaft zwischen den Männern unter der Erde und den Männern mit den malerischen Visionen zum Überirdischen berichten.

Also wurde ich ein zweites Mal in die Kosmonautensiedlung vorgelassen. Meinen Antrag konnte man nicht ablehnen, denn ich hatte keinen gestellt. Pfiffigerweise hatte ich mich der Besucherdelegation zugesellt, was gar nicht so abwegig war. Die Schacht- und Hüttenleute nahmen mich gern in ihre Reihen auf, denn das Mansfelder Land war nicht nur ihre, sondern auch meine Heimat, hatte ich doch dort Kindheit und Jugend verbracht und im Walzwerk Hettstedt meine Lehre als Elektromonteur absolviert.

Profimaler Sokolow (links) und Fliegerkosmonaut Leonow begutachten ihre neuesten Werke. Links unten ihr persönlich signierter Gruß für den Autor und seine Frau zur besten Erinnerung an Moskau.

Nun treffe ich im Kulturhaus von „Swjosdny gorodok" zuerst auf Generalmajor Leonow, den Sohn eines sibirischen Bauern, der zu den Auserwählten der ersten Ausbildungsgruppe der Kosmonauten gehörte. In Moskau ist es ein offenes Geheimnis, dass er in der Rylew-Straße ein Atelier hat, in dem er fast jede freie Minute seinem künstlerischem Hobby frönt. Während seines Fluges mit „Woschod 2" fand er noch Zeit und Nerven, faszinierende Motive mit dem Bleistift zu skizzieren, darunter auch seinen historischen Ausstieg in den freien Weltraum.

Die Gelegenheit ist günstig und ich befrage ihn nach der Auswahl seiner Motive. Auch diese meine Aufzeichnungen von damals habe ich aufbewahrt. Leonow erinnert sich:

„Nach der Landung habe ich nach meinen flüchtigen Entwürfen richtige Bilder gemalt. Außerdem habe ich versucht, komplizierte Situationen optisch nachzuempfinden. Als zum Beispiel meine Landekapsel in etwa 90 Kilometern Höhe auf die dichteren Schichten der Atmosphäre stieß, umbrandete sie eine Feuergarbe von 3000 Hitzegraden. Durch dieses starke Abbremsen hatte ich mein vierfaches Körpergewicht zu ertragen. Dann spürte ich, wie die Kapsel am Riesenfallschirm ruhig zur Erde glitt."

Diese Gefühle, sagt Alexej, könne er mit Worten schwer beschreiben. Mit Pinsel und Farbe gehe das besser. Das habe er versucht und er freue sich über eine Sammlung dieser Werke in einem Album mit dem Titel „Leben zwischen den Sternen" mit Erläuterungen in Russisch und Englisch. Eine wunderbare Ausgabe, für die er dem Grafikbetrieb „Interdruck" in Leipzig danken möchte.

Der Bildband, so überzeuge ich mich, bündelt mit über hundert teils ganzseitigen Farbreproduktionen die Werke von Leonow und in überwiegendem Maße von Sokolow zu einer beeindruckenden Kollektion ihres Schaffens. Unter dem Titel „Ausstieg in den offenen Kosmos" hat Leonow auch seinen abenteuerlichen Abstecher in den Weltraum mit fotografischer Präzision in einem Gemälde festgehalten. Er verließ in der Erdumlaufbahn als erster Mensch ein Raumschiff und schwebte zwölf Minuten lang frei im Weltraum.

Die in Aquarellfarben verewigte Situation erweckt den Eindruck einer fantastisch überirdischen, friedlichen Ruhe, wie da erstmals ein Erdenbürger fast eine Viertelstunde lang im scheinbaren Nichts unendlicher Weiten dahinschwebt, verbunden mit dem Raumschiff nur durch eine viereinhalb Meter lange Leine.

Was sich dabei im März 1965 an Dramatik abspielte, hat mir Malerkollege Sokolow später erzählt. Der Weltraum-Spaziergang seines Freundes entwickelte sich zu einem Überlebenskampf in der Einsamkeit von 400 Kilometern Höhe. Was dem 31-jährigen Astronauten bei seinem gewagten Ausstiegsmanöver im Orbit außenbords passierte, war unvorhersehbar als blanke Horrorvision.

Durch den immensen Druckunterschied zwischen dem Innern des Raumschiffs Woschod 2 und dem Hochvakuum des Weltraums hatte sich der Raumanzug so unförmig aufgeplustert, dass er nicht mehr in die Einstiegsluke der Luftschleuse passte, wodurch Leonow die Rückkehr ins Raumschiff verwehrt wurde. Das gelang erst, nachdem er über ein Notfallventil im Anzug den Druck in seiner Montur senken konnte, was nie geübt worden war. So lag denn beides dicht nebeneinander: eine Pionierleistung und eine Katastrophe. Geblieben ist die weltweit beachtete Premiere einer menschlichen Stippvisite im offenen kosmischen Raum, die alles andere als ein unkomplizierter Spaziergang wurde. Noch heute wird Leonow für diese mit Nervenstärke, Reaktionsvermögen und Umsicht bestandene Paniksituation höchste Anerkennung gezollt.

Gut zehn Jahre danach war Leonow im Juli 1975 mit dem Kosmosschiff Sojus 19 am ebenfalls bemannten amerikanischen Apollo-Schiff angedockt, womit die erste gemeinsame Weltallmission von UdSSR und USA perfekt war. Eine friedliche Kooperation zweier Supermächte im All, die gerade heute in terrestrischer Form äußerst wünschenswert wäre.

Der Kosmos auf Seide

Wenige Tage nach meiner Begegnung mit Leonow und Sokolow studiere ich in der Moskauer City die Hausnummern der etwas antiquiert wirkenden Loschinski-Gasse. Ich suche, finde, durchquere einen Torbogen und Hinterhof, betrete einen klapprigen Aufzug und dann einen Korridor, von dem aus geräumige, hohe Zimmer abzweigen. Wohnung und Atelier von Andrej Sokolow. Ich danke ihm für die Einladung, die der Beginn einer herzlichen Freundschaft sein wird.

Ich mag ihn von der ersten Minute an, was nicht schwer ist. Ein humorvoller Schelm mit Lachfalten um die Augen, dem Gemüt einer Frohnatur, der schlanken und trotzdem stämmigen Statur eines Olympia-Gewichthebers und dem Herz auf der Zunge. Er zieht mich mit sanfter Gewalt in die „gute Stube". Halbfertige, noch farbfeuchte Ölgemälde auf Staffeleien, obwohl er am Tisch malt. Macht der Gewohnheit des Architekten, der er von Berufs wegen ist. Sechs Jahre hat er darauf studiert.

Sokolow ist 14 Jahre älter als ich, Jahrgang 1931, geboren in Leningrad. Sein Vater ist ein russischer Offizier, seine Mutter ist Deutsche, weshalb Andrej bruchstückweise Deutsch spricht. Als 1957 der erste Sputnik um die Erde kreiste, öffnete sich für den fantasiebegabten Zeichner ein neues, der irdischen Welt fernes Terrain an Motiven und damit ein Fenster zu einem neuartigen, ihn faszinierenden künstlerischen Schaffen, das ihn bis nach Wladiwostok hin berühmt machte. Seither schuf Sokolow über 500 Gemälde, die auch auf internationalen Expositionen mit Bravour bestanden.

Schon seine technischen Zeichnungen am Reißbrett befassten sich früher oft mit dem ihn interessierenden Thema „Architektur der Zukunft". Nun aber weitete sich sein Blickfeld in eine ihn magisch anziehende unendliche Weite des Universums, eine Welt über der Welt, die seine ausgeprägte überbordende Vorstellungskraft bis an den Rand seines künstlerischen Intellekts forderte und ihn zu einem Farbenrausch verführte, dem er sich gern hingab. Der Humus für diese Fruchtbarkeit darstellerischer Kunst war seine fachliche Hochschulbildung als Architekt und technischer Zeichner sowie seine produktive und kreative Unruhe.

Als ich ihn näher kennenlerne, verstehe ich: Er ist ein Gemütsmensch, dem schon im Mutterleib Gene der Malkunst eingepflanzt wurden, sodass er folgerichtig mit Pinsel und Palette zur Welt kam. Damit greift er nun visuell nach den Sternen, bringt er Kosmosflüge und außerirdische Galaxien auf die Leinwand. Ihre Formenkühnheit und ihr Farbenrausch ähneln in verblüffender Weise heutigen Bildern, die Weltraumteleskope aus dem Universum heranzoomen. So veröffentlichte nahezu die gesamte deutsche Tagespresse Mitte Juli 2022 faszinierende erste Fotos des größten und leistungsstärksten James-Webb-Teleskops, das auch eine Galaxienformation in einer Erdentfernung von unglaublichen 4,6 Milliarden Lichtjahren festhalten konnte – das, wie die US-Weltraumbehörde Nasa formulierte, „tiefste und schärfste Infrarotbild des frühen Universums, das jemals aufgenommen wurde". Die frappierendste Ähnlichkeit mit einem Sokolowgemälde entdeckte ich bei der Farbaufnahme des sogenannten Carina-Nebels. Was mein Freund Andrej vor vierzig Jahren unter dem Titel „Kosmischer Pferdekopfnebel" auf eine Maxileinwand brachte, entsprach in seinen bizarr-fantastischen Formen und grellbunten Farbtönen in verblüffender Weise diesem galaktischen Geburtsort von Sternen.

Ich sehe mich noch heute durch sein weiträumiges Atelier spazieren und höre seine Erläuterungen. Er erklärt mir, dass er schon nach ersten Erfolgen begriffen habe, dass die Kosmosmalerei seine eigentliche professionelle Bestimmung sei. Auch der Kreml habe sich für seine Ölvisionen ferner Welten interessiert. Sie schmücken dort, wie ich erfuhr, diverse Räumlichkeiten meist in nach Metern gemessenen Gigantomanie-Formaten und in barockschweren Rahmen. Ich inspiziere seine Werkstatt, die überquillt von den Resultaten einer kraftvollen Papier- und Leinwandproduktivität. Ich wundere mich über farbige Skizzen auf hauchdünner Seide. Ihr Schöpfer enthüllt sein Geheimnis:

„Diese Zeichnungen von mir haben Kosmonautenfreunde
mit nach oben genommen. Weil da jedes Gramm ihres Gepä-
ckes limitiert ist und genau berechnet wird, habe ich als Ma-
terial die leichtgewichtige Seide genommen. Für die haben sie
gerade noch eine Lücke im Reisegepäck gefunden." Er lacht mit
tiefem, dröhnendem Bass: „Anders ging es nicht, denn ich passe mit meinen fast zwei Metern in keine Raumkapsel." Dann
nachdenklich: „Ich wollte herausfinden, inwieweit meine Vorstellungen von Farben und Formen im überirdischen Raum mit
der Wirklichkeit übereinstimmen. Da hilft auch die Kosmosfoto-
grafie einer Multispektralkamera MKF 6 aus Jena nur begrenzt
weiter, denn bestimmte Naturerscheinungen wie Nordlichter
oder Gewitter kann sie auch nicht immer exakt wiedergeben."
Der Zeigefinger von Sokolows Pranke tippt auf die hauchdünne Seide: „Schau mal hier, diese Farben der Blitze auf meinem
Entwurf sind falsch. Sie wurden durch die Kosmonauten Lja-
chow und Rjumin korrigiert. Danach habe ich sie mit den richtigen Lichtverhältnissen in Öl auf die Leinwand gebracht. Eine
echte Überraschung gab es mit dieser Skizze vom Schwarzen
Meer und der Krim. Da habe ich mir die Abendstimmung zu ir-
disch vorgestellt – rötlichgelb, was im Kosmos aber blaugrau ist."

Wenig später erscheint Wladimir Axjonow, der 1976 als Bordingenieur ins All flog, und ich begreife: Bei Sokolow gibt sich
die Raumfahrer-Elite die Klinke in die Hand. Mir sticht das Öl-
bild einer schwebenden Kosmosstadt auf drehbaren Achsen ins
Auge und ich frage Axjonow, wie er als Techniker solch kühne
Visionen bewertet – als utopische Fantasterei oder Realität von
übermorgen? Eine fliegende kosmische Siedlung, meint er, sei
als stabile Lebensinsel für etwa 12000 Bewohner durchaus vorstellbar. Er zeigt auf ein weiteres Gemälde von Sokolow: „Möglich wäre sicher auch ein etwa 50 km langes und 10 km breites
Sonnenkraftwerk, das sich synchron mit der Erde dreht."

Mir ist klar: Sokolow malt nicht drauflos, sondern hat sich
mit der Wissenschaft verbündet und sich kundig gemacht. Kos-
moswissenschaftler und Weltraumforscher gehören ebenfalls
zu seinem festen Bekanntenkreis. Neben seinen Seidenskizzen

stehen Fragen, die ihm seine Überflieger-Freunde beantworten sollen: Wie zeichnen sich die Schatten der Wolken auf der Erde ab? Wie sehen reifende Felder oder herbstliche Wälder von ganz oben aus? Welche Farbspiele gibt es bei Sonnenauf- und Sonnenuntergang? Wie sind Meerestiefen erkennbar?

Der Maler will das Bild, das er sich vom „blauen Planeten" und der „Faszination Weltraum" macht, mit dem Auge des Weltraumfliegers sehen. So schwebt er in höheren Sphären und bleibt trotzdem auf dem Boden der Tatsachen. Inzwischen haben Weltraumsonden alle Planeten unseres Sonnensystems erkundet und es ist schon verblüffend, mit welcher Pinselpräzision Sokolow schon in den 1980er Jahren die Atmosphäre auf Merkur, Venus, Mars, Jupiter, Saturn oder Uranus getroffen hat, wie realitätsnah er vulkanische Kraterlandschaften in unendlicher Ferne vorausgemalt hat, wie bildhaft er sich das Phänomen schwarzer Löcher und Sterne vorstellte, wie plastisch er das kunterbunte Halbrund eines kosmischen Regenbogens erfasste oder wie anschaulich er die geisterhaft skurrilen Formen eines wabernden Weltraumnebels einfing. Alles in Öl festgehalten mit der Kenntnis neuester wissenschaftlicher Hypothesen über ferne Welten im Universum.

Beim irdischen Künstlerblick mit Orbit-Perspektive zu unserem Globus halfen Aufnahmen der Multispektralkamera MKF 6. Sie wurde im DDR-Kombinat Carl Zeiss Jena gebaut und im Raumschiff Sojus 22 sowie an Bord der Orbitalstationen Salut 6 und 7 zur Fernerkundung unseres blauen Planeten eingesetzt. So war es kein Zufall, dass Sokolow-Leonow-Gemälde auch nach Zeiss geholt wurden. Unter dem Motto „Mensch, Erde, Kosmos" waren sie im Oktober 1982 gut zwei Wochen in der betriebseigenen Klubhaus-Galerie zu sehen. Den Bildband zu dieser Exposition schenkten Malerprofi Sokolow und Malerkosmonaut Leonow meiner Marion und mir in unserem letzten Moskau-Jahr 1983 mit eigenhändiger Widmung zur Erinnerung an unsere Freundschaft.

Heute zeigt das Moskauer Kosmonauten-Museum eine illustre Auswahl dieser Werke, die damit zugleich Einblicke in die Schaffensvielfalt des Malergespanns geben.

Gastfreundschaft auf Russisch

Sokolow waren Staralüren fremd, die Freuden des Lebens und alles Menschliche dagegen sehr nah. Die größten Gräuel waren ihm Nichtstun, Prüderie und Askese. Er schob jegliche Trübsal weit von sich und ließ dafür jeglichen promillestarken Trunk an sich heran. So war es nur logisch, dass der Meister mitunter mit etwas trübem Auge malte, das ihm der Wodka bescherte. Den brauche er, so gestand er mir, zur geistigen Erneuerung, wenn ihm die Ideen davonlaufen – oder seine Nina. Sie war als seine Managerin und Lebenspartnerin manchmal tagelang entschwunden, weil er zu viele Wodkagläser zu oft geleert hatte. Ihre Abwesenheit wiederum spornte ihn an, erst recht zur Flasche zu greifen.

Wir besuchten uns wechselseitig. Wenn Marion und ich kamen, räumte er seinen aus gutem Grund übergroßen Kühlschrank aus, bis sich sein riesiger Couchtisch unter der bergeweisen Last von Hühnchen, Hähnchen, Würsten, Schnitzeln, Trockenfisch, Gurken, Tomaten und Schwarzbrot bog. Dass meine Frau und ich schon zu Hause gegessen hatten, interessierte ihn nicht. Das ignorierte er, das war für ihn unter Freunden kein Grund, nochmal zuzulangen. Und dass ich dem Wodkabecher vom Ausmaß einer Blumenvase ein normales Schnapsglas vorzog, hielt er für kleinlich und für nicht durchführbar, da solch lächerliche Miniaturgefäße in seinem Haushalt nicht vorkamen. Außerdem war das für ihn unökonomisch, denn warum sollte man ein winziges Gläschen zehn Mal nachfüllen, wenn die gleiche Menge des Inhaltes in einen krugähnlichen Pokal passt?! Ein größerer Pott, so argumentierte er, spart ewiges Nachschenken und damit kostbare Lebenszeit. Er war eben in allen Dingen ein rationell denkender Pragmatiker. In günstigen Momenten gelang es mir, den Trinkeimer auf die Größe eines Zahnputzbechers herunterzuhandeln.

Sokolows Freundschaftsgeschenk, das einen ewigen Ehrenplatz in meinem
Domizil hat: Ein Sojus-Raumschiff kurz vor dem Andocken
an die Orbitalstation.

Nach gehabtem üppigem Mahl der festen und vor allem flüssigen Art wollte er mir regelmäßig alle seine Bilder schenken. Oder ich sollte mir eines aussuchen. Obwohl ich es ihm permanent ausreden konnte, habe ich unter Androhung des sofortigen Abbruchs unserer Freundschaft eines seiner Werke annehmen müssen. Das war am 6. April 1981, ein Datum, das er mit einer Widmung auf der Rückseite des Gemäldes verewigte. Ich halte mir zugute, dass ich ein kleines, relativ unwichtiges Exemplar ausgesucht habe, dessen finanzieller Verlust verschmerzbar war.

Ich habe nie erfahren, wie Andrej seiner Nina das Fehlen des Bildes erklärt hat, denn sie verwaltete in Personalunion als Freundin, Geschäftsfrau und Maklerin mit autoritärer Strenge und Disziplin sein malerisches Gesamtwerk und hätte jegliche Schenkung als schweren Sündenfall verhindert. Ich denke aber, dass ich einen guten Mittelweg gefunden habe, indem ich durch die Wahl eines von mir als Souvenir eingestuften weniger kostbaren Bildes eine Beleidigung seines Urhebers genauso verhindert habe wie Schlimmeres im Kommerzgebaren von Ninotschka.

Eines Abends – sie war wieder einmal ausgezogen – wollte mir Andrej bei einem üppigen Mahl zum wiederholten Mal eines seiner Panoramabilder einpacken. Er bestand darauf. „Du musst es unbedingt nehmen, Detr, oder gefällt es dir nicht?" Natürlich gefiel es dem – wie er mich nannte – Detr, aber Nina würde es ganz bestimmt nicht gefallen – und außerdem nutzt man den wodkafeuchten Überschwang eines Freundes nicht aus. Also lehnte ich hartnäckig ab und verwies darauf, dass er mir bereits eines seiner Werke übereignet hatte.

Da überkam ihn eine neue Idee. Wenn schon nicht das Bild, dann eben eine andere Kostbarkeit. Er wollte mir einige seiner Auszeichnungen schenken. Deshalb ging er zu einem klobigen altertümlichen Schrank, zog eine randvoll mit Medaillen, Orden und Ehrenzeichen gefüllte größere Schublade heraus und schüttete den Inhalt vor uns auf den Tisch. Ich konnte ihm mit Mühe klarmachen, dass dies sehr persönliche Dinge für ihn seien. Nachdem ich ihm die Schenkung seiner Koroljow- und Gagarin-Medaille sanft, aber bestimmt ausgeredet hatte, beharrte er darauf, dass ich zumindest seinen Orden als Volkskünstler der russischen Sowjetrepublik anzunehmen habe. Sonst wäre es aus mit uns. Ich nahm das Schmuckstück, bedankte mich herzlich und legte es heimlich zurück, als er in der Küche verschwand, um eine neue Flasche zu holen.

Gut, dachte ich, dass Leonow weitab unserer Freundschaftsabende im Sternenstädtchen zu Hause ist, meist nur zum gemeinsamen Malen hier auftaucht und nie Zeit und Muße für solch bunte Abende hat. Denn dann – und das hielt ich für durchaus vorstellbar – hätte Sokolow mir in Hochstimmung vielleicht auch noch Auszeichnungen seines hochdekorierten Kosmonautenfreundes angeboten. Und das wäre dann ein echtes Politikum geworden, denn Leonow hatte höchste staatliche Weihen und Lorbeeren erhalten: zwei Orden eines Helden der Sowjetunion, zwei Leninorden und einen Orden des Roten Sterns sowie den Karl-Marx-Orden der DDR und andere ausländische Titel und Ehrungen.

Das zumindest war aus der Welt. Dafür wurden meinem berühmten russischen Freund wiederholt neue Auszeichnungen und Trophäen zuteil, sodass er ständig in seiner Kommode Platz schaffen musste für den vergrößerten Fundus seiner Ehrungen. Und das musste natürlich zünftig begossen werden! Anfangs registrierte ich respektvoll, was ich schnell als normal empfand: Dass sein hochaufragender Körper auf bereits unfallädierten Beinen trotz eines hohen Promillepegels kaum ruckte und wackelte und sein Inhaber scheinbar genau wusste, was er tat. Nur einmal habe ich erlebt, dass die Krone schwankte, aber der Baum fiel nicht. Ich hätte es aus mindestens zwei Gründen nicht verhindern können: weil ich einen Hünen von zwei Metern und zwei Zentnern im Falle eines Fallens nicht hätte aufhalten können und weil ich selbst mit mir und König Alkohol zu kämpfen hatte. Zumindest konnte ich verhindern, dass er sich nicht an seinen Staffeleien festhielt.

Von der Freude des Schenkens

Wenn er uns mit seiner Ninotschka besuchte, gaben wir an Gastfreundschaft ebenfalls stets unser Bestes. Für sie einen Wermut mit Eis, für ihn ein „Radeberger Pilsner" und für beide Halberstädter Würstchen. Außerdem bestückte ich unseren Rekorder mit einer Kassette der DDR-Unterhaltungsshow „Ein Kessel Buntes". Leicht eifersüchtig wurde Nina jedes Mal, wenn Andrejs Augen beim Fernsehballett glänzten, waren doch solch körperfreizügige Auftritte damals im Sowjetfernsehen nicht zu besichtigen. Selbst das TV-Abendprogramm am Wochenende brachte zumeist brave Kultursendungen mit Gedicht-Rezitationen, die zwischendurch von Klavier- und Geigenklängen begleitet wurden. Als Alternativangebot gab es oft einen historischen Streifen aus dem einheimischen Mosfilm-Studio, bei dem die Rotarmisten die weißen Garden der Konterrevolution oder die braunen Truppen Hitlers in die Flucht schlugen.

So war denn die langbeinige Adlershofer Damenriege mit ihren knappen Kostümen oder gar das Ballett Brasiliana mit sexy Busenfreiheit eine sehr willkommene Abwechslung für den Genießer, Maler- und Lebenskünstler Sokolow, der sich auch mit wohlwollenden Kommentaren nicht zurückhielt. Wir taten alles, damit sich Andrej und seine Ninotschka bei uns wohlfühlten, obwohl ich zu seinem Gemälde nichts Vergleichbares zum Verschenken hatte. Ihm eine Flasche mitzugeben, war keineswegs ratsam, weil Nina mit strengen Argusaugen über solche Präsente der kontraproduktiven Art wachte. Das quittierte er mit leicht säuerlicher Miene, fügte sich aber, denn er wusste um diese gefährliche Charakterschwäche, die ihm bereits Ärger und Körperschäden eingebracht hatte.

Dass sein uns geschenktes Weltraumbild immer einen zentralen Wandplatz in unserem Domizil bekam, war Ehrensache – damals in Moskau, dann in Paris und Brüssel und nun in Ahrensfelde bei Berlin. Wäre es nach ihm gegangen, wäre mein Zuhause ein Sokolow-Museum geworden. Dass ich ihm die Freude nur eines Bildgeschenkes machte, befriedigte ihn nicht. Es ließ ihm keine Ruhe und besänftigte ihn erst, als er mir mit Erfolg sein einziges Ölgemälde mit irdischem Motiv aufgedrängt hatte: ein Blick aus dem Fenster seiner Datsche auf einen See am grünen Moskauer Stadtrand. Eine Rarität inmitten seiner Fülle kosmischer Ansichten. Damit ich es nicht wieder zurückgeben konnte, schrieb er wie schon bei dem Weltraumbild eine Widmung auf die Rückseite des Rahmens. Dann freute er sich über meine Freude. Dieser uneigennützige, bedingungslose Freundschaftsbeweis berührt mich noch heute.

Ähnliches erlebte ich im Dezember 1981 mit dem Leiter einer Lawinen- und Wetterstation auf dem Kaukasusriesen Elbrus. Wir lernten Wladislaw Bolow kennen und schätzen, als wir in seinem auf hohem Fels zementierten, mit Technik vollgestopften Flachbau übernachteten. Wir drehten eine Reportage über die Bergwacht und den Umweltschutz auf dem mit stolzen 5642 Metern höchsten Gipfel Russlands.

Wenig später, am Neujahrstag 1982, stand Wladislaw überraschend vor unserer Tür. Er sei gerade in Moskau, habe nur wenige Stunden, möchte aber seinen Freunden unbedingt Guten Tag sagen. Nun war er unser Gast, wir bewirteten ihn ebenso ausgiebig, wie er es getan hatte, und die Zeitknappheit war bald vergessen. Dann holte er zu einem längeren Trinkspruch aus, beschwor mit feierlicher Stimme unsere Freundschaft und wollte mir als Zeichen dafür das Beste schenken, was er momentan am Leibe trage: eine wasserresistente goldene Armbanduhr mit Datumanzeige, die er vor einigen Tagen anlässlich des erfolgreichen Abschlusses seines Fernstudiums als Auszeichnung bekommen habe. Dann tranken wir auf unsere Freundschaft und ich versuchte, ihm diese in meinen Augen unglückliche Schnapsidee auszureden, zumal die Uhr mit einer persönlichen Widmung versehen war. Schon deshalb, so argumentierte ich, müsse er sie als ewige Erinnerung behalten. Das lehnte der Kaukasier höflich, aber bestimmt ab.

Mir war klar war, dass er nun selbstverständlich im Gegenzug dieselbe Geste von mir erwartete. Ich bekam einen mächtigen Schreck, denn auch meine goldene Uhr war funkelnagelneu. Ich hatte lange gesucht, um die richtige zu finden und trug sie mit einem gewissen Stolz. Zum anderen war ich insgeheim wütend, dass jemand mir seinen Willen aufzwingen wollte. Als ich bei meiner Weigerung blieb, sein aus meiner Sicht unangebrachtes privatintimes Geschenk anzunehmen, tat mein kaukasischer Freund etwas völlig Unerwartetes: Er hielt seine Uhr aus dem Fenster und verkündete, er werde sie jetzt aus der neunten Etage fallen lassen, wenn ich sie nicht sofort als Zeichen seiner Zuneigung und Freundschaft nehmen würde. Ich nahm sie, rannte in meiner Verzweiflung in unsere Wohnung nebenan, raffte alle meine Krawatten zusammen und bat ihn, das gebündelte Gegengeschenk anzunehmen. Er ließ sich seine Gefühle nicht anmerken, doch ich bin noch heute ziemlich sicher, dass er tief enttäuscht und gekränkt war.

Das wurde mir schon am nächsten Tag immer klarer und ich bekam ein ziemlich schlechtes Gewissen. Ehrliche Reue trieb mich dazu, ihn auf seiner Elbrus-Station anzurufen und ihm mit vielen Entschuldigungen etwas zu erklären, was aber für ihn nicht erklärbar war. Die Uhr mit der eingravierten Widmung vom 3.12.1981 habe ich noch heute – und wenn ich sie mal wieder in Händen halte, bitte ich ihn um Verzeihung. Dann schäme ich mich erneut, weil ich einst in einer kurzen Phase meines Daseins zu einem Kleingeist und Inhaber eines engen Herzens wurde.

Damals ist sie mir oft begegnet, die vielbeschworene, vielbesungene russische Seele. Sie ist unergründlich reich – nicht nur, wie immer behauptet wird, an Schwermut und Leidensfähigkeit, sondern vor allem an Empfindungs- und Gefühlskraft. Russische Gastlichkeit und russische Freundschaft haben tiefe, haltbare Wurzeln. Auch Kaukasier wie Wladislaw Bolow sind Russen – und Leningrader wie Andrej Sokolow sowieso.

Das Geheimnis eines Mauersteins

Ich erinnere mich an meine arge Verblüffung bei unserem ersten Besuch in Andrejs Stadtwohnung. Da wussten wir noch nicht um seine Alkoholsucht und hatten zur Begrüßung für ihn eine Flasche Sekt und für seine Lebensgefährtin einen Blumenstrauß mitgebracht. Ich klingelte und Sokolows imposante Erscheinung füllte den Türrahmen. Noch während ich einen „Guten Tag" wünschte, schnellte eine Frauenhand hinter seinem breiten Kreuz hervor und riss mir die Flasche aus der Hand. Ich war erschrocken und verblüfft, verstand aber schon bald Ninas despotische Wachsamkeit hinsichtlich hochprozentiger Wässerchen. Mir war von Anfang an Andrejs schwerer, leicht schlurfender Gang aufgefallen. Keine Geburtslaune der Natur, wie sie mir verriet, sondern Folge eines schweren Autounfalls, bei dem König Alkohol mitgefahren war. Fortan beschränkte ich mich zu seinem Bedauern auf Blumen und Konfekt.

Dieses Defizit machte mein Malerfreund auf andere Weise wett. Er wolle mir etwas Besonderes zeigen, flüsterte er mir eines Tages geheimnisvoll zu, als sich Marion und Nina in der Küche zu schaffen machten und damit in seiner riesengroßen Wohnung außer Sichtweite waren. Dazu, so bedeutete er mir, müssten wir aber im Hausflur eine Etage höher steigen. Das stimmte nicht ganz, denn auf halber Höhe verhielt er den Schritt. Ich glaubte meinen Augen nicht zu trauen: Auf dem Treppenabsatz zog er mit geübter Hand einen losen Backstein aus dem Mauerwerk. Dahinter tat sich ein Hohlraum auf, aus dem er eine Flasche Rotwein ans Tageslicht angelte. Ich lehnte dankend ab und er nahm einen tiefen Schluck. Dann schaute er mich zufrieden und triumphierend an, legte die Flasche ins Versteck zurück und fügte den Backstein wieder sorgsam in die Wand des Treppenhauses. Er hatte Nina überlistet und das freute ihn diebisch.

Irgendwie gönnte ich ihm dieses kleine Geheimnis des Mauersteins und ich fühlte mich geehrt, dass er es mit mir teilte. So war er, der Kosmosmaler Andrej Sokolow, mein neuer Freund. Nichts Menschliches war ihm fremd, am wenigsten die Men schen selbst. Er hatte das erstaunliche Doppelcharisma eines sanftmütigen Samariters vom Typ Albert Schweitzer und eines entdeckungsfreudigen Draufgängers vom Schlag eines Christoph Kolumbus.

Wir haben zusammen gegessen, getrunken und palavert, haben Lebensweisheiten ausgetauscht, über das Diesseits und Jenseits geredet, über Gott, Lenin und das Universum nachgedacht. Selbstverständlich auch über die Geheimnisse großer Malermeister vom Franzosen Monet über den Niederländer van Gogh bis zum Italiener da Vinci und dem Russen Repin. Wir redeten uns dabei in hemmungslose, schwärmerische Begeisterung. Trotzdem hat mich keiner dieser Pinselgötter zum Malen verführt. Das schaffte Andrej. Seine Malwut war ansteckend.

In einem Kunstladen gegenüber dem früheren Hotel „Ukraina" am Moskwa-Ufer legte ich mir eine Staffelei, ein Pinsel-Set, eine Palette, Leinwand und Ölfarben zu und orientierte mich wie in früheren Jahren vor allem an Blumenmotiven – um schnell zu merken, dass mir, ebenfalls wie früher, Öl und Acryl nicht so lagen und ich zur Federzeichnung zurückfand. Immerhin – Sokolows inspirierender Geist hat bewirkt, dass ich ein verschüttetes Hobby wieder ausgegraben habe.

Besonderer Dank aber gebührt ihm, dass ich auch in persönlich schweren Stunden fern der heimatlichen Scholle von seinem unverwüstlichen Optimismus, seinen Lebenserfahrungen, seiner Zuversicht, Gelassenheit und Freundlichkeit zehren konnte. Dass in einem so großen Körper ein so großes Herz schlägt, ist nicht selbstverständlich. Bei ihm war es so. Für Menschen, die er mochte, war Halbherzigkeit nicht seine Sache. Da dominierte Vollherzigkeit – und das im Bunde mit allen Facetten, wie er sie von seinen Gottheiten der Kunst und des Rausches mit wachen Sinnen und mitunter weinseligem Geist übernommen hatte.

Was ihm Apollon und Bacchus an sonnigem Gemüt und Lebenslust bescherten, übertrug sich damals in wohltuender Weise auf mich. Das wiederum habe ich der Glücksgöttin Fortuna zu danken. Sie ermöglichte mir die Bekanntschaft mit einer sehr ernst zu nehmenden charismatischen Frohnatur, die vie-

les war. Ein Freund mit der seltenen Gabe der Uneigennützig-
keit. Eine stämmige Manneseiche mit fest in Heimaterde veran-
kerten Wurzeln. Ein Pinselartist, der in Arbeitswut versinken
konnte und mich an ihren Resultaten teilhaben ließ. Ein Lebenskünstler, der das Füllhorn lukullischer Verführungen zu genießen wusste und gern davon abgab. Ein Zeitgenosse, der Widrigkeiten und Schicksalsschläge mit überquellendem Optimismus
dämpfte und sich das Kind im Manne bewahrte. Ergo das Urbild
eines Arbeitsstieres und Gemütsmenschen mit dem massiven
Leib eines Recken und der sensiblen Seele eines Chorknaben.

Ja, Sie haben Recht! Ich habe bei dieser Charakterzeichnung
übertrieben. Aber nur ein klein wenig.

Was nachher zu sagen wäre

Liebe Leserin, lieber Leser,

die Zeit ist ein bockiges Wesen. Wenn man sie anhalten will, rennt sie umso schneller. Wenn man sich müht sie zurückzuholen, demütigt sie unser Hirn mit nur blassen Bildern des Unwiederbringlichen.

Wenn man sie samt gewesenem Ungemach am liebsten vergessen möchte, holt sie uns immer wieder ein.

Und während man sich ihr mit all diesen Facetten widmet, geht sie unbeeindruckt davon stur und störrisch ihrem naturgegebenen Zweck nach: Sie verrinnt unaufhaltsam mit unbeirrbarer Gleichförmigkeit.

Die Zeit ist unbestechlich. Sie gilt für jedes Leben und lässt sich in ihrem Lauf weder aufhalten noch manipulieren; aber man kann versuchen, sie in einer angenehmen Art von Selbstbetrug partiell zu überlisten und ihre Flüchtigkeit mit Notizen, Tagebüchern und Fotos einzufrieren und damit zu materialisieren.

Ich habe mich bemüht, mit diesen Erinnerungsstützen und meinem Gedächtnis Begegnungen mit Personen lebendig werden zu lassen, die in meinem bisherigen bewegten Leben unauslöschliche Spuren hinterlassen haben.

Das fiel mir nicht allzu schwer, weil ich sie noch heute in meinem gedanklichen Rückspiegel als sehr klare, fokusscharfe Bilder wahrnehme – Porträts von außergewöhnlichen Charakteren und Schicksalen, die ich Ihnen gern vermitteln wollte.

Inwieweit mir das gelungen ist, entscheiden Sie, die Sie mir die Ehre Ihrer Aufmerksamkeit und Lesegeduld erwiesen haben.

Herzlichst

Ihr Dieter Wahl

Ahrensfelde/Eiche, im Oktober 2022

Der Autor

Dieter Wahl wurde 1945 als Noch-Kriegskind
im Sudetenland auf dem Gebiet des heutigen
Tschechien geboren und überlebte als Baby
einen mörderischen Umsiedler-Treck nach
Ostdeutschland. Nach Grund- und Oberschule,
Abschluss einer Lehre als Elektromonteur und
eines Studiums als Dipl.-Journalist arbeitete er für
das Fernsehen der DDR als Chefkorrespondent
in der damaligen Sowjetunion und als
Westeuropakorrespondent mit Sitz in Paris.
Später betrieb er in Brüssel als EU-akkreditierter
Journalist eine eigene Presseagentur gemeinsam
mit seiner Frau Marion, einer Dipl.-Ingenieurin
für Informatik. Sie arbeitete die gesamte
Auslandszeit von 30 Jahren an seiner Seite, die
letzten zehn im gleichzeitigen Kampf gegen
ein unheilbares Krebsleiden, dem sie schließlich
erlag. Ihr Ehemann verarbeitete das dramatische
Geschehen im ersten seiner nunmehr vier
Bücher, die im „novum Verlag" erschienen
sind. Heute lebt Wahl im brandenburgischen
Ahrensfelde als freiberuflicher Schriftsteller.

Der Verlag

„Wer aufhört besser zu werden, hat aufgehört gut zu sein!

Basierend auf diesem Motto ist es dem novum Verlag ein Anliegen, neue Manuskripte aufzuspüren, zu veröffentlichen und deren Autoren langfristig zu fördern. Mittlerweile gilt der 1997 gegründete und mehrfach prämierte Verlag als Spezialist für Neuautoren in Deutschland, Österreich und der Schweiz.

Für jedes neue Manuskript wird innerhalb weniger Wochen eine kostenfreie, unverbindliche Lektorats-Prüfung erstellt.

Weitere Informationen zum Verlag und seinen Büchern finden Sie im Internet unter:

www.novumverlag.com

Dieter Wahl

Mein Walk of Fame

ISBN 978-3-99107-464-9
392 Seiten

Peter Ustinov, Milva, Charles Aznavour, Mireille Mathieu,
Gilbert Bécaud … Nur einige der ganz Großen aus Showbiz,
Kino, Musik und Literatur, die der Autor in 30 Jahren als
TV-Auslandskorrespondent kennenlernte. Einblicke hinter die
Kulissen garantiert.